"매일 2지문씩 꼼꼼하게 독해하면 4주 후 사고의 흐름이 바뀐다"

# 하루 30분,
# 독해 트레이닝 2

## 수능 국어 만점을 위한 초고난도 독해력 강화 프로그램

1 day 30 minute 4 week

30
MIN

# 구성과 특징

문제의 정답을 맞히기 위해서는 먼저 지문을 잘 읽는 것이 중요합니다.
독해력은 10개의 지문을 적당히 읽었을 때보다, 1개의 지문이라도 제대로 읽었을 때 상승합니다.

**1** 『하루 30분, 독해 트레이닝 2』는 4주(28일) 동안 인문·사회·예술, 과학·기술에서 각 1지문, 매일 2지문을 꼼꼼하게 독해하는 과정에서 지문 독해 시의 이상적인 사고 과정을 체화할 수 있도록 구성하였습니다.

**2** LEET, M/DEET와 난이도가 높았던 고3 평가원 및 교육청 기출에서 엄선한 초고난도 독서 지문으로 구성하여 수능 국어 만점을 위한 수준 높은 독해를 할 수 있도록 구성하였습니다.

**3** 학생들의 편의를 고려하여 문제 책과 해설 책을 분권하였으며, '4주 완성 계획표'를 함께 제공합니다. 해설 책의 '하루 30분, 수능 국어 만점을 향해 가는 28일'을 채워 가며 자신의 학습 진도를 확인해 보세요!

**4** 도서출판 홀수 홈페이지(www.holsoo.com)의 '하루 30분 자료실'에서 박광일 선생님의 교재 활용법 안내 동영상, 학습 안내 자료 및 구조도 그리기 훈련 자료 등 하루 30분 시리즈와 관련된 추가 자료를 확인해 보세요!

QR 코드를 스캔해 보세요!
도서출판 홀수 홈페이지의
'하루 30분 자료실'을 확인
할 수 있습니다.

수능 국어 만점을 위해 반드시 필요한 초고난도 독서 지문 독해 능력을 키우고 싶다면,
『하루 30분, 독해 트레이닝 2』를 추천합니다.
4주 후, 달라진 사고의 흐름을 확인할 수 있을 거예요!

● 고3 평가원 및 교육청 기출     ● LEET, M/DEET

# 주차별 학습 안내

## 1·2주차 구획화하며 읽기, 의도 파악하며 읽기 + 구조도 그리기 훈련

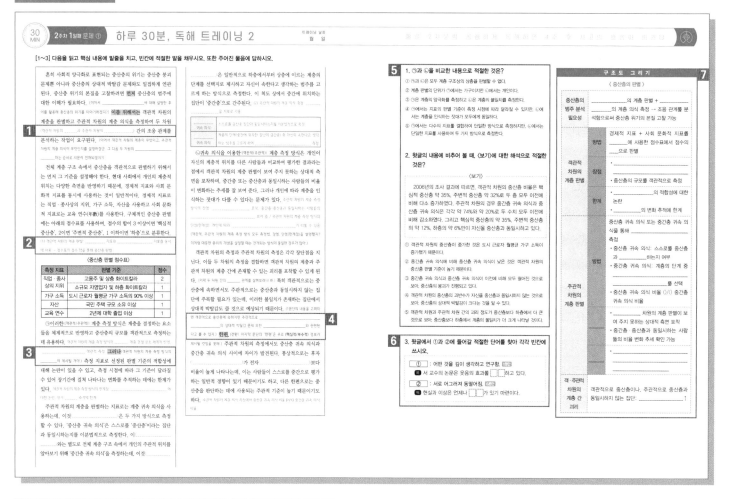

**1** 독해의 기본이자 핵심은 정확하게 읽는 거야. 지시어나 특정 단어가 가리키는 바를 지문에서 찾아 빈칸을 채우며 꼼꼼하게 읽어 보자. 또한 핵심 내용에는 밑줄, 핵심 개념에는 네모 박스를 치는 것도 잊지 마.

**2** 정보들을 상위 개념으로 묶어 가며 읽으면 정보량이 줄어들고 글쓴이의 의도를 파악하기 쉬워. 빈칸에 적절한 말을 쓰거나 선택지 중 옳은 것을 선택하여 정보를 구획화하는 연습을 해 보자.

**3** 제시된 내용을 정확히 읽는 것에서 나아가 직접적으로 제시되지 않은 내용까지 생각하며 독해도 해 볼 거야. 글에 끌려 가는 것이 아니라 글을 끌고 가면서 읽어 보는 거지. 형광펜으로 표시해 둔 글의 방향과 관련된 단어, 접속어나 부사어, 어미 등의 표지에 주목하면 글쓴이의 의도 및 글의 흐름을 예측하며 읽는 법을 익힐 수 있을 거야.

**4** 길이가 긴 지문을 읽어나갈 때에는 계속해서 아래로만 읽어 내려갈 것이 아니라, 앞의 내용을 다시 한 번 확인하면서 읽어 내려갈 필요가 있어. 위치가 서로 떨어져 있는 정보들을 연결해 가면서 읽는 훈련을 해 보자.

**5** 해당 지문에서 꼭 풀어 봐야 할 고난도 문제를 각 지문별로 두 개씩 수록해 두었어. 꼼꼼히 독해한 다음 문제를 풀면 거뜬히 정답 선지를 고를 수 있을 거야.

**6** 어휘는 따로 학습하는 것보다 지문을 읽거나 문제를 푸는 과정에서 함께 학습하는 것이 효과적인 만큼, 각 지문별로 어휘 문제를 두 개씩 수록해 두었어. 제시된 사전적 의미와 예시를 참고하여 ①과 ②에 들어갈 단어를 지문에서 찾아 보자. 이때 해당 단어가 제시된 문단을 표기해 두었고, 네모 칸의 개수는 빈칸에 들어갈 단어의 음절 수와 동일하다는 점을 참고해.

**7** 1·2주차에는 독해한 내용을 바탕으로 구조도를 그리는 훈련을 해볼 거야. 구조도는 결국 구획화한 내용들을 연결하여 관계 지은 거니까 겁먹을 필요는 없어. 단, 처음부터 바로 구조도를 그리는 것은 어려울 수도 있으니 빈칸을 채우며 구조도를 완성할 수 있도록 구성해 두었어.

# 3·4주차 구획화하며 읽기, 의도 파악하며 읽기 + 구조도 그리기 실전

**8** 3·4주차에는 스스로 구조도를 그려볼 거야. 이후 해설에 제시된 구조도와 비교하며 보완점을 파악해 보자. 구조도 그리기는 지문의 논리 구조, 즉 글의 전체적인 흐름을 파악하는 능력을 길러 주는 좋은 방법이야. 처음에는 다소 엉성하거나 지나치게 장황한 구조도를 그릴 수도 있지만, 구조도 그리기를 반복하다 보면 점차 논리적이고 정돈된 구조도를 그릴 수 있게 되지. 이를 통해 실전에서는 구조도를 그리지 않더라도 지문의 논리 구조를 파악할 수 있을 거야. 그것이 이 교재를 통한 학습의 궁극적인 목표라고 할 수 있어.

**+** 1·2주차를 마치고 나서 바로 3·4주차의 '구조도 그리기 실전'으로 넘어가는 것이 다소 어렵다면, 홀수 홈페이지(www.holsoo.com)의 '하루 30분 자료실'에서 3·4주차 지문에 대한 '구조도 그리기 훈련' 자료를 활용해 조금 더 훈련해 봐. 이후 1-4주차의 지문을 다시 보며 스스로 구조도를 그려보면 돼. 구조도 그리기는 무엇보다 꾸준히, 반복적으로 훈련하는 것이 중요하니 끈기를 가지고 임하도록 하자.

매일 2지문씩 꼼꼼하게 독해하면 4주 후 사고의 흐름이 바뀐다

# 하루 30분, 독해 트레이닝 2

1day 30minute 4week

# 1주차 문제

**[1~3] 다음을 읽고 핵심 내용에 밑줄을 치고, 빈칸에 적절한 말을 채우시오. 또한 주어진 물음에 답하시오.**

　　언론 보도로 명예가 훼손되는 경우 피해를 구제 받으려면 어떻게 해야 할까? (질문을 통해 화제를 제시하고 있어. 이 글은 언론 보도로 인한 _____ 피해의 구제 방법을 설명하겠구나.) 우리 민법은 명예 훼손으로 인한 피해를 구제 받기 위해 손해 배상과 같은 금전적인 구제와 아울러 비금전적인 구제를 청구할 수 있다고 규정하고 있다. 명예 훼손으로 인한 피해 구제 방법: _____적인 구제, _____적인 구제 (이어서 금전적인 구제부터 설명한다면, 이 글은 _____를 비교하여 설명하는 글일 가능성이 높아. 다음 문장을 눈여겨보자!) 이러한 비금전적인 구제 방식의 하나가 '반론권'이다. (이 글은 두 대상을 비교·대조하는 글이 아니라, 언론 보도로 인한 명예 훼손 피해에 대한 _____ 중에서도 _____을 집중적으로 다루고자 하는 글이구나.) 반론권은 언론의 보도로 피해를 입었다고 주장하는 당사자가 문제가 된 언론 보도 내용 중 순수한 의견이 아닌 사실적 주장(사실에 관한 보도 내용)에 대해 해당 언론사를 상대로 지면이나 방송으로 반박할 수 있는 권리이다. (개념을 놓치면 이후 독해 과정에서 어려움을 겪을 수 있으니, 정의는 항상 꼼꼼히 읽도록 하자. 특히 지금처럼 정의가 긴 경우에는 개념 자체에 대한 이해를 물어볼 가능성이 높아. 시간이 좀 걸리더라도 끊어가며 정확하게 이해하고 넘어가자!) 반론권: 언론의 보도로 피해를 입은 당사자가 _____에 대해 _____으로 반박할 수 있는 권리 반론권은 일반적으로 반론 보도를 통해 실현되는데, 이(_____)는 정정 보도나 추후 보도와는 다르다. (반론 보도, _____, _____의 차이점을 파악하며 읽어야겠지?) 정정 보도는 보도 내용이 사실과 달라 잘못된 사실을 바로잡는 것이며, 추후 보도는 형사상의 조치를 받은 것으로 보도된 당사자의 무혐의나 무죄 판결에 대한 내용을 보도해 주는 것이다. (1) _____ 보도: 반론권의 실현, (2) 정정 보도: 보도 내용의 잘못된 _____ 바로잡음, (3) 추후 보도: 보도된 당사자의 _____ 판결에 대한 내용

　　반론권 제도는 세계적으로 약 30개 국가에서 시행되고 있는데, 우리나라의 반론권 제도는 의견에도 반론권을 적용하는 프랑스식 모델이 아닌 ('A가 아니라/아닌 B'와 같은 문장 구조에서는 (A/B)에 중점을 두고 읽어 내려가면 돼.) 사실적 주장에 대해서만 반론권을 부여하는 독일식 모델을 따르고 있다. (프랑스식/독일식) 모델의 반론권 ⊃ (프랑스식/독일식) 모델의 반론권 우리나라 반론권 제도의 특징은 정부가 반론권 제도를 도입하면서 이를 언론중재위원회를 통하여 행사하도록 했다는 것이다. 반론권 도입 당시 우리 정부는 언론중재위원회를 통한 반론권 행사가 언론에는 신뢰도 하락과 같은 부담을 주지 않고, 개인에게는 신속히 피해를 구제 받을 기회를 주기 때문에 효율적이라고 주장하였다. 이에 대해 언론사와 일부 학자들은 법정 기구인 언론중재위원회를 통해 반론권을 행사하도록 하는 것이 언론의 편집 및 편성권을 침해하여 궁극적으로 언론 자유의 본질을 훼손할 수 있다는 우려를 나타냈다. 우리나라의 반론권 제도: (1) _____

_____에 대해서만 반론권 적용, (2) 언론중재위원회를 통해 _____ 행사 가능 (_____: 효율적 vs. 언론사와 일부 학자들: 언론 _____의 본질 훼손 우려)

　　그러나 ('그러나'는 앞의 내용과 뒤의 내용이 상반될 때 쓰이는 접속어지? 그렇다면 _____의 주장과는 다른 방향의 내용이 이어질 거야!) 헌법재판소는 반론권 존립 여부에 대해 판단하면서, 반론권은 잘못된 사실을 진실에 맞게 수정하는 권리가 아니라('아니라'(앞/뒤)의 내용에 집중!) 피해를 입은 자가 문제가 되는 기사에 대해 자신의 주장을 게재하는 권리로서 합헌적인 구제 장치라고 보았다. 또한 대법원은 반론권 제도를 이른바 무기대등원칙(武器對等原則)에 부합하는 것으로 판단하였다. 즉(_____에 부합한다는 것의 의미를 풀어서 설명해 줄 거야.) 사회적 강자인 언론을 대상으로 일반인이 동등한 공격과 방어를 할 수 있도록 균형 유지 수단을 제공하는 것이므로 정당하다는 것이다. _____와 _____ 모두 언론중재위원회를 통한 반론권 행사를 정당한 것으로 보았네. (1) 헌법재판소: 피해 당사자가 _____을 게재하는 권리로 합헌적 구제 장치, (2) 대법원: 사회적 약자인 일반인에게 사회적 강자인 _____과의 _____ 유지 수단을 제공하므로 정당함

　　반론권 청구는 언론중재위원회 또는 법원에 할 수 있으며, 두 기관에 동시에 신청할 수도 있다. 이때 반론권은 해당 언론사의 잘못이나 기사 내용의 진실성 여부에 상관없이 청구할 수 있다. 반론권 청구: 언론사의 _____이나 기사 내용의 _____과 상관없이 언론중재위원회, 법원에 신청 가능(_____ 신청 가능) 언론 전문가들은 일부 학자들의 비판적인 시각에도 불구하고 언론과 관련된 분쟁은 법정 밖에서 해결하는 것이 가장 바람직하다는 측면에서 언론중재위원회를 통한 반론권 제도의 중요성을 인정하고 있다. 언론 전문가들도 _____를 통한 반론권 제도의 중요성을 인정하는군! 그러나(언론중재위원회를 통한 반론권 제도의 중요성을 인정하는 것과는 다른 방향의 내용이 제시되겠지?) 그 효율성을 제고하기 위해서는 당사자가 모두 만족할 수 있도록 중재의 합의율과 질적 수준을 높여야 할 것이다. 중재의 합의율과 질적 수준을 높여 반론권 제도의 _____을 제고할 필요성이 있다는 내용으로 글을 마무리하고 있네.

**1. 윗글을 통해서 확인할 수 있는 것은?**

① 반론권 제도는 프랑스에서 가장 먼저 도입하였다.

② 보도 내용이 진실한 경우에도 반론권을 청구할 수 있다.

③ 피해자는 반론 보도와 정정 보도를 동시에 청구할 수 있다.

④ 반론권은 개인은 물론이고 법인이나 단체, 조직도 행사할 수 있다.

⑤ 반론권은 문제가 된 보도와 같은 분량의 지면이나 방송으로 행사되어야 한다.

**2. [A]에 근거하여 볼 때, 반론 보도문의 성격에 가장 잘 맞는 것은?**

① 본지는 2008년 1월 1일자 3면에서 공무원 A 씨가 횡령 혐의로 체포되었다고 보도하였습니다. 그러나 A 씨는 2009년 4월 20일 대법원에서 무죄 판결이 났음을 알려 드립니다.

② ○○ 연구소의 B 소장은 '경제 회복 당분간 어렵다'는 취지의 본지 인터뷰 기사 내용에 대해, 이는 인터뷰 내용 중 일부 대목만을 인용하여 '경기 부양에 적절한 조치가 필요하다'라는 자신의 견해를 확대 해석한 결과라고 밝혀 왔습니다.

③ C 기업은 해당 기업에서 제작한 핵심적 기계 장치의 안전성이 우려된다는 본지의 보도로 인하여 많은 손해를 보았다고 전해 왔습니다. 사실 관계를 확인한 결과 기계 자체가 아닌 사용상의 문제인 것으로 드러나 관련 기업과 독자 여러분께 사과드립니다.

④ 본지는 D 병원장의 예를 들어 병원들이 보험료를 부풀려 신청한다는 보도를 한 바 있습니다. 이에 대해 D 병원장은 기사에서 지적된 사람은 자신이 아니라고 알려 왔으며, 확인 결과 기사의 D 병원장은 E 병원장의 오기(誤記)로 드러났음을 알려 드립니다.

⑤ 본지는 F 금융공사가 미국보다 비싼 학자금 대출 금리로 부당한 이익을 남긴다고 보도한 바 있습니다. 이에 대해 F 금융공사는 미국에서 가장 널리 이용되는 학자금 대출 상품의 금리보다 자사의 금리가 더 낮다고 주장하였습니다. 이는 사실로 확인되었으므로 해당 내용을 수정합니다.

**3. 윗글에서 ①과 ②에 들어갈 적절한 단어를 찾아 각각 빈칸에 쓰시오.**

| ① | : 글이나 그림 따위를 신문이나 잡지 따위에 실음. 3문단

예 허 교수의 논문은 유명 학술지에 ☐☐될 예정이다.

| ② | : 쳐들어 높임. 4문단

예 강의의 질적 수준을 ☐☐하기 위해 강의 평가제를 도입했다.

---

**구 조 도 그 리 기**

**〈 언론 보도로 인한 명예 훼손 피해 구제 방안 〉**

| _____ |
|---|

• 손해 배상

| 비금전적인 구제 방식 중 반론권 |
|---|

• 피해 _____가 언론 보도 내용 중 _____ 주장에 대해 언론사를 상대로 지면이나 방송으로 _____할 수 있는 권리 → _____로 실현(≠ 정정 보도, 추후 보도)

| _____ | 사실과 다른 보도 내용을 바로잡음 |
|---|---|
| _____ | 형사상 조치를 받은 것으로 보도된 당사자의 무혐의, 무죄 판결을 보도 |

| 우리나라의 반론권 제도 |
|---|

• 사실적 주장에 대해서만 반론권 부여(_____식 모델)

• _____가 도입 당시에 언론중재위원회를 통해 행사하도록 함

| 정부 | 언론사, 일부 학자들 ((옹호/비판)) | 헌법재판소, 대법원 ((옹호/비판)) |
|---|---|---|
| · 언론에 _____ _____과 같은 부담 X · 개인의 피해 신속 구제 | · 언론의 편집 및 편성권 침해 → 언론 자유의 본질 훼손 우려 | · 합헌적인 구제 장치 · 무기대등원칙에 부합 |

• 청구: _____ 또는 _____에 신청 (언론사의 잘못, 기사 내용의 진실성 여부와 관계 (O/X))

• _____과 질적 수준 제고의 필요성

**[4~6] 다음을 읽고 핵심 내용에 밑줄을 치고, 빈칸에 적절한 말을 채우시오. 또한 주어진 물음에 답하시오.**

생식 기능은 호르몬들의 작용으로 조절된다. (어떤 과정을 제시할 때 항상 한꺼번에, 순차적으로 친절하게 설명해주지는 않아. 우선 _____의 작용으로 생식 기능이 조절된다는 대략의 과정이 설명되었다는 점을 기억해두자! 앞으로 어떤 호르몬들의 작용을 통해 구체적으로 생식 기능이 어떻게 조절되는지를 설명해 나갈 거야.) 남녀 모두, 시상하부에서 분비된 호르몬의 자극으로 두 종류의 생식샘 자극 호르몬, 곧 황체 형성 호르몬과 난포 자극 호르몬이 뇌하수체에서 분비된다. _____에서 분비된 호르몬의 자극 → _____에서 생식샘 자극 호르몬(① _____ 호르몬, ② _____ 호르몬) 분비 (이 호르몬들이 _____ 조절에 영향을 주는 거겠지?) 그런데 남성의 경우, 황체 형성 호르몬은 고환 내 간질 세포의 기능을 활성화하여 남성 호르몬 합성을 촉진한다. (두 종류의 _____이 분비되는 것은 남녀의 공통점이지만, 그 작용 과정에는 차이가 있나 보군. '그런데'로 흐름을 전환해 남성의 경우를 설명하고 있으니, 뒤에서 _____의 생식샘 자극 호르몬 작용 과정에 대해서도 설명해주겠지?) 간질 세포에서 합성된 남성 호르몬은 혈액이나 고환 내 세르톨리 세포로 이동한다. 남성 호르몬과 난포 자극 호르몬이 세르톨리 세포에 함께 작용하여 정조 세포를 정자가 되게 한다. 남성의 생식샘 자극 호르몬의 작용: 황체 형성 호르몬(①)이 간질 세포의 기능 활성화 → _____ 합성 촉진 → 남성 호르몬이 혈액이나 _____로 이동 → 남성 호르몬과 _____(②)이 세르톨리 세포에 함께 작용 → _____를 정자가 되게 함 또한 남성 호르몬은 부고환에 작용하여 고환에서 만들어진 정자를 성숙시켜 수정을 위해 필요한 활동성을 갖도록 한다. 남성 호르몬의 기능: (1) 정조 세포를 _____가 되게 함, (2) 정자를 _____시켜 수정에 필요한 활동성을 갖게 함

여성의 경우, 황체 형성 호르몬이 난소의 난포막 세포에 작용하여 남성 호르몬의 합성을 증가시킨다. 합성된 남성 호르몬은 혈액이나 난소의 과립 세포로 이동한다. 한편 난포 자극 호르몬은 과립 세포에 작용하여 과립 세포 내 아로마타제 효소가 난포막 세포에서 이동한 남성 호르몬을 여성 호르몬으로 바꾸는 데 영향을 준다. 여성의 생식샘 자극 호르몬의 작용: _____(①)이 난포막 세포에 작용 → _____ 합성 증가 → 남성 호르몬이 혈액이나 _____로 이동 → 난포 자극 호르몬(②)이 과립 세포에 작용 → 아로마타제 효소가 _____ 호르몬을 _____ 호르몬으로 바꿈 여성 호르몬은 과립 세포로 둘러싸여 있는 난포 세포를 성숙시켜 난자로 만들고 배란을 유도할 뿐만 아니라, 자궁에 작용하여 임신에 대비한 기본 환경을 갖추도록 한다. 여성 호르몬의 기능: (1) 난포 세포를 성숙시켜 _____로 만들고 배란 유도, (2) _____이 임신에 대비한 기본 환경 갖추도록 함

생식 기능이 정상적으로 유지되기 위해서는 혈중 성호르몬의 농도가 균형을 이루어야 한다. 남성의 경우는 고환에서 합성된 남성 호르몬이, 여성의 경우는 난소에서 합성된 여성 호르몬이 시상하부와 뇌하수체에 영향을 준다. (1문단과 2문단에서는 _____에서 분비된 호르몬의 자극으로 _____에서 분비된 생식샘 자극 호르몬이 남성 호르몬과 여성 호르몬 같은 _____에 주는 영향을 설명했다면, 3문단에서는 성호르몬이 _____와 _____에 영향을 준다는 점을 설명하고 있어!)

이 영향으로 시상하부에서 생식샘 자극 호르몬의 분비를 조절하는 호르몬의 분비가 조절되고, 이것은 다시 뇌하수체에서 생식샘 자극 호르몬의 분비를 조절하는 데 영향을 준다. 이러한 과정을 통해 혈중의 성호르몬 농도가 일정하게 유지된다. 남성·여성 호르몬이 시상하부와 뇌하수체에 영향 → 시상하부의 _____를 조절하는 호르몬의 분비 조절 → 뇌하수체에서 생식샘 자극 호르몬의 분비 조절 → 혈중 _____ 일정하게 유지 → _____이 정상적으로 유지

그러나 비만이 진행되면서 지방 세포로 인해 각종 호르몬의 균형 상태가 영향을 받기 시작하는데, 특히 성호르몬의 변화가 두드러진다. 비만으로 인해 성호르몬의 균형이 깨지면 생식 기능의 저하가 나타난다. (1문단부터 3문단까지는 성호르몬의 농도가 _____을 이루어 생식 기능이 정상적으로 유지되는 경우를 다루었다면, '그러나' 이후부터는 _____으로 성호르몬의 균형이 깨져 생식 기능이 _____되는 경우를 설명하네!)

비만은 체지방의 비율이 증가되는 현상인데, 남녀 모두 비만해지면 지방 세포의 작용으로 여성 호르몬의 혈중 농도가 높아진다. 왜냐하면 혈액에서 지방 세포 내로 유입된 남성 호르몬은 지방 세포 내에 있는 아로마타제 효소에 의해 여성 호르몬으로 변하게 되는데, 지방 세포의 크기가 커지거나 수가 늘어나서 비만해지면 지방 세포 내 아로마타제 효소의 작용이 그에 비례하여 커지기 때문이다. 지방 세포의 크기나 수(↑/↓) → 지방 세포 내 아로마타제 효소의 작용(↑/↓) → 아로마타제 효소가 _____ 호르몬을 _____ 호르몬으로 바꾸어 여성 호르몬 농도↑ 다만(예외적인 사항을 덧붙이는 경우는 문제에서 물어볼 가능성이 높으니 꼼꼼하게 읽자!) 비만 여성에서는 지방 세포가 여성 호르몬을 흡수·저장도 하기 때문에 높아졌던 혈중 여성 호르몬 농도가 다시 낮아지므로 사실상 거의 변화가 없게 된다. 비만 여성: 높아졌던 혈중 여성 호르몬 농도가 다시 _____

한편 비만 남성에서는 혈중 여성 호르몬 농도가 높아짐으로 인해 뇌하수체의 생식샘 자극 호르몬 분비가 억제된다. 비만 남성의 생식 기능 저하: 지방 세포의 작용 → 여성 호르몬 농도(↑/↓) → 생식샘 자극 호르몬 분비 _____ → 생식 기능 저하 비만 여성의 경우, 혈중 여성 호르몬은 뇌하수체를 자극해서 황체 형성 호르몬의 분비를 촉진하는데, 이것(_____)은 난소 내에서 남성 호르몬의 합성을 증가시킨다. 또한 혈중 여성 호르몬은 뇌하수체에서 난포 자극 호르몬의 분비를 억제한다. (2문단에서 난포 자극 호르몬은 아로마타제 효소가 _____ 호르몬을 _____ 호르몬으로 바꾸는 데 영향을 준다고 했어.) 결국 비만으로 인해 난소 내 남성 호르몬의 농도가 높아지고 과립 세포 내 아로마타제 효소의 양이 감소하게 되어 성호르몬의 균형에 변화가 일어나고, 이에 따라 난자 성숙 과정이 정상적으로 이루어지지 않는다. 이처럼 난소 내 성호르몬의 농도가 변화하게 되면, 미성숙 난자만 존재하는 '다낭성 난소 증후군'이 나타날 수 있다. 이 증후군은 배란율 감소와 불규칙한 월경을 동반하고 심한 경우 불임을 야기한다. 비만 여성의 생식 기능 저하: 여성 호르몬이 황체 형성 호르몬의

분비 _____(→ _____ 호르몬 합성 증가), 난포 자극 호르몬 분비 _____ → 남성 호르몬 농도(↑/↓), 아로마타제 효소 양(↑/↓) → 성호르몬의 균형 깨짐 → _____

_____이 정상적으로 이루어지지 않음

## 4. 윗글의 내용에 부합하지 않는 것은?

① 남성 호르몬은 정자가 활동성을 갖도록 한다.

② 아로마타제는 남성 호르몬의 합성에 필요하다.

③ 뇌하수체는 혈중 여성 호르몬 농도를 조절한다.

④ 남성 호르몬은 고환과 난소 모두에서 합성된다.

⑤ 황체 형성 호르몬은 간질 세포의 기능을 조절한다.

## 5. 비만에 의해 일어나는 변화를 잘못 설명한 것은?

① 남녀 모두, 지방 세포에서 남성 호르몬의 합성은 증가한다.

② 남성의 경우, 고환 내에서 남성 호르몬의 농도가 낮아진다.

③ 남성의 경우, 혈중의 여성 호르몬 농도 변화량은 여성보다 크다.

④ 여성의 경우, 지방 세포 내의 여성 호르몬 농도가 정상보다 더 높다.

⑤ 여성의 경우, 다낭성 난소 증후군 상태의 난소 내 여성 호르몬 농도는 정상보다 낮다.

## 6. 윗글에서 ⑤과 ⓒ에 들어갈 적절한 단어를 찾아 각각 빈칸에 쓰시오.

┌─────────────────────────────────────┐
│ [ ⑤ ] : 적당하게 맞추어 나감. [1문단] │
│  예 냉난방 시설을 통해 실내 온도를 □□할 수 있다. │
│                                     │
│ [ ⓒ ] : 정도, 수준, 능률 따위가 떨어져 낮아짐. [4문단] │
│  예 과대광고와 품질 □□로 기업의 이미지가 실추되었다. │
└─────────────────────────────────────┘

## 구 조 도   그 리 기

### 〈 생식 기능과 비만 〉

• 생식 기능을 조절하는 호르몬의 작용

| | | 남성 | 여성 |
|---|---|---|---|
| _____ 호르몬 | 황체 형성 호르몬 | _____ 내 간질 세포 기능을 활성화 → 남성 호르몬 합성 _____ → 세르톨리 세포로 이동 → 정조 세포를 _____ 가 되게 함 | _____의 난포막 세포에 작용 → _____ 합성 증가 → 과립 세포로 이동 |
| | _____ 호르몬 | 세르톨리 세포에 _____ _____과 함께 작용해 정조 세포를 정자가 되게 함 | _____에 작용해 아로마타제 효소가 남성 호르몬을 _____ 호르몬으로 바꿈 |
| 성 호르몬 | | 남성·여성 호르몬 → _____의 생식샘 자극 호르몬의 분비를 조절하는 호르몬의 분비 조절 → _____의 생식샘 자극 호르몬 분비 조절 → 혈중 _____ _____하게 유지 → 생식 기능의 정상적 유지 | |

• 비만에 따른 생식 기능의 저하

· 지방 세포↑ → _____의 작용↑

→ 혈중 여성 호르몬 농도(↑/↓)(단 비만 _____의 경우 혈중 여성 호르몬 농도가 다시 낮아짐)

· 성호르몬의 균형이 깨져 _____이 저하됨

① 비만 남성: 여성 호르몬 농도↑ → _____

_____ 억제

② 비만 여성: 여성 호르몬 농도↑ → _____

_____ 촉진(→ 남성 호르몬 합성 증가),

_____ 억제 → 난자 성숙 과정이 정상적으로 이루어지지 않음(다낭성 난소 증후군)

**[1~3] 다음을 읽고 핵심 내용에 밑줄을 치고, 빈칸에 적절한 말을 채우시오. 또한 주어진 물음에 답하시오.**

쾌락주의는 모든 쾌락이 그 자체로서 가치가 있으며 쾌락의 증가와 고통의 감소를 통해 최대의 쾌락을 산출하는 행위를 올바른 것으로 간주하는 윤리설이다. 쾌락주의에 따르면 쾌락만이 내재적 가치를 지니며, 모든 것은 이러한 쾌락을 기준으로 가치 평가되어야 한다. 쾌락주의의 입장: (1) ＿＿＿＿＿＿＿＿은 그 자체로서 가치가 있음, (2) ＿＿＿＿＿＿＿＿＿＿을 산출하는 행위 = 올바른 것, (3) 쾌락만이 ＿＿＿＿＿＿＿＿＿를 지님, (4) 모든 것이 ＿＿＿＿을 기준으로 가치 평가되어야 함 쾌락주의는 고대의 에피쿠로스에 의해서는 개인의 쾌락을 중시하는 이기적 쾌락주의로, 근대의 벤담과 밀에 의해서는 사회 전체의 쾌락을 중시하는 ㉠쾌락주의적 공리주의로 체계화되었다. 고대: 에피쿠로스의 이기적 쾌락주의(＿＿＿＿＿＿＿＿＿ 중시) → 근대: 벤담과 밀의 쾌락주의적 공리주의(＿＿＿＿＿＿＿＿＿＿ 중시)

그런데(글의 초반부에서 흐름이 전환되면 본격적인 ＿＿＿＿＿가 제시될 가능성이 높아.) 쾌락주의자는 단기적이고 말초적인 쾌락만을 추구함으로써 결국 고통에 빠지게 된다는 오해를 받기도 한다. 하지만(글쓴이는 쾌락주의자가 단기적이고 말초적인 쾌락만을 추구한다는 의견에 (동의하겠군/동의하지 않겠군).) 쾌락주의적 삶을 순간적이고 감각적인 쾌락만을 추구하는 방탕한 삶과 동일시하는 것은 옳지 않다. 쾌락주의는 일시적인 쾌락의 극대화가 아니라('A가 아니라 B'의 구조이니까 (A/B)의 내용에 집중하자!) 장기적인 쾌락의 극대화를 목적으로 하므로 단기적, 말초적 쾌락만을 추구하는 것은 아니다. 예를 들어 사회적 성취가 장기적으로 더 큰 쾌락을 가져다준다면 쾌락주의자는 단기적 쾌락보다는 사회적 성취를 우선적으로 추구한다. 쾌락주의에 대한 오해 (1): 단기적이고 말초적인 쾌락만을 추구 → [반박] 쾌락주의는 ＿＿＿＿＿＿＿＿＿＿＿＿＿＿＿＿＿＿＿를 목적으로 함

또한 쾌락주의는 쾌락 이외의 것은 모두 무가치한 것으로 본다는 오해를 받기도 한다. 하지만(쾌락주의가 ＿＿＿＿＿＿＿＿＿＿＿＿＿＿＿＿＿＿＿＿＿＿＿＿＿＿＿＿＿＿＿는 글쓴이의 주장과 그 근거가 이어질 거야.) 쾌락주의가 쾌락만을 가치 있는 것으로 보는 것은 아니다. 세상에는 쾌락 말고도 가치 있는 것들이 있으며, 심지어 고통조차도 가치 있는 것으로 볼 수 있다. 발이 불구덩이에 빠져서 통증을 느껴 곧바로 발을 빼낸 상황을 생각해보자. 이때의 고통은 분명히 좋은 것임에 틀림없다. 만약 고통을 느끼지 못했다면, 불구덩이에 빠진 발을 꺼낼 생각을 하지 못해서 큰 부상을 당했을 수도 있기 때문이다. 물론 이때 고통이 가치 있다는 것은 도구적인 의미에서 그런 것이지 그(＿＿＿＿＿＿) 자체가 목적이라는 의미는 아니다. 쾌락주의에 대한 오해 (2): ＿＿＿＿＿＿＿＿＿＿＿＿＿＿은 모두 무가치한 것으로 봄 → [반박] 쾌락만을 가치 있는 것으로 보는 것은 아님(고통도 ＿＿＿＿＿적인 의미에서 가치 있음)

쾌락주의는 고통을 도구가 아닌 목적으로 추구하는 것을 이해할 수 없다고 본다. 금욕주의자가 기꺼이 감내하는 고통조차도 종교적·도덕적 성취와 만족을 추구하기 위한 도구인 것이지 고통 그 자체가 목적인 것은 아니기 때문이다. 대부분의 세속적 금

욕주의자들은 재화나 명예와 같은 사회적 성취를 위해 당장의 쾌락을 포기하며, 종교적 금욕주의자들은 내세의 성취를 위해 현세의 쾌락을 포기하는데, 그것이 사회적 성취이든 내세적 성취이든지 간에 모두 광의의 쾌락을 추구하고 있는 것이다. 고통에 대한 쾌락주의자의 입장: 고통은 ＿＿＿＿＿일 뿐 ＿＿＿＿은 아님, 금욕주의자들도 ＿＿＿＿＿＿＿＿을 추구함

쾌락주의가 여러 오해로 인해 부당한 비판을 받고 있는 것은 사실이지만 그렇다고 쾌락주의가 어떠한 비판으로부터도 자유로운 것은 아니다. 쾌락주의는 쾌락의 정의나 쾌락의 계산 등과 관련하여 문제점을 갖고 있다. 쾌락의 원천은 다양한데, 과연 서로 다른 쾌락을 같은 것으로 볼 수 있는가? 문제점 (1): 쾌락의 ＿＿＿＿＿에 관한 것 가령 식욕의 충족에서 비롯된 쾌락과 사회적 명예의 획득에서 비롯된 쾌락은 같은 것인가? 이에 대해 벤담은 이 쾌락들이 질적으로 동일하며 양적으로 다를 뿐이라고 대답함으로써 쾌락주의의 입장을 일관되게 유지할 수 있었으나, (＿＿＿＿＿의 대답은 효용성이 있었지만, 한계점도 있었나 보군.) 저급한 돼지의 쾌락과 고차원적인 인간의 쾌락을 동일시하여 결국 돼지와 인간을 동등한 존재로 간주하였다는 점에서 비쾌락주의자로부터 '돼지의 철학'이라고 비판받았다. 벤담: 쾌락의 질적 차이 (O/X) → 저급한 쾌락과 고차원적인 쾌락을 ＿＿＿＿＿＿＿하여 비쾌락주의자로부터 비판받음 밀은 만족한 돼지보다 불만족한 인간이 더 낫고, 만족한 바보보다는 불만족한 소크라테스가 더 낫다고 주장하면서 쾌락의 질적 차이를 인정했다. 그런데 이(＿＿＿＿＿＿＿＿＿＿＿＿＿＿＿＿＿＿＿하는) 입장을 취하게 되면, 이질적인 쾌락을 어떻게 서로 비교할 수 있는가 하는 계산의 문제가 발생한다. 문제점 (2): 쾌락의 ＿＿＿＿＿에 관한 것 밀은 이질적인 쾌락이라고 해도 양자를 모두 경험한 다수의 사람이 선호하는 쾌락을 고급 쾌락이라고 하면서 저급 쾌락과 고급 쾌락을 구분하였다. 인간은 자유롭고 존엄한 삶을 추구하는 존재인데, 이러한 자유와 존엄성의 실현에 기여하는 고급 쾌락이 더 바람직하다는 것이다. 하지만 이와 관련하여 후대의 다른 쾌락주의자들은 밀이 쾌락주의자의 입장을 저버렸다는 비판을 하기도 하였다. 쾌락주의자들은 모든 것은 ＿＿＿＿을 기준으로 가치 평가되어야 한다고 보는데, 밀은 쾌락 이외에 인간의 ＿＿＿＿＿＿＿＿＿＿＿＿＿＿에 기여하느냐는 기준을 도입했으니, 쾌락주의자의 입장을 저버렸다는 비판을 받은 거겠네. 밀의 입장을 정리해볼까? 밀: 쾌락의 질적 차이 (O/X) (＿＿＿＿＿ 쾌락보다 ＿＿＿＿＿ 쾌락이 더 바람직) → 쾌락주의자의 입장을 저버렸다고 ＿＿＿＿＿＿＿＿＿＿＿로부터 비판받음

**1. 윗글에 나타난 쾌락주의의 입장이 <u>아닌</u> 것은?**

① 고통은 그 자체로서 목적적 가치를 지닌 것은 아니다.

② 단기적이고 말초적인 쾌락은 내재적 가치를 지니지 않는다.

③ 쾌락이 아닌 다른 것도 도구적 의미에서 가치를 지닐 수 있다.

④ 금욕주의자가 고통을 감내하는 것도 결국은 쾌락을 위한 것이다.

⑤ 두 행위 중 결과적으로 더 큰 쾌락을 산출하는 행위가 옳은 것이다.

**2. ㉠의 입장에서 〈보기〉에 대해 제시할 수 있는 견해로 가장 적절한 것은?**

〈보기〉

쾌락주의는 사디스트가 쾌락을 얻기 위해 가학적 행위를 하는 것도 옳다고 보기 때문에 문제가 있다.

① 사디스트의 가학적 행위는 그 동기가 나쁘기 때문에 그른 것이다.

② 사디스트의 가학적 행위는 그 자신의 쾌락을 증진해 주기 때문에 옳은 것이다.

③ 사디스트의 가학적 행위는 그로 인한 피해의 발생 여부와 관계없이 그 자체로 그른 것이다.

④ 사디스트가 가학적 행위로 얻는 쾌락은 타인에게 고통을 주기 때문에 그 자체로서 가치를 지닌 것이 아니다.

⑤ 사디스트가 가학적 행위로 얻는 쾌락보다 그로 인한 희생자의 고통이 더 클 경우에 가학적 행위는 그른 것이다.

**3. 윗글에서 ①과 ②에 들어갈 적절한 단어를 찾아 각각 빈칸에 쓰시오.**

| ① | : 어려움을 참고 버티어 이겨 냄. **4문단** |

**예** 어머니는 아들을 위해 온갖 고초를 □□하며 사셨다.

| ② | : 이치에 맞지 아니함. **5문단** |

**예** 선수들은 심판의 □□한 판정에 항의를 했다.

---

**구 조 도  그 리 기**

〈 쾌락주의에 대한 비판 〉

**쾌락주의의 입장**

① 모든 쾌락은 그 자체로서 _____가 있음

② 최대의 쾌락을 산출하는 행위 = _____

③ _____만이 내재적 가치를 지님

④ 모든 것이 쾌락을 기준으로 _____되어야 함

**쾌락주의에 대한 오해**

① _____만을 추구

→ 쾌락주의는 장기적인 쾌락의 극대화를 목적으로 하므로 단기적, 말초적 쾌락만을 추구하는 것 아님

② 쾌락 이외의 것은 모두 _____으로 봄

→ 쾌락 말고도 가치 있는 것들이 _____

**쾌락주의에 대한 오해**

고통은 쾌락을 추구하기 위한 _____일 뿐, _____은 아님

**쾌락주의에 대한 비판**

① 쾌락의 _____와 관련한 문제: 서로 다른 쾌락을 같은 것으로 볼 수 있는가?

• 벤담: 모든 쾌락은 _____으로 차이가 있을 뿐, _____으로 동일함(→ _____에게 '돼지의 철학'이라고 비판받음)

② 쾌락의 계산과 관련한 문제: 쾌락의 _____를 인정한다면, _____을 어떻게 비교할 수 있는가?

• ___: 저급 쾌락과 더 바람직한 고급 쾌락을 구분함(→ 다른 쾌락주의자에게 _____고 비판받음)

**[4~6] 다음을 읽고 핵심 내용에 밑줄을 치고, 빈칸에 적절한 말을 채우시오. 또한 주어진 물음에 답하시오.**

고체는 원자들이 서로 상대적으로 고정된 위치에 배치되어 있는 입체적 구조물인데, 원자의 배열이 규칙적인 결정질과 불규칙적인 비결정질로 구분된다.

| _____ : 원자들이 고정된 위치에 배치된 입체적 구조물 | |
| --- | --- |
| 결정질: 원자의 배열 _____ | 비결정질: 원자의 배열 _____ |

고체의 여러 물리적 성질은 고체 내의 전자가 가지는 파동성에 의해 설명된다. 전자의 파동은 변위*라는 복소수로 표현되는데, 변위는 크기와 위상의 곱으로 주어진다. 고체 내 전자의 파동: _____ (크기 × 위상)로 표현 임의의 위치에서 전자가 발견될 확률은 변위 크기의 제곱으로 주어지며, 시간과 공간의 함수인 위상은 전자의 파동성을 나타낸다. _____가 발견될 확률 = 변위 크기 _____, _____(시간과 공간의 함수)은 전자의 파동성을 나타냄 파동의 일부 또는 전부가 일정 영역에 갇혀 진행에 방해를 받는 현상을 국소화(localization)라 하는데, 국소화: 파동의 일부 또는 전부가 일정 영역에 _____ 진행에 방해를 받는 현상 국소화에는 앤더슨 국소화, 약한 국소화, 동역학적 국소화의 세 가지가 있다. (이 글은 _____에 대해 설명하고자 하는구나. 그렇다면 앞서 제시한 '결정질', '비결정질', '변위', '위상' 등에 대한 설명은 (사전 정보/방향 정보/핵심 정보/부록 정보)에 해당하겠네. 이러한 개념들을 활용해 핵심 정보인 국소화에 대해 설명하겠지?) 앤더슨 국소화와 약한 국소화는 비결정질 고체 내에서 일어나고, 동역학적 국소화는 비결정질과 상관없이 혼돈계에서 일어난다. (앤더슨 국소화, 약한 국소화와 동역학적 국소화의 차이점이 제시됐네. 그런데 '혼돈계'가 무엇인지 모르겠다고? 만약 핵심 정보를 설명하거나 문제를 푸는 데 필요한 내용이라면 설명해 줄 거야. 하지만 지문에서 혼돈계에 대해 더 다루지 않는다면 써준 대로 _____ _____ 국소화가 혼돈계에서 일어난다는 점만 정확히 알아 두면 돼!)

앤더슨 국소화란(이후 _____ 국소화, _____ 국소화도 설명해 주겠지? 세 가지 국소화 간의 공통점과 차이점을 파악하며 읽자!) 파동이 더 이상 진행하지 못하고 일정한 공간 안에 완전히 갇히는 현상을 말한다. (1) 앤더슨 국소화: 파동이 진행하지 못하고 일정 공간에 _____ 현상 비결정질의 경우 임의의 위치에서 출발한 전자 파동이 다른 임의의 위치에 도달하기 위해서는 불규칙하게 배열된 수많은 원자들과 충돌할 수밖에 없으므로, 전자의 이동 경로가 무수히 존재하게 된다. 각 경로들이 갖는 위상들은 부호(+/−)가 다른 무작위 값을 가지는데, 이 경우 각 경로들에 대응되는 변위(1문단에서 변위는 크기와 _____의 곱이라고 했다.)를 모두 합하면 그 크기가 0에 가까워진다. 이는 임의의 위치에서 출발한 전자를 다른 임의의 위치에서 발견할 확률이 0에 가까워진다는 뜻이므로, (1문단에서 임의의 위치에서 전자가 발견될 확률은 _____의 제곱이라고 했으니까, 변위의 크기가 0에 가까워지면 전자가 발견될 확률도 __에 가까워지겠지!) 전자 파동이 멀리 진행할 수 없고 공간적으로 완전히 갇혀 국소화됨을 의미한다. _____ 고체의 임의의 위치에서 출발한 전자 파동이 다른 위치에 도달하는 무수한 _____와 대응되는 _____의 합은 0에 가까움 = 임의의 위치에서 출발한 전자를 다른 위치에서 발견할 확률 __에 가까움 = 파동이 공간적으로 완전히 갇힘(앤더슨 국소화) 이때 파동이 갇힌 공간적 영역의 크기를 '국소화 길이'라 하는데,

국소화 길이가 짧을수록 국소화가 강해진다. _____ (파동이 갇힌 공간적 영역의 크기)↓ → 국소화(↑/↓)

앤더슨 국소화가 **일어나려면**(앤더슨 국소화가 일어나기 위한 _____이 제시되겠지?) 우선 파동의 위상이 시간과 공간의 함수로 잘 정의되어야 한다. 이러한 위상을 갖는 파동을 결맞은 파동이라 하는데, 결맞음의 정도를 '결맞음 길이'라는 양으로 표현한다. 결맞음 길이가 국소화 길이보다 길어야 국소화가 일어난다. 앤더슨 국소화의 조건: _____ 파동이어야 함, _____(결맞음의 정도) > 국소화 길이 온도가 높아**지면** 전자들 사이의 상호 작용과 원자들의 요동이 커**져** 결맞음이 어긋나면서 결맞음 길이가 0으로 접근한다. (순서를 파악하며 읽었지?) 온도↑ → 전자들 간 상호 작용, 원자들의 요동(↑/↓) → 결맞음 어긋남(결맞음 길이 _____으로 접근) 또한 앤더슨 국소화는 차원에 따라 다른 양상을 보인다. 1차원의 경우 장애물이 있다면 되돌아가지 않고 피해 갈 방법은 없다. 하지만 차원이 높아지면 장애물을 피해 가기 쉬워진다. 따라서 비결정질이 1차원인 형태에서는 전자가 국소화되어 부도체가 되지만, 3차원에서는 조건에 따라 전자의 상태가 국소화되지 않아 도체가 될 수도 있다. 차원↑ → 장애물 피할 가능성(↑/↓) → _____되지 않아 _____가 될 수도 있음

약한 국소화는 파동이 폐곡선* 경로에 약하게 갇혀 진행에 방해를 받는 현상을 말한다. (2) 약한 국소화: 파동이 폐곡선 경로에 _____ 진행에 방해를 받는 현상 약한 국소화는 도체/부도체의 특성 자체를 결정하지 못하지만, (도체/부도체의 특성 자체를 결정하는 것은 _____ 국소화였지!) 자기장의 유무에 따른 전기 저항의 차이를 설명한다. 비결정질 내부의 임의의 점에서 출발하여 전파되는 파동의 수많은 경로들 중에는 폐곡선 형태를 갖는 것들이 있다. 폐곡선에서는 전자가 시계 방향과 반시계 방향으로 도는 것이 둘 다 가능하다. 이 두 경로는 동일한 곡선상에 위치하여 길이가 같으므로 두 경로를 지나 출발점으로 돌아온 파동의 위상이 같아지고, 이에 따라 전자의 파동이 중첩되어 변위가 커진다. 변위 크기의 제곱은 전자가 발견될 확률이므로, 변위의 크기가 커진다는 것은 전자가 출발점으로 되돌아오기 쉬워져 이동이 방해됨을 뜻한다. 따라서 방해가 없는 경우에 비해 전기 저항이 커진다. 비결정질 내부에서 _____ 형태를 갖는 파동의 경로: 전자가 시계·반시계 방향으로 도는 것 둘 다 가능(두 경로를 지나 출발점으로 돌아온 파동의 _____ 같음) → 전자의 파동이 _____ → _____↑ = 전자가 출발점으로 되돌아오기 쉬워져 이동이 _____됨(약한 국소화) → 전기 저항(↑/↓) 하지만 자기장 안에서는 두 방향으로 도는 파동의 위상에 변동이 생겨 약한 국소화 효과가 거의 나타나지 않는다. (앞에서 약한 국소화는 _____의 유무에 따른 전기 저항의 차이를 설명한다고 했지? 즉 자기장이 (있으면/없으면) 약한 국소화의 영향을 받아 전기 저항이 커지지만, 자기장이 (있으면/없으면) 약한 국소화 효과가 거의 나타나지 않는다는 거네!)

끝으로 동역학적 국소화는 혼돈계에서 일어나는 파동의 국소화를 말한다. (3) 동역학적 국소화: _____에서 일어나는 파동의 국소화

혼돈이란 미세한 초기 조건의 차이가 결과에 엄청난 차이를 일으키는 현상을 말하는데, 혼돈계에서는 모든 입자가 복잡한 운동을 하며 확산해 간다. 반면 파동은 혼돈계에서 확산되지 않고 완전히 갇혀 국소화된다. 혼돈계에서 _____는 확산되지만, _____은 확산되지 않고 완전히 갇혀 국소화되네. 왜냐하면 어떤 파동이 혼돈계 내에서 복잡하게 진행하는 것은, 파동이 비결정질에서 불규칙하게 배열된 수많은 원자 사이를 지나가는 앤더슨 국소화의 경우와 유사한 상황이기 때문이다. 비결정질과 상관없이 혼돈계에서 일어나는 _____ 국소화의 원리는 비결정질 고체 내에서 일어나는 앤더슨 국소화의 원리와 비슷하다고 볼 수 있구나!

*변위: 물체의 나중 위치와 처음 위치의 차이를 나타내는 변화량.
*폐곡선: 곡선 위의 한 점에서 출발하여 곡선을 따라 한 방향으로 움직였을 때 처음 출발한 점으로 되돌아오게 되는 곡선.

## 4. 국소화들 사이의 공통점을 바르게 설명한 것은?

① 동역학적 국소화와 약한 국소화는 폐곡선 경로 때문에 생긴다.
② 앤더슨 국소화와 동역학적 국소화는 파동이 완전히 갇히는 현상이다.
③ 앤더슨 국소화와 약한 국소화는 비결정질이 도체인지 부도체인지를 결정한다.
④ 약한 국소화와 동역학적 국소화는 앤더슨 국소화의 개념을 그대로 적용한 것이다.
⑤ 앤더슨 국소화와 동역학적 국소화는 고체를 이루는 원자 배열의 불규칙성 때문에 생긴다.

## 5. 윗글의 내용을 바탕으로 〈보기〉의 A, B에 들어갈 말을 바르게 짝지은 것은?

〈보기〉

○ 약한 국소화가 일어난 비결정질 시료에 자기장을 가하고 자기장을 가하기 전의 전기 저항과 비교해 보면, 전기 저항은 ( A ).
○ 앤더슨 국소화가 일어난 비결정질에서 국소화가 사라지도록 하려면 온도를 ( B ).

|     | A        | B          |
|-----|----------|------------|
| ①   | 커진다    | 높인다      |
| ②   | 커진다    | 낮춘다      |
| ③   | 작아진다  | 높인다      |
| ④   | 작아진다  | 낮춘다      |
| ⑤   | 변화가 없다 | 그대로 유지한다 |

## 6. 윗글에서 ①과 ②에 들어갈 적절한 단어를 찾아 각각 빈칸에 쓰시오.

┌─────────────────────────────────────────┐
│ ① : 사람이나 물자 따위를 일정한 자리에 나누어 둠. 1문단
│ 예 교실에는 책상들이 일정한 간격으로 □□되어 있었다.
│ ② : 사물이나 현상의 모양이나 상태. 3문단
│ 예 그 당시의 소설은 천편일률적인 □□을 보인다.
└─────────────────────────────────────────┘

## 구 조 도 그 리 기

〈 국소화 〉
• 파동의 _____가 일정 영역에 갇혀 진행에 방해를 받는 현상

| | |
|---|---|
| 국소화 | • 파동이 더 이상 진행하지 못하고 일정한 공간 안에 완전히 갇히는 현상<br>• _____(원자의 배열 불규칙적) 고체 내에서 일어남<br>• 전자 파동이 다른 위치에 도달하는 과정에서 _____ 과 충돌하므로 전자의 이동 경로가 무수히 존재: 각 경로들의 _____의 합은 크기가 0에 가까움 = _____가 다른 위치에서 발견될 확률 0에 가까움<br>• 조건: ① 결맞은 파동, ② _____ (결맞음의 정도) 〉 _____(파동이 갇힌 공간적 영역의 크기)<br>• _____에 따라 국소화 양상이 달라질 수 있음 (도체/부도체의 특성 결정) |
| 약한 국소화 | • 파동이 _____에 약하게 갇혀 진행에 방해를 받는 현상<br>• _____에서 일어남<br>• 자기장의 유무에 따른 _____의 차이를 설명(_____에서는 약한 국소화 효과가 거의 나타나지 않음) |
| _____ 국소화 | • _____과 상관없이 혼돈계에서 일어나는 파동의 국소화<br>• 혼돈계에서는 _____가 복잡한 운동을 하며 확산해 가지만, 파동은 완전히 갇혀 _____됨((앤더슨 국소화/약한 국소화)와 유사한 원리) |

**[1~3] 다음을 읽고 핵심 내용에 밑줄을 치고, 빈칸에 적절한 말을 채우시오. 또한 주어진 물음에 답하시오.**

스팸 메일이란 대량으로 반복해서 전달되는 영리 목적의 광고성 메일을 가리킨다. _____의 개념 대부분의 스팸 메일은 그 내용이 유해한 음란물이나 기만적인 표현과 관련된 것이어서, 수신자들은 심리적 불쾌감을 느낄 뿐만 아니라 불필요한 정보를 삭제하는 데 시간과 노력을 낭비하게 됨은 물론, 개인 정보 유출 등의 피해를 입을 수도 있다. 또한 스팸 메일은 정보 통신 서비스 사업자를 통해 전달되므로 발송에 따른 비용을 정보 통신 서비스 사업자가 부담하는 결과가 발생하기도 한다. (3개 이상의 내용이 단순 나열되면 상위 개념으로 묶어 기억하고 넘어가고, 세부 내용은 문제에서 물어보면 돌아와서 확인하면 돼! 여기에서는 스팸 메일로 인한 _____이 언급됐다고 이해하면 되겠지?) 이 때문에 스팸 메일은 당연히 금지되어야 할 대상으로 인식되는 경향이 있다. 스팸 메일에 대한 일반적 인식: _____되어야 할 대상

그러나 스팸 메일 금지와 관련해서는 복잡한 문제들이 존재한다. (글의 초반에서 흐름이 바뀌면 화제가 제시될 가능성이 높아! 그렇다면 이 글의 화제는 스팸 메일은 _____되어야 할 대상으로 인식되지만 복잡한 문제들이 있어 무조건 금지하기는 어렵다는 점과 관련이 있겠지?) 우선, (스팸 메일 금지와 관련한 _____을 하나씩 설명해 주려나 봐.) 스팸 메일도 일종의 표현이라는 점에서 헌법상의 기본권으로 보호되어야 한다는 견해가 있다. 이에 따르면 스팸 메일을 완전히 차단하는 것은 발송자에 대한 과잉 규제에 해당한다. 스팸 메일 금지에 대한 반대 견해 (1): 스팸 메일도 일종의 _____이므로 헌법상의 _____으로 보호되어야 함 또 (두 번째 반대 견해가 제시되겠지?) 스팸 메일이 수신자의 알 권리 행사와 자기 정보 통제권 행사의 대상이 될 수 있다는 견해가 있다. 즉 스팸 메일에는 수신자가 필요로 하는 정보가 포함될 수 있기 때문에 수신자에게 이를 전달하지 못하게 막는 것은 수신자가 자유롭게 자신이 원하는 정보를 추구하고 스스로 정보를 취사선택할 수 있는 권리를 침해할 수 있다. 스팸 메일 금지에 대한 반대 견해 (2): 스팸 메일은 _____의 알 권리 행사와 자기 정보 통제권 행사의 대상이 될 수 있음

스팸 메일 금지는 개인적 기본권 차원만 아니라 사회적 차원의 논쟁도 야기한다. (2문단에서는 스팸 메일 금지가 발송자, 수신자의 _____ 기본권과 관련된 논쟁을 야기할 수 있음을 다뤘다면, 이제 _____의 논쟁과 관련한 스팸 메일 금지에 대한 반대 견해를 제시하려나 봐.) 스팸 메일을 기업의 기본적 영업 행위의 하나인 광고라고 본다면 스팸 메일을 금지하는 것은 기업의 영업상 자유를 침해할 수 있기 때문이다. 특히 스팸 메일은 광고 비용이 저렴하기 때문에 스팸 메일 금지는 대기업보다 소기업의 영업 기회를 침해하는 결과를 가져온다. 스팸 메일 금지에 대한 반대 견해 (3): 기업의 _____ 침해

이 때문에 스팸 메일 규제와 관련한 논의는 스팸 메일 발송자의 표현의 자유와 수신자의 인격권 중 어느 것을 우위에 둘 것인가를 중심으로 전개되어 왔다. 스팸 메일 규제와 관련한 논의의 쟁점: 발송자의 _____와 수신자의 _____ 중 우위에 둘 것이 무엇인가 스팸 메일의 규제 방식은 옵트인(opt-in) 방식과 옵트아웃(opt-out) 방식으로 대별된다. (지금부터는 스팸 메일의 _____을 설명하려

나 봐. 구분되는 두 대상이 제시되었으니 공통점과 차이점을 파악하며 읽자!) 전자(_____)는 광고성 메일을 금지하지는 않되 수신자의 동의를 받아야만 발송할 수 있도록 하는 방식으로, (발송자의 표현의 자유와 수신자의 인격권 중 (발송자의 표현의 자유를/수신자의 인격권을) 우위에 둔 방식이라고 할 수 있겠네.) 영국 등 EU 국가들에서 시행하고 있다. 스팸 메일의 규제 방식 (1) 옵트인 방식: 수신자의 _____를 받아야만 광고성 메일 발송 가능

그러나 이 방식은 수신 동의 과정에서 발송자와 수신자 양자에게 모두 비용이 발생하며, 시행 이후에도 스팸 메일이 줄지 않았다는 조사 결과도 나오고 있어 규제 효과가 크지 않을 수 있다. 옵트인 방식의 문제점: 수신 동의 과정에서 _____ 발생, 규제 효과(↑/↓)

반면 옵트아웃 방식은 일단 스팸 메일을 발송할 수 있도록 하되 수신자가 이를 거부하면 이후에는 메일을 재발송할 수 없도록 하는 방식으로, (발송자의 표현의 자유와 수신자의 인격권 중 (발송자의 표현의 자유를/수신자의 인격권을) 우위에 둔 방식이라고 할 수 있겠네.) 미국에서 시행되고 있다. 스팸 메일의 규제 방식 (2) 옵트아웃 방식: 수신자가 _____하기 전까지는 스팸 메일 발송 가능 그런데(동일한 층위에 있는 대상은 동일한 방법으로 설명하는 경우가 많아. 그렇다면 옵트인 방식과 마찬가지로 _____을 소개한 후 _____을 언급할 가능성이 높지!) 이러한 방식은 스팸 메일과 일반적 광고 메일의 선별이 어렵고, 수신자가 수신 거부를 하는 데 따르는 불편과 비용을 초래하며 불법적으로 재발송되는 메일을 통제하기 힘들다. 또한 육체적·정신적으로 취약한 청소년들이 스팸 메일에 무차별적으로 노출되어 피해를 입을 수 있다. (3가지 이상의 내용이 단순 나열되었으니, _____이 제시되었다고만 기억하고 구체적인 내용은 물어보면 돌아와서 다시 확인하자!)

우리나라의 경우 원칙적으로는 옵트아웃 방식을 택하고 있으나 옵트아웃 방식의 단점을 보완하기 위한 법 규정을 두고 있다. 우리 법은 광고 정보 전달 시 정보의 유형 및 주요 내용, 발송자의 명칭 및 연락처, 메일 주소를 수집한 출처, 그리고 수신 거부의 의사 표시를 쉽게 할 수 있는 조치 및 방법을 명시하도록 규정하고 있다. 아울러 청소년 유해물 광고 메일 발송을 금지하고, 무단으로 메일 주소를 수집하는 프로그램이나 기술적 장치를 통해 영리성 광고 메일을 발송하는 것을 금지하고 있다. 이를 위반할 시에는 형사적 처벌 또는 과태료 부과를 할 수 있다. 우리나라는 _____을 택하는 한편, 그 단점 보완을 위한 _____을 두고 있어. (법 규정의 세부 내용은 문제에서 물어보는 경우 돌아와서 확인하면 되겠네!) 그러나 스팸 메일 발송자들이 이러한 규정들을 교묘히 피해 가며 발송할 방법을 개발하고 있어, 법적 규제만으로는 효과적인 스팸 메일 규제가 어렵고 수신자가 민사상 피해 구제를 받기가 까다롭기 때문에 옵트인 방식을 도입해야 한다는 주장이 제기되고 있다. 효과적인 스팸 메일 규제 및 수신자의 피해 구제가 어려워 _____의 도입을 주장하는 거구나.

**1. 옵트인 방식을 도입하고자 할 때 그 이유로서 적절하지 않은 것은?**

① 옵트인은 수신자의 인격권 보호에 효과적이다.

② 옵트인은 수신에 동의하는 데 따르는 수신자의 경제적 손실을 막을 수 있다.

③ 옵트아웃은 스팸 메일과 일반적 광고 메일을 구별하여 처리하기 어렵다.

④ 옵트아웃은 수신 거부 절차가 불편하고 재발송 방지에 효과적이지 않다.

⑤ 옵트아웃은 청소년들을 유해한 광고 정보로부터 보호하는 데 취약할 수 있다.

**2. 우리나라의 스팸 메일 규제에 대한 비판으로 타당한 것만을 〈보기〉에서 있는 대로 고른 것은?**

〈보기〉

ㄱ. 수신자는 스팸 메일로 인해 발생한 피해를 구제받기가 용이하지 않다.

ㄴ. 수신자가 수신 거부를 하지 않는 경우에는 청소년 유해물 광고 메일을 반복적으로 발송한 자를 처벌할 수 없다.

ㄷ. 광고 정보임을 알리는 표시를 하도록 규정하고 있으나 이를 교묘하게 피하여 전달하는 스팸 메일을 규제할 수 있는 방법이 명확하지 않다.

ㄹ. 수신자가 수신을 원하는 경우에는 메일 주소를 무단으로 수집하는 기술적 방법을 통해 스팸 메일을 발송한다고 해도 이를 처벌할 수 없다.

① ㄱ, ㄷ      ② ㄱ, ㄹ      ③ ㄴ, ㄷ

④ ㄱ, ㄷ, ㄹ      ⑤ ㄴ, ㄷ, ㄹ

**3. 윗글에서 ①과 ②에 들어갈 적절한 단어를 찾아 각각 빈칸에 쓰시오.**

| ① | : 여럿 가운데서 쓸 것은 쓰고 버릴 것은 버림. **2문단**
예 정보의 홍수 시대에는 정보들을 □□□□ 할 수 있는 능력이 중요하다.

| ② | : 일의 결과로서 어떤 현상을 생겨나게 함. **5문단**
예 한순간의 부주의가 돌이킬 수 없는 실패를 □□했다.

---

**구 조 도  그 리 기**

〈 스팸 메일의 규제 〉

**스팸 메일의 정의와 일반적 인식**

• 스팸 메일: 대량으로 반복 전달되는 _____ 목적의 _____ 메일

• _____되어야 할 대상으로 인식(∵ 수신자의 심리적 _____, 삭제를 위해 _____ 낭비, _____의 피해, 발송 비용을 정보 통신 서비스 사업자가 부담)

**스팸 메일 규제와 관련한 개인적 · 사회적 차원의 논쟁**

① 개인적 차원: 스팸 메일도 일종의 표현으로, 발송자의 _____으로 보호되어야 함, 스팸 메일이 수신자의 _____ 행사의 대상이 될 수 있음

② _____ 차원: 스팸 메일 금지는 기업의 영업상 자유를 침해

→ 발송자의 표현의 자유와 _____ 중 어느 것을 우위에 둘 것인가를 중심으로 스팸 메일 규제와 관련한 논의 전개

**스팸 메일의 _____**

① _____ 방식: 수신자의 동의를 받아야만 광고성 메일 발송 가능

• 문제점: _____ 과정에서 발송자와 수신자 모두에게 비용 발생, _____가 크지 않을 수 있음

② _____ 방식: 일단 스팸 메일 발송 가능하나, 수신자가 거부하면 이후 재발송 불가

• 문제점: 스팸 메일 선별의 어려움, _____를 하는 불편과 비용, 불법적으로 _____되는 메일 통제 어려움, 청소년들의 스팸 메일에 노출에 따른 피해

**우리나라의 스팸 메일 규제 방식**

• _____ 방식 + 단점 보완을 위한 법 규정 두고 위반 시 형사 처벌 또는 _____ 부과 → _____ _____만으로 효과적인 스팸 메일 규제가 어렵고, _____가 피해 구제 받기 까다로워 옵트인 방식을 도입해야 한다는 주장이 제기되고 있음

[4~6] 다음을 읽고 핵심 내용에 밑줄을 치고, 빈칸에 적절한 말을 채우시오. 또한 주어진 물음에 답하시오.

우리는 가끔 평소보다 큰 보름달인 '슈퍼문(supermoon)'을 보게 된다. 실제 달의 크기는 일정한데 이러한 현상이 발생하는 까닭은 무엇일까? 이 현상은 달의 공전 궤도가 타원 궤도라는 점과 관련이 있다. (질문을 통해 _____ 현상이 발생하는 까닭이라는 화제를 제시했어. 이어서 달의 공전 궤도가 _____ 궤도인 점이 슈퍼문 현상과 어떤 관련이 있는지를 자세히 설명하겠지?)

타원은 두 개의 초점이 있고 두 초점으로부터의 거리를 합한 값이 일정한 점들의 집합이다. 두 초점이 가까울수록 원 모양에 가까워진다. 타원에서 두 초점을 지나는 긴지름을 가리켜 장축이라 하는데, 두 초점 사이의 거리를 장축의 길이로 나눈 값을 이심률이라 한다. (나열된 개념들은 글을 통해 궁극적으로 설명하고자 하는 '핵심 정보'를 이해하기 위해 미리 제시하는 '사전 정보'야. 뒤에서 사전 정보들을 연결해 핵심 정보를 설명하는 때가 올 테니, 일단 차근히 정리하며 읽자!) 두 초점이 가까울수록 이심률은 작아진다. (비례/반비례 관계는 읽으면서 바로바로 정리해두면 문제 풀 때 편해!) 두 초점 사이의 거리↓ → _____에 가까움, 이심률(두 초점 사이의 거리/_____)↓

달은 지구를 한 초점으로 하면서 이심률이 약 0.055인 타원 궤도를 돌고 있다. 달: _____를 한 초점으로 한 타원 궤도로 공전 이 궤도의 장축 상에서 지구로부터 가장 먼 지점을 '원지점', 가장 가까운 지점을 '근지점'이라 한다. 지구에서 보름달은 약 29.5일 주기로 세 천체가 '태양 – 지구 – 달'의 순서로 배열될 때 볼 수 있는데, 이때 보름달이 근지점이나 그 근처에 위치하면 슈퍼문이 관측된다. 슈퍼문 현상이 발생하는 조건: (1) _____ _____ _____의 순서로 배열, (2) 보름달이 근지점(장축 상에서 _____)이나 그 근처에 위치 슈퍼문은 보름달 중 크기가 가장 작게 보이는 것보다 14% 정도 크게 보인다. 이는 지구에서 본 달의 겉보기 지름이 달라졌기 때문이다. 지구에서 본 천체의 겉보기 지름을 각도로 나타낸 것을 각지름이라 하는데, 관측되는 천체까지의 거리가 가까워지면 각지름이 커진다. 천체까지의 거리↓ → 각지름(↑/↓) 예를 들어, 달과 태양의 경우 평균적인 각지름은 각각 0.5° 정도이다.

지구의 공전 궤도에서도 이와 같은 현상이 나타난다. 지구 역시 태양을 한 초점으로 하는 타원 궤도로 공전하고 있으므로, 지구: _____을 한 초점으로 한 타원 궤도로 공전 궤도 상의 지구의 위치에 따라 태양과의 거리가 다르다. (3문단을 참고하면 달은 지구를 한 초점으로 하는 타원 궤도로 공전하니까, 궤도 상의 ___의 위치에 따라 _____와의 거리가 다르겠지!) 달과 마찬가지로 지구도 공전 궤도의 장축 상에서 태양으로부터 가장 먼 지점과 가장 가까운 지점을 갖는데, 이를 각각 원일점과 근일점이라 한다. 지구와 태양 사이의 이러한 거리 차이에 따라 일식 현상이 다르게 나타난다. (3문단에서 지구와 달 사이의 거리 차이에 따라 _____ 현상이 발생하는 경우를 설명했다면, 이번에는 지구와 태양의 거리 차이에 따른 _____ 현상을 설명하려나 봐. 앞에서와 마찬가지로 발생하는 조건과 원리를 설명하겠지?) 세 천체가 '태양 – 달 – 지구'의 순서로 늘어서고, 달이 태양을 가릴 수 있는 특정한 위치에 있을 때, 일식 현상이 일어난다. 일식 현상이 발생하는 조건: (1) _____ ___ _____의 순서로 배열, (2) 달이 태양을 가릴 수 있는 특정한 위치 이때 달이 근지점이나 그 근처에 위치하면 대부분의 경우 태양 면의 전체 면적이 달에 의해 완전히 가려지는 개기 일식이 관측된다. 하지만 일식이 일어나는 같은 조건에서 달이 원지점이나 그 근처에 위치하면 대부분의 경우 태양 면이 달에 의해 완전히 가려지지 않아 태양 면의 가장자리가 빛나는 고리처럼 보이는 금환 일식이 관측될 수 있다.

| 개기 일식 | • 태양 – 달(_____이나 그 근처에 위치) – 지구 |
| --- | --- |
| | • 태양 면이 달에 의해 완전히 가려짐 (O/X) |
| 금환 일식 | • 태양 – 달(_____이나 그 근처에 위치) – 지구 |
| | • 태양 면이 달에 의해 완전히 가려짐 (O/X) |

이러한 원일점, 근일점, 원지점, 근지점의 위치는 태양, 행성 등 다른 천체들의 인력에 의해 영향을 받아 미세하게 변한다. 현재 지구 공전 궤도의 이심률은 약 0.017인데, (달 공전 궤도의 이심률은 약 _____였어. 그렇다면 (달/지구) 공전 궤도가 (달/지구) 공전 궤도보다 원 모양에 더 가까운 거네.) 일정한 주기로 이심률이 변한다. 천체의 다른 조건들을 고려하지 않을 때 지구 공전 궤도의 이심률만이 현재보다 더 작아지면(= 지구 공전 궤도가 _____에 더 가까워지면 = 두 _____이 더 가까워지면) 근일점은 현재보다 더 멀어지며 원일점은 현재보다 더 가까워지게 된다. 이는 달의 공전 궤도 상에 있는 근지점과 원지점도 마찬가지이다. 천체의 다른 조건들을 고려하지 않을 때 천체의 공전 궤도의 이심률만이 현재보다 커지면 반대의 현상이 일어난다.

| 이심률↓ | 근일점/근지점과의 거리(↑/↓), 원일점/원지점과의 거리(↑/↓) |
| --- | --- |
| 이심률↑ | 근일점/근지점과의 거리(↑/↓), 원일점/원지점과의 거리(↑/↓) |

## 4. 윗글을 통해 알 수 있는 내용으로 적절하지 <u>않은</u> 것은?

① 태양의 인력으로 달 공전 궤도의 이심률이 약간씩 변화될 수 있다.

② 현재의 달 공전 궤도는 현재의 지구 공전 궤도보다 원 모양에 더 가깝다.

③ 금환 일식이 일어날 때 지구에서 관측되는 태양의 각지름은 달의 각지름보다 크다.

④ 지구에서 보이는 보름달의 크기는 달 공전 궤도 상의 근지점일 때보다 원지점일 때 더 작게 보인다.

⑤ 지구 공전 궤도 상의 근일점에서 관측한 태양의 각지름은 원일점에서 관측한 태양의 각지름보다 더 크다.

## 5. 윗글을 바탕으로 할 때, 〈보기〉의 ㉠에 들어갈 말로 가장 적절한 것은?

〈보기〉

북반구의 A 지점에서는 약 12시간 25분 주기로 해수면이 높아졌다 낮아졌다 하는 현상이 관측된다. 이 현상에서 해수면이 가장 높은 때와 가장 낮은 때의 해수면의 높이 차이를 '조차'라고 한다. 이 조차에 영향을 미치는 한 요인이 지구와 달, 지구와 태양 사이의 '거리'인데, 그 거리가 가까울수록 조차가 커진다. 지구와 태양 사이의 거리가 조차에 미치는 영향만을 고려하면, 조차는 북반구의 겨울인 1월에 가장 크고 7월에 가장 작다.

천체의 다른 모든 조건들은 고정되어 있고, 다만 지구 공전 궤도의 이심률과 지구와 달, 지구와 태양 사이의 거리만이 조차에 영향을 준다고 가정하자. 이 경우에 ( ㉠ )

① 지구 공전 궤도의 이심률에 변화가 없다면, 1월에 슈퍼문이 관측되었을 때보다 7월에 슈퍼문이 관측되었을 때, A 지점에서의 조차가 더 크다.

② 지구 공전 궤도의 이심률에 변화가 없다면, 보름달이 관측된 1월에 달이 근지점에 있을 때보다 원지점에 있을 때, A 지점에서의 조차가 더 크다.

③ 지구 공전 궤도의 이심률에 변화가 없다면, 7월에 슈퍼문이 관측될 때보다 7월에 원지점에 위치한 보름달이 관측될 때, A 지점에서의 조차가 더 크다.

④ 지구 공전 궤도의 이심률만이 더 커지면, 달이 근지점에 있을 때 A 지점에서 1월에 나타나는 조차가 이심률 변화 전의 1월의 조차보다 더 커진다.

⑤ 지구 공전 궤도의 이심률만이 더 커지면, 달이 원지점에 있을 때 A 지점에서 7월에 나타나는 조차가 이심률 변화 전의 7월의 조차보다 더 커진다.

## 6. 윗글에서 ①과 ②에 들어갈 적절한 단어를 찾아 각각 빈칸에 쓰시오.

┌ ① ┐ : 일정한 차례나 간격에 따라 벌여 놓음. **3문단**

예 차량 교통 신호등은 적, 황, 녹의 순서로 [ ][ ]되어 있다.

┌ ② ┐ : 육안이나 기계로 자연 현상 특히 천체나 기상의 상태, 추이, 변화 따위를 관찰하여 측정하는 일. **3문단**

예 일부 혜성은 망원경 없이도 [ ][ ]된다.

---

### 구 조 도 그 리 기

〈 달과 지구의 공전 궤도 〉

| 타원 궤도 |
| --- |
| • 타원: 두 초점으로부터의 _____의 합이 일정한 점들의 집합 |
| • _____ = 두 초점 사이의 거리 / _____(두 초점을 지나는 긴지름)의 길이 |
| • 두 초점 사이의 거리(↑/↓) → 이심률(↑/↓), 원 모양에 가까움 |

| ___의 공전 궤도 |
| --- |
| • 지구를 한 초점으로 한 이심률 약 0.055인 타원 궤도 |
| • _____ : 장축 상에서 지구로부터 가장 먼 지점 |
| • _____ : 장축 상에서 지구로부터 가장 가까운 지점 |
| • 슈퍼문(달의 겉보기 지름↑) 관측: 태양 – _____ – ___의 순서 + 보름달이 _____이나 그 근처 |

| _____의 공전 궤도 |
| --- |
| • 태양을 한 초점으로 한 이심률 약 0.017인 타원 궤도 |
| • _____ : 장축 상에서 태양으로부터 가장 먼 지점 |
| • _____ : 장축 상에서 태양으로부터 가장 가까운 지점 |
| • _____ 일식 관측: 태양 – 달 – 지구의 순서 + ___이 근지점이나 그 근처 → 태양 전체가 가려짐 |
| • _____ 일식 관측: 태양 – 달 – 지구의 순서 + 달이 _____이나 그 근처 → 태양 면의 가장자리가 빛나는 고리처럼 보임 |

| 이심률의 변화에 따른 현상 |
| --- |
| • 이심률↓ → (근일점과 근지점 / 원일점과 원지점)과의 거리↑, (근일점과 근지점 / 원일점과 원지점)과의 거리↓ |

**[1~3] 다음을 읽고 핵심 내용에 밑줄을 치고, 빈칸에 적절한 말을 채우시오. 또한 주어진 물음에 답하시오.**

선암사(仙巖寺) 가는 길에는 독특한 미감을 자아내는 돌다리인 승선교(昇仙橋)가 있다. 승선교는 번잡한 속세와 경건한 세계의 경계로서 옛사람들은 산사에 이르기 위해 이 다리를 건너야 했다. 승선교는 가운데에 무지개 모양의 홍예(虹霓)를 세우고 그 (_____) 좌우에 석축을 쌓아 올린 홍예다리로서, 계곡을 가로질러 산길을 이어 준다. 승선교: 무지개 모양의 _____ 좌우에 _____을 쌓아 올린 홍예다리, 산사로 가기 위해 건너야 하는 다리로 _____와 경건한 세계의 경계

홍예는 위로부터 받은 하중을 좌우의 아래쪽으로 효과적으로 분산시켜 구조적 안정성을 얻을 수 있기 때문에 예로부터 동서양에서 널리 활용되었다. (승선교의 '홍예'로 화제를 좁혀 설명하고 있어.) 홍예를 세우는 과정은(과정은 끊어가며 읽으면서 순서를 파악하자!) 홍예 모양의 목조로 된 가설틀을 세우고, 그(_____) 위로 홍예석을 쌓아 올려 홍예가 완전히 세워지면, 가설틀을 해체하는 순으로 이루어진다. 홍예를 세우는 과정: _____ 모양의 가설틀 세우기 → _____ 위에 홍예석 쌓기 → _____ 홍예는 장대석(長臺石)의 단면을 사다리꼴로 잘 다듬어, 바닥에서부터 상부 가운데를 향해 차곡차곡 반원형으로 쌓아 올린다. 모나고 단단한 돌들이 모여 반원형의 구조물로 탈바꿈함으로써 부드러운 곡선미를 형성한다. 또한(_____의 또 다른 특징을 설명하겠지?) 홍예석들은 서로를 단단하게 지지해 주기 때문에 특별한 접착 물질로 돌과 돌을 이어 붙이지 않았음에도 견고하게 서 있다. 홍예의 특징: (1) 부드러운 _____, (2) _____ 없이도 견고(구조적 안정성 (높음/낮음))

승선교는 이러한 홍예와 더불어, 홍예 좌우와 위쪽 일부에 주위의 막돌을 쌓아 올려 석축을 세웠는데(1문단에서 홍예와 석축으로 이루어진 _____의 대략적인 구조를 설명한 후, 2문단과 3문단에서는 _____와 _____ 각각에 대해 보다 구체적으로 설명을 하면서 살을 붙여 나가고 있어.) 이로써 승선교는 온전한 다리의 형상을 갖게 되고 사람이 다닐 수 있는 길의 일부가 된다. 층의 구분이 없이 무질서하게 쌓인 듯 보이는 석축은 잘 다듬어진 홍예석과 대비가 되면서 전체적으로는 변화감 있는 조화미를 이룬다. 석축: 홍예 좌우와 위쪽에 _____을 쌓아 세움 → 승선교가 다리 형상을 이룸, _____과의 대비로 변화감 있는 조화미 이룸 한편(전환!) 승선교의 홍예 천장에는 용머리 모양의 장식 돌이 물길을 향해 돌출되어 있다. 이런 장식(_____을 향해 돌출되어 있는 용머리 장식)은 용이 다리를 건너는 사람들이 물로부터 화를 입는 것을 방지한다고 여겨 만든 것이다. 홍예 천장의 장식 돌: 물로부터 _____ 방지하기 위함

계곡 아래쪽에서 멀찌감치 승선교를 바라보자. 계곡 위쪽에 있는 강선루(降仙樓)와 산자락이 승선교 홍예의 반원을 통해 초점화되어 보인다.

또한 녹음이 우거지고 물이 많은 계절에는 다리의 홍예가 잔잔하게 흐르는 물 위에 비친 홍예 그림자와 이어져 원 모양을 이루고 주변의 수목들의 그림자도 수면에 비친다. 이렇게 승선교와 주변 경관은 서로 어우러지며 극적인 합일을 이룬다. 승선교와 주변 경관이 만들어 내는 아름다움은 계절마다 그 모습을 바꿔 가며 다채롭게 드러난다. 승선교와 주변 경관의 합일이 만들어 내는 아름다움: (1) 홍예의 _____을 통해 강선루와 산자락이 초점화됨, (2) 홍예가 물 위에 비친 _____와 이어져 원 모양을 이루고, 수목 그림자가 수면에 비침

승선교는 뭇사람들이 산사로 가기 위해 계곡을 건너가는 길목에 세운 다리다. 그러기에 호사스러운 치장이나 장식을 할 까닭은 없었을 것이다. 그럼에도 이 다리(_____)가 아름다운 것은 주변 경관과의 조화를 중시하는 옛사람들의 자연스러운 미의식이 반영된 덕택이다. 승선교가 오늘날 세사의 번잡함에 지친 우리에게 자연의 소박하고 조화로운 미감을 선사하는 것은 바로 이 (옛사람들의 _____이 반영된 것) 때문이다. 승선교에는 _____를 중시하는 옛사람들의 자연스러운 미의식이 반영됨 → 자연의 소박하고 조화로운 미감 선사

## 1. 윗글을 통해 알 수 있는 내용으로 가장 적절한 것은?

① 홍예석들은 접착제로 이어 붙여서 서로를 단단하게 지지한다.

② 홍예와 그 물그림자가 어우러져 생긴 원은 승선교의 미감을 형성한다.

③ 홍예는 조상들의 미의식이 잘 드러나는 우리나라 특유의 건축 구조이다.

④ 홍예는 사다리꼴 모양의 목조로 가설틀을 활용하여 홍예석을 쌓아 만든다.

⑤ 승선교의 하중은 상부 홍예석에 집중됨으로써 그 구조적 안정성이 확보된다.

## 2. 윗글의 '승선교'와 〈보기〉의 '옥천교'에 대한 이해로 적절하지 않은 것은?

〈보기〉

옥천교(玉川橋)는 창경궁(昌慶宮)의 궁궐 정문과 정전 사이에 인위적으로 조성한 금천(禁川) 위에 놓여 있다. 이 다리는 지엄한 왕의 공간과 궁궐 내의 일상적 공간을 구획하는 경계였고 임금과 임금에게 허락받은 자들만이 건널 수 있었다. 옥천교는 두 개의 홍예를 이어 붙이고 홍예와 석축은 모두 미려하게 다듬은 돌로 쌓았다. 또 다리 난간에는 갖가지 조각을 장식해 전체적으로 장중한 화려함을 드러내었다. 두 홍예 사이의 석축에는 금천 바깥의 사악한 기운이 다리 건너 안으로 침범하는 것을 막기 위해 도깨비 형상을 조각했다.

① 승선교와 달리 옥천교는 통행할 수 있는 대상에 제약이 있었던 것으로 보아, 권위적인 영역으로 진입하는 통로이겠군.

② 승선교와 달리 옥천교는 다듬은 돌만을 재료로 사용하고 난간에 조각 장식을 더한 것으로 보아, 장엄함을 드러내려는 의도가 반영된 것이겠군.

③ 옥천교와 달리 승선교는 계곡 사이를 이어 통행로를 만든 것으로 보아, 자연의 난관을 해소하기 위한 것이겠군.

④ 옥천교와 승선교는 모두 서로 다른 성격의 두 공간 사이에 놓인 것으로 보아, 이질적인 공간의 경계이겠군.

⑤ 옥천교와 승선교는 모두 재앙을 막기 위한 장식을 덧붙인 것으로 보아, 세속을 구원하고자 하는 종교적 의식이 반영된 것이겠군.

## 3. 윗글에서 ①과 ②에 들어갈 적절한 단어를 찾아 각각 빈칸에 쓰시오.

┌ ① ┐ : 번거롭게 뒤섞여 어수선함. **1문단**

예 도심의 ☐☐을 피해 교외로 나가기로 했다.

┌ ② ┐ : 굳고 단단함. **2문단**

예 그곳에는 벽돌로 ☐☐하게 지은 집이 있었다.

---

### 구조도 그리기

〈 승선교 〉

| 의미 |
| --- |
| • 산사로 가기 위해 _____을 건너가는 길목에 세운 다리로, 번잡한 속세와 경건한 세계의 _____ |

| 구조 |
| --- |
| • _____에 무지개 모양의 홍예를 세우고 그 좌우에 _____을 쌓아 올림 |

| _____ | • 구조적 안정성↑, 부드러운 곡선미 형성, 접착 물질 (O/X)<br>• 세우는 과정: 홍예 모양의 _____ 가설틀 세움 → _____을 쌓아 올림 → 가설틀 해체<br>• _____에 용머리 모양의 장식 돌: _____을 향해 돌출, 다리를 건널 때 ____로부터 화를 입는 것 방지 |
| --- | --- |
| 석축 | • _____ 좌우, 위쪽 일부에 막돌을 쌓아 올려 세움<br>• 홍예석과 대비되며 _____ _____ 형성 |

| 미감 |
| --- |
| • 옛사람들의 자연스러운 미의식이 반영되어, _____과 합일을 이루며 아름다움을 드러냄<br>· 홍예의 반원을 통해 강선루와 산자락이 _____됨<br>· 홍예와 홍예 그림자가 이어져 _____을 이룸 |

**[4~6]** 다음을 읽고 핵심 내용에 밑줄을 치고, 빈칸에 적절한 말을 채우시오. 또한 주어진 물음에 답하시오.

스마트폰이 등장하면서 모바일 무선 통신은 우리의 삶에서 없어선 안 될 문명의 이기가 되었다. 모바일 무선 통신에 사용되는 전파는 눈에 보이지 않아 실감하기 어렵지만, 가시광선과 X선이 속하는 전자기파의 일종이다. 전파는 대기 중에서 초속 30만km로 전해지는데, 이는 빛의 속도(c)와 정확히 일치한다. 전파란 일반적으로 '1초에 약 3천~3조 회 진동하는 전자기파'를 말한다. 1초 동안의 진동수를 '주파수(f)'라 하며, 1초에 1회 진동하는 것을 1Hz라고 한다. 따라서 전파는 3kHz에서 3THz*의 주파수를 갖는다. (나열된 개념들은 (사전 정보/방향 정보/**핵심 정보**/부록 정보)에 해당하겠지? 뒤에서 나열된 개념을 활용해 핵심 정보를 설명할 테니, 몰아치는 정보들에 당황하지 말고 차근히 정리하며 읽으면 돼.) 전파: _____km/초의 속도, 3kHz~3THz의 _____를 갖는 전자기파 주파수는 파동 한 개의 길이를 의미하는 '파장(λ)'과 반비례 관계에 있다. 즉, 주파수가 높을수록 파장은 짧아지며, 낮을수록 파장은 길어진다. 주파수↑ → 파장(↑/**↓**) 전자기파의 주파수와 파장을 곱한 수치(c = fλ)는 일정하며, 빛의 속도와 같다. 빛의 속도(c) = 30만km/초 = _____(f) × _____(λ)

모바일 무선 통신에서 가시광선이나 X선보다 주파수가 낮은 전파를 쓰는 이유는 정보의 원거리 전달에 용이하기 때문이다. 모바일 무선 통신에 사용되는 전자기파의 주파수 (>/**<**) 가시광선, X선의 주파수 주파수가 높은 전자기파일수록 직진성이 강해져 대기 중의 먼지나 수증기에 의해 흡수되거나 산란되어 감쇠되기 쉽다. 주파수↑ → _____↑, 감쇠 ↑ **반면**,(이번에는 주파수가 _____ 전자기파에 대해 설명하겠지?) 주파수가 낮은 전파는 회절성과 투과성이 뛰어나 장애물을 만나면 휘어져 나가고 얇은 벽을 만나면 투과하여 멀리 퍼져 나갈 수 있다. 주파수↓ → 회절성과 투과성↑, _____에 용이 3kHz~3GHz 대역의 주파수를 갖는 전파 중 0.3MHz 이하의 초장파, 장파 등은 매우 먼 거리까지 전달될 수 있으므로 해상 통신, 표지 통신, 선박이나 항공기의 유도 등과 같은 공공적 용도에 주로 사용된다. (1) 0.3MHz 이하(초장파, _____): _____까지 전달 가능, 공공적 용도에 사용 0.3~800MHz 대역의 주파수는 단파 방송, 국제 방송, FM 라디오, 지상파 아날로그 TV 방송 등에 사용된다. (2) 0.3~800MHz: 다양한 방송에 사용 800MHz~3GHz 대역인 극초단파가 모바일 무선 통신에 주로 사용되며 '800~900MHz 대', '1.8GHz 대', '2.1GHz 대', '2.3GHz 대'의 네 가지 대역으로 나뉜다. 스마트폰 시대에 들어서면서 극초단파 대역의 효율적인 주파수 관리의 중요성이 더욱 커지고 있다. (3) 800MHz~3GHz (_____): 모바일 무선 통신에 사용 3GHz 이상 대역의 전파는 직진성이 매우 강해져 인공위성이나 우주 통신 등과 같이 중간에 장애물이 없는 특별한 경우에 사용된다. (4) 3GHz 이상: _____↑, 중간에 장애물이 없는 경우 사용

모바일 무선 통신에서 극초단파를 사용하는 이유는 0.3~800MHz 대역에 비해 단시간에 더 많은 정보의 전송이 가능하기 때문이

다. **예**로(예를 통해 어떻게 _____가 단시간에 더 많은 정보를 전송할 수 있는지를 자세하게 설명하려 하는군!) 1 비트의 자료를 전송하는 데 4개의 파동이 필요하다고 하자. 1kHz(_____Hz)의 초장파는 초당 1,000개의 파동을 발생시키기 때문에 매초 250 비트의 정보만을 전송할 수 있지만, 800MHz 초단파의 경우 초당 8억 개의 파동을 발생시키므로 매초 2억 비트의 정보를, 1.8GHz 극초단파는 초당 4.5억 비트에 해당하는 대량의 정보를 전송할 수 있다. 주파수가 (높은/**낮은**) 초장파에 비해 주파수가 (**높은**/낮은) 극초단파를 사용하면 단시간에 더 많은 정보를 전송할 수 있네. 극초단파의 원거리 정보 전송 능력의 **취약성을 극복**하기 위해(2문단에서 정보의 원거리 전달에는 주파수가 (높은/**낮은**) 전파를 쓰는 것이 유리하다고 했어. 그러니 주파수가 (**높은**/낮은) 극초단파는 단시간에 많은 정보를 전달할 수 있지만, 원거리 정보 전송 능력이 상대적으로 떨어지는 문제가 있는 거네. 이제 이러한 문제를 해결하기 위한 방안을 제시하겠지?) 모바일 무선 통신에서는 반경 2~5km 정도의 좁은 지역의 전파만을 송수신하는 무선 기지국들을 가능한 한 많이 설치하고, 이 무선 기지국들을 다시 유선으로 연결하여 릴레이 형식으로 정보를 전송함으로써 통화 사각지대를 최소화한다. 모바일 무선 통신과 더불어 극초단파를 사용하는 지상파 디지털 TV 방송(2문단에서 지상파 아날로그 TV 방송은 _____ 대역의 주파수를 사용한다고 했는데, 지상파 디지털 TV 방송은 _____를 사용하는군.)에서도 가능한 한 높은 위치에 전파 송신탑을 세워 전파 진행 경로상의 장애물을 최소화하려고 노력한다. 극초단파의 원거리 정보 전송 능력의 취약성 극복을 위한 방안을 정리해 볼까? (1) 모바일 무선 통신: _____ 기지국을 _____으로 연결해 릴레이 형식으로 정보 전송해 통화 사각지대 최소화, (2) 지상파 디지털 TV 방송: 가능한 높은 위치에 _____ 세워 전파 경로상 장애물 최소화

모바일 무선 통신에서 극초단파를 사용함으로써 통신 기기의 휴대 편의성도 획기적으로 개선되었다. 전파의 효율적 수신을 위한 안테나의 유효 길이는 수신하는 전파 파장의 1/2~1/4 정도인데, 극초단파와 같은 높은 주파수를 사용하면서 손바닥 크기보다 작은 길이의 안테나만으로도 효율적인 전파의 송수신이 가능해졌기 때문이다. (1문단에서 주파수가 (낮을수록/**높을수록**) 파장은 짧아진다고 했지? 그렇다면 주파수가 높은 극초단파는 파장이 (길어/**짧아**) 작은 길이의 안테나로도 효율적 수신이 가능하겠네.) 모바일 무선 통신에서 극초단파 사용의 의의: 통신 기기의 _____ 개선

*1THz=1,000GHz, 1GHz=1,000MHz, 1MHz=1,000kHz, 1kHz=1,000Hz

**4. 윗글에 따를 때, 옳지 않은 것은?**

① 전파의 파장이 길수록 주파수가 낮다.

② 극초단파는 가시광선보다 주파수가 낮다.

③ 직진성이 약한 전파일수록 단위 시간당 정보 전송량은 많아진다.

④ 800MHz 대의 안테나 유효 길이는 2.3GHz 대 것의 약 3배에 해당한다.

⑤ 1.8GHz 대 전파는 800~900MHz 대 전파보다 회절성과 투과성이 약하다.

**5. 윗글을 바탕으로 전파의 활용에 대해 진술한 것으로 옳은 것만을 〈보기〉에서 있는 대로 고른 것은?**

〈보기〉

ㄱ. 3GHz 이상 대역은 정보의 원거리 전송 능력이 커서 우주 통신에 이용된다.

ㄴ. 모바일 무선 통신에서 낮은 주파수를 사용할수록 더 많은 기지국이 필요하다.

ㄷ. 지상파 디지털 TV 방송은 지상파 아날로그 TV 방송보다 높은 주파수 대역을 사용한다.

① ㄴ      ② ㄷ      ③ ㄱ, ㄴ

④ ㄱ, ㄷ      ⑤ ㄱ, ㄴ, ㄷ

**6. 윗글에서 ①과 ②에 들어갈 적절한 단어를 찾아 각각 빈칸에 쓰시오.**

① : 실용에 편리한 기계나 기구. **1문단**

예 환경의 관점에서 보면 □□는 인류의 미래를 황폐하게 할 수도 있다.

② : 어떤 과정이나 분야에서 전혀 새로운 시기를 열어 놓을 만큼 뚜렷이 구분되는. **4문단**

예 철기 사용은 생산력의 □□□인 발전을 가져다주었다.

---

## 구 조 도 그 리 기

〈 모바일 무선 통신에 사용되는 전파 〉

### 전파와 주파수

• 전파: 3kHz~3THz의 주파수를 갖는 전자기파, _____ _____(30만km/초)와 속도 동일

• 주파수

· (높은/낮은) 주파수(짧은 파장): 직진성↑, 감쇠↑

· (높은/낮은) 주파수(긴 파장): 회절성·투과성↑, 원거리 전달 용이

· 주파수 범위에 따른 사용 용도

| 0.3MHz 이하 (초장파, 장파) | 원거리 전달 용이, _____ 에 주로 사용 |
|---|---|
| 0.3~800MHz | 다양한 방송에 사용 |
| 800MHz~3GHz (극초단파) | _____에 주로 사용 |
| 3GHz 이상 | 직진성 매우 강해 중간에 _____ 없는 경우 사용 |

### 모바일 무선 통신에 사용되는 전파(극초단파)

• 사용 이유: 0.3~800MHz 대역에 비해 _____ _____ 전송 가능

• _____의 취약성 극복 방안

· _____: 무선 기지국들을 유선으로 연결하여 릴레이 형식으로 정보 전송

· 지상파 디지털 TV 방송: 높은 위치에 전파 송신탑 세워 전파 경로상 _____ 최소화

• 의의: 통신 기기의 휴대 편의성 개선(작은 길이의 _____ 로도 효율적인 전파 송수신 가능)

**[1~3] 다음을 읽고 핵심 내용에 밑줄을 치고, 빈칸에 적절한 말을 채우시오. 또한 주어진 물음에 답하시오.**

'좋은 세금'의 기준과 관련하여 조세 이론은 공정성과 효율성을 거론하고 있다. 경제주체들이 경제적 능력 혹은 자신이 받는 편익에 따라 세금을 부담하는 경우 공정한 세금이라는 것이다. 좋은 세금의 기준 (1) 공정성: 경제주체들의 _____, 편익에 따라 세금을 부담하는 것 **또한**(_____에 대해 설명하겠지?) 조세는 경제주체들의 의사 결정을 왜곡하여 조세 외에 추가로 부담해야 하는 각종 손실 또는 비용, 즉 초과 부담이라는 비효율을 초래할 수 있는데 이러한 왜곡을 최소화하는 세금이 효율적이라는 것이다. 좋은 세금의 기준 (2) 효율성: 경제주체들의 의사 결정 왜곡(조세 외의 _____이라는 비효율 초래)을 _____하는 것

19세기 말 ㉠헨리 조지가 제안했던 토지가치세는 이러한 기준 (_____, _____)에 잘 부합하는 세금으로 평가되고 있다. 그는 토지 소유자의 임대 소득 중에 자신의 노력이나 기여와는 무관한 불로소득이 많다면, 토지가치세를 통해 이(_____)를 환수하는 것이 바람직하다고 주장했다. 토지에 대한 소유권은 사용권과 처분권 그리고 수익권으로 구성되는데, 사용권과 처분권은 개인의 자유로운 의사에 맡기고 수익권 중 토지 개량의 수익을 제외한 나머지(_____ 중 불로소득)는 정부가 환수하여 사회 전체를 위해 사용하자는 것이 토지가치세의 기본 취지이다. 헨리 조지의 토지가치세: _____, _____은 개인의 자유 / _____ 중 토지 개량의 수익을 제외한 나머지는 _____가 환수해 사회 전체를 위해 사용 조지는 토지가치세가 시행되면 다른 세금들을 없애도 될 정도로 충분한 세수를 올려줄 것이라고 기대했다. 토지가치세가 토지단일세라고도 지칭된 것은 이 때문이다. 그는 토지단일세가 다른 세금들을 대체하여 초과 부담을 제거(_____↑)함으로써 경제 활성화에 크게 기여할 것으로 보았다. 토지단일세는 토지를 제외한 나머지 경제 영역에서는 자유 시장을 옹호했던 조지의 신념에 잘 부합하는 발상이었다. 토지가치세(= _____)가 _____하여 경제 활성화에 크게 기여할 것이라 기대

토지가치세는 불로소득에 대한 과세라는 점에서 **공정성에 부합**하는 세금이다. (2문단에서 토지가치세는 공정성과 효율성에 부합하는 세금이라고 했으니, 공정성에 부합하는 세금임을 설명한 후 _____하는 세금이라는 점도 구체적으로 언급하는 순으로 전개되겠지?) 조세 이론은 수요자와 공급자 중 탄력도가 낮은 쪽에서 많은 납세 부담을 지게 된다고 설명한다. 토지는 세금이 부과되지 않는 곳으로 옮길 수 없다는 점에서 비탄력적이며 따라서 납세 부담은 임차인에게 전가되지 않고 토지 소유자가 고스란히 떠안게 된다는 섬에서 토지가치세는 공정한 세금이 된다. (1) 토지가치세의 _____: 불로소득에 대한 납세 부담을 _____가 떠안음 **한편**(글의 흐름을 전환해 토지가치세가 _____에 부합하는 세금이라는 점을 설명할 거야.) 토지가치세는 초과 부담을 최소화한다는 점에서 효율적이기도 하다. 통상 어떤 재화나 생산요소에 대한 과세는 거래량 감소, 가격 상승과 함께 초과 부담을 유발한다. 예를 들어 자동차에 과세하면 자동차 거래가 감

소하고 부동산에 과세하면 지역 개발과 건축업을 위축시켜, 초과 부담이 발생하게 된다. 그러나 토지가치세는 토지 공급을 줄이지 않아 초과 부담을 발생시키지 않는다. (2) 토지가치세의 효율성: 과세가 토지 공급을 줄이지 않음(_____ 발생 X) 토지가치세 도입에 따른 여타 세금의 축소가 초과 부담을 줄여 경제를 활성화한다는 G7 대상 연구에 따르면, 이러한 세제 개편으로 인한 초과 부담의 감소 정도가 GDP의 14~50%에 이른다.

하지만 토지가치세는 일부 국가를 제외하고는 현실화되지 못했는데, 여기에는 **몇 가지** 이유가 있다. (토지가치세가 _____되지 못한 이유가 두 가지 이상 제시되겠군. 정리하며 읽자.) 토지가치세는 이론적인 면에서 호소력이 있으나 현실에서는 복잡한 문제가 발생한다. 토지에 대한 세금이 가공되지 않은 자연 그대로의 토지에 대한 세금이어야 하나 이러한 토지는 현실적으로 찾기 어렵다. 토지 가치 상승분과 건물 가치 상승분의 구분이 쉽지 않다는 것도 어려움을 가중한다. 토지를 건물까지 포함하는 부동산으로 취급하여 그에 과세하는 국가에서는 부동산 거래에서 건물을 제외한 토지의 가격이 별도로 인지되는 것이 아니므로, 건물을 제외한 토지의 가치 평가가 어렵다. 조세 저항도 문제가 된다. 재산권 침해라는 비판이 거세지면 토지가치세를 도입하더라도 세율을 낮게 유지할 수밖에 없어, 충분한 세수가 확보되지 않을 수 있다. 토지가치세는 빈곤과 불평등 문제에 대한 조지의 이상을 실현하는 데에도 적절한 해법이 되지 못한다는 비판에 직면하고 있다. 백 년 전에는 부의 불평등이 토지에서 비롯되는 부분이 컸지만, 오늘날 전체 부에서 토지가 차지하는 비중이 19세기 말에 비해 크게 감소했다. 토지 소유의 집중도 또한 조지의 시대에 비해 낮다. 따라서 토지가치세의 소득 불평등 해소 능력에도 의문이 제기된다. 토지가치세가 현실화되지 못한 이유: (1) 가공되지 않은 _____가 거의 없음, (2) _____을 제외한 토지 가치 상승분 평가 어려움, (3) 조세 저항으로 _____ 확보 어려움, (4) 소득 불평등 해소 능력에 대한 의문 (3가지 이상의 내용이 나열됐으니 번호를 매겨 가며 읽고, 상위 개념으로 묶어 기억하면 돼! 세부 내용은 문제에서 물어보면 돌아와서 확인하자.)

오늘날 토지가치세는 새롭게 주목받고 있는데, 이는 '외부 효과'와 관련이 깊다. 첨단산업 분야의 대기업들이 자리를 잡은 지역 주변에는 인구가 유입되고 일자리가 늘어난다. 하지만 임대료가 급등하고 혼잡도 또한 커진다. 이 과정에서 해당 지역의 부동산 소유자들은 막대한 이익을 사유화하는 반면, 임대료 상승이나 혼잡비용 같은 손실은 지역민 전체에게 전가된다. 첨단산업 분야의 대기업들이 자리를 잡은 지역 주변에서 _____ 발생(인구 유입, 일자리 증가) → _____와 _____ 증가) → _____은 부동산 소유자들이 사유화, _____은 지역민 전체에 전가 (문제 상황이 제시되었으니, 그 해결과 관련한 _____의 역할이 제시되겠지?) 이러한 상황에서 높은 세율의 토지가치세가 본격적으로 실행에 옮겨질 수 있다면 불로소득에 대한 과세를 통해 외부 효과로 인한 피해를 보상하는 방안이 될 수 있다.

_____의 토지가치세를 통해 부동산 소유자들의 불로소득에 과세를 함으로써 이를 _____에 전가된 손실을 보상하는 데 쓸 수 있다는 거네.

## 1. ㉠에 대한 설명으로 가장 적절한 것은?

① 개량되지 않은 토지에서 나오는 임대료 수입은 불로소득으로 여겼다.

② 토지가치세로는 재정에 필요한 조세 수입을 확보할 수 없다고 보았다.

③ 토지의 처분권은 보장하되 사용권과 수익권에는 제약을 두자고 주장하였다.

④ 토지가치세는 경제적 효율성 제고를 통하여 공정성을 높이는 방안이라고 보았다.

⑤ 모든 경제 영역에서 시장 원리를 사회적 가치에 부합하게 규제해야 한다고 주장하였다.

## 2. 윗글을 바탕으로 〈보기〉의 사례를 평가할 때, 적절하지 않은 것은?

〈보기〉

○ X국은 요트 구매자에게 높은 세금을 부과하는 사치세를 도입하여 부유층의 납세 부담을 늘리려고 하였다. 그러나 부자들은 요트 구매를 줄이고 지출의 대상을 바꾸었다. 반면 요트 생산 시설은 다른 시설로 바꾸기 어려웠고 요트 공장에서 일하던 근로자들은 대량 해고되었다. 아울러 X국은 근로소득세를 인상해서 부족한 세수를 보충하였다.

○ Y국은 국민의 건강 증진을 위해 담배 소비를 줄이려는 목표로 담배세를 인상하였다. 그러나 담배세 인상으로 인한 담배 가격 상승에도 불구하고 담배 소비는 거의 감소하지 않았다. 정부의 조세 수입은 크게 증가하였지만 소비자들의 불만이 고조되었다.

① 공급자에게 부과되는 토지가치세와 달리, X국의 '사치세' 및 Y국의 '담배세'는 소비자에게 부과되고 있군.

② 초과 부담을 발생시키는 X국의 '사치세'와는 달리, Y국의 '담배세' 및 토지가치세는 초과 부담을 거의 발생시키지 않는군.

③ 과세 대상자 이외의 타인에게 납세 부담이 추가되는 X국의 '사치세'와 달리, Y국의 '담배세'와 토지가치세에서는 납세 부담이 과세 대상자에게 집중되는군.

④ 탄력도가 낮은 쪽에서 납세 부담을 지게 만들 수 있는 토지가치세와 달리, X국의 '사치세' 및 Y국의 '담배세'는 탄력도가 높은 쪽에서 납세 부담을 지게 하는군.

⑤ 조세 개편의 정책 목표를 달성하지 못한 X국의 '사치세' 및 Y국의 '담배세'와 달리, 토지가치세는 도입할 때 거둘 수 있는 경제 활성화 효과가 최근 연구에서 확인되고 있군.

## 3. 윗글에서 ①과 ②에 들어갈 적절한 단어를 찾아 각각 빈칸에 쓰시오.

┌─────────────────────────────────┐
│ ① : 사실과 다르게 해석하거나 그릇되게 함. 1문단 │
│ 예 역사는 승자에 의해서 늘 □□되어 왔다. │
│ ② : 도로 거두어들임. 2문단 │
│ 예 불법 비자금을 □□하기 위한 국가 기구가 발족될 예정 │
│ 이다. │
└─────────────────────────────────┘

## 구 조 도 그 리 기

〈 헨리 조지의 토지가치세 〉

┌──────────────────────────────────┐
│ _____의 기준 │
├──────────────────────────────────┤
│ ① _____: 경제주체들이 경제적 능력, 자신이 받는 편 │
│ 익에 따라 세금을 부담하는 것 │
│ ② _____: 경제주체들의 의사 결정 왜곡을 최소화하 │
│ 여 초과 부담이라는 비효율을 줄이는 것 │
├──────────────────────────────────┤
│ 헨리 조지의 _____(토지단일세) │
└──────────────────────────────────┘

• 개념: 토지 소유자의 임대 소득 중 불로소득을 토지가치세를 통해 환수해 _____를 위해 사용

| ① 공정성에 부합 | _____에 대한 과세, 납세 부담 전가 (O/X) |
|---|---|
| ② _____에 부합 | 초과 부담 최소화 |

• 기대 효과: 다른 세금 대체해 _____을 제거하여 경제 활성화에 크게 기여할 것

• 현실화의 어려움: 가공되지 않은 토지 (O/X), _____ 가치 상승분과 _____ 가치 상승분의 구분 어려움, 조세 저항으로 인한 _____ 세율로 충분한 세수 확보가 어려움, 빈곤과 불평등 해소 (O/X)

• _____로 인한 피해 보상 방안으로써 토지가치세: 외부 효과로 인한 이익은 _____하고, 손실은 _____하는 부동산 소유자들 → 높은 세율의 _____를 통해 불로소득 환수하여 피해 보상할 수 있음

**[4~6] 다음을 읽고 핵심 내용에 밑줄을 치고, 빈칸에 적절한 말을 채우시오. 또한 주어진 물음에 답하시오.**

하드 디스크는 고속으로 회전하는 디스크의 표면에 데이터를 저장한다. 데이터는 동심원으로 된 트랙에 저장되는데, 하드 디스크는 트랙을 여러 개의 섹터로 미리 구획하고, 트랙을 오가는 헤드를 통해 섹터 단위로 읽기와 쓰기를 수행한다. 하드 디스크는 _____을 여러 개의 _____로 구획하고, 섹터 단위로 읽기와 쓰기를 수행하는군. 하드 디스크에서 데이터 입출력 요청을 완료하는 데 걸리는 시간을 접근 시간이라고 하며, 이는 하드 디스크의 성능을 결정하는 기준 중 하나가 된다. 접근 시간은 원하는 트랙까지 헤드가 이동하는 데 소요되는 탐색 시간과, 트랙 위에서 해당 섹터가 헤드의 위치까지 회전해 오는 데 걸리는 대기 시간의 합이다. _____ (데이터 입출력 요청 완료하는 데 걸리는 시간) = 탐색 시간(원하는 _____까지 _____가 이동하는 시간) + 대기 시간(_____까지 해당 _____가 이동하는 시간) (1문단에서는 주로 앞으로 글이 전개될 방향을 안내하는 '방향 정보'를 제시하며 천천히 전개되는 글이 있는 반면, 이 지문처럼 시작부터 '트랙', '섹터', '접근 시간' 등 개념을 나열하는 경우도 있어. 후자인 경우 주로 난이도가 높긴 하지만 걱정할 필요는 없어! 나열된 (사전 정보/방향 정보/핵심 정보/부록 정보)들을 활용해 (사전 정보/방향 정보/핵심 정보/부록 정보)를 설명하는 순간이 올 테니 우선 제시된 개념을 차근히 정리하며 읽으면 돼.) 하드 디스크의 제어기는 '디스크 스케줄링'을 통해 접근 시간이 최소가 되도록 한다. 하드 디스크의 접근 시간은 _____ 결정 기준의 하나이므로, 디스크 스케줄링을 통해 _____을 최소화하려는 거구나!

200개의 트랙이 있고 가장 안쪽의 트랙이 0번인 하드 디스크를 생각해 보자. (예시를 들어 구체적으로 설명하려나 봐. 예까지 들어서 설명해준다는 것은 꼭 이해하라는 의미이지! 예로 든 내용과 개념을 대응시켜 가며 읽자.) 현재 헤드가 54번 트랙에 있고 대기 큐*에는 '99, 35, 123, 15, 66' 트랙에 대한 처리 요청이 들어와 있다고 가정하자. 요청 순서대로 데이터를 처리하는 방법을 FCFS 스케줄링이라 하며, 이때 헤드는 '54 → 99 → 35 → 123 → 15 → 66'과 같은 순서로 이동하여 데이터를 처리하므로 헤드의 총 이동 거리는 356이 된다. (디스크 스케줄링 중 _____으로 화제가 좁혀졌어. 이어서 FCFS 스케줄링을 자세히 설명할 수도 있고, 또 다른 디스크 스케줄링 방법을 소개할 수도 있어. 다음 문단의 앞부분에 어떤 내용이 제시되는지를 눈여겨보면 앞으로의 전개 방향을 가늠해 볼 수 있겠지?) (1) FCFS 스케줄링: _____대로 데이터 처리

만일 헤드가 현재 위치(___번 트랙)로부터 이동 거리가 가장 가까운 트랙 순서로 이동하면 '54 → 66 → 35 → 15 → 99 → 123'의 순서가 되므로, 이때 헤드의 총 이동 거리는 171로 줄어든다. 이러한 방식을 SSTF 스케줄링이라 한다. (또 다른 디스크 스케줄링의 방식이 제시된 걸 보니, 이 지문에서는 여러 가지 _____을 비교하며 읽는 것이 핵심이겠군.) 이 방법을 사용하면 FCFS 스케줄링에 비해 헤드의 이동 거리가 짧아 탐색 시간이 줄어든다. 하지만 (앞서 장점을 설명했으니, 이제 _____을 제시하겠군!) 현재 헤드 위치로부터 가까운 트랙에 대한 데이터 처리 요청이 계속 들어오면 먼 트랙에 대한 요청들의 처리가 계속 미뤄지는 문제가 발생할 수 있다. (2) SSTF 스케줄링: _____가 가장 가까운 트랙부터 데이터 처리 / [장점]

FCFS 스케줄링보다 _____ 시간↓, [단점] _____에 대한 요청 처리 미뤄짐

이러한 SSTF 스케줄링의 단점을 개선한 방식이 SCAN 스케줄링이다. (어떤 기술의 단점을 제시한 다음, 이를 보완하거나 해결한 다른 기술을 소개하는 것은 기술 지문의 흔한 전개 방식이니 기억해 두자!) SCAN 스케줄링은 헤드가 디스크의 양 끝을 오가면서 이동 경로 위에 포함된 모든 대기 큐에 있는 트랙에 대한 요청을 처리하는 방식이다. 위의 예에서 헤드가 현재 위치에서 트랙 0번 방향으로 이동한다면 '54 → 35 → 15 → 0 → 66 → 99 → 123'의 순서로 처리되며, 이때 헤드의 총 이동 거리는 177이 된다. 이 방법을 쓰면 현재 헤드 위치에서 멀리 떨어진 트랙이라도 최소한 다음 이동 경로에는 포함되므로 처리가 지나치게 늦어지는 것을 막을 수 있다. (3) SCAN 스케줄링: _____을 오가는 헤드의 이동 경로 위에 포함된 트랙에 대한 요청 처리 / [장점] 멀리 떨어진 트랙도 최소한 _____에는 포함됨 SCAN 스케줄링을 개선한 LOOK 스케줄링은(앞서 SCAN 스케줄링의 단점은 직접적으로 제시되지 않았지만, LOOK 스케줄링에서 개선된 점을 통해 _____ _____의 단점이 무엇인지를 파악할 수 있어야 해!) 현재 위치로부터 이동 방향에 따라 대기 큐에 있는 트랙의 최솟값과 최댓값 사이에서만 헤드가 이동함으로써 SCAN 스케줄링에서 불필요하게 양 끝까지 헤드가 이동하는 데 걸리는 시간을 없애 탐색 시간을 더욱 줄인다. (4) LOOK 스케줄링: 현재 위치로부터의 이동 방향에 따라 트랙의 _____에서만 헤드 이동 / [장점] SCAN 스케줄링보다 _____ 시간↓

*대기 큐: 하드 디스크에 대한 데이터 입출력 처리 요청을 임시로 저장하는 곳.

## 4. 윗글의 내용과 일치하지 <u>않는</u> 것은?

① 데이터에 따라 트랙당 섹터의 수가 결정된다.

② 헤드의 이동 거리가 늘어나면 탐색 시간도 늘어난다.

③ 디스크 스케줄링은 데이터들의 처리 순서를 결정한다.

④ 대기 시간은 하드 디스크의 회전 속도에 영향을 받는다.

⑤ 접근 시간은 하드 디스크의 성능을 평가하는 척도 중 하나이다.

## 5. 헤드의 위치가 트랙 0번이고 현재 대기 큐에 있는 요청만을 처리한다고 할 때, 각 스케줄링의 탐색 시간의 합에 대한 비교로 옳은 것은?

① 요청된 트랙 번호들이 내림차순이면, SSTF 스케줄링과 LOOK 스케줄링에서 탐색 시간의 합은 같다.

② 요청된 트랙 번호들이 내림차순이면, FCFS 스케줄링이 SSTF 스케줄링보다 탐색 시간의 합이 작다.

③ 요청된 트랙 번호들이 오름차순이면, FCFS 스케줄링과 LOOK 스케줄링에서 탐색 시간의 합은 다르다.

④ 요청된 트랙 번호들이 오름차순이면, FCFS 스케줄링이 SCAN 스케줄링보다 탐색 시간의 합이 크다.

⑤ 요청된 트랙 번호들에 끝 트랙이 포함되면, LOOK 스케줄링이 SCAN 스케줄링보다 탐색 시간의 합이 크다.

## 6. 윗글에서 ①과 ②에 들어갈 적절한 단어를 찾아 각각 빈칸에 쓰시오.

> ┌─── ① ───┐ : 토지 따위를 경계를 지어 가름. `1문단`
>
> 예 도시를 동서남북의 4면으로 ☐☐하였다.
>
> ┌─── ② ───┐ : 잘못된 것이나 부족한 것, 나쁜 것 따위를 고쳐 더 좋게 만듦. `4문단`
>
> 예 정부는 극빈층의 주거 환경 ☐☐에 힘쓰고 있다.

---

### 구 조 도 그 리 기

〈 디스크 스케줄링 〉

| 하드 디스크 |
|---|
| 헤드가 트랙을 오가며 _____로 읽기와 쓰기 수행 |
| _____ |
| 접근 시간(_____ + _____)을 최소화하는 방법 |

| | |
|---|---|
| _____ | • 요청 순서대로 데이터 처리 |
| SSTF | • _____로부터 이동 거리가 가까운 트랙부터 데이터 처리<br>· 장점: FCFS보다 _____ 줄어듦<br>· 단점: 먼 트랙에 대한 요청 처리 미뤄짐 |
| SCAN | • 헤드가 _____을 오가며 이동 경로에 있는 트랙의 데이터 처리<br>· 장점: _____에 대한 요청 처리 지나치게 늦어지는 것 방지<br>· 단점: 헤드가 불필요하게 디스크의 양 끝까지 이동 |
| _____ | • 헤드가 _____에 있는 트랙의 최솟값과 최댓값 사이를 오가며 데이터 처리<br>· 장점: SCAN보다 _____ 줄어듦 |

**[1~3] 다음을 읽고 핵심 내용에 밑줄을 치고, 빈칸에 적절한 말을 채우시오. 또한 주어진 물음에 답하시오.**

서양 음악에서 기악은 르네상스 말기에 탄생하였지만 바로크 시대에 이르면 악기의 발달과 함께 다양한 장르를 형성하면서 비약적인 발전을 이루게 된다. 하지만(1문단에서 흐름이 바뀌면 본격적인 _____가 제시될 것임을 의미하지. 집중하자!) 가사가 있는 성악에 익숙해져 있던 사람들에게 기악은 내용 없는 공허한 울림에 지나지 않았다. 이러한 비난(_____가 없는 기악은 내용이 없어 _____에 지나지 않는다는 비난)을 면하기 위해 기악은 일정한 의미를 가져야 하는 과제를 안게 되었다. 기악의 과제: 가사 없이도 _____(내용)를 가져야 함 (해결해야 할 과제(문제)가 제시되었으니 _____이 이 문제를 어떻게 해결했는지와 관련하여 글이 전개되겠지?)

바로크 시대의 음악가들은 이러한 과제에 대한 해결의 실마리를 '정서론'과 '음형론'에서 찾으려 했다. 이 두 이론(_____, _____)은 본래 성악 음악을 배경으로 태동하였으나 점차 기악 음악에도 적용되었다. 정서론에서는(바로크 시대의 음악가들은 기악이 해결해야 할 과제의 실마리를 '정서론'과 '음형론'에서 찾으려 했다는 내용에 이어 '정서론에서는'이라고 한 것으로 보아 정서론과 관련한 해결을 설명한 후 _____과 관련한 해결을 설명할 거야.) 웅변가가 청중의 마음을 움직이듯 음악가도 청자들의 정서를 움직여야 한다고 본다. 그렇게 하기(_____) 위해서는 한 곡에 하나의 정서만이 지배적이어야 한다. 그것은 연설에서 한 가지 논지가 일관되게 견지되어야 설득력이 있는 것과 같은 이유에서였다. 바로크 시대 음악가들의 해결 (1) 정서론: 기악이 일정한 의미를 가지기 위해서는 _____이어야 함

한편(전환! 이제 _____ 시대의 음악가들이 음형론에서 찾은 해결의 실마리를 언급하겠지?) 음형론에서는 가사의 의미에 따라 그(_____)에 적합한 음형을 표현 수단으로 삼는데, 르네상스 후기 마드리갈이나 바로크 초기 오페라 등에서 그 예를 찾을 수 있다. 바로크 초반의 음악 이론가 부어마이스터는 마치 웅변에서 말의 고저나 완급, 장단 등이 호소력을 이끌어 내듯 음악에서 이에 상응하는 효과를 낳는 장치들에 주목하였다. 예를 들어, 가사의 뜻에 맞춰 가락이 올라가거나, 한동안 쉬거나, 음들이 딱딱 끊어지게 연주하는 방식 등이 이에 해당한다. 바로크 시대 음악가들의 해결 (2) 음형론(부어마이스터): 기악이 일정한 의미를 가지기 위해서는 _____을 표현 수단으로 삼아야 함

바로크 후반(기악이 부딪힌 문제의 실마리를 음형론에서 찾는 '바로크 _____'의 음악가 부어마이스터에 이어 '바로크 후반'의 음악가를 소개하려나 봐.)의 음악 이론가 마테존 역시 수사학 이론을 끌어 들여 어느 정도 객관적으로 소통될 수 있는 음 언어에 대해 설명하였다. ('역시'에 주목하면 _____이 수사학 이론을 끌어 들여 객관적으로 소통될 수 있는 _____에 대해 설명했다는 것은, _____가 가사의 뜻에 맞춰 연주하는 방식에 주목한 것과 일맥상통하는 거네.) 또한 기존의 정서론을 음악 구조에까지 확장하며 당시의 음조(音調)를 특정 정서와 연결하였다. 마테존에 따르면 다장조는 기쁨을, 라단조는 경건하고 웅장함을 유발한

다. 바로크 시대 음악가들의 해결 (3) 마테존: 기악이 일정한 의미를 가지기 위해서는 객관적으로 소통될 수 있는 _____, _____와 특정 정서의 연결이 중요함

그러나 마테존의 진정한 업적은 음악을 구성적 측면에서 논의한 데 있다. 그는 성악곡인 마르첼로의 아리아를 논의하면서 그것이 마치 기악곡인 양 가사는 전혀 언급하지 않은 채, 주제 가락의 착상과 치밀한 전개 방식 등에 집중하였다. 이는 가락, 리듬, 화성과 같은 형식적 요소가 중시되는 순수 기악 음악의 도래가 멀지 않았음을 의미하는 것이었다. 마테존의 업적: 음악을 _____에서 논의함으로써 순수 기악 음악의 도래를 미리 보여 줌 실제로 한 세기 후 음악 미학자 한슬리크는 음악이 사람의 감정을 묘사하거나 표현하는 것이 아니라,('A가 아니라 B'와 같은 구조가 나타나면 (A/B)에 초점을 맞추어 읽자.) 음들의 순수한 결합 그 자체로 깊은 정신세계를 보여 주는 것이라 주장하기에 이른다. 한슬리크는 마테존과 마찬가지로 음악의 _____적 요소를 중시한 거네.

## 1. 윗글의 내용 전개 방식으로 가장 적절한 것은?

① 구체적 증거를 활용하여 통념이 잘못된 것임을 증명하고 있다.

② 비유적인 예를 통하여 문제를 제기하고 이를 반박하고 있다.

③ 문제 상황을 소개하고 이를 해결하는 과정을 제시하고 있다.

④ 어떤 이론이 다양하게 분화하는 과정을 보여 주고 있다.

⑤ 문답 형식으로 화제에 대해 구체적으로 설명하고 있다.

## 2. 윗글을 바탕으로 〈보기〉를 이해한 내용으로 적절하지 않은 것은?

〈보기〉

아래는 은비가 습작한 바로크 양식 성악곡의 일부분이다.

① ⓐ: 경건하고 웅장한 분위기 설정을 위한 것이겠군.

② ⓑ: 뚝뚝 떨어지는 '눈물'을 묘사한 것이겠군.

③ ⓒ: '하늘'이 높다는 의미를 염두에 둔 것이겠군.

④ ⓓ: 말의 장단을 음악적으로 표현한 것이겠군.

⑤ ⓔ: 기쁨을 표현하고자 한 것이겠군.

## 3. 윗글에서 ①과 ②에 들어갈 적절한 단어를 찾아 각각 빈칸에 쓰시오.

| ① | : 어떤 견해나 입장 따위를 굳게 지니거나 지킴. 2문단 |

예 김 박사는 안건에 대해 신중한 자세를 ☐☐ 하고 있다.

| ② | : 어떤 시기나 기회가 닥쳐옴. 5문단 |

예 정보가 경쟁력인 시대가 ☐☐ 하였다.

---

### 구 조 도   그 리 기

〈 바로크 시대의 기악 〉

| 기악이 부딪힌 문제 | | 가사가 있는 _____에 익숙해져 있던 사람들에게 _____ 없는 공허한 울림이라는 비난을 받음 |
|---|---|---|
| 기악의 과제 | | _____를 가져야 함 |
| 해결 | 정서론 | _____를 움직이기 위해 한 곡에 하나의 정서만 지배적이어야 함 |
| | 음형론 | • 의미에 적합한 _____을 표현 수단으로 삼아야 함<br>• 부어마이스터: 웅변에서 말의 고저, 완급, 장단이 _____을 이끌어 내듯 음악에서 이에 상응하는 효과를 낳는 장치들에 주목 |
| | 마테존 | • _____으로 소통될 수 있는 음 언어 + 음조와 _____의 연결<br>• 음악을 구성적 측면에서 논의 → 형식적 요소가 중시되는 _____이 도래할 것임을 보여 줌 |

**[4~6] 다음을 읽고 핵심 내용에 밑줄을 치고, 빈칸에 적절한 말을 채우시오. 또한 주어진 물음에 답하시오.**

양분을 흡수하는 창자의 벽은 작은 크기의 수많은 융모로 구성되어 있다. 융모는 창자 내부의 표면적을 넓혀 영양분의 효율적인 흡수를 돕는다. 융모는 아래의 그림에서 볼 수 있듯이, 한 층으로 연결된 상피세포로 이루어져 있다. 이 상피세포들은 융모의 말단 부위에서 지속적으로 떨어져 나가고, 이 공간은 융모의 양쪽 아래에서 새롭게 만들어져 밀고 올라오는 세포로 채워진다.

융모: _____로 이루어져 _____의 벽 구성, 창자 내부의 _____ 넓혀 효율적 양분 흡수 도움 새로운 세포를 만드는 역할은 융모와 융모 사이에 움푹 들어간 모양으로 존재하는 소낭의 성체장줄기세포가 담당한다. 소낭의 성체장줄기세포는 판네스세포를 비롯한 주변 세포로부터 자극을 받아 지속적으로 자신과 동일한 성체장줄기세포를 복제하거나, 새로운 상피세포로 분화하는 과정을 거친다.

_____(융모와 융모 사이 존재)의 성체장줄기세포: 주변 세포의 자극을 받아 새로운 세포 생성(_____ 복제 or 새로운 _____로 분화)

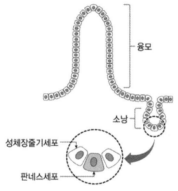

융모

소낭

성체장줄기세포

판네스세포

세포의 복제나 분화 과정에서 세포는 주변으로부터 다양한 신호를 받아서 처리하는 신호전달 과정을 거쳐 그 운명이 결정된다. (1문단에서 언급한 세포의 복제와 분화가 일어나기 위해서는 세포가 _____ _____을 거쳐야 하나 봐. 지문에서 어떤 원리나 과정을 설명할 때 반드시 한꺼번에 순차적으로 제시하는 것은 아니니까, 선후 관계를 머릿속으로 정리해가며 읽자!) 세포가 외부로부터 받는 신호의 종류와 신호전달 과정은 초파리에서 인간에 이르기까지 대부분의 동물에서 동일하다. 세포 내 신호전달의 일종인 'Wnt 신호전달'은 배아 발생 과정과 성체 세포의 항상성 유지에 중요한 역할을 한다. Wnt 신호전달: 배아 발생 과정과 성체 세포의 _____ 유지에 중요 이 신호전달의 특이한 점은 세포에서 분비되는 단백질의 하나인 Wnt를 분비하는 세포와 그 단백질(_____)에 반응하는 세포가 서로 다르다는 것이다. Wnt를 _____하는 세포 ≠ Wnt에 반응하는 세포 Wnt 분비 세포 주변의 세포들 중 Wnt와 결합하는 'Wnt 수용체'를 가진 세포는 Wnt 신호전달을 통해 여러 유전자를 발현시켜 자신의 분열과 분화를 조절한다. Wnt 수용체를 가진 세포: _____을 통해 유전자 발현시켜 자신의 분열과 분화 조절 그런데 Wnt 신호전달에 관여하는 유전자에 돌연변이가 생길 경우 다양한 종류의 질병이 발생할 가능성이 있다. 만약 Wnt 신호전달이 비정상적으로 활성화되면 세포 증식을

촉진하여 암을 유발하며, 이와 달리 지나치게 불활성화될 경우 뼈의 형성을 저해하여 골다공증을 유발한다. Wnt 신호전달에 관여하는 유전자에 돌연변이 → Wnt 신호전달 비정상적 (활성화/불활성화): 암 유발 or Wnt 신호전달 비정상적 (활성화/불활성화): 골다공증 유발

Wnt 분비 세포의 주변 세포가 Wnt의 자극을 받지 않을 때, APC 단백질이 들어 있는 단백질 복합체 안에서 GSK3β가 β-카테닌에 인산기를 붙여 주는 인산화 과정이 그 주변 세포 내에서 수행된다. 이렇게 인산화된 β-카테닌은 분해되어 세포 내의 β-카테닌의 농도를 낮게 유지하는 기능을 한다. (1) _____의 주변 세포가 Wnt의 자극을 받지 않는 경우: (GSK3β가 β-카테닌에 인산기를 붙여 줌) → 인산화된 β-카테닌은 분해 → 세포 내 β-카테닌 농도(↑/↓) 이와는 달리, (Wnt 분비 세포의 주변 세포가 Wnt의 자극을 받지 않을 때를 설명했으니, 이제 _____을 받는 경우를 설명하겠지?) Wnt 분비 세포의 주변에 있는 세포 표면의 Wnt 수용체에 Wnt가 결합하게 되면 GSK3β의 활성이 억제되어 β-카테닌의 인산화가 더 이상 일어나지 않는다. 인산화되지 않은 β-카테닌은 자신을 분해하는 단백질과 결합할 수 없으므로 β-카테닌이 분해되지 않아 세포 내의 β-카테닌의 농도가 높게 유지된다. 이렇게 세포 내에 축적된 β-카테닌은 핵 안으로 이동하여 여러 유전자의 발현을 촉진하게 된다. 이런 식으로 유전자 발현이 촉진되면 암이 발생할 수도 있는데, (2) Wnt 분비 세포의 주변 세포의 _____에 Wnt가 결합(Wnt 분비 세포의 주변 세포가 Wnt의 자극을 받는 경우): 인산화 과정 (O/X) → 인산화되지 않은 β-카테닌은 분해 (O/X) → 세포 내 β-카테닌 농도(↑/↓) → 유전자 발현 촉진되면 ____ 발생 가능성 있음 예를 들어 대장암 환자들은 APC 단백질을 만드는 유전자에 돌연변이가 생긴 경우가 많다. β-카테닌을 인산화하는 복합체가 형성되지 않아 β-카테닌이 많아지고, (앞에서 _____되지 않은 β-카테닌은 분해되지 않아 세포 내의 β-카테닌의 농도가 (높게/낮게) 유지된다고 했었지!) 그에 따라 세포 증식이 과도하게 일어나기 때문에 암이 생기는 것이다.

한편, (전환!) 창자의 융모와 융모 사이에 존재하는 소낭에서도 Wnt 신호전달이 일어난다. 판네스세포는 Wnt를 분비하고 그 주변에 있는 성체장줄기세포는 Wnt 수용체를 가진다. 판네스세포에 가장 인접한 성체장줄기세포가 Wnt를 인식하면, (Wnt 수용체를 가진 _____가 Wnt를 인식한다는 것은 곧 Wnt 수용체에 _____가 결합한다는 거지. 다시 말해 이는 성체장줄기세포가 Wnt의 자극을 (받는/받지 않는) 경우를 가리켜.) 세포 내 β-카테닌의 농도가 높아져 이 단백질에 의존하는 유전자가 발현됨으로써 자신과 똑같은 세포(_____)를 지속적으로 복제하도록 한다. (2문단에서 성체장줄기세포처럼 _____를 가진 세포는 Wnt 신호전달을 통해 여러 _____를 발현시켜 자신의 분열과 분화를 조절한다고 했었어!) (1) 성체장줄기세포가 Wnt의 자극을 받는 경우: β-카테닌 농도(↑/↓) → _____를 복제 반면에 (성체장줄기세포가 Wnt의 자극을 (받는/받지 않는) 경우를 다루겠지?) 성체장줄기세포가 분열하면서 생긴 세포가 나중에 생긴 세포에

밀려 판네스세포(_____를 분비)에서 멀어지면, 상대적으로 Wnt 자극을 덜 받아서 낮은 농도의 β-카테닌을 갖게 된다. 그 결과 자신과 똑같은 세포를 지속적으로 복제하는 데 관여하는 유전자는 더 이상 발현하지 않게 되어 성체장줄기세포가 분열하면서 생긴 세포는 상피세포로 분화한다. (2) 성체장줄기세포가 Wnt의 자극을 덜 받는 경우: β-카테닌 농도(↑/↓) → _____로 분화 (1문단에서는 소낭의 _____가 성체장줄기세포를 복제하거나 새로운 상피세포로 분화한다는 대략의 과정만 설명했다면, 2문단과 3문단에서는 그와 관련한 Wnt 신호전달의 원리를 설명하고 4문단에서 모든 내용을 연결해 성체장줄기세포의 _____ 혹은 상피세포로의 _____를 구체화하여 설명한 거네!)

## 4. 윗글의 내용과 일치하는 것은?

① 창자 내부의 표면적은 융모의 개수와 반비례한다.

② 성체장줄기세포의 위치는 소낭에서 융모로 바뀐다.

③ 성체장줄기세포는 Wnt를 분비하여 상피세포로 분화한다.

④ 융모를 이루는 세포는 소낭의 성체장줄기세포가 분화하여 만들어진다.

⑤ 융모에서 만들어지는 세포는 소낭 쪽으로 이동하여 성체장줄기세포로 전환된다.

## 5. 윗글에서 추론한 내용으로 가장 적절한 것은?

① 성체장줄기세포의 수가 감소하면 창자에서 양분의 흡수가 증가하게 될 것이다.

② Wnt 신호전달을 조절하여 골다공증을 치료하는 약물은 β-카테닌의 양을 증가시킬 것이다.

③ GSK3β의 활성을 위해 필요한 APC 단백질은 인산화된 β-카테닌 단백질의 분해를 막을 것이다.

④ APC에 돌연변이가 일어난 대장암 세포에 Wnt를 처리하면 β-카테닌 단백질의 양이 줄어들 것이다.

⑤ β-카테닌 유전자에 돌연변이가 일어나서 β-카테닌 단백질에 GSK3β에 의한 인산화가 일어나지 않으면 성체장줄기세포의 수가 감소하게 될 것이다.

## 6. 윗글에서 ①과 ②에 들어갈 적절한 단어를 찾아 각각 빈칸에 쓰시오.

[ ① ] : 속에 있거나 숨은 것이 밖으로 나타나거나 그렇게 나타나게 함. 2문단

예 부모는 아이가 자신의 잠재 능력을 □□할 수 있도록 도와야 한다.

[ ② ] : 어떤 것이 다른 일을 일어나게 함. 2문단

예 그의 인상은 사람들의 흥미를 □□하기에 충분했다.

---

## 구 조 도 그 리 기

### 〈 세포의 복제와 분화 〉

| 융모와 성체장줄기세포 |
|---|
| • _____: 상피세포로 이루어져 창자의 벽 구성, 창자 내부 표면적을 넓혀 _____의 효율적인 흡수를 도움 |
| • 소낭의 성체장줄기세포: 새로운 _____를 만드는 역할 (성체장줄기세포를 복제 or 새로운 상피세포로 분화) |

### Wnt 신호전달

• 세포는 복제나 분화 과정에서 신호전달 과정을 거침

• Wnt 분비 세포 주변의 세포들 중 _____를 가진 세포는 _____을 통해 유전자 발현시켜 자신의 분열과 분화 조절

| Wnt의 자극↓ | Wnt의 자극↑ |
|---|---|
| _____의 주변 세포 ||
| β-카테닌의 인산화 (O/X) → 인산화된 β-카테닌의 분해 (O/X) → 세포 내 β-카테닌 농도(↑/↓) · Wnt 신호전달 비정상적 비활성화: _____ 유발 | β-카테닌의 인산화 (O/X) → 인산화되지 않은 β-카테닌의 분해 (O/X) → 세포 내 β-카테닌 농도 (↑/↓) · Wnt 신호전달 비정상적 활성화: _____ 유발 |
| 성체장줄기세포 ||
| 세포 내 β-카테닌 농도 (↑/↓) → _____ 로 분화 | 세포 내 β-카테닌 농도 (↑/↓) → _____ _____를 복제 |

**[1~3] 다음을 읽고 핵심 내용에 밑줄을 치고, 빈칸에 적절한 말을 채우시오. 또한 주어진 물음에 답하시오.**

조선 건국 무렵 태조는 전국을 330여 개의 군현으로 편제하고 중앙에서 직접 수령을 파견하면서 그 직급을 6품 참상관으로 높여 자질과 권위를 확보하려 하였다. 이(중앙에서 _____ 참상관의 직급인 수령을 _____ 파견)는 근무 연한을 채우면 7~9품의 관직에 진출할 수 있었던 서울의 이전(吏典)들이 지방 수령으로 진출하는 것을 봉쇄하는 조처였다. 이(_____이 지방 수령으로 진출하는 것을 봉쇄함)에 따라 부족한 수령 자원은 6품 이상의 관원에게 천거하게 하였고 관찰사에게는 지방관 평가뿐 아니라 지방 사족 출신자들을 대상으로 한 적임자 발탁 권한을 주었다. 이렇게 하여 30개월 임기로 공명(公明), 염근(廉謹) 등 덕행 항목에 우선권을 두어 평가하는 지방 수령 평가·임용 제도가 시행되었다. 태조의 수령 제도: (1) 중앙에서 6품 참상관인 수령을 직접 파견, (2) _____의 천거, _____의 적임자 발탁 권한을 통해 수령 자원 확보, (3) ___개월의 임기, (4) _____에 우선권 둔 수령 평가·임용 제도

태종이 즉위한 **이후** 수령의 업무가 표준화되었다. (앞서 _____ 때 시행된 수령 제도를 언급하고 이어서 _____ 즉위 후에 대해 언급하는 것을 보니, 이 글은 시대별 _____의 변천을 중심으로 내용을 전개하려나 봐. 시기별로 달라진 점에 주목하여 계속 읽어 보자.) 이때 수령 7사가 제정되어 인구 증가와 농업 생산성 향상, 공정한 조세 부과, 학교 발전, 아전 농간 차단 등의 업무가 규정되었다. 일 년에 두 번 정기 평가가 실시되었고, 5회의 평가에서 2회 '중' 평가를 받으면 파면되는 원칙도 마련되었다. 수령의 업무는 수치화된 결과와 실적만으로 평가되었고, 이후 이러한 원칙은 『경국대전』에 명문화될 때까지 지속적으로 강화되었다. 태종의 수령 제도: (1) _____ 제정으로 업무 표준화, (2) 일 년에 두 번 정기 평가 실시, (3) _____만으로 평가받고 결과에 따라 파면되는 원칙 마련

한편 수령들의 전문성이 떨어진다는 이유에서 덕행에 의한 평가와 관찰사에 의한 현지 발탁은 폐지되었다. 그 대신 근무 기한을 채운 서울의 이전 중 10% 정도의 인원을 선발하여 잡직에 임명될 수 있게 하고, 그 임기가 만료되면 종6품의 수령직 대기자가 되도록 하였다. 이전 출신의 수령 진출을 통제하는 장치였지만, 한편으로 행정 능력을 갖춘 이전 출신자에게 수령 진출 기회를 부여한 것이었다. 태종의 수령 제도: (4) _____에 의한 수령 평가, _____의 적임자 발탁 권한 폐지, (5) 근무 기한 채운 _____ 중 10% → 잡직 임명, 임기 만료 시 수령직 대기자로 전환

세종에 이르러서는 수령의 지방 실정 파악을 어렵게 한다는 점에서 수령의 잦은 교체가 문제로 대두되었다. **그에 따라**(문제 상황에 대한 _____이 제시될 거야.) 수령의 임기가 60개월로 늘었으며 현지민의 수령 고소도 금지되었다. 임기 전 사임한 수령이 남은 임기 동안 다른 관직에 서용될 수 없게 하는 조치도 시행되었다. 자질 있는 수령의 확보를 위해 수령직 대기자인 이전 및 잡직자를 대상으로 수령취재법이 시행되어 사서와 삼경, 법전을 시험 보게 하였다. 또한 무관이 배정되었던 약 80여 곳의 수령 자리 중 국방

상 중요한 50여 곳을 제외한 지역에는 행정 능력과 인품을 고려하도록 하였다. 세종의 수령 제도: (1) 수령의 임기 연장(_____개월 → _____개월), (2) 현지민의 수령 고소 금지, (3) 남은 임기 내 _____한 수령의 다른 관직 서용 금지, (4) 수령취재법 시행, (5) 무관 배정 지역에서 수령의 _____과 인품 고려

평가 방식도 보완되었는데, 10회로 늘어난 평가 중 3~5회 '상'을 받으면 등급을 올려 주고, 5회 '중'을 받더라도 관품을 유지하게 하였으며, 연속으로 '중'을 받은 경우라도 10회의 평가를 받게 하여 임기(_____개월)를 채우도록 조치하였다. 이는 평가 방식을 포상 위주로 변경하여 수령의 업무 의욕을 고취하고 부정을 방지하도록 하는 것이었다. 세종의 수령 제도: (6) _____ 위주로 수령 평가 방식을 보완

**하지만** 지방 수령의 장기 근무로 인하여 지방 수령의 자질 저하와 경·외관(京外官)의 분화라는 부작용이 나타났다. (_____가 문제가 되어 임기를 늘리고, 현지민의 수령 고소를 금지하는 등의 방안을 마련했지만 이로 인한 _____가 또 다른 문제를 낳았구나. 문제점이 제시되었으니 이번에도 이에 따른 해결책이 제시되겠지?) 지방 수령의 장기 근무로 인한 부작용: ① 수령의 자질 저하, ② _____ 이는 조정이 원하는 방향은 아니었기 때문에, 공신 및 대신의 자제를 수령으로 파견하여 이 문제를 해결하려고 하였다. 그럼에도 불구하고 수령직이 과거를 통해 문반직에 진출하지 못한 세력이 자제의 관직 진출로로 활용되면서 수령직의 열등화는 오히려 더욱 분명해졌다. 부작용에 대한 해결 방안: ① 공신 및 대신의 _____를 수령으로 파견 → 수령직의 _____ 심화 ⑦문과 출신의 우수한 인재를 수령으로 파견하는 조치가 단행된 것은 경·외관의 분화를 보완하기 위한 또 다른 방안이었다. 분화 현상 자체를 막을 수는 없지만, 우수한 자원을 일정 기간 외직으로 파견함으로써 중요 거점이라도 유능한 수령을 확보하려는 의도였다. 이들(일정 기간 _____으로 파견된 _____ 출신의 우수한 인재)은 수령직을 성공적으로 수행했을 뿐 아니라, 통상적으로 대간을 역임하기도 하였기에 주변의 수령들에 대한 비리 예방 효과가 있었다. 재판과 같은 전문적 업무나 대규모 토목 공사 등이 발생할 때, 이들은 관찰사가 활용할 수 있는 유용한 자원이 되었다. 부작용에 대한 해결 방안: ② 문과 출신의 인재를 수령으로 파견 → 수령직을 성공적으로 수행, 주변 수령들에 대한 _____ 예방, _____가 활용할 수 있는 유용한 자원

지방 수령의 장기 근무는 심각한 적체 현상을 낳기도 했다. 지방 수령의 장기 근무로 인한 부작용: ③ _____ 이에 따라 세조는 이전의 제도를 계승하면서도 수령의 임기는 30개월로 단축하였다. 그와 함께 우수한 평가를 받은 수령을 파격적으로 승진시키는 한편, 불법 행위를 한 수령은 즉각 징계하는 정책을 시행하였다. 이러한 평가 방식은 일시적인 효과는 기대할 수 있어도 안정적인 관직 운영 방식으로 정착되지 못했다. _____의 수령 제도(부작용에 대한 해결 방안 ③): (1) 수령의 임기 단축(_____개월 → _____개월), (2) 평가에 따른 _____과 _____ 정책의 강화

성종 때 『경국대전』이 편찬되면서 관련 사항들이 명확히 정비

되었다. 수령 7사가 규정으로 자리 잡고, 근무 기간도 60개월로 환원되었다. 평가에서 10회 '상'이면 품계를 올려 주고, 3회 '중'이면 파직, 2회 '중'은 녹봉이 없는 관직으로 임명하도록 명시하였다. 또한 4품의 관직에 승진하려면 외관직을 거쳐야 한다고 규정하여 서울과 지방 관원의 교류 원칙도 분명히 하였다. 이들 규정은 지방 세력가를 억제하면서 백성을 안집(安集)시키고 중앙의 덕화(德化)를 관철하고자 한 오랜 노력의 산물이었다. 성종의 수령 제도: (1) _____가 규정으로 정착, (2) 수령의 임기 ____개월로 환원, (3) 수령 평가 제도의 정비, (4) _____의 교류 원칙 분명히 규정

## 1. 수령에 대한 각 시기별 평가 방식을 정리한 것으로 가장 적절한 것은?

① 태조: 지역 출신 수령을 대상으로 한 실적 위주의 평가
② 태종: 현지 파견 관리에 의한 덕성과 전문성 평가
③ 세종: 지방 수령들 간의 수치화된 기준에 따른 상호 평가
④ 세조: 관례와 연공서열에 따른 연도별 평가
⑤ 성종: 표준화된 고과 시행에 근거한 정기 평가

## 2. ㉠에 대한 이해로 적절하지 않은 것은?

① 임기 연장의 후속 조치로 시행되었다.
② 중요 거점의 효율적 통치를 의도하였다.
③ 관찰사가 책임지는 주요 업무에 유용하였다.
④ 인근 수령의 공정한 업무 수행을 유도하였다.
⑤ 서울과 지방 관원의 차별화 현상을 해소하였다.

## 3. 윗글에서 ①과 ②에 들어갈 적절한 단어를 찾아 각각 빈칸에 쓰시오.

┌─────────────────────────────────────────┐
│ ① : 여러 사람 가운데서 쓸 사람을 뽑음. 1문단 │
│ 예 정철은 선조 13년에 강원도 관찰사로 □□되었다. │
│                                         │
│ ② : 어떤 세력이나 현상이 새롭게 나타남을 이르는 말. 4문단 │
│ 예 고학력 실업자 증가가 사회 문제로 □□되고 있다. │
└─────────────────────────────────────────┘

## 구 조 도 그 리 기

### 〈 조선 시대 수령 제도의 변천 〉

| | |
|---|---|
| 태조 | ① _____에서 직접 수령 파견<br>② 관찰사에게 _____ 평가 및 적임자 발탁 권한 부여<br>③ 임기: ____개월<br>④ 평가: _____에 우선권을 둠 |
| 태종 | ① 수령 7사 제정으로 수령 업무 _____<br>② 관찰사에 의한 _____ 폐지 → 서울의 이전 중 10% 선발하여 _____ 임명, _____시 수령직 대기자로 전환<br>③ 평가: 덕행에 의한 평가 폐지 → 일 년에 ____ 번 정기 평가와 평가에 따른 파면 원칙 마련 |
| 세종 | ① 수령의 잦은 교체가 문제로 대두 → 임기 (연장/단축) (60개월), 현지민의 수령 _____ 금지, 임기 전 사임한 수령의 다른 관직 서용 금지<br>② _____를 위한 수령취재법 시행, _____ 배정 지역에서 행정 능력과 인품을 고려<br>③ 평가: 평가 횟수 증가(__회 → ____회), 포상 위주로 변경<br>④ _____로 인한 부작용: _____ 저하, 경·외관 분화, 적체 현상 → 해결: _____ _____의 자제, 문과 출신의 인재를 수령으로 파견 |
| 세조 | • 적체 현상 해결을 위한 제도 변화: 임기 (연장/단축) (30개월), 승진과 징계 정책의 강화 |
| 성종 | • _____ 편찬에 따른 제도 정비<br>① 수령 7사 규정으로 정착<br>② 임기 환원(____개월)<br>③ 평가 방식 정비<br>④ 서울과 지방 관원의 _____ 원칙 분명히 규정 |

**[4~6] 다음을 읽고 핵심 내용에 밑줄을 치고, 빈칸에 적절한 말을 채우시오. 또한 주어진 물음에 답하시오.**

혈액을 통해 운반된 노폐물이나 독소는 주로 콩팥의 사구체를 통해 일차적으로 여과된다. (혈액이 _____ 되는 과정이 대략적으로 제시되었네! 첫 번째 문장부터 꽤 어렵지? 아직은 사구체가 뭔지, 일차적으로 여과된다는 건 무슨 의미인지 알 수 없지만, 글에서 설명해주는 만큼만 이해하면 된다는 생각으로 자신감을 갖고 이어지는 내용을 읽어 보자.) 사구체는 모세 혈관이 뭉쳐진 덩어리로, 보먼주머니에 담겨 있다. _____의 사구체: 보먼주머니에 담긴 _____ _____이 뭉쳐진 덩어리 사구체는 들세동맥에서 유입되는 혈액 중 혈구나 대부분의 단백질은 여과시키지 않고 날세동맥으로 흘려보내며, 물·요소·나트륨·포도당 등과 같이 작은 물질들은 사구체막을 통과시켜 보먼주머니를 통해 세뇨관으로 나가게 한다. 이 과정을 '사구체 여과'라고 한다. _____에서 사구체로 유입된 혈액 중 (1) 혈구, 대부분의 단백질: 여과 (O/X) → 날세동맥, (2) 작은 물질들: 사구체 여과 (_____ → 보먼주머니 _____) (과정이 제시될 때, 반드시 단계별로 차근히 설명해 주지는 않아. 결과부터 제시한 후 결과까지의 과정을 설명하기도 하고, 시작과 마지막 단계 먼저 설명한 후 중간 과정을 다루기도 해. 또 순서를 한 번에 써주지 않고 어떤 과정을 대략적으로 제시한 후, 관련된 개념이나 원리 등을 덧붙이면서 과정을 구체화하는 경우도 있지. 그러니 정보가 어떠한 방식으로 제시되더라도 머릿속으로 순서를 정리하며 읽을 수 있도록 대비해 두어야 해.)

사구체 여과가 발생하기 위해서는(_____하기 위한 선행 조건을 설명하려나 봐.) 사구체로 들어온 혈액을 사구체막 바깥쪽으로 밀어 주는 힘이 필요한데, 이 힘은 주로 들세동맥과 날세동맥의 직경 차이에서 비롯된다. 사구체로 혈액이 들어가는 들세동맥의 직경보다 사구체로부터 혈액이 나오는 날세동맥의 직경이 작다. 들세동맥 직경 (>/<) 날세동맥 직경 이에 따라 사구체로 유입되는 혈류량보다 나가는 혈류량이 적기 때문에 사구체로 유입되는 혈류량 (>/<) 유출되는 혈류량 자연히 사구체의 모세 혈관에는 다른 신체 기관의 모세 혈관보다 높은 혈압이 발생하고, 사구체 모세 혈관의 혈압 (>/<) 다른 신체 기관의 모세 혈관의 혈압 이 혈압으로 인해 사구체의 모세 혈관에서 사구체 여과가 이루어진다. 사구체의 혈압은 동맥의 혈압에 따라 변화가 일어날 수 있지만 생명 유지를 위해 일정하게 유지된다. 사구체로 들어온 혈액을 _____으로 미는 힘이 어떻게 작용하는지를 설명했어.

사구체막은(1, 2문단에서 언급했던 사구체막이 다시 나왔어. 술술 읽히는 지문이라면 계속 읽어나가면 되지만, 지금처럼 정보량이 많은 지문에서는 앞에서 나왔던 개념이 다시 나오면 돌아가서 한 번 더 확인한 후 읽어나가는 게 좋아.) 사구체 여과가 발생하기 위해 적절한 구조를 갖추고 있다. 사구체막은 모세 혈관 벽과 기저막, 보먼주머니 내층으로 이루어진다. 사구체막 = _____ + 기저막 + 보먼주머니 내층 모세 혈관 벽은(이어서 _____, _____도 설명하겠네. 사구체 여과와 관련된 기관(구성 요소)를 설명하면서 _____ 과정을 구체화해 나가려나 봐!) 편평한 내피세포 한 층으로 이루어져 있다. 이 내피세포들에는 구멍이 있으며 내피세포들 사이에도 구멍이 있다. 이 때문에 사구체의 모세 혈관은 다른 신체 기관의 모세 혈관에 비해 동일한 혈압으로

도 100배 정도 높은 투과성을 보인다. 모세 혈관 벽: 편평한 내피세포(구멍 (있음/없음)) 층으로 구성 → 투과성(↑/↓) 기저막은 내피세포와 보먼주머니 내층 사이의 비세포성 젤라틴 층으로, 콜라겐과 당단백질로 구성된다. 콜라겐은 구조적 강도를 높이고, 당단백질은 내피세포의 구멍을 통과할 수 있는 알부민과 같이 작은 단백질들의 여과를 억제한다. 이는 알부민을 비롯한 작은 단백질들이 음전하를 띠는데 당단백질 역시 음전하를 띠기 때문에 가능한 것이다. 기저막: _____(구조적 강도↑)과 당단백질(_____의 여과 억제)로 구성 보먼주머니 내층은 문어처럼 생긴 발세포로 이루어지는데, 각각의 발세포에서는 돌기가 나와 기저막을 감싸고 있다. 돌기 사이의 좁은 틈을 따라 여과액이 빠져나오면 보먼주머니 내강에 도달하게 된다. 보먼주머니 내층: 돌기 달린 _____로 구성 (1문단에서 사구체의 작은 물질들은 사구체막을 통과시킨다고 한 설명을 구체화하여, 3문단에서 사구체막의 통과를 모세 혈관 벽 → _____ → _____을 통과한다고 설명하고 있어.)

한편(전환!) 사구체막을 사이에 두고 사구체 여과를 억제하는 압력이 발생한다. 혈액 속 대부분의 단백질들은 여과되지 않기 때문에(1문단에서 사구체는 대부분의 단백질은 여과시키지 않고 _____으로 흘려보낸다고 했지. 3문단에서도 _____이 작은 단백질들의 여과를 억제한다고 했고.) 사구체의 모세 혈관 내에는 존재하고 보먼주머니 내강에는 거의 존재하지 않는다. 따라서 보먼주머니 내강보다 사구체의 모세 혈관의 단백질 농도가 높다. 그 결과 보먼주머니 내강의 물이 사구체의 모세 혈관 쪽으로 이동하려는 삼투압이 발생하게 된다. 이를 '혈장 교질 삼투압'이라고 한다. 혈장 교질 삼투압: _____이 보먼주머니 내강 → 모세 혈관 쪽으로 이동(∵보먼주머니 내강의 단백질 농도 (>/<) 사구체의 모세 혈관의 단백질 농도) 그리고 보먼주머니 내강에 도달한 여과액에 의해 '보먼주머니 수압'이 발생한다. 이 압력은 보먼주머니 쪽에서 사구체의 모세 혈관 쪽으로 작용하기 때문에 여과를 방해한다. 보먼주머니 수압: 보먼주머니 내강의 _____에 의해 보먼주머니 쪽에서 _____으로 작용 결과적으로 여과를 발생시키는 압력(사구체의 _____)과 억제하는 압력(_____, _____)의 차이가 '실제 여과압'이 된다. (앞에서는 사구체 여과의 발생을 다뤘다면, 4문단에서는 '한편'으로 글의 흐름을 전환해 사구체 여과를 _____하는 압력을 설명했네.)

질환이 있지 않은 정상 상태에서는 혈장 교질 삼투압과 보먼주머니 수압(여과를 _____ 압력)이 크게 변하지 않는다. 그러나 사구체의 혈압(여과를 _____ 압력)은 동맥의 혈압에 따라 증가하거나 감소할 수 있다. 이 같은 변동은 생명 유지에 적합하지 않기 때문에 자가 조절 기능에 의해 관리된다. (2문단에서도 사구체의 혈압은 생명 유지를 위해 _____된다고 했었어.) 즉 콩팥은 심장의 수축에 의해 발생하는 혈압에 변동이 생기더라도 제한된 범위 내에서 사구체로 유입되는 혈류량을 일정하게 유지한다. 자

가 조절은 주로 들세동맥의 직경을 조절함으로써 가능하다. 사구체 혈압의 변동은 생명 유지에 적합하지 않기 때문에 _____을 조절하여 사구체로 유입되는 _____을 일정하게 유지하는구나.

## 4. 윗글을 이해한 내용으로 적절하지 <u>않은</u> 것은?

① 알부민과 같이 작은 단백질들은 기저막의 당단백질과 상반된 전하를 띠기 때문에 사구체 여과가 억제될 수 있다.

② 기저막을 감싸고 있는 보먼주머니 내층의 발세포 돌기 사이로 여과액이 빠져나온다.

③ 질병이 생길 경우 혈장 교질 삼투압과 보먼주머니 수압이 크게 변할 수 있다.

④ 기저막은 비세포성 젤라틴 층으로 콜라겐과 당단백질로 구성되어 있다.

⑤ 사구체 여과를 통해 물이나 포도당이 세뇨관으로 빠져나갈 수 있다.

## 5. 윗글을 바탕으로 〈보기〉에 대해 설명한 내용으로 적절하지 <u>않은</u> 것은?

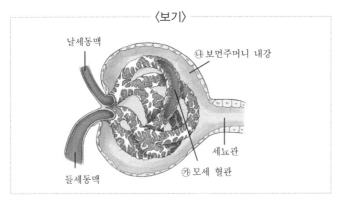

〈보기〉

날세동맥, ㉯ 보먼주머니 내강, 세뇨관, 들세동맥, ㉮ 모세 혈관

① ㉮에 있는 내피세포 층의 구멍들을 통해 노폐물이나 독소가 빠져나갈 수 있다.

② ㉮의 혈압이 콩팥의 자가 조절 기능의 훼손으로 감소하면 '실제 여과압'이 감소할 수 있다.

③ ㉯에 도달하는 여과액이 감소하면 '실제 여과압'이 증가할 수 있다.

④ ㉯에 도달한 여과액에 의해 발생한 수압은 ㉮의 혈압과 반대 방향으로 작용할 수 있다.

⑤ ㉮와 ㉯의 단백질 농도 차이가 감소하면 '실제 여과압'이 감소할 수 있다.

## 6. 윗글에서 ①과 ②에 들어갈 적절한 단어를 찾아 각각 빈칸에 쓰시오.

| ① | : 뾰족하게 내밀거나 도드라진 부분. 3문단 |

예 해삼은 겉에 많은 □□가 있다.

| ② | : 일이나 조건 따위에 꼭 알맞음. 5문단 |

예 이 지역은 땅이 거칠어 농사짓기에 □□하지 않다.

---

## 구 조 도 그 리 기

### 〈 사구체 여과 〉

#### 사구체 여과를 발생시키는 힘

① _____ 직경 〉 _____ 직경

② 사구체로 _____되는 혈류량 〉 _____되는 혈류량

③ _____의 모세 혈관의 혈압 〉 다른 신체 기관의 모세 혈관의 혈압

④ _____에서 사구체로 들어온 혈액을 사구체막 바깥으로 밀어 주는 힘 발생

#### 사구체 여과 과정

• 사구체 여과: 작은 물질들이 _____(모세 혈관 벽 → 기저막 → _____) → _____ → 세뇨관으로 나감

| 모세 혈관 벽 | 편평한 내피세포 한 층으로 구성, 투과성 (높음/낮음) |
|---|---|
| _____ | 구조적 _____를 높이는 콜라겐과 작은 단백질들의 여과를 억제하는 _____로 구성 |
| 보먼주머니 내층 | 발세포(기저막 감싼 _____ 있음)로 구성, 돌기 사이 틈으로 _____이 빠져 나와 보먼주머니 내강에 도달 |

• 혈액 중 혈구, 대부분의 _____은 여과 X → _____으로 나감

#### 사구체 여과를 억제하는 압력

| 실제 여과압 | = | 여과를 발생시키는 압력 (_____) _____ 따라 변동 → 생명 유지에 부적합하므로 _____ _____ 조절 통해 일정하게 유지 | − | 여과를 억제하는 압력 (혈장 교질 삼투압 + 보먼주머니 수압) 변동 (O/X) |
|---|---|---|---|---|

① 혈장 교질 삼투압: 보먼주머니 내강보다 사구체의 모세 혈관의 단백질 농도(↑/↓) → 보먼주머니 내강의 물이 _____으로 이동하려는 삼투압 발생

② 보먼주머니 수압: 보먼주머니 내강에 도달한 여과액으로 인해 보먼주머니 쪽에서 _____으로 압력 발생

1day 30minute 4week

# 2주차 문제

**[1~3] 다음을 읽고 핵심 내용에 밑줄을 치고, 빈칸에 적절한 말을 채우시오. 또한 주어진 물음에 답하시오.**

흔히 사회적 양극화로 표현되는 중산층의 위기는 중산층 붕괴 문제뿐 아니라 중산층의 상대적 박탈감 문제와도 밀접하게 연관된다. 중산층 위기의 본질을 고찰하려면 먼저 중산층의 범주에 대한 이해가 필요하다. (이어서 _____ 에 대해 설명한 후 이를 활용해 중산층의 위기를 이야기하겠지?) 이를 위해서는 객관적 차원의 계층을 판별하고 주관적 차원의 계층 의식을 측정하여 두 차원 (객관적 차원의 _____ 과 주관적 차원의 _____) 간의 조응 관계를 분석하는 작업이 요구된다. (이어서 객관적 차원의 계층이 무엇이고, 주관적 차원의 계층 의식이 무엇인지를 설명하겠군. 그 다음 두 차원의 _____ _____하는 순서로 지문이 전개되겠지?)

전체 계층 구조 속에서 중산층을 객관적으로 판별하기 위해서는 먼저 그 기준을 설정해야 한다. 현대 사회에서 개인의 계층적 위치는 다양한 측면을 반영하기 때문에, 경제적 지표와 사회 문화적 지표를 동시에 사용하는 것이 일반적이다. 경제적 지표로는 직업·종사상의 지위, 가구 소득, 자산을 사용하고 사회 문화적 지표로는 교육 연수(年數)를 사용한다. 구체적인 중산층 판별에는 아래의 점수표를 사용하며, 점수의 합이 3 이상이면 '핵심적 중산층', 2이면 '주변적 중산층', 1 이하이면 '하층'으로 분류한다. (1) 객관적 차원의 계층 판별: _____ 지표와 _____ 지표를 동시에 사용 → 점수표의 점수 합을 통해 중산층 판별

〈중산층 판별 점수표〉

| 측정 지표 | 판별 기준 | 점수 |
|---|---|---|
| 직업·종사상의 지위 | 고용주 및 상층 화이트칼라 | 2 |
| | 소규모 자영업자 및 하층 화이트칼라 | 1 |
| 가구 소득 | 도시 근로자 월평균 가구 소득의 90% 이상 | 1 |
| 자산 | 국민 주택 규모 소유 이상 | 1 |
| 교육 연수 | 2년제 대학 졸업 이상 | 1 |

㉠이러한((객관적/주관적)) 계층 측정 방식은 계층을 결정하는 요소들을 체계적으로 반영하고 중산층의 규모를 객관적으로 측정하는 데 유용하다. 객관적 차원의 계층 측정 방식의 _____: 계층 결정 요소 체계적 반영, _____ 객관적 측정 그러나(객관적 차원의 계층 측정 방식의 _____이 제시될 거야.) 측정 지표로 선정된 판별 기준의 적합성에 대해 논란이 있을 수 있고, 측정 시점에 따라 그 기준이 달라질 수 있어 장기간에 걸쳐 나타나는 변화를 추적하는 데에는 한계가 있다. 객관적 차원의 계층 측정 방식의 한계점: _____에 대한 논란, 장기 _____ 추적에 한계

주관적 차원의 계층을 판별하는 지표로는 계층 귀속 의식을 사용하는데, 이것(_____)은 두 가지 방식으로 측정할 수 있다. '중산층 귀속 의식'은 스스로를 '중산층'이라는 집단과 동일시하는지를 이분법적으로 측정한다. 이(_____)와는 별도로 전체 계층 구조 속에서 개인의 주관적 위치를 알아보기 위해 '중간층 귀속 의식'을 측정하는데, 이것(_____)은 일반적으로 하층에서부터 상층에 이르는 계층의 단계를 선택지로 제시하고 자신이 속한다고 생각하는 범주를 고르게 하는 방식으로 측정한다. 이 척도 상에서 중간에 위치하는 집단이 '중간층'으로 간주된다. (2) 주관적 차원의 계층 의식 측정: _____ 을 지표로 사용

| 귀속 의식 | 스스로를 중산층 집단과 동일시하는지를 이분법적으로 측정 |
|---|---|
| 귀속 의식 | 계층의 단계(중간에 위치한 집단이 중간층) 중 자신이 속한다고 생각하는 범주를 고르게 하여 _____ 측정 |

㉡귀속 의식을 이용한((객관적/주관적)) 계층 측정 방식은 개인이 자신의 계층적 위치를 다른 사람들과 비교하여 평가한 결과라는 점에서 객관적 차원의 계층 판별이 보여 주지 못하는 상대적 측면을 포착하며, 중간층 또는 중산층과 동일시하는 사람들의 비율이 변화하는 추세를 잘 보여 준다. 그러나 개인에 따라 계층을 인식하는 잣대가 다를 수 있다는 문제가 있다. 주관적 차원의 계층 측정 방식의 장점: _____ 포착, 중간층·중산층과 동일시하는 사람들의 _____ 보여 줌 / 주관적 차원의 계층 측정 방식의 단점(한계점): 개인에 따라 _____가 다를 수 있음 (객관적, 주관적 차원의 계층 측정 방식 모두 측정법, 장점, 단점(한계점)을 설명했지? 이처럼 대등한 층위의 개념을 설명할 때는 전개되는 방식이 동일한 경우가 많아.)

객관적 차원의 측정과 주관적 차원의 측정은 각각 장단점을 지닌다. 이들 두 차원의 측정을 결합하면 객관적 차원의 계층과 주관적 차원의 계층 간에 존재할 수 있는 괴리를 포착할 수 있게 된다. (이제 두 차원 간의 _____ 관계를 살펴보려나 봐.) 특히 객관적으로는 중산층에 속하면서도 주관적으로는 중산층과 동일시하지 않는 집단에 주목할 필요가 있는데, 이러한 불일치가 존재하는 집단에서 상대적 박탈감도 클 것으로 예상되기 때문이다. (1문단의 내용을 고려하면 객관적으로 중산층에 속하지만 주관적으로 _____의 상대적 박탈감 문제 또한 _____와 관련된다고 볼 수 있지.) 한편,(전환! 마지막 문단의 '한편'은 주로 (핵심적/부수적) 정보가 제시될 것임을 뜻해.) 주관적 차원의 측정에서도 중산층 귀속 의식과 중간층 귀속 의식 사이에 차이가 발견된다. 통상적으로는 후자(_____)가 전자(_____)보다 비율이 높게 나타나는데, 이는 사람들이 스스로를 중간으로 평가하는 일반적 경향이 있기 때문이기도 하고, 다른 한편으로는 중산층을 판단하는 데에 사용되는 주관적 기준이 높기 때문이기도 하다. 주관적 차원의 계층 의식 측정에서 중산층 귀속 의식 비율 (>/<) 중간층 귀속 의식 비율

## 1. ⊙과 ⓒ을 비교한 내용으로 적절한 것은?

① ⊙과 ⓒ은 모두 계층 구조상의 상층을 판별할 수 없다.

② 계층 판별의 단위가 ⊙에서는 가구이지만 ⓒ에서는 개인이다.

③ ⊙은 계층의 양극화를 측정하고 ⓒ은 계층의 불일치를 측정한다.

④ ⊙에서는 지표의 판별 기준이 측정 시점에 따라 달라질 수 있지만, ⓒ에서는 계층을 인식하는 잣대가 모두에게 동일하다.

⑤ ⊙에서는 다수의 지표를 결합하여 단일한 방식으로 측정하지만, ⓒ에서는 단일한 지표를 사용하여 두 가지 방식으로 측정한다.

## 2. 윗글의 내용에 비추어 볼 때, 〈보기〉에 대한 해석으로 적절한 것은?

〈보기〉

2006년의 조사 결과에 따르면, 객관적 차원의 중산층 비율은 핵심적 중산층 약 35%, 주변적 중산층 약 32%로 두 층 모두 이전에 비해 다소 증가하였다. 주관적 차원의 경우 중간층 귀속 의식과 중산층 귀속 의식은 각각 약 74%와 약 20%로 두 수치 모두 이전에 비해 감소하였다. 그리고 핵심적 중산층의 약 35%, 주변적 중산층의 약 12%, 하층의 약 6%만이 자신을 중산층과 동일시하고 있다.

① 객관적 차원의 중산층이 증가한 것은 도시 근로자 월평균 가구 소득이 증가했기 때문이다.

② 중간층 귀속 의식에 비해 중산층 귀속 의식이 낮은 것은 객관적 차원의 중산층 판별 기준이 높기 때문이다.

③ 중간층 귀속 의식과 중산층 귀속 의식이 이전에 비해 모두 떨어진 것으로 보아, 중산층의 붕괴가 진행되고 있다.

④ 객관적 차원의 중산층의 과반수가 자신을 중산층과 동일시하지 않는 것으로 보아, 중산층의 상대적 박탈감이 크다는 것을 알 수 있다.

⑤ 객관적 차원과 주관적 차원 간의 괴리 정도가 중산층보다 하층에서 더 큰 것으로 보아, 중산층보다 하층에서 계층의 불일치가 더 크게 나타날 것이다.

## 3. 윗글에서 ①과 ②에 들어갈 적절한 단어를 찾아 각각 빈칸에 쓰시오.

[ ① ] : 어떤 것을 깊이 생각하고 연구함. **1문단**

예 서 교수의 논문은 웃음의 효과를 [ ][ ]하고 있다.

[ ② ] : 서로 어그러져 동떨어짐. **6문단**

예 현실과 이상은 언제나 [ ][ ]가 있기 마련이다.

---

### 구 조 도 그 리 기

〈 중산층의 판별 〉

| | | |
|---|---|---|
| 중산층의 범주 분석 필요성 | | _____의 계층 판별 + _____ _____의 계층 의식 측정 → 조응 관계를 분석함으로써 중산층 위기의 본질 고찰 가능 |
| 객관적 차원의 계층 판별 | 방법 | 경제적 지표 + 사회 문화적 지표를 _____에 사용한 점수표에서 점수의 ___으로 판별 |
| | 장점 | • _____ • 중산층의 규모를 객관적으로 측정 |
| | 한계 | • _____의 적합성에 대한 논란 • _____의 변화 추적에 한계 |
| 주관적 차원의 계층 판별 | 방법 | 중산층 귀속 의식 또는 중간층 귀속 의식을 통해 _____ 측정 • 중산층 귀속 의식: 스스로를 중산층과 _____하는지 여부 • 중간층 귀속 의식: 계층의 단계 중 _____를 선택 • 중산층 귀속 의식 비율 ⟩/⟨ 중간층 귀속 의식 비율 |
| | | • _____ 차원의 계층 판별이 보여 주지 못하는 상대적 측면 포착 • 중간층·중산층과 동일시하는 사람들의 비율 변화 추세 확인 가능 |
| | | • _____ |
| 객·주관적 차원의 계층 간 괴리 | | 객관적으로 중산층이나, 주관적으로 중산층과 동일시하지 않는 집단: _____↑ |

**[4~6] 다음을 읽고 핵심 내용에 밑줄을 치고, 빈칸에 적절한 말을 채우시오. 또한 주어진 물음에 답하시오.**

여러 아미노산이 연속적으로 연결되면 끈 모양의 폴리펩티드가 된다. 이 폴리펩티드는 꺾어지기도 하고, 둘둘 말리기도 하면서 3차원적인 입체 구조를 만들게 되는데 이 과정을 폴딩(folding)이라고 하며, 이렇게 입체 구조로 만들어진 폴리펩티드를 단백질이라고 부른다. 각각의 단백질은 특정한 3차원 구조를 제대로 갖추어야 제 기능을 발휘할 수 있다. (친절한 글쓴이는 아니야. 방향 정보부터 제시하기보다는 첫 문단부터 꽤 빽빽하게 정보를 제시하며 본론으로 들어가는 걸 보니까! 이런 경우 고난도인 경우가 많지. 하지만 이럴 때일수록 정보량에 빨려 들어가지 말고 주어진 정보를 차근히 정리해야 해. 글 전체의 큰 흐름을 보자고 생각하며 읽어 보자!) 여러 아미노산의 연속적 연결로 _____ 생산 → _____(폴리펩티드가 3차원적인 입체 구조 형성) → 단백질 생산

단백질 생산에는 리보솜과 샤페론 등이 관여한다. (지문에서 순서를 항상 한꺼번에, 순서대로 써주는 것은 아니라고 했지? 1문단에서 _____이 생산되는 대략적인 과정을 설명했다면, 이제 그 가운데의 과정을 좀 더 자세하게 다룸으로써 단백질 생산 과정을 구체화하려나 봐. 그럼 이어서 _____과 _____이 어떤 작용을 하는지를 설명하겠지?) 리보솜은 세포핵이 제공하는 유전자의 서열 정보에 따라 세포 내에서 만들어진 개개의 아미노산을 연결해 폴리펩티드를 만든다. 이렇게 새로 만들어진 폴리펩티드 중에서, 일부는 자발적으로 폴딩하여 기능성 단백질이 되고, 스스로 폴딩하지 못하는 폴리펩티드는 샤페론의 도움을 받아 정상적으로 폴딩된다. _____이 여러 아미노산을 연속적으로 _____해 폴리펩티드 생산 → 일부는 자발적 폴딩, 스스로 폴딩하지 못하는 폴리펩티드는 _____의 도움을 받아 폴딩 → 단백질 생산 세포 내에는 다양한 종류의 샤페론이 존재하며, 그(_____) 각각마다 작용하는 폴리펩티드가 다르다. (지문을 읽을 때 각각인지, 모두인지 혹은 일부인지, 전체인지 등도 놓치지 말고 꼼꼼하게 확인하자. 의외로 선지 판단에 있어 중요한 요소인 경우가 많거든! 그럼 1문단과 2문단의 '각각'을 살펴볼까? 1문단의 '각각'에 주목하면 단백질의 종류마다 제 기능을 발휘할 수 있도록 하는 _____가 달라. 또 2문단의 '각각'을 통해서는 샤페론마다 도움을 주는 _____의 종류가 다르다는 것을 알 수 있어.)

대부분의 경우(일반적인 경우가 제시되면 예외적이거나 특수한 경우도 뒤따라 제시될 수 있지.) 폴리펩티드의 폴딩은 정상적으로 진행되지만, 어떤 상황에서는 폴리펩티드가 폴딩하지 못하고 서로 얽혀 응집된 덩어리 형태를 띤다. 또한 세포에 열, 중금속, 화학 물질 등과 같은 스트레스가 가해지면, 폴딩 중이거나 이미 형성된 단백질의 구조에 이상이 발생할 수 있다. 단백질의 구조에 이상이 발생하는 이유: 세포에 가해진 _____(열, 중금속, 화학 물질 등) 때문 이때 비정상적인 3차원 구조로 변하는 미스폴딩(misfolding) 현상이나 3차원 구조가 완전히 붕괴되어 풀리는 언폴딩(unfolding) 현상이 일어나는데, 이처럼 구조가 변한 단백질을 변성 단백질이라고 한다.

| 폴딩 X | _____가 서로 얽혀 응집된 덩어리 형태를 띰 |
| --- | --- |
| _____ | 단백질이 비정상적인 3차원 구조로 변함 |
| 언폴딩 | 단백질의 3차원 구조가 _____되어 풀림 |

(1문단에서 각각의 단백질은 특정한 3차원 구조를 제대로 갖추어야 제 기능을 발휘할 수

있다고 했으니까, 비정상적인 폴딩이 일어나 구조가 변한 _____은 원래의 기능을 발휘할 수 없겠지?) 변성 단백질은 입체 구조가 흐트러져서 소수성(疏水性)* 아미노산이 분자 표면에 노출된 형태로 바뀐 것이 많다. 변성 단백질 분자 표면에 노출된 소수성 아미노산들은 서로 당기는 상호 작용을 한다. 그 결과로 변성 단백질들이 모여 물에 녹지 않는 응집체가 형성된다. 응집체의 형성 과정은 대부분 비가역적이어서 일단 형성된 응집체는 쉽게 응집 상태를 벗어나지 못한다. 변성 단백질 분자 표면의 _____ 간의 상호 작용 → 변성 단백질의 _____ 형성(___에 녹지 않음, 비가역적) 응집체를 형성하기 전에, 응집체 형성을 저해하는 샤페론에 의해 변성 단백질이 원래 구조로 회복되는 것이 리폴딩(refolding)이다. 리폴딩은 실험 상황에서는 샤페론 없이도 재현할 수 있다. (2문단에서 샤페론은 _____하지 못하는 폴리펩티드를 정상적으로 폴딩할 수 있도록 돕는다고 했는데, 변성 단백질의 응집체가 형성되는 것을 _____하는 기능도 있구나.)

| 리폴딩 | _____이 응집체를 형성하기 ___에 샤페론에 의해 원래 구조로 회복되는 것 |
| --- | --- |

세포에는 잘못 생산된 단백질을 제거하거나 변성 단백질의 재생과 분해 작용을 담당하는 품질 관리 체계가 존재한다. 품질 관리 기능을 담당하는 주요 기관 중 하나인 소포체 내부에 변성 단백질이 축적되면, 이것은 소포체에 스트레스로 작용한다. 세포의 품질 관리 체계: 잘못 생산된 단백질 제거, 변성 단백질의 _____ → 소포체에 변성 단백질 축적 시 _____로 작용 ⊙소포체 스트레스의 해소는 다양한 방법을 통해 이루어진다. (_____가 스트레스를 푸는 두 개 이상의 방법을 설명해주겠지?)

소포체에 변성 단백질이 축적되면, ATF6가 활성화되어 소포체 샤페론의 생산을 촉진시키고, 샤페론은 리폴딩을 통해 변성 단백질을 정상 단백질로 재생한다. 재생이 되지 못하는 변성 단백질은, IRE1과 XBP-1의 연쇄적인 활성화로 단백질 분해 기구가 활성화되어 분해된다. 이 분해 과정은 재생이 어려운 변성 단백질을 세포질로 역수송하여 분해되도록 하는 것으로, 세포질에 존재하는 유비퀴틴-프로테아좀계에서 일어난다. 또한 소포체에 스트레스를 주는 환경이 유지되어 변성 단백질의 축적이 지속되면, PERK의 활성화가 일어나고 이어서 단백질 합성 개시 인자인 $eIF2\alpha$를 불활성화(인산화)하여 리보솜의 단백질 합성이 더 이상 진행되지 못하게 한다. 결과적으로 리보솜의 단백질 합성 기능을 멈추게 해 변성 단백질 생산량 자체를 감소시키는 것이다. 이와 같은 다양한 방법으로도 단백질의 품질 관리가 어려워지면 세포는 다음 단계의 수단으로 스스로 사멸하는 길을 택하기도 한다.

| 소포체의 스트레스 해소 방법 |
| --- |
| (1) ATF6 활성화 → 소포체 샤페론의 생산 _____ → 샤페론이 _____을 통해 변성 단백질을 정상 단백질로 재생 |
| (2) IRE1과 XBP-1의 연쇄적인 _____ → 단백질 분해 기구 활성화 → _____되지 못하는 변성 단백질을 유비퀴틴-프로테아좀계에서 _____ |

(3) PERK ＿＿＿＿＿＿ → 단백질 합성 개시 인자인 eIF2α ＿＿＿＿＿＿ → 리보

솜의 단백질 합성 방해 → 변성 단백질 생산량 ＿＿＿＿＿

(4) 세포가 스스로 ＿＿＿＿＿

\*소수성: 물 분자와 쉽게 결합하지 않는 성질.

## 4. 윗글의 내용과 일치하지 <u>않는</u> 것은?

① 단백질의 구조 변성은 세포의 생존을 위협한다.

② 리보솜은 유전자 서열 정보를 받아 단백질 생산에 관여한다.

③ 세포 내 단백질들의 폴딩은 세포에 가해진 열에 영향을 받는다.

④ 응집체를 형성한 세포 내 폴리펩티드는 자발적으로 리폴딩한다.

⑤ 단백질이 정상 기능을 발휘하는 것은 단백질의 입체 구조에 의존한다.

## 5. ㉠이 정상적으로 진행되지 못할 때, 그 원인이 되는 것만을 〈보기〉에서 있는 대로 고른 것은?

〈보기〉

ㄱ. 소포체의 XBP-1의 활성화

ㄴ. 유비퀴틴-프로테아좀계의 손실

ㄷ. 소포체 내의 샤페론의 농도 감소

ㄹ. 단백질 합성 개시 인자의 불활성화

① ㄱ, ㄴ     ② ㄱ, ㄹ     ③ ㄴ, ㄷ

④ ㄱ, ㄷ, ㄹ     ⑤ ㄴ, ㄷ, ㄹ

## 6. 윗글에서 ①과 ②에 들어갈 적절한 단어를 찾아 각각 빈칸에 쓰시오.

① : 재능, 능력 따위를 떨치어 나타냄. 1문단

예 모든 수험생들이 실력을 유감없이 □□하기를 바랍니다.

② : 막아서 못 하도록 해침. 3문단

예 지나친 성과주의는 창의성을 □□하는 요인이 될 수 있다.

## 구 조 도 그 리 기

〈 단백질 생산 과정 〉

### 단백질 생산 과정

• 리보솜이 여러 ＿＿＿＿＿＿＿＿을 연속적으로 연결해 ＿＿＿＿＿＿＿＿＿ 생성 → 폴리펩티드의 ＿＿＿＿＿ (자발적 or 샤페론의 도움) → 단백질 생산

### 비정상적 폴딩과 리폴딩

• 세포에 가해진 ＿＿＿＿＿＿＿로 인해 ＿＿＿＿＿＿ (비정상적 3차원 구조), ＿＿＿＿＿(3차원 구조 완전 붕괴) → 변성 단백질 생성

• ＿＿＿＿＿＿: 변성 단백질이 물에 녹지 않는 응집체를 형성하기 전에 샤페론에 의해 원래 구조로 회복되는 것

### 소포체 스트레스의 해소 방법

• 스트레스의 원인: 소포체 내부의 ＿＿＿＿＿＿＿＿＿ 축적

① ATF6 ＿＿＿＿＿＿ → 소포체 샤페론의 생산 촉진 → 샤페론이 리폴딩을 통해 ＿＿＿＿＿＿＿＿＿을 ＿＿＿＿＿＿＿로 재생

② IRE1과 XBP-1의 연쇄적인 활성화 → ＿＿＿＿＿＿＿ ＿＿＿＿＿＿ 활성화 → 재생되지 못하는 변성 단백질을 ＿＿＿＿＿＿＿＿＿＿＿＿에서 분해

③ PERK 활성화 → ＿＿＿＿＿＿＿＿＿＿＿인 eIF2α 불활성화 → 리보솜의 ＿＿＿＿＿＿＿＿＿ 방해 → 변성 단백질 생산량 감소

④ 세포가 스스로 ＿＿＿＿＿

**[1~3] 다음을 읽고 핵심 내용에 밑줄을 치고, 빈칸에 적절한 말을 채우시오. 또한 주어진 물음에 답하시오.**

민주 정치의 중요 요소인 정당 정치는 '개별 정당'과 '정당 체계' 차원으로 나뉜다. 이때 정당 체계는 여러 정당이 조직화된 양식으로 작동하는 정당 군(群)을 의미한다. 개별 정당 분석이 대의제 아래에서 정당이 수행하는 시민 여론 조직화·가치화 기능에 대한 평가를 중요시한다면, 정당 체계 분석은 정당 간 상호 작용에 초점을 둔다. (이 글은 ＿＿＿＿＿＿과 ＿＿＿＿＿＿을 비교하는 글일 수도 있고, 혹은 둘 중 하나에 초점을 두고 파고드는 글일 수도 있어. 이어질 내용이 중요하겠네.) 정당 체계 분석에서 핵심적 역할을 하는 것이 정당 수 산정이다. 정당 수가 많은가 적은가 하는 것은 그 정치 체계의 이데올로기적 분포 및 정치 상황의 안정도를 보여 주는 중요 지표이다. 이데올로기의 극단적 분포가 궁극적으로 정치 체계의 불안정으로 귀결될 가능성도 있기 때문이다. 즉 정당 수는 이념적 분포가 원심적인지 아니면 구심적인지를 보여 준다. 최근까지 정당 수 산정을 위한 다양한 방식이 제시되어 왔는데, 이는 정치 현상에 대한 우리의 이해를 높이고자 하는 것이다. (개별 정당 분석은 정당 체계 분석의 개념을 정확하게 설명하기 위한 비교 개념이고, 이 글의 핵심은 ＿＿＿＿＿＿＿＿＿에서 정당 수 산정에 관한 것이구나.) 정당 체계 분석에서

정당 수: 정치 체계의 ＿＿＿＿＿＿＿＿＿(원심적 or 구심적) 및 정치 상황의 안정도를 보여 줌

그렇다면 정당 수를 산정하는 방식으로는 무엇이 있을까? (화제가 구체화되었네. '정당 수 산정을 위한 다양한 방식이 제시되어 왔다'는 것이나 '정당 수를 산정하는 방식으로는 무엇이 있을까?'라는 내용을 고려할 때, 이어서 ＿＿＿＿＿＿＿＿＿하는 두 가지 이상의 방식을 제시할 거야. 각 방식의 개념과 공통점, 차이점 등에 주목하여 읽어보자.) 우선 '단순 방식'이 있다. 이 방식에서는 한 정치 체계의 규정에 따른 정당이면 모두 동일한 자격을 갖춘 정당으로 간주한다. 그러나 이 방식은 유효한 정당의 수가 항상 고정된 것이 아니라, 정치 상황의 시점(時點)에 따라 달라질 수 있다는 것을 고려하지 못한다. 특히 내각 책임제의 경우 선거 전이냐 아니면 선거 후냐에 따라 유효한 정당의 수가 달라질 수 있다.

| 정당 수 산정 방식 (1): 단순 방식 | |
|---|---|
| 특징 | ＿＿＿＿＿＿＿＿＿에 따른 정당이면 모두 동일한 자격을 갖춘 정당으로 간주 |
| 단점 | 시점에 따라 ＿＿＿＿＿＿＿의 수가 달라질 수 있음 고려 X |

이러한 문제를 해결하기 위해 등장한 것이 '이항 분류 방식'이다. (어떤 방법의 한계점, 단점을 제시한 다음 이를 보완하거나 해결한 새로운 방법을 제시하는 전개 방식은 이제 익숙하지? ＿＿＿＿＿＿＿＿＿은 시점에 따라 유효한 정당의 수가 달라질 수 있다는 것을 고려한 방식이겠네.) 이 방식은 의회에 의석을 보유하고, 내각 구성에 참여할 가능성이 있는 정당(＿＿＿＿＿＿＿＿＿)만을 정당 체계 내 정당으로 인정한다. 이항 분류 방식은 특히 정당 난립 상황이 심할수록 유용한 분석 수단이다. 내각 책임제에서는 얼마나 많은 정당이 있느냐가 아니라 내각 구성에 참여할 수 있는 정당 수가 몇이냐가 중요하기 때문이다. 하지만(앞에서 이항 분류 방식의 ＿＿＿＿＿＿이 제시되었으니, 이제 ＿＿＿＿＿이 나오겠지?) 대통령

제에서 대통령 선거 결과에 따른 정당 체계와 총선 결과에 따른 정당 체계가 서로 다른 경우에는 이항 분류 방식을 사용하여 비교하기가 어렵다. 다시 말해 이 방식은 정부 형태 간 교차 분석을 위해 사용하기 어렵다. 동시에 내각 구성 과정에 영향을 미치지 못하지만, 정치적 실체로서 존재하며 정치적 영향력을 행사하는 정당의 존재가 배제될 수밖에 없는 것이 이 방식의 단점이다.

| 정당 수 산정 방식 (2): 이항 분류 방식 | |
|---|---|
| 특징 | 의회에 의석을 보유하고, ＿＿＿＿＿＿＿이 있는 정당만 인정 |
| 장점 | ＿＿＿＿＿＿＿이 심할수록 유용 |
| 단점 | • ＿＿＿＿＿＿ 간 교차 분석을 위해 사용 X<br>• 내각 구성 과정에 영향 미치지 못하지만, ＿＿＿＿＿＿＿로서 존재하고 영향력을 행사하는 정당의 존재 배제 |

앞의 두 방식을 비판하며 등장한 것이 '지수화 방식'이다. 지수화 방식에서는 내각 참여 여부를 막론하고 각 정당의 득표수와 의석수의 상대적 가치를 중요시한다. 이 방식은 각 정당의 득표수 또는 의석수를 상대적 비율로 파악하여 '선거 유효 정당 지수' 또는 '의회 유효 정당 지수'를 산정한다. 만약 2개의 정당이 선거에 참여했고 각각 60%와 40%를 득표했다면, 1을 각각의 제곱의 합(0.36＋0.16)으로 나눈다. 따라서 선거 유효 정당 지수는 1.9(1/0.52)가 된다. 선거 유효 정당 지수 = 1 ÷ 각 정당의 ＿＿＿＿＿＿의 제곱의 합 의회 유효 정당 지수는 득표율 대신 의석 비율을 사용한다는 점이 다를 뿐이다. 의회 유효 정당 지수 = 1 ÷ ＿＿＿＿＿＿＿＿＿(예시를 통해 ＿＿＿＿＿＿＿＿＿을 구체적으로 설명했어. 계산식이 제시되면 선지에서 실제로 이를 활용한 간단한 계산을 요구할 가능성이 높아. 개념과 연결해 가며 정확히 이해해 두자.) 이러한 지수화 방식은 대통령 선거와 총선의 정당 체계를 같은 기준으로 비교하기 위해 사용할 수 있다. (＿＿＿＿＿＿＿＿＿에서는 이와 같은 비교가 불가능했지.) 정당의 선거별 득표수 또는 의석수를 상대적인 값으로 전환하여 지수화하기 때문이다.

| 정당 수 산정 방식 (3): 지수화 방식 | |
|---|---|
| 특징 | 각 정당의 선거 유효 정당 지수(＿＿＿＿＿를 상대적 비율로 파악) 또는 의회 유효 정당 지수(＿＿＿＿＿를 상대적 비율로 파악)를 산정 |
| 장점 | ＿＿＿＿＿＿＿＿＿를 같은 기준으로 비교 가능 |

결국 한 정당 체계의 정당 수는 산정 기준에 따라 달라진다. 다양한 정당 수 산정 방식이 제시된 것은 복잡한 정치 현상의 실체에 보다 가까이 접근하려는 노력의 결과이다. 하지만 더 중요한 것은 특정 정부 형태나 정치 상황에 국한되지 않는 산정 기준을 마련하는 것이다. 이러한 관점에서 볼 때, 국가 간 정당 체계 비교 연구나 정당 체계에 대한 일반 이론의 개발을 위해서는 지수화 방식이 가장 효과적이다. 이 방식은 정치 체계 간의 이데올로기적 분포를 객관적으로 비교할 수 있게 해 주며, 나아가 어떤 정

당 체계가 민주 정치의 안정적 운영에 적절한지 판단하는 데 도움이 된다. (단순 방식의 문제를 해결하기 위해 등장한 것이 _____이고 이 두 방식을 비판하면서 등장한 것이 _____인데, _____이 가장 효과적이라는 내용으로 글을 마무리하고 있어.)

## 1. 정당 수 산정 의 의의로 적절하지 않은 것은?

① 정치 현상에 대한 설명력을 높일 수 있게 한다.

② 정당의 여론 전달 역할을 평가할 수 있게 한다.

③ 정당 간 상호 작용에 대한 이해를 가능하게 한다.

④ 정치 상황의 안정성 정도를 파악할 수 있게 한다.

⑤ 정치 체계의 이념적 분포의 정도를 이해할 수 있게 한다.

## 2. 윗글의 내용을 〈보기〉의 상황에 적용하여 해석한 것으로 옳은 것은?

〈보기〉

내각 책임제를 채택한 어떤 국가에서 총선에 참여한 정당은 모두 6개였다. 선거 후 의회 의석을 확보한 3개의 정당만 남고 나머지 정당은 해산하였다. 이 중 A당은 40%의 득표율로 40%의 의석을, B당은 30%의 득표율로 40%의 의석을, C당은 20%의 득표율로 20%의 의석을 얻었고, 나머지 정당들은 모두 합쳐 10%를 득표했지만 의석은 획득하지 못하였다. 세 정당은 모두 내각 구성에 관심을 표하였다.

① 단순 방식에 따를 때, 선거 전후의 정당 수에는 변화가 없다.

② 선거 후 단순 방식에 따른 정당 수는 이항 분류 방식에 따른 정당 수보다 작다.

③ 이항 분류 방식에 따른 정당 수는 지수화 방식에 따른 의회 유효 정당 지수보다 크다.

④ 지수화 방식에 따를 때, 의회 유효 정당 지수는 선거 유효 정당 지수와 같다.

⑤ 지수화 방식에 따른 의회 유효 정당 지수는 선거 후 단순 방식에 따른 정당 수와 같다.

## 3. 윗글에서 ①과 ②에 들어갈 적절한 단어를 찾아 각각 빈칸에 쓰시오.

▢ ① ▢ : 어떤 결말이나 결과에 이름. [1문단]

예 그 사건은 피의자의 사망으로 미제 사건으로 ▢▢되었다.

▢ ② ▢ : 질서 없이 여기저기서 나섬. [3문단]

예 무허가 업소의 ▢▢으로 행정 당국이 어려움을 겪고 있다.

---

구 조 도 그 리 기

〈 정당 수 산정 〉

| 산정 의의 |
| --- |
| • 정치 체계의 이데올로기적 분포 및 정치 상황의 안정도를 보여 줌 → _____에 초점을 둔 정당 체계 분석에서 핵심적 역할을 함 |

| 산정 방식 |
| --- |

① _____

• 한 정치 체계의 규정에 따른 정당이면 모두 _____을 갖춘 정당으로 간주

• 단점: 정치 상황의 _____에 따라 유효한 정당의 수가 달라질 수 있음 고려 X

② 이항 분류 방식

• _____의 문제를 해결하기 위해 등장

• 의회에 _____을 보유하고 _____에 참여할 가능성이 있는 정당만 인정

• 장점: 정당 난립이 심할수록 유용

• 단점: 정부 형태 간 _____을 위해 사용하기 어려움, 정치적 실체로서 존재하고 영향력을 행사하지만, _____에 영향을 미치지 못하는 정당의 존재는 배제됨

③ _____

• 단순 방식, 이항 분류 방식을 비판하며 등장

• 각 정당의 _____ 정당 지수(득표수를 상대적 비율로 파악) 또는 _____ 정당 지수(의석수를 상대적 비율로 파악)를 산정

• 장점: 대선과 총선의 정당 체계를 같은 기준으로 비교할 수 있음 → _____에 국한되지 않는 산정 기준 마련에 가장 효과적

[4~6] 다음을 읽고 핵심 내용에 밑줄을 치고, 빈칸에 적절한 말을 채우시오. 또한 주어진 물음에 답하시오.

우리는 생활에서 각종 유해 가스에 노출될 수 있다. 인간은 후각이나 호흡 기관을 통해 위험 가스의 존재를 인지할 수는 있으나, 그(＿＿＿＿＿) 종류를 감각으로 판별하기는 어려우며, 미세한 농도의 감지는 더욱 불가능하다. 인간의 감각으로 유해 가스의 ＿＿＿＿＿를 판별하거나 ＿＿＿＿＿＿＿＿＿＿의 유해 가스를 감지하는 것에는 한계가 있구나. 따라서 가스의 종류나 농도 등을 감지할 수 있는 고성능 가스 센서를 사용하는 것이 위험 가스로 인한 사고를 미연에 방지할 수 있는 길이다. (한계점이나 문제점이 제시된 다음에는 그 보완이나 해결과 관련된 이야기를 할 가능성이 높아. 1문단에서는 유해 가스 판별, 감지에 있어 인간 감각의 ＿＿＿＿＿를 언급한 다음, 이와 같은 문제가 없이 가스의 종류, 농도를 감지할 수 있는 '＿＿＿＿＿＿＿＿＿＿'라는 화제를 제시하고 있어.)

가스 센서란 특정 가스를 감지하여 그것을 적당한 전기 신호로 변환하는 장치의 총칭이다. 가스 센서: 가스 감지 → ＿＿＿＿＿＿＿로 변환 각종 가스 센서 가운데 산화물 반도체 물질을 이용한 저항형 센서는 감지 속도가 빠르고 안정성이 높으며 휴대용 장치에 적용할 수 있도록 소형화가 용이하기 때문에 널리 사용되고 있다. 저항형 센서의 장점: (1) ＿＿＿＿＿＿ 빠름, (2) ＿＿＿＿＿＿ 높음, (3) ＿＿＿＿ 용이 센서 장치에서 안정성이 높다는 것은 시간이 지남에 따라 반복 측정하여도 동일 조건 하에서는 센서의 출력이 거의 일정하다는 뜻이다. (저항형 센서의 장점 중 ＿＿＿＿＿＿＿＿＿＿＿＿＿에 대해서만 설명을 덧붙이고 있으니, 이는 문제로 다룰 가능성이 높아. 정답률이 높은 문제라 우리 교재에 수록되지는 않았지만, 실제 문제로 출제되었어.)

저항형 가스 센서는 두께가 수백 나노미터($10^{-9}$m)에서 수 마이크로미터($10^{-6}$m)인 산화물 반도체 물질이 두 전극 사이를 연결하는 방식으로 되어 있다. 가스가 센서에 다다르면 시간이 지남에 따라 산화물 반도체 물질에 흡착*되는 가스의 양이 늘어나다가 흡착된 가스의 양이 일정하게 유지되는 정상 상태(定常狀態)에 도달하여 일정한 저항값을 나타내게 된다. ('-면', '-다가', '-여'와 같은 표현을 사용해 저항형 가스 센서의 ＿＿＿＿＿＿＿＿＿을 설명하고 있어. 눈에 띄는 명사나 용언뿐만 아니라, 조사, 어미, 부사 등도 꼼꼼히 읽는 습관을 길러 두자!) 정상 상태에 도달하는 동안 이산화질소와 같은 산화 가스는 산화물 반도체로부터 전자를 받으면서 흡착하여 산화물 반도체의 저항값을 증가시킨다. 반면에(＿＿＿＿＿＿와 차이가 두드러지는 대상이 제시될 거야.) 일산화탄소와 같은 환원 가스는 산화물 반도체 물질에 전자를 주면서 흡착하여 산화물 반도체의 저항값을 감소시킨다. 이러한 저항값 변화로부터 가스를 감지하고 농도를 산출하는 것이 센서의 작동 원리이다. 저항형 가스 센서의 작동 과정(원리)을 정리해볼까? (1) 가스가 ＿＿＿＿＿에 다다름 ➡ (2) 산화물 반도체 물질에 흡착되는 가스의 양(↑/↓) ➡ (3) 산화 가스로 인해 산화물 반도체의 저항값(↑/↓) + 환원 가스로 인해 산화물 반도체의 저항값(↑/↓) → ＿＿＿＿＿＿＿도달해 일정한 저항값 ➡ ＿＿＿＿＿＿＿로부터 가스 감지, 농도 산출

저항형 가스 센서의 성능을 평가하는 주된 요소는 응답 감도, 응답 시간, 회복 시간이다. 응답 감도는(이 문단에서는 저항형 가스 센서

의 ＿＿＿＿＿을 평가하는 요소 세 가지를 차례로 설명하겠군.) 특정 가스가 존재할 때 가스 센서의 저항이 얼마나 민감하게 변하는가에 대한 정도이며, 일정하게 유지되는 정상 상태 저항값($R_s$)과 특정 가스 없이 공기 중에서 측정된 저항값($R_{air}$)으로부터 도출된다. 이는 $R_s$와 $R_{air}$의 차이를 $R_{air}$로 나누어 백분율로 나타낸 것으로, 이 값이 클수록 가스 센서는 감도가 좋다고 할 수 있다. 센서의 성능 평가 요소 (1) 응답 감도: 가스 센서의 ＿＿＿＿＿이 얼마나 민감하게 변하는가에 대한 정도 = ＿＿＿＿＿＿＿＿＿＿＿÷$R_{air}$ × 100 또한(이제 ＿＿＿＿＿＿＿에 대해 설명하겠지?) 가스 센서가 특정 가스를 얼마나 빨리 감지하고 반응하느냐의 척도인 응답 시간은 응답 감도 값의 50% 혹은 90% 값에 도달하는 데 걸리는 시간으로 정의된다. 센서의 성능 평가 요소 (2) 응답 시간: 가스를 얼마나 ＿＿＿＿＿＿＿하고 반응하느냐의 척도 = ＿＿＿＿＿＿＿의 50% 혹은 90% 값에 도달하는 데 걸리는 시간 한편,(마지막으로 ＿＿＿＿＿＿＿을 다루겠네.) 센서는 반복적으로 사용해야 하기 때문에 산화물 반도체 물질에 정상 상태에 흡착돼 있는 가스를 가능한 한 빠른 시간 내에 탈착*시켜 처음 상태로 되돌려야 한다. 따라서 흡착된 가스가 공기 중에서 탈착되는 데 필요한 시간인 회복 시간 역시 가스 센서의 성능을 평가하는 중요한 요소로 꼽는다. 센서의 성능 평가 요소 (3) 회복 시간: 흡착된 가스가 ＿＿＿＿＿＿＿＿＿＿＿되는 데 필요한 시간

*흡착: 고체 표면에 기체나 액체가 달라붙는 현상.
*탈착: 흡착된 물질이 고체 표면으로부터 떨어지는 현상.

## 4. 윗글의 내용과 일치하는 것은?

① 산화물 반도체 물질은 가스 흡착 시 전자를 주거나 받을 수 있다.

② 인간은 후각을 이용하여 유해 가스 농도를 수치로 나타낼 수 있다.

③ 회복 시간이 길어야 산화물 반도체 가스 센서를 오래 사용할 수 있다.

④ 산화물 반도체 물질에 흡착되는 가스의 양은 시간이 지남에 따라 계속 늘어난다.

⑤ 저항형 가스 센서는 가스의 탈착 전후에 변화한 저항값으로부터 가스를 감지한다.

## 5. 산화물 반도체 물질 A와 B를 각각 이용한 두 센서를 가지고 같은 조건에서 실험하여 〈보기〉와 같은 그래프를 얻었다. 이에 대한 해석으로 적절하지 <u>않은</u> 것은?

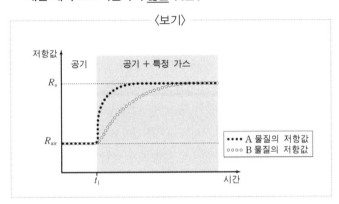

① 실험에 사용된 가스는 산화 가스이다.

② 응답 감도는 A를 이용한 센서와 B를 이용한 센서가 같다.

③ 응답 시간은 A를 이용한 센서와 B를 이용한 센서가 같다.

④ 특정 가스가 흡착하기 전에는 공기 중에서 A와 B의 저항값이 같다.

⑤ $t_1$ 직후부터 정상 상태에 도달하기 직전까지는 A의 저항값이 B의 저항값보다 크다.

## 6. 윗글에서 ①과 ②에 들어갈 적절한 단어를 찾아 각각 빈칸에 쓰시오.

> ① : 어떤 일이 아직 그렇게 되지 않은 때. **1문단**
> 예 이 샴푸를 사용하면 탈모를 ☐☐에 방지할 수 있다.
>
> ② : 계산하여 냄. **3문단**
> 예 이 시험은 1차와 2차 점수를 합산해 평균 점수를 ☐☐한다.

---

### 구 조 도  그 리 기

#### 〈 저항형 가스 센서 〉

| 가스 센서 |
| --- |
| • 가스를 감지해 _____하는 장치<br>• 인간의 감각으로 감지 불가능한 유해 가스의 _____나 _____ 감지해 사고 방지 |

| 저항형 가스 센서 | |
| --- | --- |
| _____ | ① 감지 속도 빠름<br>② 안정성 높음: 시간이 지남에 따라 _____ _____해도 동일 조건 하 _____ 거의 일정<br>③ 소형화 용이 |
| 작동<br>원리 | • 산화물 반도체 물질이 _____를 연결<br>• 작동 원리<br>① 가스가 센서에 다다르면 _____ _____에 흡착되는 가스의 양↑<br>② 정상 상태(_____ 일정하게 유지, 일정한 저항값) 도달하는 동안 _____ _____(전자 받으면서 흡착, 저항값↑), _____(전자 주면서 흡착, 저항값↓) 에 의해 저항값 변화<br>③ 저항값 변화로부터 가스 감지, _____ |
| 성능 평가<br>요소 | ① _____: 가스 센서의 저항이 얼마나 민감하게 변하는가에 대한 정도<br>② _____: 가스를 얼마나 빨리 감지 하고 반응하느냐의 척도<br>③ _____: 흡착된 가스가 공기 중에서 탈착되는 데 필요한 시간 |

**[1~3] 다음을 읽고 핵심 내용에 밑줄을 치고, 빈칸에 적절한 말을 채우시오. 또한 주어진 물음에 답하시오.**

우리는 빨갛게 잘 익은 사과를 보고서, "그래, 저 사과 맛있겠으니 가족과 함께 먹자."라는 판단을 내린다. (예를 들면서 글을 시작하고 있어. 그렇다면 주어진 예와 대응되는 개념, 이론 등이 뒤에서 제시되겠지? 그것이 바로 이 글의 _____일 테고!) 이때 우리는 빨간 사과에 대한 감각 경험을 먼저 한다. 그러고 나서, "저기 빨간 사과가 있네."라거나, "사과가 잘 익었으니 함께 먹으면 좋겠다."라는 판단을 내린다. 이것은 보는 것이 믿는 것에 대한 선행 조건임을 의미한다. 감각 경험에 대한 판단과 추론은 고차원의 인지 과정이며 개념적 절차이고, 판단과 추론이 개입하기 이전의 감각 경험은 비개념적 내용을 가질 뿐이다. 이와 같이 비개념적인 감각 경험이 먼저 주어진 후에 판단과 추론이 이어지는 것을 정상적인 과정으로 보는 견해를 '비개념주의'라고 부른다. 비개념주의: 감각 경험(_____ 내용) → (고차원의 인지 과정, _____ 절차)

비개념주의는 우리가 알아채는 것보다 실제로 더 많은 것을 본다는 점에 주목한다. 예를 들어 우리는 퇴근 후 아내와 즐겁게 대화를 나누며 저녁 식사를 하면서도 아내가 그날 노랗게 염색한 것을 알아채지 못할 수 있다. 아내의 핀잔을 들은 후 염색한 사실을 새삼스럽게 깨닫고서 어떻게 이를 모를 수 있었는지 의아해 한다. 이렇게 현저한 변화를 알아보지 못하는 현상을 변화맹(change blindness)이라고 부른다. 우리가 이러한 특징적인 변화를 정말 보지 못했다고 생각하긴 어렵다. 새로운 시각 경험이 주어졌으나 이 경험을 인지하지 못했으며, 따라서 판단과 추론으로 이어지지 못했다는 설명이 자연스럽다. 우리는 아내의 노란 머리를 단지 알아차리지 못했을 뿐이지 보지 못했다고 말할 수는 없다. 비개념주의에서는 변화맹을 _____은 주어졌지만 이를 _____ 하지 못해 판단과 추론으로 이어지지 못한 것일 뿐이라고 설명하고 있어.

그러나(_____의 주장과는 다른 견해가 제시되겠지?) '개념주의'는 시각 경험과 판단·추론이 별개의 절차가 아니라고 본다. 우리가 무엇인가를 볼 때 여기에는 배경 지식이나 판단 및 추론 같은 고차원의 인지적 요소들이 이미 개입하고 있다는 것이다. 개념주의: 시각 경험에 이미 _____이 개입되어 있음 개념주의에서는 우리가 빨간 사과를 지각할 때 일종의 인지 작용으로서 해석이 일어난다고 여긴다. 식탁에 놓인 것을 '빨간 사과'로 보는 것 자체가 일종의 해석이다. 우리가 이 해석 작용 자체를 인식하는 것은 아니지만, 이 작용은 두뇌 곳곳에서 분산되어 일어나는데 이것(_____)도 일종의 판단이나 추론이라는 것이다. 개념주의에서는 시각 경험(지각)을 할 때 _____(인지 작용)의 일종인 해석이 일어난다고 보는군.

개념주의는 베르나르도 벨로토가 그린 〈엘베 강 오른편 둑에서 본 드레스덴〉을 통해서도 설명된다. 미술관에 걸려 있는 이 그림을 적당한 거리에서 바라볼 때, 원경으로 그려진 다리 위에는 조금씩 다른 모습의 여러 사람들이 보인다. 우리는 작가가 아마도 확대경을 이용하여 그 사람들을 매우 정교하게 그렸을 것이라 생각할지도 모른다. 그런데 그 티끌같이 작은 사람들이 정말 사람의 형태를 하고 있을까? 이 그림의 다리 위 부분을 확대해서 보면 놀랍게도 사람들은 사라지고, 물감 방울과 얼룩과 터치만이 드러난다. 어떻게 보면 작가는 다리를 건너는 사람들을 직접 그렸다기보다는 단지 암시했을 뿐이지만, 우리의 두뇌는 사람과 비슷한 암시를 사람이라고 해석하여 경험한다. 이와 같은 과정을 비유적으로 '채워 넣기'라고 부를 수 있다. 두뇌는 몇몇 단서를 가지고서 세부 사항을 채워 넣으며 이를 통해 다채로운 옷을 입고 여러 동작을 하면서 다리를 건너는 사람들을 보게 되는 것이다. 채워 넣기도 일종의 판단 작용이다. 채워 넣기: 일종의 _____으로 몇몇 단서를 통해 세부 사항을 채워 넣는 것 우리의 시각 경험에 이미 판단 작용이 들어와 있기 때문에, 시각 경험과 판단 작용은 구분되지 않는다. 우리가 이 그림에서 사람들을 지각할 때 이는 이미 해석을 전제한다.

개념주의는 변화맹을 어떻게 설명할까? (비개념주의에서 변화맹에 대해 설명한 내용과 비교하며 읽는 게 좋겠지?) 개념주의에 따르면 나의 감각 경험에 주어진 두 장면 사이의 차이를 알아채지 못하는 변화맹은 불합리하다. 비개념주의에서는 판단 및 추론에서 독립된 감각 경험이 존재한다고 주장하는데, 판단이나 추론과 달리 나의 감각에 대해서는 나 자신이 특권을 가지므로 내가 나의 감각에 대해서 오류를 범할 수 없어야 한다. 그런데도 나의 감각의 변화를 내가 알아보지 못한다고 주장하는 것은 말이 되지 않는다. 변화를 알아볼 수 있을 때에야 감각하기 때문이다. 개념주의에서는 _____과 판단 작용이 구분되지 않는다고 보니까, 변화를 알아볼 수 있을 때 감각한다고 보겠네. 이에 따르면 시각 경험이 주어졌지만 이를 _____ 못한 변화맹은 불합리한 것이겠지.

결국 개념주의는 비개념주의가 아는 것보다 실제로 더 많은 것을 본다는 근거 없는 자신감을 가지고 있다고 비판하는 셈이다. 반면에(이번에는 _____의 입장에서 _____를 비판한 내용이 나오겠지?) 비개념주의는 개념주의가 실제로는 더 많은 것을 보았는데 보지 못했다고 과소평가한다고 생각할 것이다.

**1. '비개념주의'와 '개념주의'가 모두 동의하는 주장은?**

① 알아채지 못하는 감각은 불가능하다.

② 판단 과정에 개념적 내용이 들어간다.

③ 무엇인가를 본 뒤에야 믿는 것이 가능하다.

④ 판단 및 추론에 대해 오류를 범하지 않는다.

⑤ 감각 경험이 판단 작용으로 전환될 때 정보의 손실이 발생한다.

**2. 〈보기〉에 대한 설명으로 적절하지 <u>않은</u> 것은?**

〈보기〉

(가) 관객이 마술사의 화려한 손동작에 집중하느라 조수가 바뀐 것을 알아차리지 못했다.

(나) 개념적 일반화나 언어적 조작을 하지 못하는 갓난아이나 동물도 감각 경험을 한다.

(다) 오타가 있는 단어를 볼 때 무엇이 잘못되었는지 알아채지 못하고 제대로 읽는다.

(라) 같은 상황에서 변화를 알아차린 사람과 알아차리지 못한 사람의 뇌를 비교했을 때, 뇌의 시각 영역이 유사한 정도로 활성화된 것으로 밝혀졌다.

① 개념주의는 (가)에서 관객이 조수가 바뀌는 것을 보지 못했다고 말할 것이다.

② 개념주의는 (다)에서 제대로 읽은 까닭을 채워 넣기가 있었기 때문이라고 설명할 것이다.

③ 비개념주의는 (나)가 감각 경험에 비개념적 내용이 존재함을 보여 주는 사례라고 말할 것이다.

④ 비개념주의는 (다)를 추론 및 판단에서 독립된 감각 경험이 존재한다는 주장을 지지하는 근거로 삼을 것이다.

⑤ 비개념주의는 (라)를 사람들이 실제로는 더 많은 것을 본다는 사례로 활용할 것이다.

**3. 윗글에서 ①과 ②에 들어갈 적절한 단어를 찾아 각각 빈칸에 쓰시오.**

> [ ① ] : 관심을 가지고 주의 깊게 살핌. `2문단`
>
> 예 그녀는 세계가 □□하는 한국인 디자이너이다.
>
> [ ② ] : 의심스럽고 이상함. `2문단`
>
> 예 나는 그가 혼자 온 것이 □□하여 그 이유를 물었다.

---

**구 조 도  그 리 기**

〈 비개념주의와 개념주의 〉

| 비개념주의 | 개념주의 |
|---|---|
| • 비개념적인 _____ → _____ 을 정상적인 과정으로 봄 | • 시각 경험(감각 경험)과 판단 · 추론은 별개의 절차 (O/X) : ____ 에 이미 배경 지식, 판단, 추론 등의 고차원의 인지적 요소들이 개입 |
| • _____ 보다 실제로 더 많은 것을 본다는 점에 주목함 | • 지각은 _____ (몇몇 단서를 통해 세부 사항을 채워 넣는 판단 작용) 와 같은 해석을 전제함 |
| • _____(현저한 변화를 알아보지 못하는 현상)을 시각 경험은 주어졌으나, 이를 _____하지 못해 _____ 으로 이어지지 못했다고 설명함 | • 변화를 알아볼 수 있을 때에야 _____하는 것이므로, 변화맹은 불합리함 |
| • 개념주의에 대한 평가: 더 많은 것을 보았는데 보지 못했다고 _____ 한다고 생각함 | • 비개념주의에 대한 평가: _____ _____ 는 근거 없는 자신감을 가지고 있다고 생각함 |

**[4~6] 다음을 읽고 핵심 내용에 밑줄을 치고, 빈칸에 적절한 말을 채우시오. 또한 주어진 물음에 답하시오.**

어떤 장비의 '신뢰도'란 주어진 운용 조건하에서 의도하는 사용 기간 중에 의도한 목적에 맞게 작동할 확률을 말한다. _____ 의 개념 복잡한 장비의 신뢰도는 한 번에 분석하기가 힘든 경우가 많으므로, 장비를 분해하여 몇 개의 하부 시스템으로 나누어서 생각하는 것이 합리적인 접근 방법이다. 직렬과 병렬 구조는 하부 시스템에 자주 나타나는 구조로서, 그 결과를 통합한다면 복잡한 장비의 신뢰도를 구할 수 있다. 복잡한 장비의 신뢰도 분석 방법: 몇 개의 하부 시스템들의 구조((1) _____ 구조, (2) _____ 구조 등) 분석 → 분석 결과

A

B

A와 같은 직렬 구조는 원인에서 결과에 이르는 경로가 하나인 가장 간단한 신뢰도 구조이다. (직렬 구조부터 설명하고 _____ 도 설명하겠지?) 직렬 구조에서 시스템이 정상 가동하기 위해서는 모든 부품이 다 정상 작동해야 한다. 어떤 하나의 부품이 고장 나면 형성된 경로가 차단되므로 시스템이 고장 나게 된다. 직렬 구조: 원인-결과의 경로는 _____, _____ 이 정상 작동해야 시스템 정상 가동 만약 어떤 부품의 고장이 다른 부품의 수명에 영향을 주지 않는다면 A의 신뢰도는 부품 1의 신뢰도(r=0.9)와 부품 2의 신뢰도(r=0.8)를 곱한 0.72로 계산되며, 이것은 100번 가운데 72번은 고장 없이 작동한다는 것을 의미한다. 부품이 두 개인 직렬 구조의 신뢰도: 부품 1의 신뢰도 × _____ 고장 없이 영원히 작동하는 부품은 없기 때문에 직렬 구조의 신뢰도는 항상 가장 약한 부품의 신뢰도보다도 낮을 수밖에 없다.

한편, (전환! 이제 _____에 대해 설명하려나 보군.) B와 같은 병렬 구조는 원인에서 결과에 이르는 여러 개의 경로가 있고, 그중에 몇 개가 차단되어도 나머지 경로를 통해 결과에 이를 수 있는 구조이다. 병렬 구조에서는 부품이 모두 고장이어야 시스템이 고장이므로 병렬 구조: 원인-결과의 경로는 _____, 일부 부품이 고장일 때 시스템 정상 가동 (O/X) 시스템이 작동한다는 의미의 값인 1에서 두 개의 부품이 모두 고장 날 확률(0.1*×0.2=0.02)을 빼서 얻은 0.98이 B의 신뢰도가 된다. 병렬 구조의 신뢰도: __ - 모든 부품이 고장 날 확률 한 부품의 고장이 다른 부품의 신뢰도에 영향을 준다면 이 값 역시 달라진다.

이러한 신뢰도 구조는 물리적 구조와 구분된다. 자동차의 네 바퀴는 물리적 구조상 병렬로 설치되어 있지만, 그중 하나라도 고장 나면 자동차가 정상적으로 운행될 수 없으므로 신뢰도 구조상으로 직렬 구조인 것이다. 자동차 바퀴: 물리적 구조는 _____, 신뢰도 구조는 _____

종종 장비의 신뢰도를 높이기 위해 중복 설계(重複設計)를 활용하기도 한다. 가령,(예를 들어 설명하려고 하니 _____의 개념을 정확히 이해해야겠어.) 순간적인 과전류로부터 섬세한 전자 기구를 보호하는 회로 차단기를 설치할 때에 그 안전도를 높이기 위해 2개를 물리적 구조상 직렬로 연결해야 하는데, 이때 차단기 2개 중 1개라도 정상 작동하면 전자 기구를 보호할 수 있다. 이것은 물리적으로 직렬 구조이지만 신뢰도 구조상으로 병렬 구조인 것이다. 회로 차단기: 물리적 구조는 _____, 신뢰도 구조는 _____로 설계하여 장비의 _____를 높임(중복 설계)

[가]

신뢰도 문제에서 직렬이나 병렬의 구조로 분석할 수 없는 'n 중 k' 구조도 나타난다. (신뢰도와 관련된 또 다른 구조가 제시되었네. 글의 거의 끝부분에서 새롭게 나왔으니 깊이 있게 다루지는 않겠지만 직렬, 병렬 구조와 비교하며 읽자.) 이 구조에서는 모두 n개의 부품 중에 k개만 작동하면 시스템이 정상 가동된다. n겹의 쇠줄로 움직이는 승강기에서 최대 하중을 견디는 데 k겹이 필요한 경우가 그 예이다. 'n중 k' 구조: n개의 부품 중 _____하면 시스템 정상 가동 이 구조에서도 부품 간의 상호 작용에 따라 신뢰도가 달라진다. 부품 간의 상호 작용에 따른 신뢰도 변화: 직렬 구조 (O/X), 병렬 구조 (O/X), 'n 중 k' 구조 (O/X)

실제로 대규모 장비에 대한 신뢰도 분석은 대단히 힘들기 때문에 많은 경우 적절한 판단과 근삿값 계산을 필요로 한다. 따라서 주어진 장비의 구조 및 운용 조건을 충분히 이해하는 것이 필수적이다. 신뢰도 분석을 위해서는 _____을 충분히 이해하는 것이 필요하군.

*어떤 부품이 고장 날 확률 = 1 - (그 부품의 신뢰도)

**4. '신뢰도 구조'에 대해 추론한 내용으로 적절한 것은?**

① 직렬 구조에서는 부품 수가 많아질수록 신뢰도가 높아진다.

② 부품 간의 상호 작용 유무에 관계없이 신뢰도는 동일하다.

③ k=n일 때, 'n 중 k' 구조의 신뢰도는 직렬 구조의 경우와 같아진다.

④ 2개의 부품이 만드는 경로의 수는 병렬 구조보다 직렬 구조에서 더 많다.

⑤ 신뢰도 0.98은 100번 작동에 98번 꼴로 고장 날 수 있음을 의미한다.

**5. [가]에 근거할 때, 〈보기〉의 배수펌프 시스템의 신뢰도를 높이기 위한 물리적인 구조는?**

〈보기〉

하천 인근의 배수펌프 관에는 두 개의 역류 방지용 밸브가 연결되어 있다. 펌프에서 배출된 물이 금방 빠지지 않을 경우 펌프 쪽으로 물이 역류할 우려가 있다. 두 개의 밸브는 '중복 설계'된 것이므로 한 개만 작동해도 역류를 막을 수 있다.

*단, 역류에 대한 고장만을 생각하고 밸브가 닫힌 채 고장 나는 경우는 생각하지 않음. (→: 물이 흘러 나가는 방향)

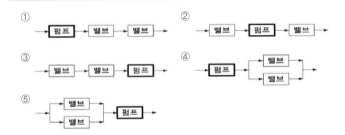

**6. 윗글에서 ①과 ②에 들어갈 적절한 단어를 찾아 각각 빈칸에 쓰시오.**

┌─────────────────────────────────┐
│ **①** : 무엇을 움직이게 하거나 부리어 씀. 1문단 │
│ 예 정부는 매년 경제 ☐☐ 계획을 수립한다. │
│ **②** : 사람이나 기계 따위가 움직여 일함. 2문단 │
│ 예 새로 수입한 기계를 시험적으로 ☐☐ 중이다. │
└─────────────────────────────────┘

---

**구 조 도 그 리 기**

〈 장비의 신뢰도 〉

| 개념 |
|---|
| • 주어진 운용 조건하, 의도하는 사용 기간 중, ＿＿＿＿＿ ＿＿＿＿＿ 작동할 확률 |
| • 복잡한 장비의 경우 하부 시스템의 구조를 분석해 결과 통합 |

| 신뢰도 구조 유형 | | |
|---|---|---|
| 직렬 구조 | • ＿＿＿＿＿＿ 에 이르는 경로 하나<br>• ＿＿＿＿＿＿ 시 시스템 정상 가동<br>• 신뢰도 = 부품 1 신뢰도 × ⋯ × 부품 n 신뢰도 → ＿＿＿＿＿ 의 신뢰도보다 낮음 | 중복 설계: 장비의 신뢰도를 높이기 위해 ＿＿＿ 구조와 ＿＿＿ 구조를 다르게 설계하기도 함 |
| 병렬 구조 | • 원인에서 결과에 이르는 경로 ＿＿＿＿<br>• ＿＿＿＿＿＿ 이어야 시스템 고장<br>• 신뢰도 = 1 − ＿＿＿＿＿＿ | |
| ＿＿＿ 구조 | • n개의 부품 중 k개 작동 시 시스템 정상 가동 | |

**[1~3]** 다음을 읽고 핵심 내용에 밑줄을 치고, 빈칸에 적절한 말을 채우시오. 또한 주어진 물음에 답하시오.

역사가 신채호는 역사를 아(我)와 비아(非我)의 투쟁 과정이라고 정의한 바 있다. 그가 무장 투쟁의 필요성을 역설한 독립 운동가이기도 했다는 사실 때문에, 그의 이러한 생각(역사를 ＿＿＿＿ ＿＿＿＿＿＿으로 본 것)은 그를 투쟁만을 강조한 강경론자처럼 비춰지게 하곤 한다. 하지만(신채호를 ＿＿＿＿＿＿＿＿라고 보는 관점과는 다른 관점이 제시되겠지?) 그는 식민지 민중과 제국주의 국가에서 제국주의를 반대하는 민중 간의 연대를 지향하기도 했다. 그의 사상에서 투쟁과 연대는 모순되지 않는 요소였던 것이다. 이(신채호의 사상에서 ＿＿＿＿과 ＿＿＿＿가 모순되지 않는 요소라는 점)를 바르게 이해하기 위해서는 그의 사상의 핵심 개념인 '아'를 정확하게 이해할 필요가 있다. (이어서 ＿＿＿＿의 개념을 구체적으로 설명할 거라는 방향 정보에 해당하는 내용이야. 이때 이를 설명하는 것은 궁극적으로 신채호의 사상에서 ＿＿＿＿＿＿라는 점을 설명하기 위함임을 잊지 말자!)

신채호의 사상에서 아란 자기 본위에서 자신을 자각하는 주체인 동시에 항상 나와 상대하고 있는 존재인 비아와 마주 선 주체를 의미한다. 아 = ＿＿＿＿을 자각하는 주체 + ＿＿＿＿와 마주 선 주체 자신을 자각하는 누구나 아가 될 수 있다는 상대성을 지니면서 또한 비아와의 관계 속에서 비로소 아가 생성된다는 상대성도 지닌다. 신채호는 조선 민족의 생존과 발전의 길을 모색하기 위해 『조선 상고사』를 저술하여 아의 이러한 특성을 규정했다. (『조선 상고사』에서 아의 특성을 규정한 이유: ＿＿＿＿＿＿＿＿＿＿＿＿) 그는 아의 자성(自性), 곧 '나의 나됨'은 스스로의 고유성을 유지하려는 항성(恒性)과 환경의 변화에 대응하여 적응하려는 변성(變性)이라는 두 요소로 이루어져 있다고 하였다. (아의 자성 = ＿＿＿＿ + ＿＿＿＿) 아는 항성을 통해 아 자신에 대해 자각하며, 변성을 통해 비아와의 관계 속에서 자기의식을 갖게 되는 것으로 설정하였다. 그리고 자성이 시대와 환경에 따라 변화한다고 하였다. (예상대로 2문단에서는 '아'의 개념과 특성에 대해 자세히 설명하고 있어. 정리해보자.)

| 아의 자성 | 항성 | 변성 |
|---|---|---|
| (= ＿＿＿＿) | = (＿＿＿＿ 유지) | + (환경의 변화에 대응해 ＿＿＿＿) |
| | → 자신을 자각하는 주체 | → ＿＿＿＿와 마주 선 주체 |

신채호는 아를 소아와 대아로 구별하였다. 그에 따르면,(구분되는 두 대상을 구체적으로 설명하려는군. 공통점이나 차이점이 있는지를 파악하며 읽어야겠지?) 소아는 개별화된 개인적 아이며, 대아는 국가와 사회 차원의 아이다. 소아는 자성(나의 ＿＿＿＿)은 갖지만 상속성(相續性)과 보편성(普遍性)을 갖지 못하는 반면,(소아와 (동일한/상이한) 대아의 특성이 제시되겠네.) 대아는 자성을 갖고 상속성과 보편성을 가질 수 있다.

| 아 | • 개별화된 개인적 아 |
|---|---|
| | • 자성 (O/X), 상속성·보편성 (O/X) |
| | • 국가와 사회 차원의 아 |
| | • 자성 (O/X), 상속성·보편성 (O/X) |

여기서 상속성이란(자성은 이미 2문단에서 설명했으니, 상속성을 설명한 다음에는 ＿＿＿＿에 대해 설명하겠지?) 시간적 차원에서 아의 생명력이 지속되는 것을 뜻하며, 보편성이란 공간적 차원에서 아의 영향력이 파급되는 것을 뜻한다. 상속성과 보편성은 긴밀한 관계를 가지는데, 보편성의 확보를 통해 상속성이 실현되며 상속성의 유지를 통해 보편성이 실현된다.

| 상속성 | • 시간적 차원, 아의 ＿＿＿＿되는 것 |
|---|---|
| | • ＿＿＿＿를 통해 실현 |
| 보편성 | • 공간적 차원, 아의 ＿＿＿＿되는 것 |
| | • ＿＿＿＿를 통해 실현 |

대아가 자성을 자각한 이후, 항성과 변성의 조화를 통해 상속성과 보편성을 실현할 수 있다. (2문단과 3문단에 설명된 대아, 자성, 항성, 변성, 상속성, 보편성이 모두 연결된 (사전 정보/방향 정보/핵심 정보/부록 정보)야. 설명된 개념들이 연결되는 지점은 절대 놓치지 말자!) 만약 대아의 항성이 크고 변성이 작으면(가정의 방식을 활용하여, 항성과 변성이 ＿＿＿＿를 이루지 못하는 경우에 대해 설명하려나 봐.) 환경에 순응하지 못하여 멸절(滅絕)할 것이며, (변성은 ＿＿＿＿＿＿＿＿＿＿＿＿하려는 것이니, 변성이 작으면 환경에 순응하지 못하여 ＿＿＿＿하는 것이겠군.) 항성이 작고 변성이 크면 환경에 주체적으로 대응하지 못하여 우월한 비아에게 정복당한다고 하였다. (항성은 ＿＿＿＿＿＿＿＿＿＿＿＿하려는 것이니, 항성이 작으면 주체적으로 대응하지 못해 ＿＿＿＿당하는 것이겠네.)

이러한 아의 개념을 통해 우리는 투쟁과 연대에 관한 신채호의 인식을 정확히 이해할 수 있다. (여기서 1문단의 마지막 부분을 떠올렸지? 이제 2~3문단에서 설명한 아 개념을 바탕으로 신채호의 사상에서 투쟁과 연대가 ＿＿＿＿되지 않음을 보여 줄 거야.) 일본의 제국주의 침략에 직면하여 그는 신국민이라는 새로운 개념을 제시하고 조선 민족이 신국민이 될 때 민족 생존이 가능하다고 보았다. 신국민은 상속성과 보편성을 지닌 대아로서, 역사적 주체 의식이라는 항성과 제국주의 국가에 대응하여 생긴 국가 정신이라는 변성을 갖춘 조선 민족의 근대적 대아에 해당한다. (제국주의 침략에 직면한 신채호의 인식 (1): ＿＿＿＿ (상속성과 보편성 지니고, 항성과 변성 갖춘 근대적 ＿＿＿＿)이 되어야 함 또한 그는 일본을 중심으로 서구 열강에 대항하자는 동양주의에 반대했다. 동양주의는 비아인 일본이 아가 되어 동양을 통합하는 길이기에, 조선 민족인 아의 생존이 위협받는다고 보았기 때문이다. (제국주의 침략에 직면한 신채호의 인식 (2): ＿＿＿＿(비아)이 아가 되어 동양을 통합하여 ＿＿＿＿＿＿(아)의 생존이 위협받는 동양주의 반대

식민 지배가 심화될수록(＿＿＿＿＿＿＿＿＿에 직면한 상황에서 식민 지배가 심화되는 상황으로의 변화가 나타나지? 통시적인 변화에 따라 달라진 점이 무엇인지에 주목하자.) 일본에 동화되는 세력이 증가하면서 신채호는 아 개념을 더욱 명료화할 필요가 있었다. 이에 그는 조선 민중을 아의 중심에 놓으면서, 아에도 일본에 동화된 '아 속의 비아'가 있고, 일본이라는 비아에도 아와 연대할 수 있는 '비아 속의 아'가

있음을 밝혔다. 민중은 비아에 동화된 자들을 제외한 조선 민족을 의미한 것이었다.

| 아(조선 민족) | 아 속의 비아 → (제외/연대) | 비아(일본) |
|---|---|---|
| | (제외/연대) ← 비아 속의 아 | |

그는 조선 민중을, 민족 내부의 압제와 위선(＿＿＿＿＿＿＿)을 제거함으로써 참된 민족 생존과 번영을 달성할 수 있는 주체이자 제국주의 국가에서 제국주의를 반대하는 민중(＿＿＿＿＿＿＿) 과의 연대를 통하여 부당한 폭력과 억압을 강제하는 제국주의에 함께 저항할 수 있는 주체로 보았다. 이러한 민중 연대를 통해 '인류로서 인류를 억압하지 않는' 자유를 지향했다. 식민 지배 심화에 따른 신채호의 인식: ＿＿＿＿＿＿＿과 비아 속의 아의 연대 → 인류로서 인류를 억압하지 않는 ＿＿＿＿＿ 지향

## 1. 윗글의 자성(自性)에 관한 이해로 가장 적절한 것은?

① 자성을 갖춘 모든 아는 상속성과 보편성을 갖는다.

② 소아의 항성과 변성이 조화를 이루면, 상속성과 보편성이 모두 실현된다.

③ 대아의 항성이 작고 변성이 크면, 상속성은 실현되어도 보편성은 실현되지 않는다.

④ 항성과 변성이 조화를 이루지 못하면, 대아의 상속성과 보편성은 실현되지 않는다.

⑤ 소아의 항성이 크고 변성이 작으면, 상속성은 실현되어도 보편성은 실현되지 않는다.

## 2. 윗글에 대한 이해로 적절하지 않은 것은?

① 신채호가 『조선 상고사』를 쓴 것은, 대아인 조선 민족의 자성을 역사적으로 어떻게 유지·계승할 수 있는지 모색하기 위한 것이겠군.

② 신채호가 동양주의를 비판한 것은, 동양주의로 인해 아의 항성이 작아짐으로써 아의 자성을 유지하기 어렵게 될 것으로 보았기 때문이겠군.

③ 신채호가 신국민이라는 개념을 설정한 것은, 대아인 조선 민족이 시대적 환경에 대응하여 비아와의 연대를 통해 아의 생존을 꾀할 수 있다고 보았기 때문이겠군.

④ 신채호가 독립 투쟁을 한 것은, 비아인 일본 제국주의의 침략이 아의 상속성과 보편성 유지를 불가능하게 하기에 일본 제국주의와 투쟁해야 한다고 생각했기 때문이겠군.

⑤ 신채호가 제국주의 국가에서 제국주의를 반대하는 민중과 식민지 민중의 연대를 지향한 것은, 아가 비아 속의 아와 연대하여 억압을 이겨 내고 자유를 얻을 수 있다고 생각했기 때문이겠군.

## 3. 윗글에서 ①과 ②에 들어갈 적절한 단어를 찾아 각각 빈칸에 쓰시오.

> [①] : 자기의 뜻을 힘주어 말함. 1문단
>
> 예 선생님은 복습의 중요성에 대해 [ ][ ]하셨다.
>
> [②] : 일이나 사건 따위를 해결할 수 있는 방법이나 실마리를 더듬어 찾음. 2문단
>
> 예 이제부터 우리가 살길을 [ ][ ]해 보자.

## 구 조 도 그 리 기

〈 신채호의 역사관 〉

| | |
|---|---|
| 아 | • 자신을 ＿＿＿＿하는 주체 + ＿＿＿＿＿ ＿＿＿＿＿＿ 주체<br>• 아의 종류<br>① 소아: ＿＿＿＿＿＿＿＿＿ 아 (자성 O, 상속성·보편성 X )<br>② 대아: ＿＿＿＿＿＿＿＿＿의 아 (자성 O, 상속성·보편성 O ) → ＿＿＿＿＿을 자각한 후 항성과 변성 ＿＿＿＿되면 ＿＿＿＿＿＿＿＿＿ 실현 가능<br>· ＿＿＿＿(나의 나됨): ＿＿＿＿(고유성 유지) + ＿＿＿＿(환경 변화에 대응해 적응)<br>· ＿＿＿＿＿: 시간적 차원, 아의 생명력 지속, ＿＿＿＿ 확보를 통해 실현<br>· ＿＿＿＿＿: 공간적 차원, 아의 영향력 파급, ＿＿＿＿ 유지를 통해 실현 |
| 제국주의 침략 직면 | • 신국민 개념 제시: 상속성, 보편성, ＿＿＿＿ (역사적 주체 의식), 변성(＿＿＿＿＿ ＿＿＿＿에 대응해 생긴 국가 정신) 지닌 근대적 대아<br>• 동양주의 반대: 조선 민족((아/비아))의 생존이 위협받기 때문 |
| 식민 지배의 심화 | • ＿＿＿＿＿＿＿: 민족 생존과 번영을 달성할 수 있는 주체, ＿＿＿＿ 통해 제국주의에 ＿＿＿＿하는 주체 |

| 아 | 비아 |
|---|---|
| 조선 민중<br>[ ＿＿＿＿ ] →(연대/투쟁) | [ ＿＿＿＿ ] |

**[4~6] 다음을 읽고 핵심 내용에 밑줄을 치고, 빈칸에 적절한 말을 채우시오. 또한 주어진 물음에 답하시오.**

지표면에 있는 어떤 형상의 위치를 경도*와 위도*로 표현하는 지리 좌표계는 구형의 표면인 지표상의 위치를 표현하고 있기 때문에 평면의 지도에서 그 형상의 위치를 정확하게 표현하기 위해서는 지도 투영법이 필요하다. <u>지도 투영법의 필요성: (평면/구형)인 지도에서 (평면/구형)인 지표면에 있는 형상의 위치를 정확하게 표현하기 위함</u> 지도 투영법이란 투명한 지구본 안에 광원을 두고 그 광원에서 빛을 쏘았을 때 투영면에 비춰지는 그림자를 지도로 그리는 방법이다. <u>지도 투영법: 투영면에 비춰지는 _____를 지도로 그림</u> 그림자가 비춰지는 이 투영면은 단순한 평면일 수도 있고, 원뿔이나 원통 모양으로 지구를 에워싸서 투영한 후 이를 펼친 면일 수도 있다. 이들을 각각 평면 도법(_____이 단순 평면 모양), 원추 도법(투영면이 _____), 원통 도법(투영면이 _____)이라 한다. <u>평면 도법</u>은(평면 도법, _____, _____을 차례로 설명하겠지? 각 도법끼리의 공통점과 차이점을 중심으로 읽어 나가자.) 중심점을 지나는 모든 대권(great circle)*이 그 중심점으로부터 방사상으로 뻗은 직선으로 나타나기 때문에 지도상의 방위가 지표면에서의 방위와 일치하도록 표현된다. 극점을 중심으로 투영하면 위선은 동심원, 경선은 극에서 뻗은 방사상 직선으로 나타난다. 원추 도법으로 지구본의 위선과 접하게 투영하면 위선은 동심원의 호, 경선은 극에서 뻗은 방사상 직선으로 나타난다. 원통 도법으로 지구본의 적도와 접하게 투영하면 위선과 경선은 각각 수평선과 수직선으로 나타난다.

〈평면 도법〉　〈원통 도법〉

| _____ 도법 | • 투영면: 단순 평면 모양에 투영 |
| --- | --- |
| | • 극점을 중심으로 투영 → 위선: _____ / 경선: 극에서 뻗은 _____ |
| _____ 도법 | • 투영면: 원뿔 모양으로 지구를 에워싸서 투영한 후 펼친 면 |
| | • 위선과 접하게 투영 → 위선: _____ / 경선: 극에서 뻗은 _____ |
| _____ 도법 | • 투영면: 원통 모양으로 지구를 에워싸서 투영한 후 펼친 면 |
| | • 적도와 접하게 투영 → 위선: _____ / 경선: _____ |

그러나 지구를 투영하는 과정에서 이들 투영면에 비춰진 그림자를 그대로 그리는 것은 아니며, 각 투영면에 나타나는 왜곡을 최소화하기 위하여 수학적인 방법으로 경선과 위선의 간격을 조절하여야 한다. <u>투영면에 비친 그림자를 그대로 그리면 형상의 _____이 일어나기 때문에, 왜곡의 최소화를 위해 _____을 조절하는구나.</u> 이를 위해서는 다음의 <u>네 가지 지구본의 특성</u>을 고려하여야 한다. (이어서 _____의 네 가지 특성을 설명할 거야. 이때 지구본의 특성을 설명하는 것은 결국 이를 고려한 _____에 대해

설명하기 위함임을 잊지 말자.) 지표상에 있는 형상들의 모양이 닮은꼴로 유지되는 정형성, 지표에서 측정된 면적과 지도상에서의 면적의 비례 관계가 항상 일정하게 유지되는 정적성, 지표면에서 측정된 거리와 지도상의 거리의 비례 관계가 항상 일정하게 유지되는 정거성, 지도상에서의 각 지점들 간의 방위가 지표면 위에서의 방위와 같도록 하는 진방위 등이 그것이다. <u>지구본의 특성: (1) 정형성(_____ 유지), (2) 정적성(_____의 비례 관계 유지), (3) 정거성(_____의 비례 관계 유지), (4) 진방위(_____ 유지)</u> 하지만 이 조건들을 모두 만족시키는 것은 오직 지구본밖에 없다. 지도를 제작할 때 이들 가운데 어떤 특성들은 그대로 유지되지만 나머지 특성들은 희생시켜야 하는 것이다. 지도 투영법은 세 가지의 투영면(평면, _____, _____ 모양)마다 경선과 위선의 간격을 조정하여 이러한 지구본의 특성을 유지할 수 있다. 따라서 지도를 제작할 때는 지도의 사용 목적에 따라 유지시켜야 할 특성을 결정하고, 이에 부합하는 투영법을 선택하여야 한다. <u>정형성, 정적성, 정거성, 진방위의 특성을 모두 갖는 _____과 달리 지도에서는 _____에 따라 특정 특성만이 유지되는군.</u>

<u>우선</u>, 정형 도법은 정형성을 유지하는 투영법이다. ('우선'이라고 했으니, 다른 투영법도 이어서 제시되겠지? 각 투영법에서 유지되는 특성은 무엇인지를 파악하며 읽어야겠네.) 여기에서는 경선과 위선의 교차 각도가 지구본 상에서와 같이 유지되고 한 지점에서부터 모든 방향으로 축척이 동일해야 한다. <u>정형 도법: 형상들의 모양이 _____로 유지 → 경선과 위선의 _____ 유지, 모든 방향으로 _____ 동일</u> 가령, 투영 과정에서 지표상의 형상이 동서 방향으로 길이가 늘어난다면 남북 방향도 늘어날 수 있도록 인위적으로 조정한다. 정형 도법의 예로 ㉠메르카토르(Mercator) 도법을 들 수 있다. 원통 도법을 조정한 이 투영법은 항해를 위해 제작되었으나 고위도 지역일수록 면적이 과장되는 단점이 있다. <u>메르카토르 도법: _____를 위해 제작, _____일수록 면적이 과장됨</u>

<u>이에 비해</u>(정형 도법과의 차이점을 드러내며 다음 투영법을 제시하고 있어.) 정적 도법은 정적성을 유지하는 투영 방법이다. 정적성을 유지하기 위해서는 모양은 다르지만 면적은 동일하게 나타나야 한다. <u>정적 도법: 지표에서 측정된 면적과 지도상에서의 _____ 유지</u> 만약 지도의 특정 부분이 동서 방향으로 확대되었다면 반드시 남북 방향으로 축소해서 면적비가 변하지 않도록 해야 한다. 따라서 그 모양이 압축되거나 길게 늘어나거나 휘어진다. <u>정적 도법의 단점: _____에 변형이 생길 수 있음</u> 정적 도법의 예로 ㉡람베르트(Lambert)의 정적 원통 도법을 들 수 있다. 이 투영법은 정적성을 유지하기 위해 동서 방향의 축척 증가를 남북 방향의 축척 감소로 상쇄하도록 하였다. <u>(정형/정적) 도법에서는 (정형/정적) 도법에서와 달리 모든 방향으로 축척이 동일한 것은 아니겠네!</u>

다음으로, 정거 도법은 정거성을 유지하는 투영 방법이다. 정거성을 유지하기 위해서는 지도상 두 지점 간의 직선거리가 지구상 두 지점 간의 최단 거리인 대권상의 호(弧)를 나타낸 것이어야

한다. 정거 도법: 지표면에서 측정된 거리와 지도상의 _____

유지 → 지도상 두 지점 간의 _____ = 지구상 두 지점 간의 _____

(대권상의 호) 정거 도법의 예로 평면 도법을 이용한 ⓒ정거 방위 도법이 있다. 이 투영법을 극 중심으로 표현할 경우 위선은 같은 간격의 동심원으로 나타난다.

마지막으로, 방위 도법이란 진방위를 유지하는 투영 방법이다. 여기서는 한 중심 지점부터 다른 모든 지점까지의 방위가 지구상에서와 같도록 유지된다. 방위 도법: 각 지점들 간의 방위가 지표면 위에서의 _____와 같도록 유지 다른 도법과는 <u>달리</u> 방위 도법은 정적성, 정형성, 정거성 중의 하나와 함께 유지되도록 투영할 수 있다. (정적성, 정형성, 정거성은 두 가지 이상이 함께 유지될 수 (있어/없어).)

*경도: 지구 위의 위치를 나타내는 좌표축 중에서 세로로 된 것.
*위도: 지구 위의 위치를 나타내는 좌표축 중에서 가로로 된 것.
*대권: 지구를 구라고 할 때, 구를 수평으로 잘랐을 때 나타나는 원 중 구의 중심을 포함하는 원.

## 4. 윗글의 내용에 부합하는 것은?

① 모든 평면 도법은 진방위를 유지한다.
② 정거성은 평면 도법으로만 유지될 수 있다.
③ 정형성과 진방위를 모두 만족하는 투영법은 없다.
④ 정적 도법은 한 점에서 모든 방향으로 축척이 같다.
⑤ 정형성을 가진 모든 지도는 경선과 위선이 정사각형을 형성한다.

## 5. 윗글의 ㉠~㉢과 〈보기〉의 ⓐ~ⓒ를 바르게 짝지은 것은?

〈보기〉

다음의 정보를 잘 나타낼 수 있는 지도를 제작하려고 한다.

| 정보 | 도법 |
|---|---|
| 세계 국가별 인구 밀도(단위 면적당 인구 수) 분포 | ⓐ |
| 부산항을 중심으로 한 화물선의 항로 | ⓑ |
| 인천 국제공항을 중심으로 한 여객기의 직선 항로 | ⓒ |

| | ⓐ | ⓑ | ⓒ |
|---|---|---|---|
| ① | ㉠ | ㉡ | ㉢ |
| ② | ㉠ | ㉢ | ㉡ |
| ③ | ㉡ | ㉠ | ㉢ |
| ④ | ㉡ | ㉢ | ㉠ |
| ⑤ | ㉢ | ㉡ | ㉡ |

## 6. 윗글에서 ①과 ②에 들어갈 적절한 단어를 찾아 각각 빈칸에 쓰시오.

① : 사물의 생긴 모양이나 상태. 1문단
예 그 조각은 물고기의 [ ][ ]을 하고 있었다.

② : 사물이나 현상이 서로 꼭 들어맞음. 2문단
예 오늘날 대부분의 국가는 민주주의에 [ ][ ]하는 정치를 하고 있다.

---

## 구 조 도 그 리 기

〈 지도 투영법 〉

• 지도 투영법: _____의 광원에서 쏜 빛이 _____에 비춰지는 그림자 → 왜곡 최소화를 위해 _____ _____을 조절 → 지도로 그림

| _____ 도법 | 단순 평면 모양의 투영면 |
|---|---|
| _____ 도법 | 원뿔 모양의 투영면 |
| _____ 도법 | 원통 모양의 투영면 |

• 지구본의 특성 유지에 따른 투영법

| | |
|---|---|
| 정형성 | _____이 닮은꼴로 유지<br><br>• 정형 도법: 투영 과정에서 형상이 동서 방향으로 늘어나면 남북 방향이 (늘어나도록/줄어들도록) 조절<br>예) _____ |
| _____ | 면적의 비례 관계 유지<br><br>• 정적 도법: 특정 부분이 동서 방향으로 확대되면 남북 방향으로 (확대하여/축소하여) 면적비 유지<br>예) _____ |
| 정거성 | _____의 비례 관계 유지<br><br>• 정거 도법: 지도상 두 지점 간의 직선거리가 지구상 두 지점 간의 최단 거리인 _____ _____를 나타내야 함<br>예) _____ |
| _____ | 방위 유지<br><br>• _____: 한 중심 지점부터 다른 모든 지점까지의 방위가 지구상에서와 같도록 유지, _____와 함께 유지되도록 투영 가능 |

→ 지도 제작 시 _____에 따라 유지시켜야 할 특성 결정해 이에 부합하는 투영법 선택

**[1~3] 다음을 읽고 핵심 내용에 밑줄을 치고, 빈칸에 적절한 말을 채우시오. 또한 주어진 물음에 답하시오.**

많은 나라들은 지속적인 경제 성장을 위해 요소 투입형 성장에서 혁신 주도형 성장으로 전환을 모색하였다. 이는 지역적 차원에서도 경쟁력 강화를 위한 발전 모델의 변화를 가져오는데, 혁신 주도형 지역 발전 모델의 중심 개념으로 제시되고 있는 것들로는 클러스터, 지역혁신체계, 사회자본 등이 있다.

클러스터란(클러스터를 설명한 다음 나머지 두 개념에 대해서도 설명하겠지? 그렇다면 이 글에서는 _____이 무엇인지에 대해 핵심을 두고 설명하겠네.) 지리적으로 인접하고 있는 연계 기업, 특정 영역의 연관 기관 등이 유사성이나 보완성 등으로 서로 연결된 집단으로 정의된다. (1) 클러스터: _____한 기업이나 기관이 유사성, 보완성 등으로 연결된 집단 클러스터의 경쟁력을 파악하기 위해서는 상호 연관된 클러스터의 구성 요소들이 어떤 네트워크 구조를 형성하고 있는지를 순차적으로 살펴보아야 한다. 즉(앞 문장의 의미를 다시 한 번 풀어서 설명해 줄 거야.) 기업이나 산업의 전·후방 부가 가치 네트워크의 특성을 먼저 고찰하고, 다음으로 전문 기능, 기술, 정보 등을 공급하고 있는 서비스 기관을 파악한 후, 마지막으로 정부 혹은 규제 기관의 역할을 찾아내야 하는 것이다. 구성 요소들의 _____ 형성을 살펴봄으로써 클러스터의 경쟁력 파악 가능: 기업이나 산업의 _____의 특성 고찰 → _____ 파악 → 정부나 규제 기관의 역할 찾기 클러스터의 성공적인 사례인, 전통적인 포도 재배 지역에 형성된 ㉠미국 캘리포니아 와인 클러스터의 경우, 포도 재배는 이 지역의 농업 클러스터와, 와인 양조는 식품업 및 관광업 클러스터와 강한 연대를 구축하고 있다. 또한 와인학 과정을 개설하고 있는 지역 대학, 지방 정부, 지역 상·하원의 특별 위원회와도 연대를 구축하고 있다. 예) 미국 캘리포니아 와인 클러스터: 지역의 농업, 식품업 및 관광업 클러스터, 지역 대학, 지방 정부, 지역 특별 위원회와 _____를 구축하고 있음

지역혁신체계는 지역의 제도, 문화, 규범, 분위기 등의 상부구조와 교통망이나 통신망 같은 물리적 하부구조 및 대학, 연구소, 기업, 지방 정부 등 사회적 하부구조로 구성되는 것으로, 새로운 기술과 지식을 생산하고 이를 상품화하는 상·하부구조 간 네트워크 체계를 말한다. (2) 지역혁신체계: 새로운 기술과 지식을 생산하고 상품화하는 _____ 간 네트워크 체계 지역혁신체계는 혁신 주체들로 구성된 사회적 하부구조가 상부구조와 긴밀하게 연계되어 발전해야 한다. 또한 물리적 하부구조는 혁신 주체들을 유인할 수 있어야 할 뿐 아니라 이들의 혁신 성과물들에 대한 접근성을 높일 수 있어야 한다.

| | |
|---|---|
| | • 지역의 제도, 문화, 규범, 분위기 |
| 물리적 하부구조 | • 교통망, 통신망 |
| | • _____을 유인, 혁신 성과물들에 대한 _____ 높여야 함 |
| 사회적 하부구조 | • 대학, 연구소, 기업, 지방 정부 |
| | • _____로 구성, 상부구조와 연계되어 발전 |

그 대표적 사례로(클러스터와 마찬가지로 지역혁신체계에 대해서도 개념을 제시한 후 예를 들고 있어. 그렇다면 뒤에서 설명할 _____도 같은 방식으로 다룰 가능성이 높겠네.) ㉡스웨덴 시스타 과학 단지를 들 수 있는데, 이 단지의 특징은 활성화된 산·학·연 협력, 대·중소 기업 간 협력 체계, 지방 정부의 도로 등 기반 시설 투자, 경쟁 기업 간 활성화된 공동 연구 등으로 요약될 수 있다. 예) 스웨덴 시스타 과학 단지: 활성화된 _____ 협력 체계, _____ 투자, _____ 간 공동 연구

사회자본은 국가나 지역, 개별 집단 등 공동체의 참여자들 간에 이루어지는 조정, 협력, 호혜적 규범, 사회적 신뢰 등을 뜻하는 것으로, 참여자들이 공유하는 목표를 추구하기 위해 효율적으로 함께 일할 수 있는 조건에 해당된다. (3) 사회자본: 공동체의 참여자들 간의 조정, 협력, 호혜적 규범, 사회적 신뢰(공유하는 목표 추구 위해 _____) 1980년대 이후 사회자본에 대한 관심은 공동체가 지향하는 목적의 달성이 사회자본의 내용과 질에 달려 있다는 인식에서 비롯되었다. 그러한 사례가 영세 기업 중심으로 구성된 ㉢일본 오타구 나카마 공동체인데, 나카마 공동체란 동업의 친구나 서로 잘 아는 관계라고 불릴 수 있는 성격의 집단을 뜻한다. 종업원 10인 이하인 이 지역의 영세 기업들은 신뢰·협력·경쟁의 원리에 기초하여 그물망처럼 얽힌 공동체를 구성하고 있다. 이를 통하여 기업들은 전문 기능을 고도화하면서 대기업 못지않은 성과를 나타내고 있다. 예) 신뢰·협력·경쟁의 원리에 기초한 일본 오타구 나카마 공동체: 영세 기업들의 공동체, _____를 통해 높은 성과

클러스터, 지역혁신체계, 사회자본의 개념은 모두 혁신 주도형 지역 발전을 위하여 네트워크를 강조하고 있다. (세 개념의 _____을 설명하고 있어. 앞에서 설명한 개념들이 연결되는 지점은 속도를 늦추더라도 정확하게 읽자.) 클러스터와 지역혁신체계에서 네트워크는 구성 요소들 간 연계 체계 그 자체를 의미하며, 이는 지역의 부가 가치나 혁신성을 제고하는 원동력이 된다. 사회자본의 네트워크는 사회자본의 구성 요소인 조정, 협력, 신뢰, 규범의 호혜성의 정도에 따라 그 성격이 달라지는 것으로, 네트워크 자체도 중요하지만 구성 요소들의 질적 수준이 더욱 중요하다. 이때 사회자본은 다양한 유형의 네트워크에서 구성 요소들 간 관계를 활성화하는 촉매 역할을 한다. 즉 클러스터와 지역혁신체계의 네트워크에서 높은 질적 수준을 지닌 사회자본이 형성되면, 이들 네트워크의 참여자 수는 증가하며 교류 빈도 또한 높아진다. 결과적으로, 클러스터와 지역혁신체계는 강한 유대감 속에서 성장하면서 혁신 주도형 지역 발전을 위한 집합적 상승효과를 창출하게 된다.

| | |
|---|---|
| 클러스터 | • 네트워크(구성 요소들 간 _____)가 지역의 _____을 제고하는 원동력이 됨 |
| 지역혁신체계 | • 클러스터와 지역혁신체계의 네트워크에서 높은 질적 수준을 지닌 _____이 형성되면 네트워크의 참여자 수(↑/↓), 교류 빈도(↑/↓) → _____을 위한 상승효과 창출 |

| 사회자본 | * _____(조정, 협력, 신뢰, 규범의 호혜성의 정도)에 따라 _____의 성격이 달라지므로, 구성 요소들의 _____이 중요 |
|---|---|

## 1. 윗글에 대한 이해로 옳지 <u>않은</u> 것은?

① 클러스터의 주요 목적은 기업이나 산업의 보완적인 상호 연관성을 높이는 데 있다.

② 지역혁신체계는 기술과 지식의 창출과 응용을 위한 혁신 지향적 연결망이다.

③ 사회자본에서는 공동체 내의 네트워크를 구성하는 요소들의 질적 수준이 중시된다.

④ 지역 발전에 있어서 클러스터와 지역혁신체계의 네트워크는 촉매 역할을, 사회자본의 네트워크는 원동력 역할을 한다.

⑤ 클러스터, 지역혁신체계, 사회자본은 지역 공동체의 네트워크를 강화하고 효율화함으로써 지역 혁신을 촉진하려는 목적을 갖는다.

## 2. ㉠~㉢에 대한 설명으로 적절하지 <u>않은</u> 것은?

① ㉠은 하나의 클러스터가 기능화된 여러 클러스터로 구성된 복합 구조일 수 있음을 보여 준다.

② ㉠은 전통 산업과의 연계를 통해서도 혁신 주도형 지역 발전을 성공적으로 이룰 수 있음을 보여 준다.

③ ㉡은 지역혁신체계 구축을 위해서는 물리적 하부구조를 강화하는 지방 정부의 활동이 중요함을 보여 준다.

④ ㉡에서 경쟁 기업들 간에도 공동 연구가 활성화되어 있다는 것은 지역 혁신을 위해 상·하부구조가 성공적으로 연계되어 있음을 보여 준다.

⑤ ㉢은 개별 기업이 지닌 영세성의 한계를 기업체 내부의 소통 네트워크 강화를 통해 극복할 수 있음을 보여 준다.

## 3. 윗글에서 ①과 ②에 들어갈 적절한 단어를 찾아 각각 빈칸에 쓰시오.

| ① : 체제, 체계 따위의 기초를 닦아 세움. **2문단** |
| 예 사업에서는 판매망을 □□하는 것이 무엇보다 중요하다. |
| ② : 전에 없던 것을 처음으로 생각하여 지어내거나 만들어 냄. **5문단** |
| 예 문화적 생산은 가장 손쉬운 고부가 가치 □□의 길일 수 있다. |

## 구 조 도 그 리 기

**〈 혁신 주도형 지역 발전 모델의 중심 개념 〉**

| 클러스터 | • 지리적으로 인접한 연계 기업, 특정 영역의 연관 기관 등이 _____ _____ 등으로 서로 연결된 집단 <br> • 구성 요소들의 네트워크 구조 형성을 살펴봄으로써 _____ _____ 파악 가능 | 네트워크 : _____ _____ 그 자체, 지역의 부가 가치나 혁신성을 제고하는 원동력이 됨 |
|---|---|---|
| 지역혁신체계 | • 새로운 기술과 지식을 생산하고 이를 _____하는 상·하부구조 간 네트워크 체계 <br> • _____(지역의 제도, 문화, 규범, 분위기 등)와 _____ _____(교통망, 통신망) 및 _____(대학, 연구소, 기업, 지방 정부)로 구성 <br> → 사회적 하부구조와 _____가 연계되어 발전해야 함 <br> → _____는 혁신 주체 유인 + 혁신 성과물에 대한 접근성 높여야 함 | |
| 사회자본 | • _____ 간에 이루어지는 조정, 협력, 호혜적 규범, 사회적 신뢰 등 <br> • 참여자들이 _____ 추구를 위해 효율적으로 함께 일할 수 있는 조건 <br> • 다양한 유형의 네트워크에서 _____ _____를 활성화하는 촉매 역할을 함 | 네트워크 : _____ _____ 에 따라 네트워크의 성격이 달라짐 (구성 요소들의 질적 수준이 중요) |

_____의 네트워크에서 높은 질적 수준을 지닌 _____ 형성 → 네트워크의 참여자 수↑, 교류 빈도↑ → 혁신 주도형 지역 발전을 위한 _____ 창출

**[4~6] 다음을 읽고 핵심 내용에 밑줄을 치고, 빈칸에 적절한 말을 채우시오. 또한 주어진 물음에 답하시오.**

신경과학의 많은 연구들은 기억의 형성을 '장기강화'로 설명한다. 이(_____)에 따르면 뇌의 신경세포들은 세포 사이의 틈새인 시냅스로 전기적·화학적 신호를 전달하면서 정보를 공유하는 시냅스 연결을 한다. 이 신호가 강력해 시냅스 연결이 오래 유지되는 현상이 장기강화이며, 이를 통해 기억이 형성된다는 것이다. 장기강화: _____(시냅스로 신호를 전달하면서 정보를 공유)이 오래 유지되는 현상 → _____의 형성

시냅스 연결은 신경세포에 있는 이온들의 활동이 바탕이 된다. (시냅스 연결에 앞서 _____이 나타난다는 거네. 어떠한 과정을 설명할 때 항상 한꺼번에, 순서대로 써 주지는 않아. 앞뒤 순서나 인과관계를 파악해가며 읽도록 하자!) 이온은 농도가 높은 곳에서 낮은 곳으로 확산되며 이동하는 성질 등으로 신경세포막의 안과 밖을 이동한다. 이러한 이온의 이동은 신경세포의 상태를 변화시킨다. 이온의 이동(농도가 높은 곳 → _____ → 농도가 낮은 곳): _____를 변화시킴 우선 외부 자극이 없으면 주로 세포막 밖은 양이온이 많고, 안은 음이온이 많아져 세포막 안팎이 각각 양전하, 음전하로 나뉘는 분극이 일어난다. 이 과정의 신경세포는 안정 상태에 있다. 외부 자극 X → _____ → 신경세포: _____ 그런데 ('우선'과 '그런데'를 고려하면 이어서 _____이 있는 경우를 다루겠지?) 새로운 정보 등의 외부 자극이 있으면 양전하를 띤 Na+(나트륨 이온)이 밖에서 안으로 확산되어 세포 안에 양전하가 쌓이는 탈분극이 일어난다. 탈분극은 신경세포를 흥분상태로 만들면서 전기적 신호인 활동전위를 형성한다. 신경세포가 흥분상태가 되면 세포 밖의 $Ca^{2+}$ (칼슘 이온)이 안으로 확산된다. 그러면 이 $Ca^{2+}$은 글루탐산을 비롯한 여러 신경전달물질, 즉 화학적 신호를 밖으로 분비시킨다. 이 신호가 다른 신경세포와 결합하면서 시냅스 연결이 이루어진다. 외부 자극이 있을 때 이온들의 활동을 바탕으로 시냅스 연결이 이루어지는 과정을 설명했어. 순서대로 정리해보자! 외부 자극 → _____ → 활동전위 형성(신경세포: _____) → 세포 (밖/안)의 $Ca^{2+}$이 (밖/안)으로 확산 → $Ca^{2+}$이 (밖/안)으로 분비시킨 _____가 다른 신경세포와 결합하면서 시냅스 연결이 이루어짐 이때 화학적 신호를 분비한 세포를 '시냅스전세', 화학적 신호를 받는 세포를 '시냅스후세포'라고 한다. 시냅스_____: 화학적 신호 분비 / 시냅스_____: 화학적 신호 받음

[A] 이러한 시냅스 연결이 장기강화로 이어지는 것은 글루탐산과 $Ca^{2+}$의 역할 때문이다. (글루탐산과 $Ca^{2+}$이 어떻게 _____을 장기강화로 이어지도록 하는지를 설명하겠지?) 흥분상태의 시냅스전세포가 분비한 글루탐산은 시냅스후세포의 암파 수용체*와 NMDA 수용체를 자극한다. 먼저 암파 수용체의 통로는 많은 양의 글루탐산의 자극이 있으면 개방된다. (과정을 설명하고 있네. 끊어가며 읽으면서 순서를 파악하자!) 이 통로(_____의 통로)로 Na+이 안으로 확산되면 시냅스후세포도 탈분극되어 흥분상태가 된다. 이렇게 되면 글루탐산의 자극

을 받고 있는 NMDA 수용체의 통로에서 $Mg^{2+}$(마그네슘 이온)이 제거되어 통로가 열린다. 그리고 개방된 NMDA 수용체 통로로 Na+과 $Ca^{2+}$이 확산에 의해 안으로 유입된다. 유입된 $Ca^{2+}$은 세포 안의 단백질을 활성화시키고, 활성화된 단백질은 새로운 암파 수용체를 만들어낸다. 그 결과 시냅스후세포는 Na+를 더 많이 받아들여 탈분극을 강화하고, $Ca^{2+}$의 유입이 지속되어 흥분상태를 오래 유지할 수 있게 된다. 시냅스 연결이 _____과 $Ca^{2+}$로 인해 장기강화로 이어지는 과정을 정리해 볼까?

| 글루탐산(흥분상태의 _____가 분비) | | $Ca^{2+}$ |
|---|---|---|
| ↓ | | ↓ |
| _____를 자극하여 통로 개방 | | |
| ↓ | | |
| 암파 수용체의 통로로 Na+이 안으로 확산되며 _____도 | | _____을 활성화시킴 |
| 탈분극, 흥분상태 | | ↓ |
| ↓ | | 새로운 _____를 |
| _____의 통로에서 | | 만들어냄 |
| $Mg^{2+}$이 제거되어 통로 개방 | | |
| ↓ | | |
| NMDA 수용체의 통로로 Na+과 _____이 확산에 의해 안으로 유입됨 | | |

또한 흥분된 시냅스후세포는 역으로 시냅스전세포에 신호를 보내 시냅스전세포의 글루탐산 분비량을 늘려 시냅스 연결을 더욱 강화한다. (시냅스전세포가 분비한 글루탐산은 _____와 _____를 자극하니까, 글루탐산 분비량이 늘면 시냅스 연결은 강화되겠지!) 이를 통해 시냅스 연결은 3시간까지 유지되는데, 이를 초기 장기강화라고 한다. 초기 장기강화: 시냅스 연결이 _____까지 유지됨 이에 비해(_____와 비교되는 대상이 나올 거야.) 시냅스 연결이 24시간 이상 지속되기도 하는데, 이를 후기 장기강화라고 한다. 후기 장기강화가 초기 장기강화와 다른 점은 새로운 단백질을 합성한다는 것이다. 암파 수용체는 수명이 짧아 시냅스 연결을 유지하려면 암파 수용체를 새로 만들어야 하는데, 초기 장기강화 때처럼 세포 안에 있는 단백질만을 활용하면 이(_____)를 지속할 수 없다. 따라서 새롭게 단백질을 합성해 암파 수용체를 계속 만들어내는 것이다. 후기 장기강화: 시냅스 연결이 _____ 지속됨, _____해 지속적으로 암파 수용체 생성 신경과학자들은 초기 장기강화를 통해 단기기억이, 후기 장기강화를 통해 장기기억이 형성된다고 본다. (1문단에서는 _____를 통해 기억이 형성된다는 개괄적 정보만 먼저 제시하고, 2~4문단에서 거기에 세부적인 정보들을 덧붙여가며 _____를 통해 단기기억이 형성되고, _____를 통해 장기기억이 형성되는 구체적인 과정을 설명한 지문이었어.)

*수용체: 단백질로 된 구조물로 세포 외 물질에 반응하는 역할을 하며, 세포막을 관통하는 통로를 갖고 있어 이온을 투과시키기도 함.

**4. 윗글을 통해 추론한 내용으로 가장 적절한 것은?**

① 외부 자극이 없을 때 $Na^+$은 신경세포 외부보다 내부에 더 많이 분포하겠군.

② 장기강화에서 암파 수용체가 많아지면 NMDA 수용체의 기능이 억제되겠군.

③ 암파 수용체의 통로가 열리면 시냅스후세포 안의 $Na^+$의 농도는 옅어지겠군.

④ 시냅스전세포 내부의 $Ca^{2+}$의 농도가 점점 짙어지면 글루탐산이 분비되겠군.

⑤ 글루탐산의 자극과 시냅스후세포의 강한 탈분극이 동시에 일어나면 시냅스후세포의 단백질 활성화가 억제되겠군.

**5. [A]를 참고하여 〈보기〉를 이해한 내용으로 적절하지 않은 것은?**

〈보기〉

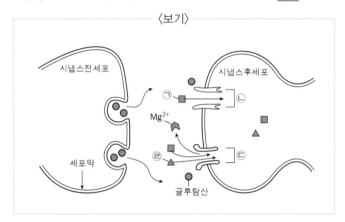

① 시냅스후세포가 흥분상태로 변하기 위해서는 ㉠의 유입이 필수적이다.

② ㉠이 시냅스후세포로 유입되면 ㉢이 새로 만들어질 수 있다.

③ ㉡의 통로가 열리기 위해서는 시냅스전세포가 분비한 글루탐산의 자극이 필요하다.

④ ㉢의 통로로 ㉣이 유입되기 위해서는 시냅스후세포의 탈분극이 필요하다.

⑤ ㉣의 유입이 지속되면 시냅스후세포의 흥분상태는 오래 유지될 수 있다.

**6. 윗글에서 ①과 ②에 들어갈 적절한 단어를 찾아 각각 빈칸에 쓰시오.**

> ① : 여럿 가운데서 앞의 것을 첫째로 삼아 그것을 중심으로 다른 것도 포함함. 2문단
>
> 예 서울을 □□한 방방곡곡에서 만세의 함성이 메아리쳤다.
>
> ② : 어떤 상태가 오래 계속됨. 3문단
>
> 예 당분간 따뜻한 날씨가 □□될 것으로 전망된다.

---

## 구 조 도   그 리 기

〈 기억의 형성 〉

• 기억의 형성: _____(시냅스 연결이 오래 유지되는 현상)를 통해 이루어짐

• 시냅스 연결: _____에 있는 이온들의 활동이 바탕이 됨

| 외부 자극 X | 세포막 ____: 양이온↑, 세포막 ____: 음이온↑ |
| --- | --- |
| | 신경세포: _____ |

↓

| 외부 자극 O | _____를 띤 $Na^+$이 밖에서 안으로 확산 → _____(세포 안에 양전하가 쌓이는 것) 일어남 → _____를 흥분상태로 만들면서 활동 전위 형성 → 세포 밖에서 안으로 확산된 _____이 여러 _____(화학적 신호)을 밖으로 분비시킴 → 화학적 신호가 다른 신경세포와 결합하며 _____이 이루어짐 |
| --- | --- |

• _____의 역할로 시냅스 연결이 장기 강화로 이어짐

> 글루탐산(_____의 시냅스전세포가 분비)이 _____의 암파 수용체와 NMDA 수용체 자극 → 암파 수용체의 통로 개방 → $Na^+$이 안으로 확산, 시냅스후세포도 _____되어 _____가 됨 → NMDA 수용체의 통로에서 $Mg^{2+}$ _____되어 통로 개방 → $Na^+$, $Ca^{2+}$이 안으로 유입 → _____이 세포 안의 단백질을 활성화 → _____이 새로운 암파 수용체 생성 → 시냅스후세포가 $Na^+$를 더 많이 받아들임(_____ 강화), $Ca^{2+}$의 유입 지속(_____ 오래 유지)

• 흥분된 _____는 _____에 신호를 보내 시냅스 연결을 더욱 강화함

| _____ 장기강화 | _____ 장기강화 |
| --- | --- |
| · 시냅스 연결이 3시간까지 유지 | · 시냅스 연결이 24시간 이상 지속 |
| · _____에 있는 단백질만을 활용함 | · 새로운 단백질을 합성하여 _____를 만들어냄 |
| · _____이 형성됨 | · _____이 형성됨 |

**[1~3] 다음을 읽고 핵심 내용에 밑줄을 치고, 빈칸에 적절한 말을 채우시오. 또한 주어진 물음에 답하시오.**

르네상스 이전의 회화에서는 일정한 비례나 법칙이 없이 가까이 있는 사물은 크게, 멀리 있는 사물은 작게 그리는 자연적 원근법을 사용하였다. 그런데(전환! 화제가 제시되겠네. 그렇다면 화제는 _____ _____ 회화의 자연적 원근법과는 달리 _____나 법칙이 있는 원근법에 대한 것이겠지?) 15세기 르네상스 회화에서는 눈에 보이는 장면을 정확하게 재현하려 했다. 이를 위해 르네상스 화가들은 자연적 원근법과 달리 수학과 과학의 원리를 적용한 투시 원근법으로 대상을 표현하였다.

| 르네상스 이전 회화 | · <br> ·일정한 비례나 법칙 X <br> ·가까이 있는 사물 _____, 멀리 있는 사물 _____ 그림 |
|---|---|
| 15세기 르네상스 회화 | ·투시 원근법 <br> ·수학과 과학의 원리 적용 <br> · _____을 정확하게 재현하려 함 |

1435년 알베르티는 『회화론』에서 광학의 원리에 기초한 투시 원근법을 소개하였다. 화가가 상자를 바라보고 있고, 화가의 눈과 상자 사이에 유리판이 놓여 있다고 하자. 눈과 사물 위의 한 점을 직선으로 연결한 선을 시선이라고 하고, 시선이 유리판과 만나는 점을 사영이라고 한다. (나열된 개념들은 (사전 정보/방향 정보/핵심 정보/부록 정보)로, 핵심 정보를 설명하는 데 활용될 테니 차근히 정리하고 넘어가자!) 상자의 각 점의 사영들을 모아 생기는 상이 화가의 눈에 비친 상자의 상이기 때문에 눈과 사물 사이의 유리판은 곧 화면이 된다. 알베르티는 ㉠유리판에 들어온 사물의 상을 그대로 그린다면, 그림 속의 인물이나 물체 등이 실제 모습과 비례하게 된다고 보았다. 알베르티의 광학의 원리에 기초한 투시 원근법: 화가의 눈과 사물 사이에 놓인 _____ (화면)에 들어온 _____을 그대로 그리면 실제 모습과 비례함

실제로 평행한 두 선을 투시 원근법으로 그린 그림에서는 두 선이 한 점에서 모이는 것을 볼 수 있다. 이 점을 소실점이라고 하는데, 소실점: 투시 원근법으로 그린 그림에서 _____이 모이는 한 점 투시 원근법은 소실점의 개수에 따라 한 점 투시 원근법, 두 점 투시 원근법, 세 점 투시 원근법으로 나뉜다. _____에 따라 투시 원근법의 종류가 나뉘는군! 아래 〈그림 1〉의 투시도는 철로를 ㉡한 점 투시 원근법으로 그린 것으로, 투시도의 구현 원리는 평면도와 상승도를 통해 이해할 수 있다.

(이어서 평면도, 상승도에 대해 설명함으로써 _____가 어떻게 구현되는지를 설명해줄 거야. 그림이 제시되었으니 그림을 참고해가며 지문을 읽자.)

철로의 평면도는 화가의 눈, 화면, 철로를 위에서 내려다볼 때, 철로

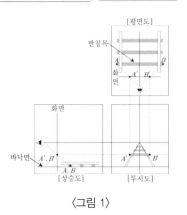

〈그림 1〉

의 각 점이 화면(_____)에 어떻게 사영(_____이 유리판과 만나는 점)되는지를 보기 위한 것이다. 화면과 수직으로 만나는 시선을 중앙선이라고 하는데, ㉢이 중앙선이 철로와 평행하다고 하자. 또 눈에서 가장 가까이 있는 받침목의 맨 왼쪽 점 $A$를 연결하는 시선이 화면과 만나는 점을 $A'$, 맨 오른쪽 점 $B$를 연결하는 시선이 화면과 만나는 점을 $B'$라고 하자. 그렇게 되면 선분 $AB$의 상은 선분 $A'B'$가 된다. 이런 식으로 다른 받침목들도 그리다 보면 받침목이 화면에서 멀어질수록 상의 길이가 작아지며, 양쪽 선로를 따라 점들이 멀어질수록 화면의 상들은 ㉣하나의 점에 가까워진다는 것을 알 수 있다. 먼저 평면도에 대해 설명했어. 정리해볼까?

| 평면도 |
|---|
| ·눈, 화면, 철로를 _____에서 내려다본 그림(중앙선이 _____와 평행) <br> ·선분 $AB$는 화면에 _____로 표시 <br> ·받침목이 화면에서 멀어짐 → 상의 길이가 _____ <br> ·선로를 따라 점들이 멀어짐 → 상들이 _____에 가까워짐 |

다음으로 상승도를 보자. 상승도는 화가의 눈, 화면, 철로를 옆에서 본 그림이다. 철로가 놓인 바닥면을 기준으로 볼 때 ㉤중앙선은 바닥면과 평행하다고 하자. 눈에서 가장 가까운 받침목의 양 끝점 $A$와 $B$는 바닥으로부터 같은 높이에 있기 때문에 상승도에서 $A'$($A$를 연결하는 시선이 _____과 만나는 점)와 $B'$는 하나의 점으로 화면에 표시된다. 다른 받침목도 이와 마찬가지다.

| 상승도 |
|---|
| ·눈, 화면, 철로를 _____에서 본 그림(중앙선이 _____과 평행) <br> ·$A'$와 $B'$는 화면에 _____으로 표시 |

(평면도와 상승도를 설명했으니, 이제 이를 바탕으로 _____를 설명하겠지?)

철로의 평면도와 상승도를 종합하면 투시도를 완성할 수 있다. 투시도를 그릴 화면 위쪽에 평면도를, 화면 왼쪽에 상승도를 놓는다. 그리고 평면도의 중앙선을 아래로 연장하고, 상승도의 중앙선을 오른쪽으로 연장하면 투시도의 한 점에서 만나게 된다. 투시도에서 점 $A'$의 위치는 평면도의 점 $A'$로부터의 수직선과 상승도의 점 $A'$로부터의 수평선이 만나는 점이다. 이런 식으로 다른 점들도 투시도에 표시할 수 있고, 이 점들을 모으면 철로의 상을 얻을 수 있다.

| 평면도 + 상승도 → _____ |
|---|
| ·투시도 그릴 화면 위쪽에 _____, 왼쪽에 _____를 놓음 <br> ·평면도의 중앙선 _____로 연장 + 상승도의 중앙선 _____으로 연장 → 투시도의 한 점에서 만남 <br> ·평면도의 점 $A'$로부터의 _____ + 상승도의 점 $A'$로부터의 _____ → 투시도에서 점 _____의 위치 / 점들을 모으면 사물의 _____을 얻음 |

투시 원근법으로 그린 그림을 화가가 본 것과 유사하게 관람하기 위해서는 최적의 관람 거리를 유지해야 한다. 관람 거리는(화제가 바뀌었네. 지금까지는 투시 원근법의 구현 원리를 설

명했다면, 이제부터는 투시 원근법으로 그린 그림의 ＿＿＿＿＿＿ ＿＿＿＿＿＿에 대해 설명하려나 봐. 우선 사전 정보인 '관람 거리'부터 설명할 테니 차근히 읽어 보자!) 관람자와 그림 사이의 거리로, 투시 원근법으로 그린 그림의 최적의 관람 거리는 그림을 그리기 위해 실제 장면을 보고 있는 화가와 화면 사이의 거리에 해당한다.

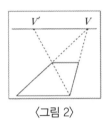

투시 원근법으로 그린 그림의 최적의 관람 거리 = 실제 장면을 보고 있는 ＿＿＿＿＿＿＿＿＿＿＿＿의 거리 〈그림 2〉는 가로의 길이가 $C$이고, 세로의 길이가 $D$인 직사각형을 한 점 투시 원근법으로 그린 것으로, 이 그림의 최적의 관람 거리를 추적해 보자. (예를 들어 최적의 관람 거리를 구하는 구체적인 방법을 설명하려나 봐. 그렇다면 문제에서도 이를 적용해 최적의 관람 거리를 구할 수 있는지를 물어볼 가능성이 높지!) 가로 변은 화면과 평행하고 세로 변은 화면과 수직으로 놓인 직사각형을 그린 그림에서 직사각형의 세로 변을 연장하면 한 점에서 모이는 것을 볼 수 있는데, 이 점을 $V$라 하자. 이때 점 $V$는 그림의 소실점이다. (3문단에서 투시 원근법으로 그린 그림에서 평행한 두 선이 모이는 한 점이 ＿＿＿＿＿＿이라고 했었지!) 점 $V$에서 직사각형의 가로 변과 평행한 선을 긋고 이 선을 지평선이라고 하자. 그런 다음에 직사각형의 한 대각선을 연장했을 때 지평선과 만나는 점을 $V'$라 하자. 점 $V$와 $V'$ 사이의 거리를 $c$, 화가와 화면 사이의 거리를 $d$라고 하면 $C : D = c : d$가 성립하여 최적의 관람 거리를 구할 수 있다.

**[가]**

| $C$ | $D$ | $c$ | $d$ |
|---|---|---|---|
| 직사각형의 ＿＿＿ 길이 | 직사각형의 ＿＿＿ 길이 | $V($＿＿＿$)$와 $V'$(직사각형의 한 대각선을 연장한 선이 ＿＿＿ 과 만나는 점) 사이의 거리 | ＿＿＿와 화면 사이의 거리 |

이때 ($C$/$D$/$c$/$d$)의 값이 최적의 관람 거리인 거구나!

한편(마지막 문단에서 '한편'을 통한 전환은 (핵심적/부가적) 내용을 설명하겠다는 의미인 경우가 많지!) 르네상스 시대에 원근법을 연구했던 프란체스카는 원근법의 한계를 지적하였다. 시선(＿＿＿＿＿＿＿＿ ＿＿＿＿＿을 직선으로 연결한 선)과 중앙선(＿＿＿＿＿＿으로 만나는 시선)이 이루는 각이 60도의 범위 안에 들어오는 사물을 투시 원근법으로 그릴 경우, 화면에 실제 사물과 유사하게 사물의 상이 구현된다. 하지만 이 범위(＿＿＿＿＿＿＿＿＿이 이루는 각이 60도 안의 범위)에서 벗어나 있는 사물을 보고 그린 그림에서는 상이 왜곡된다는 것이다. 원근법의 한계: 시선과 중앙선이 이루는 각이 60도의 범위 밖이면 상이 ＿＿＿됨 이런 이유로 후대 미술가 중에는 투시 원근법에 대한 회의적 시각을 지닌 이들이 등장했다. 하지만(투시 원근법에 대한

＿＿＿＿＿ 시각과 달리 그 가치를 인정하는 입장이 제시되겠지?) 투시 원근법은 여전히 대상을 사실적으로 재현하려는 이들에게는 유용한 방법이다. (1문단에서 투시 원근법은 눈에 보이는 장면을 ＿＿＿＿＿＿＿＿＿ 하기 위한 것이라고 했어.) 최근에는 증강 현실의 구현에 투시 원근법이 활용되고 있다. 투시 원근법은 대상의 사실적 재현, ＿＿＿＿＿＿＿의 구현에 활용되고 있구나.

## 1. [가]를 바탕으로 〈보기〉를 이해한 내용으로 가장 적절한 것은?

〈보기〉

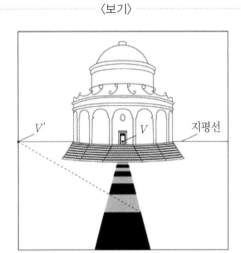

한 점 투시 원근법으로 그린 위 그림은 가로와 세로의 길이가 각각 180cm이다. 그림에서 건물의 계단 앞까지 이어져 있는 타일들은 실제로는 같은 크기의 직사각형이다. 실제 타일은 가로 변이 화면과 평행하고 세로 변이 화면과 수직이다. 그림 속 타일들의 세로 변을 연장하면 건물 중앙 입구의 한 점($V$)에서 모인다. 이 점은 그림의 정중앙에 위치해 있다. 이 그림의 점($V$)에서 그린 지평선은 그림의 가로 테두리와 평행하며, 지평선과 그림 속 타일의 대각선을 연장한 선은 그림의 세로 테두리에서 한 점($V'$)으로 만난다.

① 실제 장면을 보고 있는 화가와 화면 사이의 거리가 120cm였다면, 화가가 보고 그린 실제 타일은 가로의 길이가 세로의 길이보다 더 길겠군.

② 정사각형인 타일을 보고 이 그림을 그렸다면, 화가가 본 것과 유사하게 관람하기 위해서는 관람 거리를 90cm로 유지해야겠군.

③ 정사각형인 타일을 보고 이 그림을 그렸다면, 화면의 중앙에 가까이 그려져 있는 타일일수록 $V$와 $V'$ 사이의 거리는 가까워지겠군.

④ 가로의 길이가 100cm, 세로의 길이가 50cm인 직사각형의 타일을 보고 이 그림을 그렸다면, 최적의 관람 거리는 180cm겠군.

⑤ 세로의 길이가 가로의 길이보다 긴 직사각형의 타일을 보고 이 그림을 그렸다면, $V$는 화면의 밖에 위치하겠군.

**2. ㉠~㉤에 대한 설명으로 적절하지 <u>않은</u> 것은?**

① ㉠: 사물의 각 점의 사영들을 모아서 그린다는 것이다.

② ㉡: 소실점을 하나만 설정하여 그린 것이다.

③ ㉢: 철로가 화면과 평행한 방향으로 뻗어 있다는 것이다.

④ ㉣: 중앙선과 화면이 만나는 점에 가까워진다는 것이다.

⑤ ㉤: 바닥면이 화면과 수직이 된다는 것이다.

**3. 윗글에서 ①과 ②에 들어갈 적절한 단어를 찾아 각각 빈칸에 쓰시오.**

> [ ① ] : 다시 나타냄. **1문단**
>
> **예** 사고 당시의 상황을 ☐☐했다.
>
> [ ② ] : 허물 따위를 드러내어 폭로함. **7문단**
>
> **예** 이번 조치는 불필요했다는 ☐☐이 일고 있다.

---

### 구 조 도 그 리 기

**〈 투시 원근법 〉**

| 등장 |
|---|
| 르네상스 이전 회화의 _____: 일정한 비례나 법칙 없이 멀리 있으면 작게 그림 → 15세기 르네상스 회화의 _____: 수학과 과학의 원리 적용해 _____ 정확히 재현 |

| 알베르티의 투시 원근법 |
|---|
| • 광학의 원리에 기초<br>• _____(화면)에 들어온 사물의 상을 그대로 그리면 _____하게 됨(사물의 각 점의 _____들을 모아 생기는 상 = 화가의 눈에 비친 사물의 상)<br> · _____: 눈과 사물 위의 한 점을 직선으로 연결한 선<br> · _____: 시선이 유리판과 만나는 점 |

| 종류 |
|---|
| • 소실점의 _____에 따라 한 점 투시 원근법, 두 점 투시 원근법, 세 점 투시 원근법으로 나눌 수 있음<br> · _____: 평행한 두 선이 모이는 한 점 |

| 투시도의 구현 원리 |
|---|
| 위에서 내려다본 _____와 옆에서 본 _____를 각각 투시도의 \_\_\_\_쪽, \_\_\_\_쪽에 놓음 → 평면도의 점 $A'$로부터의 수직선과 상승도의 점 $A'$로부터의 수평선이 _____들을 모으면 사물의 상을 얻을 수 있음 |

| 투시 원근법으로 그린 그림의 최적의 관람 거리 |
|---|
| 직사각형을 그렸을 때, $C$(가로 길이) : $D$(세로 길이) = $c$($V$와 $V'$ 사이의 거리) : $d$(_____) 일 때 $d$의 값 |

| 한계와 활용 |
|---|
| • 프란체스카: 시선과 중앙선이 이루는 각이 _____를 벗어나면 상이 왜곡됨<br>• 대상의 사실적 _____, 증강 현실 구현에 활용 |

MEMO

**[4~6] 다음을 읽고 핵심 내용에 밑줄을 치고, 빈칸에 적절한 말을 채우시오. 또한 주어진 물음에 답하시오.**

수성은 태양계에서 가장 작은 행성으로 반지름이 2,440km이며 밀도는 지구보다 약간 작은 5,430kg/m³이다. 태양에서 가장 가까운 행성인 수성은 금성, 지구, 화성과 더불어 지구형 행성에 속하며, 딱딱한 암석질의 지각과 맨틀 아래 무거운 철 성분의 핵이 존재할 것으로 추측되나 *이 글의 화제는 수성이구나. 수성의 특징에 대해 정리해볼까? (1) 태양계에서 가장 _____ 행성, (2) 수성의 밀도 (>/<) 지구의 밀도, (3) _____에서 가장 가까운 행성, (4) 지구형 행성, (5) 지각과 맨틀 아래 ___ 성분의 핵 존재할 것으로 추측됨* 좀 더 정확한 정보를 알기 위해서는 탐사선을 이용한 조사가 필수적이다. 그러나 강한 태양열과 중력 때문에 접근이 어려워 현재까지 단 두 기의 탐사선만 보내졌다.

미국의 매리너 10호는 *(1문단에서 지금까지 두 기의 _____이 보내졌다고 했는데, 그중 하나가 매리너 10호이구나. 탐사선으로 수성에 관해 어떠한 정보를 알아내는지를 설명해주겠지?)* 1974년 최초로 수성에 근접해 지나가면서 수성에 자기장이 있음을 감지하였다. 비록 그 세기는 지구 자기장의 1%밖에 되지 않았지만 지구형 행성 중에서 지구를 제외하고는 유일하게 자기장이 있음을 밝힌 것이었다. 지구 자기장이 전도성 액체인 외핵의 대류와 자전 효과로 생성된다는 다이나모 이론에 근거하면, 수성의 자기장은 핵의 일부가 액체 상태임을 암시한다. *수성 탐사선 (1) 매리너 10호: 수성에 _____이 있음을 감지 → 핵의 _____가 액체 상태임 암시* 그러나 *(_____에 근거한 추측과는 반대되는 내용이 제시될 거야.)* 수성은 크기가 작아 철로만 이루어진 핵이 액체일 가능성은 희박하다. 만약 그랬더라도 오래전에 식어서 고체화되었을 것이다. 따라서 지질학자들은 철 성분의 고체 핵을 철-황-규소 화합물로 이루어진 액체 핵이 감싸고 있다고 추측하였다. 하지만 감지된 자기장이 핵의 고체화 이후에도 암석 속에 자석처럼 남아 있는 잔류자기일 가능성도 있었다. *수성의 핵에 대한 추측: ① 철 성분의 _____ 핵을 _____ 핵이 감싸고 있음, ② 핵이 _____되었으며, 감지된 자기장은 암석 속에 남아 있는 _____임*

2004년 발사된 두 번째 탐사선 메신저는 2011년 3월 수성을 공전하는 타원 궤도에 진입한 후 중력, 자기장 및 지형 고도 등을 정밀하게 측정하였다. *수성 탐사선 (2) 메신저: 수성의 _____, 자기장, 지형 고도 등을 측정* 중력 자료에서 얻을 수 있는 수성의 관성모멘트는 수성의 내부 구조를 들여다보는 데 중요한 열쇠가 된다. 관성모멘트란 물체가 자신의 회전을 유지하려는 정도를 나타낸다. *중력 자료에서 얻은 수성의 _____(회전을 유지하려는 정도) → 수성 내부 구조 파악의 단서* 물체가 회전축으로부터 멀리 떨어질수록 *(비례/반비례 관계는 바로바로 정리하며 읽자!)* 관성모멘트가 커지는데, 이는 질량이 같을 경우 넓적한 팽이가 홀쭉한 팽이보다 오래 도는 것과 같다. *회전축으로부터 거리↑ → 관성모멘트(↑/↓)*

질량 M인 수성이 자전축으로부터 반지름 R만큼 떨어져 있는 한 점에 위치한 물체라고 가정한 경우의 관성모멘트는 MR²이다. 수성 전체의 관성모멘트 C를 MR²으로 나눈 값인 정규관성모멘트(C/MR²)는 수성의 밀도 분포를 알려 준다. 행성의 전체 크기에서

핵이 차지하는 비율이 클수록 정규관성모멘트가 커진다. *수성의 전체 크기에서 핵이 차지하는 비율↑ → _____(C/MR²)↑* 메신저에 의하면 수성의 정규관성모멘트는 0.353으로서 지구의 0.331보다 크다. 따라서 수성 핵의 반경은 전체의 80% 이상을 차지하며, 55%인 지구보다 비율이 더 크다. *수성의 정규관성모멘트 (>/<) 지구의 정규관성모멘트 → 수성에서 핵의 비율 (>/<) 지구에서 핵의 비율*

행성은 공전 궤도의 이심률*로 인하여 미세한 진동을 일으키는데, 이를 '경도칭동'이라 하며 그 크기는 관성모멘트가 작을수록 커진다. *경도칭동: 공전 궤도의 이심률로 인해 일어나는 _____, 관성모멘트와 (비례/반비례) 관계* 이는 홀쭉한 팽이가 외부의 작은 충격에도 넓적한 팽이보다 크게 흔들리는 것과 같다. *(3문단을 참고하면 넓적한 팽이가 홀쭉한 팽이보다 관성모멘트가 (크지/작지). 그런데 경도칭동의 크기는 관성모멘트가 (클수록/작을수록) 커지니까, 홀쭉한 팽이의 경도칭동이 더 (커서/작아서) 작은 충격에도 더 크게 흔들리는 거야.)* 조석고정* 현상으로 지구에서는 달의 한쪽 면만 관찰할 수 있는 것으로 보통은 알려져 있으나, 실제로는 칭동 현상 때문에 달 표면의 59%를 볼 수 있다. 만약 수성이 삶은 달걀처럼 고체라면 수성 전체가 진동하겠지만, 액체 핵이 있다면 그(_____) 위에 놓인 지각과 맨틀로 이루어진 '외곽층'만이 날달걀의 껍질처럼 미끄러지면서 경도칭동을 만들어 낸다. 따라서 액체 핵이 존재할 경우 경도칭동의 크기는 수성 전체의 관성모멘트 C가 아닌 외곽층 관성모멘트 Cm에 반비례한다. *(2문단에서 언급한 수성의 핵에 대한 추측과 연결해가며 읽지?) (1) 액체 핵이 존재: _____만 진동 → _____가 외곽층 관성모멘트(Cm)에 반비례, (2) 수성 전체가 고체: _____가 진동 → 경도칭동의 크기가 수성 전체 관성모멘트 (C)에 반비례* 현재까지 알려진 수성의 경도칭동 측정값은 외곽층의 값 Cm을 관성모멘트로 사용한 이론값과 일치하고 있어, 액체 핵의 존재 가설을 강력히 뒷받침하고 있다. *수성의 경도칭동 측정값은 (액체 핵이 존재한다는/수성 전체가 고체라는) 가설을 뒷받침하는군!*

과학자들은 메신저에서 얻어진 정보를 이용하여 수성의 모델을 제시하였다. 이에 따르면 핵의 반경은 2,030km이고 외곽층(_____로 이루어짐)의 두께는 410km이다. 지형의 높낮이는 9.8km로서 다른 지구형 행성에 비해 작은데, 이는 지각의 평균 두께가 50km인 것을 고려할 때 맨틀의 두께가 360km로 비교적 얇아서 맨틀 대류에 의한 조산 운동이 활발하지 않기 때문으로 해석된다. 외곽층의 밀도(ρm)는 3,650kg/m³로 지구의 상부 맨틀(3,400kg/m³)보다 높다. *수성의 모델 제시: (1) 핵의 반경 2,030km, (2) _____의 두께 410km, (3) 지형의 높낮이는 다른 지구형 행성에 비해 (큰/작은) 9.8km, (4) 외곽층의 밀도 (>/<) 지구의 상부 맨틀의 밀도* 그러나 메신저의 엑스선 분광기는 수성의 화산 분출물에 무거운 철이 거의 없음을 밝혀냈는데 이는 매우 이례적인 결과이다. 왜냐하면 *(수성의 외곽층 밀도가 (높지만/낮지만) 수성의 화산 분출물에 (무거운/가벼운) 철이 거의 없다는 점이 왜 이례적인 것인지를 설명해 줄 거야.)* 이*(수성의 _____에 무거운 철이 거의 없음)*는 맨틀에도 철의 양이 적다는 것이고, 그렇다면 외

곽층의 높은 밀도를 설명할 길이 없기 때문이다. 이를 보완하기 위해 과학자들은 하부 맨틀에 밀도가 높은 황화철*로 이루어진 반지각(anticrust)이 존재하며 그 두께는 지각보다 더 두꺼울 것이라는 새로운 가설을 제기하고 있다. 과학자들은 외곽층의 높은 _____를 설명하기 위해 지각보다 더 두꺼운 _____(밀도 높은 황화철로 구성)이 _____ _____에 존재한다는 새로운 가설을 제기했어.

*이심률: 타원 궤도의 일그러진 정도.
*조석고정: 어떤 천체가 자신보다 큰 천체를 공전 및 자전할 때 공전주기와 자전주기가 일치하지 않는 것.
*황화철: 철과 황의 화합물.

**4.** 수성의 내부 구조를 나타내는 아래 그림에서 ㉠~㉤에 대한 설명으로 옳지 않은 것은?

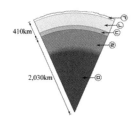

410km
2,030km

① ㉠의 표면은 지구에 비해 높낮이가 작다.
② ㉠, ㉡의 밀도는 지구의 상부 맨틀보다 높다.
③ ㉢의 존재는 메신저의 탐사로 새롭게 제기되었다.
④ ㉢, ㉣은 황 성분을 포함하고 있다.
⑤ ㉢, ㉣, ㉤은 철 성분을 포함하고 있다.

**5.** 윗글에서 수성에 액체 상태의 핵이 존재한다는 가설을 지지하지 않는 것은?
① 자기장의 존재
② 전도성 핵의 존재
③ 철-황-규소 층의 존재
④ 암석 속 잔류자기의 존재
⑤ 현재 알려진 경도칭동의 측정값

**6.** 윗글에서 ①과 ②에 들어갈 적절한 단어를 찾아 각각 빈칸에 쓰시오.

> [ ① ]: 어떤 일이 이루어질 가능성이 적음. [2문단]
> [예] 우리 팀이 이길 확률은 □□하다.
> [ ② ]: 보통 있는 일에서 벗어나 특이한 것. [6문단]
> [예] 올해는 □□□으로 더위가 일찍 찾아왔다.

---

### 구 조 도  그 리 기

〈 수성 〉
• 태양계에서 가장 작은 행성. _____는 지구보다 약간 작은 지구형 행성 → 정확한 정보를 알기 위해 _____을 이용한 조사가 필수적

| 1974년 미국의 _____ |
| --- |
| 수성의 _____ 감지로 핵의 일부가 _____ 임을 암시 <br> → [가설 ①] ____ 성분의 고체 핵을 액체 핵이 감싸고 있음 <br> → [가설 ②] 자기장은 ____의 고체화 이후에 암석 속에 남아 있는 _____일 가능성이 있음 |
| 2004년 _____ |

• 수성의 중력, 자기장, 지형 고도 등 정밀 측정 → 중력을 통해 관성모멘트(_____을 유지하려는 정도) 파악 → 관성모멘트와 (비례/반비례)하는 경도칭동(공전 궤도의 _____로 인한 미세한 진동)의 측정값은 가설 (①/②) 지지
• 수성의 모델 제시

| 외곽층 (_____, 상부 맨틀, 하부 맨틀) | · 두께: 410km <br> · 지형의 높낮이: 다른 _____에 비해 작음 <br> · 밀도: 지구의 상부 맨틀보다 높지만, 맨틀에 철의 양이 (많음/적음) → 하부 맨틀에 밀도가 (높은/낮은) 황화철로 이루어진 반지각이 존재할 것이라는 가설 제기 |
| --- | --- |
| _____ | · 반경: 2,030km |

**[1~3] 다음을 읽고 핵심 내용에 밑줄을 치고, 빈칸에 적절한 말을 채우시오. 또한 주어진 물음에 답하시오.**

넓은 바다에서 여러 사람을 태운 배가 난파하였다. 바다에 빠진 선원 A는 바다 위에 떠 있는 널판을 발견하였다. 널판은 한 사람을 겨우 지탱할 만큼밖에 되지 않았다. 선원 A가 널판으로 헤엄쳐 갈 때, 마침 미처 붙잡을 만한 것을 찾지 못한 선원 B도 널판 쪽으로 헤엄쳐 왔다. 선원 A와 선원 B는 동시에 그 널판을 붙잡게 되었다. 두 사람이 계속 붙잡고 있다가는 널판이 가라앉을 것이기 때문에 선원 A는 둘 다 빠져 죽을까 걱정하여 선원 B를 널판에서 밀어내었다. 선원 B는 결국 물에 빠져 죽었고 선원 A는 구조되었다. 이는 고대 그리스의 철학자 카르네아데스가 만든 가상의 사건 '카르네아데스의 널'을 바탕으로 재구성한 사례이다. (사례를 통해 글을 시작했어. 사례가 먼저 제시되면 이는 이후 제시될 개념, 이론 등과 대응되기 마련이니, 꼼꼼하게 읽어두자.) 이 사례는 윤리적으로 허용될 수 있는지도 논란거리가 되지만, 형법상 처벌되어야 하는지도 따져 볼 만하다. (선원 A의 행위가 _____에 대한 설명이 이 글의 핵심이구나.)

범죄는 '(1) 구성요건에 해당하고, (2) 위법하며, (3) 유책한 행위'라고 정의된다. 이 세 가지 요소 가운데 하나라도 빠지면 범죄는 성립하지 않는다. _____의 필수적 요소: (1) 구성요건, (2) 위법, (3) 유책한 행위 이 중 구성요건이란 (구성요건을 설명한 다음에는 _____, _____에 대해서도 설명하겠네.) 형벌을 부과할 대상이 되는 위법한 행위를 형법에 유형화하여 기술해 놓은 것을 말한다. 예를 들면, 형법 제250조 제1항은 "사람을 살해한 자는 사형, 무기 또는 5년 이상의 징역에 처한다."라고 규정하는데, 여기서 사람을 살해한다는 것 (_____이 되는 위법한 행위)이 구성요건이다. _____의 개념과 예시 따라서 구체적인 사실이 구성요건에 해당할 때에는 일반적으로 위법하다. ('일반적'이라는 표현은 예외적이거나 특수한 상황이 있을 수 (있음/없음)을 의미하지.)

구성요건에 해당하더라도 위법하다고 볼 수 없을 때가 있다. (구성요건에 해당하지만 위법하다고 볼 수는 없는 (일반적/예외적) 상황이 제시되었네.) 잘 알려진 것으로는 정당방위, 긴급피난에 해당하는 경우가 있다. 세 가지 요소가 모두 갖춰졌을 때 범죄가 성립한다고 했으니, 구성요건에 해당하지만 위법하다고 볼 수 없는 정당방위, 긴급피난은 범죄 행위라고 볼 수 (있어/없어). 정당방위는 자기 또는 타인의 법익을 현재의 위법한 침해로부터 방위하기 위하여 상당한 이유가 있는 행위를 하는 것을 말한다. 여기에는 법이 불법에 양보할 필요가 없다는 전제가 깔려 있다. 긴급피난은 자기 또는 타인의 법익에 대한 현재의 위난을 피하기 위하여 상당한 이유가 있는 행위를 하는 것을 말한다. 생명과 같이 대체할 수 없는 큰 법익을 지키기 위해 어쩔 수 없이 재산과 같은 법익을 희생시킨 일을 가지고 사회적인 해악을 일으킨 위법한 행위라 하지 않는 것이다. 긴급피난은 꼭 위법한 침해 행위로 일어난 위난에 대하여만 인정하는 것이 아니라는 점에서 정당방위와 다르다. 정당방위와 긴급피난의 개념 및 공통점, 차이점이 제시되었어. 정리해볼까?

| | 정당방위 | 긴급피난 |
|---|---|---|
| 개념 | 법익을 _____ 위해 상당한 이유가 있는 행위를 하는 것 | 법익에 대한 _____ 위해 상당한 이유가 있는 행위를 하는 것 |
| 공통점 | | |
| 차이점 | 위법한 침해 행위로 일어난 위난에 대해서만 인정 (O/X) | 위법한 침해 행위로 일어난 위난에 대해서만 인정 (O/X) |

앞의 사례에서 선원 A와 선원 B가 동시에 널판을 잡은 행위는 저마다의 생명을 생각할 때 불가피한 일이었다. 이 상황은 선원 A의 입장에서 급박한 위난이었고, 선원 A의 이어진 행위는 위난을 피하는 데 절실한 것이었다. 이러한 선원 A의 행위에 대해 ㉠정당방위가 인정된다고 생각하는 이나, ㉡긴급피난이 성립하여 위법성이 없다고 파악하는 이가 있을지 모른다. 그러나 그 어느 쪽도 해당하지 않는다고 해야 한다. (이어서 선원 A의 행위를 정당방위나 긴급피난으로 볼 수 (있는/없는) 이유에 대해 설명하겠네.)

우선 정당방위의 요건을 생각할 때 위난에 빠진 선원 B의 행위에 대한 선원 A의 행위를 정당방위로 볼 수는 없으며, 정당방위가 아닌 이유: 선원 B의 행위가 _____가 아니기 때문 또한 긴급피난이 성립하려면 보호한 법익이 침해한 법익보다 훨씬 커야 하는데 이 사례는 여기에 해당하지 않는다. 긴급피난이 아닌 이유: '보호한 법익 (>/<) 침해한 법익'이라고 볼 수 없음 그렇다고 해서 곧바로 선원 A에게 범죄가 성립한다고 단정할 수는 없다. 범죄가 성립하기 위해서는 '책임'이라고 하는 점도 고려해야 하기 때문이다. 범죄는 유책한 행위, 곧 행위자에게 책임을 물을 수 있는 행위여야 성립할 수 있는 것이다. 범죄는 _____에 해당하고, _____하며, _____라는 세 가지 요소를 모두 갖추어야 성립하니까! 따라서 유책하지 않은 행위를 들어 형벌을 부과할 수 없다. (마지막 문단에서는 선원 A의 행위가 _____한지를 살펴봄으로써, _____되어야 하는지에 대한 결론을 제시하겠군.)

위법성은 개인의 행위를 법질서와의 관계에서 판단하는 것이어서, 행위자 개인의 특수성은 위법성 판단의 기준이 되지 않는다. 형법에서 위법한 행위를 한 행위자 개인을 비난할 수 있는가 하는 것이 바로 책임의 문제이다. 형법상 책임은 행위자에 대한 법적 비난 가능성의 문제인 것이다. 이(_____)는 구체적인 상황에서 행위자가 위법한 행위 말고 다른 행위를 할 수 있었겠는가 하는 기대 가능성으로 볼 수 있다. 적법한 행위를 할 수 있었는데도 위법한 행위를 한 데에 대하여는 윤리적인 비판뿐만 아니라 법적인 비난이 가해져야 하기 때문이다. (위법/적법)한 행위를 한 행위자가 그 상황에서 (위법/적법)한 행위를 할 수 있었다면 책임을 물을 수 있다는 거네. '카르네아데스의 널'을 재구성한 사례에서 선원 A가 자신의 목숨을 희생하는 쪽을 선택하였다면 숭고한 선행임에 틀림없지만, 그렇게 하지 않은 데 대하여 윤리적인 비판은 몰라도 법적인 비난을 하기는 어렵다고 보는 것이 일반적이다. 선원 A가 위난을 피하기 위해 선원 B를 널판에서 밀어내는 행위 외에 다른 적법한 행위를 할 수 (있었다/없었다)고 본 거네. 결과적으로 선원 A의 행위는 범죄 성립의 세 가지 요소 중 구성요건 (O/X), 위법 (O/X), 유책한 행위 (O/X)이기 때문에 형법상 처벌되기는 어려운 거지.

## 1. 사례에 관한 윗글의 이해로 적절한 것은?

① 선원 A나 선원 B의 행위는 모두 위난을 벗어나고자 한 것이라 할 수 있다.

② 선원 B가 만약 선원 A를 밀어 빠져 죽게 하였다면 그 행위는 범죄가 된다.

③ 선원 A와 선원 B의 행위는 형법상 살인죄의 구성요건에 해당하지 않는다.

④ 선원 B에 대한 선원 A의 행위는 윤리적으로 타당하기 때문에 형법상 비난받지 않는 것이다.

⑤ 선원 A가 선원 B를 살리는 선택을 하였더라도 그것을 윤리적으로 드높은 덕행이라 할 수 없다.

## 2. ㉠, ㉡에 대해 추론한 내용으로 적절하지 않은 것은?

① ㉠은 선원 B의 행위가 위법한 침해라고 주장할 것이다.

② ㉠은 선원 A의 행위가 현재 자기에게 닥친 침해를 해결하려 한 것이라고 주장할 것이다.

③ ㉡은 선원 B의 행위가 위법한 침해라고 주장하지 않아도 된다.

④ ㉡은 선원 A의 행위에 대한 범죄 성립 여부는 그의 책임에 대한 문제까지 따져야 결정될 것이라고 볼 것이다.

⑤ ㉠과 ㉡은 모두 선원 A의 행위가 현재 직면한 위난을 해결하는 데 상당한 이유가 있는 것이었다고 볼 것이다.

## 3. 윗글에서 ①과 ②에 들어갈 적절한 단어를 찾아 각각 빈칸에 쓰시오.

---
① : 오래 버티거나 배겨 냄. 1문단

예 낡은 침대는 간신히 내 몸뚱이를 ☐☐하고 있었다.

② : 딱 잘라서 판단하고 결정함. 5문단

예 한쪽의 진술만 듣고 범인을 ☐☐하는 것은 부당하다.
---

## 구 조 도 그 리 기

### 〈 범죄 성립의 요건 〉

| 성립 요건 | (1) _____: 형벌 부과 대상이 되는 위법한 행위를 _____에 기술해 놓은 것<br>(2) _____<br>(3) 유책한 행위: _____에게 책임(법적 _____)을 물을 수 있을 때 성립<br>→ (1), (2), (3)이 모두 충족되어야 범죄 성립 |
| --- | --- |
| 정당방위<br>와<br>긴급피난 | • _____: 법익을 위법한 침해로부터 방위하기 위함, _____로 일어난 위난에 대해서만 인정<br>• 긴급피난: 법익에 대한 위난을 피하기 위함, _____ 법익 〉 _____ 법익, 위법한 침해 행위로 일어난 위난에 대해서만 인정 X<br>→ 정당방위와 긴급피난의 공통점: 범죄 성립 요건 중 (1)은 (충족/불충족), (2)는 (충족/불충족) |
| '카르네아데스의 널'을 재구성한 사례 | • 상황: 바다에 빠진 선원 A, B가 동시에 하나의 널판을 잡은 상황에서 둘 다 빠져 죽을까봐 A가 B를 밀어내 B는 죽고 A는 구조됨<br>• 결론<br>① _____ X(∵ B의 행위 위법한 침해 아님)<br>② _____ X(∵ 보호한 법익 〉 침해한 법익 아님)<br>③ 윤리적 비판 (O/X), 법적 처벌 (O/X)(∵ 구성요건에 해당하고, 위법하나, 유책하지 않음) |

**[4~6] 다음을 읽고 핵심 내용에 밑줄을 치고, 빈칸에 적절한 말을 채우시오. 또한 주어진 물음에 답하시오.**

우리는 초상화보다는 초상 사진이 더 사실적이라고 느낀다. 회화(_____)에 비해 사진(초상 사진)이 더 사실적이라고 생각하는 이유는 사진이 기계적 장치에 의해 대상을 정확히 재현할 수 있기 때문이다. 하지만(1문단에서 흐름이 바뀌면 구체적인 _____가 제시될 가능성이 높아.) 초점이나 노출을 조절하여 대상을 변형시킨 사진도 있다. 이런(_____시킨) 경우에도 사진이 사실성을 갖고 있다고 볼 수 있을지에 대해 여러 사진 미학 이론에서 다양한 논의를 펼쳤다. (이 글은 사진의 사실성에 대한 적어도 두 가지 이상의 _____의 견해를 다루려고 하는구나.) 이런 논의를 이해하기 위해서는 사진기의 주요 장치인 초점 조절 장치, 조리개, 셔터 등의 특성을 이해할 필요가 있다. (전개 방식이 짐작되네! 이 글은 _____의 특성을 차례로 설명한 다음 사진의 _____에 대한 여러 사진 미학 이론의 논의를 다룰 거야.)

초점 조절 장치는(초점 조절 장치의 특성을 설명한 다음에는 _____, 의 특성도 설명하겠지?) 렌즈와 필름 사이의 거리를 조절하여 피사체의 상을 필름 면에 맺게 한다. 이 장치에는 렌즈와 관련한 광학 원리가 적용된다. 사진기 렌즈는 중심보다 가장자리가 더 많이 굽은 볼록 렌즈인데, 렌즈 면이 굽을수록 더 많이 굴절되므로 광축*에 평행으로 입사한 빛들은 광축의 한 점에 모인다. 사진기의 주요 장치 (1) 초점 조절 장치: 볼록 렌즈와 _____ 사이의 거리 조절 → _____을 필름 면에 맺게 함 렌즈의 중심부터 빛이 모이는 점까지의 거리를 초점 거리(f)라고 한다. 렌즈의 초점 거리는 렌즈를 제작할 때 결정되므로 렌즈마다 고유한 초점 거리를 갖는다. 하지만 렌즈의 중심과 피사체 사이의 거리인 물체 거리(o)가 달라지면 특별한 경우를 제외하고는 렌즈의 중심과 상이 맺히는 지점 사이의 거리인 상 거리(i)가 달라진다. (예외적인 경우가 있나 보네. 지문에서 설명한 만큼만 문제에서 물어보기 마련이니, 일단 _____는 렌즈마다 고유한 값을 가지지만 _____는 _____에 따라 달라진다고 이해하고 넘어가면 돼. 특별한 경우에 대해서는 뒤에서 설명한다면 그때 이해하면 되고!)

물체 거리(o)와 상 거리(i)가 렌즈의 초점 거리(f)와 어떻게 연결되는지는 $\frac{1}{o} + \frac{1}{i} = \frac{1}{f}$로 표현될 수 있는데, 이를 렌즈 공식이라 한다. 렌즈 공식을 활용하면 i를 구할 수 있다. 아래 〈그림〉처럼 f가 20cm인 렌즈가 있다고 하자. 피사체인 연필의 o가 40cm인 경우에 연필의 i는 40cm가 된다. ($\frac{1}{40}+\frac{1}{i}=\frac{1}{20}$이니까 i = 40인 거지.) o가 10,000cm인 나무의 i는 어떻게 될까? o가 f보다 100배 이상 크면 물체가 무한대의 거리에 있는 것과 마찬가지로 작용한다. 따라서 $\frac{1}{o}$이 매우 작아서 무시할 수 있으므로 나무의 i는 f와 거의 같다. _____ ≥ 초점 거리(f) × 100 → 상 거리(i) ≒ 초점 거리(f) 만약 o가 f보다 작으면 피사체의 빛이 퍼져서 모이지 않아 렌즈 뒤에는 상이 맺히지 않는다. 물체 거리(o) (>/<) 초점

거리(f) → 상 X 렌즈 공식을 활용하면 상의 크기도 파악할 수 있다. (렌즈 공식을 활용해

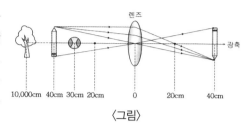

〈그림〉

_____를 구하는 방법을 설명하는 데 이어 상의 크기를 파악하는 방법을 덧붙이려나 봐.) 상의 크기를 피사체의 크기로 나눈 값은 i를 o로 나눈 값과 같다. 그러므로 이 값(_____)과 피사체의 크기를 알면 상의 크기도 알 수 있다. $\frac{i}{o}$ = 상의 크기÷_____

조리개와 셔터는 노출을 결정한다. 노출은 필름에 입사되는 빛의 양이다. 노출이 과하면 사진이 허옇게 번져 나오고, 노출이 부족하면 사진이 어둡게 된다. 조리개 값과 셔터 속도로 노출 정도를 결정할 수 있다. 조리개는 렌즈 바로 뒤에 있는 구멍으로, 그 면적을 늘리거나 줄일 수 있도록 만들어져 있다. 조리개 조절 장치에 기록되어 있는 1.4, 2, 2.8, 4, 5.6, 8, 11 등의 수치들은 렌즈의 초점 거리(f)(앞에서 설명한 개념이 다시 나오면 개념을 한 번 더 확인하며 읽자. 초점 거리는 렌즈마다 _____한 값을 가져.)를 조리개의 지름으로 나눈 값인데, 이를 조리개 값이라 한다. 조리개 값을 작은 수로 바꿀 때마다 조리개 지름은 약 1.4배 커져 조리개 면적이 약 2배 넓어진다. 따라서 빛의 양도 약 2배 증가한다. 사진기의 주요 장치 (2) 조리개(_____의 구멍): 조리개 값으로 _____를 결정하는 법을 설명했네. 조리개 값(= 초점 거리(f)÷_____)↓ → 조리개 면적(↑/↓), 노출(___의 양)↑ 한편(전환! 이제 _____로 _____를 결정하는 법을 설명하겠지?) 셔터는 촬영 순간 열렸다 닫혀서 빛의 양을 조절한다. 셔터 속도는 1, 2, 4, … 등으로 표시된다. 이는 셔터가 열려 있는 시간이 1/1초, 1/2초, 1/4초, … 등임을 뜻한다. 셔터 속도가 2배 빨라지면 노출 시간 역시 2배 짧아지므로 빛의 양이 2배 감소한다. 사진기의 주요 장치 (3) 셔터: 셔터 속도↑ → 노출 시간(↑/↓), 노출(빛의 양)(↑/↓) 따라서 사진가는 조리개와 셔터를 활용하여 의도적으로 빛의 양(_____)을 조절할 수 있다.

조리개와 셔터에는 다른 기능도 있다. 조리개는 사진의 심도에 영향을 미친다. 심도란 상이 필름에서 적절하게 초점이 맞는 물체 거리의 범위라고 할 수 있다. 조리개 지름이 작아지면(조리개 면적(↑/↓), 빛의 양(↑/↓)) 광축에 가까운 빛만 입사되어 초점이 맞는 물체 거리의 범위가 넓은데, 이를 심도가 깊다고 표현한다. 반대로 조리개 지름이 커지면 초점이 맞는 물체 거리의 범위는 좁다. 따라서 무엇을 어떻게 찍을 것인지를 결정하는 데 있어 심도는 중요한 요소이다. 조리개의 기능: ① 노출 결정, ② _____에 영향

| 조리개 지름↓ | _____에 가까운 빛만 입사 |
| --- | --- |
| | → 심도 _____(초점이 맞는 물체 거리 범위 _____) |

| 조리개 지름↑ | 광축에 멀리 있는 빛도 입사 |
| --- | --- |
| | → 심도 _____ (초점이 맞는 물체 거리 범위_____) |

셔터 속도는 피사체의 움직임을 어떻게 구현할지 결정하는 기능을 한다. 빠른 셔터 속도는(노출 시간(↑/↓), 빛의 양(↑/↓)) 움직이는 피사체를 정지 동작으로 나타낼 수 있다. 노출 시간이 짧아 피사체의 잔상이 필름 위에 남을 가능성이 적어지기 때문이다. 반면에 느린 셔터 속도를 사용하면 움직임을 암시하는 사진을 얻을 수 있다. 이때 움직이는 피사체는 흘러가듯이 표현된다. 셔터의 기능:
① _____ 결정, ② 피사체의 _____ 구현 결정

| 셔터 속도↑ | 노출 시간(↑/↓), 잔상 남을 가능성(↑/↓) → _____ 동작 |
| --- | --- |
| 셔터 속도↓ | 노출 시간(↑/↓), 잔상 남을 가능성(↑/↓) → _____ 암시 |

이와 같은 사진기 장치들의 특성은 대상을 사진으로 정확하게 재현할 수도, 의도적으로 변형할 수도 있게 한다. 대상을 변형시킨 사진 역시 사실성을 갖고 있다고 볼 것인지에 대해(_____ _____ 에 대한 설명이 끝나고, 이제 사진의 _____ 에 대한 논의가 제시될 거야.) 바쟁은 사진은 기계 장치에 의해 만들어지므로 사실성을 띤다고 본다. 조리개와 셔터 등의 요소에서 인간의 주관이 개입되는 측면을 인정하더라도 기계적 방식으로 대상을 기록한다는 본질은 변하지 않는다는 것이다. 월든은 사진은 우리가 육안으로 직접 보았을 법한 대로 대상을 묘사한다고 보고, 그런 의미에서만 사진이 사실성을 갖는다고 생각한다. 사진이 기계에 의존하여 대상을 정확히 재현한다는 점을 중시한 것이다. 그래서 그림은 그 대상의 가시적 특징을 추가하거나 누락할 수 있지만 사진은 그렇게(_____ _____) 하기 어렵기 때문에 그림과 달리 사진이 사실성을 띤다고 주장한다. 최근에는 또 다른 견해도 제시되고 있다. 이에 따르면 사진은 대상에서 나온 빛 이미지의 자취를 기계 장치로 기록한 것이다. 발자국이 대상의 실재를 함축하듯 사진은 그 대상의 실재를 함축한다. 그런 의미에서 모든 사진은 사실성을 갖는다고 본다. 그렇다면 발자국은 사진과 동일한가? 이 견해에 의하면 사진은 대상 자체의 자취가 아니라('A가 아니라 B'의 구조이므로 (A/B)의 내용에 집중하자.) 대상에서 나오는 빛 이미지의 자취를 기록한다는 점에서 발자국과 구별된다. 또한 사진의 사실성은 사진이 대상을 정확히 재현하는지 여부와는 무관하다고 본다. 사진 형성 과정에 사진가가 적극 개입한 사진이건 우연히 찍힌 사진이건 빛 이미지의 자취라는 점에서는 모두 사실성을 띤다는 것이다. 사진의 사실성에 관한 논의를 정리해 보자!

| 바쟁 | _____ 인정하더라도, 사진은 _____ 에 의해 만들어지므로 사실성 (O/X) |
| --- | --- |
| 월든 | 사진은 기계에 의존하므로 대상의 가시적 특징 추가·누락하기 어려워 사실성 (O/X) |
| 또 다른 견해 | 사진은 대상에서 나온 _____ 를 기록하므로 사실성 (O/X)(사진의 사실성은 대상의 정확한 _____ 여부와는 무관) |

*광축: 렌즈의 중심과 초점을 연결한 선.

**4. 윗글에 대한 이해로 적절하지 않은 것은?**

① 조리개 값이 커지면 광축에 가까운 빛만 입사된다.
② 초점 조절 장치는 렌즈와 필름 사이의 거리를 조절하여 초점 거리를 변경한다.
③ 사진기의 초점 거리와 상 거리를 알면 렌즈 공식을 활용하여 물체 거리를 구할 수 있다.
④ 광축에 평행으로 입사한 빛들은 사진기 렌즈의 중심보다 가장자리에서 더 많이 굴절된다.
⑤ 조리개와 셔터를 인위적으로 조절하여 대상을 정확하게 재현할 수도, 대상을 왜곡하여 표현할 수도 있다.

**5. 윗글의 〈그림〉을 이해한 내용으로 적절하지 않은 것은?**

① 연필의 i가 공의 i보다 더 크다.
② 나무의 i는 렌즈의 f와 거의 같다.
③ 연필의 실제 크기와 그 상의 크기는 같다.
④ 공은 실제 크기보다 그 상의 크기가 더 크다.
⑤ 공의 o가 15cm라면 상은 렌즈 뒤에 맺히지 않는다.

**6. 윗글에서 ①과 ②에 들어갈 적절한 단어를 찾아 각각 빈칸에 쓰시오.**

> ① : 다른 것에 의지하여 존재함. 6문단
> 예 잡지사는 대부분 광고료 수입에 □□ 한다.
>
> ② : 눈으로 볼 수 있는. 6문단
> 예 우리 팀은 □□□ 성과를 내기 위해 최선을 다하였다.

## 구 조 도 그 리 기

〈 사진기의 장치와 사진의 사실성 〉

| 사진기의 주요 장치 |
| --- |

① 초점 조절 장치

• _____와 필름 사이의 거리 조절 → 피사체의 상을 필름 면에 맺게 함

• 렌즈 공식

$$\frac{1}{o(\underline{\phantom{aa}} 거리)} + \frac{1}{i(\underline{\phantom{aa}} 거리)} = \frac{1}{f(\underline{\phantom{aa}} 거리)}$$

| 상 거리(i) 구하기 | • _____는 고정 값, _____ _____가 달라지면 _____가 달라짐<br>− 물체 거리(o) ≥ 초점 거리(f) × 100<br>→ _____ ≒ _____<br>− 물체 거리(o) 〈 초점 거리(f) : 상 (O/X) |
| --- | --- |
| 상의 크기 구하기 | • $\frac{i}{o}$ = ___의 크기÷_____의 크기 |

② 조리개와 셔터

• 조리개 값과 셔터 속도로 _____(필름에 입사되는 빛의 양) 정도 결정: _____(초점 거리(f)÷조리개 지름)↓, 셔터 속도 (빠름/느림) → 노출↑

• 조리개는 사진의 심도(초점이 맞는 _____의 범위)에 영향: 조리개 지름(↑/↓) → 심도 깊음

• 셔터 속도는 피사체의 움직임을 어떻게 구현할지 결정: 셔터 속도 (빠름/느림) → 움직임을 암시하는 사진

| 사진의 사실성에 관한 논의 |
| --- |

• _____: 기계 장치에 의해 만들어지므로 사실성 O

• 월든: 기계에 의존하여 대상을 _____하므로 사실성 O

• 또 다른 견해: 대상에서 나온 _____를 기록하므로 사실성 O

하루 30분, 수능 국어 만점을 향해 가는 28일

'매일 2지문씩 꼼꼼하게 독해하면 4주 후 사고의 흐름이 바뀐다"

# 하루 30분,
## 독해 트레이닝 2

수능 국어 만점을 위한 초고난도 독해력 강화 프로그램

1day 30minute 4week

# 3·4주차
# 문제

도서출판 홀수

"매일 2지문씩 꼼꼼하게 독해하면 4주 후 사고의 흐름이 바뀐다"

# 하루 30분,
# 독해 트레이닝 2

수능 국어 만점을 위한 초고난도 독해력 강화 프로그램

1 day 30 minute 4 week

30
MIN

# 하루 30분, 4주 완성 계획표

1·2주차 (DAY 01 ~ 14)

3·4주차 (DAY 15 ~ 28)

● 고3 평가원 및 교육청 기출    ● LEET, M/DEET

3주차 문제

**[1~3] 다음을 읽고 핵심 내용에 밑줄을 치고, 빈칸에 적절한 말을 채우시오. 또한 주어진 물음에 답하시오.**

삼단 논증은 두 개의 전제에서 하나의 결론을 도출하는 연역 논증이다. 삼단 논증: _____ + _____ → 결론 이때 두 전제로부터 그 결론만이 반드시 도출될 수 있는지를 확인하기 위해서는 논리적 규칙에 따라 추론해야 하는데, 사람들은 이 추론 과정에서 자주 오류를 범한다. 인지 실험 연구자들은 삼단 논증의 추론 과정에서 일어나는 오류 현상에 일정한 유형이 있다는 것에 착안하여 오류의 원인을 분석했다. (삼단 논증의 추론 과정에서 일어나는 _____의 원인이 이 글의 화제구나.)

인지적 측면에서 오류의 원인을 분석한 최초의 주요 이론은 '분위기 이론'이다. 분위기 이론은 〈모든 A는 B이다. 어떤 B는 C이다.〉에서 〈어떤 A는 C이다.〉가 반드시 도출되는 것이 아님에도, '반드시 도출된다'라고 생각하는 사람이 많은 이유는 전제의 분위기 때문이라고 설명한다. 즉 전제가 긍정인가 부정인가, 전칭('모든')인가 특칭('어떤')인가에 따라 일정한 분위기가 형성되어 결론에 영향을 끼친다는 것이다. 삼단 논증 추론에서의 오류 발생 원인 (1) 분위기 이론: _____가 형성하는 분위기가 _____에 영향을 끼치기 때문 분위기 이론은 사람들이 두 전제가 모두 긍정문이면 긍정 결론을, 하나라도 부정문이면 부정 결론을 받아들이는 경향이 있다고 본다. 〈모든 A는 B이다.〉와 〈어떤 B는 C이다.〉는 모두 (긍정문/부정문)이니, 〈어떤 A는 C이다.〉라는 (긍정 결론/부정 결론)이 반드시 도출된다고 생각하는 사람이 많은 거겠네. 또한 두 전제가 모두 전칭이면 전칭 결론을, 하나라도 특칭이면 특칭 결론을 선호한다고 본다. 〈모든 A는 B이다.〉는 (전칭/특칭)이고, 〈어떤 B는 C이다.〉는 (전칭/특칭)이야. 두 전제 중 하나가 특칭이니 〈어떤 A는 C이다.〉라는 (전칭 결론/특칭 결론)을 선호하는 사람들이 많겠지.

| 전제 | | 결론 |
| --- | --- | --- |
| 두 전제 모두 긍정문 | → | _____ 받아들이는 경향 |
| 두 전제 중 하나라도 _____ | | 부정 결론 받아들이는 경향 |
| 두 전제 모두 전칭(모든) | | _____ 받아들이는 경향 |
| 두 전제 중 하나라도 특칭(_____) | | 특칭 결론 받아들이는 경향 |

하지만 똑같은 결론이 도출되는 두 개의 서로 다른 삼단 논증에 대한 사람들의 상이한 반응을 이 이론으로는 설명하기 힘들다. 분위기 이론에는 _____가 있네. 〈모든 A는 B이다. 어떤 B는 C이다. 따라서 어떤 A는 C이다.〉라는 부당한 논증과 〈어떤 A는 B이다. 모든 B는 C이다. 따라서 어떤 A는 C이다.〉라는 타당한 논증이 주어졌을 때, 분위기 이론은 피험자들이 두 논증의 결론을 모두 비슷한 비율로 '반드시 도출된다'라고 선택할 것이라고 예측한다. 왜냐하면 전제 하나가 특칭이라는 점에서는 차이가 없기 때문이다. 예로 든 부당한 논증과 타당한 논증에서의 전제는 모두 (긍정문/부정문)이고, 두 전제 중 하나가 특칭이야. 따라서 분위기 이론에 따르면 두 논증에서 사람들은 〈어떤 A는 C이다.〉라는 (전칭/특칭), (긍정 결론/부정 결론)을 타당한 것으로 받아들일 거라고 예측할 수 있어. 하지만(분위기 이론이 예측한 것과 (같은/다른) 사람들의 상이한 반응이 이어지겠지?) 피험자들은 타당한 논증인 후자를 부당한 논증인 전자

보다 더 높은 비율로 '반드시 도출된다'를 선택한다는 것이 밝혀졌다. 그래서 이 이론(_____)으로는 구체적으로 추론의 어떤 과정에서 오류가 발생하는지 설명하기 어렵다. 분위기 이론의 한계: _____이 도출되는 두 개의 서로 다른 삼단 논증에 대한 사람들의 _____ 설명 X (추론의 _____에서 오류가 발생하는지 설명 X)

사람들이 삼단 논증에서 오류를 범하는 이유를 그 추론 과정에 주목하여 분석한 것으로는 '심적 모형 이론'이 있다. (분위기 이론은 추론의 어떤 과정에서 오류가 발생했는지 설명하기 어려운 반면, 오류의 원인을 _____에 주목해서 분석하는 심적 모형 이론이 제시되었어. 이론들 간의 공통점과 차이점을 파악하며 읽어야겠군!) 이 이론은 사람들이 삼단 논증의 전제를 만족시키는 심적 모형을 만들고 결론이 만족스러운지 그 모형을 주의 깊게 살펴본다고 설명한다. 가령 〈모든 사각형은 음영이 있는 도형이다. 어떤 음영이 있는 도형은 뚜렷한 윤곽이 있다.〉에서 〈어떤 사각형이 뚜렷한 윤곽이 있다.〉가 '반드시 도출된다'라고 생각하는 사람들은 주어진 전제로부터 오

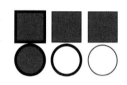

른쪽 그림과 같은 심적 모형을 상상한 것이라고 보았다. 즉 피험자들은 삼단 논증의 전제를 만족시키는 심적 모형을 만들고 결론이 만족스러운지 그 모형을 살펴보고 결론이 만족스럽다면 '반드시 도출된다'라고 답한다는 것이다. 심적 모형 이론: _____를 만족시키는 심적 모형 만듦 → 모형에서 결론이 _____면 결론이 반드시 도출된다고 답함 그러나 ㉠이 논증의 전제를 만족시키는 다른 심적 모형을 마음속에서 표상한다면 〈어떤 사각형은 뚜렷한 윤곽이 있다.〉가 이 전제로부터 반드시 도출되는 것이 아님을 알 수 있다. 심적 모형 이론은 전제로부터 결론이 반드시 도출되는지 여부를 알기 위해서는 전제로부터 도출할 수 있는 모형을 모두 구성하는 것이 필수적이며, 사람들이 이러한 모형 구성에 실패하기 때문에 삼단 논증 추론에서 오류가 발생한다고 주장한다. 삼단 논증 추론에서의 오류 발생 원인 (2) 심적 모형 이론: _____을 모두 구성하는 데 실패했기 때문

삼단 논증 추론에서 오류가 생기는 원인을 명제의 잘못된 '환위' 때문이라고 분석하는 이론도 있다. 환위란 주어진 명제에서 주어와 술어의 위치를 바꾸는 것을 말한다. 사람들은 〈모든 A는 B이다.〉를 〈모든 B는 A이다.〉로, 〈어떤 A는 B가 아니다.〉를 〈어떤 B는 A가 아니다.〉로 환위하는 경향이 있다. 이런 경우에는 환위가 비논리적 결과를 야기한다. 즉 같은 뜻을 갖고 있는 문장이 아니므로 논리적 문제를 일으킨다. 삼단 논증 추론에서의 오류 발생 원인 (3): 명제의 잘못된 환위(명제의 _____와 _____의 위치를 바꾸는 것) 때문

사람들은 결론이 담고 있는 내용에 영향을 받아 오류를 범할 때도 있다. 피험자들은 두 전제로부터 그 결론이 반드시 도출될 수 있는지 여부보다는 자신이 가지고 있는 믿음 체계와 정합적이

거나 적어도 모순을 일으키지 않는 결론을 받아들이는 성향, 이른바 '믿음 편향'이 있다는 점이 발견되었다. 에번스는 사람들이 일단 결론의 믿을 만함을 평가하고, 믿을 만하면 논리적 규칙을 적용하지 않고 그대로 결론을 받아들인다고 분석했다. 그리고 믿을 만하지 못하면 그제야 논리적 규칙을 적용하여 삼단 논증을 점검한다고 보았다. 이와 같은 맥락에서 폴라드의 연구 결과에 의하면 전제들이 논리적으로 더 복잡하다고 해서 그에 따라 믿음 편향 효과가 더 증가되지는 않는다는 것이 밝혀졌다. 삼단 논증 추론에서의 오류 발생 원인 (4): 믿음 편향 때문(① 결론이 (믿을 만함/믿을 만하지 못함) → 논리적 규칙 적용 없이 결론을 받아들임, ② 결론이 (믿을 만함/믿을 만하지 못함) → 논리적 규칙 적용하여 삼단 논증 점검)

인지 오류에 대한 연구를 통해 일부 인지 심리학자들은 여러 실용적 목적에서 효율적인 수준이라고 만족한다면 사람들이 합리성이나 논리적 정합성을 기꺼이 버리는 사고를 하는 것이야말로 인간의 인지적 특성이라고 주장한다. 이러한 생각은 전통적 관점과 달리('A와 달리 B'의 구조에서 글쓴이가 설명하는 내용의 초점은 대개 (A/B)에 있어.) 인간이 논리적 사고 중심의 인지 체계를 가지고 있지 않을 가능성을 암시한다. 인간의 인지적 특성: 실용적 효율성 (>/<) 합리성, 논리적 정합성 → 인간의 인지 체계가 _____ 중심 아닐 가능성 암시

## 1. ㉠을 뒷받침하는 심적 모형으로 가장 적절한 것은?

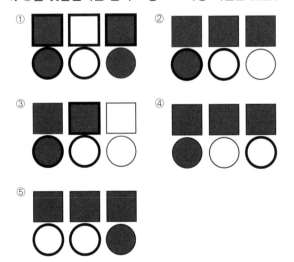

## 2. 윗글을 바탕으로 〈보기〉를 이해할 때, 적절하지 <u>않은</u> 것은?

〈보기〉

어떤 인류학자는 생물학자가 아니다.
모든 생물학자들은 바둑 기사이다.
따라서 어떤 인류학자는 바둑 기사가 아니다.

① 전제들을 〈어떤 생물학자는 인류학자가 아니다.〉와 〈모든 바둑 기사는 생물학자이다.〉로 환위할 경우 환위하기 전과 뜻이 달라지게 되겠군.

② 심적 모형 이론은, 전제로부터 가능한 모형을 모두 구성하는 것에 실패한다면 결론이 '반드시 도출된다'라고 잘못 답할 가능성이 높다고 설명하겠군.

③ 분위기 이론은, 전제에서 특칭과 부정이 사용되었으므로 이것에 영향을 받아 결론이 '반드시 도출된다'라고 답하는 경향이 있을 것이라고 설명하겠군.

④ 에번스는, 인류학자 중 적어도 한 명은 바둑 기사일 리 없다는 믿음 편향이 있는 사람이라면 결론이 '반드시 도출된다'라고 답할 것이라고 설명하겠군.

⑤ 분위기 이론은, 첫 번째 전제의 특칭을 전칭으로, 두 번째 전제의 전칭을 특칭으로 바꾼다면 결론이 '반드시 도출된다'라고 답하는 사람이 〈보기〉의 논증보다 늘어날 것이라고 예측하겠군.

## 3. 윗글에서 ①과 ②에 들어갈 적절한 단어를 찾아 각각 빈칸에 쓰시오.

┌─────────────────────────────────┐
│ ① : 서로 다름. 2문단 │
│ 예 형과 나는 성격 면에서 매우 □□하다. │
│ │
│ ② : 일이나 사건 따위를 끌어 일으킴. 4문단 │
│ 예 오해를 □□하는 행동은 하지 않는 것이 좋다. │
└─────────────────────────────────┘

구 조 도 그 리 기

**[4~6] 다음을 읽고 핵심 내용에 밑줄을 치고, 빈칸에 적절한 말을 채우시오. 또한 주어진 물음에 답하시오.**

지구 주위를 돌고 있는 수많은 인공위성에는 지표를 세밀히 관측할 수 있는 다양한 영상 센서가 탑재되어 있다. 1960년대 초반부터 주로 군사적 목적으로 개발되기 시작한 위성 영상 센서는 근래에는 지구 환경의 이해를 위한 과학적 목적으로도 광범위하게 사용되고 있다. 위성 영상 센서: _____ 목적으로 개발 → 지구 환경 이해를 위한 _____ 목적으로도 활용 원격탐사학은 이러한 센서 시스템을 통하여 비접촉 방식으로 물체에 대한 정보를 취득하고 분석하는 학문이다. 원격탐사학: 위성 영상 센서 시스템을 통해 _____를 취득하고 분석 이(_____)를 바르게 이해하기 위해서는 원격탐사에 사용되는 에너지와 물체 간의 복잡한 상호 작용을 살펴보아야 한다. (이어서 원격탐사에 사용되는 _____와 물체 간의 상호 작용을 다룸으로써 원격탐사학에 대한 이해를 돕겠지?)

태양으로부터 방출된 복사 에너지는(태양으로부터 방출된 복사 에너지가 _____에 사용되는 에너지구나.) 전자기파*의 형태로 우주 공간을 빛의 속도로 진행한 후 지구 대기를 통과하여 지표면에서 반사된 다음 다시 대기를 거쳐 위성 센서에 도달하는 방식으로 측정된다. 위성 센서에서 태양의 복사 에너지(_____의 형태)가 측정되는 과정을 정리해 볼까? 태양에서 복사 에너지 방출 → 우주 공간 진행 → 지구 _____ → 지표면에서 _____ → 지구 _____에 도달 물체에 입사하는 에너지와 반사되는 에너지의 비를 반사율이라 하는데, 원격탐사는 파장에 따른 반사율인 분광 반사율을 이용하여 물체의 성질을 알아낸다. 원격탐사의 원리: _____(파장에 따른 물체에 입사하는 에너지와 반사되는 에너지의 비)을 이용해 물체의 성질을 알아냄

물체는 다양한 파장의 복사 에너지를 방출하는데, 그중 에너지가 최대인 파장을 '최대 에너지 파장'이라 한다. 최대 에너지 파장: 물체가 방출하는 _____ 중 에너지가 최대인 파장 표면의 절대 온도가 약 6,000K인 태양의 최대 에너지 파장은 0.48㎛이다. 이(_____)에 맞추어 초기의 위성 영상은 가시광선(0.4~0.7㎛)만을 이용했는데, 근래에는 기술의 발달로 사람의 눈으로는 볼 수 없는 근적외선, 중적외선, 열적외선 등 다양한 파장 대역을 이용할 수 있게 되어 원격탐사의 유용성이 더욱 커졌다. 초기의 위성 영상: 태양의 최대 에너지 파장에 맞추어 _____만 이용 → 근래의 위성 영상: 눈으로 볼 수 _____ 근적외선, 중적외선, 열적외선 등 다양한 파장 대역 이용

예를 들어 우리 눈(가시광선/근적외선/중적외선/열적외선)만 볼 수 있음)에는 천연 잔디와 인공 잔디가 똑같이 녹색으로 보이지만, 근적외선(0.7~1.2㎛)을 사용하면 두 물체는 확연히 구별된다. (1) 근적외선: 가시광선으로는 구별되지 않는 천연 잔디와 인공 잔디 녹색의 잎은 이 대역(_____)에서 약 50%의 강한 반사를 일으켜 위성 영상에서 밝게 보이는 반면, 인공 잔디는 약 5%만을 반사하여 어둡게 보이기 때문이다. _____의 차이를 통해 천연 잔디와 인공 잔디를 구별할 수 있구나. 분광 반사율이 높을수록 영상은 (밝게/어둡게) 보여!

중적외선(1.2~3.0㎛)은 잎의 수분 함량에 대한 민감도가 가시

광선보다 뛰어나 작물의 생육 상태와 관련된 중요한 정보를 얻는 데 사용된다. (근적외선, 중적외선의 사용을 설명했으니 이어서 _____의 파장 대역을 이용하는 경우도 설명해 주겠지?) 또한 중적외선은 광물이나 암석의 고유한 분광 반사 특성을 이용한 자원 탐사에도 활용된다. (2) 중적외선: 작물의 _____와 관련된 정보를 얻는 데 사용, _____의 분광 반사 특성을 이용한 자원 탐사에 활용 도자기의 원료인 고령토는 2.17, 2.21, 2.32, 2.58㎛의 중적외선을 흡수하는데, 어떤 물체의 분광 반사율이 이와 같은 특성을 가진다면 이는 고령토로 판단할 수 있다. 고령토는 특정 파장 대역의 _____을 흡수하는데, 이는 고유한 _____을 가진다는 의미로 이해하면 되겠네!

지구에서 방출되는 지구 복사 에너지가 집중되어 있는 열적외선(3~14㎛)은 지표면의 온도 분포에 대한 정보를 제공한다. 물체가 방출하는 복사 에너지의 최대 에너지 파장은 물체의 절대 온도에 반비례하므로, 산불(온도 약 800K, 최대 에너지 파장 3.62㎛) 감시나 지표면의 토양, 물, 암석 등(온도 약 300K, 최대 에너지 파장 9.67㎛)의 온도 감지에는 열적외선 센서가 유용하다. (3) 열적외선: _____ 복사 에너지가 집중됨, 물체의 최대 에너지 파장과 _____는 반비례함을 이용해 _____에 대한 정보 제공

여기서 전자기파는(2문단에서 _____으로부터 방출된 복사 에너지는 전자기파의 형태라고 했어.) 지표에 도달하기 전과 반사된 후에 각각 대기 입자에 의해 산란·흡수된다는 점에 유의해야 한다. 대기 중에 먼지, 안개, 구름이 없는 청명한 날에도 산소나 질소 입자와 같이 입사파*의 파장보다 월등히 작은 유효 지름을 가지는 대기 입자에 의하여 산란이 발생한다. 이를 레일리 산란이라 하는데, 레일리 산란: _____(입사파)가 그 파장보다 작은 유효 지름을 가진 _____에 의해 산란되는 현상 (먼저 전자기파가 대기 입자에 의해 산란된다는 점을 설명할 건가 봐! 뒤에서 전자기파의 _____에 대해서도 설명해 주겠지?) 그 강도는 파장의 4제곱에 반비례한다. 레일리 산란의 _____ ∝ 1/파장⁴ 예를 들어 파장이 0.32㎛인 자외선은 파장이 0.64㎛인 적색광에 비하여 약 16배 강한 산란을 보인다. 자외선의 파장은 적색광의 _____이니까, 레일리 산란의 강도는 16(= 1/(_____)⁴)배가 되는 거지! 레일리 산란은 대기의 조성과 밀도를 알려 주는 중요한 지시자가 되기도 하지만, 지표를 촬영한 위성 영상의 밝기와 대비를 감쇠시키므로 이 점을 고려해야 한다. 전자기파가 위성 센서에 도달하기 전에 산란되면 위성 영상의 _____가 감쇠되니까 레일리 산란은 원격탐사의 방해 요인이 되겠군. 일부 원격탐사 시스템 중에는 레일리 산란의 영향이 큰 청색을 배제하고 녹색, 적색, 근적외선 센서들로만 구성하여, 천연색 영상의 획득을 포기하는 경우도 있다. 천연색 영상 획득을 포기하고 레일리 산란의 영향이 큰 _____을 배제하기도 함

대기 중 전자기파의 흡수는(마지막 문단에서는 예상대로 대기 입자에 의한 전자기파의 _____를 설명하는구나!) 물질의 고유한 공명 주파수에 따라 특정한 파장 대역에서 발생하는데, 수증기, 탄소, 산소, 오존, 산화질소 등 여러 대기 물질의 흡수 효과가 중첩되므로 일부 파

장 대역의 전자기파는 맑은 날에도 지구 대기를 거의 통과하지 못한다. 물질의 공명 주파수에 따른 특정 ＿＿＿＿＿＿에서의 전자기파 흡수 + ＿＿＿＿＿＿＿＿의 전자기파 흡수 → 일부 파장 대역의 전자기파는 지구 대기 거의 통과 X 다행히 가시광선을 비롯한 여러 전자기파 대역은 에너지가 매우 효율적으로 통과되는 '대기의 창'에 속한다. 위성 센서는 반드시 대기의 창에 해당하는 파장 대역에 맞추어 설계되어야 한다. 위성 센서: 에너지가 효율적으로 통과하는 ＿＿＿＿＿＿에 해당하는 파장 대역에 맞추어 설계해야 함 이 때문에 중적외선 센서는 대기 수분에 의한 강한 흡수 파장인 1.4, 1.9, 2.7μm를 제외하고 설계하며, 열적외선 센서는 주로 3~5μm와 8~14μm 대역만을 사용한다.

*전자기파: 전기장과 자기장이 시간에 따라 변할 때 발생하는 파동. 가시광선, 적외선, 자외선, X선 등.
*입사파: 한 영역에서 다른 영역을 향하여 들어가는 파동.

## 4. 윗글의 내용과 일치하지 <u>않는</u> 것은?

① 원격탐사는 다양한 파장의 전자기파를 사용한다.

② 원격탐사를 통해 식물의 분포뿐 아니라 생육 상태도 알아낼 수 있다.

③ 광물이나 암석의 전자기파 흡수는 지표 관측 원격탐사의 방해 요소이다.

④ 대기에 의한 전자기파의 산란과 흡수로 인해 지표 관측 원격탐사에서 보정의 필요성이 생긴다.

⑤ 지표 관측에 사용되는 태양 복사 에너지는 대기를 두 번 통과하여 인공위성 원격탐사 센서에 도달한다.

## 5. 아래 그림은 지표상의 두 물체 A, B의 분광 반사율과 전자기파의 대기 흡수율을 나타내는 그래프이다. A, B의 위성 영상에 대해 바르게 설명한 것은?

〈보기〉

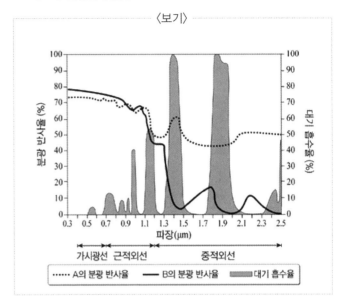

① A는 중적외선 대역 중에서는 약 1.4μm에서 가장 밝게 보인다.

② B는 가시광선보다 중적외선에서 밝게 보인다.

③ A와 B를 모두 관측할 수 있는 '대기의 창'은 1.9μm이다.

④ A와 B를 구별하려면 중적외선보다 가시광선 대역이 유리하다.

⑤ A와 B는 1.4μm보다는 2.2μm에서 더 효과적으로 구별된다.

## 6. 윗글에서 ①과 ②에 들어갈 적절한 단어를 찾아 각각 빈칸에 쓰시오.

① : 배, 비행기, 차 따위에 물건을 실음. 1문단

예 보급품을 □□한 트럭이 방금 출발했다.

② : 마음에 새겨 두어 조심하며 관심을 가짐. 7문단

예 장마철에는 농작물 관리에 □□해야 한다.

## 구조도 그리기

**[1~3] 다음을 읽고 핵심 내용에 밑줄을 치고, 빈칸에 적절한 말을 채우시오. 또한 주어진 물음에 답하시오.**

'노동 가능 인구*'는 경제 활동에 참여할 의사와 능력이 있는 '경제 활동 인구'와 육아, 가사, 취학, 취업 준비 등의 이유로 경제 활동에 참여할 의사나 능력이 없는 '비경제 활동 인구'로 구분한다. 경제 활동 인구는 현재 직업에 종사하고 있는 '취업자'와 일할 능력과 의사가 있음에도 불구하고 지난 4주 동안 일자리를 구하지 못한 '실업자'로 나뉜다.

| 노동 가능 인구 | • _____ : 경제 활동에 참여할 의사와 능력 O |
| | • _____ : 현재 직업에 종사하고 있는 사람 |
| | • _____ : 지난 4주 동안 일자리를 구하지 못한 사람 |
| | • _____ : 경제 활동에 참여할 의사나 능력 X |

경제 활동 인구 중에서 실업자가 차지하는 비율인 ㉠'실업률'은 국가 경제를 드러내는 지표의 하나로, 보통 실업률이 낮으면 고용 상황이 매우 좋은 것으로 인식될 수 있다. 낮은 실업률(= _____ / 경제 활동 인구)은 고용 상황 좋은 것으로 인식 하지만 (이어질 내용은 실업률에 대한 일반적인 인식이 항상 (적절한 것임/적절한 것은 아님)을 보여 주는 내용이겠지?) 지난 1주간 1시간 이상 수입을 목적으로 일을 한 사람을 취업자로 보기 때문에 이에 해당하는 부업 노동자나 일용직 노동자도 모두 취업자에 해당한다. 또한 능력이 있으나 지난 4주 동안 구직 활동을 하지 않고 구직 활동을 포기한 사람인 '구직단념자'는 비경제 활동 인구로 분류되어 실업자에 포함되지 않는다. 실업률이 낮다고 _____이 매우 좋다고만 볼 수 없는 이유: (1) 부업 노동자, 일용직 노동자가 _____로 포함되기도 함, (2) 구직단념자는 _____ 중 실업자가 아닌 _____로 분류됨 따라서(_____은 고용 상황을 정확히 반영하지 못한다는 문제점이 있는 거네? 그렇다면 고용 상황을 보다 잘 보여 줄 수 있는 다른 지표를 제시할 수 있겠네!) 실업률만으로는 정확한 고용 상황을 파악할 수 없기 때문에 최근에는 노동 가능 인구 중 취업자가 차지하는 비율인 ㉡'고용률'을 더 중시하는 경향을 보이고 있다. 고용률 = 취업자 / _____

일반적으로 국가 경제에서 실업률이 높고 고용률이 낮으면 실업으로 인한 문제가 발생할 수 있다. 이러한 실업 문제를 해결하기 위해서는 먼저 원인에 따른 실업 형태를 파악해 볼 필요가 있다. (_____를 설명한 다음, 이와 관련한 실업 문제 해결에 대해 설명하는 순으로 글이 전개되겠지?) 실업은 크게 '수요 부족 실업'과 '비수요 부족 실업'으로 나눌 수 있는데 수요 부족 실업이란 어떤 경제의 노동력에 대한 총수요가 전체 노동력을 고용할 수 있을 만큼 크지 않을 때 발생하는 실업이며 그것(_____의 단기적 현상이 경기적 실업이다. 즉, 경기적 실업이란 경기 침체로 인한 기업의 인원 감축의 결과로 발생하는 비자발적 실업인 것이다. 비수요 부족 실업에는 마찰적 실업, 구조적 실업 그리고 계절적 실업이 있다. 마찰적 실업이란 노동자들이 이사나 이직 등으로 새로운 일자리를 찾는 과정에서 고용 정보의 불충분으로 인해 발생하는 자발적 실업으로 경제 상황과 관계없이 항상('모든', '항상', '언제나' 등 예외가 없음을 뜻하는 표현은 체크하며 읽자. 문제로 물어보기 좋은 내용이니까!) 일정 수준만큼은 나타난다. 구조적 실업은 빈 일자리와 실업이 공존하더라도 생산 설비 자동화와 같은 기술 혁신에 따라 산업 구조를 재편하는 과정에서 수요자가 요구하는 기술을 가진 노동자가 부족하거나 노동자의 지역 간의 이동이 불완전하기 때문에 발생한다. 구조적 실업은 노동력에 대한 총수요가 증가하더라도 수요자가 요구하는 기술 수준을 노동자가 갖추지 못하면 사라지지 않고 장기화되는 경향이 있다. 계절적 실업이란 농림, 어업, 관광업 등에서 특정 계절에 일시적으로 실업자가 증가하는 것과 같이 계절의 변화로 인해 특정 시기에 반복적으로 발생하는 실업을 말한다. _____에 따른 실업 형태를 정리해볼까?

| | 노동력에 대한 총수요 (>/<) 전체 노동력 | |
| :---: | :---: | :--- |
| 부족 실업 | _____ 실업 | • 수요 부족 실업의 단기적 현상 |
| | | • 경기 침체로 인한 기업의 _____ 결과 발생, (자발적/비자발적) 실업 |
| | 마찰적 실업 | • 새로운 일자리를 찾는 과정에서 _____으로 인해 발생, (자발적/비자발적) 실업 |
| | | • _____과 관계없이 일정 수준 항상 발생 |
| 부족 실업 | _____ 실업 | • 수요자가 요구하는 기술을 가진 노동자 부족, 노동자의 지역 간 이동이 불완전하여 발생 |
| | | • 노동자가 기술 수준 갖추지 못하면 _____되는 경향 |
| | 계절적 실업 | • 계절의 변화로 인해 특정 시기에 _____으로 발생 |

실업의 원인은 다양하기 때문에 실업의 형태를 명확하게 구분하는 것은 쉽지 않지만 빈 일자리와 실업 간의 관계를 보여 주는 베버리지 곡선을 활용하면 수요 부족 실업과 비수요 부족 실업을 구분할 수 있다. 베버리지 곡선: _____와 실업 간의 관계를 보여 줌 → _____ 부족 실업과 _____ 부족 실업 구분 가능 다음의 〈그림〉에서 가로축은 실업자 수(U)를, 세로축은 충원되지 않은 빈 일자리 수인 결원 수(V)를 나타낸다. (그래프가 제시되면, 이를 활용해 자료를 분석하는 문제가 나올 가능성이 높아. 설명하는 내용과 〈그림〉을 연결해가며 꼼꼼하게 이해하자!) 이 〈그림〉에서 두 가

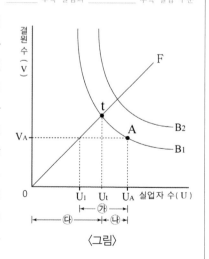

〈그림〉

지 변수(_____와 _____) 사이의 관계를 나타내는 곡선이 우하향하고 있는 것은 결원 수(빈 _____ 수)가 감소하면 실업자 수가 증가하고 그 역도 또한 성립한다는 것을 나타낸다. 결원 수와 실업자 수는 (비례/반비례) 관계! 〈그림〉의 원점에서 45°로 나간 직선 F는 베버리지 곡선 B₁과 t에서 만나고 있다. 이 t는 실업자 수와 결원 수가 동일해 모든 실업자가 고용될 수 있는 완전 고용 상태에 해당한다. 완전 고용 상태: _____ = _____, 모든 실업자가 고용될 수 있는 상태 현재 노동 시장의 상황을 A라 할 때, 수요 부족 실업의 경우 노동자 수에 비해 빈 일자리가 부족하여 발생한 것이므로 이론적으로는 U_A에서 V_A를 빼면 A에서의 수요 부족 실업자 수를 알 수 있게 된다. ('이론적'이라고 언급한 것을 보니 실제의 수요 부족 실업자 수는 이와 다를 수 있겠네.) 그런데 V_A는 U₁과 동일하므로 결국 U_A에서 U₁을 뺀 ㉮를 수요 부족 실업자 수로 볼 수 있다. 이론적인 수요 부족 실업자 = U_A - V_A(_____) = ㉮ 그러나 경기 부양 대책으로 수요 부족 실업을 해소하여 결원 수를 증가시키더라도 B₁의 완전 고용 수준인 t에 대응하는 U_t까지만 실업자 수가 줄어들게 된다. 따라서 실질적인 수요 부족 실업자 수는 U_A에서 U_t를 뺀 ㉯가 되고 실질적인 수요 부족 실업자 = U_A - _____ = ㉯ 경기가 좋아져서 취업할 수 있음에도 불구하고 실업 상태에 놓여 있는 ㉯에 해당하는 실업자는 마찰적 실업과 구조적 실업과 같은 비수요 부족 실업자로 보아야 한다. _____ = ㉰

또한 실업자 수와 결원 수가 동시에 증가하면 B₁에서 B₂로 베버리지 곡선 자체가 이동하게 된다. 이 경우는 노동 시장에서 결원 수가 높아지고 있음에도 실업이 증가하는 것으로 노동 시장에서 수요와 공급의 불일치 정도가 높아져 비수요 부족 실업자 수가 증가하고 있음을 의미한다. _____(빈 일자리 수)가 늘어나는데도 실업이 증가한다는 것은 곧 _____가 증가하고 있다는 거지. 이처럼 베버리지 곡선을 활용하면 수요 부족 실업과 비수요 부족 실업을 구분하여 실업 문제를 해결하기 위한 정책을 마련할 수 있다. _____ 활용의 의의

*노동 가능 인구: 노동력의 관점에서 군인과 수감자를 제외하고 경제 활동이 가능한 만 15세 이상의 인구.

## 1. ㉠과 ㉡에 대한 설명으로 적절한 것은?

① 육아로 인해 경제 활동에 참여할 의사가 없는 사람은 ㉠에 반영된다.

② 지난 1주간 수입을 목적으로 8시간만 일을 한 사람은 ㉡에 반영되지 않는다.

③ 이직을 위한 퇴직자가 증가하면 ㉠은 감소하고 ㉡은 증가한다.

④ 취업 준비로 경제 활동을 하지 않던 사람들이 취업을 하면 ㉠은 감소하고 ㉡은 증가한다.

⑤ 4주 동안 구직 활동을 하지 않아 구직을 포기한 사람들이 늘어나면 ㉠은 증가하고 ㉡은 감소한다.

## 2. 윗글을 참고하여 〈보기〉를 이해한 내용으로 적절하지 않은 것은?

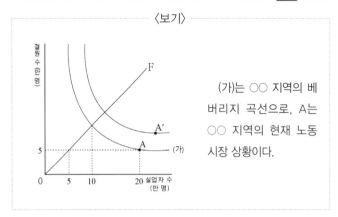

〈보기〉

(가)는 ○○ 지역의 베버리지 곡선으로, A는 ○○ 지역의 현재 노동 시장 상황이다.

① ○○ 지역의 경기를 부양시켜 일자리의 수를 증가시키더라도 10만 명의 실업자가 있을 것이다.

② ○○ 지역의 실질적인 수요 부족 실업자 수는 현재의 실업자 수에서 결원 수를 뺀 것이므로 15만 명이다.

③ 수요 부족 실업을 해결하기 위해 ○○ 지역의 경기를 부양시키면 현재보다 5만 개의 일자리를 늘릴 수 있다.

④ 베버리지 곡선은 ○○ 지역의 10만 명에 해당하는 비수요 부족 실업자를 위한 정책을 마련하는 데 활용할 수 있다.

⑤ ○○ 지역의 노동 시장 상황이 A에서 A'로 이동한다면 노동 시장에서 비수요 부족 실업자가 늘어나고 있음을 의미한다.

## 3. 윗글에서 ①과 ②에 들어갈 적절한 단어를 찾아 각각 빈칸에 쓰시오.

| ① | : 현상이나 사상, 행동 따위가 어떤 방향으로 기울어짐 2문단

예 그는 낯선 사람을 적대시하는 □□이 있다.

| ② | : 어떤 현상이나 사물이 진전하지 못하고 제자리에 머무름. 3문단

예 주식 시장의 □□가 계속되고 있다.

## 구 조 도  그 리 기

**[4~6] 다음을 읽고 핵심 내용에 밑줄을 치고, 빈칸에 적절한 말을 채우시오. 또한 주어진 물음에 답하시오.**

해에 따라서 혹서 또는 저온의 여름이 출현하고, 겨울의 기온과 강설량에도 큰 편차가 나타난다. 그런데 (본격적인 _____를 꺼내려나 보군.) 이러한 계절 기후의 특성을 미리 예측하는 일은 매우 어렵다. 수일 이내를 대상으로 하는 단기 예보의 정확도에 비하여, 예측 대상 기간을 1개월 이상으로 하는 장기 기후 예측의 정확도는 많이 떨어진다. 그 이유가 무엇일까? (이 글은 장기 기후 예측의 _____가 떨어지는 이유를 설명하는 글이겠군.)

우선 (여러 가지 _____를 설명해주려나 봐. 하나씩 정리해가며 읽자!) 장기 기후 변화는 해양의 영향을 많이 받는데, 해수 온도의 장기적 변화를 예측하기 어렵다는 사실을 들 수 있다. 장기 기후 예측의 정확도가 떨어지는 이유 (1): _____의 장기적 변화 예측의 어려움 해양의 열용량은 육지보다 훨씬 크며, 대기의 열용량의 사백 배에 달한다. 해양의 열용량 (>/<) 육지나 대기의 열용량 난류의 영향을 크게 받는 북유럽은 같은 위도대에 위치하면서 난류의 영향을 받지 않는 다른 지역에 비하여 평균 기온이 훨씬 높고 일교차와 연교차가 작다는 사실을 생각해 보면, 해류가 기후에서 차지하는 비중을 짐작할 수 있다. 난류의 영향↑ → 평균 기온(↑/↓), 일교차와 연교차(↑/↓) 그래서 기후 예측의 대상 기간이 길수록 해양의 상태를 파악하는 일이 중요하다. 대기에 직접 영향을 미치는 것은 해수 표면의 온도인데, 표면 온도를 포함하여 해수의 온도는 해류 운동에 의해 결정된다. _____ → _____ → 대기에 영향 문제는 해류 운동이 매우 불규칙하여 해수 온도의 공간 분포를 예측하기가 어렵다는 점이다. 해류 운동에는 다양한 주기를 가진 여러 인자들이 관여하기 때문이다. 어떤 인자는 100년 이상의 주기를 보이기도 하는데, 이들이 서로 간섭하여 상승 혹은 상쇄 효과를 내며 해류 운동의 불규칙성을 낳는다. _____은 다양한 주기를 가진 여러 인자들이 관여해 불규칙 → _____ 예측 어려움

해양 수중 온도의 관측이 기술적·경제적으로 어렵다는 사실도 그 이유가 된다. 장기 기후 예측의 정확도가 떨어지는 이유 (2): _____ _____ 관측의 기술적·경제적 어려움 대기와 달리 해수는 전자기파를 잘 흡수하는 성질이 있어 수중에서는 전자기파를 통한 원거리 정보 전달이 어렵기 때문에 기상 관측에서 사용하는 라디오존데와 같은 기구를 사용하기 힘들다. 따라서 직접 배를 타고 현장에 나가 관측을 해야 하는데, 여기에는 많은 시간과 비용이 소요된다는 난점이 있다. 수중에서는 _____를 통한 원거리 정보 전달 어려움 → 현장 관측을 하는 데 시간과 비용(↑/↓) 그래서 수중 온도 분포 자료가 기후 예측에 매우 중요한데도 실효성이 있는 자료를 기후 예측 모델의 입력 자료로 사용할 수 없는 실정이다.

해양-대기의 상호 작용 메커니즘에 관한 이해 부족도 간과할 수 없는 요인이다. 장기 기후 예측의 정확도가 떨어지는 이유 (3): 해양-대기의 _____에 관한 이해 부족 바람은 해수 온도의 공간 분포 차이로 발생하고, 발생한 바람은 해류를 만들어 해수 온도 분포를 바꾼다. 즉, 바람과 해류는 서로 발생의 원인으로 작용하는 ⓐ인과적 상호 작용을 한다. 그런데 그 메커니즘을 구체적으로 이해하려고 하면 그 관계가 명료하게 규명되지 않는 경우가 많다. 예를 들어 세계 각지에 이상 기후를 발생시키는 엘니뇨현상의 경우, 그것(_____)을 유발하는 해류와 바람의 상호 작용에 대한 이해가 부족하기 때문에 다음번 엘니뇨현상이 언제 발생할지를 제대로 예측하기는 어렵다. 바람과 해류의 _____ _____의 메커니즘 명료 X → 다음번 엘니뇨현상 예측 어려움

기후 시스템이 ⓑ카오스적 성질을 가지고 있다는 것도 장기 기후 예측을 어렵게 한다. 장기 기후 예측의 정확도가 떨어지는 이유 (4): 기후 시스템의 _____ 카오스적 성질이란 초기 조건의 미미한 차이가 시간이 지남에 따라 예상할 수 없는 방향으로 급속히 확대되어, 초기에는 같은 것처럼 보였던 상태가 나중에는 전혀 다른 상태로 변해 가는 성질을 말한다. 이러한 성질을 갖는 시스템은 시간에 따라 불규칙하게 변화하기 때문에 두 번 다시 똑같은 상태가 나타나지 않는다. 기후 모델의 입력 자료로 사용되는 기상 관측 자료에는 필연적으로 오차(미미한 _____)가 포함되기에, 예측 기간이 길어질수록 예보 결과는 사실과 동떨어진 결과를 산출하게 된다. 초기 조건의 미미한 차이가 확대되어 나중에는 _____로 변함 → 예측 기간이 길어질수록 _____는 사실과 동떨어진 결과 산출

**4. 윗글로 미루어, 타당성을 인정하기 어려운 진술은?**

① 해수의 표면 온도가 높은 해역이 낮은 해역보다 해수의 열 저장량도 많다고 볼 수는 없다.

② 지구 온난화의 영향이 아니더라도 지역에 따라서는 이상 고온 현상이 오랜 기간 지속될 수 있다.

③ 엘니뇨현상이 더 자주 더 강하게 나타나는 것으로 관측된다면 장기 기후 예측이 곤란하다는 주장은 약화된다.

④ 수중에서 수집한 정보를 지상의 관측소까지 신속하게 전달할 수 있는 기법이 개발된다면 장기 기후 예측의 어려움이 줄어든다.

⑤ 장기 기후 예측은 초기 조건을 바꾸어 가면서 반복 계산을 수행한 후에 그 결과를 평균하는 방식을 이용하는데, 이는 기후의 카오스적 성질에서 오는 문제를 줄이려는 의도이다.

**5. 〈보기〉의 현상들을 인과 유형에 따라 ⓐ와 ⓑ로 바르게 묶은 것은?**

〈보기〉

ㄱ. 열섬 현상이 발생하여 도시의 기온이 상승하면 냉방 에너지 소비가 늘어나서 폐열의 배출이 많아지고, 이 폐열이 도시 온도를 더욱 높인다.

ㄴ. 해상에서 공기의 냉각과 습윤화로 해무가 발생하면 이 해무가 태양 복사를 차단하고 야간 복사 냉각을 증가시키는데, 그 결과 공기의 냉각과 습윤화가 심화되면서 더 많은 해무가 발생한다.

ㄷ. 지구 온난화로 열대 해양의 수증기 증발이 증가하였을 때, 증발한 수증기가 그 지역 기상 조건의 차이에 따라 태풍의 에너지원으로 사용되면 태풍 발생이 증가하고, 상공에서 응결되어 열을 방출하면 태풍 발생이 감소한다.

ㄹ. 대기 중 이산화탄소 농도가 증가하면 아마존 우림의 식물들이 기공을 여는 시간이 줄어들고, 그 결과 우림의 증산량(蒸散量)이 감소하여 강우량이 줄어든다. 이에 따라 우림의 면적이 줄어들면 광합성 양의 감소에 따라 다시 이산화탄소 농도가 증가한다.

|  | ⓐ인과적 상호 작용 | ⓑ카오스적 성질 |
|---|---|---|
| ① | ㄱ, ㄴ, ㄹ | ㄷ |
| ② | ㄱ, ㄷ | ㄴ, ㄹ |
| ③ | ㄱ, ㄹ | ㄴ, ㄷ |
| ④ | ㄴ | ㄱ, ㄷ, ㄹ |
| ⑤ | ㄴ, ㄷ, ㄹ | ㄱ |

**6. 윗글에서 ①과 ②에 들어갈 적절한 단어를 찾아 각각 빈칸에 쓰시오.**

> ① : 다른 것과 비교할 때 차지하는 중요도. **2문단**
>
> **예** 그녀는 외모보다 인성에 □□을 두고 애인을 사귄다.
>
> ② : 실제의 사정이나 정세. **3문단**
>
> **예** 우리나라 □□에 맞는 대체 에너지 개발이 필요하다.

**구 조 도 그 리 기**

**[1~3] 다음을 읽고 핵심 내용에 밑줄을 치고, 빈칸에 적절한 말을 채우시오. 또한 주어진 물음에 답하시오.**

근대적 의미의 고고학이 시작된 이래, 고고학자들은 수집과 발굴 조사를 거쳐 유물들을 분류하고, 유물들 사이의 시공간적 관계와 그 변화 과정을 추정하여, 이를 과거 인간의 행위와 관련지어 해석하려 했다. 고고학자들의 조사 과정: (1) 수집과 발굴을 거쳐 유물 _____ → (2) 유물들 간의 관계와 _____ 추정 → (3) 과거 _____와 관련지어 해석 이때 ('이때' 바로 뒤에 이어지는 내용은 중요한 경우가 많아. 집중하자.) 유물 분류를 바라보는 시각은 크게 보아 '유형론'과 '개체군론'으로 나눌 수 있다. (유물 분류를 바라보는 _____의 시각을 먼저 제시한 다음, _____의 시각을 설명하는 방식으로 글이 전개되겠군! 구분되는 두 개념을 제시했으니 공통점, 차이점을 파악하며 읽어야겠어.)

초기 고고학 연구를 주도하며 기본적인 분류 체계를 세운 이들은 유형론자들이다. 이들은 분류를 위해 먼저 유물이 가지고 있는 인지 가능한 형태적 특질을 검토하여 그룹을 짓는다. '형식'이라는 용어로 개념화되는 본질적이고 형태적인 특징, 혹은 중심적 경향을 찾으면 이(_____)를 바탕으로 하나의 '유형'이 만들어진다. 이 작업은 특정한 하나의 형식을 공통적으로 가진 여러 유물 가운데, 원형이 되는 유물을 확인하고 이 유물을 이상적인 기준으로 삼아 다른 유물들과 비교하는 과정을 거쳐 이루어진다. 유물의 _____적 특질 검토 → _____(본질적 특징, 중심적 경향)을 찾아 _____을 만듦 각각의 유형 안에는 개별 유물 간의 차이, 즉 '변이'가 있기 마련이지만 그것(_____)이 새 유형을 설정할 수 있을 정도로 본질적이라고 판단되지 않는 한, 유형론자들은 그것을 편차 정도로만 인식하여 설명할 가치가 없다고 본다. 그러므로 이들은 유물의 모든 ('모든, 항상, 언제나'와 같은 단어는 눈여겨보자! 예외가 (있다/없다)는 뜻이니까.) 변화를 한 유형에서 다른 유형으로 바뀌는 '변환'이라고 인식한다. 유물의 변화는 _____으로 인식(본질적이지 않은 _____는 편차로 인식) 이러한 관점은 유형의 구분, 유형 사이의 경계 설정 및 순서 지음을 통해 시간적 연쇄나 뚜렷한 문화적·공간적 경계를 가진 집단을 구별할 수 있는 근거를 마련하는 데 결정적으로 기여하였다. 유형론의 의의: 시간적 연쇄나 문화적·공간적 _____ 가진 집단 구별할 수 있는 근거 마련 그렇지만 (유형론이 기여한 점을 설명했으니, 이어서 유형론의 _____을 제시하겠지?) 실제 관찰되는 개별 유물의 형태 변화는 연속적인 경우가 많다. 또한 유형론자들은 유형의 변화를 단속적이라고 파악하여 자체적이고 내부적인 진화의 과정에 대한 고려를 배제한 채, 외부로부터의 유입이나 새로운 발명 등의 요인으로만 설명하려고 하였다. 더구나 유형론적 접근 방식을 취할 경우 발굴 조사된 유물들 사이의 상사성과 상이성만을 단순 비교할 수밖에 없다는 단점이 있었다. 유형론의 한계점: (1) 실제 유물의 형태 변화는 _____인 경우가 많음, (2) 자체적·내부적인 진화 과정 고려 (O/X), (3) 유물들 간 _____만 단순 비교

이러한 문제점들 때문에 고고학자들은 또 다른 시각에서 유물 분류를 시도하였다. 이것이 개체군론적 사고에 의한 방식이다. (유형론의 한계점들로 인해 대안으로 제시된 개체군론에서 _____를 바라보

는 시각이 설명되겠지?) 개체군론자들은 유물의 본질적 특징이란 실재하는 것이 아니며, 중심적인 경향 또한 경험적 관찰의 결과일 뿐이라고 주장한다. 이들은 특히 중심적인 경향은 유물의 수와 기준에 따라 언제든지 바뀔 수 있다고 본다. 따라서 이들은 유형이 유물 자체에 고유한 본질에 따라 존재하는 것이 아니라, 관찰을 통해 추론된 것이며 연구자가 자신의 연구 목적에 따라 고안한 도구일 뿐이라고 주장한다. 존재하는 것은 사물의 상태를 의미하는 현상과 변이뿐이라는 것이다. 개체군론자들에 따르면 특정한 유형 내에서 그 유형을 대표할 수 있는 형식의 유물, 즉 원형은 실재하지 않는다. 유형론에 대한 개체군론의 비판: (1) 본질적 특징 실재 (O/X), (2) 중심적 경향은 관찰의 결과일 뿐, _____에 따라 바뀔 수 있음, (3) _____은 관찰을 통해 추론된 것이며 연구자가 고안한 도구일 뿐, _____(유형을 대표하는 형식의 유물) 실재 X, (4) 존재하는 것은 _____뿐임 따라서 이들은 변이에 관심을 집중한다. 이 변이는 다양하게 나타나는데, 최초로 등장한 이후 점차적으로 많아지다가 서서히 소멸해간다. 그들은 이런 식으로 변화가 연속적으로 일어난다고 파악한다. 즉 변이의 빈도는 시공간에 따라 다르게 나타나며, 변화는 변이들이 시공간에 따라 얼마나 분포되어 있는지에 의해 결정된다고 보아 그러한 변이들의 빈도 변화와 특정 변이들의 차별적인 지속을 강조한다. 개체군론은 변이들의 _____와 특정 변이들의 _____을 강조: 변이는 최초 등장 이후 점차 많아지다가 서서히 소멸해가면서 _____으로 변화 개체군론자들은 이러한 변이의 빈도 변화와 차별적인 지속을 '유동성'과 '선택'이라는 개념으로 설명한다. 유동성은 하나의 유물군 내에서 예측 불가능한 변이들을 가진 유물들이 지속적으로 등장하면서 변이들의 빈도에서 무작위적 변화가 일어나게 되는 현상을 의미한다. 선택은 그러한 변이들 가운데 특정 환경에 잘 적응한 변이들이 그렇지 못한 변이들에 비해 양적으로 증가하는 것이다. 유동성: 변이들의 빈도에서 _____가 일어나는 현상 / 선택: 특정 환경에 잘 적응한 변이들이 _____하는 것

이러한 시각의 차이가 실제 조사 과정에서 어떻게 적용되는지 살펴보면 흥미로운 사실을 발견할 수 있다. 일반적으로 고고학자들은 새로운 유물들이 발견되었을 경우, 그 중 일부에 대한 직접적 관찰을 통해 형태적 특징을 파악하고 기존의 사례를 검토하여 유형의 배정이나 설정에 필요한 중요 속성들을 선별한다. 이를 바탕으로 모든 유물들이 그러한 중요 속성을 가지고 있는지를 다시 관찰하여 속성의 유무에 따라 분류하고 이에 따라 유형을 배정 또는 설정한다. 고고학자들의 일반적인 조사 과정: 일부 유물의 관찰 통해 _____ 파악 → 기존 사례를 검토해 유형의 배정·설정을 위한 _____ 선별 → 유물들을 재관찰해 중요 속성의 _____에 따라 분류하고 _____ 배정·설정 이때 유형이 둘 이상이라면, 확인된 복수의 유형들을 일단 시공간적으로 배열하여 그 의미의 해석을 시도한다. 여기서 만약 연구자가 대상 유물들의 시간적 선후 관계나 사용 집단의

차이를 확인하고 싶다면 유형의 설정과 배열에 주목한다. 반면에 각 유형 간의 변화 과정을 구체적으로 확인하고 싶다면, 이렇게 시공간 상에 배열된 유형 내 변이들에 주목하여 그 변이들의 빈도와 그 빈도들 사이의 상대적인 비율을 측정하고, 여러 변이들 가운데 어떤 변이들이 선택되어 지속적으로 사용되는지에 주목한다. 고고학자는 유물의 분류에 대한 입장의 차이에도 불구하고 이처럼 실제로는 자신들이 해결하고자 하는 문제에 따라 양자의 방식 중 어느 하나를 선택하거나 적절히 혼용하여 사용한다. 실제 조사 과정에서 고고학자들은 필요에 따라 유형론과 개체군론 중 하나를 선택 또는 혼용하여 사용: (1) 시간적 선후 관계나 사용 집단의 차이를 확인하고 싶은 경우 → _____의 설정과 배열에 주목((유형론적 사고/개체군론적 사고)), (2) 유형 간의 _____을 구체적으로 확인하고 싶은 경우 → 유형 내 _____들에 주목((유형론적 사고/개체군론적 사고))

## 1. 윗글의 내용과 부합하지 <u>않는</u> 것은?

① 유형론적 사고에서는 유형이 본질적이라고 생각한다.

② 유형론적 사고에서는 변화를 본질이 바뀌는 것으로 파악한다.

③ 유형론적 사고에서 편차는 유형을 설정할 때 중요시되지 않는다.

④ 개체군론적 사고는 실재하는 형식을 발견해 내고자 노력한다.

⑤ 개체군론적 사고에서 '선택'은 특정한 변이의 빈도수 증가를 의미한다.

## 2. 윗글을 바탕으로 〈보기〉에 대해 추론한 것으로 적절하지 <u>않은</u> 것은?

〈보기〉

특정 지역에서 발견된 토기들은 입구의 형태와 손잡이의 유무에 따라 A유형과 B유형으로 구분되고, A유형에서 B유형으로 변화했다는 것이 현재까지의 통설이다. A유형 토기는 각진 입구에 손잡이가 없고 바닥이 편평하며, B유형 토기는 둥근 입구에 두 개의 손잡이가 있고 바닥이 뾰족하다. 그런데 그 지역에서 각진 입구에 손잡이 한 개가 있고 바닥이 둥근 토기들이 새로 발견되고 있다.

① 어떤 유형론자는 새로 발견된 토기의 각진 입구에 주목하여 A유형 토기로 분류하거나 손잡이가 있는 것에 주목하여 B유형 토기로 분류할 것이다.

② 어떤 유형론자는 새로 발견된 토기의 바닥 형태에 주목하여 새로운 유형의 설정을 고려할 것이다.

③ 어떤 유형론자는 새로 발견된 토기의 특이성에 주목하여 외부에서 들어온 이주민들이 썼던 것이라고 추정할 것이다.

④ 어떤 개체군론자는 새로 발견된 토기를 A유형에서 B유형으로의 점진적인 변이를 보여주는 사례들로 판단할 것이다.

⑤ 어떤 개체군론자는 새로운 토기의 발견 빈도수가 충분히 많지 않다면 중요한 의미가 없다고 보아 새로운 토기를 A유형과 B유형 중 한쪽으로 분류할 것이다.

## 3. 윗글에서 ①과 ②에 들어갈 적절한 단어를 찾아 각각 빈칸에 쓰시오.

| ① | : 가려서 따로 나눔. **4문단** |

예 우리는 서류에 근거해서 합격자를 ☐☐하려고 합니다.

| ② | : 한데 섞어 쓰거나 어울려 씀. **4문단** |

예 나는 한글과 한자를 ☐☐하여 일기를 쓰고 있다.

## 구 조 도 그 리 기

**[4~6] 다음을 읽고 핵심 내용에 밑줄을 치고, 빈칸에 적절한 말을 채우시오. 또한 주어진 물음에 답하시오.**

시야란 시선을 한곳에 고정하고 한 번에 볼 수 있는 범위를 의미한다. 한쪽 눈의 시야는 시선을 중심으로 코 쪽으로 60°이고, 귀 쪽으로 100°이기 때문에 수평적으로 두 눈의 시야는 약 200°가 된다. 그러나(글의 초반부에서 흐름이 바뀌면 _____를 제시할 확률이 높아.) 물체가 두 눈의 시야에 있다고 해서 뚜렷하게 볼 수 있는 것은 아니다. 시선을 중심으로 오른쪽 눈과 왼쪽 눈의 시야가 겹치는 120° 범위 안에 있는 물체는 뚜렷하게 볼 수 있지만(이어서 물체가 _____에 있지만 뚜렷하게 보이지 않는 범위가 제시될 거야!) 두 눈의 시야가 겹치지 않는 양 귀 쪽 40° 범위 안에 있는 물체는 그렇지 않다. 두 눈의 시야가 겹치는 범위에 있는 물체: 뚜렷하게 보임 (O/X) / 두 눈의 시야가 겹치지 않는 범위에 있는 물체: 뚜렷하게 보임 (O/X)

사람의 경우 '보는 것'은 두 눈이 하나의 물체를 주시하는 것이다. 물체를 주시할 때 물체의 상은 각막과 동공을 거쳐 안쪽 막인 망막에 맺히는데, 주시란 두 눈의 시선을 물체 쪽으로 돌려 물체를 똑바로 응시하여 물체의 상이 동공의 중심을 통과해 망막의 황반에 맺히도록 하는 것이다. 이때 주시하는 시선이 주시선이 되고 응시하는 물체가 주시점이 된다. 망막에는 시세포들이 분포하고 있어 물체의 상을 볼 수 있는데 특히 망막의 황반에는 시세포들이 집중적으로 분포하고 있어 물체를 뚜렷하게 보려면 물체의 상이 두 눈의 황반에 맺혀야 한다. 우리가 움직이는 물체를 주시하거나 움직이면서도 물체를 주시할 수 있는 것은 눈 운동을 통해 물체의 상이 황반에 맺히게 하기 때문이다. 눈 운동은 눈알 바깥에 붙어 있는 4개의 곧은근과 2개의 빗근이 뇌 신경의 지배를 받아 눈알 전체를 상하·좌우로 움직이게 하거나 회전시키는 방식으로 이루어진다. 사람이 물체를 보는 원리를 순서대로 정리해 볼까? _____을 통해 두 눈의 시선(_____)을 물체(_____) 쪽으로 돌려 물체를 주시 → 물체의 상이 _____과 _____ 통과 → _____들이 집중적으로 분포해 있는 망막의 _____에 물체의 상이 맺힘

오른쪽 눈과 왼쪽 눈은 동공의 중심을 기준으로 6㎝ 정도 떨어져 있기 때문에 물체를 뚜렷하게 보기 위해서는 각 눈의 주시선(주시하는 _____)을 코 쪽으로 모으는 폭주 운동이 필수적이다. (1문단에 따르면 두 눈의 시야가 _____ 범위 안에 있는 물체만 뚜렷하게 볼 수 있으니까, _____을 통해 두 눈의 주시선을 모아야겠지!) 이때 폭주 운동의 양을 폭주량이라고 하고 폭주량은 미터각으로 나타낼 수 있다. 미터각은 주시하고 있는 물체까지의 거리에 대한 역수, $\dfrac{1}{\text{물체까지의 거리}}$ 로 표시한다. 그런데 사람마다 동공 간의 거리인 동공중심거리가 다르기 때문에 눈과 물체 사이의 거리가 같더라도 실제 폭주량은 다를 수 있다. 따라서(폭주량은 미터각으로 나타낼 수 있지만, _____에 개인차가 있기 때문에 실제 폭주량은 다를 수 있군. 이어서 _____을 구하는 방법을 설명하겠지?) 실제 폭주량을 알려면 미터각에 동공중심거리를 곱한 값인 프리즘디옵터를 구해야 한다. 프리즘디옵터 $= \dfrac{1}{\text{물체까지의 거리}} \times$ 동공중심거리 만약(예를

들어 실제 폭주량을 구하는 방법을 설명하려나 봐. 그렇다면 이를 활용해 간단한 계산을 요구하는 문제가 출제될 수 있으니 정확히 이해하고 넘어가자!) 동공중심거리가 6㎝인 사람이 1m 떨어져 있는 물체를 주시한다면 이때의 미터각은 $\dfrac{1}{1m}$ =1MA가 된다. 그리고 1MA에 동공중심거리인 6㎝를 곱하면 프리즘디옵터는 6△가 된다.

그런데 눈 운동에 이상이 생겨 주시선이 주시하려는 물체(_____)를 향하지 못하고 벗어나는 편위가 일어나면 물체가 두 개로 보이는 복시가 발생하여 두통이나 어지럼증 등을 일으킬 수 있다. (앞서 눈 운동을 통해 물체를 주시하여 상이 맺히는 과정을 설명했다면, '그런데'로 흐름을 전환해서 _____에 이상이 생긴 경우를 다루고 있어.) 눈 운동에 이상 발생 → _____ 발생 → _____ 발생 → 두통이나 어지럼증 발생 복시는 크게 생리적 복시와 사시성 복시로 나눌 수 있는데 생리적 복시는 피로감으로 인해 일시적으로 생기며, 사시성 복시는 뇌 신경의 이상으로 곧은근이나 빗근이 정상적으로 기능하지 못해 생긴다. 발생 원인에 따른 복시의 유형: (1) _____ 복시, (2) _____ 복시

주시선이 코 쪽으로 편위되어 나타나는 복시를 비교차성 복시라고 하고, 귀 쪽으로 편위되어 나타나는 복시를 교차성 복시라고 한다. _____되는 방향에 따른 복시의 유형: (1) _____ 복시, (2) _____ 복시 복시인 경우에는 물체의 상이 망막의 황반에 맺히지 않는다. (2문단에서 _____을 통해 물체의 상이 망막의 황반에 맺힌다고 했어. 따라서 눈 운동의 이상으로 인한 _____ 때문에 발생한 복시에서는 물체의 상이 _____에 맺히지 않겠지!) 예를 들어 오른쪽 눈이 비교차성 복시라면 주시선이 코 쪽으로 편위되기 때문에 물체의 상은 망막의 황반보다 코 쪽으로 치우쳐 맺힌다. 하지만 뇌에서는 오른쪽 눈이 편위되었다고 생각하지 않고 물체를 똑바로 보고 있다고 생각한다. 즉 주시선이 실제보다 귀 쪽으로 향해 있다고 여기기 때문에 물체가 실제의 위치보다 오른쪽에 있다고 느끼게 된다. 복시인 경우 실제로는 _____이 편위되어 물체의 상이 망막의 황반에 맺히지 않지만, _____는 주시선이 편위되었다고 생각하지 못해 물체의 _____를 정확하게 파악하지 못하는군.

생리적 복시는 일시적인 현상이기 때문에 편위가 발생한 눈을 가린 상태로 시간이 흐르면 자연적으로 치유될 수 있다. 반면 사시성 복시는 프리즘 렌즈를 사용하여 복시에 따른 증상을 완화할 수 있다. (5문단에서는 문제 상황이 제시되었다면, 6문단에서는 그 해결과 관련된 내용이 전개되고 있네!) 프리즘은 두 개 이상의 평면이 일정한 각을 이루고 있는 투명체로 빛의 진행 방향을 바꿀 수 있다. 프리즘의 평면이 교차하는 점을 꼭지, 교차각을 꼭지각, 꼭지의 반대쪽을 기저라고 하는데, ((사전 정보/방향 정보/핵심 정보/부록 정보)를 나열하고 있네. 뒤에서 나열된 개념들을 연결하여 핵심 정보인 _____를 사용하여 사시성 복시의 증상을 완화하는 방법을 설명하겠지!) 프리즘을 통과한 빛은 스넬의 법칙을 따라 기저 방향으로 꺾인다. 스넬의 법칙에 따르면 굴절률이 n인 소재의 직각 프리즘이 공기 중에 있다고 가정할 때 굴절

률(n)에서 1을 뺀 값에 꼭지각(α)을 곱하면 빛의 꺾임각(δ)을 알 수 있다. 빛의 꺾임각(δ)= (_____ - 1) × _____(α) 〈그림〉과 같이 직각 프리즘을 통과하여 꺾인 빛이 1m 떨어진 평면에서 점선으로 표시된 연장선에서 수직으로 1㎝ 간격에 있을 때의 꺾임각을 1△라 한다. 만일 오른쪽 눈의 주시선이 귀 쪽으로 편위(_____ 복시)되어 폭주량이 작다면 빛이 프리즘 렌즈를 통과할 때 코 쪽으로 굴절되게 하여 차이 나는 폭주량만큼 꺾임각을 형성하여 주시선을 바꿀 수 있다. 주시선이 편위되어 차이 나는 _____만큼 프리즘 렌즈를 사용해 빛을 _____시켜 주시선을 바꿈으로써 사시성 복시의 증상을 완화할 수 있군. (그림이 제시되었으니 이에 대해 설명한 내용을 적용하여 풀어야 하는 문제가 출제되겠네!)

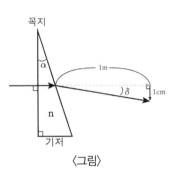

꼭지

α

1m

δ

1cm

n

기저

〈그림〉

**5. 윗글을 바탕으로 〈보기〉를 이해한 내용으로 적절하지 않은 것은?**

〈보기〉

★ 3.2cm

황반

○○는 오른쪽 눈에 사시성 복시가 있다. 검사 결과 동공중심거리는 6.4㎝이고, 1m 떨어져 있는 물체를 바라보는 주시선이 정상일 때보다 귀 쪽으로 3.2㎝ 편위되어 있다. 직각 프리즘 렌즈를 사용하여 주시선을 교정하려 한다.

① 굴절률이 4.2인 직각 프리즘 렌즈를 사용하여 정상적으로 교정이 되었다면 직각 프리즘 렌즈의 꼭지각은 1△이겠군.

② 주시선의 교정을 위해 사용하는 직각 프리즘 렌즈를 굴절률이 큰 소재로 만들수록 꼭지각을 작게 할 수 있겠군.

③ 꺾임각이 3.2△인 직각 프리즘 렌즈를 사용한다면 1m 떨어져 있는 물체의 상이 오른쪽 눈의 황반에 맺히겠군.

④ 직각 프리즘 렌즈를 통해 주시선을 정상적으로 교정하면 폭주량은 6.4△보다 커지겠군.

⑤ 곧은근이나 빗근이 정상적으로 기능하지 못하는 교차성 복시라고 할 수 있겠군.

**4. 윗글의 내용과 일치하지 않는 것은?**

① 주시하고 있는 물체까지의 거리가 멀어지면 미터각은 커진다.

② 곧은근과 빗근은 뇌 신경에 의해 움직임이 통제된다.

③ 생리적 복시는 피로가 회복되면 치유될 수 있다.

④ 프리즘은 빛의 진행 방향을 바꿀 수 있다.

⑤ 두 눈의 시야가 겹치는 범위는 120°이다.

**6. 윗글에서 ①과 ②에 들어갈 적절한 단어를 찾아 각각 빈칸에 쓰시오.**

[ ① ] : 짧은 한때의 것. [4문단]

[예] 아내는 [  ][  ][  ]인 기분에 좌우되지 않는 신중한 사람이다.

[ ② ] : 치료하여 병을 낫게 함. [6문단]

[예] 현재의 의술로는 이 병을 [  ][  ]하기 어렵다.

**구 조 도  그 리 기**

[1~3] 다음을 읽고 핵심 내용에 밑줄을 치고, 빈칸에 적절한 말을 채우시오. 또한 주어진 물음에 답하시오.

과거에 일어난 금융위기에 대해 많은 연구가 진행되었어도 그 원인에 대해 의견이 모아지지 않는 경우가 대부분이다. 이것은 금융위기가 여러 차원의 현상이 복잡하게 얽혀 발생하는 문제이기 때문이기도 하지만, 사람들의 행동이나 금융 시스템의 작동 방식을 이해하는 시각이 다양하기 때문이기도 하다. 금융위기의 원인에 대한 의견이 모아지지 않는 _____ 은행위기를 중심으로 금융위기에 관한 주요 시각을 다음과 같은 네 가지로 분류할 수 있다. (이 글에서는 은행위기를 중심으로 하여 _____에 관한 네 가지 시각을 설명하겠네. 각 시각의 공통점과 차이점에 주목하며 읽어 보자.) 이들이 서로 배타적인 것은 아니지만 주로 어떤 시각에 기초해서 금융위기를 이해하는가에 따라 그 (_____) 원인과 대책에 대한 의견이 달라진다고 할 수 있다.

우선, (첫 번째 시각부터 설명하겠군.) 은행의 지불능력이 취약하다고 많은 예금주들이 예상하게 되면 실제로 은행의 지불능력이 취약해지는 현상, 즉 ㉠'자기 실현적 예상'이라 불리는 현상을 강조하는 시각이 있다. 예금주들이 예금을 인출하려는 요구에 대응하기 위해 은행이 예금의 일부만을 지급준비금으로 보유하는 부분준비제도는 현대 은행 시스템의 본질적 측면이다. 이 제도 (_____)에서는 은행의 지불능력이 변화하지 않더라도 예금주들의 예상이 바뀌면 예금 인출이 쇄도하는 사태가 일어날 수 있다. 예금은 만기가 없고 선착순으로 지급하는 독특한 성격의 채무이기 때문에, 지불능력이 취약해져서 은행이 예금을 지급하지 못할 것이라고 예상하게 된 사람이라면 남보다 먼저 예금을 인출하는 것이 합리적이기 때문이다. 이처럼 예금 인출이 쇄도하는 상황에서 예금 인출 요구를 충족시키려면 은행들은 현금 보유량을 늘려야 한다. 이(_____)를 위해 은행들이 앞다투어 채권이나 주식, 부동산과 같은 자산을 매각하려고 하면 자산 가격이 하락하게 되므로 은행들의 지불능력이 실제로 낮아진다. 금융위기에 관한 시각 (1) 자기 실현적 예상을 강조하는 시각: 예금주들이 은행의 _____이 취약해졌다고 예상 → _____ 요구 쇄도 → 은행은 요구 충족 위해 _____해 현금 보유량을 늘리려 함 → _____으로 은행의 지불능력이 실제로 낮아짐

둘째, ㉡은행의 과도한 위험 추구를 강조하는 시각이 있다. 주식회사에서 주주들은 회사의 모든 부채를 상환하고 남은 자산의 가치에 대한 청구권을 갖는 존재이고 통상적으로 유한책임을 진다. 따라서 회사의 자산 가치가 부채액보다 더 커질수록 주주에게 돌아올 이익도 커지지만, 회사가 파산할 경우에 주주의 손실은 그 회사의 주식에 투자한 금액으로 제한된다. 이러한 ⓐ비대칭적인 이익 구조로 인해 수익에 대해서는 민감하지만 ('자산 가치 > 부채액'일수록 주주에게 돌아올 _____도 커지니까. 위험에 대해서는 둔감하게 된 파산하더라도 _____에는 제한이 있으니까.) 주주들은 고위험 고수익 사업을 선호하게 된다. 결과적으로 주주들이 더 높은 수익을 얻기 위해 감수해야 하는 위험을 채권자에게 전가하는 것

인데, 자기자본비율이 낮을수록 이러한 동기는 더욱 강해진다. 은행과 같은 금융 중개 기관들은 대부분 부채 비율이 매우 높은(자기자본비율이 (높은/낮은)) 주식회사 형태를 띤다. 금융위기에 관한 시각 (2) 은행의 과도한 _____를 강조하는 시각: 주식회사인 은행의 _____인 이익 구조 → _____이 고위험 고수익 사업을 선호하며 위험을 _____에게 전가

셋째, ㉢은행가의 은행 약탈을 강조하는 시각이 있다. 전통적인 경제 이론에서는 은행의 부실을 과도한 위험 추구의 결과로 이해해왔다. 하지만 최근에는(_____과는 다른 최근의 시각이 제시되겠지?) 은행가들에 의한 은행 약탈의 결과로 은행이 부실해진다는 인식도 강해지고 있다. 과도한 위험 추구는 은행의 수익률을 높이려는 목적으로 은행의 재무 상태를 악화시킬 위험이 큰 행위를 은행가가 선택하는 것이다. 이에 비해(과도한 위험 추구와 은행 약탈의 _____을 중심으로 내용이 전개될 거야.) 은행 약탈은 은행가가 자신에게 돌아올 이익을 추구하여 은행에 손실을 초래하는 행위를 선택하는 것이다. 은행 부실: (전통적인 경제 이론) 은행가가 은행의 _____을 높이려는 목적으로 위험이 큰 행위를 선택한 결과 ↔ 은행 약탈: 은행가가 _____하여 은행에 손실을 초래하는 행위를 선택한 결과 예를 들어 은행가들이 자신이 지배하는 은행으로부터 남보다 유리한 조건으로 대출을 받는다거나, 장기적으로 은행에 손실을 초래할 것을 알면서도 자신의 성과급을 높이기 위해 단기적인 성과만을 추구하는 행위 등은, 지배 주주나 고위 경영자의 지위를 가진 은행가가 은행에 대한 지배력을 사적인 이익을 위해 사용한다는 의미에서 약탈이라고 할 수 있다. 금융위기에 관한 시각 (3) 은행가의 은행 약탈을 강조하는 시각: 은행가가 은행에 대한 지배력을 _____을 위해 사용 → 은행에 _____ 초래(은행의 _____ 악화)

넷째, ㉣이상 과열을 강조하는 시각이 있다. 위의 세 가지 시각과 달리 이 시각은 경제 주체의 행동이 항상 합리적으로 이루어지는 것은 아니라는 관찰에 기초하고 있다. ('달리'에 주목하면 금융위기에 관한 시각 (1)~(3)에서는 경제 주체의 행동이 _____고 보는구나.) 예컨대 많은 사람들이 자산 가격이 일정 기간 상승하면 앞으로도 계속 상승할 것이라 예상하고, 일정 기간 하락하면 앞으로도 계속 하락할 것이라 예상하는 경향을 보인다. 이 경우 자산 가격 상승은 부채의 증가를 낳고 이는 다시 자산 가격의 더 큰 상승을 낳는다. 이러한 상승작용으로 인해 거품이 커지는 과정은 경제 주체들의 부채가 과도하게 늘어나 금융 시스템을 취약하게 만들게 되므로, 거품이 터져 금융 시스템이 붕괴하고 금융위기가 일어날 현실적 조건을 강화시킨다. 금융위기에 관한 시각 (4) 이상 과열을 강조하는 시각: 자산 가격이 일정 기간 _____ → 앞으로도 자산 가격이 계속 상승할 것이라 예상하여 _____ 증가 → 자산 가격의 더 큰 상승으로 거품이 커짐 → _____하게 만들어 금융 시스템 붕괴 및 금융위기가 일어날 현실적 조건 강화

## 1. ㉠~㉣에 대한 설명으로 적절하지 <u>않은</u> 것은?

① ㉠은 은행 시스템의 제도적 취약성을 바탕으로 나타나는 예금주들의 행동에 주목하여 금융위기를 설명한다.

② ㉡은 경영자들이 예금주들의 이익보다 주주들의 이익을 우선한다는 전제 하에 금융위기를 설명한다.

③ ㉢은 은행의 일부 구성원들의 이익 추구가 은행을 부실하게 만들 가능성에 기초하여 금융위기를 이해한다.

④ ㉣은 경제 주체의 행동에 대한 귀납적 접근에 기초하여 금융위기를 이해한다.

⑤ ㉠과 ㉣은 모두 경제 주체들의 예상이 그대로 실현된 결과가 금융위기라고 본다.

## 2. ⓐ와 관련한 설명으로 적절하지 <u>않은</u> 것은?

① 파산한 회사의 자산 가치가 부채액에 못 미칠 경우에 주주들이 져야 할 책임은 한정되어 있다.

② 회사의 자산 가치에서 부채액을 뺀 값이 0보다 클 경우에, 그 값은 원칙적으로 주주의 몫이 된다.

③ 회사가 자산을 다 팔아도 부채를 다 갚지 못할 경우에, 얼마나 많이 못 갚는지는 주주들의 이해와 무관하다.

④ 주주들이 선호하는 고위험 고수익 사업은 성공한다면 회사가 큰 수익을 얻지만, 실패한다면 회사가 큰 손실을 입을 가능성이 높다.

⑤ 주주들이 고위험 고수익 사업을 선호하는 것은, 이런 사업이 회사의 자산 가치와 부채액 사이의 차이가 줄어들 가능성을 높이기 때문이다.

## 3. 윗글에서 ①과 ②에 들어갈 적절한 단어를 찾아 각각 빈칸에 쓰시오.

> ┌─────┐
> │  ①  │ : 전화, 주문 따위가 한꺼번에 세차게 몰려듦. **2문단**
> └─────┘
> **예** 영화의 주연 배우들에게 인터뷰 요청이 ☐☐하고 있다.
>
> ┌─────┐
> │  ②  │ : 물건을 팔아 버림. **2문단**
> └─────┘
> **예** 최 사장은 공장 부지 ☐☐ 계획을 밝혔다.

| | 구 조 도  그 리 기 |

**[4~6] 다음을 읽고 핵심 내용에 밑줄을 치고, 빈칸에 적절한 말을 채우시오. 또한 주어진 물음에 답하시오.**

인간의 신경 조직을 수학적으로 모델링하여 컴퓨터가 인간처럼 기억·학습·판단할 수 있도록 구현한 것이 인공 신경망 기술이다. 신경 조직의 기본 단위는 뉴런인데, 인공 신경망에서는 뉴런의 기능을 수학적으로 모델링한 퍼셉트론을 기본 단위로 사용한다. 인공 신경망 기술의 개념과 그 기본 단위인 _____

퍼셉트론은 입력값들을 받아들이는 여러 개의 입력 단자와 이 값(_____)을 처리하는 부분, 처리된 값을 내보내는 한 개의 출력 단자로 구성되어 있다. 퍼셉트론의 구성: 여러 개의 _____ 단자, 입력값을 처리하는 부분, 한 개의 _____ 단자 퍼셉트론은 각각의 입력 단자에 할당된 가중치를 입력값에 곱한 값들을 모두 합하여(입력 단자는 (한 개/여러 개)이고, 각각의 입력 단자마다 _____가 할당되어 있어. 반면 출력 단자는 (한 개/여러 개)이지. '여러 개', '한 개', '각각', '모두'처럼 하나인지 여러 개인지, 전체인지 일부인지, 고정된 값인지 변화하는 값인지 등을 의미하는 표현도 놓치지 말고 꼼꼼하게 읽자! 사소해 보이는 표현이지만 선지의 정오를 판정할 때 의외로 중요한 부분이거든.) 가중합을 구한 후, 고정된 임계치보다 가중합이 작으면 0, 그렇지 않으면 1과 같은 방식으로 출력값을 내보낸다. (구성 요소를 제시한 다음, 이를 활용해 그 원리를 설명하는 것은 기술 지문의 흔한 전개 방식이야!) 퍼셉트론의 작동 과정을 정리해 볼까?

| (1) _____ 구하기 | (각각의 입력 단자에 할당된 가중치 × _____)을 모두 합한 값 |
|---|---|
| (2) 출력값 내보내기 | · 가중합 < 임계치 → (0/1) <br> · 가중합 ≥ 임계치 → (0/1) |

이러한 퍼셉트론은 출력값에 따라 두 가지(__ 또는 __)로만 구분하여 입력값들을 판정할 수 있을 뿐이다. 이에 비해 복잡한 판정을 할 수 있는 인공 신경망은(입력값들을 두 가지로만 판정 가능한 _____과 복잡한 판정이 가능한 _____을 비교하고 있어.) 다수의 퍼셉트론을 여러 계층으로 배열하여 한 계층에서 출력된 신호가 다음 계층에 있는 모든 퍼셉트론의 입력 단자에 입력값으로 입력되는 구조로 이루어진다. 인공 신경망의 구조: _____의 퍼셉트론을 _____ 계층으로 배열, 한 계층의 출력 신호 → 다음 계층의 _____으로 입력 이러한 인공 신경망에서 가장 처음에 입력값을 받아들이는 퍼셉트론들을 입력층, 가장 마지막에 있는 퍼셉트론들을 출력층이라고 한다. _____ 퍼셉트론들이 입력값을 받아들여 _____을 구한 후 출력된 신호를 내보내면, 이것이 다음 계층의 퍼셉트론들의 _____이 되는 과정이 출력층에 이르기까지 반복되는 거네!

어떤 사진 속 물체의 색깔과 형태로부터 그 물체가 사과인지 아닌지를 구별할 수 있도록 인공 신경망을 학습시키는 경우를 생각해 보자. 먼저(인공 신경망을 학습시키는 과정을 설명할 거야.) 학습을 위한 입력값들 즉 학습 데이터를 만들어야 한다. 학습 데이터를 만들기 위해서는 사과 사진을 준비하고 사진에 나타난 특징인 색깔과 형태를 수치화해야 한다. 이 경우 색깔과 형태라는 두 범주를 수치화하여 하나의 학습 데이터로 묶은 다음, '정답'에 해당하는 값

과 함께 학습 데이터를 인공 신경망에 제공한다. 범주들을 수치화하여 하나의 _____로 만듦 → _____과 학습 데이터를 인공 신경망에 제공 이때 같은 범주에 속하는 입력값은 동일한 입력 단자를 통해 들어가도록 해야 한다. 그리고 사과 사진에 대한 학습 데이터를 만들 때에 정답인 '사과이다'에 해당하는 값을 '1'로 설정하였다면 출력값 '0'은 '사과가 아니다'를 의미하게 된다.

인공 신경망의 작동은 크게 학습 단계와 판정 단계로 나뉜다. 학습 단계는(4문단에서 학습 데이터를 만들어 인공 신경망에 제공하는 과정을 설명했다면, 이제 학습 단계와 판정 단계를 본격적으로 설명하려나 봐.) 학습 데이터를 입력층의 입력 단자에 넣어 주고 출력층의 출력값을 구한 후, 이 출력값과 정답에 해당하는 값의 차이가 줄어들도록 가중치를 갱신하는 과정이다. 어떤 학습 데이터가 주어지면 이때의 출력값을 구하고 학습 데이터와 함께 제공된 정답에 해당하는 값에서 출력값을 뺀 값 즉 오차 값을 구한다. 인공 신경망의 작동 (1) 학습 단계: 입력층의 _____에 학습 데이터 입력 → 출력층의 _____ 구함 → _____(정답에 해당하는 값 ──── 출력값)이 줄어들도록 가중치 갱신 이 오차 값의 일부가 출력층의 출력 단자에서 입력층의 입력 단자 방향으로 되돌아가면서 각 계층의 퍼셉트론별로 출력 신호를 만드는 데 관여한 모든 가중치들에 더해지는 방식으로 가중치들이 갱신된다. 가중치 갱신 과정: _____가 출력층 → 입력층 방향으로 되돌아가 각 계층마다 출력 신호 생성에 관여한 _____에 더해짐 이러한 과정을 다양한 학습 데이터에 대하여 반복하면 출력값들이 각각의 정답 값에 수렴하게 되고 판정 성능이 좋아진다. 오차 값이 0에 근접하게 되거나 가중치의 갱신이 더 이상 이루어지지 않게 되면 학습 단계를 마치고 판정 단계로 전환한다. _____0에 근접 or _____ 갱신 X → 인공 신경망의 작동 (2) _____ 단계로 전환 이때 판정의 오류를 줄이기 위해서는 학습 단계에서 대상들의 변별적 특징이 잘 반영되어 있는 서로 다른 학습 데이터를 사용하는 것이 좋다. 변별적 특성이 잘 반영된 학습 데이터 사용 → 판정 오류(↑/↓)

## 4. 윗글에 대한 이해로 적절하지 <u>않은</u> 것은?

① 퍼셉트론의 출력 단자는 하나이다.

② 출력층의 출력값이 정답에 해당하는 값과 같으면 오차 값은 0이다.

③ 입력층 퍼셉트론에서 출력된 신호는 다음 계층 퍼셉트론의 입력값이 된다.

④ 퍼셉트론은 인간의 신경 조직의 기본 단위의 기능을 수학적으로 모델링한 것이다.

⑤ 가중치의 갱신은 입력층의 입력 단자에서 출력층의 출력 단자 방향으로 진행된다.

## 5. 윗글을 바탕으로 〈보기〉를 이해한 내용으로 가장 적절한 것은?

〈보기〉

아래의 [A]와 같은 하나의 퍼셉트론을 [B]를 이용해 학습시키고자 한다.

[A]
· 입력 단자는 세 개(a, b, c)
· a, b, c의 현재의 가중치는 각각 $W_a = 0.5$, $W_b = 0.5$, $W_c = 0.1$
· 가중합이 임계치 1보다 작으면 0을, 그렇지 않으면 1을 출력

[B]
· a, b, c로 입력되는 학습 데이터는 각각 $I_a = 1$, $I_b = 0$, $I_c = 1$
· 학습 데이터와 함께 제공되는 정답 = 1

① [B]로 학습시키기 위해서는 판정 단계를 먼저 거쳐야 하겠군.

② 이 퍼셉트론이 1을 출력한다면, 가중합이 1보다 작았기 때문이겠군.

③ [B]로 한 번 학습시키고 나면 가중치 $W_a$, $W_b$, $W_c$가 모두 늘어나 있겠군.

④ [B]로 여러 차례 반복해서 학습시키면 퍼셉트론의 출력값은 0에 수렴하겠군.

⑤ [B]의 학습 데이터를 한 번 입력했을 때 그에 대한 퍼셉트론의 출력값은 1이 겠군.

## 6. 윗글에서 ⓐ과 ⓑ에 들어갈 적절한 단어를 찾아 각각 빈칸에 쓰시오.

ⓐ : 어떤 내용이 구체적인 사실로 나타나게 함. **1문단**
예 법은 정의를 □□하는 데 그 목적을 두고 있다.

ⓑ : 몫을 갈라 나눔. **2문단**
예 본사에서는 각 대리점에 판매량을 □□했다.

**구 조 도 그 리 기**

**[1~3] 다음을 읽고 핵심 내용에 밑줄을 치고, 빈칸에 적절한 말을 채우시오. 또한 주어진 물음에 답하시오.**

인공호흡기가 1대밖에 없는 병원에 동등하게 살아남을 기회를 가진 2명의 환자가 동시에 실려 왔다. 한 사람은 출산을 앞둔 여성이고 다른 한 사람은 그녀의 남편이다. 치료 의무가 있는 담당 의사는 인공호흡기가 1대밖에 없기 때문에 그중 한 사람은 치료할 수 없었다. 이렇게 복수의 의무가 서로 충돌하여 행위자가 하나의 의무만을 이행할 수밖에 없는 긴급 상황에서, 하나의 의무를 이행하면 다른 의무를 이행할 수 없는 상호 관계에 있는 경우를 의무 충돌이라 한다. 의무 충돌: 하나의 의무만을 이행할 수밖에 없는 상황에서 하나의 의무를 이행하면 ＿＿＿＿＿＿＿＿＿할 수 없는 경우 의무 충돌 상황에서 의무는 법적 의무이어야 하며, 행위자는 의무 충돌 상황을 야기한 책임이 없어야 의무 충돌이 성립한다. 의무 충돌의 성립 조건: ① ＿＿＿＿＿＿＿이어야 함, ② 행위자는 의무 충돌 상황 야기의 ＿＿＿＿＿＿이 없어야 함 의무는 특정 행위를 해야 할 작위 의무와 하지 말아야 할 부작위 의무로 **구분**된다. (구분되는 개념들의 차이점을 파악하며 읽되, 이 둘은 모두 ＿＿＿＿＿라는 사실도 기억해야 해.) 작위란 행위자가 신체적 힘을 이용해 자연적으로 벌어지는 일들에 변경을 가한 경우를 말하며, 부작위는 변경시킬 수 있지만 아무런 신체적 힘을 투입하지 않고 사건이 벌어질 것을 방치한 것을 말한다. 작위: 자연적인 일에 ＿＿＿＿을 가한 것 vs. 부작위: 사건이 벌어질 것을 ＿＿＿＿한 것 가령 위의 응급 상황에서 담당 의사가 환자에게 인공호흡기를 연결하지 않는 부작위가 일어났다면 의사는 생명을 보호해야 하는 작위 의무를 위반한 것이다. ('작위', '부작위', '작위 의무', '부작위 의무' 등의 개념이 나열됐으니, 뒤에서 이를 활용해 핵심 정보를 설명하겠지? 형태가 비슷해 대충 읽으면 헷갈리기 쉬우니, 단어를 정확히 확인하며 이어지는 내용을 읽도록 하자!)

의무가 서로 충돌할 수 있는 상황은 부작위 의무 대 부작위 의무, 작위 의무 대 부작위 의무, 작위 의무 대 작위 의무의 충돌 형식을 띨 수 있다. 그러나 위의 세 가지 충돌 형식들이 모두 의무 충돌로 성립되는 것은 아니다. 대다수 형법학자들은 부작위 의무 간의 충돌은 의무 충돌에 해당되지 않는다고 본다. 의무가 충돌하는 상황 (1) ＿＿＿＿＿＿ ↔ 부작위 의무: 의무 충돌 X (1문단에서 부작위 의무는 특정 행위를 ＿＿＿＿＿＿ 의무라고 했어. 그렇다면 부작위 의무 간의 충돌이 발생하는 경우 행위자가 두 부작위 의무를 동시에 이행하는 것이 가능하겠지? 따라서 이는 의무 충돌에 해당되지 않는다고 볼 수 있어!) 한편, 작위 의무 대 부작위 의무의 충돌은 견해에 따라 의무 충돌이 아니라 긴급 피난으로 보는 견해들도 있다. 의무가 충돌하는 상황 (2) ＿＿＿＿ 의무 ↔ ＿＿＿＿＿ 의무: 긴급 피난으로 보기도 함 **긴급 피난**이란(긴급 피난의 개념을 설명하려나 봐. 그렇다면 이를 사전 정보로 삼아 작위 의무 대 부작위 의무의 충돌을 ＿＿＿＿＿＿＿＿으로 보는 견해에 대해 구체적으로 설명하겠지?) 자기 또는 타인의 법익에 대한 현재의 위난을 피하기 위한 상당한 이유가 있는 행위이다. 이때 법익이란 법이 보호하는 이익이고, 위난이란 법익에 대한 위험 있는 상태를 말한다. 운전 중 갑자기 나타난 보행자를 피하려 했는데, 좌측은 낭떠러지였기 때문에 급히 핸들을 우측으로 꺾어 건물 일부를 파손하는 행위는 긴급 피난으

로 볼 수 있다. 긴급 피난으로 인정되면 벌하지 않는다. 긴급 피난: ＿＿＿＿＿에 대한 ＿＿＿＿＿을 피하기 위한 상당한 이유가 있는 행위, 처벌 (O/X) 이를 의무 개념으로 설명하자면 타인의 생명을 보호해야 한다는 작위 의무와 타인의 재산을 파괴하면 안 된다는 부작위 의무의 충돌 상황에서 핸들을 꺾는 작위에 의해 부작위 의무를 위반한 것으로 이해할 수 있다. 따라서 작위 의무 대 부작위 의무의 충돌은 긴급 피난과 본질적으로 동일하므로 의무 충돌에서 제외되어야 한다는 견해가 제기되는 것이다. (작위/부작위) 의무(타인의 생명을 보호해야 함) 대 (작위/부작위) 의무(타인의 재산을 파괴하면 안 됨)의 충돌 상황에서 (작위/부작위) (핸들을 꺾음)에 의해 부작위 의무를 위반한 것 = 핸들을 꺾어((작위/부작위) 건물을 파손한 행위는 타인의 ＿＿＿＿(생명)에 대한 현재의 위난을 피하기 위한 긴급 피난이므로 ＿＿＿＿＿＿이 아님

의무 충돌과 긴급 피난은 모두 긴급 상황에서 한쪽의 법익을 보전하기 위해 다른 한쪽의 법익을 침해하지 않을 수 없다는 점에서 유사점이 있기 때문에 의무 충돌 자체가 긴급 피난과 구별되지 않는다고 보는 견해가 있다. 의무 충돌과 긴급 피난의 유사점: 긴급 상황에서 한쪽의 법익을 보전하기 위해 ＿＿＿＿＿＿＿＿＿하게 됨 **그러나**(의무 충돌과 긴급 피난은 ＿＿＿＿된다는 얘기를 하겠지?) 의무 충돌과 긴급 피난은 의무의 범위를 작위 의무로 한정하면 그 차이점이 분명해진다. 긴급 피난은 위난을 제3자에게 전가하지 않고 자기 스스로 위난을 감수함으로써 법익 충돌을 해결할 가능성이 있는 것에 반해, 의무 충돌은 그와 같은 가능성이 없다. 즉 앞선 사례에서 운전자는 핸들을 우측으로 꺾지 않고 좌측으로 꺾어 자신의 법익을 희생함으로써 법익 충돌을 해결할 가능성이 있다. 반면, 앞서 언급한 담당 의사에게는 그와 같은 가능성이 없다. 의무 충돌과 긴급 피난의 차이점 ①: 자기 스스로 위난을 감수하여 법익 충돌을 해결할 가능성 · 긴급 피난 (O/X), 의무 충돌 (O/X) **또한**(의무 충돌과 긴급 피난의 또 다른 차이점을 제시하겠네.) 행위자가 적극적인 어떤 활동을 하는 작위에 의해 법익 침해가 이루어지는 긴급 피난과 달리, 의무 충돌은 행위자가 사건이 벌어질 것을 방치하는 부작위에 의해 법익 침해가 이루어진다. 의무 충돌과 긴급 피난의 차이점 ②: ＿＿＿＿＿＿은 작위, ＿＿＿＿＿＿은 부작위에 의해 법익 침해 발생 그러므로 의무 충돌은 대개의 경우 작위 의무 간의 충돌을 뜻한다. (2문단에서 의무가 서로 충돌할 수 있는 세 가지 상황을 제시했어. 그중 (1) 부작위 의무 간의 충돌은 ＿＿＿＿＿＿＿에 해당되지 않는다는 점을 간단히 언급했고, (2) ＿＿＿＿＿＿＿＿＿의 충돌을 긴급 피난으로 보는 견해에 대해서는 자세히 설명해줬어. 이제 (3) 작위 의무 대 작위 의무의 충돌을 본격적으로 설명하려나 봐.)

의무 충돌을 작위 의무 간의 충돌로 한정한다면 두 경우를 생각해 볼 수 있다. 충돌하는 의무 사이에 가치의 경중이 있는 경우와 서로 동등한 가치가 충돌하는 경우가 바로 그것이다. 전자의 경우 가치가 낮은 의무를 희생하고 가치가 높은 의무를 이행하는 행위는 위법하지 않다고 보는 것이 형법학의 일반적 견해이다. 왜냐하면 복수의 의무 중 가치가 높은 의무를 이행하는 것이 법

질서에 합치된다고 보기 때문이다. <sub>가치의 경중이 있는 ＿＿＿＿＿＿</sub>
<sub>간의 충돌: 가치가 높은 의무를 이행하는 행위는 ＿＿＿ 하지 않음</sub> **그런데**<sub>(이제 두 의</sub>
<sub>무의 가치가 ＿＿＿한 작위 의무 간의 충돌을 다루겠지?)</sub> 서로 동등한 가치의
의무가 충돌할 때에는 부작위에 의한 법익 침해에 대해 위법하지
않다고 보는 견해와 위법성은 성립하지만 그 책임을 면할 수 있
다는 견해로 나눌 수 있다. <sub>(가치가 동등한 ＿＿＿＿＿＿ 간의 충돌에 대</sub>
<sub>한 견해는 다시 두 가지로 나눌 수 있군.)</sub>

위법하지 않다고 보는 견해를 일러 위법성 조각설이라 한다.
이(＿＿＿＿＿＿＿)에 따르면 동등한 가치의 의무가 서로 충
돌하여 의무를 동시에 이행할 수 없다면 그중 어느 것을 택할 것
인가는 행위자의 양심에 따른 판단에 맡겨야 한다고 본다. 만약
위법하다면 어느 하나라도 의무를 이행한 자의 행위와 의무를 전
혀 이행하지 않은 자의 행위가 위법하다는 점에서 동일하게 되어
불합리하다는 것이다. <sub>동등한 가치의 작위 의무 간 충돌에 대한 견해 ① 위법성</sub>
<sub>조각설: 선택은 ＿＿＿＿＿＿＿＿＿에 따른 판단에 맡겨야 함, 하나라도 의무를</sub>
<sub>이행한 자의 행위는 위법 (O/X)</sub> **이와 달리**<sub>(위법성은 성립하지만 그 ＿＿＿을 면할</sub>
<sub>수 있다는 견해에 대해 설명하겠지?)</sub> 동등한 가치의 의무 중 어느 것도 포
기할 수 없기 때문에 의무 위반에 대한 위법성이 있지만 다만 그
책임이 면제될 수 있을 뿐이라고 보는 견해가 있는데, 이를 책임
조각설이라 한다. 이에 따르면 동등한 가치 중 어느 하나를 포기
했다는 점에서 그 행위는 위법성이 성립하지만 의무 충돌에서는
적법 행위를 기대할 수 없으므로 면책될 수 있다고 보는 것이다.
<sub>동등한 가치의 작위 의무 간 충돌에 대한 견해 ② 책임 조각설: 하나의 의무를 포기했으</sub>
<sub>므로 ＿＿＿하나, ＿＿＿＿＿＿를 기대할 수 없으므로 면책</sub>

## 1. 윗글에 대한 이해로 적절하지 않은 것은?

① 행위자가 의무 충돌 상황을 유발한 것이 아닐 때라야 의무 충돌이 성립할
수 있다.

② 의무 충돌 상황에서 이행되지 않은 의무는 법적 의무이어야 의무 충돌이
성립할 수 있다.

③ 운전 중 갑자기 나타난 보행자를 피하기 위해 건물을 훼손한 행위는 부작위에
의한 법익 침해이다.

④ 의무 충돌 상황에서 행위자에게 적법 행위를 기대할 수 없다면 그가 위법
행위를 하여도 그 책임을 묻지 않을 수 있다.

⑤ 위법성 조각설은 만약 의무 충돌이 성립한다면 의무 충돌 상황에서의 의무
위반을 위법하다고 볼 수는 없다고 주장한다.

## 2. 윗글을 바탕으로 〈보기〉를 이해한 내용으로 적절하지 않은 것은?

〈보기〉

어떤 선로에서 한 량의 빈 객차가 역으로 돌진하고 있다. 역에는
승객을 태운 객차가 정차하고 있어서 만약 이대로 충돌한다면 다
수의 희생자가 나올 가능성이 높다. 이를 감지한 선로 관리자가 돌
진하는 객차의 선로를 변경하려 했더니 그곳에는 이미 한 명의 노
동자가 일하고 있었다. 선로 관리자는 다수의 인명 피해를 방지하
기 위해 선로를 변경하였다. 그 결과 한 명의 노동자는 선로 관리
자가 예견한 대로 피해를 입었다.

① 선로 관리자는 동시에 이행할 수 없는 두 의무 사이에서 어느 한 의무를
선택했다고 볼 수 있다.

② 선로 관리자는 자기 스스로 위난을 감수할 수 있는 가능성이 없었다는
점에서 의무 충돌로 볼 수 없다.

③ 역에 정차한 객차 승객들의 법익과 선로에서 일하던 노동자의 법익이 서로
충돌하고 있다고 볼 수 있다.

④ 적극적인 어떤 활동을 하는 작위에 의해 법익 침해가 이루어졌다는 점에서
작위 의무 대 부작위 의무 충돌로 볼 수 있다.

⑤ 위난에 처한 승객의 생명을 보전하기 위해 위난과 관련 없는 노동자에게
피해를 입힌 행위이므로 긴급 피난 인정 여부를 살필 수 있다.

## 3. 윗글에서 ①과 ②에 들어갈 적절한 단어를 찾아 각각 빈칸에
쓰시오.

＿①＿ : 법률, 명령, 약속 따위를 지키지 않고 어김. **1문단**

예 이 사장은 공정 거래법 ☐☐ 혐의로 조사를 받고 있다.

＿②＿ : 잘못이나 책임을 다른 사람에게 넘겨씌움. **3문단**

예 책임 ☐☐는 문제 해결에 아무런 도움이 안 된다.

## 구 조 도 그 리 기

[4~6] 다음을 읽고 핵심 내용에 밑줄을 치고, 빈칸에 적절한 말을 채우시오. 또한 주어진 물음에 답하시오.

컴퓨터의 CPU가 어떤 작업을 수행하는 것은 CPU의 '논리 상태'가 시간에 따라 바뀌는 것을 말한다. CPU의 작업 수행 = CPU의 _____가 시간에 따라 바뀌는 것 가령,(CPU가 _____을 수행하는 것을 다른 말로 풀어서 설명한 것에 더하여 예가 들어주려나 봐. 정확히 이해할 필요가 있겠네!) Z = X + Y의 연산을 수행하려면 CPU가 X와 Y에 어떤 값을 차례로 저장한 다음, 이것을 더하고 그 결과를 Z에 저장하는 각각의 기능을 순차적으로 진행해야 한다. CPU가 수행할 수 있는 기능은 특정한 CPU의 논리 상태와 일대일로 대응되어 있으며, CPU가 수행할 수 있는 _____ : CPU의 _____ = 1 : 1 프로그램은 수행하고자 하는 작업의 진행에 맞도록 CPU의 논리 상태를 변경한다. CPU의 _____를 변경함으로써 CPU는 어떤 값을 저장하거나, 더하는 등의 _____을 수행할 수 있는 거네. 이를 위해 CPU는 현재 상태를 저장하고 이것에 따라 해당 기능을 수행할 수 있는 부가 회로도 갖추고 있다. CPU는 _____을 위해 부가 회로를 갖추고 있어. 만약 CPU가 가지는 논리 상태의 개수가 많아지면 한 번에 처리할 수 있는 기능이 다양해진다. 따라서 처리할 데이터의 양이 같다면 이를 완료하는 데 걸리는 시간이 줄어든다. CPU의 논리 상태 개수↑ → 한 번에 처리 가능한 기능(↑/↓) → 데이터 처리 완료 시간(↑/↓)

논리 상태는('논리 상태'에 대해 보다 구체적으로 설명할 건가 봐!) 2진수로 표현되는데 논리 함수를 통해 다른 상태로 변환된다. 논리 상태: ____로 표현, _____ 통해 다른 상태로 변환 논리 소자가 연결된 조합 회로는(<그림>의 _____ 중 '조합 회로'에 대해 설명하려나 봐.) 논리 함수의 기능(_____ 변환)을 가지는데, 조합 회로는 논리 연산은 가능하지만 논리 상태를 저장할 수는 없다. 어떤 논리 상태를 '저장'한다는 것은 2진수 정보의 시간적 유지를 의미하는데, 외부에서 입력이 유지되지 않더라도 입력된 정보를 논리 회로 속에 시간적으로 가둘 수 있어야 한다. 조합 회로: 논리 소자가 연결된 것으로 _____의 기능 가짐 / 논리 연산 (O/X), 논리 상태 _____(외부 입력이 유지되지 않아도 입력된 2진수 정보를 논리 회로 속에 시간적으로 가두어 유지) X

**1비트 저장 회로**

〈그림〉 순차 논리 회로

인버터는 입력이 0일 때 1을, 1일 때 0을 출력하는 논리 소자이다. 인버터(논리 소자): 입력 0 → 출력 (0/1) / 입력 1 → 출력 (0/1) 〈그림〉의 점선 내부에 표시된 '1비트 저장 회로'를 생각해보자. 이 회로에서 스위치 $S_1$은 연결하고 스위치 $S_2$는 끊은 채로 A에 정보를 입력한다. 그런 다음 $S_2$를 연결하면 $S_1$을 끊더라도 $S_2$를 통하는 ㉠피드백 회로에 의해 A에 입력된 정보와 반대되는 값이 지속적으로 B에 출력된다. 1비트 저장 회로에서 피드백 회로: $S_1$ 연결, $S_2$는 끊은 채로 A에 정보 입력 → ($S_1/S_2$) 연결 → ($S_1/S_2$) 끊어도 피드백 회로로 인해 _____와 반대되는 값 지속적으로 B에 출력 따라서 이 회로는 0과 1 중 1개의 논리 상태, 즉 1비트의 정보를 저장할 수 있다. 1비트 저장 회로: _____ 중 1개의 논리 상태(1비트의 정보) 저장 이러한 회로가 2개가 있다면 00, 01, 10, 11의 4가지 논리 상태, n개가 있다면 $2^n$가지의 논리 상태 중 1개를 저장할 수 있다. 1비트 저장 회로가 n개: $2^n$가지의 논리 상태 중 _____를 저장

그렇다면 논리 상태의 변화는 어떻게 일어날까? (1문단에서 CPU의 논리 상태 변경을 통해 CPU가 작업을 수행할 수 있다고 했지. 이제 논리 상태 변경에 대해 구체적으로 설명할 건가 봐!) 이제 〈그림〉과 같이 1비트 저장 회로와 조합 회로로 구성되는 '순차 논리 회로'를 생각해보자. (순차 논리 회로에 대해 설명하기 위해 2문단과 3문단에서 그 구성 요소인 _____와 _____를 먼저 설명한 거구나!) 이 회로에서 조합 회로는 외부 입력 C와 저장 회로의 출력 B를 다시 입력으로 되받아, 내장된 논리 함수를 통해 논리 상태를 변환하고, (2문단에서 논리 상태는 _____를 통해 다른 상태로 변환된다고 했지.) 이를 다시 저장 회로의 입력과 연결하는 ㉡피드백 회로를 구성한다. 순차 논리 회로의 피드백 회로: 조합 회로가 _____ C + _____ B를 입력으로 받음 → 내장된 논리 함수를 통해 논리 상태 변환 → _____으로 연결 예를 들어 조합 회로가 두 입력(외부 입력 C와 _____)이 같을 때는 1을, 그렇지 않을 경우 0을 출력한다고 하자. 만일 B에서 1이 출력되고 있을 때 C에 1이 입력된다면 조합 회로는 1을 출력하게 된다. 두 입력이 (같으니까/다르니까) 1이 출력된 거지! 이때 외부에서 어떤 신호를 주어 $S_2$가 열리자마자 $S_1$이 닫힌 다음 다시 $S_2$가 닫히고 $S_1$이 열리는 일련의 스위치 동작이 일어나도록 하면, 조합 회로의 출력은 저장 회로의 입력과 연결되어 있으므로 B에서 출력되는 값은 0으로 바뀐다. 그런 다음 C의 값을 0으로 바꾸어주면, 일련의 스위치 동작이 다시 일어나더라도 B의 값은 바뀌지 않는다. 조합 회로의 외부 입력 C에 1 + 저장 회로의 출력 B에 1 입력 → 조합 회로의 출력 (0/1) → 일련의 스위치 동작으로 저장 회로의 출력 B는 (0/1) → 조합 회로의 외부 입력 C를 (0/1)으로 바꿈 → 일련의 스위치 동작이 다시 일어나도 저장 회로의 출력 B는 (0/1)으로 유지 하지만 C에 다시 1을 입력하고 그럼 조합 회로의 두 입력은 (0/1)과 1이 되니 조합 회로에서는 (0/1)이 출력될 거야. 일련의 스위치 동작이 일어나도록 하면 B의 출력은 1로 바뀐다. 따라서 C에 주는 입력에 의해 저장 회로가 출력하는 논리 상태를 임의로 바꿀 수 있다. 순차 논리 회로에서는 _____의 외부 입력 C에 따라 _____의 출력 B의 논리 상태를 변환할 수 있어.

만일 이 회로에 2개의 1비트 저장 회로를 병렬로 두어 출력을 2비트로 확장하면 00~11의 4가지 논리 상태 중 1개를 출력

할 수 있다. 조합 회로의 외부 입력도 2비트로 확장하면 조합 회로는 저장 회로의 현재 출력과 합친 4비트(저장 회로의 _____ 2비트 + 조합 회로의 _____ 2비트)를 입력받게 된다. 이를 내장된 논리 함수에 의해 다시 2비트 출력을 만들어 저장 회로의 입력과 연결한다. 이와 같이 2비트로 확장된 순차 논리 회로에서 외부 입력을 주고 스위치 동작이 일어나도록 하면, 저장 회로의 출력은 2배로 늘어난 논리 상태 중 하나로 바뀐다. 2비트로 확장된 순차 논리 회로: 저장 회로의 출력 2비트(1비트 저장 회로 2개를 _____ 연결) + 조합 회로의 외부 입력 2비트가 조합 회로로 입력 → 내장된 논리 함수를 통한 ____비트의 출력 → 저장 회로의 _____으로 연결 → 저장 회로가 2배로 늘어난 논리 상태(00, ____, ____, 11) 중 하나 출력

이 회로에 일정한 시간 간격으로 외부 입력을 바꾸고 스위치 동작 신호를 주면, 주어지는 외부 입력에 따라 특정한 논리 상태가 순차적으로 출력에 나타나게 된다. 이런 회로가 N비트로 확장된 대표적인 사례가 CPU이며 스위치를 동작시키는 신호가 CPU 클록이다. 회로 외부에서 입력되는 정보는 컴퓨터 프로그램의 '명령 코드'가 된다.

| N비트로 확장된 순차 논리 회로 | _____ |
|---|---|
| 스위치 동작시키는 신호 | CPU _____ |
| 회로 _____에서 입력되는 정보 | 컴퓨터 프로그램의 '명령 코드' |

명령 코드를 CPU의 외부 입력으로 주고 클록 신호를 주면 CPU의 현재 논리 상태는 특정 논리 상태로 바뀐다. 이때 출력에 연결된 회로가 바뀐 상태에 해당하는 기능을 수행하게 된다. 명령 코드 + _____ → CPU의 논리 상태가 특정 논리 상태로 변환, _____에 연결된 회로가 변환된 상태에 해당하는 기능 수행 CPU 클록은 CPU의 상태 변경 속도, 즉 CPU의 처리 속도를 결정한다. CPU 클록: CPU의 상태 변경 속도(_____) 결정

## 4. 윗글의 내용과 일치하지 않은 것은?

① CPU가 수행할 수 있는 기능과 그에 해당하는 논리 상태는 정해져 있다.

② 인버터는 입력되는 2진수 논리 값과 반대되는 값을 출력하는 논리 소자이다.

③ 순차 논리 회로에서 저장 회로의 출력은 조합 회로의 출력 상태와 동일하다.

④ CPU는 프로그램 명령 코드에 의한 논리 상태 변경을 통해 작업을 수행한다.

⑤ 조합 회로는 2진수 입력에 대해 내부에 구현된 논리 함수의 결과를 출력한다.

## 5. ⊙과 ⓒ에 대한 이해로 적절한 것은?

① ⊙은 조합 회로를 통해서, ⓒ은 인버터를 통해서 피드백 기능이 구현된다.

② ⊙과 ⓒ의 각 회로에서 피드백 기능을 위해 입력하는 정보의 개수는 같다.

③ ⊙과 ⓒ은 모두 외부에서 입력되는 논리 상태를 그대로 저장하는 기능이 있다.

④ ⊙은 정보를 저장하기 위한 구조이며, ⓒ은 논리 상태를 변경하기 위한 구조이다.

⑤ ⊙은 스위치 $S_1$이 연결될 때, ⓒ은 스위치 $S_2$가 연결될 때 피드백 기능이 동작한다.

## 6. 윗글에서 ①과 ②에 들어갈 적절한 단어를 찾아 각각 빈칸에 쓰시오.

> **①** : 생각하거나 계획한 대로 일을 해냄. **1문단**
> **예** 그녀는 언제나 맡은 일을 성실히 ☐☐한다.
>
> **②** : 다르게 바꾸어 새롭게 고침. **1문단**
> **예** 이미 채택된 계획을 ☐☐하려면 비용이 너무 많이 든다.

**구 조 도  그 리 기**

**[1~3]** 다음을 읽고 핵심 내용에 밑줄을 치고, 빈칸에 적절한 말을 채우시오. 또한 주어진 물음에 답하시오.

'멜로드라마'는 18세기 프랑스에서 대중의 관심을 끄는 통속적 이야기를 화려한 볼거리와 음악을 통해 보여 주는 대중 연극에서 시작된 것으로 알려져 있다. 멜로드라마의 유래: ＿＿세기 프랑스의 대중 연극에서 시작 초기 멜로드라마에서는 대개 사악한 봉건 귀족에게 핍박받는 선하되 약한 부르주아의 이야기가 부르주아의 관점에서 전개되었다. 하지만 사회적 모순을 적극적으로 타개하는 데에는 이르지 못한 채 다만 비약이나 우연 같은 의외성에 기대어 부르주아의 덕행과 순결함이 어떻게든 승리하도록 만들려고 했다. 초기 멜로드라마의 특징: 사악한 ＿＿＿＿＿＿＿＿에게 핍박받는 선하되 약한 ＿＿＿＿＿＿의 덕행과 순결함이 승리하는 이야기

19세기(1문단에서 18세기 ＿＿＿＿＿에서 유래된 초기 멜로드라마에 대해 설명한 후, 이제 19세기를 언급하는 것으로 보아 이 글은 통시적인 관점에서 시대의 흐름에 따라 ＿＿＿＿＿가 어떻게 변화했는지를 설명하는 글이겠군·시대별 멜로드라마의 특징을 정리해가며 읽자!) 자본주의 발달과 더불어 멜로드라마의 인물 구도에는 변화가 생겼다. 봉건 귀족의 자리는 악하되 강한 인물이 대신하고 그에 의해 고통 받는 선량하지만 가난한 사람이 주인공으로 등장하였다.

| 18세기 멜로드라마 | 사악한 봉건 귀족 ↔ 선하되 ＿＿＿＿＿ 부르주아 |
|---|---|
| 19세기 멜로드라마 | 악하되 강한 인물 ↔ 선량하되 ＿＿＿＿＿ 사람 |

이에 따라 멜로드라마에서는 가족의 위기, 불가능한 사랑, 방해받는 모성, 불가피한 이별 등으로 주인공(악하되 강한 인물/선량하지만 가난한 사람)에 의해 고통 받는 (악하되 강한 인물/선량하지만 가난한 사람))이 고통을 겪다가 행복해지는 과정이 다루어졌고, 선악 대립보다는 파토스(pathos)의 조성이 부각되었다. 곧(＿＿＿＿＿＿＿＿＿이 부각되었다는 것이 무슨 의미인지를 풀어서 설명해 줄 거야.) 약자가 겪는 고통과 슬픔을 과장되게 보여 주면서 감성을 자극하는 것이 주된 관심사가 되었던 것이다. 하지만 사회 어디에도 말할 수 없었던 약자들의 고통과 슬픔이 표출되었다는 점에서 보면, 이러한 파토스의 과잉은 그 나름의 의의를 지녔다고 할 만하다. 19세기 멜로드라마의 특징: ＿＿＿＿＿＿＿＿보다 파토스의 조성이 부각됨(약자의 ＿＿＿＿＿＿＿＿＿을 과장되게 보여 주어 감성을 자극)

20세기에 들어서 멜로드라마는 영화로 중심을 옮겨 갔다. 영화는 클로즈업을 통해 관객들이 인물에 감정 이입을 하게 하기 쉬웠고, 통속성과 스펙터클을 만들어 내기에도 적절했으며, 음악을 통해 과잉된 정서를 표현하기에 효과적이었기 때문이다. (20세기에 멜로드라마가 ＿＿＿＿＿로 중심을 옮겨 간 이유는 영화가 파토스의 조성을 부각하는 데 효과적이었기 때문이구나!) 멜로드라마 영화는 악인에게 괴롭힘을 당하는 약자로부터가 아니라('A가 아니라 B'의 구조이니까 (A/B)에 중심을 두고 읽어 내려가면 되겠지!) 사회적 모순에 따른 억압적 상황에서 고통 받는 약자, 특히 여성들로부터 파토스를 이끌어 냈다.

| 19세기 멜로드라마 | |
|---|---|
| | ＿＿＿＿＿로부터 파토스를 이끌어 냄 |

| 20세기 멜로드라마 영화 | |
|---|---|
| | ＿＿＿＿＿＿＿＿＿＿＿＿＿ 로부터 파토스를 이끌어냄 |

이들은 가부장제나 계층적인 차이로 고통 받으면서도 허락되지 않은 삶의 지평을 갈망하는 '어찌할 수 없음'의 상황에 놓인 존재들이다. 일례로('어찌할 수 없음'의 상황에 놓인 존재로부터 ＿＿＿＿＿를 이끌어 낸 ＿＿＿세기 멜로드라마 영화의 예를 들어줄 거야.) 비더의 ㉠〈스텔라 달라스〉(1937)에는 상류 계급의 문화 장벽을 넘지 못하고 남편과 헤어져야 했던 하층민 여성이 주인공으로 등장한다. 그녀는 딸을 곁에 두고 싶어 하면서도 딸이 더 나은 삶을 누리기 바라는 가운데 마음 깊이 고통을 겪는다. 이러한 어찌할 수 없는 상황에서 그녀가 결국 딸을 상류층의 전남편에게 보내는 선택을 하는 것은 희생적 모성이라는 이데올로기와 타협한 것이라고 할 수 있겠지만, 딸의 결혼식을 창밖에서 바라보던 어머니가 입가에 미소를 띤 채 눈물을 흘리는 마지막 장면에서 관객들은 고통 어린 만족을 선택한 모성에 공감의 눈물을 흘리게 된다. 20세기 멜로드라마 영화의 특징: ＿＿＿＿＿로 중심 이동, ＿＿＿＿＿＿＿＿＿＿의 상황에 놓인 존재들로부터 파토스를 이끌어 냄

1950년대에 할리우드는 '가족 멜로드라마'라는 또 다른 멜로드라마의 흐름을 만들어 냈다. 이제 멜로드라마는 통속적 서사의 틀을 유지하면서도 사회적 갈등의 축도와도 같은 미국 중산층 핵가족에 주목하게 되는데, 그것은 가족이 자본이나 가부장제 같은 사회 권력이 작동하는 무대이기 때문이다. 예컨대 서크의 ㉡〈천국이 허락한 모든 것〉(1955)은 유복한 과부와 연하의 정원사의 사랑과 시련, 그리고 재회의 과정을 보여 주는데, 여기에는 그들의 결합을 반대하는 자식들이 가족의 이름으로 등장한다. 이제 가족은 더 이상 애틋한 유대의 단위가 아니라 개인의 삶을 관리하는 제도가 된다. 따라서 자식들의 반대로 사랑을 포기했던 그녀가 거듭된 우연 끝에 병상의 정원사와 재회하게 되는 결말은 의미심장하다. 1950년대 할리우드 가족 멜로드라마의 특징: ＿＿＿＿＿의 틀 유지, 미국 중산층 핵가족에 주목(＿＿＿＿＿은 사회 권력이 작동하는 무대)

가족 멜로드라마로서 이 영화(＿＿＿＿＿＿＿＿＿＿＿＿＿)는 시대의 변화 속에서 지속되어 온 멜로드라마의 주요한 특징들을 담고 있으면서도 멜로드라마의 또 다른 가능성을 열어 놓았다고 할 수 있다. 사회적 모순에 눈 감은 채 주인공의 성공에 안도하는 기존의 '행복한 결말'과는 구별되는 '행복하지 않은 해피엔딩'을 경험하게 한다는 점에서 그렇다. 서크는 여전히 근본적인 갈등이 해소되지 않은 결말에 관객들이 주목하게 하여, 자신들이 보고 있는 것이 '만들어진 현실'이며 행복한 결말은 인위적인 허구 안에서만 가능하다는 것을 생각하게 하고자 했다. 고도로 표현적인 미장센(장면화)을 통해 여주인공이 누리는 삶의 풍요로움이 오히려 중산층의 지배적 가치와 규범으로 인한 억압과 소외의

상황임을 드러냈던 것이다. 서크의 영화가 보여 준 멜로드라마의 새로운 가능성: 행복하지 않은 해피엔딩을 경험하게 하여 _____은 인위적인 허구 안에서만 가능하다는 것을 생각하게 함

　멜로드라마는 '부적절한 리얼리즘'이니 '여성용 최루물'이니 하는 등의 비하하는 말로 언급되곤 한다. 하지만(멜로드라마에 대한 (긍정적/부정적) 평가가 이어지겠지?) 서크의 영화에서처럼 멜로드라마는 사회적 약자의 말할 수 없는 슬픔과 이루어질 수 없는 꿈을 전달하는 서사이면서 사회적 모순에 대한 아이러니한 반응으로도 읽힐 수 있다. 현실에 종속되면서도 그 현실을 넘어서려는 절박한 요구는 영화라는 재현 체계 속에서 대중들과 끊임없이 교감하면서 멜로드라마를 생산하도록 했다는 것이다. 멜로드라마의 의의: 말할 수 없었던 약자의 슬픔과 이루어질 수 없는 ___을 전달, _____에 대한 아이러니한 반응, _____에 종속되면서도 그 현실을 넘어서려는 절박한 요구로 인해 생산된 것

## 1. '멜로드라마'에 대한 진술로 적절하지 않은 것은?

① 갈등을 낳은 사회적 모순을 적극적으로 극복하려는 내용은 없었다.

② 통속성이 점차 사라졌고 정서 표출보다는 현실 묘사에 치중하게 되었다.

③ 영화에 나타난 가정이나 개인의 문제는 사회적 문제가 전환되어 표현된 것이다.

④ 작위적인 서사를 통해 인물이 처한 문제를 해소하려는 방향으로 이야기가 전개되었다.

⑤ 인물들의 선악 대립이 차츰 약해지고 사회적 상황으로 인한 고통과 희생의 파토스가 형상화되었다.

## 2. ㉠과 ㉡에 대한 이해로 적절하지 않은 것은?

① ㉠과 ㉡ 모두 음악을 사용하여 인물의 고통과 슬픔을 극적으로 표현했을 것이다.

② ㉠은 ㉡에 비해 관객들이 여성 인물과 자신을 동일시하는 정도가 더 강했을 것이다.

③ ㉠에 비해 ㉡은 결말에서 관객들에게 더 능동적인 감상을 이끌어 내려 했을 것이다.

④ ㉠과 ㉡ 모두 현실적 억압에도 불구하고 소망을 성취하고자 하는 약자를 그렸을 것이다.

⑤ ㉠과 ㉡ 모두 위기에 빠진 중산층 가족의 가치 회복이라는 주제 의식을 담았을 것이다.

## 3. 윗글에서 ①과 ②에 들어갈 적절한 단어를 찾아 각각 빈칸에 쓰시오.

| ① | : 매우 어렵거나 막힌 일을 잘 처리하여 해결의 길을 엶. 1문단

예 불황을 □□할 수 있는 돌파구를 어서 마련해야 한다.

| ② | : 어떤 일이 잘 진행되어 마음을 놓음. 5문단

예 어찌 됐든 시간을 벌었다는 데 약간의 □□를 느꼈다.

## 구 조 도 그 리 기

[4~6] 다음을 읽고 핵심 내용에 밑줄을 치고, 빈칸에 적절한 말을 채우시오. 또한 주어진 물음에 답하시오.

온라인 전자 상거래나 공인 인증이 일상화되면서 보안을 위해 메시지를 암호화하여 주고받는 암호통신의 중요성이 강조되고 있다. 암호통신에서 가장 핵심적인 문제 중 하나는 메시지를 암호화하거나 이를 다시 원래의 메시지로 복호화하는 데 필요한 키를 암호통신의 대상인 송·수신자가 어떻게 안전하게 주고받느냐에 대한 것이다. (글쓴이가 이렇게까지 강조했는데 놓치지 않았겠지? 이 글은 _____나 _____에 필요한 키를 송·수신자가 어떻게 안전하게 주고받느냐를 설명하는 글일 거야.) 이러한 암호통신은 암호화나 복호화에 필요한 키를 관리하는 방식에 따라 크게 대칭키 방식과 공개키 방식으로 구분된다. (구분되는 두 대상이 제시되었으니 공통점과 차이점이 무엇인지를 파악하며 읽어야겠지?) _____하는 방식에 따른 암호통신의 종류: (1) _____ 방식, (2) _____ 방식

대칭키 방식은 메시지를 암호화하거나 복호화할 때 동일한 키를 사용한다. 이러한 이유로 송신자와 수신자만 아는 비밀키를 미리 분배하고 사용하는 과정에서 키 정보가 유출될 가능성이 높아 암호통신을 시도할 때마다 상대에 따라 새로운 비밀키를 사용해야 한다. (1) 대칭키 방식: 송·수신자만 아는 _____ 미리 분배 → 암호화, 복호화 시 _____한 키 사용 / [단점] _____이 높아 상대에 따라 새로운 비밀키 사용 이에 반해(대칭키 방식과 대비되는 _____의 특징에 대한 설명이 이어지겠군.) 공개키 방식은 암호화 키와 복호화 키가 서로 다른 방식이다. 수신자가 미리 생성하여 공개한 공개키(public key)로 송신자가 메시지를 암호화하여 전송하면 수신자는 공개키에 대응하여 생성한, 자신만 알고 있는 비밀키(private key)를 이용하여 복호화한다. 공개키 방식은 별도의 비밀키 분배 과정이 필요 없고 통신 상대에 따라 비밀키를 바꿀 필요도 없어 대칭키 방식에 비해 보안에 유리하다. (2) 공개키 방식: 암호화, 복호화 시 _____ 키 사용(암호화: _____가 _____가 생성한 공개키로 메시지를 암호화해 전송, 복호화: _____가 자신만 아는 비밀키로 전달받은 메시지를 복호화) / [장점] 송·수신자 간 비밀키 분배 과정 (O/X), 상대에 따라 새로운 비밀키 사용 (O/X)

대표적인 공개키 방식인 RSA 알고리즘은(공개키 방식의 한 종류를 설명하려는 걸로 보아, 이 글은 대칭키 방식과 공개키 방식을 대등한 층위에서 다루는 글은 아니구나. 둘 중 좀 더 비중을 두고 다루고자 하는 대상은 _____이야.) 큰 소수의 곱과 추가 연산을 통해 만들어진 정수의 소인수 분해가 매우 어렵다는 점에 기반하여 한 쌍의 공개키와 비밀키를 생성한다. 키를 만드는 연산 과정이 복잡하여 대칭키 방식에 비해 암호화나 복호화 속도가 상대적으로 느리지만(RSA 알고리즘 방식의 _____을 언급했으니 이어서 이와 대비되는 _____을 언급하겠지?) 암호화된 문서가 유출되어도 현재의 컴퓨터 성능으로는 비밀키를 유추하는 데 비현실적으로 오랜 시간이 걸리기 때문에 비밀키를 바꿀 필요가 없다. RSA 알고리즘: _____의 공개키와 비밀키 생성 / [단점] 키 연산 과정 복잡해 암호화, 복호화 _____가 느림, [장점] 키 유추에 오랜 시간 걸려 _____되어도 비밀키 바꿀 필요 X 하지만 컴퓨터 연산 속

도가 급격하게 발전하게 되면 복잡한 연산 과정을 기반으로 한 공개키 방식의 암호 체계가 위협받을 가능성이 높아질 수 있다. 컴퓨터 성능이 향상되면 현재에 비해 비밀키를 유추하는 데 걸리는 _____이 줄어들 테니까.

그래서(앞에서 _____에 대한 우려(문제점)가 제시된 걸 고려하면, 이어서 그 해결과 관련된 내용이 나오겠지?) 최근 수학적 복잡성에 의존하지 않으면서도 도청으로부터 비밀키를 안전하게 나누어 가질 수 있는 양자암호통신 기술이 주목받고 있다. 양자암호통신에서는 매번 새롭게 만들어지는 비밀키를 안전하게 나누어 갖기 위해 양자의 종류 중 하나인 광자의 물리적 특성을 이용한다. 양자암호통신은 RSA 알고리즘처럼 _____에 의존하는 것이 아니라, _____의 물리적 특성을 이용하는 방식이군. 원자나 분자 단위 이하의 미시 세계를 다루는 양자 역학에서 광자는 더 이상 나눌 수 없는 최소 단위이기 때문에 광자 하나하나에 정보를 실어 보내는 양자암호통신에서 단일광자에 실린 정보의 일부만을 가로채는 것은 불가능하다. 또한(광자의 _____을 이용한 양자암호통신의 또 다른 특징을 설명할 거야.) 도청자가 단일광자 자체를 가로챈다 하더라도 수신자에게 가로챈 광자와 동일한 상태의 광자를 보내야만 도청 사실을 숨길 수 있는데 여러 상태를 동시에 지니는 '중첩'이라는 양자의 특성((양자/광자)는 (양자/광자)의 종류 중 하나라고 했으니까, 양자가 갖는 특성은 광자도 가진다고 할 수 있어.) 때문에 단일광자의 원래 상태를 정확히 측정해 보낼 수 없다. 이러한 이유들로 인해 양자암호통신은 도청으로부터 안전한 신호 전달이 가능하다. 양자암호통신에서 도청으로부터 안전한 신호 전달이 가능한 이유: (1) 광자는 더 이상 _____ 없음 → 단일광자에 실린 정보의 _____만을 가로채는 것이 불가능, (2) 양자는 _____의 특성을 지님 → 도청자가 _____를 가로채더라도 수신자에게 도청 사실을 숨기는 것이 불가능

양자암호통신의 대표적인 키 분배 기술로는 단일광자의 편광 상태에 정보를 실을 수 있는 BB84 프로토콜*을 들 수 있다. BB84 프로토콜: 양자암호통신에서 송·수신자가 사용하는 (공개키/비밀키)를 분배하는 기술 자연 상태의 빛은 진행하는 방향과 수직인 모든 방향으로 진동하는 특성이 있는데, 진동 방향에 따라 빛을 선택적으로 통과시킬 수 있는 필터를 이용하면 특정한 방향으로 진동하는 빛을 만들 수 있다. 이러한 빛은 '편광'이라고 하며, 편광을 만들 때 이용하는 필터를 '편광필터'라고 한다. 편광필터: _____에 따라 빛을 선택적으로 통과시켜 _____(특정한 방향으로 진동하는 빛)을 만드는 필터 (BB84 프로토콜을 설명할 줄 알았는데 갑자기 빛, 편광에 대해서 이야기한다고 당황한 건 아니겠지? 지금 설명한 (사전 정보/방향 정보/핵심 정보/부록 정보)를 활용해 BB84 프로토콜을 설명하는 순간이 올 테니 차근히 정리하며 읽으면 돼.) 그런데 편광된 광자 또한 여러 방향으로 진동하는 '중첩' 특성을 지니고 있다. 즉 편광필터를 통과한 수직(↕)이나 수평(↔) 편광의 경우 대각(╱)·역대각(╲) 편광 특성도 지니고 있으며, 마찬가지로 편광필터를 통과한 대각이나 역대각 편광 또한 수직·수평 편광 특성을 동시에 지니

고 있다. 따라서 수직이나 수평 편광을 ➕ 편광필터를 이용하여 측정하면 수직이나 수평 편광으로 100% 측정되지만, 수직이나 수평 편광을 ✖ 편광필터를 이용하여 측정하면 대각 혹은 역대각 편광으로 잘못 측정된다. 편광의 중첩 특성: 수직·수평 편광이 _____ _____ 특성도 함께 지님

이러한 편광의 중첩 특성이 BB84 프로토콜에서 어떻게 이용되는지 알아보자. (역시 앞서 설명한 편광의 중첩 특성은 사전 정보였고, 이제 핵심 정보인 _____에서 어떻게 키를 분배하는지를 설명하려는가 봐. 속도를 조금 늦추더라도 꼼꼼하게 읽자.)

| (a) 송신자의 비트 정보 | 0 | 1 | 1 | 0 | 1 | 0 |
|---|---|---|---|---|---|---|
| (b) 송신자의 편광필터 | ➕ | ➕ | ✖ | ➕ | ✖ | ✖ |
| (c) 송신자의 편광 신호 | ↔ | ↕ | ↘ | ↔ | ↘ | ↗ |
| (d) 수신자의 편광필터 | ➕ | ➕ | ✖ | ✖ | ➕ | ✖ |
| (e) 수신자의 측정 신호 | ↔ | X | ↘ | ↗ | ↕ | ↗ |
| (f) 비밀키 공유 | 0 |  | 1 |  |  | 0 |

※ 'X'는 누락된 광자.

[A]

BB84 프로토콜은 먼저 위 〈표〉의 (a)처럼 송신자가 무작위로 비트 정보를 생성하는 것으로 시작한다. (과정이 제시될 거야. 끊어가며 읽으며 _____를 파악하자.) (a) 송신자가 무작위로 _____ 생성 이때 BB84 프로토콜은 수직 편광과 역대각 편광은 '1'이라는 비트 정보로, 수평 편광과 대각 편광은 '0'이라는 비트 정보로 표시하기로 약속되어 있어 (b)처럼 송신자가 ➕ 편광필터와 ✖ 편광필터를 무작위로 선정하면 (b) 송신자가 무작위로 _____ 선정 (c)와 같은 편광 신호들이 생성된다. (c) _____의 편광 신호 생성 수신자는 (c)에서 생성된 편광 신호들이 어떤 편광인지 전혀 모르는 상태에서 (d)처럼 스스로 무작위로 편광필터를 선택하여 (e)와 같이 편광된 광자를 측정한다. (d, e) _____가 무작위로 편광필터 선택해 _____ 측정 이때 전송 과정에서 잡음 등으로 인해 누락된 광자가 발생할 수 있으며, 누락된 광자는 측정에서 제외된다. 이후 송·수신자는 공개 채널에서 자신들이 어떤 편광필터를 어떤 순서로 사용했는지 서로 공유하면 (f) 송·수신자가 공개 채널에서 _____와 그 순서 공유 (f)와 같이 동일한 편광필터를 사용한 '010'이라는 비트 정보만 걸러낼 수 있어 비밀키로 사용하는 측정값을 안전하게 공유할 수 있다. (g) 송·수신자가 _____를 사용한 비트 정보만 걸러냄으로써 _____로 사용하는 측정값 공유됨

*프로토콜: 통신 규약.

---

**4. 윗글에 대한 이해로 적절하지 <u>않은</u> 것은?**

① 공개키 방식에서 공개키와 비밀키를 생성하는 주체는 동일하겠군.

② 컴퓨터의 연산 능력이 발전하더라도 양자암호통신은 비밀키를 안전하게 나누어 가질 수 있겠군.

③ 양자암호통신에서는 도청자가 단일광자에 담긴 정보를 도청할 경우 수신자에게 도청 사실을 숨길 수 없겠군.

④ RSA 알고리즘에서 암호화된 문서가 전송 과정 중 유출되어도 수신자는 비밀키를 다시 생성할 필요가 없겠군.

⑤ RSA 알고리즘이 대칭키 방식에 비해 암·복호화 속도가 느린 이유는 서로 다른 암·복호화 키를 주고받기 때문이겠군.

**5. BB84 프로토콜을 이용하여 송신자와 수신자가 〈보기〉와 같이 정보를 주고받았다. [A]를 참고할 때 〈보기〉의 과정을 통해 생성되는 비밀키로 적절한 것은?**

〈보기〉

○ 송신자의 비트 정보 생성 및 편광된 광자 전송

| 비트 정보 | 0 | 1 | 0 | 0 | 1 | 1 | 1 | 0 | 1 | 0 |
|---|---|---|---|---|---|---|---|---|---|---|
| 편광필터 정보 | 0 | 1 | 1 | 0 | 1 | 0 | 1 | 1 | 1 | 0 |
| 편광 신호 | ↔ | ↘ | ↗ | ↔ | ↘ | ↕ | ↘ | ↗ | ↘ | ↔ |

○ 수신자의 광자 측정

| 편광필터 정보 | 1 | 1 | 0 | 1 | 1 | 0 | 0 | 1 | 1 | 1 |
|---|---|---|---|---|---|---|---|---|---|---|
| 측정한 신호 | ↘ | ↘ | ↕ | ↘ | X | ↕ | ↔ | ↗ | ↗ | ↗ |

* ➕ 편광필터: 0, ✖ 편광필터: 1, 누락된 광자: X

① 1011    ② 1100    ③ 1101    ④ 11011    ⑤ 11101

**6. 윗글에서 ①과 ②에 들어갈 적절한 단어를 찾아 각각 빈칸에 쓰시오.**

┌─────────────────────────────────────┐
│   ①   : 귀중한 물품이나 정보 따위가 불법적으로 나라나 조직의 밖으로 나가 버림. **2문단**
│ 예 시험 문제가 사전에 ☐☐되어서는 안 된다.
│   ②   : 원래의 것에 덧붙여서 추가한 것. **2문단**
│ 예 귀빈들을 위한 객실은 ☐☐로 마련해 놓았습니다.
└─────────────────────────────────────┘

**구 조 도 그 리 기**

**[1~3] 다음을 읽고 핵심 내용에 밑줄을 치고, 빈칸에 적절한 말을 채우시오. 또한 주어진 물음에 답하시오.**

동양에서 '천(天)'은 그 함의가 넓다. 모든 존재의 근거가 그것(___)으로부터 말미암지 않는 것이 없다는 면에서 하나의 표본이었고, 모든 존재들이 자신의 생존을 영위하고 그 존재 가치와 의의를 실현하는 데도 그것(___)의 이치와 범주를 벗어날 수 없다는 면에서 하나의 기준이었다. 동양에서 천: (1) 모든 존재의 근거가 ___으로부터 말미암음 → 하나의 표본, (2) 모든 존재가 _____ 내에서 생존을 영위하고 존재 가치와 의의를 실현 → 하나의 기준 그래서 현실 세계 안에서 인간의 삶을 모색하는 데 관심을 두었던 동양에서는 인간이 천을 어떻게 이해하느냐에 따라 삶의 길이 달리 설정되었을 만큼 천에 대한 이해가 다양하였다. (이 글의 화제는 _____에서의 천이구나. 이어서 천에 대한 두 가지 이상의 _____와 그에 따른 ___의 길에 대해서 설명하겠지?)

천은 자연현상 가운데 인간에게 가장 크게 영향을 미치는 것이자 가장 크고 뚜렷하게 파악되는 현상으로 여겨졌다. 농경을 주로 하는 문화적 특성상 자연현상과 기후의 변화를 파악하는 것이 중시된 만큼 천의 표면적인 모습 외에 작용 면에서 천을 파악하려는 경향이 짙었다. 그래서 천은 자연적 현상과 작용 등을 포괄하는 '자연천(自然天)' 개념으로 자리를 잡았다. 천에 대한 이해 (1) 자연천: 농경 문화의 특성상 표면적인 모습 외의 _____에서 천을 파악(_____과 작용을 포괄하는 천 개념)

이러한 천(_____) 개념하에서 인간은 도덕적 자각이 없었을 뿐만 아니라 자연 변화의 원인과 의지도 알 수 없었다. (1문단에서 동양에서는 천에 대한 이해에 따라 삶의 길이 달리 설정되었다고 했지. 그리고 2문단에서 천을 이해하는 방식으로서 _____ 개념을 소개했다면, 이제 자연천 개념하에서 _____에 대해 설명하고 있어.) 자연천 개념하에서의 인간: 도덕적 자각 (O/X), 자연 변화의 원인과 의지 파악 (O/X) 이에 따라 천은 신성한 대상으로 숭배되었고, 여러 자연신 가운데 하나로 생각되었다. 특히 상제(上帝)와 결부됨으로써 모든 것을 주재하는 절대적인 권능을 가진 '상제천(上帝天)' 개념이 자리 잡았다. 길흉화복을 주재하고 생사여탈권까지 관장하는 종교적인 의미로 그 성격이 변화한 것이다. 천에 대한 이해 (2) 상제천: 천 + _____ → 천은 모든 것을 _____하는 절대적인 권능을 가진 것, _____인 의미 가치중립적이었던 천((자연천/상제천))이 의지를 가진 절대적 권능의 존재(자연천/상제천)로 수용되면서 정치적인 개념으로 '천명(天命)'이 등장하였다. 그리고 통치자들은 천의 명령을 통해 통치권을 부여받았고, 천의 의지인 천명은 제사 등을 통해 통치자만 알 수 있는 것으로 규정되었다. 그리하여 천명은 통치자가 권력을 행사하고, 정권의 정통성을 보장하는 근거가 되었다. _____(천의 의지): _____ 개념의 수용에 따라 등장, _____의 권력 행사 및 정권의 정통성 보장의 근거

그러나 ('그러나' 뒤에는 천명의 (의의/문제점)이 제시되겠지?) 독점적이고 배타적인 천명에 근거한 권력 행사는 부작용을 가져왔다. 도덕적 경계심이 결여된 통치자의 권력 행사는 백성에 대한 억압의 계기로 작용하였다. _____에 근거한 권력 행사의 부작용: _____이 결여된 통치자가 백성을 억압 통치의 부작용이 심화됨에 따라

(원인과 그에 따른 결과를 파악하며 읽자!) 천에 대한 반성이 제기되었고, 도덕적 반성을 통해 천명 의식은 수정되었다. 그리고 '천은 명을 주었다가도 통치자가 정치를 잘못하면 언제나 그 명을 박탈해 간다.', '천은 백성들이 원하는 것을 들어준다.'는 생각이 현실화되었다. 천명은 계속 수용되었지만, 그것의 불변성, 독점성, 편파성 등은 수정되었고, 그 기저에는 도덕적 의미로서 '의리천(義理天)' 개념이 자리하였다. ((자연천/상제천/의리천) 개념하에서 인간은 자연 변화의 원인과 의지를 알 수 없었는데, 이는 (자연천/상제천/의리천) 개념이 출현하는 이유가 되었다. 그리고 (자연천/상제천/의리천) 개념에 대한 반성은 (자연천/상제천/의리천) 개념을 낳았고! 이 글에서는 이와 같은 천 개념들의 관계 및 변화를 이해하는 게 중요하겠군!) 동양에서의 천 개념 (3) 의리천: 천명에 따른 통치의 부작용 심화 → 천에 대한 도덕적 _____ → _____의 수정 및 도덕적 의미의 _____ 개념 등장

천명 의식의 변화와 맞물려 천 개념은 복합적으로 수용되었다. 상제로서의 천 개념(_____)이 개방되면서 주재적 측면이 도덕적 측면으로 수용되었고, '의리천' 개념은 더욱 심화되어 천은 인간의 도덕성과 규범의 근거로 받아들여졌다. 상제천이 _____ 측면으로 수용, _____ 개념 심화 → 천은 인간의 _____의 근거 천을 인간 내면으로 끌어들여 인간 본성을 자연한 것이자 도덕적인 것으로 간주하였다. 천이 도덕 및 인간 본성과 결부됨에 따라 인간 내면에 있는 천으로서의 본성을 잘 발휘하면 도덕을 실현함은 물론, 천의 경지에 도달할 수 있다고 여겨졌다. 의리천 개념하에서의 인간: 천을 _____으로 끌어들임 → 내면에 있는 천으로서의 _____을 발휘하면 도덕 실현, _____에 도달 가능 내면화된 천은 비도덕적 행위에 대한 제어 장치 역할을 하는 양심의 근거로도 수용되어 천의 도덕적 의미는 더욱 강조되었다. 천명 의식의 변화와 확장된 천 개념의 결합에 따라 천은 초월성과 내재성을 가진 존재로서 받아들여졌고, ⊙인간 행위의 자율성과 타율성을 이끌어 내는 기반이 되어 인간 삶의 중요한 근거로서 그 위상이 강화되었다. 천명 의식의 변화 + 확장된 ___ 개념(도덕적 의미 강조) → 천은 인간 행위의 _____을 이끌어 내는 기반으로서 위상 강화

**1. ㉠에 대한 설명으로 적절하지 않은 것은?**

① '자연천'에서는 인간 행위의 자율성이 부각된다.

② '상제천'에서 인간 행위의 타율성이 나타나기 시작한다.

③ '의리천'에서 인간 행위의 자율성이 잘 발휘되면 천의 경지에 도달할 수 있다.

④ 천 개념의 개방에 따라 인간 행위의 자율성이 인정되는 방향으로 나갔다.

⑤ 천명 의식이 달라짐에 따라 인간 행위의 자율성과 타율성의 양상이 변화하였다.

**2. 윗글의 천 개념에 해당하는 예를 〈보기〉에서 골라 바르게 묶은 것은?**

〈보기〉

ㄱ. 천은 크기로 보면 바깥이 없고, 운행이 초래하는 변화는 다함이 없다.

ㄴ. 만물의 생성과 변화를 살피면 그와 같이 되도록 주재하고 운용하는 존재가 있는 것으로 생각된다.

ㄷ. 인심이 돌아가는 곳은 곧 천명이 있는 곳이다. 그러므로 사람을 거스르고 천을 따르는 자는 없고, 사람을 따르고 천을 거스르는 자도 없다.

ㄹ. 이 세상 사물 가운데 털끝만큼 작은 것들까지 천이 내지 않은 것이 없다고들 한다. 대체 하늘이 어떻게 하나하나 명을 낸단 말인가? 천은 텅 비고 아득하여 아무런 조짐도 없으면서 저절로 되어 가도록 맡겨 둔다.

|   | 자연천 | 상제천 | 의리천 |
|---|---|---|---|
| ① | ㄱ | ㄴ, ㄹ | ㄷ |
| ② | ㄴ | ㄱ | ㄷ, ㄹ |
| ③ | ㄹ | ㄴ | ㄱ, ㄷ |
| ④ | ㄱ, ㄹ | ㄴ | ㄷ |
| ⑤ | ㄱ, ㄹ | ㄷ | ㄴ |

**3. 윗글에서 ①과 ②에 들어갈 적절한 단어를 찾아 각각 빈칸에 쓰시오.**

┌─────────────────────────────────────────┐
│ ① : 일을 맡아서 주관함. 3문단 │
│ 예 뇌에서 언어를 □□ 하는 부분은 좌반구에 위치한다. │
│ ② : 마땅히 있어야 할 것이 빠져서 없거나 모자람. 4문단 │
│ 예 이 글은 논리적 일관성이 □□ 되어 있다. │
└─────────────────────────────────────────┘

**구 조 도  그 리 기**

**[4~6] 다음을 읽고 핵심 내용에 밑줄을 치고, 빈칸에 적절한 말을 채우시오. 또한 주어진 물음에 답하시오.**

전통적으로 동아시아에서 역법은 연월일시의 시간 규범을 제시하는 일뿐만 아니라 태양, 달 그리고 다섯 행성의 위치 변화를 통해 하늘의 뜻을 이해하는 것이었다. 역법의 운용과 역서의 발행은 나라를 다스리는 중요한 통치 행위였기 때문에 동아시아에서는 국가 기구를 설치하여 역법을 다루었고 그곳의 관리에게만 연구가 허락되었다. 『서경(書經)』에서 말한 '하늘을 관찰하여 백성에게 시간을 내려준다.'라는 뜻의 관상수시(觀象授時)는 유교 문화권에서 역법을 어떻게 바라보았는가를 잘 드러낸다. 관상수시는 하늘의 명을 받은 천자에게만 허락된 일이므로 동아시아에서의 역법: 관상수시(＿＿＿＿＿＿의 제시, ＿＿＿＿＿＿을 이해하는 것) → 천자에게만 허락됨 고려 시대에는 중국의 역을 거의 그대로 따라야 했다. 고려 초에 도입된 선명력은 정확성이 부족하여 고려 말에는 정확성이 높아진 수시력을 도입했다. 수시력은 계산식이 복잡해 익히기가 어려웠기 때문에 일식과 월식, 곧 교식을 추보*할 때는 여전히 선명력이 사용되었다. 이 상황 교식 추보에 ＿＿＿＿＿을 사용하는 것 은 조선 건국 직후에도 지속되었다. (＿＿＿＿＿의 흐름에 따른 통시적 변화가 나타나고 있어. 통시적인 흐름에서는 변화하는 것이 설명하고자 하는 내용의 초점이지.) 고려 시대: ＿＿＿＿＿의 역 거의 그대로 따름(고려 초 ＿＿＿＿＿ 도입 → 고려 말 ＿＿＿＿＿ 도입, ＿＿＿＿＿에는 조선 건국 직후까지 선명력 사용)

세종은 즉위 초부터 수시력에 대한 이해를 높이려고 애썼고 마침내 수시력에 통달했다고 자부했다. 그럼에도 세종 12년, 교식 추보에 오차가 생기자 세종은 그 해결책으로 조선만의 교식 추보 방법을 찾고자 했다. 세종은 중국의 역법을 수용하되 이것을 조선에 맞게 운용하는 방법을 택함으로써 중국과의 관계를 고려(＿＿＿＿＿＿＿ 수용)하면서도 시간 규범을 스스로 수립(＿＿＿＿＿＿＿ 운용)하고자 한 것이다. 수시력으로 교식을 추보할 때에는 입성을 사용했는데, 이때의 입성은 모두 중국을 기준으로 한 것이었다. 입성이란 천체의 위치를 계산하는 데 필요한 관측값 등을 실어 놓은 계산표이다. 세종은 한양을 기준으로 한 입성을 제작하려 했다. 세종은 ＿＿＿＿＿으로 교식을 추보할 때 사용되는 입성을 한양을 기준으로 제작하려고 했어. 그래서 입성 제작에 필요한 낮과 밤의 길이인 주야각을 추보하기 위해 한양의 위도 등을 알아내도록 명했다. 이러한 일련의 연구 성과를 담은 것이 세종 26년에 편찬된 『칠정산 내편』이다. '칠정'이란 태양, 달, 다섯 행성의 운행을 가리키고, '산'이란 계산했다는 뜻이다. 『칠정산 내편』은 중국 역법에 기반을 두었지만 교식과 천체 관측에 필요한 값들을 한양의 기준으로 계산할 수 있게 되었다는 점에서 독자적인 역법이라 할 수 있다. 세종은 ＿＿＿＿＿＿＿＿가 생기자 조선만의 교식 추보 방법을 찾고자 했는데, 그 연구 성과를 담은 것이 ＿＿＿＿＿＿＿＿이구나.

| ＿＿＿의 역법 수용 | 조선에 맞게 운용 |
|---|---|
| 중국과의 관계 고려 | ＿＿＿＿＿을 스스로 수립 (교식과 천체 관측에 필요한 값들을 ＿＿＿＿＿의 기준으로 계산) |

『칠정산 내편』의 효용성을 살피기 위해 세종은 정묘년(1447년) 8월에 일어날 교식을 미리 추보하여 『칠정산 내편 정묘년 교식 가령』을 편찬하게 했다. 『칠정산 내편 정묘년 교식 가령』: 정묘년 8월 교식 추보 → ＿＿＿＿＿＿＿＿＿을 살피고자 함 그런데 이 추보에 오차가 발생하자 추보의 방법과 내용을 꾸준히 정비했다. 이 성과를 담은 책이 바로 세조 4년에 편찬된 『교식 추보법 가령』이다. 이 책은 정묘년(1447년) 8월의 교식을 새로운 계산식으로 다시 추보한 것이다. 『교식 추보법 가령』: ＿＿＿＿＿＿＿＿ 에서의 추보를 정비해 ＿＿＿＿＿＿＿＿을 다시 추보 두 가령의 교식 추보 원리는 동일하지만 계산식을 약간 달리 했기 때문에 교식 추보 시각은 서로 달랐다. 두 가령의 교식 추보 시각은 현대 천문학의 계산과 조금의 오차는 있지만 당시 유럽의 천문학과 비교하더라도 그 방법론이 매우 정교하여 조선 역법의 뛰어난 수준을 보여 주는 것이다.

지구는 태양과의 거리가 가장 가까운 근일점에서 공전 속도가 가장 빠르다. 그러므로 북반구에서 관측한 태양은 동지 즈음에 가장 빠르게 운행하는 것으로 보이고, 하지 즈음에 가장 느리게 운행하는 것으로 보인다. 그래서 『칠정산 내편』은 근일점과 동지가 일치한다고 보았다. ＿＿＿＿＿(지구의 공전 속도 가장 빠름) = ＿＿＿＿＿ (태양의 운행 가장 빠른 것으로 보임) 즉 동지와 하지에서 태양의 실제 위치가 평균 속도로 운행한 태양의 위치와 일치한다고 설정한 것이다. 그리고 동지부터 하지 사이를 영, 하지부터 동지 사이를 축이라 했다. '영축차'는 태양의 실제 위치에서 평균 위치를 뺀 값이다. 그러므로 영에서의 값인 '영차'는 양의 값이고, 축에서의 값인 '축차'는 음의 값이다.

| 영축차 = 태양의 실제 위치 - ＿＿＿＿＿＿＿ |
|---|
| ・＿＿＿(동지부터 하지 사이) → ＿＿＿는 양의 값 |
| ・＿＿＿(하지부터 동지 사이) → ＿＿＿는 음의 값 |

달 역시 지구와 가까울수록 빠르게 움직인다. 그래서 달이 지구와 가장 가까이 위치할 때인 근지점에서 '지질차'의 값을 0으로 간주했다. '지질차'란 달의 실제 위치에서 평균 위치를 뺀 값인데, 근지점부터 달이 지구와 가장 멀리 떨어져 있는 원지점까지는 달의 실제 위치가 평균 위치보다 앞선다. 그리고 원지점부터 근지점까지는 그 반대(달의 ＿＿＿＿＿가 ＿＿＿＿＿보다 뒤처짐)이다. 달의 실제 위치가 평균 위치보다 앞서면 '질차', 뒤처지면 '지차'라 했다. ('근일점', '영축차', '지질차' 등의 개념이 연달아 제시돼서 당황스러울 수 있어. 하지만 나열된 개념을 연결해 가며 핵심 정보를 설명하는 순간이 올 테니, 일단 차근히 정리만 하며 읽으면 돼.)

| ＿＿＿＿＿ = 달의 실제 위치 - 평균 위치 |
|---|
| ・근지점부터 원지점까지 → 달의 실제 위치가 평균 위치보다 앞서므로 ＿＿＿＿＿ ((양의 값/음의 값)) |
| ・원지점부터 근지점까지 → 달의 실제 위치가 평균 위치보다 뒤처지므로 ＿＿＿＿＿ ((양의 값/음의 값)) |

달이 태양과 지구 사이에 놓여 태양을 가릴 때를 삭(朔), 지구가 태양과 달 사이에 놓여 달을 가릴 때를 망(望)이라 한다. ___: (태양) - 달 - 지구 / ___: 태양 - 지구 - (달) 정삭과 정망은 지구와 달이 태양과 정확히 일직선 위에 놓이게 될 때의 시각이다. 『칠정산 내편 정묘년 교식 가령』과 『교식 추보법 가령』모두 정삭, 정망은 태양과 달의 평균 위치로 계산된 경삭과 경망에 실제 태양과 달의 빠르고 느린 정도를 가하거나 감하여 구했다. 이를 가감차 방식이라 한다. (3문단에서 두 가령의 _____는 동일하다고 했던 것 기억하지? 그 원리가 바로 가감차 방식인 거네.) 가감차 값은 영축차에서 지질차를 뺀 값을 속도항 값으로 나누어 구했다. 가감차 값 = (영축차 - 지질차) / _____ 즉 가감차 값이 양일 때에는 그 값을 경삭, 경망에 더하는 가차로 삼았고, 음일 때에는 그 값을 경삭, 경망에서 빼는 감차로 삼았다. 가감차 값이 양이면 _____, 음이면 _____ 앞에서 언급한 두 가령 모두 영축차에서 지질차를 뺀 값에는 거의 차이가 없다. 하지만(두 가령에서 _____가 있는 부분을 언급하겠지?) 『칠정산 내편 정묘년 교식 가령』은 속도항 값으로 달의 이동 속도를 활용했지만, 『교식 추보법 가령』은 달의 이동 속도에서 태양의 이동 속도를 뺀 값을 활용했다. 이는 태양이 달에 비해 느린 속도로 달과 같은 방향으로 이동하는 것처럼 보이는 현상을 고려한 것이다.

| | | 속도항 값 |
|---|---|---|
| 『칠정산 내편 정묘년 교식 가령』 | 거의 차이가 없음 | 달의 이동 속도 |
| 『교식 추보법 가령』 | | 달의 이동 속도 - _____ |

『칠정산 내편』등을 통한 역법의 확립으로 조선은 유교적 이념을 만족스럽게 실현할 수 있는 체계를 갖추었다는 자부심을 가질 수 있게 되었다. 『칠정산 내편』이 편찬된 지 200여 년 뒤, 일본을 왕래하던 조선 통신사 사신 박안기는 조선의 역법을 일본에 전하게 된다. 이를 바탕으로 일본에서도 독자적인 역법 『정향력』이 완성되었다. 동아시아 천문학은 시대와 장소에 따라 서로 다르게 전개되었지만 『칠정산 내편』, 『정향력』등은 자국의 고유한 역법을 확립하고자 했던 열망의 소산이라고 할 수 있다. 조선의 _____ 의 의의를 다루며 글을 마무리하고 있어.

*추보: 천체의 운행을 관측함.

**4. 윗글에 대한 설명으로 가장 적절한 것은?**

① 관상수시의 개념을 소개하고 고려와 조선이 그것을 어떻게 변용하여 역법 제작에 응용했는지 설명하고 있다.

② 조선의 역법 발달 과정을 언급하고 동서양 문명에서 공통적으로 나타난 천문과 역법의 의미를 보여 주고 있다.

③ 역법에 대한 유교적 관점을 드러내고 조선이 역법 확립을 위해 노력한 바와 그것이 끼친 영향을 보여 주고 있다.

④ 조선에서 교식 추보 방법이 발달했던 이유를 제시하고 교식 추보가 중국 천문학 발전에 끼친 영향을 설명하고 있다.

⑤ 조선 역법의 우수성을 부각하고 당대에 관측한 값들이 현대적 관점에서 얼마나 정확한 것인지 단계적으로 검증하고 있다.

**5. 〈보기〉를 참고하여 윗글을 이해한 내용으로 적절한 것은?**

〈보기〉

정묘년(1447년) 8월은 하지를 지나 동지로 가는 시점으로, 경삭이 일어날 때 달은 원지점에서 근지점으로 이동하고 있었다. 『칠정산 내편 정묘년 교식 가령』과 『교식 추보법 가령』의 추보법에 의하면 경삭이 일어날 때 태양의 실제 위치와 평균 위치의 차는 약 2.39였고, 달의 실제 위치와 평균 위치의 차는 약 4.99였다.

① 정묘년 8월 경삭 때 달의 실제 위치가 평균 위치보다 앞서 있었을 것이다.

② 정묘년 8월 정삭 추보에서 가감차 값은 『칠정산 내편 정묘년 교식 가령』이 『교식 추보법 가령』보다 더 컸을 것이다.

③ 정묘년 8월 정삭 추보에서 두 가령 모두 경삭에 가감차 값을 더하는 가차로 삼았을 것이다.

④ 정묘년 8월 정삭 추보에서 두 가령 모두 가감차 계산에 영차를 사용했을 것이다.

⑤ 정묘년 8월 정삭 때 지구가 태양과 달 사이에 있었을 것이다.

**6. 윗글에서 ①과 ②에 들어갈 적절한 단어를 찾아 각각 빈칸에 쓰시오.**

> ① : 사물의 이치나 지식, 기술 따위를 훤히 알거나 아주 능란하게 함. 2문단
>
> 예 홍 박사만큼 백제 역사에 □□한 인물은 흔치 않다.
>
> ② : 자기 자신 또는 자기와 관련되어 있는 것에 대하여 스스로 그 가치나 능력을 믿고 마음을 당당히 가짐. 2문단
>
> 예 형은 자기의 농구 실력을 □□하고 있다.

30
MIN

**3주차 7일째 문제 ②**

## 구 조 도  그 리 기

하루 30분, 독해 트레이닝 2 3주차

1day 30minute 4week

# 4주차 문제

**[1~3] 다음을 읽고 핵심 내용에 밑줄을 치고, 빈칸에 적절한 말을 채우시오. 또한 주어진 물음에 답하시오.**

음악에서 개별적인 음 하나하나는 단순한 소리일 뿐 의미를 갖지 못한다. 이 음들이 의미를 가지려면 음들은 조화로운 방식으로 결합된 맥락 속에서 파악되어야 한다. 그렇다면 그 맥락은 <u>어떻게</u> 형성되는가? (질문을 통해 화제를 제시했네. 이 글은 음악에서 _____ 이 어떻게 형성되는지를 설명하는 글이야!) 이(_____ 되는 방법)를 알기 위해서는 음악의 기본적인 요소인 <u>음정과 화음, 선율*과 화성의 개념을 이해할 필요</u>가 있다. (글의 흐름이 보여! 먼저 _____, 선율과 화성의 개념을 다루고, 이 개념들을 활용해 음악에서 맥락이 형성되는 방법을 얘기하겠지?)

떨어진 두 음의 거리를 '음정'이라고 한다. 음정의 크기(1도~8도)와 성질(완전, 장, 단 등)은 두 음의 어울리는 정도를 결정하는데, 음정의 _____: 두 음의 어울리는 정도 결정 그(_____ _____)에 따라 음정은 세 가지, 곧 완전음정(1도, 8도, 5도, 4도), 불완전음정(장3도, 단3도, 장6도, 단6도), 불협화음정(장2도, 단2도, 장7도, 단7도 등)으로 나뉜다. 여기서 '한 음의 중복'인 완전1도가 가장 협화적이며, 완전4도 〈도-파〉는 완전5도 〈도-솔〉보다 덜 협화적이다. 불완전음정은 협화음정이기는 하나 완전음정보다는 덜 협화적이다. 협화 정도에 따른 음정의 종류: _____(가장 협화적), _____(협화적), _____

중세와 르네상스 시대에는 수직적인 음향보다는 수평적인 선율을 중시하는 선법 음악이 발달했다. 선법 음악은 음정의 개념에 근거한 다성부 짜임새를 사용했는데, 이(_____)는 두 개 이상의 선율이 각각 서로 독립성을 유지하면서도 선율과 선율 사이의 조화가 음정에 따라 이루어지는 대위적* 개념에 근거한 것이었다. 선법 음악의 특징: _____인 선율 중시, 다성부 짜임새 사용(두 개 이상의 _____이 독립성 유지하면서도 음정에 따라 _____가 이루어짐) 따라서 각각의 선율은 모두 동등하게 중요했으며, 그에 반해 그 선율들이 만들어 내는 수직적인 음향은 부차적이었다.

중세의 선법 음악에서는 완전하게 어울리는 음정을 즐겨 사용했다. 그래서 기본적으로 완전음정만을 협화음정으로 강조하면서 불완전음정과 불협화음정을 장식적으로만 사용했다. 중세 선법 음악의 특징: _____만 협화음정으로 강조 <u>하지만</u> 르네상스 시대에 이르러('하지만'은 상반되는 내용이 이어질 때 쓰는 접속어야. 즉 3문단에서는 중세와 르네상스 시대의 _____의 공통점이 제시되었다면, 4문단에서는 중세와 르네상스 시대 선법 음악의 _____을 중점적으로 설명하려나 봐.) 불완전음정인 3도와 6도를 더 적극적으로 사용하기 시작했다. 르네상스 시대 선법 음악의 특징 (1): 중세에 _____으로만 사용하던 불완전음정인 _____를 더 적극적으로 사용 특히 16세기 대위법의 음정 규칙에서는 악보 (가)의 예가 보여 주듯이 음정의 성질에 따라 그 진행이 단계적으로 이루어지도록 했다. 예를 들면 7도의 불협화적인 음향이 '매우' 협화적인 음향인 8도로 진행하기 전에 '적당히' 협화적인 음향인 6도를 거치도록 했는데, 이를 통해 선법 음악이 추구하는

자연스러운 음향을 표현할 수 있도록 했다. 이는 2도(_____ 음정)-3도(_____ 음정)-1도(_____ 음정)의 진행에서도 확인할 수 있다. 르네상스 시대 선법 음악의 특징 (2): 불협화적 음향 → _____인 음향 → _____인 음향으로 진행하도록 하여 자연스러운 음향 표현

(가)                    (나)

5도 아래  중심음 '도'  5도 위
7 6 8  2 3 1
버금딸림화음  으뜸화음  딸림화음

<u>한편</u>(전환! 앞서 음정에 대해 설명했으니, 이제 _____을 설명할 차례겠지?) 불완전음정 3도가 완전5도를 분할하는 음정으로 사용되면서 '화음'의 개념이 출현하게 되는데, 이러한 변화는 음의 결합을 두 음에서 세 음으로 확장한 것이다. _____은 두 음의 결합이라면, _____은 세 음의 결합이군. <u>예컨대</u>(앞에서부터 여러 차례 개념을 설명한 후 예를 들고 있네. 예까지 들어서 설명한다면 이를 적용하여 푸는 문제를 출제할 거라는 뜻이니, 정확하게 이해하고 넘어가도록 하자!) 〈도-미-솔〉을 음정의 개념에서 보면 〈도-솔〉, 〈도-미〉, 〈미-솔〉로 두 음씩 묶은 음정들이 결합된 소리로 판단되지만, 화음의 개념에서는 이 세 음을 묶어 하나의 단위, 곧 3화음으로 본다. 이와 같이 세 음의 구성을 한 단위로 취급하는 3화음에서는 맨 아래 음이 화음의 근음(根音)으로서 중요하며, 그 음(_____)으로부터 화음의 이름이 정해진다. 화음의 이름: 근음(맨 _____ 음)으로부터 정해짐 또한 이 근음 위에 쌓는 3도 음정이 장3도인지 단3도인지에 따라 화음의 성격을 각각 장3화음, 단3화음으로 구별한다. 화음의 성격에 따른 종류: 장3화음(근음 위에 _____ 음정), 단3화음(근음 위에 _____ 음정) 예를 들면 완전5도 〈도-솔〉에 장3도 〈도-미〉를 더한 〈도-미-솔〉은 '도 장3화음'이며, 단3도 〈도-미♭〉을 더한 〈도-미♭-솔〉은 '도 단3화음'이다. 〈도-미-솔〉은 근음이 '___'이고 그 위에 쌓은 '〈도-미〉'가 _____라서 '도 장3화음'이고, 〈도-미♭-솔〉은 근음이 '___'이고 '〈도-미♭〉'은 _____라서 '도 단3화음'인 거구나. 화성적 음향이 발달해 3화음 위에 3도를 한 번 더 쌓으면 네 개의 음으로 구성된 화음이 생기는데, 이것을 '7화음'이라고 부른다. 예를 들어, 위의 〈도-미-솔〉의 경우 〈도-미-솔-시〉가 7화음이다. 세 개의 음으로 구성된 화음이 _____이라면, 네 개의 음으로 구성된 화음은 _____이야.

조성 음악은 이러한 화음의 개념에 근거해서 발달한 것이다. 수평적인 선율보다 수직적인 화음을 중시하는 양식으로 르네상스 시대 이후 등장한 조성 음악에서는 복합층으로 노래하던 다성부의 구조가 쇠퇴하는 대신 선율과 화성으로 구성된 구조가 등장하였다. (중세와 르네상스 시대의 _____ 음악과 르네상스 시대 이후 _____ 음악을 비교해가며 읽어야겠지?) 이러한 구조(_____으로 구성된 구조)에서는 선율이 화음에 근거하여 만들어지기 때문에, 수평적인 선율 안에 화음의 구성음들이 '내재'한다. 르네상스 시대 이후 조성 음악의 특징:

_____인 화음 중시, 선율과 화성으로 구성된 구조 등장(_____ 안에 화음의 구성음 내재)

조성 음악에서 화음들의 연결을 '화성'이라 한다. 말하자면 화성은 화음들이 조화롭게 연결되어 만들어 내는 맥락을 뜻한다. (1문단에서 제시한 화제가 떠올랐지? 이 글의 화제는 음악에서 _____이 형성되는 방법이었어. 즉 음악에서 맥락은 화성을 이룸으로써 형성되는데, 화성은 _____들이 연결된 것이고, 화음은 음정의 결합이 확장된 것으로 이에 근거해 _____이 만들어지지. 따라서 음악에서 맥락이 형성되는 방법을 알기 위해 음정, 화음, 선율, 화성의 개념을 이해할 필요가 있었던 거야.) 악보 (나)가 보여 주듯이 조성 음악에서는 5도 관계에 놓인 세 화음이 화성적 맥락을 형성하는 근본적인 역할을 한다. '도'를 중심으로 해서 이 음보다 5도 위의 '솔', 5도 아래의 '파'를 정하면, '도'가 으뜸음이 되며 '솔'(_____의 5도 위)은 딸림음, '파'(으뜸음의 _____)는 버금딸림음이 된다. 이 세 음을 근음으로 하여 그 위에 쌓은 3화음이 '주요 3화음'이 되는데, 이를 각각 으뜸화음, 딸림화음, 버금딸림화음이라고 한다. 이 세 화음은 으뜸화음으로 향하는 화성 진행을 만든다.

*선율: 가락. 소리의 높낮이가 길이나 리듬과 어울려 나타나는 음의 흐름.
*대위적: 둘 이상의 독립된 선율이나 성부를 동시에 결합하여 곡을 만드는 것.

## 1. 윗글의 내용과 일치하지 않는 것은?

① 완전음정 〈도−솔〉은 완전음정 〈도−도〉보다 덜 협화적이다.
② 르네상스 시대보다 중세 시대에 협화적인 음정을 더 많이 사용하였다.
③ 2도−3도−1도의 진행은 불협화음정−불완전음정−완전음정의 단계적 진행이다.
④ 장3화음과 단3화음은 근음 위에 쌓은 3도 음정의 성질에 따라 구별된다.
⑤ 화음의 개념에 근거한 선율만으로는 곡의 주요 3화음을 알 수 없다.

## 2. 〈조건〉에 따라 〈보기〉의 곡을 작곡했다고 할 때, 이에 대한 설명으로 적절하지 않은 것은?

〈조건〉

○ 선율은 '도'를 으뜸음으로 한다.
○ 한 마디에는 하나의 화음을 사용한다.

〈보기〉

① ㉠의 화음에는 '미'가 내재되어 있다.
② ㉡에는 버금딸림 7화음이 사용되었다.
③ ㉢에는 딸림 7화음이 사용되었다.
④ 으뜸화음에서 시작하여 으뜸화음으로 끝난다.
⑤ 각 마디의 첫 음은 그 마디에 사용된 화음의 근음이다.

## 3. 윗글에서 ①과 ②에 들어갈 적절한 단어를 찾아 각각 빈칸에 쓰시오.

| ① | : 주된 것이 아니라 그것에 곁딸린 것. 3문단 |

예 누가 모임을 이끌 것인가는 □□□인 문제일 뿐이다.

| ② | : 기세나 상태가 쇠하여 전보다 못하여 감. 6문단 |

예 공업이 발달하면 농업은 □□한다는 논리는 궤변에 불과하다.

---

구 조 도 그 리 기

**[4~6] 다음을 읽고 핵심 내용에 밑줄을 치고, 빈칸에 적절한 말을 채우시오. 또한 주어진 물음에 답하시오.**

동물은 다양한 방식으로 중요한 장소의 위치를 기억하고 이를 활용하여 자신의 은신처까지 길을 찾아올 수 있다. (_____의 길찾기 방식을 두 가지 이상 설명하겠군.) 동물의 길찾기: _____를 활용해 은신처까지의 길을 찾아오는 것 동물의 길찾기 방법에는 '장소기억', '재정위', '경로적분' 등이 있다. '장소기억'은(___ 가지 방식을 차례로 설명하겠지? 각 방식의 공통점과 차이점에 주목하며 읽어 보자.) 장소의 몇몇 표지만을 영상 정보로 기억해 두었다가 그 영상과의 일치 여부를 확인하며 길을 찾는 방법이다. 기억된 영상은 어떤 각도에서 바라보는지에 따라 달라지기에, 이 방법을 활용하는 꿀벌은 특정 장소를 특정 각도에서 본 영상으로 기억해 두었다가 다시 그곳으로 갈 때는 자신이 보는 영상과 기억된 영상이 일치하도록 비행한다. (장소기억의 _____을 설명하고 이를 활용하는 _____의 예를 들었어. 동일한 층위에 있는 대상은 동일한 방법으로 설명하는 경우가 많아. 그렇다면 이어서 다룰 _____나 _____도 개념과 예시가 제시될 가능성이 높겠지?) 장소기억은 곤충과 포유류를 비롯한 많은 동물이 길찾기에 활용한다. (1) 장소기억: _____만을 영상 정보로 기억하고, 영상과의 _____를 확인하며 길을 찾는 방법(ex. 곤충(꿀벌), _____)

'재정위'는 방향 기억이 헝클어진 상황에서도 장소의 기하학적 특징을 활용하여 방향을 다시 찾는 방법이다. 예를 들어,(예상대로 _____을 설명하고 이를 활용하는 동물의 ___를 들고 있어.) 직사각형 방에 갇힌 배고픈 흰쥐에게 특정 장소에만 먹이를 두고 찾게 하면, 긴 벽이 오른쪽에 있었는지와 같은 공간적 정보(_____ _____)만을 활용하여 먹이를 찾는다. 이런 정보는 흰쥐의 방향 감각을 혼란시킨 상황에서도 보존되는데, 흰쥐는 재정위 과정에서 장소기억 관련 정보를 무시한다. 하지만(흰쥐와 달리 _____ _____를 활용하는 경우가 제시되겠군.) 최근 연구에 따르면, 원숭이는 재정위 과정에서 벽 색깔과 같은 장소기억 정보도 함께 활용한다는 점이 밝혀졌다. (2) _____: 장소의 기하학적 특징을 활용하여 방향을 찾는 방법(ex. _____(장소기억 무시), _____(장소기억 활용))

'경로적분'은 곤충과 새의 가장 기본적인 길찾기 방법으로 이를 활용하는 능력은 타고나는 것으로 알려졌다. 예를 들어 먹이를 찾아 길을 나선 ⊙사하라 사막의 사막개미는 집 근처를 이리저리 탐색하다가 일단 먹이를 찾으면 집을 향해 거의 일직선으로 돌아온다. 사막개미는 장소기억 능력이 있지만 눈에 띄는 지형지물이

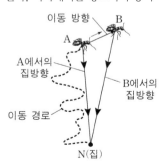

거의 없는 사막에서는 장소기억을 사용할 수 없기 때문에 경로적분을 활용한다. 사막개미의 이러한 놀라운 집찾기는 집을 출발하여 먹이를 찾아 이동하면서 자신의 위치에서 집 방향을 계속하여 다시 계산함으로써 가능하다. 가령,

그림에서 이동 경로를 따라 A에 도달한 사막개미가 먹이를 찾았다면 그때 파악한 집 방향 $\overrightarrow{AN}$으로 집을 향해 갈 것이다. 만약 A에서 먹이를 찾지 못해 B로 한걸음 이동했다고 가정하자. 이때 사막개미는 A에서 B로의 이동 방향과 거리에 근거하여 새로운 집 방향 $\overrightarrow{BN}$을 계산한다. 사막개미는 먹이를 찾을 때까지 이러한 과정을 반복하여 매 위치에서의 집 방향을 파악한다. (3) 경로적분: 이동 경로상의 매 지점에서 _____을 다시 계산하여 길을 찾는 방법(ex. 곤충(사막개미(지형지물 많을 때에는 _____)), ___)

한편, (마지막 문단에서의 '한편'은 주로 (핵심적인/부수적인) 정보가 덧붙을 것임을 뜻하지.) 이동 경로상의 매 지점에서 사막개미가 방향을 결정하기 위해서는 기준이 있어야 한다. 이 기준을 정하기 위해 사막개미는 태양의 위치와 산란된 햇빛을 함께 이용한다. 태양의 위치는 태양이 높이 떠 있거나 구름에 가려 보이지 않을 때는 유용하지 않다. 이때(_____를 이용할 수 없을 때) 결정적 도움을 주는 것이 산란된 햇빛 정보이다. 사막개미는 마치 하늘을 망원경으로 관찰하는 천문학자처럼 하늘을 끊임없이 관찰하고 있는 셈이다. 사막개미는 태양의 위치와 산란된 햇빛 정보를 이용해 _____ 결정의 _____을 정하는군.

**4. 윗글을 바탕으로 할 때, ㉠의 길찾기에 대한 추론으로 가장 적절한 것은?**

① 사막개미는 암흑 속에서도 집 방향을 계산할 수 있겠군.

② 사막개미의 경로적분 능력은 학습을 통해 얻어진 것이겠군.

③ 지형지물이 많은 곳에서 사막개미는 장소기억을 활용하겠군.

④ 사막개미가 먹이를 찾은 후 집으로 되돌아갈 때는 왔던 경로를 따라 가겠군.

⑤ 사막개미는 한 걸음씩 이동하면서 그때마다 집까지의 직선거리를 다시 계산하겠군.

**5. 윗글을 바탕으로 할 때, 〈보기〉의 상황에서 병아리가 보일 행동에 대한 추론으로 가장 적절한 것은?**

〈보기〉

　병아리가 재정위 과정에서 기하학적 특징만을 활용한다고 가정하자. 아래 그림의 직사각형 모양의 상자에서 먹이는 A에만 있다. 병아리가 A, B, C, D를 모두 탐색하여 먹이가 어디에 있는지 학습하게 한 후, 상자에서 꺼내 방향을 혼란시킨 다음 병아리를 상자 중앙에 놓고 먹이를 찾도록 한다. 이와 같은 실험을 여러 번 수행하여 병아리가 A, B, C, D를 탐색하는 빈도를 측정한다.

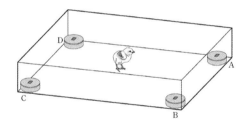

① A를 높은 빈도로 탐색하고 B, C, D를 비슷한 정도의 낮은 빈도로 탐색한다.

② A, B를 비슷한 정도의 높은 빈도로 탐색하고 C, D를 비슷한 정도의 낮은 빈도로 탐색한다.

③ A, C를 비슷한 정도의 높은 빈도로 탐색하고 B, D를 비슷한 정도의 낮은 빈도로 탐색한다.

④ A, D를 비슷한 정도의 높은 빈도로 탐색하고 B, C를 비슷한 정도의 낮은 빈도로 탐색한다.

⑤ A, B, C, D를 비슷한 정도의 빈도로 탐색한다.

**6. 윗글에서 ①과 ②에 들어갈 적절한 단어를 찾아 각각 빈칸에 쓰시오.**

　　① : 잘 보호하고 간수하여 남김. **2문단**
　　예 아내가 쓰던 세간은 고스란히 □□되어 있다.

　　② : 드러나지 않은 사물이나 현상 따위를 찾아내거나 밝히기 위하여 살피어 찾음. **3문단**
　　예 구조대가 도착해 실종자를 □□하고 있었다.

**구 조 도  그 리 기**

**[1~3] 다음을 읽고 핵심 내용에 밑줄을 치고, 빈칸에 적절한 말을 채우시오. 또한 주어진 물음에 답하시오.**

우리는 다른 사람을 돕거나 심지어 목숨까지 바치는 행위를 이타적이라고 칭송한다. 그러나(_____ 행위에 대한 일반적인 인식과는 다른 관점이 제시되겠지?) 심리적 이기주의에 따르면 이타적인 행위는 없다. 인간의 모든('모든', '항상' 등은 예외가 (있음/없음)을 의미하지!) 행위는 자기 자신의 이익을 위한 행위라고 주장하기 때문이다. 심리적 이기주의의 주장: 모든 행위는 자신의 _____ 을 위한 것, 이타적 행위 (O/X)

심리적 이기주의를 지지하는 논증에는 두 가지가 있다. 첫 번째 논증은 우리가 이기적인 행위를 했든 이타적인 행위를 했든 우리는 단지 가장 원하는 행위를 했으므로 이타적이라고 할 수 없다는 것이다. 자신이 가장 하고 싶은 일을 했을 뿐이므로 '이타적'이었다고 칭찬받아야 할 이유가 없다는 것이다. 두 번째 논증은 이타적으로 행동하면 사람들이 만족감을 얻는다는 사실에 근거한다. 아무리 이타적인 행위라고 해도 결국에는 자기만족을 위한 행위라는 것이다. 심리적 이기주의의 논증: (1) 자신이 _____ 행위를 한 것이므로 이타적 X, (2) 이타적 행위도 결국 _____ 을 위한 행위임

㉠이런 심리적 이기주의의 논증에는 결함이 있다. (_____ 의 논증은 완전하지 못하구나. 이어서 어떤 점에서 그러한지를 구체적으로 설명하겠지?) 첫 번째 논증은 사람들이 자신이 원하는 것 이외에는 아무것도 자발적으로 하지 않는다는 생각에 기초하고 있다. 하지만 이런 생각은 잘못된 것이다. 우리는 별로 하고 싶지 않은데도 그렇게 해야만 한다는 생각에서 행동할 때도 있기 때문이다. 두 번째 논증도 역시 결함이 있다. 어떤 사람이 어떤 행위를 한 동시에 그로부터 만족감을 얻는다는 사실은 그 사람이 만족감 때문에 그 일을 했다는 사실을 입증하지 않는다. 우리는 합격, 결혼, ㉡다른 사람을 돕는 일 등 다양한 일을 원하지만, 이 일을 성취했을 때 기분이 좋아지는 것은 부수적인 산물일 뿐 우리가 얻고자 했던 것은 아니기 때문이다. 다른 사람에게 관심이 없는 사람이라면 돕는 일을 아예 하지 않았을 것이다. 심리적 이기주의의 논증에 대한 비판: (1) 사람은 하기 싫지만 _____ 는 생각에서 행동하기도 함, (2) 만족감은 _____ 일 뿐 행위의 목적은 아님

심리적 이기주의가 사람들이 어떤 행위를 실제로 하고 있는가에 관한 이론이라면, 윤리적 이기주의는 어떤 행위를 해야 하는가에 관한 규범적 이론이다. 심리적 이기주의는 우리가 언제나 자신의 이익을 추구한다고 주장하지만, 윤리적 이기주의는 우리가 실제로 자기 이익을 추구하든 안 하든 각 개인들은 오로지 자신의 이익만을 추구해야 한다고 주장한다. (심리적 이기주의와 대비되는 _____ 의 주장이 제시되고 있어.) 곧 윤리적 이기주의는 우리가 실제로 어떻게 행동하고 있는지와 상관없이, 자신에게 이익이 되는 것을 하는 것이 우리의 의무라고 말한다. 그렇다고 해서 윤리적 이기주의가 다른 사람을 돕는 행위를 하지 말아야 한다고 말하지는 않는다. 다른 사람을 돕는 일이 나 자신의 이익을 도모하는 효과적인 수단이 될 수 있으므로 그런 행위를 금

지하지 않는다. 또 윤리적 이기주의는 다른 사람이 어떻게 행동하든 상관하지 않는 이론은 아니다. 윤리 이론이라면 말하는 사람뿐만 아니라 모든 사람들이 어떻게 행동해야 하는가에 관한 이론이어야 하므로, 다른 사람들도 나처럼 각자의 이익을 추구해야 한다고 주장한다. 윤리적 이기주의의 주장: 자신의 이익을 추구하는 것은 사람의 _____ 이며, 모든 사람은 _____ 을 추구해야 함

그러나 윤리적 이기주의는 실천적인 측면과 논리적인 측면에서 모두 심각한 문제점을 낳는다. (심리적 이기주의의 주장을 살펴본 다음 그 _____ 을 언급한 것처럼, 윤리적 이기주의에 대해서도 주장을 설명한 뒤 문제점을 다루려나 봐. 먼저 _____ 인 측면의 문제점을 설명하고 다음으로 _____ 인 측면의 문제점을 설명하겠지?) 먼저 윤리적 이기주의는 현실적으로 이익의 충돌을 해결할 수 없다. 서로 대결하는 두 사람 중 한 사람의 승리는 그의 이익이지만 상대방의 이익에는 위배되므로 그는 상대방을 확실히 제압할 때까지는 자신의 의무를 다하지 않은 것이 된다. 그런데 이것은 상대방 입장에서도 마찬가지이다. 윤리를 자기 이익이라는 관점에서 본다면 이렇게 이익이 충돌하는 경우에 대한 해결책이 결코 존재할 수 없으므로, 윤리적 이기주의는 수용하기 힘들다. 윤리적 이기주의에 대한 실천적인 측면의 비판: _____ 하는 경우에 대한 해결책 제시 X

더 나아가 윤리적 이기주의는 논리적 모순에 빠지게 된다. A, B 두 사람의 대결을 생각해 보면, A가 자신을 제압하려는 B의 행동을 막는다면 A의 행위는 잘못된 행위이면서 동시에 잘못된 행위가 아니라고 말할 수밖에 없다. A는 B가 자신의 의무(B가 자신의 _____ 을 추구하는 것)를 다하지 못하게 막아야 하는데, 바로 그 행위가 A가 해야만 하는 일(A가 자신의 _____ 을 추구하는 것)이기 때문에 잘못인 것은 아니지만 동시에 B가 그 의무를 다하지 못하게 막는 것은 잘못이기 때문이다. 윤리적 이기주의에 대한 논리적인 측면의 비판 (1): 이익이 충돌하는 경우_____ 에 빠짐

마지막으로 윤리적 이기주의는, 윤리적 판단은 충분한 이유에 의해 뒷받침되어야 한다는 윤리 이론의 기본 조건을 만족시키지 못하고 있다. 성차별주의처럼 충분한 이유 없이 차별을 옹호하는 이론은 독단적이다. 윤리적 이기주의도 나의 이익을 다른 사람의 이익보다 더 중요하게 여길 특별한 이유가 없는데도 나의 이익을 더 중요하게 생각하라고 요구하기 때문에 독단적인 이론이 된다. 윤리적 이기주의에 대한 논리적인 측면의 비판 (2): 자신의 이익을 더 중요하게 여기라는 주장에 충분한 _____ 가 없어 윤리 이론의 기본 조건을 만족시키지 못하는 _____ 인 이론임

**1. 윗글의 내용과 일치하는 것은?**

① 심리적 이기주의는 욕구와 당위성 사이에 갈등이 있음을 인정한다.

② 심리적 이기주의와 윤리적 이기주의 모두 의무라는 것은 없다고 생각한다.

③ 윤리적 이기주의는 우리가 만족감 때문에 행동한다는 것은 부인하지만, 원하는 일만 한다는 것은 인정한다.

④ 심리적 이기주의와 달리 윤리적 이기주의는 우리가 실제로 자기 이익을 추구하는 행위를 하지 않는다고 생각한다.

⑤ 윤리적 이기주의와 달리 심리적 이기주의는 우리가 자신의 이익을 추구하지 않을 때가 있을 수 있음을 인정하지 않는다.

**2. ㉠처럼 생각하는 사람 입장에서 ㉡을 평가한 것으로 적절하지 않은 것은?**

① 타인을 돕는 행위는 이기적이지만 그 동기는 이타적이다.

② 타인을 돕는 일을 한 사람은 그 일로 칭찬을 받을 만하다.

③ 타인을 돕고 싶지 않지만 의무감 때문에 타인을 도울 때도 있다.

④ 타인을 돕는 데서 생기는 만족감 때문에 돕는 행위를 한 것은 아니다.

⑤ 타인을 도움으로써 만족감을 얻는다면, 그 만족감은 돕는 행위를 했기 때문에 생긴 것이다.

**3. 윗글에서 ①과 ②에 들어갈 적절한 단어를 찾아 각각 빈칸에 쓰시오.**

> ① : 목적한 바를 이룸. 3문단
>
> 예 갈망하던 일을 □□ 하자 여러 가지 감정이 밀려왔다.
>
> ② : 법률, 명령, 약속 따위를 지키지 않고 어김. 5문단
>
> 예 국민의 권리를 제한하는 것은 헌법의 기본 정신에 □□ 된다.

**구 조 도 그 리 기**

**[4~6] 다음을 읽고 핵심 내용에 밑줄을 치고, 빈칸에 적절한 말을 채우시오. 또한 주어진 물음에 답하시오.**

VOD(Video on Demand)는 사용자의 요청에 따라 서버가 네트워크를 통해 비디오 콘텐츠를 실시간으로 전송하고, 동시에 수신 측에서 이와 연동하여 이(_____)를 재생하는 서비스를 말한다. 콘텐츠가 실시간으로 전송될 때는 허용 시간 내에 데이터가 전달되는 것이 중요하므로, 공중파 방송처럼 데이터를 통신망으로 퍼뜨리는 형태를 취한다. VOD: _____가 네트워크를 통해 비디오 콘텐츠 데이터를 통신망으로 퍼뜨리는 형태로 _____ 전송, 수신 측에서 이와 _____하여 재생

콘텐츠의 전송은 소프트웨어적으로 정의되는 채널을 통해 일어나는데, 한 채널은 콘텐츠 데이터 블록의 출구 역할을 하며 단위 시간당 전송하는 데이터의 양을 의미하는 '대역'으로 그 크기를 나타낸다. 채널: 콘텐츠 데이터 블록의 출구 역할, 크기는 대역(_____/단위 시간)으로 나타냄 한편 한 서버가 가지는 수용 가능한 대역의 크기, 즉 최대 전송 능력을 '대역폭'이라고 하고 초당 전송 비트 수로 나타낸다. 서버의 _____(최대 전송 능력) = _____/초

VOD의 여러 방법 가운데 사용자의 요청마다 각각의 채널을 생성하여 서비스하는 방법을 'RVOD(Real VOD)'라고 한다. (VOD 중에서도 _____로 화제가 좁혀졌어. '여러' 방법이 있다는 걸로 보아 뒤에서 RVOD 외에 다른 VOD의 방법을 설명할 수도 있겠네.) 각 전송 채널이 사용자별로 독립되어 있으므로 사용자가 직접 '일시 정지', '빨리 감기' 등과 같은 실시간 전송 제어를 할 수 있어 상대적으로 사용자의 편리성이 높고, 제한된 대역폭으로도 다양한 콘텐츠의 동시 서비스가 가능하다. 그러나(앞에서 ROVD의 장점을 다뤘다면, 이제 _____을 설명하려나 봐.) 동시 접속 사용자의 수에 비례하여 서버가 전송해야 하는 전체 데이터의 양이 증가하므로, 대역폭의 제한이 있는 상황에서는 동시 접속이 가능한 사용자의 수에 한계가 있다.

| RVOD | | |
|---|---|---|
| 개념 | 사용자별로 _____ 생성하여 서비스 | |
| 장점 | _____ 가능, 제한된 대역폭으로 다양한 콘텐츠 _____ 가능 | |
| 단점 | 동시 접속 가능한 _____ 제한 있음 | |

이 단점을 극복하기 위해 제시된 NVOD(Near VOD)는 일정 시간 동안에 들어온 서비스 요청을 묶어 한 채널에 다수의 수신자가 동시에 접속되는 형태를 통해 서비스하는 방식이다. (_____의 한계를 보완하기 위한 VOD의 다른 방법이 소개되었어. 어떤 기술의 문제점을 제시한 다음, 이를 보완하거나 해결한 새로운 기술을 소개하는 것은 기술 지문의 흔한 구성 방식이니 기억해 두자.) NVOD의 한 채널은 동시 접속 수신자 수에 상관없이 일정한 대역을 필요로 하므로 동시 접속 사용자 수의 제한을 극복할 수 있지만,(RVOD의 단점은 극복했지만, NVOD에도 _____이 있다는 내용이 이어지겠군.) 사용자가 서비스를 받기 위해 일정 시간을 기다려야 하는 불편이 있다. 서비스 제공자의 입장에서 볼 때 사용자가 서비스 요청을 취소하지 않고 참을 수 있는 대기 시간을 '허용 대기 시간'이라고 하는데, 이것(

_____)은 VOD의 질을 결정하는 중요한 요소이다. NVOD에서 사용자의 대기 시간이 _____을 넘기면 질이 떨어질 위험이 있겠군.

| NVOD | | |
|---|---|---|
| 개념 | 한 채널에 _____가 동시 접속되는 형태로 서비스 | |
| 장점 | | |
| 단점 | | |

'시간 분할 NVOD'는 동일 콘텐츠가 여러 채널에서 시간 간격을 두고 반복 전송되도록 함으로써 대기 시간을 줄이는 방법이다. (_____의 한 유형인 시간 분할 NVOD로 화제가 좁혀졌어.) 사용자는 요청 시점 이후 대기 시간이 가장 짧은 채널에서 수신 대기하게 되고, 그 채널의 전송이 데이터 블록의 첫 부분부터 다시 시작될 때 수신이 시작된다. 이때 대기 시간은 서버의 채널 수나 콘텐츠의 길이에 따라 결정되는데, 120분 길이의 영화를 12개의 채널을 통하여 10분 간격으로 전송하면 대기 시간은 10분 이내가 된다. 대기 시간을 줄이려면 많은 수의 채널이 필요한데, 1분 이내로 만들려면 120개의 채널이 필요하다. NVOD의 유형 (1) 시간 분할 NVOD: 동일 콘텐츠를 여러 채널에서 _____하여 대기 시간 조절

'데이터 분할 NVOD'는 콘텐츠를 여러 데이터 블록으로 나누고 각각을 여러 채널에서 따로 전송하는 방법을 사용하여 대기 시간을 조절한다. 첫 번째 블록을 적당한 크기로 만들어, 이어지는 블록의 크기가 순차적으로 2배씩 증가하면서도 블록 수가 이용 가능한 채널 수만큼 되도록 전체 콘텐츠를 나눈다. 각 채널에서는 순서대로 할당된 블록의 전송을 동시에 시작하고, 각 블록의 크기에 따라 주기적으로 전송을 반복한다. NVOD의 유형 (2) 데이터 분할 NVOD: 콘텐츠를 여러 데이터 블록으로 나눔(_____만큼, 블록의 크기가 순차적으로 _____씩 증가하도록) → 여러 채널에서 할당된 블록 전송을 _____에 시작, _____으로 전송 반복하여 대기 시간 조절 수신 측은 요청 시점 이후 첫 번째 블록부터 순서대로 콘텐츠를 받게 되는데, 블록의 수신이 끝나면 이어질 블록이 전송되는 채널로 자동 변경되어 그 블록의 시작 부분부터 수신된다. 단.(수신에 있어서 예외적인 사항이나 조건이 있나 보네.) 채널의 대역이 콘텐츠의 재생에 필요한 것보다 2배 이상 커야만 이미 받은 분량이 재생되는 동안 이어질 블록의 수신이 보장되고 연속 재생이 가능하다. 수신 및 연속 재생의 조건: _____이 콘텐츠 재생에 필요한 것보다 2배 이상 커야 함

이 방법(_____)은 첫 블록의 크기가 상대적으로 작아지므로 대기 시간을 줄일 수 있다. 앞선 예에서 120분 분량을 2배속인 6개의 채널을 통해 서비스하면 대기 시간은 1분 이내가 된다. 따라서 시간 분할 방법에 비해 동일한 대역폭을 점유하면서도 대기 시간을 90% 이상 감소시킬 수 있으며, 대기 시간 대비 사용 채널 수가 줄어들어 한 서버에서 동시에 서비스 가능한 콘텐츠의 종류를 늘릴 수 있다. 하지만(_____을 제시할 거야.) 전체 콘텐츠의 전

송에 걸리는 시간이 콘텐츠의 전체 재생 시간의 절반 이하이므로 각 채널이 2배 이상의 전송 능력을 유지해야 하며, 콘텐츠의 절반에 해당하는 데이터를 저장할 수 있는 공간이 수신 측에 반드시 필요하다. 데이터 분할 NVOD: [장점] ⑦ 시간 분할 방법 비해 대기 시간↓, ⓝ 동시 서비스 가능한 _____의 종류↑ / [단점] ⓒ 각 _____이 2배 이상 전송 능력 유지해야 함, ② _____에 콘텐츠의 절반만큼의 데이터 저장 공간 필요

　　NVOD는 공통적으로 대기 시간 조절을 위해 다중 채널을 이용하므로 서비스에 필요한 일정한 대역폭을 늘 확보해야 한다. 시간 분할 NVOD와 데이터 분할 NVOD의 _____ 따라서 콘텐츠당 동시 접속 사용자가 적을 경우에는 그리 효율적이지 못하다. 극단적으로 한 명의 사용자가 있을 경우라도 위의 예에서는 6개의 채널에 필요한 대역폭을 점유해야 하므로 네트워크 자원의 낭비가 심하다. _____의 경우 네트워크 자원을 낭비할 가능성이 있네.

## 4. 윗글의 내용과 일치하는 것은?

① RVOD에서 콘텐츠 전송에 필요한 대역의 총합은 동시 접속 사용자 수에 상관없이 일정하다.

② 시간 분할 NVOD와 데이터 분할 NVOD에서는 모두 재생 중에 수신 채널 변경이 필요하다.

③ 시간 분할 NVOD에서는 크기가 다른 데이터 블록이 각 채널에서 반복 전송된다.

④ 데이터 분할 NVOD에서 데이터 블록의 크기는 사용 채널 수에 상관없이 결정될 수 있다.

⑤ 데이터 분할 NVOD에서 각 채널의 전송 반복 시간은 데이터 블록의 재생 순서에 따라 다음 채널로 넘어가면서 2배씩 증가한다.

## 5. 어느 지역에 VOD 서비스를 공급하기 위해 〈보기〉와 같이 기초 자료를 조사하였다. 이를 토대로 시간대별로 VOD 서비스 방식을 결정할 때, 가장 적절한 선택은?

〈보기〉

| 조사 항목 ＼ 시간 | 아침, 낮 | 저녁, 밤 | 심야 |
|---|---|---|---|
| 서비스 요청자 수는 얼마나 많은가? | 많다 | 많다 | 적다 |
| 요청 콘텐츠의 수는 얼마나 많은가? | 적다 | 보통 | 많다 |
| 허용 대기 시간은 얼마나 긴가? | 길다 | 보통 | 짧다 |

|  | 아침, 낮 | 저녁, 밤 | 심야 |
|---|---|---|---|
| ① | RVOD | 시간 분할 NVOD | 데이터 분할 NVOD |
| ② | 시간 분할 NVOD | RVOD | 데이터 분할 NVOD |
| ③ | 시간 분할 NVOD | 데이터 분할 NVOD | RVOD |
| ④ | 데이터 분할 NVOD | RVOD | 시간 분할 NVOD |
| ⑤ | 데이터 분할 NVOD | 시간 분할 NVOD | RVOD |

## 6. 윗글에서 ①과 ②에 들어갈 적절한 단어를 찾아 각각 빈칸에 쓰시오.

| ① | : 악조건이나 고생 따위를 이겨 냄. 3문단

예 우리는 십 년의 나이 차를 □□하고 결혼했다.

| ② | : 물건이나 영역, 지위 따위를 차지함. 6문단

예 그들은 불법으로 토지를 □□하고 있다.

## 구 조 도 그 리 기

**[1~3] 다음을 읽고 핵심 내용에 밑줄을 치고, 빈칸에 적절한 말을 채우시오. 또한 주어진 물음에 답하시오.**

우리는 현금이나 예금 및 유가 증권을 일컫는 금융 자산을 관리하기 **위해** 금융 거래를 한다. (금융 거래의 목적: _____ (현금, 예금, 유가 증권)을 관리하기 위함) 금융 거래는 개인과 금융 기관의 거래뿐만 아니라 개인과 개인 간에도 빈번히 일어나는데, 개인과 금융 기관 간에는 금리를 잘 따져봐야 하고, 개인과 개인 간에는 금전소비대차 계약에 대해 알아야 한다. (이어서 _____가 무엇이고 _____이 무엇인지를 설명하면서, 이를 각각 _____ 간의 금융 거래와 _____ 간의 금융 거래에 있어 알아두어야 하는 이유를 설명하겠지?)

[가]

　금리란 원금에 대한 이자의 비율을 말하는 것으로 자금의 수요와 공급에 의해 결정되며, 자산의 증감에 영향을 미치는 중요한 요소이다. (자금의 수요와 공급 → 금리(원금에 대한 _____의 비율) 결정 → _____의 증감에 영향) 예금자의 입장에서는 같은 금액을 예금하더라도 금리의 방식, 즉 단리인지 복리인지에 따라 수익률이 다르다. 단리는 원금에 대해서만 이자가 붙지만, 복리는 원금과 이자를 모두 합친 금액에 이자가 붙는다. **예를 들어**(금리의 _____에 따라 수익률이 다름을 설명한 후 예까지 들고 있어. 그렇다면 문제에서 물어볼 가능성이 크니, 앞에서 설명한 개념과 예시의 내용을 대응해가며 정확히 이해해야겠지?) 원금 1,000만 원을 연 5% 금리로 2년간 예금하면 단리 이자는 매년 50만 원이다. 하지만 복리의 경우 첫해의 이자는 50만 원이나, 다음 해는 첫해의 이자가 포함된 1,050만 원(_____를 모두 합친 금액)에 5%의 금리를 적용하여 이자는 52만 5천 원이 되는 것이다. 즉 금리가 같다면, 원금이 커질수록 또 기간이 길어질수록 단리와 복리에 따른 금액의 차이는 커진다. (원금↑, 기간↑ → 단리와 복리에 따른 금액의 차이(↑/↓))

| 원금 1,000만 원을 연 5% 금리로 2년간 예금 | |
|---|---|
| 단리 | • _____에 대해서만 이자가 붙음<br>• [매년 이자] 1,000만 원 X 0.05 = _____ 원<br>→ 2년이 되는 날 원리금 합계 = _____ 원 |
| 복리 | • _____에 이자가 붙음<br>• [첫해 이자] 1,000만 원 X 0.05 = 50만 원<br>• [다음 해 이자] _____ 만원 X 0.05 = 52만 5천 원<br>→ 2년이 되는 날 원리금 합계 = _____ 원 |

　또한 금리로 인한 실제 수익률을 판단할 때에는 물가 변동률이 중요한 요소가 될 수 있다. 물가 변동률을 고려하지 않은 금리를 명목 금리라 하고, 물가 변동을 고려하여 명목 금리에 물가 변동률을 **뺀** 금리를 실질 금리라 한다. (실질 금리 = 명목 금리 - _____) 예를 들어, 철수가 100만 원을 연 10% 금리로 예금한다면 1년 뒤 원금에 이자를 포함한 원리금합계는 110만 원이 된다. 그런데 물가 상승률이 10%이면 원리금합계의 가치와 1년 전의 원금의 가치가 동일해지기 때문에 철수의 명목 금리는 10%이지만 실질 금리는 0%인 것이다. (_____ 금리(10%) - 물가 변동률(10%) = _____ 금리(0%))

　금리는 예금자뿐 아니라 금융 기관으로부터 돈을 빌리는 사람에게도 중요하다. (1문단에서 개인과 금융 기관 간 금융 거래에 있어 금리를 잘 따져봐야 한다고 했어. 이후 2문단과 3문단에서는 _____인 개인이 금리를 따져봐야 하는 이유를 설명했다면, 지금부터는 _____ _____ 개인에게 금리가 중요한 이유를 설명할 건가봐!) 돈을 빌리면 대출 이자를 내게 되는데 일반적으로 금리가 오르면 대출 이자도 오른다. (금리↑ → 대출 이자(↑/↓)) 따라서 금리에 따른 이자 부담을 줄이기 위해서는 고정 금리와 변동 금리를 따져봐야 한다. 고정 금리는 대출 기간에 금리가 변하지 않지만, 변동 금리는 적절한 금리 조정을 통해 금리가 계속 변한다. (고정 금리: 대출 기간 내 금리 변화 (O/X) vs. 변동 금리: 대출 기간 내 금리 변화 (O/X)) 금리의 조정은 다양한 요인들에 의해 이루어지는데, **일부** 금융 기관은 자체적으로 산출한 자금 조달 비용에 따라 변동 금리를 결정하기도 한다. **하지만**(자체적으로 산출한 자금 조달 비용에 따라 _____를 결정하는 _____ 금융 기관을 제외한 나머지 금융 기관에서 금리를 조정하는 요인을 설명하겠지?) 대부분의 금융 기관들은 한국은행에서 발표하는 기준 금리를 반영하여 금리를 책정한다. (변동 금리를 결정하는 요인: (1) 금융 기관에서 자체적으로 산출한 _____에 따라 결정, (2) _____를 반영하여 결정)

기준 금리는 한국은행의 금융통화위원회가 시중의 통화량을 조절하기 **위해** 매달 인위적으로 결정하는데, (기준 금리를 인위적으로 결정하는 목적: 시중의 _____을 조절하기 위함) 경기 과열로 물가 상승의 우려가 있으면 기준 금리를 올려 경기를 안정시킨다. 또한 경기가 위축될 우려가 있으면 기준 금리를 낮추어 경기 활성화를 꾀한다. 기준 금리가 변하게 되면 금융 기관의 금리에 영향을 미쳐 변동 금리로 돈을 빌린 사람의 이자 부담은 커지거나 작아진다. (기준 금리가 오르면, 이를 반영해 변동 금리를 책정하는 금융 기관들의 변동 금리는 (인상/인하)되겠지? 따라서 변동 금리로 돈을 빌린 사람의 이자 부담은 (늘어날/줄어들) 테고!)

| 금융통화위원회의 기준 금리 결정 | | | |
|---|---|---|---|
| 경기 _____로 물가 상승 우려 → 기준 금리 _____ → 경기 _____ | | | |
| 경기 _____ 우려 → 기준 금리 _____ → 경기 _____ | | | |

　금융 거래는 개인과 금융 기관 간의 거래뿐 아니라 **개인 간에**도 이루어진다. (이제 개인과 금융 기관 간의 금융 거래에서 _____가 중요한 이유에 대한 설명은 끝났고, 앞으로는 개인과 개인 간의 금융 거래에서 _____에 대해 알아야 하는 이유를 설명하겠군!) **이때**(개인과 개인 간의 _____ 시) 발생할 수 있는 갈등을 예방하기 위해 민법은 금전, 즉 돈을 빌려주는 것을 내용으로 하는 계약을 금전소비대차로 규정하고 관련 내용을 명시하고 있다. 금전소비대차 계약은 돈을 빌려주는 채권자와 돈을 빌리는 채무자의 합의를 우선시하는데, (금전소비대차 계약: _____와 _____ 간 돈을 빌려주는 것을 내용으로 하는 계약(_____를 우선시) 이때의 계약은 **몇 가지** 유의할 점이 있다. (_____에서 유의할 점을 여러 가지 나열하겠지? 정리해가며 읽자!)

　첫째, 채권자와 채무자는 이자에 관한 사항을 서로 합의해야 한다. 이자 지급에 대한 합의가 이루어지지 않았을 때는 무이자가 원칙이다. 그런데 만일 이자 지급에는 합의를 하였으나 이자율을 정하지 않았으면 연 5%의 법정 이자율이 적용된다. 금전소비대차 계약 시 유의 사항 (1): _____에 관한 합의(이자 지급 미합의 시 _____, 이자 지급 합의했으나 이자율 미합의 시 연 5%의 _____ 적용) 둘째, 채무자가 돈을 갚지 못할 때를 대비해서 채권자가 요구하는 인적 담보와 물적 담보에 관한 사항을 명시해야 한다. 채권자는 인적 담보와 물적 담보 모두를 요구할 수 있는데 채무자 대신 돈을 갚아 줄 보증인을 제공하는 것을 인적 담보라 하고, 빚 대신 처분할 수 있는 물건을 제공하는 것을 물적 담보라 한다. 물적 담보는 채권자가 처분할 수 있어야 하므로 채무자의 소유이거나, 채무자의 소유가 아닌 다른 사람의 소유라면 소유자로부터 처분에 대한 약속을 받아야 한다. 금전소비대차 계약 시 유의 사항 (2): _____(채무자 대신 돈을 갚아 줄 보증인 제공)와 _____(빚 대신 처분할 수 있는 물건 제공)에 관한 사항 명시 셋째, 돈을 갚을 날짜를 합의해야 한다. 돈을 갚기로 한 날 채무자는 채권자의 은행 계좌로 입금하면 되지만, 직접 만나 갚기로 할 경우 채권자가 고의로 나타나지 않거나, 받기를 거부하여 갚지 못한다면 사전에 합의가 없더라도 공탁 제도를 활용할 수 있다. 공탁은 채무자가 돈이나 유가 증권 등을 법원의 공탁소에 맡기는 것을 말한다. 공탁을 할 경우 그날 돈을 갚는 것과 같은 효과를 가져 상환 시기에 따른 분쟁을 피할 수 있다. 금전소비대차 계약 시 유의 사항 (3): 돈을 _____ 합의(채권자가 고의로 받지 않는다면 _____ 제도 활용 가능)

금전소비대차는 채무자가 빌린 돈을 갚으면 계약이 만료된다. 만약 채무자가 돈을 갚지 않으면 채권자는 계약 해제나 강제 집행을 통해 채무 내용에 대해 강제할 수 있다. 금전소비대차: 빌린 돈을 갚으면 계약 _____ → 채무자가 돈을 갚지 않으면 채권자가 _____에 대해 강제할 수 있음 이때 자산보다 빚이 많아 빚을 갚을 능력이 없는 채무자를 돕기 위해 법원은 채무자 회생 및 파산에 관한 법률에 따라 개인 회생 제도와 개인 파산 제도를 시행하고 있는데, (개인 회생·파산 제도의 시행 목적: _____ 채무자(자산 (>/<) 빚)를 돕기 위함) 두 제도 모두 빚을 갚을 능력이 없다는 것을 법원으로부터 확인받아야 한다. 개인 회생 제도의 경우는 채무자가 지속적인 수입이 있을 때 신청할 수 있고, 개인 회생 제도를 신청할 당시의 수입에서 최저 생계비를 제외하고 법원이 정해 준 금액을 5년간 갚으면 나머지 빚은 면제된다. 그런데 (전환! 빚을 갚을 능력이 없는 채무자를 위한 제도 중 개인 회생 제도를 설명했으니, 이제 _____에 대해 설명하겠군.) 채무자가 지속적 수입이 없을 경우에는 개인 파산 제도를 신청할 수 있다. 이때 채무자가 법원에 파산 신청을 먼저 하면 법원은 채무자에게 파산 선고를 하고, 채무자가 면책 선고까지 받으면 모든 채무는 없어진다. 이러한 제도로, 과도한 빚으로 인한 부담을 덜 수는 있겠지만 선고를 받기 전까지 채무자와 그 주변인이 감당해야 할 부담은 엄청나며, 선고를 받

은 후에도 금융 기관과의 신용 거래에 불이익을 당하는 등 정상적으로 경제생활을 하기에 큰 어려움이 생길 수 있다.

| 빚을 갚을 능력이 없는 채무자를 돕기 위한 제도 | |
|---|---|
| 개인 회생 제도 | • 채무자의 지속적 수입 (O/X) |
| | • 신청 당시 수입에서 _____를 제외하고 법원이 정한 금액을 5년간 갚으면 _____ 면제 |
| 개인 파산 제도 | • 채무자의 지속적 수입 (O/X) |
| | • 채무자가 _____ → 법원이 채무자에게 _____ |
| | → 채무자 _____ 받음 → _____ 면제 |

**1. 윗글을 이해한 내용으로 가장 적절한 것은?**

① 대출 기간에 기준 금리가 변하면 고정 금리의 금리도 변한다.

② 물가 상승률이 명목 금리보다 낮으면 예금으로 자산을 증대할 수 없다.

③ 금융통화위원회에서 금리 인상을 결정하면 통화량이 조절되어 경기가 활성화된다.

④ 공탁을 하면 금전소비대차 계약은 만료되지만 상환 시기에 대한 분쟁은 피할 수 없다.

⑤ 금융 기관에서 산출한 금리가 지속적으로 상승한다면 변동 금리로 대출을 받은 사람의 이자 부담은 커진다.

**2. [가]를 바탕으로 〈보기〉의 상황을 이해한 내용으로 적절하지 않은 것은?**

〈보기〉

A는 여윳돈 1,000만 원을 2017년부터 예금하기로 하고 금융 상품 중 연 8% 단리 상품과 연 5% 복리 상품을 놓고 고민하고 있다. 물가 상승률은 매년 연 3%로 예측된다.

＊ 단, 이자 소득에 대한 세금은 고려하지 않는다.

① A가 단리 상품에 예금하면 매년 80만 원의 이자를 받게 되겠군.

② 예금 후 1년이 되는 날의 원리금합계는 복리 상품보다 단리 상품이 더 많겠군.

③ A가 단리 상품에 예금하면 1년이 되는 날의 실질 금리는 5%라고 할 수 있겠군.

④ 예금 후 2년이 되는 날, 그 해에 발생한 복리 상품의 이자는 1,050만 원의 5%에 해당하는 금액이겠군.

⑤ 물가 상승률을 고려한다면 예금 후 1년이 되는 날에 적용되는 단리 상품과 복리 상품의 실질 금리가 같겠군.

**3. 윗글에서 ①과 ②에 들어갈 적절한 단어를 찾아 각각 빈칸에 쓰시오.**

| | |
|---|---|
| ① : 계획이나 방책을 세워 결정함. 4문단 | |
| 예 사원들의 휴가비는 미리 ☐☐을 해 두었다. | |
| ② : 갚거나 돌려줌. 6문단 | |
| 예 그 나라는 외채를 ☐☐할 능력이 없다. | |

## 구 조 도 그 리 기

MEMO

[4~6] 다음을 읽고 핵심 내용에 밑줄을 치고, 빈칸에 적절한 말을 채우시오. 또한 주어진 물음에 답하시오.

우주의 크기는 인류의 오랜 관심사였다. 천문학자들은 이 (_____)를 알아내기 위하여 먼 별들의 거리를 측정하려고 하였다. 천문학자들은 우주의 크기를 알아내기 위해 _____를 측정 18세기 후반에 허셜은 별의 '고유 밝기'가 같다고 가정한 뒤, 지구에서 관측되는 '겉보기 밝기'가 거리의 제곱에 비례하여 어두워진다는 사실을 이용하여 별들의 거리를 대략적으로 측정하였다. 그 결과 별들이 우주 공간에 균질하게 분포하는 것이 **아니라**,('아니라'의 (앞/뒤) 내용에 집중!) 전체적으로 납작한 원반 모양이지만 가운데가 위아래로 볼록한 형태를 이루며 모여 있음을 알게 되었다. 이 경우, 원반의 내부에 위치한 지구에서 사방을 바라본다면 원반의 납작한 면과 나란한 방향으로는 별이 많이 관찰되고 납작한 면과 수직인 방향으로는 별이 적게 관찰될 것인데, 이는 밤하늘에 보이는 '은하수*'의 특징과 일치한다. 이에 착안하여 천문학자들은 지구가 포함된 천체들의 집합을 '은하'라고 부르게 되었다. 별들이 모여 있음을 알게 된 이후에는 그 너머가 빈 공간인지 아니면 또 다른 천체가 존재하는 공간인지 의문을 갖게 되었으며, '성운'에 대한 관심도 커졌다. 18c 후반 허셜: 별의 _____는 같다고 가정 + _____는 거리'에 비례해 어두워진다는 사실 이용해 별들의 거리 대략 측정 → 별들은 전체적으로 (납작/볼록)한 원반 모양이지만 가운데가 위아래로 (납작/볼록)한 형태를 이루며 모여 있음(납작한 면과 나란한 방향: 별(↑/↓) vs. 납작한 면과 수직인 방향: 별(↑/↓)) = _____의 특징 → 별 너머의 공간과 _____에 대한 관심 커짐

성운은 망원경으로 보았을 때, 뚜렷한 작은 점으로 보이는 별과는 다르게 얼룩처럼 번져 보인다. 성운이 우리 은하(_____의 집합) 내에 존재하는 먼지와 기체들이고 별과 그 주위의 행성이 생성되는 초기 모습인지, 아니면 우리 은하처럼 수많은 별들이 모인 또 다른 은하인지는 오랜 논쟁거리였다. **앞의 가설**(성운 = 우리 은하 내의 _____, 별과 행성이 생성되는 _____)을 주장한 학자들은(성운에 대한 논쟁을 구체적으로 설명할 건가 봐. 두 가지 가설에서 각각 주장하는 바를 정확히 파악하며 읽자!) 성운이 은하의 납작한 면 바깥에서는 많이 관찰되지만 정작 그 면의 안에서는 거의 관찰되지 않는다는 사실을 근거로 내세웠다. 그들에 따르면, 성운이란 별이 형성되는 초기의 모습이므로 이미 별들의 형성이 완료되어 많은 별들이 존재하는 은하의 납작한 면 안에서는 성운이 거의 관찰되지 않는다.

| 성운에 대한 가설 (1): 성운은 _____의 먼지와 기체들로 별과 그 주위의 행성이 생성되는 초기 모습 |
| --- |
| • 근거: 성운이 은하의 납작한 면 (바깥/안)에 많고 납작한 면 (바깥/안)에는 거의 없음 |
| • 성운이 은하의 납작한 면 안에 거의 없는 이유: 성운은 별 형성 _____ 모습이므로, 별 형성이 _____된 납작한 면 안에서는 거의 관찰되지 않는 것임 |

**반면에**(성운에 대한 뒤의 가설을 설명하겠지?) 이들과 반대되는 가설(성운 = 또 다른 _____)을 주장한 학자들은 원반 모양의 우리 은하를 멀리서 비스듬한 방향으로 보면 타원형이 되는데, 많은 성운들도 타

원 모양을 띠고 있으므로 우리 은하처럼 독립적인 은하일 것이라고 생각하였다. 그들에 따르면, 성운이 우주 전체에 고루 퍼져 있음에도 우리 은하의 납작한 면 안에서 거의 관찰되지 않는 이유는 납작한 면 안의 수많은 별과 먼지, 기체들에 의해 약한 성운의 빛이 가려졌기 때문이다.

| 성운에 대한 가설 (2): 성운은 수많은 별들이 모인 _____인 은하 |
| --- |
| • 근거: 우리 은하처럼 많은 성운들도 _____ 모양임 |
| • 성운이 은하의 납작한 면 안에 거의 없는 이유: 별, 먼지, 기체들이 _____을 가리기 때문 |

**두 가설 중 어느 것이 맞는지**는 지구와 성운 사이의 거리를 측정하면 알 수 있다. (지금부터는 _____ 측정을 통해 두 가설 중 어느 것이 맞는지를 밝히겠지?) 이 거리를 측정하는 방법은 밝기가 변하는 별인 변광성의 연구로부터 나왔다. 주기적으로 밝기가 변하는 변광성 중에는 쌍성이 있는데, 밝기가 다른 두 별이 서로의 주위를 도는 쌍성은 지구에서 볼 때 두 별이 서로를 가리지 않는 시기, 밝은 별이 어두운 별 뒤로 가는 시기, 어두운 별이 밝은 별 뒤로 가는 시기마다 각각 관측되는 밝기에 차이가 생긴다. 이 경우에 별의 밝기는 시간에 따라 대칭적으로 변화한다. **한편,**(전환!) 또 다른 특성을 지닌 변광성도 존재하는데, 이 변광성의 밝기는 시간에 따라 비대칭적으로 변화한다. 이와 같은 비대칭적 밝기 변화는 두 별이 서로를 가리는 경우와 다른 것으로, 별의 중력과 복사압 사이의 불균형으로 인하여 별이 팽창과 수축을 반복할 때 방출되는 에너지가 주기적으로 변화하며 발생한다. 이러한 변광성을 세페이드 변광성이라고 부른다. ('변광성', '쌍성', '세페이드 변광성' 등 새로운 개념들이 연달아 제시되었어. _____의 연구로부터 _____이 나왔다고 했으니, 이 점을 설명하기 위한 사전 정보를 제시한 거겠지? 이때 '복사압', 별의 '팽창과 수축' 등에 대해서는 필요하다면 더 설명해줄 거야. 그렇지 않다면 써준 대로 별의 중력과 _____ 사이의 불균형 때문에 별이 팽창과 수축을 _____한다는 인과 관계만 정확히 이해하면 돼! 그럼 설명해 준 개념들부터 차근히 정리해 보자.)

| 변광성: 주기적으로 _____가 변하는 별 |
| --- |
| (1) 쌍성: 별의 밝기가 시간에 따라 (대칭적/비대칭적)으로 변화(∵ _____가 다른 두 별이 서로를 가리는 경우에 따라 발생) |
| (2) 세페이드 변광성: 별의 밝기가 시간에 따라 (대칭적/비대칭적)으로 변화(∵ 별의 중력과 복사압 사이의 _____으로 인해 별이 팽창·수축을 반복할 때 방출되는 _____가 주기적으로 변화하며 발생) |

1910년대에 마젤란 성운에서 25개의 세페이드 변광성이 발견되었다. 이들(_____)은 최대 밝기가 밝을수록 밝기의 변화 주기가 더 길고, 둘 사이에는 수학적 관계가 있음이 알려졌다. 이러한 관계(최대 밝기↑ → 밝기의 변화 주기(↑/↓))가 모든 세페이드 변광성에 대해 유효하다면, 하나의 세페이드 변광성의 거리를 알 때 다른 세페이드 변광성의 거리는 그 밝기 변화 주기로부터 고유 밝기를 밝혀내어 이를 겉보기 밝기와 비교함으로써 알

수 있다. 이를 바탕으로 어떤 성운에 속한 변광성을 찾아 거리를 알아냄으로써 그 성운의 거리도 알 수 있게 되었는데, 하나의 세페이드 변광성 거리를 알면, _____도 알 수 있음 → 어떤 성운에 속한 변광성의 거리를 알아내면 _____도 알 수 있음 1920년대에 허블은 안드로메다 성운에 속한 세페이드 변광성을 찾아내어 그 거리를 계산한 결과 지구와 안드로메다 성운 사이의 거리가 우리 은하 지름의 열 배에 이른다고 밝혔다. 이로부터 성운이 우리 은하 바깥에 존재하는 독립된 은하임이 분명해지고, 우주의 범위가 우리 은하 밖으로 확장되었다. (세페이드 변광성을 통해 지구와 성운 사이의 거리를 측정함으로써, 성운에 대한 (첫 번째/ 두 번째) 가설이 적절함을 알 수 있었고 _____는 우리 은하 밖으로 확장되었어!)

*은하수: 우리 은하의 납작한 면을 따라 관찰되는 별들의 집합.

## 4. 윗글에서 알 수 있는 사실로 적절하지 <u>않은</u> 것은?

① 성운은 우주 전체에 고루 퍼져 분포한다.

② 안드로메다 성운은 별 주위에 행성이 생성되는 초기의 모습이다.

③ 밤하늘을 관찰할 때 은하수 안보다 밖에서 성운이 더 많이 관찰된다.

④ 밤하늘에 은하수가 관찰되는 이유는 우리 은하가 원반 모양이기 때문이다.

⑤ 타원 모양의 성운은 성운이 독립된 은하라는 가설을 뒷받침하는 증거이다.

## 5. 두 변광성 A와 B의 시간에 따른 밝기 변화를 관측하여 〈보기〉와 같은 결과를 얻었다. 이에 대한 설명으로 가장 적절한 것은?

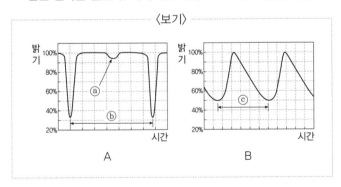

① A는 세페이드 변광성이다.

② B는 크기와 밝기가 비슷한 두 별로 이루어져 있다.

③ ⓐ는 밝은 별이 어두운 별을 가리고 있는 시기이다.

④ ⓑ를 측정하여 A의 거리를 알 수 있다.

⑤ ⓒ를 알아야만 B의 최대 겉보기 밝기를 알 수 있다.

## 6. 윗글에서 ①과 ②에 들어갈 적절한 단어를 찾아 각각 빈칸에 쓰시오.

> **①** : 일정한 범위에 흩어져 퍼져 있음. `1문단`
>
> **예** 소나무는 한반도 전체에 ☐☐하고 있다.
>
> **②** : 비교되는 대상들이 서로 어긋나지 아니하고 같거나 들어맞음. `1문단`
>
> **예** 우리는 일하는 방식은 달라도 추구하는 목표가 ☐☐한다.

## 구 조 도  그 리 기

**[1~3] 다음을 읽고 핵심 내용에 밑줄을 치고, 빈칸에 적절한 말을 채우시오. 또한 주어진 물음에 답하시오.**

개인의 복지 수준이 향상되었다거나 또는 한 개인의 복지 수준이 다른 사람들보다 높다고 할 때, 이는 무엇을 의미하는가? 이 물음에 대한 답변은 인간 복지의 본성이나 요건에 대한 이해를 요구하는데, 이(_____)와 관련된 대표적인 도덕철학적 입장은 다음과 같다.

**첫째,** (친절한 글쓴이네. 표기에 주목하여 각각의 입장이 제시될 때마다 구분해 가며 읽어 보자!) '쾌락주의적 이론'은 긍정적인 느낌으로 구성된 심리 상태인 쾌락의 정도가 복지 수준을 결정한다고 본다. 어떤 개인이 느끼는 쾌락이 증진될 때 그의 복지가 향상된다는 것이다. 둘째, '욕구 충족 이론'은 개인이 욕구하는 것이 충족되는 정도에 따라 복지 수준이 결정된다고 본다. 어떤 개인이 지닌 욕구들이 좌절되지 않고 더 많이 충족될 때 그의 복지가 향상된다는 것이다. 셋째, '객관적 목록 이론'은 개인의 삶을 좋게 만드는 목록을 기준으로 그것이 실현되는 정도에 따라 복지 수준이 결정된다고 본다. 그러한 목록에는 통상적으로 자율적 성취, 지식, 친밀한 인간관계, 미적 향유 등이 포함되는데, 그것의 내재적 가치는 그것이 개인에게 쾌락을 주는지 또는 그것이 개인에 의해 욕구되는지 여부와는 직접적 관련이 없다. 이 중에서 '쾌락주의적 이론'과 '객관적 목록 이론'은 어떤 것들이 내재적 가치가 있는지를 말해 준다는 점에서 실질적인 복지 이론이며, '욕구 충족 이론'은 사람들에게 좋은 것들을 찾아내는 방법을 알려주지만 그것들이 무엇인지를 말해 주지 않는다는 점에서 형식적인 복지 이론이라고 할 수 있다. 복지의 본성이나 요건에 대한 여러 도덕철학적 입장을 제시하고, 이를 분류했네. 정리해 볼까?

| 실질적인 복지 이론 | • 어떤 것들이 _____를 말해 줌 |
| | • 쾌락주의적 이론: _____가 복지 수준 결정 |
| | • 객관적 목록 이론: 개인의 삶을 좋게 만드는 _____ _____에 따라 복지 수준 결정 |
| 복지 이론 | • 좋은 것을 찾아내는 방법을 알려줌 |
| | • 욕구 충족 이론: 개인이 욕구하는 것이 _____ _____에 따라 복지 수준 결정 |

이러한 복지 이론들 중에서 많은 경제학자들의 지지를 받는 것은 '욕구 충족 이론'이다. 그들(_____)은 이 이론을 바탕으로 복지 수준의 높고 낮은 정도를 평가할 수 있다고 본다. 경제학자들은 _____의 정도를 평가할 수 있기 때문에 욕구 충족 이론을 지지했구나. 그리고 우리가 직관적으로 복지의 증가에 해당한다고 믿는 모든 활동과 계기들이 쾌락이라는 심리 상태를 항상 동반하는 것은 아니기 때문에 '쾌락주의적 이론'은 복지에 관해서 너무 협소하다고 비판하면서 더 개방적인 입장을 가져야 한다고 주장한다. (이 글은 앞서 제시한 세 가지 이론을 대등하게 설명하고자 한 것이 아니라, _____ 이론의 관점에 대해 구체적으로 설명하기 위해 나머지 두 이론을 비교 개념으로 제시한 것으로 볼 수 있겠네.) 욕구의 대상이 현실에서 구현되는 것이 중요하지 그 구현 사실이 인식되어 개인들이 어떤 느낌

(_____)을 갖게 되는 것이 필수적이지는 않다고 보기 때문이다. 그 이론(_____)의 옹호자들은 '객관적 목록 이론'도 한계를 지니고 있다고 비판한다. 복지 목록에 있는 항목들이 대체로 개인들의 복지에 기여한다는 점은 인정할 수 있지만 그 항목들이 복지에 기여하는 이유에 대해서는 제대로 해명하지 못하고 있다는 것이다. **또한**(_____을 비판하는 또 다른 이유가 제시되겠지?) 개인들이 실제로 욕구하는 것들 중에는 그 목록에 포함되지 않지만 복지에 기여하는 경우도 있다는 것이다. 욕구 충족 이론의 입장에서 본 쾌락주의적 이론과 객관적 목록 이론의 한계를 정리해보자.

| 이론의 한계 | • 복지 증가에 해당한다고 믿는 모든 활동, 계기가 _____을 항상 동반하지는 않음 → 협소한 관점임 |
| 객관적 목록 이론의 한계 | • 목록의 항목들이 _____를 해명하지 못함 |
| | • _____ 복지에 기여하는 경우도 있음 |

하지만 이러한 '욕구 충족 이론'도 다음과 같은 문제점을 갖고 있다. 첫째, 욕구의 충족과 복지가 어느 정도 연관성이 있기는 하지만 모든 욕구의 충족이 복지에 기여하는 것은 아니라는 문제가 있다. 사람들이 정보의 부족이나 잘못된 믿음으로 자신에게 나쁜 것을 욕구할 수 있으며, ㉠타인의 삶에 대해 내가 원하는 것이 이루어졌다고 할지라도 그것이 나의 복지 증진과는 무관할 수 있기 때문이다. 둘째, 사람들이 타인에 대한 가학적 욕구와 같은 반사회적인 욕구를 추구하는 경우도 문제가 된다. 셋째, ㉡개인이 일관된 욕구 체계를 갖고 있지 않아서 욕구들 사이에 충돌이 발생할 때 이를 해결하기 어렵다는 문제가 있다. 욕구 충족 이론의 문제점: (1) 모든 욕구 충족이 복지에 기여 (O/X), (2) _____를 추구하는 경우 문제가 됨, (3) _____ 발생 시 해결하기 어려움

이러한 문제들에 **대응**하는 방식으로는(문제점이 제시되면 이어서 이를 해결하는 방안이 제시되는 경우가 많아.) '욕구 충족 이론'을 버리고 다른 복지 이론을 수용하는 방식도 있지만 그 이론을 변형하는 방식도 있다. '욕구 충족 이론'과 구별되는 '합리적 욕구 충족 이론'은 개인들이 가진 모든 욕구들의 충족이 아니라, 관련된 정보에 입각하여 타인이 아닌 자기에게 이익이 되는 합리적인 욕구의 충족만이 복지에 기여한다고 본다. 이것은 사람들이 욕구하는 것이 합리적이라면 그것이 바로 좋은 것이라는 입장이다. 이 이론은 '욕구 충족 이론'이 봉착한 난점들을 상당히 해결해 준다는 점에서 장점을 갖고 있다. **하지만**(합리적 욕구 충족 이론도 _____이 있나 봐.) 이 이론은 어떤 욕구가 합리적인지에 대해 답변을 해야 하는 부담을 안고 있다. 만약 이 이론의 옹호자가 이에 대한 답변을 시도한다면 이 이론은 형식적 복지 이론에서 실질적 복지 이론으로 한 걸음 나아가게 된다. _____ 이론의 문제들에 대응하기 위해 이를 변형한 합리적 욕구 충족 이론에 대해 설명했어. 이를 정리해 볼까?

| 입장 | 자기에게 _____이 되는 합리적인 욕구의 충족만이 복지에 기여함 |

| 장점 | 욕구 충족 이론의 문제점을 상당히 해결해 줌 |
|---|---|
| 한계 | _____에 대한 답변이 요구됨 |

## 구 조 도   그 리 기

**1. 윗글에서 이끌어낼 수 있는 내용으로 적절하지 않은 것은?**

① '쾌락주의적 이론'은 개인의 쾌락이 감소하면 복지도 감소한다고 본다.

② '욕구 충족 이론'은 개인들 간의 복지 수준을 서로 비교할 수 없다고 본다.

③ '객관적 목록 이론'은 쾌락이 증가하더라도 복지 수준은 불변할 수 있다고 본다.

④ '객관적 목록 이론'은 내재적 가치를 지닌 것들이 복지를 증진할 수 있다고 본다.

⑤ '합리적 욕구 충족 이론'은 모든 욕구의 충족이 복지에 기여하는 것은 아니라고 본다.

**2. 〈보기〉의 사례들에 대한 반응으로 적절하지 않은 것은?**

〈보기〉

(가) '갑'은 기차에서 우연히 만난 낯선 사람의 질병이 낫기를 간절히 원하였는데, 그 후에 그를 다시 만난 적이 없어서 그의 질병이 나았다는 것을 전혀 모른다. 그래서 그의 질병이 나았다는 사실은 갑에게 아무런 영향도 주지 않았다.

(나) '을'은 A학점을 받기 위해 시험 전날 밤에 밤새워 공부하기를 원하면서도, 친구들과 어울리는 것이 좋아 밤늦게까지 파티에 참석하기도 원한다. 그래서 그는 어떻게 해야 할지 갈등하고 있다.

(다) '병'은 인종 차별적 성향 때문에, 의약품이 더 필요한 흑인보다는 그렇지 않은 백인에게 의약품을 분배하기를 원한다. 그래서 그는 백인에게만 그 의약품을 분배하였다.

① (가)는 '욕구 충족 이론'의 문제점과 관련하여 ㉠의 사례로 활용할 수 있겠군.

② (가)는 '쾌락주의적 이론'과 '합리적 욕구 충족 이론' 모두의 관점에서는 갑의 복지가 증진된 사례로 활용할 수 없겠군.

③ (나)는 '욕구 충족 이론'의 문제점과 관련하여 ㉡의 사례로 활용할 수 있겠군.

④ (나)에 나타난 갈등은 항목들 간의 우선순위를 설정하지 않은 '객관적 목록 이론'에서는 해결하기 어렵겠군.

⑤ (다)는 '욕구 충족 이론'의 관점에서는 병의 복지가 증진된 사례가 될 수 없겠군.

**3. 윗글에서 ①과 ②에 들어갈 적절한 단어를 찾아 각각 빈칸에 쓰시오.**

┌─ ① ─┐ : 도움이 되도록 이바지함. 3문단

예 교통의 발달은 무역의 촉진에 크게 ☐☐ 했다.

┌─ ② ─┐ : 어떤 사실이나 주장 따위에 근거를 두어 그 입장에 섬. 5문단

예 역사적 사명에 ☐☐하여 본 법안을 제출하는 바입니다.

**[4~6] 다음을 읽고 핵심 내용에 밑줄을 치고, 빈칸에 적절한 말을 채우시오. 또한 주어진 물음에 답하시오.**

다원 이전의 시대에는 따개비를 연체동물에 속하는 삿갓조개류와 계통*상 가깝다고 생각했다. (다윈 이전의 시대와 달리 그 이후에는 따개비를 연체동물 중 삿갓조개류와 _____ 고 생각하지 않았다는 거겠지?) 따개비는 해안가 바위의 부착 생물로 패각을 가지며 작은 분화구 모양을 띠고 있어 외견상 삿갓조개류와 유사하다. 하지만 오늘날에는 따개비가 절지동물 중 게, 새우와 계통상 가까운 것으로 보고 있다. (예상대로 상반되는 내용이 이어질 때 사용하는 접속어 '하지만'을 통해 다윈 이전의 시대와는 달리 오늘날에는 따개비를 _____ 중 게, 새우와 가깝다고 본다는 내용이 제시되었어!) 조류의 경우에도 깃털과 날개의 존재, 이빨의 부재 등 파충류와는 외형상 극명한 차이가 있어 계통상 거리가 먼 것으로 보았다. 그러나(조류가 파충류와 계통상 (멀다/가깝다)는 내용이 이어질 거야.) 최근의 계통분류학적 연구 결과들은 가슴쇄골이 작고 두 발로 뛰어다녔던 공룡의 일족으로부터 조류가 진화했다는 파충류 기원설을 지지하고 있다.

이와 같이 생물의 계통유연관계가 바뀐 예들을 찾는 것은 그리 어려운 일이 아니다. (계통상 멀고 가까운 정도를 _____ 라고 하는군! 생물의 계통유연관계가 바뀐 예: 따개비( _____ 인 삿갓조개류와 가까움 → 절지동물인 게, 새우와 가까움), 조류( _____ 와 거리가 멀 → 파충류 기원설)) 그 변화는 주로 계통수(系統樹) 작성 시 이용되는 자료의 종류와 계통수 작성법의 차이에 기인한다. 인접 학문의 발전에 힘입어 분자 정보나 초미세 구조와 같은 새로운 정보들이 추가되면서 계통수 작성 시 이용되는 자료가 양적으로 풍부해지고 질적으로 향상되었다. 더불어 새로운 계통수 작성법의 개발과 기존 방법의 지속적 개선이 계통유연관계의 변화를 촉발시키는 동인이 되어 왔다. (계통유연관계 _____ 의 원인: (1) 계통수 작성 시 이용되는 자료의 양적·질적 향상, (2) 새로운 _____ 개발 및 기존 방법의 지속적 개선)

오늘날 사용되는 계통수 작성법들은 '거리 행렬'이나 '최대 단순성 원리', 또는 '확률'에 기반을 두고 있다. 수리분류학자들은 분류군 간의 형질* 차이를 나타내는 거리 행렬을 이용하여 계통수를 작성한다. (거리 행렬에 기반을 둔 계통수 작성법을 설명했으니, 이후에 _____, _____ 에 기반을 둔 방법에 대해서도 차례로 설명하겠지?) 이들은 관찰된 모든 분류학적 형질을 이용하며, 주관성과 임의성을 배제하기 위해 수리적 기법을 도입하여 사용한다. (1) 거리 행렬(분류군 간의 _____ 를 나타냄)을 이용한 계통수 작성법: _____ 된 모든 분류학적 형질 이용, 수리적 기법 도입 계통수 작성을 위해 먼저(계통수 작성의 과정을 설명하려나 봐. _____ 를 정리해가며 읽자!) 분류군 간 형질 비교표(〈표 1〉)를 만들고, 분류군 간 형질 차이를 측정한다. 분류군 A와 B 사이는 조사된 5개의 형질 중 2개의 형질이 다르므로 둘 사이의 거리는 2/5, 즉 0.4가 되고, A와 C 사이, B와 C 사이의 거리는 각각 4/5로서 0.8이 된다. 이 중 가장 작은 거리 값을 갖는 A와 B를 먼저 묶어 준다(〈그림 1〉). 이어서 묶인 A와 B를 하나의 분류군 A-B로 간주하고 거리를 다시 계산한다. 이때 A-B와 C 사이의 거리는 A와 C 사이 거리와 B와 C 사이 거리의 산술

평균값*인 0.8이 된다. 네 종 이상의 분류군을 대상으로 할 경우 이 단계에서 여러 개의 거리 값이 나오므로 가장 작은 거리 값을 찾아 해당 분류군을 묶어 주어야 하지만, 이 예에서는 값이 하나이므로 C를 A-B에 묶어 주면 된다(〈그림 2〉). (분류군 간 형질 차이 측정해 _____ 계산 → _____ 거리 값을 가진 분류군을 묶음 → 묶인 분류군은 하나의 _____ 으로 간주하고 다시 _____ 계산 → 가장 작은 거리 값을 가진 분류군을 묶음)

| 분류군 \ 형질 | 1 | 2 | 3 | 4 | 5 |
|---|---|---|---|---|---|
| A | − | − | − | − | − |
| B | − | + | + | − | − |
| C | + | + | − | + | + |

(− : 해당 형질 없음, + : 해당 형질 있음)

〈표 1〉 세 분류군 간 형질 비교표   〈그림 1〉   〈그림 2〉

한편,(전환! 그렇다면 _____ 에 기반을 둔 계통수 작성법을 설명하지 않을까?) 가장 단순한 것이 최선이라는 최대 단순성 원리에 근거해 계통수를 작성하는 분기론자들은 두 분류군 이상에서 공통으로 나타나는 파생형질, 즉 공유파생형질만을 계통수 작성에 이용한다. (2) 최대 단순성 원리를 이용한 계통수 작성: 공유파생형질( _____ 에서 공통으로 나타나는 파생형질) 이용 원시형질이나 단 하나의 분류군에서만 나타나는 파생형질인 자가파생형질은 타 분류군과의 유연관계 규명에 도움을 주지는 못한다. 어떤 형질이 파생형질인지 확인하기 위해서는 계통진화학적 정보가 필요하다. 곤충의 예에서,(파생형질 확인을 위해 _____ 가 필요하다는 것의 의미를 예를 들어 설명해 줄 거야.) 화석에 나타난 초기 곤충은 날개가 없었는데 진화 과정에서 날개가 출현했다는 것을 알고 있어야만 '날개 없음'이 원시형질이고 '날개 있음'이 파생형질임을 알 수 있다. 이때 '날개 있음'은 날개 있는 곤충들을 한 그룹으로 묶어 주는 공유파생형질이 될 수 있다(〈그림 3〉(A) 참조). _____ 이 최초로 나타난 형질이라면, 이로부터 파생된 형질은 _____ 이야. 이 중 단 하나의 분류군에서만 나타나는 파생형질은 _____, 두 분류군 이상에서 공통으로 나타나는 파생형질은 _____ 인 거지.

〈그림 3〉과 같이 세 종의 곤충에 대한 계통수 작성 시 서로 다른 세 종류의 계통수가 가능한데, 최대 단순성 원리에 근거하여 단 한 번의 날개 출현 사건만을 가정하는 〈그림 3〉(A)가 두 번의 가정을 필요로 하는 〈그림 3〉(B)나 〈그림 3〉(C)보다 더 신뢰할 만한 계통수로 간주된다. 최대 단순성 원리를 이용하는 경우 가장 적은 가정을 필요로 하는 계통수를 _____ 할 만한 계통수로 간주하는군.

■ : 날개의 출현.  O : 날개 있음.  X : 날개 없음.

〈그림 3〉

확률 기반의 계통수 작성법은 전술한 두 방법에 비해 신뢰성 면에서 상대적 우위를 가진다. 이 방법은 엄청난 계산 시간이 소요되어 대량의 자료 분석에서는 그 이용에 한계를 드러내는 단점이 있으나 컴퓨터 계산 능력이 향상되면서 점차 그 유용성이 증대되고 있다. (3) _____을 이용한 계통수 작성: 계산 시간 길어 _____의 자료 분석에는 한계가 있지만, 계산 능력 향상으로 유용성 증대되고 있으며 신뢰성(↑/↓)

현재 계통분류학자들은 지구 상의 모든 생물을 아우르는 거대 계통수 작성에 심혈을 기울이고 있다. 따라서 기존에 알려진 계통유연관계는 머지않은 장래에 상당한 변화를 겪게 될 것이다. 생물의 계통유연관계는 고정불변의 사실이 아닌 미완의 가설로서 지금도 끊임없이 재구성되고 있는 것이다. 계통유연관계는 계통수 작성 시 이용되는 자료의 종류와 계통수 작성법의 발전에 따라 끊임없이 _____됨

\*계통: 같은 조상을 가지며 같은 유전자형을 가진 개체의 모임.
\*형질: 동식물의 모양, 크기, 성질 따위의 고유한 특징.
\*산술 평균값: 여러 수의 합을 수의 개수로 나눈 값.

## 4. 윗글의 내용과 일치하지 않는 것은?

① 최근의 연구를 통해 조류의 새로운 계통적 위치가 제시되었다.

② 타 학문의 발달이 계통수 작성 시 사용할 수 있는 자료의 다양성을 증가시켰다.

③ 수리분류학자의 계통수는 개별 형질의 특성을 잘 드러내는 장점이 있다.

④ 분기론자는 이전의 계통진화학적 정보에 근거해 얻은 정보를 바탕으로 계통수를 작성한다.

⑤ 컴퓨터 과학의 발달로 대량의 자료를 이용한 계통수 작성법이 용이해지고 있다.

## 5. 〈보기〉는 네 분류군 A~D의 8개 형질을 조사하여 표로 나타낸 것이다. 이 자료를 토대로 수리분류학자가 파악한 계통유연관계를 바르게 나타낸 것은?

〈보기〉

| 분류군 \ 형질 | 1 | 2 | 3 | 4 | 5 | 6 | 7 | 8 |
|---|---|---|---|---|---|---|---|---|
| A | – | – | + | – | – | + | – | – |
| B | + | + | + | – | + | + | + | – |
| C | – | – | + | + | – | – | – | + |
| D | – | – | – | – | – | – | – | – |

(–: 해당 형질 없음. +: 해당 형질 있음)

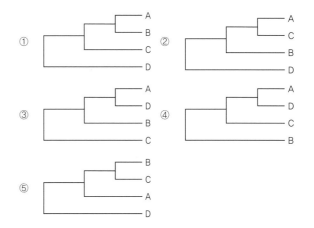

## 6. 윗글에서 ①과 ②에 들어갈 적절한 단어를 찾아 각각 빈칸에 쓰시오.

① : 매우 분명함. 1문단

예 이 책은 저자의 인생관을 □□하게 보여 준다.

② : 어떠한 것에 원인을 둠. 2문단

예 무역 적자는 주로 수출 부진에 □□한 것이다.

## 구 조 도 그 리 기

**[1~3] 다음을 읽고 핵심 내용에 밑줄을 치고, 빈칸에 적절한 말을 채우시오. 또한 주어진 물음에 답하시오.**

19세기에 독립된 학문으로 출발한 미술사학은 작품의 형식 분석에 몰입하거나 도상해석학을 이용해 작품의 상징을 파악했다. 이러한 작업은 작품의 의미와 조형적 특징을 이해하는 데 도움을 주었을 뿐만 아니라, 선대부터 대가로 평가된 작가들의 배타적 지위를 공고히 하거나 새로운 걸작을 발견하고 재조명하는 데 유용한 이론적 뒷받침을 할 수 있었다는 점에서 이후 미술사 연구의 주류를 이루게 되었다. 19세기 미술사학: (1) 작품의 _____ 분석에 몰입, (2) _____으로 작품의 상징 파악 → 미술사 연구의 주류를 이루게 됨(∵ _____와 조형적 특성 이해에 도움, _____의 지위 공고히 하거나 걸작 발견·재조명에 유용한 이론적 뒷받침) 라파엘로의 ㉠〈작은 의자 위의 성모〉(1514)에 등장하는 성모와 아기 예수, 세례자 요한을 기독교적 도상에 따라 이해하고, 그 주제를 담아내는 형식 ― 안정된 구도, 그림에 활력을 주는 삼원색의 대비, 적색과 녹색의 보색 대비 등 ― 의 완벽함을 밝힘으로써 작가와 작품의 미술사적 의의를 서술하는 것이 그 한 예가 될 수 있을 것이다.

| 미술사학의 〈작은 의자 위의 성모〉에 대한 해석과 평가 |
| --- |
| (1) 작품의 형식 분석에 몰입: 주제를 담아내는 _____을 밝힘 |
| (2) 도상해석학으로 작품의 상징 파악: 성모, 아기 예수, 세례자 요한을 _____에 따라 이해 |
| → 작가와 작품의 _____를 서술 |

그렇다면 이러한 방식(작품의 형식 분석에 몰입하거나 도상해석학을 이용해 작품의 상징을 파악하는 _____의 방식)은 현대 미술 작품의 해석과 평가에도 유용한 것일까? (질문을 통해 화제를 던지고 있어. _____에 미술사학의 방식이 유용한지에 대한 답을 찾는다고 생각하며 이어지는 내용을 읽어 보자!)

심장이 몸 밖으로 드러난 채 가는 핏줄로 연결되어 있는 두 여인을 그린 프리다 칼로의 ㉡〈2인의 프리다〉(1939)를 살펴보자. 왼편의 여인은 오른손에 가위를 쥔 채 지혈을 하고 있다. 오른편 여인은 한 소년이 그려진 동그란 형태의 작은 물건을 왼손에 쥐고 있는데, 숨긴 듯 그려진 이 소년은 남편 리베라의 모습이다. 전통적인 도상해석학은 이 그림의 의미 파악에 별다른 도움을 주지 못한다. (전통적인 도상해석학은 1문단에서 언급한 미술사학에서 작품의 _____을 파악하기 위해 이용했던 거야. 그렇다면 현대 미술 작품의 해석과 평가에 미술사학은 (유용하다/유용하지 않다)는 거네!) 전통적인 성화 속의 피 흘리는 양이 예수 그리스도의 희생으로, 17세기 정물화 속의 양초와 해골이 인생의 덧없음으로 해석될 수 있도록 도와주었던 관례적인 상징 체계는 이 그림 속의 요소들과는 깊은 관련이 없어 보이기 때문이다. 이러한 해석의 난점을 풀기 위해 어떤 미술사학자는 정신분석학의 이론을 빌려와, 칼로가 무의식적으로 남편 리베라를 아버지로 대체하였고, 그런 심리적 과정이 그의 자화상 속에 드러난다고 해석하였다. 기이한 분위기와 생경한 색채로 인해 초현실주의적인 그림으로 주목을 받았던 칼로의 작품은 이와 같은 새로운 해석에 의해 그 가치에 대한 평가가 높아지고 있다.

| 〈2인의 프리다〉에 대한 해석과 평가 | |
| --- | --- |
| 전통적인 도상해석학 | _____의 이론을 빌린 새로운 해석 |
| 관례적인 _____와 그림 속 요소들의 관련이 없어 의미 파악에 도움(O/X) | 칼로가 남편을 아버지로 대체하는 _____이 자화상 속에 드러남 |

칼로의 경우에서 알 수 있듯이 현대 미술가들이 과거의 전통적 주제나 상징 체계에 의거해 그림을 그리지 않는다는 점으로 볼 때, 도상해석학이 한계를 지닌다는 사실은 분명해 보인다. 고상한 주제나 지적 유희를 즐겼던 미술 후원자의 주문에 따라 그림을 그리던 방식에서 벗어나 화가 자신의 자유로운 상상력과 의지에 따라 그림을 그리게 된 현대 미술의 흐름을 고려한다면 미술사를 바라보는 미술사가들의 태도도 자연히 바뀌어야 했다. 현대 미술가들은 전통적 주제나 상징 체계가 아닌 _____에 따라 그림을 그림 → 미술사를 바라보는 미술사가들의 태도도 바뀌어야 함 (그렇다면 _____의 한계를 극복한 현대 미술을 바라보는 미술사가들의 새로운 태도에 대한 설명이 이어지겠지?)

새로운 미술 환경에 맞는 미술사학의 관점과 이론을 모색하는 일군의 이론가들이 1980년대에 등장하기 시작했는데, 그들의 경향은 '신미술사학'이라고 불린다. (예상대로 전개되고 있군. 신미술사학과 기존의 _____의 차이를 파악하며 읽는 게 중요하겠네. 문제에서도 분명 이 점을 물어볼 거야!) 신미술사학의 대표적인 연구자 중의 한 명인 프리치오시는 탈구조주의 철학에 기초하여, 기존의 미술사학을 지배했던 주도적인 이데올로기, 즉 미술사는 예술적 천재에 대한 찬양과 미적 보편성에 전념해야 한다는 믿음을 반성한다. 한편 다른 이론가들은 기존의 미술사의 주체가 서양 백인 남성이었다는 점과 방법론이 도상해석학과 형식 분석에 제한되었다는 점을 반성한다. 이에 따라 신미술사가들은 여성 미술가, 흑인 미술가 등으로 표상되는 사회 계급, 젠더, 섹슈얼리티라는 다층적 정체성에 대한 관심을 표명하고 마르크스주의, 페미니즘, 정신분석학 등 다양한 방법론을 자신의 것으로 적극 수용하고 있다. 1980년대 신미술사학: (1) 천재에 대한 찬양과 _____에 전념해야 한다는 미술사의 믿음 반성, (2) 주체가 _____이고 방법론이 도상해석학과 형식 분석에 제한되었던 점 반성 → 다층적 _____에 관심, 다양한 _____ 수용

이러한 관점과 기준의 다양화는 동시대의 그림뿐 아니라 과거의 미술에 대해서도 새로운 해석과 가치 평가를 가능케 한다. (이어서 신미술사학을 통해 새로운 해석과 가치 평가가 가능해진 _____에 대해 설명하겠지?) 그려질 당시 크게 주목받지 못했던 젠틸레스키의 ㉢〈유디트〉(1620)가 재평가되는 것도 신미술사학의 방법론을 통해서이다. '유디트'는 서양 미술사에 많이 등장하는 주제 중의 하나인데, 이스라엘을 침공한 아시리아 장수 홀로페르네스, 나라를 지키기 위해 그의 목을 베는 젊은 미망인 유디트와 하녀 등 장한다. 젠틸레스키의 그림에서는 죽음에 저항하는 남자와 목적을 이루려는 두 여인의 동작과 표정이 명암과 색채 대비를 통해

사실적으로 생생하게 표현되었다. 가치 있는 주제를 극적인 방식으로 표현했음에도 좋은 평가를 받지 못했던 이 작품은 페미니즘의 관점을 통해 폭넓게 이해되었고 그에 따라 새로운 평가를 받게 되었다.

| <유디트>에 대한 해석과 평가 |
| --- |
| 가치 있는 주제를 극적인 방식으로 표현했음에도 좋은 평가를 받지 못했음 |
| → _____이 수용한 페미니즘의 관점을 통해 폭넓게 이해되고 새로운 평가를 받음 |

이처럼 신미술사학은 미술을 역사와 사회 상황 같은 다양한 맥락과 굳게 연대시킴으로써 우리에게 풍요로운 작품 해석과 평가의 가능성을 제공한다. 신미술사학의 의의: 미술을 다양한 _____과 연대시켜 풍요로운 _____의 가능성 제공

## 구 조 도  그 리 기

**1. 윗글에 비추어 볼 때, 기존의 미술사학에 대한 신미술사학의 비판으로 적절하지 않은 것은?**

① 미적 가치의 기준이 상대적이라고 전제함으로써, 다양한 방법론을 수용하기 어렵다.

② 예술적 천재에 대한 믿음에 근거함으로써, 계급, 젠더, 섹슈얼리티 등 다층적 정체성에 대한 해석이 어렵다.

③ 작품의 해석에서 상징을 고정된 의미로 풀이함으로써, 전통적 상징 체계를 따르지 않는 현대 미술 작품의 해석에 어려움이 많다.

④ 작품 생산의 다양한 외적 요인들을 고려하지 않음으로써, 화가의 내면 세계나 작품의 사회적 맥락 등에 대한 고려가 필요한 작품의 이해와 해석이 어렵다.

⑤ 주제를 담아내는 형식의 완벽성을 중요한 평가 기준으로 삼음으로써, 자유로운 상상력 등 형식 이외의 가치 역시 중시하는 현대 미술가를 평가하기 어렵다.

**2. ㉠, ㉡, ㉢에 대한 윗글의 서술을 설명한 것으로 옳지 않은 것은?**

① ㉠에 대한 서술에는 종교적 도상이 언급되어 있다.

② ㉡에 대한 서술에는 작가의 사적인 삶이 언급되어 있다.

③ ㉠, ㉡에 대한 서술에는 작품에 대한 당시의 반응이 언급되어 있다.

④ ㉡, ㉢에 대한 서술에는 해석이 필요한 남성의 존재가 언급되어 있다.

⑤ ㉠, ㉡, ㉢에 대한 서술에는 색채의 효과가 언급되어 있다.

**3. 윗글에서 ①과 ②에 들어갈 적절한 단어를 찾아 각각 빈칸에 쓰시오.**

① : 익숙하지 않아 어색함. 2문단
예 낯선 세계의 풍경은 □□한 인상을 주었다.

② : 오직 한 가지 일에만 마음을 씀. 4문단
예 집 걱정은 하지 말고 공부에만 □□해라.

**[4~6] 다음을 읽고 핵심 내용에 밑줄을 치고, 빈칸에 적절한 말을 채우시오. 또한 주어진 물음에 답하시오.**

이론적으로 존재하는 가장 낮은 온도는 −273.16℃이며 이를 절대 온도 0K라고 한다. 실제로 0K까지 물체의 온도를 낮출 수는 없지만 그 (_____)에 근접한 온도를 얻을 수 있다. 그러한 방법 중 하나가 '레이저 냉각'이다. 레이저 냉각: 절대 온도에 근접하게 _____의 온도를 낮추는 방법

레이저 냉각을 이해하기 위해 우선 온도라는 것이 무엇인지 알아보자. (이 글의 화제인 레이저 냉각에 대해 설명하기에 앞서, 사전 정보로 _____에 대해 먼저 설명하려는군.) 미시적으로 물질을 들여다보면 많은 수의 원자가 모인 집단에서 원자들은 끊임없이 서로 충돌하며 다양한 속도로 운동한다. 이때 절대 온도는 원자들의 평균 운동 속도의 제곱에 비례하는 양으로 정의된다. 절대 온도: (원자들의 _____)에 비례하는 양 따라서 어떤 원자의 집단에서 원자들의 평균 운동 속도를 감소시키면 그 원자 집단의 온도가 내려간다. 원자들의 평균 운동 속도↓ → 원자 집단의 온도(↑/↓) 레이저 냉각을 사용하면 상온(약 300K)에서 대략 200m/s의 평균 운동 속도를 갖는 기체 상태의 루비듐 원자의 평균 운동 속도를 원래의 약 1/10000까지 낮출 수 있다. 레이저 냉각의 원리: 원자들의 평균 운동 속도를 _____시켜 물체의 온도를 낮춤

그렇다면 레이저를 이용하여 어떻게 원자의 운동 속도를 감소시킬 수 있을까? (이어서 레이저로 _____를 감소시키는 방법을 구체적으로 설명하겠지?) 날아오는 농구공에 정면으로 야구공을 던져서 부딪히게 하면 농구공의 속도가 느려진다. 마찬가지로 빠르게 움직이는 원자(농구공/야구공)에 레이저 빛(농구공/야구공)을 쏘아 충돌시키면 원자의 속도가 줄어들 수 있다. 이때 속도와 질량의 곱에 해당하는 운동량도 작아진다. _____에 레이저 빛을 쏘아 충돌 → 원자의 속도(↑/↓), _____(속도 × 질량)↓ 빛은 전자기파라는 파동이면서 동시에 광자라는 입자이기도 하기 때문에 운동량을 갖는다. 광자는 빛의 파장에 반비례하는 운동량을 가지며 빛의 진동수에 비례하는 에너지를 갖는다. 또한 빛의 파장과 진동수는 반비례의 관계에 있다. (_____의 속성을 설명했어. 이를 사전 정보로 삼아 뒤에서 레이저 빛과 관련한 내용을 전개하겠지?)

| 빛(전자기파 & _____) | |
| --- | --- |
| | |

↕ 반비례       ↕ 비례

| 빛의 파장 | ← 반비례 → | 빛의 _____ |
| --- | --- | --- |

레이저 빛은 햇빛과 같은 일반적인 빛과 달리 일정한 진동수의 광자로만 이루어져 있다. 레이저 빛을 구성하는 광자가 원자에 흡수될 때 광자의 에너지만큼 원자의 내부 에너지가 커지면서 광자의 운동량이 원자에 전달된다. 실례로 상온에서 200m/s의 속도로 다가오는 루비듐 원자에 레이저 빛을 쏘아 여러 개의 광자를 연이어 루비듐 원자에 충돌시키면 원자를 거의 정지시킬 수 있다.

레이저 빛을 쏘아 광자가 원자에 흡수될 때: 원자의 내부 에너지(↑/↓), _____의 운동량이 _____에 전달 하지만 이때 문제는 원자가 정지한 순간 레이저를 끄지 않으면 원자가 오히려 반대 방향으로 밀려날 수도 있다는 데 있다. 그런데 원자를 하나하나 따로 관측할 수 없고 각 원자의 운동 속도에 맞추어 각 원자와 충돌하는 광자의 운동량을 따로 제어할 수도 없으므로 실제 레이저를 이용해 원자의 온도를 내리는 것은 간단하지 않아 보인다. (레이저를 이용해 _____의 온도를 내리는 데 문제가 있네. 이어서 그 해결책도 설명해 줄 거야!) 레이저를 이용해 원자의 온도를 내리는 방법의 문제점: 원자가 _____한 순간 레이저를 끄지 않으면 원자가 반대 방향으로 밀려날 수도 있지만, 원자를 하나하나 관측 (O/X), 각 _____와 충돌하는 _____의 운동량 따로 제어 X 이를 간단하게 해결하는 방법은 도플러 효과와 원자가 빛을 선택적으로 흡수하는 성질을 이용하는 것이다. (해결 방법을 설명하겠군. 문제의 해결책은 문제의 원인과 관련이 있으니, 문제의 원인과 해결책을 연결해가며 이해해 보자.)

사이렌과 관측자가 가까워질 때에는 사이렌 소리가 원래의 소리보다 더 높은 음으로 들리고, 사이렌과 관측자가 멀어질 때에는 더 낮은 음으로 들린다. 이처럼 빛이나 소리와 같은 파동을 발생시키는 파동원과 관측자가 멀어질 때는 파동의 진동수가 더 작게 감지되고, 파동원과 관측자가 가까워질 때는 파동의 진동수가 더 크게 감지되는 현상을 도플러 효과라고 한다. 도플러 효과: 파동원과 관측자의 거리(↑/↓) → 감지되는 파동의 _____↓ 이때 원래의 진동수와 감지되는 진동수의 차이는 파동원과 관측자가 서로 가까워지거나 멀어지는 속도에 비례한다. _____의 진동수와 _____되는 진동수의 차이 ∝ 파동원과 관측자가 가까워지거나 멀어지는 _____ 이것을 레이저와 원자에 적용하면 레이저 광원은 파동원이고 원자는 관측자에 해당한다. 그러므로 레이저 광원에 다가가는 원자에게(파동원과 관측자가 (가까워질/멀어질) 때) 레이저 빛의 진동수는 원자의 진동수보다 더 높게 감지되고, 레이저 광원에서 멀어지는 원자에게(파동원과 관측자가 (가까워질/멀어질) 때) 레이저 빛의 진동수는 더 낮게 감지된다. 레이저 _____(파동원)과 _____(관측자)의 거리↑ → _____에게 감지되는 레이저 빛의 진동수↓

한편(전환! 이제 원자가 빛을 _____하는 성질에 대해 설명할 거야.) 정지해 있는 특정한 원자는 모든 진동수의 빛을 흡수하는 것이 아니고 고유한 진동수, 즉 공명 진동수의 빛만을 흡수한다. 원자는 _____의 빛만 선택적으로 흡수한다는 거네. 이것은 원자가 광자를 흡수할 때 원자 내부의 전자가 특정 에너지 준위 $E_1$에서 그보다 더 높은 특정 에너지 준위 $E_2$로 옮겨가는 것만 허용되기 때문이다. (3문단에서 광자가 원자에 흡수될 때 광자의 에너지만큼 원자의 내부 에너지는 _____고 했어.) 이때 흡수된 광자의 에너지는 두 에너지 준위의 에너지 값의 차이 $\Delta E$에 해당한다. 원자에 흡수된 _____($\Delta E$) = $E_2 - E_1$

그러면 어떻게 도플러 효과를 이용하여 레이저 냉각을 수행하는지 알아보자. (드디어 모든 개념들을 연결해서 핵심 정보를 설명하려나 봐!) 우선(끊어가며 읽으면서 순서를 파악하는 데 집중하자!) 어떤 원자의 집단을 사이에 두고 양쪽에서 레이저 빛을 원자에 쏘되 그 진동수를 원자의 공명 진동수보다 작게 한다. (1) 원자의 집단을 사이에 두고 양쪽에서 레이저 빛을 쏨(레이저 빛의 진동수 (>/<) 원자의 공명 진동수)

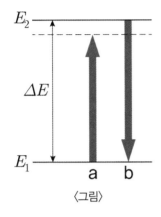

$E_2$

$\Delta E$

$E_1$

a b

〈그림〉

원자가 한쪽 레이저 빛의 방향과 반대 방향으로 움직이면(원자가 레이저 광원에서 (가까워짐/멀어짐)) 도플러 효과에 의해 원자에서 감지되는 레이저 빛의 진동수가 커지는데, 그 값(_____)이 자신의 공명 진동수에 해당하는 원자는 레이저 빛을 흡수하게 된다. 이때 흡수된 광자의 에너지는 $\Delta E$보다 작지만(〈그림〉의 a), 원자는 도플러 효과 때문에 공명 진동수를 갖는 광자를 받아들이는 것처럼 낮은 준위 $E_1$에 있던 전자를 허용된 준위 $E_2$에 올려놓는다. (2) 원자((관측자/파동원))가 움직이면서 레이저 빛의 진동수가 (높게/낮게) 감지됨 → 감지된 레이저 빛의 진동수가 _____에 해당하는 원자는 빛을 흡수(원자 내부의 _____는 $E_1$ → $E_2$) 그러면 불안정해진 원자는 잠시 후에 $\Delta E$에 해당하는 에너지를 갖는 광자를 방출하면서 전자를 $E_2$에서 $E_1$로 내려놓는다(〈그림〉의 b). (3) 불안정한 _____가 _____를 방출(원자 내부의 전자는 ___ → ___) 이 과정이 반복되는 동안, 원자가 광자를 흡수할 때에는 일정한 방향에서 오는 광자와 부딪쳐 원자의 운동 속도가 계속 줄어들지만, 원자가 광자를 내놓을 때에는 임의의 방향으로 방출하기 때문에 결국 광자의 방출은 원자의 속도 변화에 영향을 미치지 못하게 된다. 원자가 광자를 _____할 때: 원자의 속도↓ vs. 원자가 광자를 _____할 때: 원자의 속도 변화 X 그러므로 원자에서 광자를 선택적으로 흡수하고 방출하는 과정이 반복되면, 원자의 속도가 줄어들면서 원자의 평균 운동 속도가 줄고 그에 따라 원자 집단 전체의 온도가 내려가게 된다. (1)~(3)의 과정으로 _____의 흡수, 방출 반복 → 원자의 속도↓ → 원자의 평균 운동 속도(↑/↓) → 원자 집단 전체의 _____↓

## 4. 윗글의 내용과 일치하는 것은?

① 움직이는 원자의 속도는 도플러 효과로 인해 더 크게 감지된다.

② 레이저 냉각은 광자를 선택적으로 흡수하는 원자의 성질을 이용한다.

③ 레이저 냉각은 원자와 레이저 빛을 충돌시켜 광자를 냉각시키는 것이다.

④ 레이저 빛을 이용하여 원자 집단을 절대 온도 0K에 도달하게 할 수 있다.

⑤ 개별 원자의 운동 상태를 파악하여 각각의 원자마다 적절한 진동수의 레이저 빛을 쏠 수 있다.

## 5. 윗글의 〈그림〉을 이해한 것으로 적절하지 않은 것은?

① 다가오는 원자에 공명 진동수의 레이저 빛을 쏘면 원자 내부의 전자가 $E_1$에서 $E_2$로 이동한다.

② 원자의 공명 진동수와 일치하는 진동수를 갖는 광자는 $\triangle E$의 에너지를 갖는다.

③ 원자가 흡수했다가 방출하는 광자의 에너지는 $\triangle E$로 일정하다.

④ 정지한 원자가 흡수하는 광자의 에너지는 $\triangle E$와 일치한다.

⑤ $E_2$에서 $E_1$로 전자가 이동할 때 광자가 방출된다.

## 6. 윗글에서 ①과 ②에 들어갈 적절한 단어를 찾아 각각 빈칸에 쓰시오.

| ① : 알맞게 이용하거나 맞추어 씀. 4문단 |
| 예 이론을 실제에 □□하는 것은 여간 어려운 일이 아니다. |
| ② : 허락하여 너그럽게 받아들임. 5문단 |
| 예 이 건물에서는 흡연이 □□되지 않는다. |

### 구 조 도 그 리 기

**[1~3] 다음을 읽고 핵심 내용에 밑줄을 치고, 빈칸에 적절한 말을 채우시오. 또한 주어진 물음에 답하시오.**

타인의 권리를 침해하여 손해를 야기하는 것을 불법행위라고 하는데, 불법행위법은 불법행위로 발생한 손해를 피해자와 가해자에게 배분함으로써 불법행위를 억제하는 기능을 한다. 불법행위법: ＿＿＿＿＿＿＿(타인의 권리를 침해해 손해를 야기하는 것)로 발생한 손해를 ＿＿＿＿＿＿＿에게 배분 → 불법행위 억제 그런데(글의 초반에서 나타나는 전환은 본격적인 ＿＿＿＿ 제시를 암시하지!) 법원이 어떠한 책임원칙을 적용하느냐에 따라서 불법행위에 따른 손해가 다르게 배분되며 불법행위 억제 효과도 다르게 나타난다. (글의 흐름이 보여! 이제 둘 이상의 ＿＿＿＿＿＿＿을 소개하겠지? 그리고 그에 따라 ＿＿＿＿＿가 배분되는 양상, ＿＿＿＿＿＿＿가 어떻게 다른지를 설명할 거야.) 그래서 법경제학에서는 법원이 적용 가능한 책임원칙들을 분석하여 효율적으로 불법행위를 억제할 수 있는 책임원칙을 찾고자 한다.

불법행위에 대한 책임원칙을 분석하는 데 있어 중요한 개념이 '주의 수준'과 '주의 기준'이다. 주의 수준이란(주의 수준 다음엔 ＿＿＿＿＿＿＿도 설명해줄 거야. 이러한 개념들은 핵심 정보를 설명하는 데 필요한 사전 정보가 되겠지?) 가해자 혹은 피해자가 불법행위 억제를 위해 기울이는 주의의 정도를 의미한다. 주의 수준이 높아질수록(관계들은 읽으면서 바로바로 정리해 두자!) 주의를 기울이는 데 드는 시간이나 노력 등과 같은 주의 비용은 커지지만, 불법행위 발생 확률이 줄어 불법행위로 인한 손해는 줄어든다. 주의 수준: 불법행위 억제를 위해 기울이는 ＿＿＿＿＿＿＿ / 주의 수준↑ → 주의 비용(↑/↓), 불법행위 발생 확률(↑/↓), 불법행위로 인한 손해(↑/↓) 주의 기준은 불법행위로 인한 손해를 피해자와 가해자에게 배분하기 위해 법원이 정한 주의 수준을 의미한다. 일반적으로 불법행위 억제를 위한 주의 비용과 불법행위로 인한 손해의 합이 최소화되는 지점이 사회적 효율성이 달성되는 최적의 주의 수준이다. 그리고 이것이 불법행위를 효율적으로 억제할 수 있는 주의 수준이므로 법원은 이를 주의 기준으로 정한다. 주의 기준: 법원이 정한 ＿＿＿＿＿＿＿, 주의 비용과 불법행위로 인한 손해의 합이 ＿＿＿＿되는 지점 이를 바탕으로 불법행위에 대한 책임원칙의 효율성을 분석해 보면 다음과 같다. (이제 본격적으로 여러 책임원칙들을 제시하고, 그것들이 불법행위를 효율적으로 억제할 수 있는지를 분석하려나 봐!)

불법행위에 대해 피해자의 책임 여부는 고려하지 않고 가해자의 책임 여부만을 고려하는 책임원칙들을 살펴보자. ㉠비책임원칙은 불법행위는 발생했으나 피해자의 손해에 대해서 가해자가 어떠한 배상 책임도 지지 않는 원칙이다. 반면 엄격책임원칙은 손해에 대해서 가해자가 모든 배상 책임을 지는 원칙이다. 이 두 원칙은 가해자에게 손해 배상의 책임이 있는지 여부를 판단할 때 가해자의 주의 수준을 고려하지 않는다는 점에서 공통적이다. 이와 달리(＿＿＿＿＿＿＿을 고려하는 책임원칙을 제시하겠지?) ㉡과실원칙은 가해자의 과실 여부에 따라 가해자의 배상 책임 여부를 판단하는 원칙이다. 이때 과실이란 법원이 부여한 주의 기준을 지키지 않은 것을 의미한다. 과실원칙에서는 가해자

에게만 주의 기준이 부여되므로(비책임원칙, 엄격책임원칙, 과실원칙은 모두 ＿＿＿＿＿＿＿는 고려하지 않아.) 가해자에게 과실이 있으면 가해자가 전적으로 배상 책임을 지고, 과실이 없으면 배상 책임을 지지 않는다. ＿＿＿＿＿＿＿만을 고려하는 세 가지 책임원칙이 제시되었어. 정리해볼까?

| (1) 비책임원칙 | (2) 엄격책임원칙 | (3) 과실원칙 |
|---|---|---|
| 피해자의 손해에 대한 가해자의 배상 책임 (O/X) | ＿＿＿가 손해에 대한 모든 배상 책임 짐 | • 가해자 과실 (O/X) → 전적인 배상 책임<br>• 가해자 과실 (O/X) → 배상 책임 X |
| 가해자의 주의 수준 고려 (O/X) | | • 가해자의 주의 수준(과실 여부) 고려 (O/X) |
| ＿＿＿＿＿의 책임 여부 고려 X, ＿＿＿＿＿의 책임 여부 고려 O | | |

법원이 불법행위에 대해 비책임원칙을 적용하면 가해자에게 책임이 없어 피해자가 모든 손해를 부담하게 되므로, 비책임원칙하에서 가해자의 주의 수준은 매우 낮아진다. 그러므로 이 원칙은 불법행위 억제에 효율적이라 할 수 없다. 비책임원칙: 불법행위 억제 효율(↑/↓) 반면(비책임원칙과 달리 엄격책임원칙, 과실원칙은 ＿＿＿＿＿＿＿이라는 내용이 이어지겠군.) 엄격책임원칙을 적용하면 가해자가 항상 모든 손해를 배상해야 하므로 가해자의 주의 수준은 높아진다. 이때 가해자의 주의 수준은 불법행위 억제를 위한 주의 비용과 불법행위로 인한 손해의 합이 최소화되는 지점, 즉 사회적 효율성이 달성되는 최적의 주의 수준(＿＿＿이 정한 주의 기준)으로 유도된다. 그리고 법원이 과실원칙을 적용하면 가해자는 손해 배상의 책임에서 벗어나기 위해 법원이 정해 놓은 주의 기준을 지키려 한다. 결국 엄격책임원칙과 과실원칙은 모두, 불법행위를 효율적으로 억제할 수 있는 책임원칙이 된다. 엄격책임원칙, 과실원칙: 불법행위 억제 효율(↑/↓)

한편 불법행위에 대해 가해자의 책임 여부만을 고려하는 책임원칙과 결합하여 피해자의 책임 여부까지 고려하는 책임원칙들이 있다. (3문단과 4문단에서는 가해자의 책임 여부만을 고려하는 책임원칙들을 살펴보았다면, '한편'으로 글의 흐름을 전환해 이와 ＿＿＿＿해 ＿＿＿＿＿＿＿도 고려하는 책임원칙들을 살펴보려나 봐.) 먼저 ㉢기여과실은 법원이 피해자에게 주의 기준을 부여하고 피해자가 이(＿＿＿＿＿＿＿)를 지키지 않은 것을 피해자의 과실로 정의하여, 피해자의 과실을 가해자가 손해 배상 책임에서 벗어나는 항변 수단으로 사용할 수 있도록 한다. 과실원칙에 기여과실이 결합된 경우, 우선 과실원칙이 적용되므로 가해자에게 과실이 있으면 가해자가 손해를 전적으로 배상해야 한다. 그런데 가해자의 항변이 인정되면, 즉 피해자의 과실이 입증되면 가해자에게 과실이 있더라도 가해자는 배상 책임에서 벗어나게 되고 피해자가 손해를 전적으로 부담하게 된다. 결국 가해자에게만 최적의 주의 수준이 유도되는 과실원칙에 기여과실이 결합되면 피해자에게도 최적의 주의 수준이

유도된다는 점에서 기여과실은 불법행위를 효율적으로 억제할 수 있는 책임원칙이라고 할 수 있다.

| (4) 기여과실 |
|---|
| • 피해자의 _____(주의 기준 지키지 않음)을 가해자가 손해 배상 책임에서 벗어나는 _____으로 사용 가능 |
| • _____(우선 적용) + 기여과실 |
| ·가해자 과실 O → _____가 전적인 배상 책임 |
| ·피해자 과실 O → _____가 전적인 배상 책임 |
| • 불법행위 억제 효율(↑/↓) |

다음으로 비교과실은 기본적으로 과실원칙을 적용하되, 피해자에게도 주의 기준을 부여한다는 특징이 있다. 가해자에게 과실이 없으면 배상 책임이 없고, 가해자에게 과실이 있고 피해자에게 과실이 없으면 가해자에게는 배상 책임이 있다. 그리고 피해자와 가해자 모두에게 과실이 있는 경우에는 과실의 크기에 비례하여 손해에 대한 책임을 분담한다. 이 원칙하에서 가해자와 피해자는 각각의 주의 기준을 지키고자 한다. 비교과실은, 양측에 과실이 있다고 하더라도 과실이 큰 쪽이 더 많은 손해를 부담해야 하므로 양측을 조금이라도 더 높은 주의 수준으로 이끌 수 있다. 그래서 비교과실은 불법행위를 효율적으로 억제하는 책임원칙이라 할 수 있다.

| (5) 비교과실 |
|---|
| • 과실원칙 적용 + 피해자에게도 _____ 부여 |
| ·가해자 과실 X → 가해자 배상 책임 (O/X) |
| ·가해자 과실 (O/X), 피해자 과실 (O/X) → 가해자 배상 책임 |
| ·가해자 과실 O, 피해자 과실 O → _____에 비례하여 손해 책임 분담 |
| • 불법행위 억제 효율(↑/↓) |

이는 기여과실 원칙하에서 피해자의 과실이 가해자의 과실보다 작아도 가해자가 항변을 통해 배상의 책임에서 벗어날 수 있다는 것과 구별된다. 기여과실과 비교과실의 공통점과 차이점을 정리해볼까?

| (4) 기여과실 | (5) 비교과실 |
|---|---|
| 피해자 과실 < 가해자 과실: 피해자의 과실 입증되면, _____에게 과실이 있더라도 _____가 손해 전적으로 부담 | 피해자 과실 < 가해자 과실: 과실이 큰 쪽이 더 많은 손해를 부담하므로, 피해자의 배상 책임 (>/<) 가해자의 배상 책임 |
| 가해자와 피해자의 _____ 모두 고려 | |

## 1. ㉠~㉢에 대한 설명으로 가장 적절한 것은?

① ㉠은 불법행위의 억제에 효율적이다.

② ㉡은 피해자의 책임 여부만 고려한다.

③ ㉢은 가해자의 책임 여부만 고려한다.

④ ㉠은 ㉡과 달리 가해자의 과실 여부를 판단한다.

⑤ ㉢은 ㉡과 달리 피해자의 과실 여부를 판단한다.

## 2. 윗글을 바탕으로 〈보기〉를 이해한 내용으로 적절하지 않은 것은?

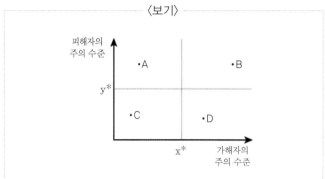

〈보기〉

• A~D는 서로 다른 불법행위들이다.

• $x^*$는 가해자의 주의 기준이고, $y^*$는 피해자의 주의 기준이다.

① A의 경우 가해자는 $x^*$를 지키지 않았고 피해자는 $y^*$를 지켰으므로, 비교과실을 적용하면 가해자에게 배상 책임이 있다.

② B의 경우 가해자는 $x^*$를 지켰으므로, 과실원칙을 적용하면 가해자에게 배상 책임이 없다.

③ C의 경우 가해자도 $x^*$를 지키지 않았고 피해자도 $y^*$를 지키지 않았으므로, 과실원칙에 기여과실이 결합된 원칙을 적용하여 가해자의 항변이 인정되면 피해자가 손해를 부담한다.

④ A와 C의 경우 가해자가 $x^*$를 지키지 않았으므로, 과실원칙을 적용하면 가해자에게 배상 책임이 있다.

⑤ B와 D의 경우 가해자가 $x^*$를 지켰으므로, 비교과실을 적용하면 피해자와 가해자가 과실에 비례하여 손해에 대한 책임을 분담한다.

## 3. 윗글에서 ①과 ②에 들어갈 적절한 단어를 찾아 각각 빈칸에 쓰시오.

| |
|---|
| ① : 목적한 것을 이룸. 2문단 |
| 예 목표를 계획보다 빨리 □□했다. |
| ② : 남의 권리를 침해한 사람이 그 손해를 물어 주는 일. 3문단 |
| 예 피해자 측은 금전적 □□을 요구해 왔다. |

| 구 조 도 그 리 기 |
|---|
| |

**[4~6] 다음을 읽고 핵심 내용에 밑줄을 치고, 빈칸에 적절한 말을 채우시오. 또한 주어진 물음에 답하시오.**

기계나 설비 등이 목적에 맞게 작동하도록 온도, 압력, 유량, 회전 속도 등의 물리량을 조절하는 기술을 제어 기술이라고 한다. 제어 대상의 현재 물리량의 크기를 잰 측정값을 원하는 목표인 설정값에 일치시키기 위해, 출력되는 조작량을 조절하는 제어 기술에는 여러 방식이 있다. 제어 기술: _____을 _____에 일치시키기 위해 출력되는 _____(물리량)을 조절함 (이 글은 두 가지 이상의 제어 기술을 설명하는 글일 수도 있고, 혹은 제어 기술 중 한 가지를 구체적으로 다루는 글일 수도 있어. 이어지는 내용을 통해 어떤 글인지 알 수 있을 텐데, 전개되는 방식에 따라 독해 전략도 달라져야겠지?) 그중 가장 간단한 방식은 'on / off 스위치 방식'으로, 물의 온도를 맞출 때 사용되는 보일러의 온도 조절 장치에 흔히 활용된다. 이 장치에서는 ㉠현재 온도((측정값/설정값))가 원하는 온도((측정값/설정값))보다 낮으면 스위치가 on되어 가열기에 전원이 공급되며, 원하는 온도보다 높으면 스위치가 off되어 가열기에 공급되는 전원이 차단된다. 스위치가 on일 때에는 100%에 해당하는 조작량이 출력되고, 스위치가 off일 때에는 조작량이 0%가 된다. on / off 스위치 방식: (1) 측정값 (>/<) 설정값 → 스위치 on: ____%의 조작량 출력, (2) 측정값 (>/<) 설정값 → 스위치 off: __%의 조작량 출력 가열기가 처음 작동될 때 수온을 올리기 위해 on 상태를 유지하는데, 어느 순간 수온이 설정값을 넘는 '오버슈트'가 발생한다. 오버슈트가 발생하면 시스템에 무리를 줄 수 있으므로 ㉡스위치를 반복적으로 on과 off하여 현재 온도를 설정값에 이르도록 한다. 수온은 압력이나 유량처럼 물리량의 변화가 연속적인 아날로그적 속성을 지니므로 수온이 상승하여 스위치를 off로 바꾸었다고 해서 금세 낮아지지는 않는다. 따라서 스위치를 반복적으로 on과 off하면 설정값을 기준으로 수온이 위아래로 일정하게 오르내리는 '헌팅'이 발생한다. _____ 발생을 방지하기 위해 스위치를 반복적으로 on / off함 → _____ 발생

on / off 스위치 방식은 오버슈트와 헌팅이 발생하여 제어 대상의 물리량을 정밀하게 제어하기 어렵다. 이런 on / off 스위치 방식의 결점을 보완하기 위해 'PID 제어 방식'이 활용된다. (기술 지문에서는 어떤 기술의 문제점을 제시한 다음에 이를 보완하거나 해결한 새로운 기술을 소개하는 경우가 많아. 이번 경우에도 _____ 방식의 한계점을 언급한 후 이를 보완한 _____ 방식을 제시하고 있어. 그렇다면 서로 다른 제어 방식 간의 공통점과 차이점을 파악하며 읽어야겠네. 이 점은 분명 문제에서도 물어볼 테니까!) PID 제어 방식은 P(비례) 제어, I(적분) 제어, D(미분) 제어를 모두 활용하여 제어 대상의 물리량을 정밀하게 제어한다. 그런데 목적에 따라 P 제어 방식, PI 제어 방식, PD 제어 방식이 활용되는 경우도 있다. ('그런데'로 내용을 전환해서 P 제어, I 제어, D 제어를 _____하지 않는 경우를 언급했어. 이어서 목적에 따른 P 제어 방식, PI 제어 방식, PD 제어 방식의 활용에 대해 설명하겠지?) P 제어는 설정값의 위아래에 일정한 비례대를 설정하여, 비례대 안에서 설정값과 측정값의 편차에 비례하는 조작량을 출력한다. P 제어: 설정값의 위아래에 일정한 _____ 설정 → 비례대 안에서

_____ 출력 예컨대 P 제어가 활용된 보일러의 온도 조절 장치에서 현재의 온도가 비례대 하한선 아래에 있을 경우 현재 온도가 비례대 하한선에 이를 때까지는 100%의 조작량이 출력되어 스위치를 on 상태로 유지한다. (1) (측정값/설정값) ≤ 비례대 하한선: 스위치 _____ 상태 유지 그러다 현재 온도가 비례대 하한선보다 높아지면 비례 주기를 갖게 되는데, 각 주기에서는 스위치의 on과 off 동작이 반복된다. 즉, ㉢비례대 하한선을 넘은 현재 온도가 설정값에 이르기 전까지는 on 시간이 off 시간보다 긴 동작이 주기적으로 반복되는 것이다. (2) _____ < 측정값 < _____: on 시간 (>/<) off 시간인 동작이 주기적으로 반복 현재 온도가 설정값에 도달하면 50%의 조작량이 출력되어 on과 off 시간이 1 : 1인 동작이 반복된다. (3) 측정값 = _____: on과 off 시간이 _____인 동작 반복 현재 온도가 설정값보다 오르면 off 시간이 on 시간보다 긴 동작이 주기적으로 반복되고, (4) _____ < _____ < 비례대 상한선: off 시간 (>/<) on 시간인 동작이 주기적으로 반복 현재 온도가 비례대 상한선을 넘으면 off 상태를 유지한다. (5) _____ > 비례대 상한선: 스위치 off 상태 유지 (3가지 이상의 내용이 나열될 때는 상위 개념으로 묶어 기억하고 세부 내용은 문제에서 물어보면 돌아와서 확인하자! 즉 3문단 앞부분에서는 _____(현재 온도)에 따른 P 제어에서의 스위치 조작을 설명했다고 파악하고 넘어가도 돼.) 이처럼 P 제어를 활용하면 측정값을 설정값에 정밀하게 근접시킬 수 있으므로 on / off 스위치 방식만 활용할 때보다 헌팅이 크게 줄어든다. 그러나 (P 제어 방식의 문제점을 언급하면서, 그 보완이나 해결과 관련하여 _____을 설명하겠지?) P 제어에서는 ㉣측정값이 일정하게 유지되는 안정 상태가 되어도 설정값에 대하여 일정한 오차가 설정값의 위 또는 아래에 필연적으로 발생하는데, 이를 '잔류편차'라 한다. 보일러의 온도 조절 장치에 P 제어가 활용될 때, ㉤비례대를 넓게 설정할수록 가열을 위한 on과 off의 반복 동작이 시작되는 온도가 낮아지므로 현재 온도가 설정값에 근접하는 시간이 길어지고 잔류편차가 커지지만 헌팅은 거의 발생하지 않는다. 반면에 비례대를 좁게 설정할수록 현재 온도가 설정값에 근접하는 시간은 짧아지고 잔류편차가 작아지지만 헌팅이 발생하기 쉽다. 비례대 설정 범위↑, 측정값이 설정값에 근접하는 시간(↑/↓), 잔류편차(↑/↓), 헌팅(↑/↓)

I 제어를 P 제어와 같이 활용하면 잔류편차를 없앨 수 있어 측정값이 설정값에 거의 근접하게 된다. (예상대로 _____에서 발생하는 문제점은 PI 제어 방식을 활용하면 해결되는군.) PI 제어의 적분 동작은 측정값과 설정값 사이의 편차의 적분값에 비례하는 조작량을 출력하는 것으로, 적분 동작의 강도를 나타내는 적분 시간을 통해 동작의 세기를 조절한다. PI 제어의 적분 동작: 측정값과 설정값 사이의 _____에 비례하는 조작량 출력, _____을 통해 세기 조절 적분 시간을 짧게 하면 제어 대상의 상태 변화를 수정하는 동작이 강해져 잔류편차를 짧은 시간에 없앨 수 있지만 헌팅이 발생하는 원인이 될 수 있다. 반대로 적분 시간을 길게 하면 수정 동작이 약해져 헌팅은 발생하지 않지만, 잔류편차를 없애는 데 긴 시

간이 걸린다. 적분 시간↓, 잔류편차 없애는 시간(↑/↓), 헌팅 발생 가능성 (O/X)

　그런데 P 제어나 PI 제어만 활용할 경우에는 외부 충격이나 진동 등이 발생하여 제어 대상의 상태가 급격히 변화할 때 측정값이 설정값으로 돌아가는 데 긴 시간이 걸린다. (지금까지의 전개 방식을 고려하면, P 제어나 PI 제어만 활용할 경우의 문제점은 _____를 활용하면 해결할 수 있다고 설명하겠지?) 이때 D 제어를 활용하면 빠르게 설정값으로 돌아갈 수 있다. 외부 충격이나 진동 등이 발생하면 측정값과 설정값 사이에 편차가 커지는데, PD 제어나 PID 제어의 미분 동작은 측정값과 설정값 사이의 편차가 변화하는 속도에 비례하여 조작량을 출력하는 것이다. 미분 동작의 세기는 미분 시간을 통해 조절하는데, PD 제어나 PID 제어의 미분 동작: 측정값 설정값 사이의 _____에 비례하여 조작량 출력, _____을 통해 세기 조절 미분 시간을 짧게 하면 제어 대상의 상태 변화를 수정하는 동작이 약해져 측정값이 설정값까지 도달하는 시간은 길어지지만 오버슈트는 발생하지 않는다. 반면, 미분 시간을 길게 하면 수정 동작이 강해져 측정값이 설정값에 도달하는 시간은 짧아지지만 오버슈트가 발생하기 쉽다. 미분 시간↓, 측정값이 설정값까지 도달하는 시간(↑/↓), 오버슈트 발생 가능성 (O/X)

**4. ㉠~㉤에 대한 설명으로 적절하지 않은 것은?**

① ㉠: 측정값이 설정값보다 낮은 경우이다.

② ㉡: 조작량이 100%와 0%인 상태가 반복되는 상태이다.

③ ㉢: 100%에서 50% 사이의 조작량이 출력되는 때이다.

④ ㉣: 스위치가 on 상태로 지속되는 때이다.

⑤ ㉤: 비례 주기가 시작되는 온도가 낮아지는 경우이다.

**5. 윗글을 바탕으로 〈보기〉에 대해 이해한 내용으로 적절하지 않은 것은?**

〈보기〉

　최근 강한 수증기 압력으로 진한 커피를 추출하는 커피 기계가 많이 쓰인다. 이 기계에는 물을 끓이는 가열기의 온도를 조절하는 장치, 분출되는 수증기의 압력을 조절해 주는 증기압 조절 장치, 수조의 물이 일정하게 유지되도록 물을 보충해 주는 수위 조절 장치가 등이 장착되어 있다.

① 온도 조절 장치에 on / off 스위치 방식만 활용될 때, 가열기의 작동 초기에 on 상태를 계속 유지하면 오버슈트가 발생할 수 있을 것이다.

② 온도 조절 장치에 PID 제어 방식이 활용될 때, 온도가 설정값 위로 갑자기 상승해도 미분 동작에 의해 빠르게 설정값으로 돌아갈 수 있을 것이다.

③ 증기압 조절 장치에 P 제어 방식이 활용될 때, 비례대를 좁게 하면 잔류편차를 없앨 수 있을 것이다.

④ 증기압 조절 장치에 on / off 스위치 방식만 활용될 때, 현재의 증기압이 설정값 위로 급하게 상승하는 경우에 스위치를 off로 바꾸어도 증기압이 설정값 아래로 곧바로 낮아지지는 않을 것이다.

⑤ 수위 조절 장치에 P 제어 방식이 활용될 때, on / off 스위치 방식만 활용될 때보다 헌팅을 줄일 수 있을 것이다.

**6. 윗글에서 ①과 ②에 들어갈 적절한 단어를 찾아 각각 빈칸에 쓰시오.**

　① : 잘못되거나 부족하여 완전하지 못한 점. 2문단

　예 그의 유일한 □□은 남을 너무 쉽게 믿는 것이다.

　② : 가까이 접근함. 3문단

　예 수능 만점자 비율은 목표치인 1%에 □□할 것으로 예상된다.

**구 조 도 그 리 기**

[1~3] 다음을 읽고 핵심 내용에 밑줄을 치고, 빈칸에 적절한 말을 채우시오. 또한 주어진 물음에 답하시오.

국제법에서 일반적으로 조약은 국가나 국제기구들이 그들 사이에 지켜야 할 구체적인 권리와 의무를 명시적으로 합의하여 창출하는 규범이며, 국제 관습법은 조약 체결과 관계없이 국제 사회 일반이 받아들여 지키고 있는 보편적인 규범이다. 조약과 국제 관습법은 모두 _____에 해당하는군. 반면에(_____이나 _____과는 다른 성격을 가진 대상이 제시될 거야.) 경제 관련 국제기구에서 어떤 결정을 하였을 경우, 이 결정 사항 자체는 권고적 효력만 있을 뿐 법적 구속력은 없는 것이 일반적이다.

| 조약, 국제 관습법 | 규범, 법적 구속력 (O/X) |
|---|---|
| 경제 관련 국제기구의 결정 | 권고적 효력 O, 법적 구속력 (O/X) |

그런데('그런데'는 화제를 다른 방향으로 이끌어 나갈 때 쓰는 접속어. 특히 지문 초반에서 글의 흐름이 전환되는 경우 본격적인 _____가 제시되는 경우가 많으니 집중해서 읽자!) 국제결제은행 산하의 바젤위원회가 결정한 BIS 비율 규제와 같은 것들이 비회원인 국가에서도 엄격히 준수되는 모습을 종종 보게 된다. (이 글은 BIS 비율 규제와 같은 것들이 _____이 없음에도 왜 엄격히 준수되는지를 설명하려고 하는구나. 그 답을 찾는다고 생각하며 읽어 보자!) 이처럼 일종의 규범적 성격이 나타나는 현실을 어떻게 이해할지에 대한 논의가 있다. (_____이 나타난다는 것은 어떠한 것이 엄격하게 준수된다는 의미인 거네. 같은 의미를 다른 표현으로 재진술한다면 묶어가며 이해해 보자. 그래야 기억해야 할 정보량이 줄고 지문의 핵심을 파악하기 쉽거든!) 이는 위반에 대한 제재를 통해 국제법의 효력을 확보하는 데 주안점을 두는 일반적 경향을 되돌아보게 한다. 곧 신뢰가 형성하는 구속력에 주목하는 것이다.

| 국제법 | _____를 통한 구속력 |
|---|---|
| BIS 비율 규제 | _____가 형성하는 구속력 |

BIS 비율은 은행의 재무 건전성을 유지하는 데 필요한 최소한의 자기자본 비율을 설정하여 궁극적으로 예금자와 금융 시스템을 보호하기 위해 바젤위원회에서 도입한 것이다. ((사전 정보/방향 정보/핵심 정보/부록 정보)에 해당하는 내용을 먼저 설명하려나 봐. 뒤에서 사전 정보들을 연결해 핵심 정보를 설명할 거야!) 바젤위원회에서는 BIS 비율이 적어도 규제 비율인 8%는 되어야 한다는 기준을 제시하였다. BIS 비율: 은행의 재무 건전성 유지에 필요한 최소한의 _____ 설정 → _____ 보호 목적 이에 대한 식은 다음과 같다. (공식이 나오면 문제에서 이를 활용한 간단한 계산을 요구할 가능성이 높아. 분자와 분모, 고정된 값과 변화하는 값, 주어진 값과 구해야 하는 값 등을 정확히 확인하자!)

$$BIS\ 비율(\%) = \frac{자기자본}{위험가중자산} \times 100 \geq 8(\%)$$

여기서 자기자본은 은행의 기본자본, 보완자본 및 단기후순위채무의 합으로, (기본자본, 보완자본, 단기후순위채무가 무엇인지 고민에 빠진 건 아니지? 핵심 정보를 설명하기 위해 꼭 알아야 하는 개념이라면 이어서 설명해줄 거고, 아니라면 써준 대로 이들의 합이 _____이라는 것만 이해하고 넘어가면 돼. 문제에서는 지문에서 써준 만큼만 물어보니까!) 위험가중자산은 보유 자산에 각 자산의 신용 위험에 대한 위험 가중치를 곱한 값들의 합으로

구하였다. 위험 가중치는 자산 유형별 신용 위험을 반영하는 것인데, OECD 국가의 국채는 0%, 회사채는 100%가 획일적으로 부여되었다. BIS 비율 = 자기자본(기본자본 + _____ + _____) ÷ 위험가중자산[(보유 자산 × 각 자산의 _____에 대한 위험 가중치)의 합] × 100 이후 금융 자산의 가격 변동에 따른 시장 위험도 반영해야 한다는 요구가 커지자, 바젤위원회는 위험가중자산을 신용 위험에 따른 부분과 시장 위험에 따른 부분의 합으로 새로 정의하여 BIS 비율을 산출하도록 하였다. 신용 위험의 경우와 달리 시장 위험의 측정 방식은 감독 기관의 승인하에 은행의 선택에 따라 사용할 수 있게 하여(_____ 위험의 측정 방식은 은행의 선택에 따라 사용할 수 없다는 거네.) '바젤 I' 협약이 1996년에 완성되었다. '바젤 I' 협약: (1) 위험가중자산에 신용 위험 + _____ 반영, (2) 시장 위험의 측정 방식은 _____에 따라 사용

금융 혁신의 진전으로 '바젤 I' 협약의 한계가 드러나자 2004년에 '바젤 II' 협약이 도입되었다. ('바젤 II' 협약은 '바젤 I' 협약의 _____를 보완한 것이겠네. 통시적 흐름에 따른 바젤 협약의 변화 양상을 파악하며 읽어야겠어. 문제에서도 이 점을 물어볼 테니까!) 여기에서 BIS 비율의 위험가중자산은 신용 위험에 대한 위험 가중치에 자산의 유형과 신용도를 모두 고려하도록 수정되었다. ('바젤 I' 협약에서는 위험가중자산을 산출할 때 위험 가중치는 _____별 신용 위험만 반영했는데, '바젤 II' 협약에서는 _____도 반영하는 것으로 수정된 거군.) 신용 위험의 측정 방식은 표준 모형이나 내부 모형 가운데 하나를 은행이 이용할 수 있게 되었다. 표준 모형에서는 OECD 국가의 국채는 0%에서 150%까지, 회사채는 20%에서 150%까지 위험 가중치를 구분하여 신용도가 높을수록 낮게 부과한다. 신용도↑ → 위험 가중치(↑/↓) 예를 들어 실제 보유한 회사채가 100억 원인데 신용 위험 가중치가 20%라면 위험가중자산에서 그 회사채는 20억 원으로 계산된다. 내부 모형은 은행이 선택한 위험 측정 방식을 감독 기관의 승인하에 그 은행이 사용할 수 있도록 하는 것이다. 또한 감독 기관은 필요시 위험가중자산에 대한 자기자본의 최저 비율이 규제 비율(__%)을 초과하도록 자국 은행에 요구할 수 있게 함으로써 자기자본의 경직된 기준을 보완하고자 했다. '바젤 II' 협약: (1) _____에 자산의 유형 + 신용도 고려, (2) 신용 위험의 측정 방식은 은행이 _____ 모형 또는 _____ 모형 가운데 하나를 이용, (3) 감독 기관이 은행에 위험가중자산에 대한 자기자본의 최저 비율이 _____하도록 요구 가능

최근에는 '바젤 III' 협약이 발표되면서 자기자본에서 단기후순위채무가 제외되었다. 또한 위험가중자산에 대한 기본자본의 비율이 최소 6%가 되게 보완하여 자기자본의 손실 복원력을 강화하였다. 이처럼 새롭게 발표되는 바젤 협약은 이전 협약에 들어 있는 관련 기준을 개정하는 효과가 있다. '바젤 III' 협약: (1) 자기자본 = _____ + _____, (2) (_____ ÷ 위험가중자산) × 100 ≥ 6%

바젤 협약은 우리나라를 비롯한 수많은 국가에서 채택하여 제도화하고 있다. 현재 바젤위원회에는 28개국의 금융 당국들이 회

원으로 가입되어 있으며, 우리 금융 당국은 2009년에 가입하였다. 하지만 우리나라는 가입하기 훨씬 전부터 BIS 비율을 도입하여 시행하였으며, 현행 법제에도 이것(＿＿＿＿＿＿＿)이 반영되어 있다. 바젤 기준을 따름으로써 은행이 믿을 만하다는 징표를 국제 금융 시장에 보여 주어야 했던 것이다. (1문단을 참고하면 ＿＿＿가 구속력을 형성한 것이라고 할 수 있겠지.) 재무 건전성을 의심받는 은행은 국제 금융 시장에 자리를 잡지 못하거나, 심하면 아예 발을 들이지 못할 수도 있다. (1문단에서 찾아보고라 한 답을 찾았지? 법적 구속력이 없음에도 BIS 비율 규제가 엄격히 준수되는 것은 은행의 ＿＿＿＿＿＿＿＿을 보여 주어 국제 금융 시장에서 활동하기 위해서야!)

바젤위원회에서는 은행 감독 기준을 협의하여 제정한다. 그 헌장에서는 회원들에게 바젤 기준을 자국에 도입할 의무를 부과한다. 하지만 바젤위원회가 초국가적 감독 권한이 없으며 그의 결정도 법적 구속력이 없다는 것 또한 밝히고 있다. 바젤 기준은 100개가 넘는 국가가 채택하여 따른다. 이는 국제기구의 결정에 형식적으로 구속을 받지 않는 국가에서까지 자발적으로 받아들여 시행하고 있다는 것인데, 이런 현실을 말랑말랑한 법(soft law)의 모습이라 설명하기도 한다. 이때 조약이나 국제 관습법은 그에 대비하여 딱딱한 법(hard law)이라 부르게 된다. 바젤 기준도 장래에 딱딱하게 응고될지 모른다.

| 말랑말랑한 법 | 법적 구속을 받지 않지만 ＿＿＿＿＿으로 받아들여 시행하는 법 |
| --- | --- |
| ＿＿＿＿＿ | 조약이나 국제 관습법처럼 법적 구속력이 있는 법 |

## 1. 윗글에서 알 수 있는 내용으로 적절하지 않은 것은?

① 조약은 체결한 국가들에 대하여 권리와 의무를 부과하는 것이 원칙이다.

② 새로운 바젤 협약이 발표되면 기존 바젤 협약에서의 기준이 변경되는 경우가 있다.

③ 딱딱한 법에서는 일반적으로 제재보다는 신뢰로써 법적 구속력을 확보하는 데 주안점이 있다.

④ 국제기구의 결정을 지키지 않을 때 입게 될 불이익은 그 결정이 준수되도록 하는 역할을 한다.

⑤ 세계 각국에서 바젤 기준을 법제화하는 것은 자국 은행의 재무 건전성을 대외적으로 인정받기 위해서이다.

## 2. 윗글을 참고할 때, 〈보기〉에 대한 반응으로 적절하지 않은 것은?

〈보기〉

갑 은행이 어느 해 말에 발표한 자기자본 및 위험가중자산은 아래 표와 같다. 갑 은행은 OECD 국가의 국채와 회사채만을 자산으로 보유했으며, 바젤II 협약의 표준 모형에 따라 BIS 비율을 산출하여 공시하였다. 이때 회사채에 반영된 위험 가중치는 50%이다. 그 이외의 자본 및 자산은 모두 무시한다.

| 항목 | 자기자본 | | |
| --- | --- | --- | --- |
| | 기본자본 | 보완자본 | 단기후순위채무 |
| 금액 | 50억 원 | 20억 원 | 40억 원 |

| 항목 | 위험 가중치를 반영하여 산출한 위험가중자산 | | |
| --- | --- | --- | --- |
| | 신용 위험에 따른 위험가중자산 | | 시장 위험에 따른 |
| | 국채 | 회사채 | 위험가중자산 |
| 금액 | 300억 원 | 300억 원 | 400억 원 |

① 갑 은행이 공시한 BIS 비율은 바젤위원회가 제시한 규제 비율을 상회하겠군.

② 갑 은행이 보유 중인 회사채의 위험 가중치가 20%였다면 BIS 비율은 공시된 비율보다 높았겠군.

③ 갑 은행이 보유 중인 국채의 실제 규모가 회사채의 실제 규모보다 컸다면 위험 가중치는 국채가 회사채보다 낮았겠군.

④ 갑 은행이 바젤I 협약의 기준으로 신용 위험에 따른 위험가중자산을 산출한다면 회사채는 600억 원이 되겠군.

⑤ 갑 은행이 위험가중자산의 변동 없이 보완자본을 10억 원 증액한다면 바젤III 협약에서 보완된 기준을 충족할 수 있겠군.

## 3. 윗글에서 ①과 ②에 들어갈 적절한 단어를 찾아 각각 빈칸에 쓰시오.

① : 어떤 조직체나 세력의 관할 아래. 1문단
예 나는 전국 대학교 □□ 연구 단체들을 조사하고 있다.

② : 모두가 한결같아서 다름이 없는 것. 2문단
예 학교는 학생을 □□□으로 길들이는 곳이 아닙니다.

## 구 조 도 그 리 기

**[4~6] 다음을 읽고 핵심 내용에 밑줄을 치고, 빈칸에 적절한 말을 채우시오. 또한 주어진 물음에 답하시오.**

인간이 생명을 유지하고 활동하기 위해서는 세포에 산소를 공급하고 물질대사 결과 발생한 이산화 탄소를 체외로 배출하는 과정이 필수적인데, 이 과정을 호흡이라 한다. 호흡: 세포에 _____ 공급, _____를 체외로 배출 이때 공기가 체외에서 폐로 이동하는 것을 흡기, 폐에서 체외로 이동하는 것을 호기라 한다. 그런데 이와 같은 공기의 흐름은 폐와 대기의 압력 차이와 밀접한 관련이 있다. 호흡의 과정에서는 폐와 대기의 압력 차이로 인해 _____이 나타나는군. (1) _____ : 체외 → 폐, (2) _____ : 폐 → 체외

이를 이해하기 위해서는 우선 공기의 이동과 관련된 호흡계의 구성 요소를 살펴볼 필요가 있다. (1문단의 내용과 '우선'을 고려하면, 이어서 _____를 먼저 살펴본 후 호흡 과정에서 _____이 발생하는 구체적인 원리가 제시되겠지?) 코와 입을 통해 유입된 공기는 기관과 기관지를 거쳐 최종적으로 폐포로 들어간다. (흡기/호기) 시 유입된 공기 → 기관 → 기관지 → _____ 기관과 기관지를 거친 공기는 체온만큼 따뜻해지고 수증기가 첨가되어 습윤한 상태가 되며, 이 물질이 걸러진 상태가 된다. 이로 인해 공기가 폐포를 손상시키지 않는다. 폐포는 폐 속 기관지 맨 끝에 포도송이처럼 붙어 있는 공기주머니로 기체 교환이 일어나는 장소이다. 폐포: 폐 속 _____ 맨 끝, _____이 일어남

[그림]

기관지와 폐포 등으로 구성된 폐는, [그림]에서처럼 흉막강에 둘러싸인 상태로 흉곽 내에 위치한다. 흉곽은 늑골을 비롯한 뼈와 늑간근 등의 근육으로 이루어져 있는데, 폐를 보호하는 역할을 하며 횡격막에 의해 복부와 완전히 분리된다. 또한 흉막강은 얇은 세포층인 두 개의 흉막으로 완전히 닫힌 주머니 형태를 이루고 있는데, 흉막과 흉막 사이는 흉막 내액으로 채워져 있다. 이때 안쪽 흉막은 폐에 붙어 있고, 바깥쪽 흉막은 흉곽벽에 붙어 있기 때문에, 흉막 내액은 결국 폐와 흉곽벽이 서로 분리되지 않게 하는 역할을 한다. 비유하자면 물에 의해 붙어 있는 두 장의 얇은 유리판이 물의 응집력 때문에 쉽게 분리되지 않는 것과 동일한 원리이다. (사전 정보들이 나열되면 이를 연결하여 핵심 정보를 설명하는 때가 반드시 오니, 정보량에 좌절하지 말고 제시된 것을 차근히 정리하며 읽으면 돼.)

| 폐 = _____ + 폐포 등 | | |
|---|---|---|
| • _____(두 개의 흉막으로 완전 닫힌 형태)에 둘러싸임 | | |
| (흉곽벽/폐) | 흉막강 | (흉곽벽/폐) |
| | 바깥쪽 흉막 · · · · · 안쪽 흉막 | |
| • 흉곽(_____를 보호, _____에 의해 복부와 완전 분리) 내에 위치 | | |

그렇다면 호흡 과정에서 공기의 흐름이 발생하는 원리는 무엇

일까? (예상대로 전개되는군. 질문을 통해 본격적으로 다루고자 하는 내용으로 들어가고 있어. 1문단에서 공기의 흐름은 폐와 대기의 압력 차이와 관련이 있다는 점만 간단히 언급했다면, 이제 앞에서 설명한 개념들을 활용해 구체적인 원리를 설명할 거야!) 이는 용기의 부피 증가는 기체의 압력을 감소시키는 반면 용기의 부피 감소는 기체의 압력을 증가시킨다는 보일의 법칙과 관련되어 있다. 용기의 부피와 기체의 압력은 (비례/반비례) 관계 폐포 안의 기체 압력을 폐포압이라고 하고 체외의 공기 압력을 대기압이라고 하는데, 일반적으로 공기는 압력이 높은 곳에서 낮은 곳으로 흐르기 때문에 폐포압이 대기압보다 작거나 클 때 공기는 폐로 들어오거나 나가게 된다. 다시 말해 흡기와 호기 동안 폐의 부피는 변화하고, 이(_____) 변화는 보일의 법칙에 따라 폐포압을 변화시켜 폐 안팎으로 공기 흐름을 일으키는 것이다. 호흡 과정에서 공기의 흐름이 발생하는 원리를 정리해볼까?

| 폐의 부피 변화 | (1) 흡기: (증가/감소) |
|---|---|
| | (2) 호기: (증가/감소) |

| 변화 | 폐의 부피(용기의 부피)와 _____(기체의 압력)은 반비례 관계 |
|---|---|
| | (1) 흡기: 폐포압 (증가/감소) |
| | (2) 호기: 폐포압 (증가/감소) |

| 공기의 흐름 발생 | 공기는 압력(↑/↓) → 압력(↑/↓) 로 흐름 |
|---|---|
| | (1) 흡기: 폐포압 (>/<) 대기압 → 공기가 _____ |
| | (2) 호기: 폐포압 (>/<) 대기압 → 공기가 _____ |

한편 폐의 부피 변화에는 탄성 반동과 경폐압, 흉막 내압 등이 작용한다. ('한편'으로 글의 흐름을 전환하여 _____를 더 자세히 설명하려나 봐.) 먼저 폐의 탄성 반동과 경폐압은 서로 반대 방향으로 작용한다. 탄성 반동이란(탄성 반동 다음에는 _____, _____도 설명하겠지? 그리고 이들을 연결하여 핵심 정보인 _____를 설명할 거야.) 변형을 주고 있는 힘에 반발하여 원래 형태로 돌아가려는 힘인데 폐는 마치 풍선처럼 줄어들려고 하는 성질인 탄성 반동을 가지고 있다. 흡기가 끝나고 호기가 시작되는 시점에서는 폐포압이 대기압과 같으므로 공기의 이동이 없다. 공기는 _____이 높은 곳에서 낮은 곳으로 흐르니까, 폐포압과 대기압이 같다면 공기가 흐르지 않겠지 그런데 이때(_____되는 시점)에도 폐는 항상 공기로 차 있으므로 폐를 확장시키려는 경폐압도 함께 작용한다. 이때 폐의 탄성 반동과 경폐압은 크기는 같지만 방향이 반대이므로 공기의 흐름이 없는 상태에서 폐는 일정한 부피를 유지하게 된다. 흡기 끝, 호기 시작 지점: 폐의 탄성 반동(폐가 (확장되려고/줄어들려고) 함)과 경폐압(폐가 (확장되려고/줄어들려고) 함)의 _____는 같고 _____은 반대 → 폐가 일정 부피 유지 여기서 경폐압은 폐포압에서 흉막 내압을 뺀 것이다. 따라서 흉막 내압이 변화하면 경폐압도 변화하게 되는데, 이로 인해 폐의 탄성 반동과 경폐압과의 차이가 발생하여 폐의 부피가 변화되는 것이다. _____ 변화 _____(= 폐포압 _____ 흉막 내압) 변화 → 폐의 탄성 반동과 경폐압의 차이 발생 →

_____ 변화

흉막 내압은 흉막강 속 흉막 내액의 압력을 말하는데 항상 아대기압*의 범위에서 변화한다. 바깥쪽 흉막에 밀착된 흉곽벽은, 대기압이 인체에 미치는 힘의 반대 방향인 몸 바깥쪽으로 향하려는 성질이 있는데 이를 흉곽벽의 탄성 반동이라고 한다. 따라서 흉곽벽의 탄성 반동은 안쪽 흉막에 밀착된 폐의 탄성 반동과는 서로 반대 방향으로 작용하는 셈이다. 그 결과 폐와 흉곽벽은 서로 살짝 떨어진 상태가 되어 흉막 내압은 아대기압인 상태를 유지하는 것이다. _____의 탄성 반동과 ____의 탄성 반동의 방향이 반대

→ 폐와 흉곽벽이 살짝 떨어져 _____(흉막 내액의 압력)이 아대기압 상태 유지

이때 근육의 움직임 등에 의해 흉막강의 부피가 변화하면 흉막 내압이 변화하게 되는 것이다. _____ 변화 → 흉막 내압 변화 (예상대로 탄성 반동, 경폐압, 흉막 내압의 개념을 (핵심 정보/사전 정보)로 삼아 (핵심 정보/사전 정보)인 폐의 부피 변화를 설명했네.) 폐의 부피 변화에 대해 다시 한 번 정리해 보자. 흉막강의 부피 변화 → _____ 변화 → _____ 변화 → _____의 차이 발생 → 폐의 부피 변화

이와 같은 내용을 바탕으로 흡기와 호기의 과정을 살펴보면 다음과 같다. (앞서 설명한 원리와 과정을 종합하여 흡기와 호기의 전체 과정을 정리해 줄 테니, 순서를 파악하며 읽자.) 흡기는 횡격막이 수축되어 아래로 내려가고 늑간근의 움직임으로 인해 늑골이 위쪽과 바깥쪽으로 이동하면서 흉곽이 확장되는 것으로부터 시작된다. 이(_____)에 따라 흉곽벽은 폐 표면으로부터 조금 더 멀어지게 되어 흉막강의 부피가 늘어나 흉막 내압은 공기의 흐름이 없을 때보다 조금 더 낮아지게 된다. 이 때문에 경폐압이 증가하고 이 힘(_____)이 폐의 탄성 반동보다 커져 폐는 더욱 확장하게 되는 것이다. 그(_____) 결과 폐포압은 대기압에 비해 감소하므로 압력의 차이로 인해 공기가 폐포로 들어오게 되며, 폐의 부피가 커질수록 폐로 유입되는 공기의 총량은 계속 증가하게 되는 것이다. 그런데 폐포는 늘어나는 데에 한계가 있고 외부와 연결되어 있기 때문에, 감소하던 폐포압은 흡기의 약 중간 지점에서 최저치에 도달했다가 다시 증가하기 시작한다. 그 후 폐포압은 대기압과 같아지므로 흡기 끝에는 공기 흐름이 없고 폐의 부피는 최대가 된다. 호기는 흡기와 순서는 동일한데, 횡격막의 변화와 늑골의 이동 방향은 반대(_____이 이완되어 위로 올라가고 늑골이 _____으로 이동)여서 흉곽의 축소가 진행되면서 시작된다. 이후 흉막 내압, 경폐압 등의 변화로 인해 폐의 부피가 변화되고 이로 인해 공기는 폐포로부터 기도를 거쳐 대기로 빠져나가게 되는 것이다. (흡기와 호기의 과정을 순서대로 설명하지도 않았고, 한꺼번에 설명하지도 않아서 순서를 파악하기가 쉽지는 않았어. 하지만 수능 국어 고득점을 원한다면 이처럼 순서대로 써 주지 않은 지문을 만나도 당황하지 않고 순서를 파악할 수 있도록 대비해 두어야 해!) 흡기와 호기의 과정을 정리해 보자!

| 흡기 | 흉곽 확장 → _____ → ↑ → 흉막 내압↓ → _____ → ↑ |
| | > 폐의 탄성 반동 → 폐 부피(↑/↓) → 폐포압 (>/<) 대기압 → 공기 유입 |
| | → _____ 계속 낮아지다가 흡기 중간 지점에서 최저치 → 폐포압 |
| | 다시(↑/↓) → 폐포압 = 대기압 (공기 흐름 (O/X), _____ 최대) |
| 호기 | _____ → 흉막강 부피↓ → 흉막 내압(↑/↓) → 경폐압↓ |
| | < _____ → 폐 부피↓ → 폐포압 (>/<) 대기압 → |
| | 공기 유출 → 폐포압 _____ |
| | _____ → 폐포압 다시↓ → 폐포압 = 대기압 |
| | (공기 흐름 (O/X), 폐 부피 _____) |

*아대기압: 대기압 아래의 기압.

4. 〈보기〉는 흡기와 호기에서의 폐포압과 흉막 내압을 그래프로 나타낸 것이다. 윗글과 〈보기〉를 바탕으로 ㉠~㉤에 대해 이해한 내용으로 적절하지 <u>않은</u> 것은?

〈보기〉

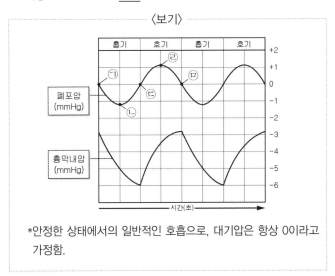

*안정한 상태에서의 일반적인 호흡으로, 대기압은 항상 0이라고 가정함.

① ㉠은 공기 흐름이 없는 지점으로, ㉡에서보다 흉막 내압은 높으며 흉막강의 부피는 작은 지점이다.

② ㉡은 흉곽이 확장되고 있는 지점으로, ㉢에서보다 흉막 내압은 높으며 폐로 유입된 공기의 전체량은 적은 지점이다.

③ ㉢은 폐의 부피가 가장 커진 지점으로, ㉣에서보다 흉막 내압은 낮으며 흉막강의 부피는 작은 지점이다.

④ ㉣은 흉곽이 축소되고 있는 지점으로, ㉡에서보다 흉막 내압은 높으며 흉막강의 부피는 작은 지점이다.

⑤ ㉤은 폐에서 체외로 공기가 이동하고 있는 지점으로, ㉣에서보다 흉막 내압은 낮으며 폐의 부피는 큰 지점이다.

**5. 윗글을 참고할 때 〈보기〉의 ㉮, ㉯에 들어갈 말로 적절한 것은?**

───────────〈보기〉───────────

[사례]

　A 씨는 외상으로 인해 흉막강에 지속적으로 외부 공기가 유입되어 흉막 내압이 변화하다가, 현재는 외부에서 흉막강으로의 공기 이동이 없는 상태에까지 이르러 치료가 필요하다.

　*단, 폐의 손상 없이 흉곽벽이 찔린 경우로 한정함.

[학생의 반응]

　현재 A 씨는 흉막 내압이 (　㉮　)과 같아졌고 폐는 외상이 생기기 전보다 쪼그라들었겠군. 이를 치료하기 위해서는 상처 난 부위를 막고 흉막강 속 공기를 제거하여 (　㉯　)을 증가시키면 될 것 같아.

─────────────────────────────

|  | ㉮ | ㉯ |
|---|---|---|
| ① | 대기압 | 경폐압 |
| ② | 대기압 | 아대기압 |
| ③ | 탄성반동 | 아대기압 |
| ④ | 탄성반동 | 경폐압 |
| ⑤ | 경폐압 | 대기압 |

**6. 윗글에서 ①과 ②에 들어갈 적절한 단어를 찾아 각각 빈칸에 쓰시오.**

　① ： 액체나 기체, 열 따위가 어떤 곳으로 흘러듦. 2문단
　예 생활 하수와 공장 폐수가 강으로 ▢▢되고 있다.
　② ： 빈틈없이 단단히 붙음. 6문단
　예 우리는 서로 ▢▢하여 체온이 떨어지는 것을 막아야 했다.

구 조 도  그 리 기

하루 30분, 수능 국어 만점을 향해 가는 **28일**

# 하루 30분,
# 독해 트레이닝 2

수능 국어 만점을 위한 초고난도 독해력 강화 프로그램

1 day 30 minute 4 week

# 정답과
# 해설

도서출판 홀수

하루 30분, 독해 트레이닝 1·2

수능 국어 만점을 위한 독해력 강화 프로그램!
매일 2지문씩 꼼꼼하게 독해하면 4주 후 사고의 흐름이 바뀐다!

JOIN 우 그대로 보면 '함께' 돌려서 보면 '홀수'라는 의미로
수험생 여러분과 함께하고 싶은 홀수의 마음을 담은 로고입니다.

**모르는 것은 꼭 질문하세요.**

홀수에서는 수험생들의 질문을 분석하여 교재에 반영합니다.
궁금한 점이 생기면 언제든 도서출판 홀수 홈페이지(www.holsoo.com) '질문과 답변' 게시판에 글을 남겨 주세요.
빠르고 정확한 답변으로 공부를 도와드리겠습니다.

**필요한 것은 요청하세요.**

저희 홀수는 수험생이라면 누구나 정확하고 효과적으로 공부할 수 있는 콘텐츠를 만듭니다.
필요한 자료나 서비스가 있다면 도서출판 홀수 홈페이지 게시판에 글을 남겨 주세요.
충분한 검토를 거쳐 수험생에게 가장 유용한 콘텐츠를 제공하겠습니다.

**노력하는 수험생을 도와드립니다.**

도서출판 홀수에서도 문화누리카드를 사용해서 도서나 문구를 구매할 수 있습니다.
자세한 방법은 도서출판 홀수 홈페이지 공지사항을 참고하세요.

## 저서

[도서출판 홀수] 홀수 수능 국어 기출 분석 시리즈
[도서출판 홀수] 표준 수능특강 FULL-E 운문(고전시가/현대시)
[도서출판 홀수] 표준 수능특강 FULL-E 산문(고전산문/현대산문)
[도서출판 홀수] 문법백제 PLUS
[도서출판 홀수] 하루 30분, 독해 트레이닝
[도서출판 홀수] 고전을 면하다
[도서출판 홀수] 독해력 증진 어휘집
[도서출판 홀수] 표준 수능특강 연계지문(과학/기술)

**REALIST**
Park Kwang-il

박광일 선생님

"매일 2지문씩 꼼꼼하게 독해하면 4주 후 사고의 흐름이 바뀐다"

# 하루 30분,
# 독해 트레이닝 2

수능 국어 만점을 위한 초고난도 독해력 강화 프로그램

1 day 30 minute 4 week

30
MIN

# 하루 30분, 수능 국어 만점을 향해 가는 28일

| DAY 01 | DAY 02 | DAY 03 | DAY 04 | DAY 05 | DAY 06 | DAY 07 |
|--------|--------|--------|--------|--------|--------|--------|
| 트레이닝 날짜 | 트레이닝 날짜 | 트레이닝 날짜 | 트레이닝 날짜 | 트레이닝 날짜 | 트레이닝 날짜 | 트레이닝 날짜 |
| 월 일 | 월 일 | 월 일 | 월 일 | 월 일 | 월 일 | 월 일 |

| DAY 08 | DAY 09 | DAY 10 | DAY 11 | DAY 12 | DAY 13 | DAY 14 |
|--------|--------|--------|--------|--------|--------|--------|
| 트레이닝 날짜 | 트레이닝 날짜 | 트레이닝 날짜 | 트레이닝 날짜 | 트레이닝 날짜 | 트레이닝 날짜 | 트레이닝 날짜 |
| 월 일 | 월 일 | 월 일 | 월 일 | 월 일 | 월 일 | 월 일 |

| DAY 15 | DAY 16 | DAY 17 | DAY 18 | DAY 19 | DAY 20 | DAY 21 |
|--------|--------|--------|--------|--------|--------|--------|
| 트레이닝 날짜 | 트레이닝 날짜 | 트레이닝 날짜 | 트레이닝 날짜 | 트레이닝 날짜 | 트레이닝 날짜 | 트레이닝 날짜 |
| 월 일 | 월 일 | 월 일 | 월 일 | 월 일 | 월 일 | 월 일 |

| DAY 22 | DAY 23 | DAY 24 | DAY 25 | DAY 26 | DAY 27 | DAY 28 |
|--------|--------|--------|--------|--------|--------|--------|
| 트레이닝 날짜 | 트레이닝 날짜 | 트레이닝 날짜 | 트레이닝 날짜 | 트레이닝 날짜 | 트레이닝 날짜 | 트레이닝 날짜 |
| 월 일 | 월 일 | 월 일 | 월 일 | 월 일 | 월 일 | 월 일 |

하루의 학습이 끝나면 색을 채워가며 독해 실력 상승을 확인해 보세요.

1 day 30 minute 4 week

# 1주차
## 정답과
## 해설

[1~3] 2010학년도 6월 모평 「반론권」

**[A]**

① 언론 보도로 명예가 훼손되는 경우 피해를 구제 받으려면 **어떻게** 해야 할까? (질문을 통해 화제를 제시하고 있어. 이 글은 언론 보도로 인한 **명예 훼손** 피해의 구제 방법을 설명하겠구나.) 우리 민법은 명예 훼손으로 인한 피해를 구제 받기 위해 손해 배상과 같은 **금전적인 구제**와 아울러 **비금전적인 구제**를 청구할 수 있다고 규정하고 있다. 명예 훼손으로 인한 피해 구제 방법: 금전적인 구제, 비금전적인 구제 (이어서 금전적인 구제부터 설명한다면, 이 글은 금전적인 구제와 비금전적인 구제를 비교하여 설명하는 글일 가능성이 높아. 다음 문장을 눈여겨보자!) 이러한 **비금전적인 구제 방식의 하나**가 '반론권'이다. (이 글은 두 대상을 비교·대조하는 글이 아니라, 언론 보도로 인한 명예 훼손 피해에 대한 비금전적인 구제 방식 중에서도 반론권을 집중적으로 다루고자 하는 글이구나.) **반론권**은 언론의 보도로 피해를 입었다고 주장하는 당사자가 문제가 된 언론 보도 내용 중 순수한 의견이 아닌 **사실적 주장**(사실에 관한 보도 내용)에 대해 해당 언론사를 상대로 지면이나 방송으로 반박할 수 있는 권리이다. (개념을 놓치면 이후 독해 과정에서 어려움을 겪을 수 있으니, 정의는 항상 꼼꼼히 읽도록 하자. 특히 지금처럼 정의가 긴 경우에는 개념 자체에 대한 이해를 물어볼 가능성이 높아. 시간이 좀 걸리더라도 끊어가며 정확하게 이해하고 넘어가자!) 반론권: 언론의 보도로 피해를 입은 당사자가 사실적 주장에 대해 지면이나 방송으로 반박할 수 있는 권리 **반론권**은 일반적으로 **반론 보도**를 통해 실현되는데, 이(반론 보도)는 정정 보도나 추후 보도와는 **다르다.** (반론 보도, 정정 보도, 추후 보도의 차이점을 파악하며 읽어야겠지?) **정정 보도**는 보도 내용이 사실과 달라 잘못된 사실을 바로잡는 것이며, **추후 보도**는 형사상의 조치를 받은 것으로 보도된 당사자의 무혐의나 무죄 판결에 대한 내용을 보도해 주는 것이다. (1) 반론 보도: 반론권의 실현, (2) 정정 보도: 보도 내용의 잘못된 사실 바로잡음, (3) 추후 보도: 보도된 당사자의 무혐의나 무죄 판결에 대한 내용

② 반론권 제도는 세계적으로 약 30개 국가에서 시행되고 있는데, **우리나라의 반론권 제도**는 의견에도 반론권을 적용하는 프랑스식 모델이 **아닌**('A가 아니라/아닌 B'와 같은 문장 구조에서는 B에 중점을 두고 읽어 내려가면 돼.) 사실적 주장에 대해서만 반론권을 부여하는 **독일식 모델**을 따르고 있다. 프랑스식 모델의 반론권 ⊃ 독일식 모델의 반론권 우리나라 반론권 제도의 특징은 **정부가 반론권 제도를 도입하면서 이를 언론중재위원회를 통하여 행사하도록 했다**는 것이다. 반론권 도입 당시 우리 정부는 언론중재위원회를 통한 반론권 행사가 언론에는 신뢰도 하락과 같은 부담을 주지 않고, 개인에게는 신속히 피해를 구제 받을 기회를 주기 때문에 **효율적**이라고 주장하였다. 이에 대해 **언론사와 일부 학자들**은 법정 기구인 언론중재위원회를 통해 반론권을 행사하도록 하는 것이 언론의 편집 및 편성권을 침해하여 궁극적으로 언론 자유의 본질을 훼손할 수 있다는 우려를 나타냈다. 우리나라의 반론권 제도: (1) 사실적 주장에 대해서만 반론권 적용, (2) 언론중재위원회를 통해 반론권 행사 가능(정부: 효율적 vs. 언론사와 일부 학자들: 언론 자유의 본질 훼손 우려)

③ **그러나**('그러나'는 앞의 내용과 뒤의 내용이 상반될 때 쓰이는 접속어지? 그렇다면 언론사와 일부 학자들의 주장과는 다른 방향의 내용이 이어질 거야!) **헌법재판소**는 반론권 존립 여부에 대해 판단하면서, 반론권은 잘못된 사실을 진실에 맞게 수정하는 권리가 **아니라**('아니라' 뒤의 내용에 집중!) 피해를 입은 자가 문제가 되는 기사에 대해 자신의 주장을 게재하는 권리로서 합헌적인 구제 장치라고 보았다. 또한 **대법원**은 반론권 제도를 이른바 무기대등원칙(武器對等原則)에 부합하는 것으로 판단하였다. **즉**(무기대등원칙에 부합한다는 것의 의미를 풀어서 설명해 줄 거야.) 사회적 강자인 언론을 대상으로 일반인이 동등한 공격과 방어를 할 수 있도록 균형 유지 수단을 제공하는 것이므로 정당하다는 것이다. 헌법재판소와 대법원 모두 언론중재위원회를 통한 반론권 행사를 정당한 것으로 보았네. (1) 헌법재판소: 피해 당사자가 자신의 주장을 게재하는 권리로 합헌적 구제 장치, (2) 대법원: 사회적 약자인 일반인에게 사회적 강자인 언론과의 균형 유지 수단을 제공하므로 정당함

④ 반론권 청구는 언론중재위원회 또는 법원에 할 수 있으며, 두 기관에 동시에 신청할 수도 있다. 이때 반론권은 해당 언론사의 잘못이나 기사 내용의 진실성 여부에 상관없이 청구할 수 있다. 반론권 청구: 언론사의 잘못이나 기사 내용의 진실성과 상관없이 언론중재위원회, 법원에 신청 가능(동시 신청 가능) **언론 전문가들**은 일부 학자들의 비판적인 시각에도 불구하고 언론과 관련된 분쟁은 법정 밖에서 해결하는 것이 가장 바람직하다는 측면에서 언론중재위원회를 통한 반론권 제도의 중요성을 인정하고 있다. 언론 전문가들도 언론중재위원회를 통한 반론권 제도의 중요성을 인정하는군! **그러나**(언론중재위원회를 통한 반론권 제도의 중요성을 인정하는 것과는 다른 방향의 내용이 제시되겠지?) 그 효율성을 **제고**하기 위해서는 당사자가 모두 만족할 수 있도록 중재의 합의율과 질적 수준을 높여야 할 것이다. 중재의 합의율과 질적 수준을 높여 반론권 제도의 효율성을 제고할 필요성이 있다는 내용으로 글을 마무리하고 있네.

## 1. ②

4문단에서 '반론권은 해당 언론사의 잘못이나 기사 내용의 진실성 여부에 상관없이 청구할 수 있다.'라고 했다.

① 2문단을 통해 '의견에도 반론권을 적용하는 프랑스식 모델'의 특징은 알 수 있지만, 윗글에서 반론권 제도가 어느 나라에서 가장 먼저 도입되었는지는 언급하지 않았다.

③ 1문단을 통해 반론 보도와 정정 보도의 차이는 알 수 있지만, 윗글을 통해 반론 보도와 정정 보도를 동시에 청구할 수 있는지는 알 수 없다.

④ 2문단의 '개인에게는 신속히 피해를 구제 받을 기회', 3문단의 '일반인이 동등한 공격과 방어를 할 수 있도록 균형 유지 수단을 제공하는 것'을 통해 개인이 반론권을 행사할 수 있음은 알 수 있지만, 윗글을 통해 법인이나 단체, 조직이 반론권을 행사할 수 있는지는 알 수 없다.

⑤ 1문단에서 반론권이 '지면이나 방송으로 반박할 수 있는 권리'라고 했지만, 윗글을 통해 반론권이 문제가 된 보도와 같은 분량으로 행사되어야 하는지는 알 수 없다.

## 2. ②

[A]에서 '반론권은 언론의 보도로 피해를 입었다고 주장하는 당사자가 문제가 된 언론 보도 내용 중 순수한 의견이 아닌 사실적 주장(사실에 관한 보도 내용)에 대해 해당 언론사를 상대로 지면이나 방송으로 반박할 수 있는 권리'이며, '일반적으로 반론 보도를 통해 실현되는데, 이는 정정 보도나 추후 보도와는 다르다.'라고 했다.
이에 따르면 ○○ 연구소 B 소장과 인터뷰를 한 후 '경제 회복 당분간 어렵다'는 취지의 인터뷰 기사를 보도한 것에 대해, 피해 당사자인 B 소장이 이는 '경기 부양에 적절한 조치가 필요하다'라는 자신의 견해를 확대 해석한 결과라고 반박하고 있는 ②번은 반론 보도에 해당한다.

① 횡령 혐의로 체포되었다고 보도된 A 씨의 무죄 판결을 알리는 것은, 1문단을 참고하면 '형사상의 조치를 받은 것으로 보도된 당사자의 무혐의나 무죄 판결에 대한 내용을 보도'하는 추후 보도에 해당한다.

③, ④, ⑤ 1문단을 참고하면 모두 '보도 내용이 사실과 달라 잘못된 사실을 바로잡는' 정정 보도에 해당한다.

## 3. ① 게재   ② 제고

---

### 구 조 도  그 리 기

〈 언론 보도로 인한 명예 훼손 피해 구제 방안 〉

| 금전적인 구제 방식 |
| --- |
| • 손해 배상 |

| 비금전적인 구제 방식 중 반론권 |
| --- |

• 피해 당사자가 언론 보도 내용 중 사실적 주장에 대해 언론사를 상대로 지면이나 방송으로 반박할 수 있는 권리 → 반론 보도로 실현(≠ 정정 보도, 추후 보도)

| 정정 보도 | 사실과 다른 보도 내용을 바로잡음 |
| --- | --- |
| 추후 보도 | 형사상 조치를 받은 것으로 보도된 당사자의 무혐의, 무죄 판결을 보도 |

| 우리나라의 반론권 제도 |
| --- |

• 사실적 주장에 대해서만 반론권 부여(독일식 모델)

• 정부가 도입 당시에 언론중재위원회를 통해 행사하도록 함

| 정부 | 언론사, 일부 학자들 (비판) | 헌법재판소, 대법원 (옹호) |
| --- | --- | --- |
| · 언론에 신뢰도 하락과 같은 부담 X<br>· 개인의 피해 신속 구제 | · 언론의 편집 및 편성권 침해 → 언론 자유의 본질 훼손 우려 | · 합헌적인 구제 장치<br>· 무기대등원칙에 부합 |

• 청구: 언론중재위원회 또는 법원에 신청(언론사의 잘못, 기사 내용의 진실성 여부와 관계 X)

• 중재의 합의율과 질적 수준 제고의 필요성

## [4~6] 2011년도 M/DEET 「생식 기능과 비만」

① 생식 기능은 호르몬들의 작용으로 **조절**된다. (어떤 과정을 제시할 때 항상 한꺼번에, 순차적으로 친절하게 설명해주지는 않아. 우선 **호르몬의 작용으로 생식 기능이 조절**된다는 대략의 과정이 설명되었다는 점을 기억해두자! 앞으로 어떤 호르몬들의 작용을 통해 구체적으로 생식 기능이 어떻게 조절되는지를 설명해 나갈 거야.) 남녀 모두, 시상하부에서 분비된 호르몬의 자극으로 두 종류의 생식샘 자극 호르몬, 곧 황체 형성 호르몬과 난포 자극 호르몬이 뇌하수체에서 분비된다. 시상하부에서 분비된 호르몬의 자극 → 뇌하수체에서 생식샘 자극 호르몬(① 황체 형성 호르몬, ② 난포 자극 호르몬) 분비 (이 호르몬들이 생식 기능 조절에 영향을 주는 거겠지?) 그런데 남성의 경우, 황체 형성 호르몬은 고환 내 간질 세포의 기능을 활성화하여 남성 호르몬 합성을 촉진한다. (두 종류의 생식샘 자극 호르몬이 분비되는 것은 남녀의 공통점이지만, 그 작용 과정에는 차이가 있나 보군. '그런데'로 흐름을 전환해 남성의 경우를 설명하고 있으니, 뒤에서 여성의 생식샘 자극 호르몬 작용 과정에 대해서도 설명해주겠지?) 간질 세포에서 합성된 남성 호르몬은 혈액이나 고환 내 세르톨리 세포로 이동한다. 남성 호르몬과 난포 자극 호르몬이 세르톨리 세포에 함께 작용하여 정조 세포를 정자가 되게 한다. 남성의 생식샘 자극 호르몬의 작용: 황체 형성 호르몬(①)이 간질 세포의 기능 활성화 → 남성 호르몬 합성 촉진 → 남성 호르몬이 혈액이나 세르톨리 세포로 이동 → 남성 호르몬과 난포 자극 호르몬(②)이 세르톨리 세포에 함께 작용 → 정조 세포를 정자가 되게 함 또한 남성 호르몬은 부고환에 작용하여 고환에서 만들어진 정자를 성숙시켜 수정을 위해 필요한 활동성을 갖도록 한다. 남성 호르몬의 기능: (1) 정조 세포를 정자가 되게 함, (2) 정자를 성숙시켜 수정에 필요한 활동성을 갖게 함

② 여성의 경우, 황체 형성 호르몬이 난소의 난포막 세포에 작용하여 남성 호르몬의 합성을 증가시킨다. 합성된 남성 호르몬은 혈액이나 난소의 과립 세포로 이동한다. 한편 난포 자극 호르몬은 과립 세포에 작용하여 과립 세포 내 아로마타제 효소가 난포막 세포에서 이동한 남성 호르몬을 여성 호르몬으로 바꾸는 데 영향을 준다. 여성의 생식샘 자극 호르몬의 작용: 황체 형성 호르몬(①)이 난포막 세포에 작용 → 남성 호르몬 합성 증가 → 남성 호르몬이 혈액이나 과립 세포로 이동 → 난포 자극 호르몬(②)이 과립 세포에 작용 → 아로마타제 효소가 남성 호르몬을 여성 호르몬으로 바꿈 여성 호르몬은 과립 세포로 둘러싸여 있는 난포 세포를 성숙시켜 난자로 만들고 배란을 유도할 뿐만 아니라, 자궁에 작용하여 임신에 대비한 기본 환경을 갖추도록 한다. 여성 호르몬의 기능: (1) 난포 세포를 성숙시켜 난자로 만들고 배란 유도, (2) 자궁이 임신에 대비한 기본 환경 갖추도록 함

③ 생식 기능이 정상적으로 유지되기 위해서는 혈중 성호르몬의 농도가 균형을 이루어야 한다. 남성의 경우는 고환에서 합성된 남성 호르몬이, 여성의 경우는 난소에서 합성된 여성 호르몬이 시상하부와 뇌하수체에 영향을 준다. (1문단과 2문단에서는 시상하부에서 분비된 호르몬의 자극으로 뇌하수체에서 분비된 생식샘 자극 호르몬이 남성 호르몬과 여성 호르몬 같은 성호르몬에 주는 영향을 설명했다면, 3문단에서는 성호르몬이 시상하부와 뇌하수체에 영향을 준다는 점을 설명하고 있어!) 이 영향으로 시상하부에서 생식샘 자극 호르몬의 분비를 조절하는 호르몬의 분비가 조절되고, 이것은 다시 뇌하수체에서 생식샘 자극 호르몬의 분비를 조절하는 데 영향을 준다. 이러한 과정을 통해 혈중의 성호르몬 농도가 일정하게 유지된다. 남성·여성 호르몬이 시상하부와 뇌하수체에 영향 → 시상하부의 생식샘 자극 호르몬의 분비를 조절하는 호르몬의 분비 조절 → 뇌하수체에서 생식샘 자극 호르몬의 분비 조절 → 혈중 성호르몬 농도 일정하게 유지 → 생식 기능이 정상적으로 유지

④ 그러나 비만이 진행되면서 지방 세포로 인해 각종 호르몬의 균형 상태가 영향을 받기 시작하는데, 특히 성호르몬의 변화가 두드러진다. 비만으로 인해 성호르몬의 균형이 깨지면 생식 기능의 저하가 나타난다. (1문단부터 3문단까지는 성호르몬의 농도가 균형을 이루어 생식 기능이 정상적으로 유지되는 경우를 다루었다면, '그러나' 이후부터는 비만으로 성호르몬의 균형이 깨져 생식 기능이 저하되는 경우를 설명하네!)

⑤ 비만은 체지방의 비율이 증가되는 현상인데, 남녀 모두 비만해지면 지방 세포의 작용으로 여성 호르몬의 혈중 농도가 높아진다. 왜냐하면 혈액에서 지방 세포 내로 유입된 남성 호르몬은 지방 세포 내에 있는 아로마타제 효소에 의해 여성 호르몬으로 변하게 되는데, 지방 세포의 크기가 커지거나 수가 늘어나서 비만해지면 지방 세포 내 아로마타제 효소의 작용이 그에 비례하여 커지기 때문이다. 지방 세포의 크기나 수↑ → 지방 세포 내 아로마타제 효소의 작용↑ → 아로마타제 효소가 남성 호르몬을 여성 호르몬으로 바꾸어 여성 호르몬 농도↑ 다만 (예외적인 사항을 덧붙이는 경우는 문제에서 물어볼 가능성이 높으니 꼼꼼하게 읽자!) 비만 여성에서는 지방 세포가 여성 호르몬을 흡수·저장도 하기 때문에 높아졌던 혈중 여성 호르몬 농도가 다시 낮아지므로 사실상 거의 변화가 없게 된다. 비만 여성: 높아졌던 혈중 여성 호르몬 농도가 다시 낮아짐

⑥ 한편 비만 남성에서는 혈중 여성 호르몬 농도가 높아짐으로 인해 뇌하수체의 생식샘 자극 호르몬 분비가 억제된다. 비만 남성의 생식 기능 저하: 지방 세포의 작용 → 여성 호르몬 농도↑ → 생식샘 자극 호르몬 분비 억제 → 생식 기능 저하 비만 여성의 경우, 혈중 여성 호르몬은 뇌하수체를 자극해서 황체 형성 호르몬의 분비를 촉진하는데, 이것(황체 형성 호르몬)은 난소 내에서 남성 호르몬의 합성을 증가시킨다. 또한 혈중 여성 호르몬은 뇌하수체에서 난포 자극 호르몬의 분비를 억제한다. (2문단에서 난포 자극 호르몬은 아로마타제 효소가 남성 호르몬을 여성 호르몬으로 바꾸는 데 영향을 준다고 했어.) 결국 비만으로 인해 난소 내 남성 호르몬의 농도가 높아지고 과립 세포 내 아로마타제 효소의 양이 감소하게 되어 성호르몬의 균형에 변화가 일어나고, 이에 따라 난자 성숙 과정이 정상적으로 이루어지지 않는다. 이처럼 난소 내 성호르몬의 농도가 변화하게 되면, 미성숙 난자만 존재하는 '다낭성 난소 증후군'이 나타날 수 있다. 이 증후군은 배란율 감소와 불규칙한 월경을 동반하고 심한 경우 불임을 야기한다. 비만 여성의 생식 기능 저하: 여성 호르몬이 황체 형성 호르몬의 분비 촉진(→ 남성 호르몬 합성 증가), 난포 자극 호르몬 분비 억제 → 남성 호르몬 농도↑, 아로마타제 효소 양↓ → 성호르몬의 균형 깨짐 → 난자 성숙 과정이 정상적으로 이루어지지 않음

**4. ②**

2문단에 따르면 아로마타제 효소는 남성 호르몬의 합성에 필요한 것이 아니라, '남성 호르몬을 여성 호르몬으로 바꾸는 데 영향'을 준다.

① 1문단의 '남성 호르몬은 부고환에 작용하여 고환에서 만들어진 정자를 성숙시켜 수정을 위해 필요한 활동성을 갖도록 한다.'를 통해 알 수 있다.

③ 3문단에서 성호르몬이 '시상하부와 뇌하수체에 영향'을 주어 '시상하부'에서 '호르몬의 분비가 조절'되며, 이것이 '뇌하수체에서 생식샘 자극 호르몬의 분비를 조절하는 데 영향'을 주어 결과적으로 '혈중의 성호르몬 농도가 일정하게 유지'된다고 했으므로, 뇌하수체는 혈중 여성 호르몬 농도를 조절한다고 볼 수 있다.

④ 3문단의 '고환에서 합성된 남성 호르몬', 6문단의 '난소 내에서 남성 호르몬의 합성을 증가시킨다.'를 통해 남성 호르몬은 고환과 난소 모두에서 합성됨을 알 수 있다.

⑤ 1문단의 '황체 형성 호르몬은 고환 내 간질 세포의 기능을 활성화하여 남성 호르몬 합성을 촉진한다.'를 통해 알 수 있다.

**5. ①**

5문단에서 '지방 세포 내로 유입된 남성 호르몬은 지방 세포 내에 있는 아로마타제 효소에 의해 여성 호르몬으로 변하게 되'어 '남녀 모두 비만해지면 지방 세포의 작용으로 여성 호르몬의 혈중 농도가 높아'진다고 했으므로, 지방 세포에서 남성 호르몬의 합성이 증가한다고 볼 수 없다.

② 6문단에서 비만 남성은 '뇌하수체의 생식샘 자극 호르몬 분비가 억제'된다고 했다. 그런데 1문단에서 이중 황체 형성 호르몬은 남성의 '고환 내 간질 세포의 기능을 활성화하여 남성 호르몬 합성을 촉진'한다고 했으므로, 비만 남성의 경우 고환 내 남성 호르몬의 농도가 낮아질 것이다.

③ 5문단에서 '남녀 모두 비만해지면 지방 세포의 작용으로 여성 호르몬의 혈중 농도가 높아'지지만, 비만 여성의 경우 '혈중 여성 호르몬 농도가 다시 낮아지므로 사실상 거의 변화가 없'다고 했다. 따라서 비만 남성이 비만 여성보다 혈중 여성 호르몬 농도 변화량이 크다고 할 수 있다.

④ 5문단에서 '비만 여성에서는 지방 세포가 여성 호르몬을 흡수·저장'한다고 했으므로, 정상인 경우보다 지방 세포 내 여성 호르몬 농도가 높을 것이다.

⑤ 6문단에서 비만 여성은 '난소 내 남성 호르몬의 농도가 높아지고 과립 세포 내 아로마타제 효소의 양이 감소하게 되어 성호르몬의 균형에 변화가 일어'나는데, '이처럼 난소 내 성호르몬의 농도가 변화하게 되면, 미성숙 난자만 존재하는 '다낭성 난소 증후군'이 나타날 수 있다.'라고 했다. 따라서 다낭성 난소 증후군 상태의 난소 내 여성 호르몬 농도는 정상보다 낮을 것이다.

**6. ① 조절  ② 저하**

---

## 구 조 도  그 리 기

### 〈 생식 기능과 비만 〉

• 생식 기능을 조절하는 호르몬의 작용

| | | 남성 | 여성 |
|---|---|---|---|
| 생식샘 자극 호르몬 | 황체 형성 호르몬 | 고환 내 간질 세포 기능을 활성화 → 남성 호르몬 합성 촉진 → 세르톨리 세포로 이동 → 정조 세포를 정자가 되게 함 | 난소의 난포막 세포에 작용 → 남성 호르몬 합성 증가 → 과립 세포로 이동 |
| | 난포 자극 호르몬 | 세르톨리 세포에 남성 호르몬과 함께 작용해 정조 세포를 정자가 되게 함 | 과립 세포에 작용해 아로마타제 효소가 남성 호르몬을 여성 호르몬으로 바꿈 |
| 성 호르몬 | | 남성·여성 호르몬 → 시상하부의 생식샘 자극 호르몬의 분비를 조절하는 호르몬의 분비 조절 → 뇌하수체의 생식샘 자극 호르몬 분비 조절 → 혈중 성호르몬 농도 일정하게 유지 → 생식 기능의 정상적 유지 | |

• 비만에 따른 생식 기능의 저하

· 지방 세포↑ → 아로마타제 효소의 작용↑ → 혈중 여성 호르몬 농도↑(단 비만 여성의 경우 혈중 여성 호르몬 농도가 다시 낮아짐)

· 성호르몬의 균형이 깨져 생식 기능이 저하됨

① 비만 남성: 여성 호르몬 농도↑ → 생식샘 자극 호르몬 분비 억제

② 비만 여성: 여성 호르몬 농도↑ → 황체 형성 호르몬 분비 촉진(→ 남성 호르몬 합성 증가), 난포 자극 호르몬 분비 억제 → 난자 성숙 과정이 정상적으로 이루어지지 않음(다낭성 난소 증후군)

## [1~3] 2014년도 LEET 「쾌락주의에 대한 비판」

① 쾌락주의는 모든 쾌락이 그 자체로서 가치가 있으며 쾌락의 증가와 고통의 감소를 통해 최대의 쾌락을 산출하는 행위를 올바른 것으로 간주하는 윤리설이다. 쾌락주의에 따르면 쾌락만이 내재적 가치를 지니며, 모든 것은 이러한 쾌락을 기준으로 가치 평가되어야 한다. 쾌락주의의 입장: (1) 모든 쾌락은 그 자체로서 가치가 있음, (2) 최대의 쾌락을 산출하는 행위 = 올바른 것, (3) 쾌락만이 내재적 가치를 지님, (4) 모든 것이 쾌락을 기준으로 가치 평가되어야 함 쾌락주의는 고대의 에피쿠로스에 의해서는 개인의 쾌락을 중시하는 이기적 쾌락주의로, 근대의 벤담과 밀에 의해서는 사회 전체의 쾌락을 중시하는 ⓐ쾌락주의적 공리주의로 체계화되었다. 고대: 에피쿠로스의 이기적 쾌락주의(개인의 쾌락 중시) → 근대: 벤담과 밀의 쾌락주의적 공리주의(사회 전체의 쾌락 중시)

② 그런데(글의 초반부에서 흐름이 전환되면 본격적인 화제가 제시될 가능성이 높아.) 쾌락주의자는 단기적이고 말초적인 쾌락만을 추구함으로써 결국 고통에 빠지게 된다는 오해를 받기도 한다. 하지만(글쓴이는 쾌락주의자가 단기적이고 말초적인 쾌락만을 추구한다는 의견에 동의하지 않겠군.) 쾌락주의적 삶을 순간적이고 감각적인 쾌락만을 추구하는 방탕한 삶과 동일시하는 것은 옳지 않다. 쾌락주의는 일시적인 쾌락의 극대화가 아니라('A가 아니라 B'의 구조이니까 B의 내용에 집중하자!) 장기적인 쾌락의 극대화를 목적으로 하므로 단기적, 말초적 쾌락만을 추구하는 것은 아니다. 예를 들어 사회적 성취가 장기적으로 더 큰 쾌락을 가져다준다면 쾌락주의자는 단기적 쾌락보다는 사회적 성취를 우선적으로 추구한다. 쾌락주의에 대한 오해 (1): 단기적이고 말초적인 쾌락만을 추구 → [반박] 쾌락주의는 장기적인 쾌락의 극대화를 목적으로 함

③ 또한 쾌락주의는 쾌락 이외의 것은 모두 무가치한 것으로 본다는 오해를 받기도 한다. 하지만(쾌락주의가 쾌락 이외의 것을 모두 무가치한 것으로 보지는 않는다는 글쓴이의 주장과 그 근거가 이어질 거야.) 쾌락주의가 쾌락만을 가치 있는 것으로 보는 것은 아니다. 세상에는 쾌락 말고도 가치 있는 것들이 있으며, 심지어 고통조차도 가치 있는 것으로 볼 수 있다. 발이 불구덩이에 빠져서 통증을 느껴 곧바로 발을 빼낸 상황을 생각해보자. 이때의 고통은 분명히 좋은 것임에 틀림없다. 만약 고통을 느끼지 못했다면, 불구덩이에 빠진 발을 꺼낼 생각을 하지 못해서 큰 부상을 당했을 수도 있기 때문이다. 물론 이때 고통이 가치 있다는 것은 도구적인 의미에서 그런 것이지 그(고통) 자체가 목적이라는 의미는 아니다. 쾌락주의에 대한 오해 (2): 쾌락 이외의 것은 모두 무가치한 것으로 봄 → [반박] 쾌락만을 가치 있는 것으로 보는 것은 아님(고통도 도구적 의미에서 가치 있음)

④ 쾌락주의는 고통을 도구가 아닌 목적으로 추구하는 것을 이해할 수 없다고 본다. 금욕주의자가 기꺼이 감내하는 고통조차도 종교적·도덕적 성취와 만족을 추구하기 위한 도구인 것이지 고통 그 자체가 목적인 것은 아니기 때문이다. 대부분의 세속적 금욕주의자들은 재화나 명예와 같은 사회적 성취를 위해 당장의 쾌락을 포기하며, 종교적 금욕주의자들은 내세의 성취를 위해 현세의 쾌락을 포기하는데, 그것이 사회적 성취이든 내세적 성취이든지 간에 모두 광의의 쾌락을 추구하고 있는 것이다. 고통에 대한 쾌락주의자의 입장: 고통은 도구일 뿐 목적은 아님. 금욕주의자들도 광의의 쾌락을 추구함

⑤ 쾌락주의가 여러 오해로 인해 부당한 비판을 받고 있는 것은 사실이지만 그렇다고 쾌락주의가 어떠한 비판으로부터도 자유로운 것은 아니다. 쾌락주의는 쾌락의 정의나 쾌락의 계산 등과 관련하여 문제점을 갖고 있다. 쾌락의 원천은 다양한데, 과연 서로 다른 쾌락을 같은 것으로 볼 수 있는가? 문제점 (1): 쾌락의 정의에 관한 것 가령 식욕의 충족에서 비롯된 쾌락과 사회적 명예의 획득에서 비롯된 쾌락은 같은 것인가? 이에 대해 벤담은 이 쾌락들이 질적으로 동일하며 양적으로 다를 뿐이라고 대답함으로써 쾌락주의의 입장을 일관되게 유지할 수 있었으나, (벤담의 대답은 효용성이 있었지만, 한계점도 있었나 보군.) 저급한 돼지의 쾌락과 고차원적인 인간의 쾌락을 동일시하여 결국 돼지와 인간을 동등한 존재로 간주하였다는 점에서 비쾌락주의자로부터 '돼지의 철학'이라고 비판받았다. 벤담: 쾌락의 질적 차이 X → 저급한 쾌락과 고차원적인 쾌락을 동일시하여 비쾌락주의자로부터 비판받음 밀은 만족한 돼지보다 불만족한 인간이 더 낫고, 만족한 바보보다는 불만족한 소크라테스가 더 낫다고 주장하면서 쾌락의 질적 차이를 인정했다. 그런데 이(쾌락의 질적 차이를 인정하는) 입장을 취하게 되면, 이질적인 쾌락을 어떻게 서로 비교할 수 있는가 하는 계산의 문제가 발생한다. 문제점 (2): 쾌락의 계산에 관한 것 밀은 이질적인 쾌락이라고 해도 양자를 모두 경험한 다수의 사람이 선호하는 쾌락을 고급 쾌락이라고 하면서 저급 쾌락과 고급 쾌락을 구분하였다. 인간은 자유롭고 존엄한 삶을 추구하는 존재인데, 이러한 자유와 존엄성의 실현에 기여하는 고급 쾌락이 더 바람직하다는 것이다. 하지만 이와 관련하여 후대의 다른 쾌락주의자들은 밀이 쾌락주의자의 입장을 저버렸다는 비판을 하기도 하였다. 쾌락주의자들은 모든 것은 쾌락을 기준으로 가치 평가되어야 한다고 보는데, 밀은 쾌락 이외에 인간의 자유와 존엄성의 실현에 기여하느냐는 기준을 도입했으니, 쾌락주의자의 입장을 저버렸다는 비판을 받은 거겠네. 밀의 입장을 정리해볼까? 밀: 쾌락의 질적 차이 O(저급 쾌락보다 고급 쾌락이 더 바람직) → 쾌락주의자의 입장을 저버렸다고 다른 쾌락주의자들로부터 비판받음

## 1. ②

1문단에 따르면 쾌락주의는 '모든 쾌락이 그 자체로서 가치가 있'고 '쾌락만이 내재적 가치를 지'닌다고 본다. 따라서 쾌락주의에서는 단기적이고 말초적인 쾌락 역시 그 자체로 내재적 가치를 지닌다고 볼 것이다.

① 3문단의 '고통이 가치 있다는 것은 도구적인 의미에서 그런 것이지 그 자체가 목적이라는 의미는 아니다.'와 4문단의 '고통조차도 종교적 · 도덕적 성취와 만족을 추구하기 위한 도구인 것이지 고통 그 자체가 목적인 것은 아니기 때문이다.'를 통해 쾌락주의의 입장에서 고통이 그 자체로서 목적적 가치를 지닌 것은 아님을 알 수 있다.

③ 3문단의 '쾌락주의가 쾌락만을 가치 있는 것으로 보는 것은 아니다. 세상에는 쾌락 말고도 가치 있는 것들이 있으며, 심지어 고통조차도 가치 있는 것으로 볼 수 있다.', '이때 고통이 가치 있다는 것은 도구적인 의미에서 그런 것이지 그 자체가 목적이라는 의미는 아니다.'를 통해 쾌락주의는 쾌락이 아닌 다른 것도 도구적 의미에서 가치를 지닐 수 있다는 입장을 취함을 알 수 있다.

④ 4문단의 '대부분의 세속적 금욕주의자들은 재화나 명예와 같은 사회적 성취를 위해 당장의 쾌락을 포기하며, 종교적 금욕주의자들은 내세의 성취를 위해 현세의 쾌락을 포기하는데, 그것이 사회적 성취이든 내세적 성취이든지 간에 모두 광의의 쾌락을 추구하고 있는 것이다.'를 통해 쾌락주의의 입장에서는 금욕주의자가 고통을 감내하는 것도 결국은 쾌락을 위한 것으로 봄을 알 수 있다.

⑤ 1문단에 따르면 '쾌락주의는 모든 쾌락이 그 자체로서 가치가 있으며 쾌락의 증가와 고통의 감소를 통해 최대의 쾌락을 산출하는 행위를 올바른 것으로 간주'한다. 따라서 쾌락주의는 두 행위 중 결과적으로 더 큰 쾌락을 산출하는 행위를 옳다고 보는 입장을 취할 것이다.

## 2. ⑤

1문단에서 ㉠(쾌락주의적 공리주의)은 '사회 전체의 쾌락을 중시'한다고 했다. 그런데 쾌락주의는 기본적으로 '최대의 쾌락을 산출하는 행위를 올바른 것으로 간주'하므로 ㉠의 경우 사회 전체의 최대 쾌락을 산출하는 행위를 옳은 것으로 볼 것이다. 따라서 ㉠의 입장에서는 사디스트가 가학적 행위로 얻는 쾌락보다 그로 인한 희생자의 고통이 더 클 경우, 이는 사회 전체의 최대 쾌락을 산출하는 행위가 아니기 때문에 그르다고 볼 것이다.

① 윗글을 통해 ㉠이 행위의 동기를 고려한다고 보기는 어렵다.

② 1문단에서 ㉠은 '사회 전체의 쾌락을 중시'한다고 했다. '개인의 쾌락을 중시'하는 것은 ㉠이 아니라 이기적 쾌락주의의 입장으로 볼 수 있다.

③ 1문단에 따르면 ㉠은 '사회 전체의 쾌락'을 최대로 산출하는 행위를 올바른 것으로 본다. 따라서 가학적 행위로 인한 피해의 발생 여부, 즉 가학적 행위가 사회 전체의 쾌락에 미치는 영향에 대한 고려 없이 그 자체로 그르다고 보는 것은 ㉠의 견해로 적절하지 않다.

④ 1문단에 따르면 '쾌락주의는 모든 쾌락이 그 자체로서 가치가 있'으며 '쾌락만이 내재적 가치를 지'닌 것으로 본다. 따라서 ㉠은 타인에게 고통을 주더라도 사디스트가 가학적 행위로 얻은 쾌락 또한 쾌락이므로 그 자체로서 내재적 가치를 지닌다고 볼 것이다.

## 3. ① 감내  ② 부당

---

〈 쾌락주의에 대한 비판 〉

### 쾌락주의의 입장

① 모든 쾌락은 그 자체로서 가치가 있음
② 최대의 쾌락을 산출하는 행위 = 올바른 것
③ 쾌락만이 내재적 가치를 지님
④ 모든 것이 쾌락을 기준으로 가치 평가되어야 함

### 쾌락주의에 대한 오해

① 단기적이고 말초적인 쾌락만을 추구
→ 쾌락주의는 장기적인 쾌락의 극대화를 목적으로 하므로 단기적, 말초적 쾌락만을 추구하는 것 아님
② 쾌락 이외의 것은 모두 무가치한 것으로 봄
→ 쾌락 말고도 가치 있는 것들이 있음

### 고통에 대한 쾌락주의자의 입장

고통은 쾌락을 추구하기 위한 도구일 뿐, 목적은 아님

### 쾌락주의에 대한 비판

① 쾌락의 정의와 관련한 문제: 서로 다른 쾌락을 같은 것으로 볼 수 있는가?
• 벤담: 모든 쾌락은 양적으로 차이가 있을 뿐, 질적으로 동일함(→ 비쾌락주의자에게 '돼지의 철학'이라고 비판받음)
② 쾌락의 계산과 관련한 문제: 쾌락의 질적 차이를 인정한다면, 이질적인 쾌락을 어떻게 비교할 수 있는가?
• 밀: 저급 쾌락과 더 바람직한 고급 쾌락을 구분함(→ 다른 쾌락주의자에게 쾌락주의자의 입장을 저버렸다고 비판받음)

[4~6] 2011년도 M/DEET 「국소화」

① 고체는 원자들이 서로 상대적으로 고정된 위치에 배치되어 있는 입체적 구조물인데, 원자의 배열이 규칙적인 결정질과 불규칙적인 비결정질로 구분된다.

| 고체: 원자들이 고정된 위치에 배치된 입체적 구조물 | |
| --- | --- |
| 결정질: 원자의 배열 규칙적 | 비결정질: 원자의 배열 불규칙적 |

고체의 여러 물리적 성질은 고체 내의 전자가 가지는 파동성에 의해 설명된다. 전자의 파동은 변위라는 복소수로 표현되는데, 변위는 크기와 위상의 곱으로 주어진다. 고체 내 전자의 파동: 변위(크기 × 위상)로 표현 임의의 위치에서 전자가 발견될 확률은 변위 크기의 제곱으로 주어지며, 시간과 공간의 함수인 위상은 전자의 파동성을 나타낸다. 전자가 발견될 확률 = 변위 크기², 위상(시간과 공간의 함수)은 전자의 파동성을 나타냄 파동의 일부 또는 전부가 일정 영역에 갇혀 진행에 방해를 받는 현상을 국소화(localization)라 하는데, 국소화: 파동의 일부 또는 전부가 일정 영역에 갇혀 진행에 방해를 받는 현상 국소화에는 앤더슨 국소화, 약한 국소화, 동역학적 국소화의 세 가지가 있다. (이 글은 국소화에 대해 설명하고자 하는구나. 그렇다면 앞서 제시한 '결정질', '비결정질', '변위', '위상' 등에 대한 설명은 사전 정보에 해당하겠네. 이러한 개념들을 활용해 핵심 정보인 국소화에 대해 설명하겠지?) 앤더슨 국소화와 약한 국소화는 비결정질 고체 내에서 일어나고, 동역학적 국소화는 비결정질과 상관없이 혼돈계에서 일어난다. (앤더슨 국소화, 약한 국소화와 동역학적 국소화의 차이점이 제시됐어. 그런데 '혼돈계'가 무엇인지 모르겠다고? 만약 핵심 정보를 설명하거나 문제를 푸는 데 필요한 내용이라면 설명해 줄 거야. 하지만 지문에서 혼돈계에 대해 더 다루지 않는다면 써준 대로 동역학적 국소화가 혼돈계에서 일어난다는 점만 정확히 알아 두면 돼!)

② 앤더슨 국소화란(이후 약한 국소화, 동역학적 국소화도 설명해주겠지? 세 가지 국소화 간의 공통점과 차이점을 파악하며 읽자!) 파동이 더 이상 진행하지 못하고 일정한 공간 안에 완전히 갇히는 현상을 말한다. (1) 앤더슨 국소화: 파동이 진행하지 못하고 일정 공간에 완전히 갇히는 현상 비결정질의 경우 임의의 위치에서 출발한 전자 파동이 다른 임의의 위치에 도달하기 위해서는 불규칙하게 배열된 수많은 원자들과 충돌할 수밖에 없으므로, 전자의 이동 경로가 무수히 존재하게 된다. 각 경로들이 갖는 위상들은 부호(+/−)가 다른 무작위 값을 가지는데, 이 경우 각 경로들에 대응되는 변위(1문단에서 변위는 크기와 위상의 곱이라고 했어.)를 모두 합하면 그 크기가 0에 가까워진다. 이는 임의의 위치에서 출발한 전자를 다른 임의의 위치에서 발견할 확률이 0에 가까워진다는 뜻이므로, (1문단에서 임의의 위치에서 전자가 발견될 확률은 변위 크기의 제곱이라고 했으니까, 변위의 크기가 0에 가까워지면 전자가 발견될 확률도 0에 가까워지겠네!) 전자 파동이 멀리 진행할 수 없고 공간적으로 완전히 갇혀 국소화됨을 의미한다. 비결정질 고체의 임의의 위치에서 출발한 전자 파동이 다른 위치에 도달하는 무수한 경로와 대응되는 변위의 합은 0에 가까움 = 임의의 위치에서 출발한 전자를 다른 위치에서 발견할 확률 0에 가까움 = 파동이 공간적으로 완전히 갇힘(앤더슨 국소화) 이때 파동이 갇힌 공간적 영역의 크기를

'국소화 길이'라 하는데, 국소화 길이가 짧을수록 국소화가 강해진다. 국소화 길이(파동이 갇힌 공간적 영역의 크기)↓ → 국소화↑

③ 앤더슨 국소화가 일어나려면(앤더슨 국소화가 일어나기 위한 조건이 제시되겠지?) 우선 파동의 위상이 시간과 공간의 함수로 잘 정의되어야 한다. 이러한 위상을 갖는 파동을 결맞은 파동이라 하는데, 결맞음의 정도를 '결맞음 길이'라는 양으로 표현한다. 결맞음 길이가 국소화 길이보다 길어야 국소화가 일어난다. 앤더슨 국소화의 조건: 결맞은 파동이어야 함, 결맞음 길이(결맞음의 정도) > 국소화 길이 온도가 높아지면 전자들 사이의 상호 작용과 원자들의 요동이 커져 결맞음이 어긋나면서 결맞음 길이가 0으로 접근한다. (순서를 파악하며 읽었지?) 온도↑ → 전자들 간 상호 작용, 원자들의 요동↑ → 결맞음 어긋남(결맞음 길이 0으로 접근) 또한 앤더슨 국소화는 차원에 따라 다른 양상을 보인다. 1차원의 경우 장애물이 있다면 되돌아가지 않고 피해 갈 방법은 없다. 하지만 차원이 높아지면 장애물을 피해 가기 쉬워진다. 따라서 비결정질이 1차원인 형태에서는 전자가 국소화되어 부도체가 되지만, 3차원에서는 조건에 따라 전자의 상태가 국소화되지 않아 도체가 될 수도 있다. 차원↑ → 장애물 피할 가능성↑ → 국소화되지 않아 도체가 될 수도 있음

④ 약한 국소화는 파동이 폐곡선 경로에 약하게 갇혀 진행에 방해를 받는 현상을 말한다. (2) 약한 국소화: 파동이 폐곡선 경로에 약하게 갇혀 진행에 방해를 받는 현상 약한 국소화는 도체/부도체의 특성 자체를 결정하지 못하지만, (도체/부도체의 특성 자체를 결정하는 것은 앤더슨 국소화였지!) 자기장의 유무에 따른 전기 저항의 차이를 설명한다. 비결정질 내부의 임의의 점에서 출발하여 전파되는 파동의 수많은 경로들 중에는 폐곡선 형태를 갖는 것들이 있다. 폐곡선에서는 전자가 시계 방향과 반시계 방향으로 도는 것이 둘 다 가능하다. 이 두 경로는 동일한 곡선상에 위치하여 길이가 같으므로 두 경로를 지나 출발점으로 돌아온 파동의 위상이 같아지고, 이에 따라 전자의 파동이 중첩되어 변위가 커진다. 변위 크기의 제곱은 전자가 발견될 확률이므로, 변위의 크기가 커진다는 것은 전자가 출발점으로 되돌아오기 쉬워져 이동이 방해됨을 뜻한다. 따라서 방해가 없는 경우에 비해 전기 저항이 커진다. 비결정질 내부에서 폐곡선 형태를 갖는 파동의 경로: 전자가 시계·반시계 방향으로 도는 것 둘 다 가능(두 경로를 지나 출발점으로 돌아온 파동의 위상 같음) → 전자의 파동이 중첩 → 변위↑ → 전자가 출발점으로 되돌아오기 쉬워져 이동이 방해됨(약한 국소화) → 전기 저항↑ 하지만 자기장 안에서는 두 방향으로 도는 파동의 위상에 변동이 생겨 약한 국소화 효과가 거의 나타나지 않는다. (앞에서 약한 국소화는 자기장의 유무에 따른 전기 저항의 차이를 설명한다고 했지? 즉 자기장이 없으면 약한 국소화의 영향을 받아 전기 저항이 커지지만, 자기장이 있으면 약한 국소화 효과가 거의 나타나지 않는다는 거네!)

⑤ 끝으로 동역학적 국소화는 혼돈계에서 일어나는 파동의 국소화를 말한다. (3) 동역학적 국소화: 혼돈계에서 일어나는 파동의 국소화 혼돈

이란 미세한 초기 조건의 차이가 결과에 엄청난 차이를 일으키는 현상을 말하는데, 혼돈계에서는 모든 입자가 복잡한 운동을 하며 확산해 간다. 반면 파동은 혼돈계에서 확산되지 않고 완전히 갇혀 국소화된다. 혼돈계에서 입자는 확산되지만, 파동은 확산되지 않고 완전히 갇혀 국소화되네. 왜냐하면 어떤 파동이 혼돈계 내에서 복잡하게 진행하는 것은, 파동이 비결정질에서 불규칙하게 배열된 수많은 원자 사이를 지나가는 앤더슨 국소화의 경우와 유사한 상황이기 때문이다. 비결정질과 상관없이 혼돈계에서 일어나는 동역학적 국소화의 원리는 비결정질 고체 내에서 일어나는 앤더슨 국소화의 원리와 비슷하다고 볼 수 있구나!

## 4. ②

2문단에서 '앤더슨 국소화란 파동이 더 이상 진행하지 못하고 일정한 공간 안에 완전히 갇히는 현상'이라고 했고, 5문단에서 '동역학적 국소화는 혼돈계에서 일어나는 파동의 국소화'인데 '파동은 혼돈계에서 확산되지 않고 완전히 갇혀 국소화'된다고 했다. 즉 앤더슨 국소화와 동역학적 국소화 모두 파동이 완전히 갇히는 현상이다.

① 4문단에 따르면 '약한 국소화는 파동이 폐곡선 경로에 약하게 갇혀 진행에 방해를 받는 현상'이지만, 5문단에 따르면 '동역학적 국소화는 혼돈계에서 일어나는 파동의 국소화'로 폐곡선 경로 때문에 생기는 것은 아니다.

③ 4문단에서 '약한 국소화는 도체/부도체의 특성 자체를 결정하지 못'한다고 했으므로, 비결정질이 도체인지 부도체인지를 결정한다는 점이 앤더슨 국소화와 약한 국소화의 공통점이라고 할 수 없다.

④ 2문단에서 앤더슨 국소화는 비결정질 고체 내에서 '파동이 더 이상 진행하지 못하고 일정한 공간 안에 완전히 갇히는 현상'이라고 했다. 하지만 4문단에서 '약한 국소화는 파동이 폐곡선 경로에 약하게 갇혀 진행에 방해를 받는 현상'이라고 했고, 5문단에서 '동역학적 국소화는 혼돈계에서 일어나는 파동의 국소화'라고 했으므로, 이들이 앤더슨 국소화의 개념을 그대로 적용했다고 볼 수는 없다.

⑤ 1문단에 따르면 원자의 배열이 '불규칙적'인 고체를 '비결정질'이라고 한다. 하지만 '동역학적 국소화는 비결정질과 상관없이 혼돈계에서 일어'나는 것이므로, 고체를 이루는 원자 배열의 불규칙성 때문에 생긴다는 점이 앤더슨 국소화와 동역학적 국소화의 공통점이라고 할 수 없다.

## 5. ③

4문단에서 '약한 국소화는 파동이 폐곡선 경로에 약하게 갇혀 진행에 방해를 받는 현상'이라고 했는데, 이때에는 '방해가 없는 경우에 비해 전기 저항이 커'진다고 했다. 반면 '자기장 안'에서는 '약한 국소화 효과가 거의 나타나지 않'으므로, 약한 국소화가 일어난 비결정질 시료에 자기장을 가하면 자기장을 가하기 전에 비해 전기 저항은 작아진다(A).
한편 3문단에서 '결맞음 길이가 국소화 길이보다 길어야 국소화가 일어'나는데, '온도가 높아지면' '결맞음이 어긋나면서 결맞음 길이가 0으로 접근'한다고 했다. 따라서 앤더슨 국소화가 일어난 비결정질에서 국소화가 사라지도록 하려면 온도를 높여(B) 결맞음 길이를 짧게 해야 한다.

## 6. ① 배치 ② 양상

| 구 조 도 그 리 기 |
|---|

### 〈 국소화 〉

• 파동의 일부 또는 전부가 일정 영역에 갇혀 진행에 방해를 받는 현상

| | |
|---|---|
| 앤더슨 국소화 | • 파동이 더 이상 진행하지 못하고 일정한 공간 안에 완전히 갇히는 현상<br>• 비결정질(원자의 배열 불규칙적) 고체 내에서 일어남<br>• 전자 파동이 다른 위치에 도달하는 과정에서 불규칙하게 배열된 원자들과 충돌하므로 전자의 이동 경로가 무수히 존재: 각 경로들의 변위의 합은 크기가 0에 가까움 = 전자가 다른 위치에서 발견될 확률 0에 가까움<br>• 조건: ① 결맞은 파동, ② 결맞음 길이(결맞음의 정도) 〉 국소화 길이(파동이 갇힌 공간적 영역의 크기)<br>• 차원에 따라 국소화 양상이 달라질 수 있음 (도체/부도체의 특성 결정) |
| 약한 국소화 | • 파동이 폐곡선 경로에 약하게 갇혀 진행에 방해를 받는 현상<br>• 비결정질 고체 내에서 일어남<br>• 자기장의 유무에 따른 전기 저항의 차이를 설명 (자기장 안에서는 약한 국소화 효과가 거의 나타나지 않음) |
| 동역학적 국소화 | • 비결정질과 상관없이 혼돈계에서 일어나는 파동의 국소화<br>• 혼돈계에서는 모든 입자가 복잡한 운동을 하며 확산해 가지만, 파동은 완전히 갇혀 국소화됨 (앤더슨 국소화와 유사한 원리) |

## [1~3] 2012년도 M/DEET 「스팸 메일의 규제」

① 스팸 메일이란 대량으로 반복해서 전달되는 영리 목적의 광고성 메일을 가리킨다. 스팸 메일의 개념 대부분의 스팸 메일은 그 내용이 유해한 음란물이나 기만적인 표현과 관련된 것이어서, 수신자들은 심리적 불쾌감을 느낄 뿐만 아니라 불필요한 정보를 삭제하는 데 시간과 노력을 낭비하게 됨은 물론, 개인 정보 유출 등의 피해를 입을 수도 있다. 또한 스팸 메일은 정보 통신 서비스 사업자를 통해 전달되므로 발송에 따른 비용을 정보 통신 서비스 사업자가 부담하는 결과가 발생하기도 한다. (3개 이상의 내용이 단순 나열되면 상위 개념으로 묶어 기억하고 넘어가고, 세부 내용은 문제에서 물어보면 돌아와서 확인하면 돼! 여기에서는 스팸 메일로 인한 문제점이 언급됐다고 이해하면 되겠지?) 이 때문에 스팸 메일은 당연히 금지되어야 할 대상으로 인식되는 경향이 있다. 스팸 메일에 대한 일반적 인식: 금지되어야 할 대상

② 그러나 스팸 메일 금지와 관련해서는 복잡한 문제들이 존재한다. (글의 초반에서 흐름이 바뀌면 화제가 제시될 가능성이 높아! 그렇다면 이 글의 화제는 스팸 메일은 당연히 금지되어야 할 대상으로 인식되지만 복잡한 문제들이 있어 무조건 금지하기는 어렵다는 점과 관련이 있겠지?) 우선,(스팸 메일 금지와 관련한 복잡한 문제들을 하나씩 설명해 주려나 봐.) 스팸 메일도 일종의 표현이라는 점에서 헌법상의 기본권으로 보호되어야 한다는 견해가 있다. 이에 따르면 스팸 메일을 완전히 차단하는 것은 발송자에 대한 과잉 규제에 해당한다. 스팸 메일 금지에 대한 반대 견해 (1): 스팸 메일도 일종의 표현이므로 헌법상의 기본권으로 보호되어야 함 또(두 번째 반대 견해가 제시되겠지?) 스팸 메일이 수신자의 알 권리 행사와 자기 정보 통제권 행사의 대상이 될 수 있다는 견해가 있다. 즉 스팸 메일에는 수신자가 필요로 하는 정보가 포함될 수 있기 때문에 수신자에게 이를 전달하지 못하게 막는 것은 수신자가 자유롭게 자신이 원하는 정보를 추구하고 스스로 정보를 취사선택할 수 있는 권리를 침해할 수 있다. 스팸 메일 금지에 대한 반대 견해 (2): 스팸 메일은 수신자의 알 권리 행사와 자기 정보 통제권 행사의 대상이 될 수 있음

③ 스팸 메일 금지는 개인적 기본권 차원만 아니라 사회적 차원의 논쟁도 야기한다. (2문단에서는 스팸 메일 금지가 발송자, 수신자의 개인적 기본권과 관련된 논쟁을 야기할 수 있음을 다뤘다면, 이제 사회적 차원의 논쟁과 관련한 스팸 메일 금지에 대한 반대 견해를 제시하려나 봐.) 스팸 메일을 기업의 기본적 영업 행위의 하나인 광고라고 본다면 스팸 메일을 금지하는 것은 기업의 영업상 자유를 침해할 수 있기 때문이다. 특히 스팸 메일은 광고 비용이 저렴하기 때문에 스팸 메일 금지는 대기업보다 소기업의 영업 기회를 침해하는 결과를 가져온다. 스팸 메일 금지에 대한 반대 견해 (3): 기업의 영업상 자유 침해

④ 이 때문에 스팸 메일 규제와 관련한 논의는 스팸 메일 발송자의 표현의 자유와 수신자의 인격권 중 어느 것을 우위에 둘 것인가를 중심으로 전개되어 왔다. 스팸 메일 규제와 관련한 논의의 쟁점: 발송자의 표현의 자유와 수신자의 인격권 중 우위에 둘 것이 무엇인가 스팸 메일의 규제 방식은 옵트인(opt-in) 방식과 옵트아웃(opt-out) 방식으로

대별된다. (지금부터는 스팸 메일의 규제 방식을 설명하려나 봐. 구분되는 두 대상이 제시되었으니 공통점과 차이점을 파악하며 읽자!) 전자(옵트인 방식)는 광고성 메일을 금지하지는 않되 수신자의 동의를 받아야만 발송할 수 있도록 하는 방식으로, (발송자의 표현의 자유와 수신자의 인격권 중 수신자의 인격권을 우위에 둔 방식이라고 할 수 있겠네.) 영국 등 EU 국가들에서 시행하고 있다. 스팸 메일의 규제 방식 (1) 옵트인 방식: 수신자의 동의를 받아야만 광고성 메일 발송 가능 그러나 이 방식은 수신 동의 과정에서 발송자와 수신자 양자에게 모두 비용이 발생하며, 시행 이후에도 스팸 메일이 줄지 않았다는 조사 결과도 나오고 있어 규제 효과가 크지 않을 수 있다. 옵트인 방식의 문제점: 수신 동의 과정에서 비용 발생, 규제 효과↓

⑤ 반면 옵트아웃 방식은 일단 스팸 메일을 발송할 수 있도록 하되 수신자가 이를 거부하면 이후에는 메일을 재발송할 수 없도록 하는 방식으로, (발송자의 표현의 자유와 수신자의 인격권 중 발송자의 표현의 자유를 우위에 둔 방식이라고 할 수 있겠네.) 미국에서 시행되고 있다. 스팸 메일의 규제 방식 (2) 옵트아웃 방식: 수신자가 거부하기 전까지는 스팸 메일 발송 가능 그런데(동일한 층위에 있는 대상은 동일한 방법으로 설명하는 경우가 많아. 그렇다면 옵트인 방식과 마찬가지로 개념을 소개한 후 문제점을 언급할 가능성이 높지!) 이러한 방식은 스팸 메일과 일반적 광고 메일의 선별이 어렵고, 수신자가 수신 거부를 하는 데 따르는 불편과 비용을 초래하며 불법적으로 재발송되는 메일을 통제하기 힘들다. 또한 육체적·정신적으로 취약한 청소년들이 스팸 메일에 무차별적으로 노출되어 피해를 입을 수 있다. (3가지 이상의 내용이 단순 나열되었으니, 옵트아웃 방식의 문제점이 제시되었다고만 기억하고 구체적인 내용은 물어보면 돌아와서 다시 확인하자!)

⑥ 우리나라의 경우 원칙적으로는 옵트아웃 방식을 택하고 있으나 옵트아웃 방식의 단점을 보완하기 위한 법 규정을 두고 있다. 우리 법은 광고 정보 전달 시 정보의 유형 및 주요 내용, 발송자의 명칭 및 연락처, 메일 주소를 수집한 출처, 그리고 수신 거부의 의사 표시를 쉽게 할 수 있는 조치 및 방법을 명시하도록 규정하고 있다. 아울러 청소년 유해물 광고 메일 발송을 금지하고, 무단으로 메일 주소를 수집하는 프로그램이나 기술적 장치를 통해 영리성 광고 메일을 발송하는 것을 금지하고 있다. 이를 위반할 시에는 형사적 처벌 또는 과태료 부과를 할 수 있다. 우리나라는 옵트아웃 방식을 택하는 한편, 그 단점 보완을 위한 법 규정을 두고 있어. (법 규정의 세부 내용은 문제에서 물어보는 경우 돌아와서 확인하면 되겠네!) 그러나 스팸 메일 발송자들이 이러한 규정들을 교묘히 피해 가며 발송할 방법을 개발하고 있어, 법적 규제만으로는 효과적인 스팸 메일 규제가 어렵고 수신자가 민사상 피해 구제를 받기가 까다롭기 때문에 옵트인 방식을 도입해야 한다는 주장이 제기되고 있다. 효과적인 스팸 메일 규제 및 수신자의 피해 구제가 어려워 옵트인 방식의 도입을 주장하는 거구나.

**1. ②**

4문단에서 옵트인 방식은 '수신 동의 과정에서 발송자와 수신자 양자에게 모두 비용이 발생'한다고 했으므로, 수신 동의에 따르는 수신자의 경제적 손실을 막을 수 있다고 볼 수 없다.

① 4문단에 따르면 옵트인 방식은 광고성 메일을 '수신자의 동의를 받아야만 발송할 수 있도록 하는 방식'이므로, '발송자의 표현의 자유와 수신자의 인격권' 중 후자를 우위에 두어 수신자의 인격권을 보호하는 데 효과적인 방식이라고 할 수 있다.

③ 5문단에서 옵트아웃 방식은 '스팸 메일과 일반적 광고 메일의 선별이 어렵'다고 했다.

④ 5문단에서 옵트아웃 방식은 '수신자가 수신 거부를 하는 데 따르는 불편과 비용을 초래하며 불법적으로 재발송되는 메일을 통제하기 힘들다.'라고 했다.

⑤ 5문단에서 옵트아웃 방식은 '청소년들이 스팸 메일에 무차별적으로 노출되어 피해를 입을 수 있다.'라고 했다.

**2. ①**

6문단에서 '우리나라의 경우 원칙적으로는 옵트아웃 방식을 택하고 있으나 옵트아웃 방식의 단점을 보완하기 위한 법 규정을 두고 있다.'라고 했다. 하지만 '스팸 메일 발송자들이 이러한 규정들을 교묘히 피해 가며 발송할 방법을 개발하고 있어, 법적 규제만으로는 효과적인 스팸 메일 규제가 어렵고 수신자가 민사상 피해 구제를 받기가 까다롭'다고 했으므로 ㄱ과 ㄷ은 우리나라의 스팸 메일 규제에 대한 비판으로 적절하다.

ㄴ, ㄹ. 6문단에 따르면 우리나라는 '청소년 유해물 광고 메일 발송을 금지하고, 무단으로 메일 주소를 수집하는 프로그램이나 기술적 장치를 통해 영리성 광고 메일을 발송하는 것을 금지'하며, '이를 위반할 시에는 형사적 처벌 또는 과태료 부과를 할 수 있'다. 따라서 청소년 유해물 광고 메일을 반복적으로 발송한 자나 메일 주소를 무단으로 수집하는 기술적 방법을 통해 스팸 메일을 발송한 자는 처벌의 대상이 된다.

**3. ① 취사선택 ② 초래**

---

### 구 조 도  그 리 기

〈 스팸 메일의 규제 〉

| 스팸 메일의 정의와 일반적 인식 |
| --- |
| • 스팸 메일: 대량으로 반복 전달되는 영리 목적의 광고성 메일<br>• 금지되어야 할 대상으로 인식(∵ 수신자의 심리적 불쾌감, 삭제를 위해 시간과 노력 낭비, 개인 정보 유출의 피해, 발송 비용을 정보 통신 서비스 사업자가 부담) |

| 스팸 메일 규제와 관련한 개인적·사회적 차원의 논쟁 |
| --- |
| ① 개인적 차원: 스팸 메일도 일종의 표현으로, 발송자의 헌법상 기본권으로 보호되어야 함, 스팸 메일이 수신자의 권리 행사의 대상이 될 수 있음<br>② 사회적 차원: 스팸 메일 금지는 기업의 영업상 자유를 침해 → 발송자의 표현의 자유와 수신자의 인격권 중 어느 것을 우위에 둘 것인가를 중심으로 스팸 메일 규제와 관련한 논의 전개 |

| 스팸 메일의 규제 방식 |
| --- |
| ① 옵트인 방식: 수신자의 동의를 받아야만 광고성 메일 발송 가능<br>• 문제점: 수신 동의 과정에서 발송자와 수신자 모두에게 비용 발생, 규제 효과가 크지 않을 수 있음<br>② 옵트아웃 방식: 일단 스팸 메일 발송 가능하나, 수신자가 거부하면 이후 재발송 불가<br>• 문제점: 스팸 메일 선별의 어려움, 수신 거부를 하는 불편과 비용, 불법적으로 재발송되는 메일 통제 어려움, 청소년들의 스팸 메일에 노출에 따른 피해 |

| 우리나라의 스팸 메일 규제 방식 |
| --- |
| • 옵트아웃 방식 + 단점 보완을 위한 법 규정 두고 위반 시 형사 처벌 또는 과태료 부과 → 법적 규제만으로 효과적인 스팸 메일 규제가 어렵고, 수신자가 피해 구제 받기 까다로워 옵트인 방식을 도입해야 한다는 주장이 제기되고 있음 |

**[4~6] 2015학년도 수능B 「달과 지구의 공전 궤도」**

① 우리는 가끔 평소보다 큰 보름달인 '슈퍼문(supermoon)'을 보게 된다. 실제 달의 크기는 일정한데 이러한 현상이 발생하는 까닭은 무엇일까? 이 현상은 달의 공전 궤도가 타원 궤도라는 점과 관련이 있다. <small>(질문을 통해 슈퍼문 현상이 발생하는 까닭이라는 화제를 제시했어. 이어서 달의 공전 궤도가 타원 궤도인 점이 슈퍼문 현상과 어떤 관련이 있는지를 자세히 설명하겠지?)</small>

② 타원은 두 개의 초점이 있고 두 초점으로부터의 거리를 합한 값이 일정한 점들의 집합이다. 두 초점이 가까울수록 원 모양에 가까워진다. 타원에서 두 초점을 지나는 긴지름을 가리켜 장축이라 하는데, 두 초점 사이의 거리를 장축의 길이로 나눈 값을 이심률이라 한다. <small>(나열된 개념들은 글을 통해 궁극적으로 설명하고자 하는 '핵심 정보'를 이해하기 위해 미리 제시하는 '사전 정보'야. 뒤에서 사전 정보들을 연계해 핵심 정보를 설명하는 때가 올 테니, 일단 차근히 정리하며 읽자!)</small> 두 초점이 가까울수록 이심률은 작아진다. <small>(비례/반비례 관계는 읽으면서 바로바로 정리해두면 문제 풀 때 편해!) 두 초점 사이의 거리↓ → 원 모양에 가까움, 이심률(두 초점 사이의 거리/장축의 길이)↓</small>

③ 달은 지구를 한 초점으로 하면서 이심률이 약 0.055인 타원 궤도를 돌고 있다. <small>달: 지구를 한 초점으로 한 타원 궤도로 공전</small> 이 궤도의 장축 상에서 지구로부터 가장 먼 지점을 '원지점', 가장 가까운 지점을 '근지점'이라 한다. 지구에서 보름달은 약 29.5일 주기로 세 천체가 '태양 – 지구 – 달'의 순서로 배열될 때 볼 수 있는데, 이때 보름달이 근지점이나 그 근처에 위치하면 슈퍼문이 관측된다. <small>슈퍼문 현상이 발생하는 조건: (1) 태양 – 지구 – 달의 순서로 배열, (2) 보름달이 근지점(장축 상에서 지구로부터 가장 가까운 지점)이나 그 근처에 위치</small> 슈퍼문은 보름달 중 크기가 가장 작게 보이는 것보다 14% 정도 크게 보인다. 이는 지구에서 본 달의 겉보기 지름이 달라졌기 때문이다. 지구에서 본 천체의 겉보기 지름을 각도로 나타낸 것을 각지름이라 하는데, 관측되는 천체까지의 거리가 가까워지면 각지름이 커진다. <small>천체까지의 거리↓ → 각지름↑</small> 예를 들어, 달과 태양의 경우 평균적인 각지름은 각각 0.5° 정도이다.

④ 지구의 공전 궤도에서도 이와 같은 현상이 나타난다. 지구 역시 태양을 한 초점으로 하는 타원 궤도로 공전하고 있으므로, <small>지구: 태양을 한 초점으로 한 타원 궤도로 공전</small> 궤도 상의 지구의 위치에 따라 태양과의 거리가 다르다. <small>(3문단을 참고하면 달은 지구를 한 초점으로 하는 타원 궤도로 공전하니까, 궤도 상의 달의 위치에 따라 지구와의 거리가 다르겠지!)</small> 달과 마찬가지로 지구도 공전 궤도의 장축 상에서 태양으로부터 가장 먼 지점과 가장 가까운 지점을 갖는데, 이를 각각 원일점과 근일점이라 한다. 지구와 태양 사이의 이러한 거리 차이에 따라 일식 현상이 다르게 나타난다. <small>(3문단에서 지구와 달 사이의 거리 차이에 따라 슈퍼문 현상이 발생하는 경우를 설명했다면, 이번에는 지구와 태양의 거리 차이에 따른 일식 현상을 설명하려나 봐. 앞에서와 마찬가지로 발생하는 조건과 원리를 설명하겠지?)</small> 세 천체가 '태양 – 달 – 지구'의 순서로 늘어서고, 달이 태양

을 가릴 수 있는 특정한 위치에 있을 때, 일식 현상이 일어난다. <small>일식 현상이 발생하는 조건: (1) 태양 – 달 – 지구의 순서로 배열, (2) 달이 태양을 가릴 수 있는 특정한 위치</small> 이때 달이 근지점이나 그 근처에 위치하면 대부분의 경우 태양 면의 전체 면적이 달에 의해 완전히 가려지는 개기 일식이 관측된다. 하지만 일식이 일어나는 같은 조건에서 달이 원지점이나 그 근처에 위치하면 대부분의 경우 태양 면이 달에 의해 완전히 가려지지 않아 태양 면의 가장자리가 빛나는 고리처럼 보이는 금환 일식이 관측될 수 있다.

| 개기 일식 | • 태양 – 달(근지점이나 그 근처에 위치) – 지구 |
| --- | --- |
|  | • 태양 면이 달에 의해 완전히 가려짐 O |
| 금환 일식 | • 태양 – 달(원지점이나 그 근처에 위치) – 지구 |
|  | • 태양 면이 달에 의해 완전히 가려짐 X |

⑤ 이러한 원일점, 근일점, 원지점, 근지점의 위치는 태양, 행성 등 다른 천체들의 인력에 의해 영향을 받아 미세하게 변한다. 현재 지구 공전 궤도의 이심률은 약 0.017인데, <small>(달 공전 궤도의 이심률은 약 0.055였어. 그렇다면 지구 공전 궤도가 달 공전 궤도보다 원 모양에 더 가까운 거네.)</small> 일정한 주기로 이심률이 변한다. 천체의 다른 조건들을 고려하지 않을 때 지구 공전 궤도의 이심률만이 현재보다 더 작아지면 <small>(= 지구 공전 궤도가 원 모양에 더 가까워지면 = 두 초점이 더 가까워지면)</small> 근일점은 현재보다 더 멀어지며 원일점은 현재보다 더 가까워지게 된다. 이는 달의 공전 궤도 상에 있는 근지점과 원지점도 마찬가지이다. 천체의 다른 조건들을 고려하지 않을 때 천체의 공전 궤도의 이심률만이 현재보다 커지면 반대의 현상이 일어난다.

| 이심률↓ | 근일점/근지점과의 거리↑, 원일점/원지점과의 거리↓ |
| --- | --- |
| 이심률↑ | 근일점/근지점과의 거리↓, 원일점/원지점과의 거리↑ |

**4. ②**

> 2문단에서 타원의 '두 초점이 가까울수록 원 모양에 가까워'지며, '이심률은 작아'진다고 했다. 이때 3문단에서 현재 달 공전 궤도의 이심률은 '약 0.055'이고, 5문단에서 현재 지구 공전 궤도의 이심률은 '약 0.017'이라고 한 것을 참고하면, 이심률이 더 작은 지구의 공전 궤도가 원 모양에 더 가깝다.

① 2문단에서 '두 초점 사이의 거리를 장축의 길이로 나눈 값'이 이심률이라고 했고, 5문단에서 장축 상의 '원지점, 근일점, 원지점, 근지점의 위치는 태양, 행성 등 다른 천체들의 인력에 의해 영향을 받아 미세하게 변한다.'라고 했다. 이를 통해 태양의 인력에 의해 달 공전 궤도의 이심률이 미세하게 변화될 수 있음을 알 수 있다.

③ 3문단에서 '지구에서 본 천체의 겉보기 지름을 각도로 나타낸 것을 각지름'이라고 했으며, 4문단에서 금환 일식은 '태양 면이 달에 의해 완전히 가려지지 않아 태양 면의 가장자리가 빛나는 고리처럼 보이는' 현상이라고 했다. 이를 통해 금환 일식이 일어날 때 지구에서 본 태양의 각지름이 달의 각지름보다 큼을 알 수 있다.

④ 3문단에서 '보름달이 근지점이나 그 근처에 위치하면 슈퍼문이 관측'되며, '슈퍼문은 보름달 중 크기가 가장 작게 보이는 것보다 14% 정도 크게 보인다.'라고 했다. 따라서 지구에서 보이는 보름달의 크기는 달 공전 궤도 상의 근지점일 때보다 원지점일 때 더 작게 보일 것이다.

⑤ 3문단에서 '관측되는 천체까지의 거리가 가까워지면 각지름이 커진다.'라고 했고, 4문단에서 지구의 '공전 궤도의 장축 상에서 태양으로부터 가장 먼 지점과 가장 가까운 지점'이 '각각 원일점과 근일점'이라고 했다. 따라서 지구에서 볼 때 태양과의 거리가 더 가까운 근일점에서 관측한 태양의 각지름이 원일점에서 관측한 것보다 더 클 것이다.

**5. ④**

> 〈보기〉에서 지구와 달, 지구와 태양 사이의 '거리가 가까울수록 조차가 커'진다고 했는데, '달이 근지점에 있을 때'라고 했으므로 '지구와 달 사이의 거리'는 고려하지 않아도 된다. 그리고 '지구와 태양 사이의 거리'와 관련하여 〈보기〉에서 지구와 태양 사이의 거리가 조차에 미치는 영향만을 고려하면 조차는 1월에 가장 크다고 했으므로, 1월에 지구는 근일점에 위치하고 있음을 알 수 있다. 또한 5문단에서 '지구 공전 궤도의 이심률'이 더 커지면 근일점은 더 가까워진다고 했으므로, A 지점에서 1월에 나타나는 조차는 더 커지게 된다.

① '지구 공전 궤도의 이심률'에는 변화가 없다고 가정했다. 또한 1월과 7월에 모두 슈퍼문이 관측되었다는 것은 3문단을 참고할 때 달이 동일하게 '근지점이나 그 근처에 위치'함을 의미하므로 '지구와 달 사이의 거리'도 같다. 따라서 '지구와 태양 사이의 거리'만 고려하여 조차를 비교하면 된다. 〈보기〉에서 지구와 태양 사이의 거리가 조차에 미치는 영향만을 고려하면 조차는 1월에 가장 크고 7월에 가장 작다고 했으므로, A 지점에서의 조차는 1월보다 7월에 더 작을 것이다.

② '지구 공전 궤도의 이심률'에는 변화가 없다고 가정했으며, 같은 1월이므로 '지구와 태양 사이의 거리'가 조차에 미치는 영향도 같다. 따라서 '지구와 달 사이의 거리'만 고려하여 조차를 비교하면 된다. 3문단에 따르면 달이 근지점에 있을 때는 원지점에 있을 때보다 지구와 달의 거리가 가까운데, 〈보기〉에서 그 거리가 가까울수록 조차가 커진다고 했으므로 A 지점에서의 조차는 달이 근지점에 있을 때 더 클 것이다.

③ '지구 공전 궤도의 이심률'에는 변화가 없다고 가정했으며, 같은 7월이므로 '지구와 태양 사이의 거리'가 조차에 미치는 영향도 같다. 따라서 '지구와 달 사이의 거리'만 고려하여 조차를 비교하면 된다. 3문단에 따르면 '슈퍼문이 관측'된다는 것은 달이 근지점이나 그 근처에 위치하고 있다는 뜻이므로, 원지점에 위치한 보름달이 관측될 때보다 조차가 더 클 것이다.

⑤ '달이 원지점에 있을 때'라고 했으므로 '지구와 달 사이의 거리'는 고려하지 않아도 된다. 그리고 '지구와 태양 사이의 거리'와 관련하여 〈보기〉에서 지구와 태양 사이의 거리가 조차에 미치는 영향만을 고려하면 조차가 가장 작은 7월은 지구와 태양 사이의 거리가 가장 먼 원일점일 때를 말함을 알 수 있다. 이때 5문단에 따르면 '지구 공전 궤도의 이심률'이 더 커지면 원일점은 더 멀어진다. 즉 이심률 변화 전보다 지구와 태양 사이의 거리가 더 멀어지므로 조차는 더 작아질 것이다.

**6. ① 배열 ② 관측**

| 구 조 도 그 리 기 |
|---|
| 〈 달과 지구의 공전 궤도 〉 |

| 타원 궤도 |
|---|
| • 타원: 두 초점으로부터의 거리의 합이 일정한 점들의 집합<br>• 이심률 = 두 초점 사이의 거리 / 장축(두 초점을 지나는 긴 지름)의 길이<br>• 두 초점 사이의 거리↓ → 이심률↓, 원 모양에 가까움 |

| 달의 공전 궤도 |
|---|
| • 지구를 한 초점으로 한 이심률 약 0.055인 타원 궤도<br>• 원지점: 장축 상에서 지구로부터 가장 먼 지점<br>• 근지점: 장축 상에서 지구로부터 가장 가까운 지점<br>• 슈퍼문(달의 겉보기 지름↑) 관측: 태양 – 지구 – 달의 순서 + 보름달이 근지점이나 그 근처 |

| 지구의 공전 궤도 |
|---|
| • 태양을 한 초점으로 한 이심률 약 0.017인 타원 궤도<br>• 원일점: 장축 상에서 태양으로부터 가장 먼 지점<br>• 근일점: 장축 상에서 태양으로부터 가장 가까운 지점<br>• 개기 일식 관측: 태양 – 달 – 지구의 순서 + 달이 근지점이나 그 근처 → 태양 전체가 가려짐<br>• 금환 일식 관측: 태양 – 달 – 지구의 순서 + 달이 원지점이나 그 근처 → 태양 면의 가장자리가 빛나는 고리처럼 보임 |

| 이심률의 변화에 따른 현상 |
|---|
| • 이심률↓ → 근일점과 근지점과의 거리↑, 원일점과 원지점과의 거리↓ |

## [1~3] 2014학년도 수능A 「선암사 승선교의 미감」

① 선암사(仙巖寺) 가는 길에는 독특한 미감을 자아내는 돌다리인 [승선교(昇仙橋)]가 있다. 승선교는 번잡한 속세와 경건한 세계의 경계로서 옛사람들은 산사에 이르기 위해 이 다리를 건너야 했다. 승선교는 가운데에 무지개 모양의 홍예(虹霓)를 세우고 그 (홍예) 좌우에 석축을 쌓아 올린 홍예다리로서, 계곡을 가로질러 산길을 이어 준다. 승선교: 무지개 모양의 홍예 좌우에 석축을 쌓아 올린 홍예 다리, 산사로 가기 위해 건너야 하는 다리로 속세와 경건한 세계의 경계

② [홍예]는 위로부터 받은 하중을 좌우의 아래쪽으로 효과적으로 분산시켜 구조적 안정성을 얻을 수 있기 때문에 예로부터 동서양에서 널리 활용되었다. (승선교의 '홍예'로 화제를 좁혀 설명하고 있어.) 홍예를 세우는 [과정]은 (과정은 끊어가며 읽으면서 순서를 파악하자!) (1)홍예 모양의 목조로 된 가설틀을 세우고, (2)그(가설틀) 위로 홍예석을 쌓아 올려 홍예가 완전히 세워지면, (3)가설틀을 해체하는 순으로 이루어진다. 홍예를 세우는 과정: 홍예 모양의 가설틀 세우기 → 가설틀 위에 홍예석 쌓기 → 가설틀 해체 홍예는 장대석(長臺石)의 단면을 사다리꼴로 잘 다듬어, 바닥에서부터 상부 가운데를 향해 차곡차곡 반원형으로 쌓아 올린다. 모나고 단단한 돌들이 모여 반원형의 구조물로 탈바꿈함으로써 부드러운 곡선미를 형성한다. 또한(홍예의 또 다른 특징을 설명하겠지?) 홍예석들은 서로를 단단하게 지지해 주기 때문에 특별한 접착 물질로 돌과 돌을 이어 붙이지 않았음에도 견고하게 서 있다. 홍예의 특징: (1) 부드러운 곡선미, (2) 접착 물질 없이도 견고(구조적 안정성 높음)

③ 승선교는 이러한 홍예와 더불어, 홍예 좌우와 위쪽 일부에 주위의 막돌을 쌓아 올려 [석축]을 세웠는데(1문단에서 홍예와 석축으로 이루어진 승선교의 대략적인 구조를 설명한 후, 2문단과 3문단에서는 홍예와 석축 각각에 대해 보다 구체적으로 설명을 하면서 살을 붙여 나가고 있어.) 이로써 승선교는 온전한 다리의 형상을 갖게 되고 사람이 다닐 수 있는 길의 일부가 된다. 층의 구분이 없이 무질서하게 쌓인 듯 보이는 석축은 잘 다듬어진 홍예석과 대비가 되면서 전체적으로는 변화감 있는 조화미를 이룬다. 석축: 홍예 좌우와 위쪽에 막돌을 쌓아 세움 → 승선교가 다리 형상을 이룸, 홍예석과의 대비로 변화감 있는 조화미 이룸 한편(전환!) 승선교의 홍예 천장에는 [용머리 모양의 장식 돌]이 물길을 향해 돌출되어 있다. 이런 장식(물길을 향해 돌출되어 있는 용머리 장식)은 용이 다리를 건너는 사람들이 물로부터 화를 입는 것을 방지한다고 여겨 만든 것이다. 홍예 천장의 장식 돌: 물로부터 화를 입는 것 방지하기 위함

④ 계곡 아래쪽에서 멀찌감치 승선교를 바라보자. 계곡 위쪽에 있는 강선루(降仙樓)와 산자락이 승선교 홍예의 반원을 통해 초점화되어 보인다. 또한 녹음이 우거

지고 물이 많은 계절에는 다리의 홍예가 잔잔하게 흐르는 물 위에 비친 홍예 그림자와 이어져 원 모양을 이루고 주변의 수목들의 그림자도 수면에 비친다. 이렇게 승선교와 주변 경관은 서로 어우러지며 극적인 합일을 이룬다. 승선교와 주변 경관이 만들어 내는 아름다움은 계절마다 그 모습을 바꿔 가며 다채롭게 드러난다. 승선교와 주변 경관의 합일이 만들어 내는 아름다움: (1) 홍예의 반원을 통해 강선루와 산자락이 초점화됨, (2) 홍예가 물 위에 비친 홍예 그림자와 이어져 원 모양을 이루고, 수목 그림자가 수면에 비침

⑤ 승선교는 뭇사람들이 산사로 가기 위해 계곡을 건너가는 길목에 세운 다리다. 그러기에 호사스러운 치장이나 장식을 할 까닭은 없었을 것이다. 그럼에도 이 다리(승선교)가 아름다운 것은 주변 경관과의 조화를 중시하는 옛사람들의 자연스러운 미의식이 반영된 덕택이다. 승선교가 오늘날 세사의 번잡함에 지친 우리에게 자연의 소박하고 조화로운 미감을 선사하는 것은 바로 이(옛사람들의 자연스러운 미의식이 반영된 것) 때문이다. 승선교에는 주변 경관과의 조화를 중시하는 옛사람들의 자연스러운 미의식이 반영됨 → 자연의 소박하고 조화로운 미감 선사

**1. ②**

4문단에서 '다리의 홍예가 잔잔하게 흐르는 물 위에 비친 홍예 그림자와 이어져 원 모양을 이루'는 것과 같이 '승선교와 주변 경관은 서로 어우러지며' 아름다움을 드러낸다고 했다.

① 2문단에서 '홍예석들은 서로를 단단하게 지지해 주기 때문에 특별한 접착 물질로 돌과 돌을 이어 붙이지 않았음에도 견고하게 서 있다.'라고 했다.

③ 2문단에서 홍예는 '예로부터 동서양에서 널리 활용'되었다고 했으므로, 우리나라 특유의 건축 구조라고 볼 수는 없다.

④ 1문단과 2문단에 따르면 '목조로 된 가설틀을 세우고, 그 위로 홍예석을 쌓아 올려 홍예'를 만드는 것은 맞지만 가설틀은 사다리꼴 모양이 아니라 '홍예 모양', 즉 반원형인 '무지개 모양'이다. 참고로 사다리꼴 모양인 것은 홍예를 세우기 위해 쌓아 올린 '장대석의 단면'이다.

⑤ 2문단에서 '홍예는 위로부터 받은 하중을 좌우의 아래쪽으로 효과적으로 분산시켜 구조적 안정성을 얻'는다고 했으므로, 승선교의 하중이 상부 홍예석에 집중된다고 볼 수 없다.

**2. ⑤**

〈보기〉에 따르면 옥천교에서 '도깨비 형상'의 조각은 '금천 바깥의 사악한 기운이 다리 건너 안으로 침범하는 것을 막기 위해' 만든 것이고, 3문단에 따르면 승선교에서 '용머리 모양의 장식 돌'은 '다리를 건너는 사람들이 물로부터 화를 입는 것을 방지'하기 위해 만든 것이다. 따라서 둘 모두 세속을 구원하고자 하는 종교적 의식이 반영되어 있다고 볼 수 없다.

① 〈보기〉의 옥천교는 '지엄한 왕의 공간과 궁궐 내의 일상적 공간을 구획하는 경계였고 임금과 임금에게 허락받은 자들만이 건널 수 있었'지만, 5문단에 따르면 승선교는 '뭇사람들이 산사로 가기 위해' 건넌 다리다. 따라서 승선교와 달리 옥천교는 통행 대상에 제약이 있었고, 권위적인 영역으로 진입하는 통로였다고 할 수 있다.

② 〈보기〉의 옥천교는 '미려하게 다듬은 돌'로 홍예와 석축을 쌓았으며, '다리 난간에는 갖가지 조각을 장식해 전체적으로 장중한 화려함을 드러'낸 반면 3문단에서 확인할 수 있듯이 승선교의 석축은 '주위의 막돌을 쌓아 올려' 세운 것이다.

③ 〈보기〉의 옥천교는 '인위적으로 조성한 금천 위에 놓여 있'으므로 자연의 난관을 해소하기 위한 것으로 보기 어렵다. 반면 1문단에서 승선교는 '계곡을 가로질러 산길을 이어' 주는 다리라고 했으므로 자연의 난관을 해소하기 위한 것으로 볼 수 있다.

④ 〈보기〉의 옥천교는 '지엄한 왕의 공간과 궁궐 내의 일상적 공간을 구획하는 경계'이고, 1문단에 따르면 승선교는 '번잡한 속세와 경건한 세계의 경계'이다. 따라서 둘 모두 서로 다른 성격의 두 공간 사이에 놓인 이질적 공간의 경계라고 할 수 있다.

**3. ① 번잡 ② 견고**

---

## 구 조 도 그 리 기

### 〈 승선교 〉

| 의미 |
| --- |
| • 산사로 가기 위해 계곡을 건너가는 길목에 세운 다리로, 번잡한 속세와 경건한 세계의 경계 |

| 구조 |
| --- |
| • 가운데에 무지개 모양의 홍예를 세우고 그 좌우에 석축을 쌓아 올림 |

| | |
| --- | --- |
| 홍예 | • 구조적 안정성↑, 부드러운 곡선미 형성, 접착 물질 X<br>• 세우는 과정: 홍예 모양의 목조 가설틀 세움 → 홍예석을 쌓아 올림 → 가설틀 해체<br>• 천장에 용머리 모양의 장식 돌: 물길을 향해 돌출, 다리를 건널 때 물로부터 화를 입는 것 방지 |
| 석축 | • 홍예 좌우, 위쪽 일부에 막돌을 쌓아 올려 세움<br>• 홍예석과 대비되며 변화감 있는 조화미 형성 |

| 미감 |
| --- |
| • 옛사람들의 자연스러운 미의식이 반영되어, 주변 경관과 합일을 이루며 아름다움을 드러냄<br>· 홍예의 반원을 통해 강선루와 산자락이 초점화됨<br>· 홍예와 홍예 그림자가 이어져 원 모양을 이룸 |

## [4~6] 2014년도 LEET 「모바일 무선 통신에 사용되는 전파」

① 스마트폰이 등장하면서 모바일 무선 통신은 우리의 삶에서 없어선 안 될 문명의 **이기**가 되었다. 모바일 무선 통신에 사용되는 전파는 눈에 보이지 않아 실감하기 어렵지만, 가시광선과 X선이 속하는 전자기파의 일종이다. 전파는 대기 중에서 초속 30만km로 전해지는데, 이는 빛의 속도(c)와 정확히 일치한다. 전파란 일반적으로 '1초에 약 3천~3조 회 진동하는 전자기파'를 말한다. 1초 동안의 진동수를 '주파수(f)'라 하며, 1초에 1회 진동하는 것을 1Hz라고 한다. 따라서 전파는 3kHz에서 3THz의 주파수를 갖는다. (나열된 개념들은 사전 정보에 해당하겠지? 뒤에서 나열된 개념을 활용해 핵심 정보를 설명할 테니, 몰아치는 정보들에 당황하지 말고 차근히 정리하며 읽으면 돼.)

전파: 30만km/초의 속도, 3kHz~3THz의 주파수를 갖는 전자기파 **주파수는 파동** 한 개의 길이를 의미하는 '**파장(λ)**'과 반비례 관계에 있다. 즉, 주파수가 높을수록 파장은 짧아지며, 낮을수록 파장은 길어진다.

주파수↑ → 파장↓ 전자기파의 주파수와 파장을 곱한 수치(c = fλ)는 일정하며, 빛의 속도와 같다. 빛의 속도(c) = 30만km/초 = 주파수(f) × 파장(λ)

② 모바일 무선 통신에서 가시광선이나 X선보다 주파수가 낮은 전파를 쓰는 이유는 정보의 원거리 전달에 용이하기 때문이다.

모바일 무선 통신에 사용되는 전자기파의 주파수 < 가시광선, X선의 주파수 **주파수가 높은 전자기파일수록** 직진성이 강해져 대기 중의 먼지나 수증기에 의해 흡수되거나 산란되어 **감쇠되기 쉽다**. 주파수↑ → 직진성↑, 감쇠↑ **반면,** (이번에는 주파수가 낮은 전자기파에 대해 설명하겠지?) **주파수가** 낮은 전파는 회절성과 투과성이 뛰어나 장애물을 만나면 휘어져 나가고 얇은 벽을 만나면 투과하여 멀리 퍼져 나갈 수 있다.

주파수↓ → 회절성과 투과성↑, 원거리 전달에 용이 3kHz~3GHz 대역의 주파수를 갖는 전파 중 0.3MHz 이하의 초장파, 장파 등은 매우 먼 거리까지 전달될 수 있으므로 해상 통신, 표지 통신, 선박이나 항공기의 유도 등과 같은 공공적 용도에 주로 사용된다. (1) 0.3MHz 이하(초장파, 장파): 매우 먼 거리까지 전달 가능, 공공적 용도에 사용 0.3~800MHz 대역의 주파수는 단파 방송, 국제 방송, FM 라디오, 지상파 아날로그 TV 방송 등에 사용된다. (2) 0.3~800MHz: 다양한 방송에 사용 800MHz~3GHz 대역인 극초단파가 모바일 무선 통신에 주로 사용되며 '800~900MHz 대', '1.8GHz 대', '2.1GHz 대', '2.3GHz 대'의 네 가지 대역으로 나뉜다. 스마트폰 시대에 들어서면서 극초단파 대역의 효율적인 주파수 관리의 중요성이 더욱 커지고 있다. (3) 800MHz~3GHz(극초단파): 모바일 무선 통신에 사용 3GHz 이상 대역의 전파는 직진성이 매우 강해져 인공위성이나 우주 통신 등과 같이 중간에 장애물이 없는 특별한 경우에 사용된다. (4) 3GHz 이상: 직진성↑, 중간에 장애물이 없는 경우 사용

③ 모바일 무선 통신에서 극초단파를 사용하는 이유는 0.3~800MHz 대역에 비해 **단시간에 더 많은 정보의 전송이 가능**하기 때문이다. **예로**(예를 통해 어떻게 극초단파가 단시간에 더 많은 정보를 전송할 수 있는지를 자세하게 설명하려 하는군!) 1 비트의 자료를 전송하는 데 4개의 파동이

필요하다고 하자. 1kHz(1,000Hz)의 초장파는 초당 1,000개의 파동을 발생시키기 때문에 매초 250 비트의 정보만을 전송할 수 있지만, 800MHz 초단파의 경우 초당 8억 개의 파동을 발생시키므로 매초 2억 비트의 정보를, 1.8GHz 극초단파는 초당 4.5억 비트에 해당하는 대량의 정보를 전송할 수 있다. 주파수가 낮은 초장파에 비해 주파수가 높은 극초단파를 사용하면 단시간에 더 많은 정보를 전송할 수 있네.

**극초단파의 원거리 정보 전송 능력의 취약성을 극복**하기 위해 (2문단에서 정보의 원거리 전달에는 주파수가 낮은 전파를 쓰는 것이 유리하다고 했어. 그러니 주파수가 높은 극초단파는 단시간에 많은 정보를 전달할 수 있지만, 원거리 정보 전송 능력이 상대적으로 떨어지는 문제가 있는 거네. 이제 이러한 문제를 해결하기 위한 방안을 제시하겠지?) 모바일 무선 통신에서는 반경 2~5km 정도의 좁은 지역의 전파만을 송수신하는 무선 기지국들을 가능한 한 많이 설치하고, 이 무선 기지국들을 다시 유선으로 연결하여 릴레이 형식으로 정보를 전송함으로써 통화 사각지대를 최소화한다. 모바일 무선 통신과 더불어 극초단파를 사용하는 지상파 디지털 TV 방송(2문단에서 지상파 아날로그 TV 방송은 0.3~800MHz 대역의 주파수를 사용한다고 했는데, 지상파 디지털 TV 방송은 극초단파를 사용하는군.)에서도 가능한 한 높은 위치에 전파 송신탑을 세워 전파 진행 경로상의 장애물을 최소화하려고 노력한다. 극초단파의 원거리 정보 전송 능력의 취약성 극복을 위한 방안을 정리해 볼까? (1) 모바일 무선 통신: 무선 기지국을 유선으로 연결해 릴레이 형식으로 정보 전송해 통화 사각지대 최소화, (2) 지상파 디지털 TV 방송: 가능한 높은 위치에 전파 송신탑 세워 전파 경로상 장애물 최소화

④ 모바일 무선 통신에서 극초단파를 사용함으로써 통신 기기의 휴대 편의성도 **획기적**으로 개선되었다. 전파의 효율적 수신을 위한 안테나의 유효 길이는 수신하는 전파 파장의 1/2~1/4 정도인데, 극초단파와 같은 높은 주파수를 사용하면서 손바닥 크기보다 작은 길이의 안테나만으로도 효율적인 전파의 송수신이 가능해졌기 때문이다. (1문단에서 주파수가 높을수록 파장은 짧아진다고 했지? 그렇다면 주파수가 높은 극초단파는 파장이 짧아 작은 길이의 안테나로도 효율적 수신이 가능하겠네.) 모바일 무선 통신에서 극초단파 사용의 의의: 통신 기기의 휴대 편의성 개선

**4. ③**

> 2문단에서 '주파수가 높은 전자기파일수록 직진성이 강해'진다고 했고, 3문단에서 '모바일 무선 통신에서 극초단파(800MHz~3GHz 대역)를 사용하는 이유는 0.3~800MHz 대역에 비해 단시간에 더 많은 정보의 전송이 가능하기 때문'이라고 했다. 이를 통해 주파수가 높은 전파일수록 직진성이 강하고 단위 시간당 정보 전송량이 많아짐을 알 수 있다. 반대로 직진성이 약한 전파일수록 단위 시간당 정보 전송량은 적어진다.

① 1문단의 '주파수가 높을수록 파장은 짧아지며, 낮을수록 파장은 길어진다.'를 통해 알 수 있다.

② 2문단에서 '모바일 무선 통신에서 가시광선이나 X선보다 주파수가 낮은 전파'를 쓴다고 했는데, 이는 곧 '800MHz~3GHz 대역인 극초단파'이므로 극초단파는 가시광선보다 주파수가 낮다.

④ 1문단에서 '주파수는 파동 한 개의 길이를 의미하는 '파장'과 반비례 관계'라고 했으므로, 파장은 800MHz 대에서 2.3GHz(2300MHz) 대보다 약 3배 정도 길 것이다. 그리고 4문단에서 '안테나의 유효 길이는 수신하는 전파 파장의 1/2~1/4 정도'라고 했으므로, 안테나의 유효 길이 역시 800MHz 대에서 2.3GHz 대보다 약 3배 정도 길 것이다.

⑤ 2문단에서 '주파수가 낮은 전파는 회절성과 투과성이 뛰어나'다고 했다. 따라서 주파수가 더 높은 1.8GHz(1800MHz) 대 전파는 800~900MHz 대 전파보다 회절성과 투과성이 약할 것이다.

**5. ②**

> ㄷ. 2문단의 '0.3~800MHz 대역의 주파수는 단파 방송, 국제 방송, FM 라디오, 지상파 아날로그 TV 방송 등에 사용된다.'와 3문단에서 지상파 디지털 TV 방송은 '모바일 무선 통신과 더불어 극초단파(800MHz~3GHz 대역)를 사용'한다고 한 것을 통해 지상파 디지털 TV 방송은 지상파 아날로그 TV 방송보다 높은 주파수 대역을 사용함을 알 수 있다.

ㄱ. 2문단에 따르면 '3GHz 이상 대역의 전파'가 '인공위성이나 우주 통신'에 사용되는 것은 원거리 전송 능력이 커서가 아니라, '직진성이 매우 강'하여 '중간에 장애물이 없는 특별한 경우에 사용'하기 적합하기 때문이다. 또한 '3kHz~3GHz 대역의 주파수를 갖는 전파 중 0.3MHz 이하의 초장파, 장파 등은 매우 먼 거리까지 전달'된다고 했으므로, 정보의 원거리 전송 능력이 큰 것은 3GHz 이상 대역이 아니라 0.3MHz 이하의 대역이다.

ㄴ. 3문단에서는 '극초단파(800MHz~3GHz 대역)의 원거리 정보 전송 능력의 취약성을 극복하기 위해' 모바일 무선 통신에서는 무선 기지국들을 설치한다고 했다. 이때 2문단의 '3kHz~3GHz 대역의 주파수를 갖는 전파 중 0.3MHz 이하의 초장파, 장파 등은 매우 먼 거리까지 전달될 수 있'다는 내용을 고려하면, 기지국 설치는 극초단파의 주파수가 높기 때문에 이루어진 것임을 알 수 있다. 따라서 모바일 무선 통신에서 낮은 주파수를 사용할수록 기지국이 더 많이 필요하다고 볼 수 없다.

**6. ① 이기  ② 획기적**

---

## 구 조 도 그 리 기

### 〈 모바일 무선 통신에 사용되는 전파 〉

#### 전파와 주파수

- 전파: 3kHz~3THz의 주파수를 갖는 전자기파, 빛의 속도(30만km/초)와 속도 동일
- 주파수
- 높은 주파수(짧은 파장): 직진성↑, 감쇠↑
- 낮은 주파수(긴 파장): 회절성·투과성↑, 원거리 전달 용이
- 주파수 범위에 따른 사용 용도

| 0.3MHz 이하<br>(초장파, 장파) | 원거리 전달 용이, 공공적 용도에 주로 사용 |
|---|---|
| 0.3~800MHz | 다양한 방송에 사용 |
| 800MHz~3GHz<br>(극초단파) | 모바일 무선 통신에 주로 사용 |
| 3GHz 이상 | 직진성 매우 강해 중간에 장애물 없는 경우 사용 |

#### 모바일 무선 통신에 사용되는 전파(극초단파)

- 사용 이유: 0.3~800MHz 대역에 비해 단시간에 더 많은 정보 전송 가능
- 원거리 정보 전송 능력의 취약성 극복 방안
- 모바일 무선 통신: 무선 기지국들을 유선으로 연결하여 릴레이 형식으로 정보 전송
- 지상파 디지털 TV 방송: 높은 위치에 전파 송신탑 세워 전파 경로상 장애물 최소화
- 의의: 통신 기기의 휴대 편의성 개선(작은 길이의 안테나로도 효율적인 전파 송수신 가능)

## [1~3] 2020년도 LEET 「토지가치세」

**1** '좋은 세금'의 기준과 관련하여 조세 이론은 공정성과 효율성을 거론하고 있다. 경제주체들이 경제적 능력 혹은 자신이 받는 편익에 따라 세금을 부담하는 경우 공정한 세금이라는 것이다. <sub>좋은</sub> <sub>세금의 기준 (1) 공정성: 경제주체들의 경제적 능력, 편익에 따라 세금을 부담하는 것</sub> **또한**(효율성에 대해 설명하겠지?) 조세는 경제주체들의 의사 결정을 **왜곡**하여 조세 외에 추가로 부담해야 하는 각종 손실 또는 비용, 즉 <u>초과 부담</u>이라는 비효율을 초래할 수 있는데 이러한 **왜곡을 최소화**하는 세금이 효율적이라는 것이다. <sub>좋은 세금의 기준 (2) 효율성:</sub> <sub>경제주체들의 의사 결정 왜곡(조세 외의 초과 부담이라는 비효율 초래)을 최소화하는 것</sub>

**2** 19세기 말 ㉠헨리 조지가 제안했던 <u>토지가치세</u>는 이러한 기준(공정성, 효율성)에 잘 부합하는 세금으로 평가되고 있다. 그는 토지 소유자의 임대 소득 중에 자신의 노력이나 기여와는 무관한 **불로소득**이 많다면, 토지가치세를 통해 이(불로소득)를 **환수**하는 것이 바람직하다고 주장했다. 토지에 대한 소유권은 사용권과 처분권 그리고 수익권으로 구성되는데, 사용권과 처분권은 개인의 자유로운 의사에 맡기고 수익권 중 토지 개량의 수익을 제외한 나머지(임대 소득 중 불로소득)는 정부가 환수하여 사회 전체를 위해 사용하자는 것이 토지가치세의 기본 취지이다. <sub>헨리 조지의 토지가치세: 사용</sub> <sub>권, 처분권은 개인의 자유 / 수익권 중 토지 개량의 수익을 제외한 나머지는 정부가 환수</sub> <sub>해 사회 전체를 위해 사용</sub> 조지는 토지가치세가 시행되면 <u>다른 세금들을 없애도 될 정도로 충분한 세수</u>를 올려줄 것이라고 기대했다. 토지가치세가 토지단일세라고도 지칭된 것은 이 때문이다. 그는 토지단일세가 다른 세금들을 대체하여 초과 부담을 제거(효율성↑)함으로써 경제 활성화에 크게 기여할 것으로 보았다. 토지단일세는 토지를 제외한 나머지 경제 영역에서는 자유 시장을 옹호했던 조지의 신념에 잘 부합하는 발상이었다. <sub>토지가치세(= 토지단일세)가 초과 부</sub> <sub>담을 제거하여 경제 활성화에 크게 기여할 것이라 기대</sub>

**3** 토지가치세는 불로소득에 대한 과세라는 점에서 <u>공정성에 부합</u>하는 세금이다. (2문단에서 토지가치세는 공정성과 효율성에 부합하는 세금이라고 했으니, 공정성에 부합하는 세금임을 설명한 후 효율성에 부합하는 세금이라는 점도 구체적으로 언급하는 순으로 전개되겠지?) 조세 이론은 수요자와 공급자 중 탄력도가 낮은 쪽에서 많은 납세 부담을 지게 된다고 설명한다. 토지는 세금이 부과되지 않는 곳으로 옮길 수 없다는 점에서 비탄력적이며 따라서 납세 부담은 임차인에게 전가되지 않고 토지 소유자가 고스란히 떠안게 된다는 점에서 토지가치세는 공정한 세금이 된다. (1) 토지가치세의 공정성: 불로소득에 대한 납세 부담을 토지 소유자가 떠안음 **한편**(글의 흐름을 전환해 토지가치세가 효율성에 부합하는 세금이라는 점을 설명할 거야.) 토지가치세는 초과 부담을 최소화한다는 점에서 효율적이기도 하다. 통상 어떤 재화나 생산요소에 대한 과세는 거래량 감소, 가격 상승과 함께 초과 부담을 유발한다. 예를 들어 자동차에 과세하면 자동차 거래가 감소하고 부동산에 과세하면 지역 개발과 건축업을 위축시켜, 초과 부담이 발생하게 된다. 그러나

토지가치세는 토지 공급을 줄이지 않아 초과 부담을 발생시키지 않는다. (2) 토지가치세의 효율성: 과세가 토지 공급을 줄이지 않음(초과 부담 발생 X) 토지가치세 도입에 따른 여타 세금의 축소가 초과 부담을 줄여 경제를 활성화한다는 G7 대상 연구에 따르면, 이러한 세제 개편으로 인한 초과 부담의 감소 정도가 GDP의 14~50%에 이른다.

**4** 하지만 토지가치세는 일부 국가를 제외하고는 현실화되지 못했는데, 여기에는 <u>몇 가지</u> 이유가 있다. (토지가치세가 현실화되지 못한 이유가 두 가지 이상 제시되겠군. 정리하며 읽자.) 토지가치세는 이론적인 면에서 호소력이 있으나 현실에서는 복잡한 문제가 발생한다. (1)토지에 대한 세금이 가공되지 않은 자연 그대로의 토지에 대한 세금이어야 하나 이러한 토지는 현실적으로 찾기 어렵다. (2)토지 가치 상승분과 건물 가치 상승분의 구분이 쉽지 않다는 것도 어려움을 가중한다. 토지를 건물까지 포함하는 부동산으로 취급하여 그에 과세하는 국가에서는 부동산 거래에서 건물을 제외한 토지의 가격이 별도로 인지되는 것이 아니므로, 건물을 제외한 토지의 가치 평가가 어렵다. (3)조세 저항도 문제가 된다. 재산권 침해라는 비판이 거세지면 토지가치세를 도입하더라도 세율을 낮게 유지할 수밖에 없어, 충분한 세수가 확보되지 않을 수 있다. (4)토지가치세는 빈곤과 불평등 문제에 대한 조지의 이상을 실현하는 데에도 적절한 해법이 되지 못한다는 비판에 직면하고 있다. 백년 전에는 부의 불평등이 토지에서 비롯되는 부분이 컸지만, 오늘날 전체 부에서 토지가 차지하는 비중이 19세기 말에 비해 크게 감소했다. 토지 소유의 집중도 또한 조지의 시대에 비해 낮다. 따라서 토지가치세의 소득 불평등 해소 능력에도 의문이 제기된다. <sub>토지가치세가 현실화되지 못한 이유: (1) 가공되지 않은 토지가 거의 없음, (2) 건물을 제</sub> <sub>외한 토지 가치 상승분 평가 어려움, (3) 조세 저항으로 충분한 세수 확보 어려움, (4) 소</sub> <sub>득 불평등 해소 능력에 대한 의문 (3가지 이상의 내용이 나열됐으니 번호를 매겨 가며 읽</sub> <sub>고, 상위 개념으로 묶어 기억하면 돼! 세부 내용은 문제에서 물어보면 돌아와서 확인하자.)</sub>

**5** 오늘날 토지가치세는 새롭게 주목받고 있는데, 이는 '외부 효과'와 관련이 깊다. 첨단산업 분야의 대기업들이 자리를 잡은 지역 주변에는 인구가 유입되고 일자리가 늘어난다. 하지만 임대료가 급등하고 혼잡도 또한 커진다. 이 과정에서 해당 지역의 부동산 소유자들은 막대한 이익을 사유화하는 반면, 임대료 상승이나 혼잡비용 같은 손실은 지역민 전체에게 전가된다. <sub>첨단산업 분야의 대</sub> <sub>기업들이 자리를 잡은 지역 주변에서 외부 효과 발생(인구 유입, 일자리 증가, 임대료와</sub> <sub>혼잡도 증가) → 이익은 부동산 소유자들이 사유화, 손실은 지역민 전체에 전가 (문제 상</sub> <sub>황이 제시되었으니, 그 해결과 관련한 토지가치세의 역할이 제시되겠지?)</sub> 이러한 상황에서 높은 세율의 토지가치세가 본격적으로 실행에 옮겨질 수 있다면 불로소득에 대한 과세를 통해 외부 효과로 인한 피해를 보상하는 방안이 될 수 있다. <sub>높은 세율의 토지가치세를 통해 부동산 소유자들</sub> <sub>의 불로소득에 과세를 함으로써 이를 지역민 전체에 전가된 손실을 보상하는 데 쓸 수 있</sub> <sub>다는 거네.</sub>

## 1. ①

> 2문단에 따르면 ⊙(헨리 조지)은 '토지 소유자의 임대 소득 중에 자신의 노력이나 기여와는 무관한 불로소득이 많다면, 토지가치세를 통해 이를 환수하는 것이 바람직'하다고 보았으며, 토지의 '수익권 중 토지 개량의 수익을 제외한 나머지는 정부가 환수하여 사회 전체를 위해 사용'하자고 주장했다. 또한 4문단에서 '토지에 대한 세금이 가공되지 않은 자연 그대로의 토지에 대한 세금이어야' 한다고 했으므로, ⊙은 개량되지 않은 토지에서 나오는 임대료 수입은 불로소득으로 여겼음을 알 수 있다.

② 2문단에 따르면 ⊙은 '토지가치세가 시행되면 다른 세금들을 없애도 될 정도로 충분한 세수를 올려줄 것이라고 기대'했다.

③ 2문단에 따르면 ⊙은 토지의 '사용권과 처분권은 개인의 자유로운 의사에 맡기고 수익권 중 토지 개량의 수익을 제외한 나머지는 정부가 환수'하자고 주장했다.

④ 2문단에 따르면 ⊙은 '토지단일세가 다른 세금들을 대체하여 초과 부담을 제거함으로써 경제 활성화에 크게 기여할 것으로' 보았을 뿐, 윗글에서 ⊙이 토지가치세가 경제적 효율성 제고를 통해 공정성을 높이는 방안이라고 언급하지는 않았다.

⑤ 2문단에서 ⊙은 '토지를 제외한 나머지 경제 영역에서는 자유 시장을 옹호했다'고 했을 뿐, 모든 경제 영역에서 시장 원리를 사회적 가치에 부합하게 규제해야 한다고 주장하지는 않았다.

## 2. ④

> 3문단에 따르면 '탄력도가 낮은 쪽에서 많은 납세 부담을 지게' 되는데, 이에 따라 '비탄력적'인 토지의 납세 부담은 '토지 소유자가 고스란히 떠안게 된다'. 이를 참고하면 〈보기〉에서 X국의 사치세의 경우 '부자들은 요트 구매를 줄'일 수 있었기에, 즉 탄력도가 높았기에 납세 부담을 고스란히 떠안지 않고 이를 탄력도가 낮은 쪽에 전가했다고 볼 수 있다. 또한 Y국에서는 담배세를 도입했지만 '담배 소비는 거의 감소하지 않았'고 '소비자들의 불만이 고조'되었다는 것으로 보아, 이때에도 탄력도가 낮은 소비자 쪽에서 많은 납세 부담을 지게 되었음을 알 수 있다. 따라서 탄력도가 높은 쪽에서 납세 부담을 지게 한다고 할 수는 없다.

① 2문단을 통해 토지가치세는 '토지 소유자', 즉 토지 공급자에게 부과됨을 알 수 있다. 하지만 〈보기〉에서 X국의 사치세는 '요트 구매자', Y국의 담배세는 '소비자'에게 부과되고 있다.

② 1문단에서 '초과 부담'이란 '조세 외에 추가로 부담해야 하는 각종 손실 또는 비용'이라고 했고, 3문단에서 '통상 어떤 재화나 생산요소에 대한 과세는 거래량 감소, 가격 상승과 함께 초과 부담을 유발'하는데 토지가치세는 '초과 부담을 발생시키지 않는다.'라고 했다. 이를 참고하면 〈보기〉의 X국에서는 사치세로 인해 부자들이 '요트 구매를 줄이'면서 '요트 공장에서 일하던 근로자들은 대량 해고'되고 '근로소득세를 인상'하게 되는 초과 부담이 발생했다. 그러나 Y국에서는 담배세 인상에도 불구하고 '담배 소비는 거의 감소하지 않'아 초과 부담은 거의 발생하지 않았다.

③ 3문단에서 토지가치세의 '납세 부담은 임차인에게 전가되지 않고 토지 소유자가 고스란히 떠안게 된다'고 했다. 이와 마찬가지로 〈보기〉의 Y국에서 담배세 또한 납세 부담이 과세 대상자인 '소비자'에게 집중된다. 하지만 X국의 사치세 도입은 '부유층의 납세 부담을 늘리'지 못하여 '부족한 세수'를 '근로소득세를 인상'함으로써 보충했으므로 과세 대상자(부유층) 이외의 타인에게 납세 부담이 추가되었다고 할 수 있다.

⑤ 3문단에서 '토지가치세 도입'이 '경제를 활성화한다는 G7 대상 연구'의 결과를 확인할 수 있다. 반면 〈보기〉에서 X국의 사치세는 '부유층의 납세 부담을 늘리려고' 한 정책 목표를 달성하지 못했고, Y국 또한 담배세 인상을 통해 '담배 소비를 줄이려는 목표'를 달성하지 못했다.

## 3. ① 왜곡  ② 환수

### 구 조 도  그 리 기

**〈 헨리 조지의 토지가치세 〉**

| 좋은 세금의 기준 |
| --- |
| ① **공정성**: 경제주체들이 경제적 능력, 자신이 받는 편익에 따라 세금을 부담하는 것<br>② **효율성**: 경제주체들의 의사 결정 왜곡을 최소화하여 초과 부담이라는 비효율을 줄이는 것 |

| 헨리 조지의 토지가치세(토지단일세) |
| --- |

- **개념**: 토지 소유자의 임대 소득 중 불로소득을 토지가치세를 통해 환수해 사회 전체를 위해 사용

| ① 공정성에 부합 | 불로소득에 대한 과세, 납세 부담 전가 X |
| --- | --- |
| ② 효율성에 부합 | 초과 부담 최소화 |

- **기대 효과**: 다른 세금 대체해 초과 부담을 제거하여 경제 활성화에 크게 기여할 것
- **현실화의 어려움**: 가공되지 않은 토지 X, 토지 가치 상승분과 건물 가치 상승분의 구분 어려움, 조세 저항으로 인한 낮은 세율로 충분한 세수 확보가 어려움, 빈곤과 불평등 해소 X
- **외부 효과로 인한 피해 보상 방안으로써 토지가치세**: 외부 효과로 인한 이익은 사유화하고, 손실은 지역민 전체에 전가하는 부동산 소유자들 → 높은 세율의 토지가치세를 통해 불로소득 환수하여 피해 보상할 수 있음

## [4~6] 2013학년도 6월 모평 「디스크 스케줄링의 네 가지 방식」

1 하드 디스크는 고속으로 회전하는 디스크의 표면에 데이터를 저장한다. 데이터는 동심원으로 된 트랙에 저장되는데, 하드 디스크는 트랙을 여러 개의 섹터로 미리 구획하고, 트랙을 오가는 헤드를 통해 섹터 단위로 읽기와 쓰기를 수행한다. 하드 디스크는 트랙을 여러 개의 섹터로 구획하고, 섹터 단위로 읽기와 쓰기를 수행하는군. 하드 디스크에서 데이터 입출력 요청을 완료하는 데 걸리는 시간을 접근 시간이라고 하며, 이는 하드 디스크의 성능을 결정하는 기준 중 하나가 된다. 접근 시간은 원하는 트랙까지 헤드가 이동하는 데 소요되는 탐색 시간과, 트랙 위에서 해당 섹터가 헤드의 위치까지 회전해 오는 데 걸리는 대기 시간의 합이다. 접근 시간(데이터 입출력 요청 완료하는 데 걸리는 시간) = 탐색 시간(원하는 트랙까지 헤드가 이동하는 시간) + 대기 시간(헤드까지 해당 섹터가 이동하는 시간) (1문단에서는 주로 앞으로 글이 전개될 방향을 안내하는 '방향 정보'를 제시하며 천천히 전개되는 글이 있는 반면, 이 지문처럼 시작부터 '트랙', '섹터', '접근 시간' 등 개념을 나열하는 경우도 있어. 후자인 경우 주로 난이도가 높긴 하지만 걱정할 필요는 없어! 나열된 **사전 정보**들을 활용해 **핵심 정보**를 설명하는 순간이 올 테니 우선 제시된 개념을 차근히 정리하며 읽으면 돼.) 하드 디스크의 제어기는 '디스크 스케줄링'을 통해 접근 시간이 최소가 되도록 한다. 하드 디스크의 접근 시간은 성능 결정 기준의 하나이므로, 디스크 스케줄링을 통해 **접근 시간**을 최소화하려는 거구나!

2 200개의 트랙이 있고 가장 안쪽의 트랙이 0번인 하드 디스크를 생각해 보자. (예시를 들어 구체적으로 설명하려나 봐. 예까지 들어서 설명해준다는 것은 꼭 이해하라는 의미이지! 예로 든 내용과 개념을 대응시켜 가며 읽자.) 현재 헤드가 54번 트랙에 있고 대기 큐에는 '99, 35, 123, 15, 66' 트랙에 대한 처리 요청이 들어와 있다고 가정하자. 요청 순서대로 데이터를 처리하는 방법을 FCFS 스케줄링이라 하며, 이때 헤드는 '54 → 99 → 35 → 123 → 15 → 66'과 같은 순서로 이동하여 데이터를 처리하므로 헤드의 총 이동 거리는 356이 된다. (디스크 스케줄링 중 FCFS 스케줄링으로 화제가 좁혀졌어. 이어서 FCFS 스케줄링을 자세히 설명할 수도 있고, 또 다른 디스크 스케줄링 방법을 소개할 수도 있어. 다음 문단의 앞부분에 어떤 내용이 제시되는지를 눈여겨보면 앞으로의 전개 방향을 가늠해 볼 수 있겠지?) (1) FCFS 스케줄링: 요청 순서대로 데이터 처리

3 만일 헤드가 현재 위치(54번 트랙)로부터 이동 거리가 가장 가까운 트랙 순서로 이동하면 '54 → 66 → 35 → 15 → 99 → 123'의 순서가 되므로, 이때 헤드의 총 이동 거리는 171로 줄어든다. 이러한 방식을 SSTF 스케줄링이라 한다. (또 다른 디스크 스케줄링의 방식이 제시된 걸 보니, 이 지문에서는 여러 가지 **디스크 스케줄링** 방식을 비교하며 읽는 것이 핵심이겠군.) 이 방법을 사용하면 FCFS 스케줄링에 비해 헤드의 이동 거리가 짧아 탐색 시간이 줄어든다. 하지만(앞서 장점을 설명했으니, 이제 단점을 제시하겠군!) 현재 헤드 위치로부터 가까운 트랙에 대한 데이터 처리 요청이 계속 들어오면 먼 트랙에 대한 요청들의 처리가 계속 미뤄지는 문제가 발생할 수 있다. (2) SSTF 스케줄링: 이동 거리가 가장 가까운 트랙부터 데이터 처리 / [장점] FCFS 스케줄링보다 **탐색 시간** ↓ / [단점] 먼 트랙에 대한 요청 처리 미뤄짐

4 이러한 SSTF 스케줄링의 단점을 개선한 방식이 SCAN 스케줄링이다. (어떤 기술의 단점을 제시한 다음, 이를 보완하거나 해결한 다른 기술을 소개하는 것은 기술 지문의 흔한 전개 방식이니 기억해 두자!) SCAN 스케줄링은 헤드가 디스크의 양 끝을 오가면서 이동 경로 위에 포함된 모든 대기 큐에 있는 트랙에 대한 요청을 처리하는 방식이다. 위의 예에서 헤드가 현재 위치에서 트랙 0번 방향으로 이동한다면 '54 → 35 → 15 → 0 → 66 → 99 → 123'의 순서로 처리되며, 이때 헤드의 총 이동 거리는 177이 된다. 이 방법을 쓰면 현재 헤드 위치에서 멀리 떨어진 트랙이라도 최소한 다음 이동 경로에는 포함되므로 처리가 지나치게 늦어지는 것을 막을 수 있다. (3) SCAN 스케줄링: 디스크의 양 끝을 오가는 헤드의 이동 경로 위에 포함된 트랙에 대한 요청 처리 / [장점] 멀리 떨어진 트랙도 최소한 다음 이동 경로에는 포함됨 SCAN 스케줄링을 개선한 LOOK 스케줄링은(앞서 SCAN 스케줄링의 단점은 직접적으로 제시되지 않았지만, LOOK 스케줄링에서 개선된 점을 통해 SCAN 스케줄링의 단점이 무엇인지를 파악할 수 있어야 해!) 현재 위치로부터 이동 방향에 따라 대기 큐에 있는 트랙의 최솟값과 최댓값 사이에서만 헤드가 이동함으로써 SCAN 스케줄링에서 불필요하게 양 끝까지 헤드가 이동하는 데 걸리는 시간을 없애 탐색 시간을 더욱 줄인다. (4) LOOK 스케줄링: 현재 위치로부터의 이동 방향에 따라 트랙의 **최솟값**과 **최댓값** 사이에서만 헤드 이동 / [장점] SCAN 스케줄링보다 **탐색 시간** ↓

**4. ①**

> 1문단에서 '데이터는 동심원으로 된 트랙에 저장되는데, 하드 디스크는 트랙을 여러 개의 섹터로 미리 구획'한다고 했다. 즉 트랙당 섹터의 수는 데이터에 따라 결정되는 것이 아니라 이미 정해져 있는 것이다.

② 1문단의 '원하는 트랙까지 헤드가 이동하는 데 소요되는 탐색 시간'을 통해 헤드의 이동 거리가 늘어나면 탐색 시간도 늘어남을 알 수 있다.

③ 2문단~4문단에 따르면 FCFS 스케줄링, SSTF 스케줄링, SCAN 스케줄링, LOOK 스케줄링은 데이터를 처리하는 순서에 차이가 있는데, 이는 곧 디스크 스케줄링이 데이터들의 처리 순서를 결정함을 의미한다.

④ 1문단에서 '대기 시간'은 '트랙 위에서 해당 섹터가 헤드의 위치까지 회전해 오는 데 걸리는' 시간이라고 했다. 하드 디스크의 회전 속도가 빨라지면 해당 섹터가 헤드의 위치까지 빨리 올 수 있으므로 대기 시간은 짧아질 것이며, 반대의 경우 대기 시간은 길어질 것이다.

⑤ 1문단의 '하드 디스크에서 데이터 입출력 요청을 완료하는 데 걸리는 시간을 접근 시간이라고 하며, 이는 하드 디스크의 성능을 결정하는 기준 중 하나가 된다.'를 통해 알 수 있다.

**5. ①**

> 1문단에서 '탐색 시간'은 '원하는 트랙까지 헤드가 이동하는 데 소요되는' 시간이라고 했다. 3문단에 따르면 SSTF 스케줄링은 '헤드가 현재 위치로부터 이동 거리가 가장 가까운 트랙 순서로 이동'한다. 따라서 만약 현재 대기 큐에 내림차순으로 100, 60, 40, 20번 트랙에 대한 처리 요청이 들어와 있다고 가정하면, 헤드는 0 → 20 → 40 → 60 → 100의 순서로 데이터를 처리할 것이다. 한편 4문단에 따르면 LOOK 스케줄링은 '현재 위치로부터 이동 방향에 따라 대기 큐에 있는 트랙의 최솟값과 최댓값 사이에서만 헤드가 이동'한다. 따라서 헤드는 0 → 20 → 40 → 60 → 100의 순서로 데이터를 처리할 것이다. 즉 둘 모두 같은 순서로 헤드가 이동하므로 이동 거리가 같고, 그에 따라 탐색 시간의 합도 같다.

② 2문단에서 FCFS 스케줄링은 '요청 순서대로 데이터를 처리'한다고 했다. 따라서 만약 현재 대기 큐에 내림차순으로 100, 60, 40, 20번 트랙에 대한 처리 요청이 들어와 있다고 가정하면, 헤드는 0 → 100 → 60 → 40 → 20의 순서로 데이터를 처리할 것이다. 한편 3문단에서 SSTF 스케줄링은 '헤드가 현재 위치로부터 이동 거리가 가장 가까운 트랙 순서로 이동'한다고 했으므로, 헤드는 0 → 20 → 40 → 60 → 100의 순서로 데이터를 처리할 것이다. 따라서 FCFS 스케줄링에서 헤드의 이동 거리는 180, SSTF 스케줄링에서 헤드의 이동 거리는 100으로 FCFS 스케줄링이 SSTF 스케줄링보다 탐색 시간의 합이 크다.

③, ④ 현재 대기 큐에 오름차순으로 20, 40, 60, 100번 트랙에 대한 처리 요청이 들어와 있다고 가정해 보자. 2문단에서 FCFS 스케줄링은 '요청 순서대로 데이터를 처리'한다고 했으므로, 헤드는 0 → 20 → 40 → 60 → 100의 순서로 데이터를 처리할 것이다. 그리고 4문단에서 SCAN 스케줄링은 '헤드가 디스크의 양 끝을 오가면서 이동 경로 위에 포함된 모든 대기 큐에 있는 트랙에 대한 요청을 처리'한다고 했으므로, 헤드는 0 → 20 → 40 → 60 → 100의 순서로 데이터를 처리할 것이다. 한편 LOOK 스케줄링은 '현재 위치로부터 이동 방향에 따라 대기 큐에 있는 트랙의 최솟값과 최댓값 사이에서만 헤드가 이동'하므로, 헤드는 0 → 20 → 40 → 60 → 100의 순서로 데이터를 처리할 것이다. 즉 FCFS, SCAN, LOOK 스케줄링의 헤드가 모두 동일한 경로로 이동하므로 이동 거리가 같고, 탐색 시간의 합도 같다.

⑤ 끝 트랙이 100번이고, 현재 대기 큐에 20, 40, 60, 100번 트랙에 대한 처리 요청이 들어와 있다고 가정해 보자. 이때 SCAN 스케줄링과 LOOK 스케줄링에서 헤드의 이동 경로는 0 → 20 → 40 → 60 → 100으로 같으므로 이동 거리가 같고, 이에 따라 탐색 시간의 합도 같다.

**6. ① 구획  ② 개선**

| 구 조 도  그 리 기 |
| --- |
| 〈 디스크 스케줄링 〉 |

| 하드 디스크 |
| --- |
| 헤드가 트랙을 오가며 섹터 단위로 읽기와 쓰기 수행 |
| 디스크 스케줄링 |
| 접근 시간(탐색 시간 + 대기 시간)을 최소화하는 방법 |

| | |
| --- | --- |
| FCFS | • 요청 순서대로 데이터 처리 |
| SSTF | • 헤드의 현재 위치로부터 이동 거리가 가까운 트랙부터 데이터 처리<br>· 장점: FCFS보다 탐색 시간 줄어듦<br>· 단점: 먼 트랙에 대한 요청 처리 미뤄짐 |
| SCAN | • 헤드가 디스크의 양 끝을 오가며 이동 경로에 있는 트랙의 데이터 처리<br>· 장점: 먼 트랙에 대한 요청 처리 지나치게 늦어지는 것 방지<br>· 단점: 헤드가 불필요하게 디스크의 양 끝까지 이동 |
| LOOK | • 헤드가 대기 큐에 있는 트랙의 최솟값과 최댓값 사이를 오가며 데이터 처리<br>· 장점: SCAN보다 탐색 시간 줄어듦 |

[1~3] 2012학년도 수능 「바로크 시대 음악, 정서론과 음형론」

① 서양 음악에서 기악은 르네상스 말기에 탄생하였지만 바로크 시대에 이르면 악기의 발달과 함께 다양한 장르를 형성하면서 비약적인 발전을 이루게 된다. 하지만(1문단에서 흐름이 바뀌면 본격적인 화제가 제시될 것임을 의미하지. 집중하자!) 가사가 있는 성악에 익숙해져 있던 사람들에게 기악은 내용 없는 공허한 울림에 지나지 않았다. 이러한 비난(가사가 없는 기악은 내용이 없어 공허한 울림에 지나지 않는다는 비난)을 면하기 위해 기악은 일정한 의미를 가져야 하는 과제를 안게 되었다. 기악의 과제: 가사 없이도 일정한 의미(내용)를 가져야 함 (해결해야 할 과제(문제)가 제시되었으니 기악이 이 문제를 어떻게 해결했는지와 관련하여 글이 전개되겠지?)

② 바로크 시대의 음악가들은 이러한 과제에 대한 해결의 실마리를 '정서론'과 '음형론'에서 찾으려 했다. 이 두 이론(정서론, 음형론)은 본래 성악 음악을 배경으로 태동하였으나 점차 기악 음악에도 적용되었다. 정서론에서는(바로크 시대의 음악가들은 기악이 해결해야 할 과제의 실마리를 '정서론'과 '음형론'에서 찾으려 했다는 내용에 이어 '정서론에서는'이라고 한 것으로 보아 정서론과 관련한 해결을 설명한 후 음형론과 관련한 해결을 설명할 거야.) 웅변가가 청중의 마음을 움직이듯 음악가도 청자들의 정서를 움직여야 한다고 본다. 그렇게 하기(청자들의 정서를 움직이기) 위해서는 한 곡에 하나의 정서만이 지배적이어야 한다. 그것은 연설에서 한 가지 논지가 일관되게 견지되어야 설득력이 있는 것과 같은 이유에서였다. 바로크 시대 음악가들의 해결 (1) 정서론: 기악이 일정한 의미를 가지기 위해서는 한 곡에 하나의 정서만이 지배적이어야 함

③ 한편(전환! 이제 바로크 시대의 음악가들이 음형론에서 찾은 해결의 실마리를 언급하겠지?) 음형론에서는 가사의 의미에 따라 그(가사의 의미)에 적합한 음형을 표현 수단으로 삼는데, 르네상스 후기 마드리갈이나 바로크 초기 오페라 등에서 그 예를 찾을 수 있다. 바로크 초반의 음악 이론가 부어마이스터는 마치 웅변에서 말의 고저나 완급, 장단 등이 호소력을 이끌어 내듯 음악에서 이에 상응하는 효과를 낳는 장치들에 주목하였다. 예를 들어, 가사의 뜻에 맞춰 가락이 올라가거나, 한동안 쉬거나, 음들이 딱딱 끊어지게 연주하는 방식 등이 이에 해당한다. 바로크 시대 음악가들의 해결 (2) 음형론(부어마이스터): 기악이 일정한 의미를 가지기 위해서는 적합한 음형을 표현 수단으로 삼아야 함

④ 바로크 후반(기악이 부딪힌 문제의 실마리를 음형론에서 찾는 '바로크 초반'의 음악가 부어마이스터에 이어 '바로크 후반'의 음악가를 소개하려나 봐.)의 음악 이론가 마테존 역시 수사학 이론을 끌어 들여 어느 정도 객관적으로 소통될 수 있는 음 언어에 대해 설명하였다. ('역시'에 주목하면 마테존이 수사학 이론을 끌어 들여 객관적으로 소통될 수 있는 음 언어에 대해 설명했다는 것은, 부어마이스터가 가사의 뜻에 맞춰 연주하는 방식에 주목한 것과 일맥상통하는 거네.) 또한 기존의 정서론을 음악 구조에까지 확장하며 당시의 음조(音調)를 특정 정서와 연결하였다. 마테존에 따르면 다장조는 기쁨을, 라단조는 경건하고 웅장함을 유발한다. 바로크 시대 음악가들의 해결 (3) 마테존: 기악이 일정한 의미를 가지기 위해서는 객관적으로 소통될 수 있는 음 언어, 음조와 특정 정서의 연결이 중요함

⑤ 그러나 마테존의 진정한 업적은 음악을 구성적 측면에서 논의한 데 있다. 그는 성악곡인 마르첼로의 아리아를 논의하면서 그것이 마치 기악곡인 양 가사는 전혀 언급하지 않은 채, 주제 가락의 착상과 치밀한 전개 방식 등에 집중하였다. 이는 가락, 리듬, 화성과 같은 형식적 요소가 중시되는 순수 기악 음악의 도래가 멀지 않았음을 의미하는 것이었다. 마테존의 업적: 음악을 구성적 측면에서 논의함으로써 순수 기악 음악의 도래를 미리 보여 줌 실제로 한 세기 후 음악 미학자 한슬리크는 음악이 사람의 감정을 묘사하거나 표현하는 것이 아니라,('A가 아니라 B'와 같은 구조가 나타나면 B에 초점을 맞추어 읽자.) 음들의 순수한 결합 그 자체로 깊은 정신세계를 보여 주는 것이라 주장하기에 이른다. 한슬리크는 마테존과 마찬가지로 음악의 형식적 요소를 중시한 거네.

## 1. ③

1문단에서 '가사가 있는 성악에 익숙해져 있던 사람들'이 기악을 '내용 없는 공허한 울림'이라고 비난한 문제 상황을 소개하고, 이어서 '바로크 시대의 음악가들'이 '일정한 의미를 가져야 하는 과제'를 어떻게 해결했는지에 대해 제시하고 있다.

① 윗글에서 통념(일반적으로 널리 통하는 개념)이 잘못된 것임을 증명하고 있지는 않다.

② 2문단의 '웅변가가 청중의 마음을 움직이듯', 3문단의 '웅변에서 말의 고저나 완급, 장단 등이 호소력을 이끌어 내듯' 등에서 비유적인 예를 들어 설명하고 있지만, 이를 통해 문제를 제기하고 이에 대해 반박하고 있지는 않다.

④ 윗글은 바로크 시대에 기악이 부딪힌 문제를 '정서론'과 '음형론'이라는 이론과 관련지어 해결하는 과정을 다루고 있을 뿐, 이와 같은 이론이 다양하게 분화하는 과정을 보여 주고 있지는 않다.

⑤ 윗글에서는 문답 형식으로 화제를 설명하고 있지 않다.

## 2. ④

3문단에서 가사의 뜻에 맞춰 '한동안 쉬'는 방식이 있다고 한 것에 따르면 ⓓ(온쉼표)는 말의 장단을 음악적으로 표현한 것이 아니라 말이 없음을 음악적으로 표현한 것이라고 할 수 있다.

① 4문단에 따르면 마테존은 '라단조(ⓐ)는 경건하고 웅장함을 유발'한다고 했다.

② 3문단에서 가사의 뜻에 맞춰 '음들이 딱딱 끊어지게 연주하는 방식'이 있다고 한 것에 따르면 ⓑ(스타카토)는 가사의 뜻에 맞춰 뚝뚝 떨어지는 눈물을 딱딱 끊어지는 음을 통해 묘사한 것이라 할 수 있다.

③ 3문단에서 '가사의 뜻에 맞춰 가락이 올라가'는 방식이 있다고 한 것에 따르면 ⓒ(올라가는 가락)는 '하늘'이 높다는 의미를 염두에 두어 올라가는 음으로 표현한 것으로 볼 수 있다.

⑤ 4문단에서 '다장조는 기쁨'을 유발한다고 했으므로 ⓔ(다장조로 조바꿈)는 기쁨을 표현하고자 한 것이라 할 수 있다.

## 3. ① 견지 ② 도래

| 구 조 도 그 리 기 | | |
|---|---|---|
| 〈 바로크 시대의 기악 〉 | | |
| 기악이 부딪힌 문제 | 가사가 있는 성악에 익숙해져 있던 사람들에게 내용 없는 공허한 울림이라는 비난을 받음 | |
| 기악의 과제 | 일정한 의미를 가져야 함 | |
| 해결 | 정서론 | 청자들의 정서를 움직이기 위해 한 곡에 하나의 정서만 지배적이어야 함 |
| | 음형론 | • 의미에 적합한 음형을 표현 수단으로 삼아야 함<br>• 부어마이스터: 웅변에서 말의 고저, 완급, 장단이 호소력을 이끌어 내듯 음악에서 이에 상응하는 효과를 낳는 장치들에 주목 |
| | 마테존 | • 객관적으로 소통될 수 있는 음 언어 + 음조와 특정 정서의 연결<br>• 음악을 구성적 측면에서 논의 → 형식적 요소가 중시되는 순수 기악 음악이 도래할 것임을 보여 줌 |

## [4~6] 2017년도 LEET 「세포의 복제와 분화」

① 양분을 흡수하는 창자의 벽은 작은 크기의 수많은 융모로 구성되어 있다. 융모는 창자 내부의 표면적을 넓혀 영양분의 효율적인 흡수를 돕는다. 융모는 아래의 그림에서 볼 수 있듯이, 한 층으로 연결된 상피세포로 이루어져 있다. 이 상피세포들은 융모의 말단 부위에서 지속적으로 떨어져 나가고, 이 공간은 융모의 양쪽 아래에서 새롭게 만들어져 밀고 올라오는 세포로 채워진다. 융모: 상피세포로 이루어져 창자의 벽 구성, 창자 내부의 표면적 넓혀 효율적 양분 흡수 도움 새로운 세포를 만드는 역할은 융모와 융모 사이에 움푹 들어간 모양으로 존재하는 소낭의 성체장줄기세포가 담당한다. 소낭의 성체장줄기세포는 판네스세포를 비롯한 주변 세포로부터 자극을 받아 지속적으로 자신과 동일한 성체장줄기세포를 복제하거나, 새로운 상피세포로 분화하는 과정을 거친다. 소낭(융모와 융모 사이 존재)의 성체장줄기세포: 주변 세포의 자극을 받아 새로운 세포 생성(성체장줄기세포 복제 or 새로운 상피세포로 분화)

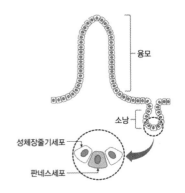

융모
소낭
성체장줄기세포
판네스세포

② 세포의 복제나 분화 과정에서 세포는 주변으로부터 다양한 신호를 받아서 처리하는 신호전달 과정을 거쳐 그 운명이 결정된다. (1문단에서 언급한 세포의 복제와 분화가 일어나기 위해서는 세포가 신호전달 과정을 거쳐야 하나 봐. 지문에서 어떤 원리나 과정을 설명할 때 반드시 한꺼번에 순차적으로 제시하는 것은 아니니까, 선후 관계를 머릿속으로 정리해가며 읽자!) 세포가 외부로부터 받는 신호의 종류와 신호전달 과정은 초파리에서 인간에 이르기까지 대부분의 동물에서 동일하다. 세포 내 신호전달의 일종인 'Wnt 신호전달'은 배아 발생 과정과 성체 세포의 항상성 유지에 중요한 역할을 한다. Wnt 신호전달: 배아 발생 과정과 성체 세포의 항상성 유지에 중요 이 신호전달의 특이한 점은 세포에서 분비되는 단백질의 하나인 Wnt를 분비하는 세포와 그 단백질(Wnt)에 반응하는 세포가 서로 다르다는 것이다. Wnt를 분비하는 세포 ≠ Wnt에 반응하는 세포 Wnt 분비 세포 주변의 세포들 중 Wnt와 결합하는 'Wnt 수용체'를 가진 세포는 Wnt 신호전달을 통해 여러 유전자를 발현시켜 자신의 분열과 분화를 조절한다. Wnt 수용체를 가진 세포: Wnt 신호전달을 통해 유전자 발현시켜 자신의 분열과 분화 조절 그런데 Wnt 신호전달에 관여하는 유전자에 돌연변이가 생길 경우 다양한 종류의 질병이 발생할 가능성이 있다. 만약 Wnt 신호전달이 비정상적으로 활성화되면 세포 증식을 촉진하여 암을 유발하며, 이와 달리 지나치

게 불활성화될 경우 뼈의 형성을 저해하여 골다공증을 유발한다. Wnt 신호전달에 관여하는 유전자에 돌연변이 → Wnt 신호전달 비정상적 활성화: 암 유발 or Wnt 신호전달 비정상적 불활성화: 골다공증 유발

③ Wnt 분비 세포의 주변 세포가 Wnt의 자극을 받지 않을 때, APC 단백질이 들어 있는 단백질 복합체 안에서 GSK3β가 β-카테닌에 인산기를 붙여 주는 인산화 과정이 그 주변 세포 내에서 수행된다. 이렇게 인산화된 β-카테닌은 분해되어 세포 내의 β-카테닌의 농도를 낮게 유지하는 기능을 한다. (1) Wnt 분비 세포의 주변 세포가 Wnt의 자극을 받지 않는 경우: 인산화 과정(GSK3β가 β-카테닌에 인산기를 붙여 줌) → 인산화된 β-카테닌은 분해 → 세포 내 β-카테닌 농도↓ 이와는 달리, (Wnt 분비 세포의 주변 세포가 Wnt의 자극을 받지 않을 때를 설명했으니, 이제 Wnt의 자극을 받는 경우를 설명하겠지?) Wnt 분비 세포의 주변에 있는 세포 표면의 Wnt 수용체에 Wnt가 결합하게 되면 GSK3β의 활성이 억제되어 β-카테닌의 인산화가 더 이상 일어나지 않는다. 인산화되지 않은 β-카테닌은 자신을 분해하는 단백질과 결합할 수 없으므로 β-카테닌이 분해되지 않아 세포 내의 β-카테닌의 농도가 높게 유지된다. 이렇게 세포 내에 축적된 β-카테닌은 핵 안으로 이동하여 여러 유전자의 발현을 촉진하게 된다. 이런 식으로 유전자 발현이 촉진되면 암이 발생할 수도 있는데, (2) Wnt 분비 세포의 주변 세포의 Wnt 수용체에 Wnt가 결합(Wnt 분비 세포의 주변 세포가 Wnt의 자극을 받는 경우): 인산화 과정 X → 인산화되지 않은 β-카테닌은 분해 X → 세포 내 β-카테닌 농도↑ → 유전자 발현 촉진되면 암 발생 가능성 있음 예를 들어 대장암 환자들은 APC 단백질을 만드는 유전자에 돌연변이가 생긴 경우가 많다. β-카테닌을 인산화하는 복합체가 형성되지 않아 β-카테닌이 많아지고, (앞에서 인산화되지 않은 β-카테닌은 분해되지 않아 세포 내의 β-카테닌의 농도가 높게 유지된다고 했었지!) 그에 따라 세포 증식이 과도하게 일어나기 때문에 암이 생기는 것이다.

④ 한편,(전환!) 창자의 융모와 융모 사이에 존재하는 소낭에서도 Wnt 신호전달이 일어난다. 판네스세포는 Wnt를 분비하고 그 주변에 있는 성체장줄기세포는 Wnt 수용체를 가진다. 판네스세포에 가장 인접한 성체장줄기세포가 Wnt를 인식하면, (Wnt 수용체를 가진 성체장줄기세포가 Wnt를 인식한다는 것은 곧 Wnt 수용체에 Wnt가 결합한다는 거지. 다시 말해 이는 성체장줄기세포가 Wnt의 자극을 받는 경우를 가리켜.) 세포 내 β-카테닌의 농도가 높아져 이 단백질에 의존하는 유전자가 발현됨으로써 자신과 똑같은 세포(성체장줄기세포)를 지속적으로 복제하도록 한다. (2문단에서 성체장줄기세포처럼 Wnt 수용체를 가진 세포는 Wnt 신호전달을 통해 여러 유전자를 발현시켜 자신의 분열과 분화를 조절한다고 했어!) (1) 성체장줄기세포가 Wnt의 자극을 받는 경우: β-카테닌 농도↑ → 성체장줄기세포를 복제 반면에(성체장줄기세포가 Wnt의 자극을 받지 않는 경우를 다루겠지?) 성체장줄기세포가 분열하면서 생긴 세포가 나중에 생긴 세포에 밀려 판네스세포(Wnt를 분비)에서 멀어지면, 상대적으로 Wnt 자극을 덜 받아서 낮은 농도의 β-카테닌을 갖게 된다. 그 결과 자신과 똑같은 세포를 지속적으로 복제하는 데 관여하는 유전자는 더 이상 발현

하지 않게 되어 성체장줄기세포가 분열하면서 생긴 세포는 <u>상피 세포로 분화</u>한다. (2) 성체장줄기세포가 Wnt의 자극을 덜 받는 경우: β-카테닌 농도↓ → 상피세포로 분화 (1문단에서는 소낭의 **성체장줄기세포**가 성체장줄기세포를 복 제하거나 새로운 상피세포로 분화한다는 대략의 과정만 설명했다면, 2문단과 3문단에 서는 그와 관련한 Wnt 신호전달의 원리를 설명하고 4문단에서 모든 내용을 연결해 성체장 줄기세포의 복제 혹은 상피세포로의 **분화**를 구체화하여 설명한 거네!)

## 4. ④

1문단에서 융모를 이루는 세포는 '상피세포'라고 했다. 그리고 4문단에서 소낭의 '성체장줄기세포가 분열하면서 생긴 세포가 나중에 생긴 세포에 밀 려 판네스세포에서 멀어지면, 상대적으로 Wnt 자극을 덜 받아서 낮은 농도 의 β-카테닌을 갖게' 되어 '상피세포로 분화'한다고 했다. 즉 융모를 이루는 세포는 소낭의 성체장줄기세포가 분화하여 만들어진 것이다.

① 1문단에서 '융모는 창자 내부의 표면적을 넓'힌다고 했으므로, 창자 내부 의 표면적은 융모의 개수와 반비례하지 않는다.

②, ⑤ 1문단에서 따르면 '소낭의 성체장줄기세포'는 '자신과 동일한 성체장 줄기세포를 복제하거나, 새로운 상피세포로 분화'한다. 이때 '상피세포들 은 융모의 말단 부위에서 지속적으로 떨어져 나가고, 이 공간은 융모의 양쪽 아래에서 새롭게 만들어져 밀고 올라오는 세포로 채워진'다. 즉 소낭 의 성체장줄기세포가 분화하여 만들어진 상피세포가 융모의 양쪽 아래에 서 융모의 말단 부위 쪽으로 밀고 올라가는 것이지, 성체장줄기세포의 위 치 자체가 소낭에서 융모로 바뀌는 것은 아니다. 또한 융모에서 만들어지 는 세포가 소낭 쪽으로 이동하여 성체장줄기세포로 전환되는 것이 아니 라, 소낭의 성체장줄기세포가 분화하여 만들어진 상피세포가 융모 쪽으로 이동하는 것이다.

③ 4문단에서 '판네스세포는 Wnt를 분비하고 그 주변에 있는 성체장줄기세 포는 Wnt 수용체를 가진다.'라고 했다. 즉 Wnt를 분비하는 것은 판네스세 포이지 성체장줄기세포가 아니다.

## 5. ②

2문단에서 Wnt 신호전달이 '지나치게 불활성화될 경우 뼈의 형성을 저해하 여 골다공증을 유발'한다고 했으므로, 골다공증을 치료하는 약물은 Wnt 신 호전달을 활성화하고자 할 것이다. 이때 3문단에서 Wnt 신호전달의 활성 화, 즉 'Wnt 수용체에 Wnt가 결합'하는 경우 'β-카테닌의 농도가 높게 유지' 된다고 한 것을 고려하면, Wnt 신호전달을 조절하여 골다공증을 치료하는 약물은 β-카테닌의 양을 증가시킬 것임을 알 수 있다.

① 1문단에서 '창자 내부의 표면적을 넓혀 영양분의 효율적인 흡수를 돕는' 융모는 '상피세포로 이루어져 있'는데, '상피세포들은 융모의 말단 부위에 서 지속적으로 떨어져 나가고, 이 공간은 융모의 양쪽 아래에서 새롭게 만들어져 밀고 올라오는 세포로 채워진다.'라고 했다. 이때 '새로운 세포 를 만드는 역할'은 '성체장줄기세포가 담당'하는 것이므로, 성체장줄기세 포의 수가 감소하면 새롭게 만들어져 밀고 올라가는 상피세포의 수도 줄 어 창자 내부의 표면적이 좁아져 양분의 흡수는 감소하게 될 것이다.

③ 3문단에서 'Wnt 분비 세포의 주변 세포가 Wnt의 자극을 받지 않을 때, APC 단백질이 들어 있는 단백질 복합체 안에서 GSK3β가 β-카테닌에 인산기를 붙여 주는 인산화 과정이 그 주변 세포 내에서 수행'되며, '인산

화된 β-카테닌은 분해되어 세포 내의 β-카테닌의 농도를 낮게 유지하는 기능을 한다.'라고 했다. 이를 통해 APC 단백질은 β-카테닌 단백질의 분 해를 막는 것이 아니라 일어나게 함을 알 수 있다.

④ 3문단에서 '대장암 환자들은 APC 단백질을 만드는 유전자에 돌연변이'가 생겨 'β-카테닌을 인산화하는 복합체가 형성되지 않아 β-카테닌이 많아 지고, 그에 따라 세포 증식이 과도하게 일어나기 때문에 암이 생기는 것 이다.'라고 했다. 즉 대장암은 β-카테닌의 증가에 따른 결과이다. 그런데 'Wnt 분비 세포의 주변에 있는 세포 표면의 Wnt 수용체에 Wnt가 결합하 게 되면 GSK3β의 활성이 억제되어 β-카테닌의 인산화가 더 이상 일어나 지 않'으므로, APC에 돌연변이가 일어난 대장암 세포에 Wnt를 처리하면 β-카테닌의 인산화가 일어나지 않아 β-카테닌의 양은 늘어날 것이다.

⑤ 3문단을 통해 'GSK3β의 활성이 억제되어 β-카테닌의 인산화가 더 이상 일어나지 않'으면 'β-카테닌의 농도가 높게 유지'됨을 알 수 있다. 그리고 4문단에서 성체장줄기세포는 '세포 내 β-카테닌의 농도가 높아'지면 '자 신과 똑같은 세포를 지속적으로 복제'한다고 했으므로, GSK3β에 의한 인 산화가 일어나지 않으면 성체장줄기세포의 수는 증가하게 될 것이다.

## 6. ① 발현  ② 유발

### 구 조 도 그 리 기

〈 세포의 복제와 분화 〉

#### 융모와 성체장줄기세포

- 융모: 상피세포로 이루어져 창자의 벽 구성, 창자 내부 표면적을 넓혀 영양분의 효율적인 흡수를 도움
- 소낭의 성체장줄기세포: 새로운 세포를 만드는 역할(성체 장줄기세포를 복제 or 새로운 상피세포로 분화)

#### Wnt 신호전달

- 세포는 복제나 분화 과정에서 신호전달 과정을 거침
- Wnt 분비 세포 주변의 세포들 중 Wnt 수용체를 가진 세포는 Wnt 신호전달을 통해 유전자 발현시켜 자신의 분열과 분화 조절

| Wnt의 자극↓ | Wnt의 자극↑ |
|---|---|
| Wnt 분비 세포의 주변 세포 | |
| β-카테닌의 인산화 O → 인산화된 β-카테닌의 분해 O → 세포 내 β-카테닌 농도↓ · Wnt 신호전달 비정상적 비활성화: 골다골증 유발 | β-카테닌의 인산화 X → 인산화되지 않은 β-카테 닌의 분해 X → 세포 내 β-카테닌 농도↑ · Wnt 신호전달 비정상적 활성화: 암 유발 |
| 성체장줄기세포 | |
| 세포 내 β-카테닌 농도↓ → 상피세포로 분화 | 세포 내 β-카테닌 농도↑ → 성체장줄기세포를 복제 |

## [1~3] 2013년도 LEET 「조선 시대 수령 제도의 변천」

① 조선 건국 무렵 태조 는 전국을 330여 개의 군현으로 편제하고 중앙에서 직접 수령을 파견하면서 그 직급을 6품 참상관으로 높여 자질과 권위를 확보하려 하였다. 이(중앙에서 6품 참상관의 직급인 수령을 직접 파견)는 근무 연한을 채우면 7~9품의 관직에 진출할 수 있었던 서울의 이전(吏典)들이 지방 수령으로 진출하는 것을 봉쇄하는 조처였다. 이(서울의 이전들이 지방 수령으로 진출하는 것을 봉쇄함)에 따라 부족한 수령 자원은 6품 이상의 관원에게 천거하게 하였고 관찰사에게는 지방관 평가뿐 아니라 지방 사족 출신자들을 대상으로 한 적임자 발탁 권한을 주었다. 이렇게 하여 30개월 임기로 공명(公明), 염근(廉謹) 등 덕행 항목에 우선권을 두어 평가하는 지방 수령 평가·임용 제도가 시행되었다. 태조의 수령 제도: (1) 중앙에서 6품 참상관인 수령을 직접 파견, (2) 6품 이상 관원의 천거, 관찰사의 적임자 발탁 권한을 통해 수령 자원 확보, (3) 30개월의 임기, (4) 덕행 항목에 우선권 둔 수령 평가·임용 제도

② 태종 이 즉위한 이후 수령의 업무가 표준화되었다. (앞서 태조 때 시행된 수령 제도를 언급하고 이어서 태종 즉위 후에 대해 언급하는 것을 보니, 이 글은 시대별 수령 제도 의 변천을 중심으로 내용을 전개하려나 봐. 시기별로 달라진 점에 주목하여 계속 읽어 보자.) 이때 수령 7사가 제정되어 인구 증가와 농업 생산성 향상, 공정한 조세 부과, 학교 발전, 아전 농간 차단 등의 업무가 규정되었다. 일 년에 두 번 정기 평가가 실시되었고, 5회의 평가에서 2회 '중' 평가를 받으면 파면되는 원칙도 마련되었다. 수령의 업무는 수치화된 결과와 실적만으로 평가되었고, 이후 이러한 원칙은 『경국대전』에 명문화될 때까지 지속적으로 강화되었다. 태종의 수령 제도: (1) 수령 7사 제정으로 업무 표준화, (2) 일 년에 두 번 정기 평가 실시, (3) 수치화된 결과와 실적만으로 평가받고 결과에 따라 파면되는 원칙 마련

③ 한편 수령들의 전문성이 떨어진다는 이유에서 덕행에 의한 평가와 관찰사에 의한 현지 발탁은 폐지되었다. 그 대신 근무 기한을 채운 서울의 이전 중 10% 정도의 인원을 선발하여 잡직에 임명될 수 있게 하고, 그 임기가 만료되면 종6품의 수령직 대기자가 되도록 하였다. 이전 출신의 수령 진출을 통제하는 장치였지만, 한편으로 행정 능력을 갖춘 이전 출신자에게 수령 진출 기회를 부여한 것이었다. 태종의 수령 제도: (4) 덕행에 의한 수령 평가, 관찰사의 적임자 발탁 권한 폐지, (5) 근무 기한 채운 서울의 이전 중 10% → 잡직 임명, 임기 만료 시 수령직 대기자로 전환

④ 세종 에 이르러서는 수령의 지방 실정 파악을 어렵게 한다는 점에서 수령의 잦은 교체가 문제로 대두되었다. 그에 따라(문제 상황에 대한 해결책이 제시될 거야.) 수령의 임기가 60개월로 늘었으며 현지민의 수령 고소도 금지되었다. 임기 전 사임한 수령이 남은 임기 동안 다른 관직에 서용될 수 없게 하는 조치도 시행되었다. 자질 있는 수령의 확보를 위해 수령직 대기자인 이전 및 잡직자를 대상으로 수령취재법이 시행되어 사서와 삼경, 법전을 시험 보게 하였다. 또한 무관이 배정되었던 약 80여 곳의 수령 자리 중 국방

상 중요한 50여 곳을 제외한 지역에는 행정 능력과 인품을 고려하도록 하였다. 세종의 수령 제도: (1) 수령의 임기 연장(30개월 → 60개월), (2) 현지민의 수령 고소 금지, (3) 남은 임기 내 사임한 수령의 다른 관직 서용 금지, (4) 수령취재법 시행, (5) 무관 배정 지역에서 수령의 행정 능력과 인품 고려

⑤ 평가 방식도 보완되었는데, 10회로 늘어난 평가 중 3~5회 '상'을 받으면 등급을 올려 주고, 5회 '중'을 받더라도 관품을 유지하게 하였으며, 연속으로 '중'을 받은 경우라도 10회의 평가를 받게 하여 임기(60개월)를 채우도록 조처하였다. 이는 평가 방식을 포상 위주로 변경하여 수령의 업무 의욕을 고취하고 부정을 방지하도록 하는 것이었다. 세종의 수령 제도: (6) 포상 위주로 수령 평가 방식을 보완

⑥ 하지만 지방 수령의 장기 근무로 인하여 지방 수령의 자질 저하와 경·외관(京外官)의 분화라는 부작용이 나타났다. (수령의 잦은 교체가 문제가 되어 임기를 늘리고, 현지민의 수령 고소를 금지하는 등의 방안을 마련했지만 이로 인한 장기 근무가 또 다른 문제를 낳았구나. 문제점이 제시되었으니 이번에도 이에 따른 해결책이 제시되겠지?) 지방 수령의 장기 근무로 인한 부작용: ① 수령의 자질 저하, ② 경·외관의 분화 이는 조정이 원하는 방향은 아니었기 때문에, 공신 및 대신의 자제를 수령으로 파견하여 이 문제를 해결하려고 하였다. 그럼에도 불구하고 수령직이 과거를 통해 문반직에 진출하지 못한 세력가 자제의 관직 진출로로 활용되면서 수령직의 열등화는 오히려 더욱 분명해졌다. 부작용에 대한 해결 방안: ① 공신 및 대신의 자제를 수령으로 파견 → 수령직의 열등화 심화 ㉠문과 출신의 우수한 인재를 수령으로 파견하는 조치가 단행된 것은 경·외관의 분화를 보완하기 위한 또 다른 방안이었다. 분화 현상 자체를 막을 수는 없지만, 우수한 자원을 일정 기간 외직으로 파견함으로써 중요 거점에라도 유능한 수령을 확보하려는 의도였다. 이들(일정 기간 외직으로 파견된 문과 출신의 우수한 인재)은 수령직을 성공적으로 수행했을 뿐아니라, 통상적으로 대간을 역임하기도 하였기에 주변의 수령들에 대한 비리 예방 효과가 있었다. 재판과 같은 전문적 업무나 대규모 토목 공사 등이 발생할 때, 이들은 관찰사가 활용할 수 있는 유용한 자원이 되었다. 부작용에 대한 해결 방안: ② 문과 출신의 인재를 수령으로 파견 → 수령직을 성공적으로 수행, 주변 수령들에 대한 비리 예방, 관찰사가 활용할 수 있는 유용한 자원

⑦ 지방 수령의 장기 근무는 심각한 적체 현상을 낳기도 했다. 지방 수령의 장기 근무로 인한 부작용: ③ 적체 현상 이에 따라 세조 는 이전의 제도를 계승하면서도 수령의 임기는 30개월로 단축하였다. 그와 함께 우수한 평가를 받은 수령을 파격적으로 승진시키는 한편, 불법 행위를 한 수령은 즉각 징계하는 정책을 시행하였다. 이러한 평가 방식은 일시적인 효과는 기대할 수 있어도 안정적인 관직 운영 방식으로 정착되지 못했다. 세조의 수령 제도(부작용에 대한 해결 방안 ③): (1) 수령의 임기 단축(60개월 → 30개월), (2) 평가에 따른 승진과 징계 정책의 강화

⑧ 성종 때 『경국대전』이 편찬되면서 관련 사항들이 명확히 정비

되었다. 수령 7사가 규정으로 자리 잡고, 근무 기간도 60개월로 환원되었다. 평가에서 10회 '상'이면 품계를 올려 주고, 3회 '중'이면 파직, 2회 '중'은 녹봉이 없는 관직으로 임명하도록 명시하였다. 또한 4품의 관직에 승진하려면 외관직을 거쳐야 한다고 규정하여 서울과 지방 관원의 교류 원칙도 분명히 하였다. 이들 규정은 지방 세력가를 억제하면서 백성을 안집(安集)시키고 중앙의 덕화(德化)를 관철하고자 한 오랜 노력의 산물이었다. 성종의 수령 제도: (1) 수령 7사가 규정으로 정착, (2) 수령의 임기 60개월로 환원, (3) 수령 평가 제도의 정비, (4) 서울과 지방 관원의 교류 원칙 분명히 규정

## 1. ⑤

8문단에서 '성종 때 『경국대전』이 편찬되면서 관련 사항들이 명확히 정비'되어 '평가에서 10회 '상'이면 품계를 올려 주고, 3회 '중'이면 파직, 2회 '중'은 녹봉이 없는 관직으로 임명하도록 명시'했다고 하였다. 이를 통해 성종 때에는 표준화된 고과 시행에 근거한 정기 평가가 이루어졌음을 알 수 있다.

① 1문단에 따르면 태조 때 시행된 '지방 수령 평가·임용 제도'는 실적보다 '공명, 염근 등 덕행 항목에 우선권을 두어 평가'를 시행했다.

② 2문단에서 태종 때 '수령의 업무는 수치화된 결과와 실적만으로 평가'되었다고 했고, 3문단에서도 '덕행에 의한 평가'가 폐지되었다고 했다.

③ 5문단에서 세종 때는 수령에 대한 평가 방식이 '포상 위주로 변경'되었다고 했지만, 수령들 간의 상호 평가가 진행되었다는 내용은 찾을 수 없다.

④ 7문단에서 세조 때는 '이전의 제도를 계승'하면서 '우수한 평가를 받은 수령을 파격적으로 승진시키는 한편, 불법 행위를 한 수령은 즉각 징계하는 정책을 시행'했다고 했을 뿐, 이를 통해 관례와 연공서열에 따라 연도별 평가가 이루어졌는지는 알 수 없다.

## 2. ⑤

6문단에 따르면 '경·외관 분화를 보완'하기 위해 시행한 ㉠(문과 출신의 우수한 인재를 수령으로 파견하는 조치)은 '분화 현상 자체를 막을 수는 없'었다고 했으므로, ㉠을 통해 서울과 지방 관원의 차별화 현상이 해소되었다고 보기는 어렵다.

① 4문단과 6문단을 통해 세종 때에 이르러 '수령의 임기가 60개월로 늘었'는데, 이러한 '지방 수령의 장기 근무'로 인해 '경·외관의 분화라는 부작용'이 발생했고 이를 보완하기 위해 ㉠이 시행되었음을 알 수 있다.

② 6문단에 따르면 ㉠은 '우수한 자원을 일정 기간 외직으로 파견함으로써 중요 거점에라도 유능한 수령을 확보하려는 의도'가 담긴 방안이다.

③ 6문단에 따르면 ㉠에 따라 파견된 이들은 '재판과 같은 전문적 업무나 대규모 토목 공사 등이 발생'하는 경우 '관찰사가 활용할 수 있는 유용한 자원'이었다.

④ 6문단에 따르면 ㉠에 따라 파견된 이들은 '주변의 수령들에 대한 비리 예방 효과'가 있었다.

## 3. ① 발탁  ② 대두

---

### 구 조 도  그 리 기

〈 조선 시대 수령 제도의 변천 〉

| 태조 | ① 중앙에서 직접 수령 파견<br>② 관찰사에게 지방관 평가 및 적임자 발탁 권한 부여<br>③ 임기: 30개월<br>④ 평가: 덕행 항목에 우선권을 둠 |
|---|---|
| 태종 | ① 수령 7사 제정으로 수령 업무 표준화<br>② 관찰사에 의한 발탁 폐지 → 서울의 이전 중 10% 선발하여 잡직 임명, 임기 만료 시 수령직 대기자로 전환<br>③ 평가: 덕행에 의한 평가 폐지 → 일 년에 두 번 정기 평가와 평가에 따른 파면 원칙 마련 |
| 세종 | ① 수령의 잦은 교체가 문제로 대두 → 임기 연장(60개월), 현지민의 수령 고소 금지, 임기 전 사임한 수령의 다른 관직 서용 금지<br>② 자질 있는 수령 확보를 위한 수령취재법 시행, 무관 배정 지역에서 행정 능력과 인품을 고려<br>③ 평가: 평가 횟수 증가(2회 → 10회), 포상 위주로 변경<br>④ 장기 근무로 인한 부작용: 자질 저하, 경·외관 분화, 적체 현상 → 해결: 공신 및 대신의 자제, 문과 출신의 인재를 수령으로 파견 |
| 세조 | • 적체 현상 해결을 위한 제도 변화: 임기 단축(30개월), 승진과 징계 정책의 강화 |
| 성종 | • 『경국대전』 편찬에 따른 제도 정비<br>① 수령 7사 규정으로 정착<br>② 임기 환원(60개월)<br>③ 평가 방식 정비<br>④ 서울과 지방 관원의 교류 원칙 분명히 규정 |

[4~6] 2018학년도 3월 학평 「사구체 여과」

**1** 혈액을 통해 운반된 노폐물이나 독소는 주로 콩팥의 사구체를 통해 일차적으로 여과된다. (혈액이 여과되는 과정이 대략적으로 제시되었네. 첫 번째 문장부터 꽤 어렵지? 아직은 사구체가 뭔지, 일차적으로 여과된다는 건 무슨 의미인지 알 수 없지만, 글에서 설명해주는 만큼만 이해하면 된다는 생각으로 자신감을 갖고 이어지는 내용을 읽어 보자.) 사구체는 모세 혈관이 뭉쳐진 덩어리로, 보먼주머니에 담겨 있다. 콩팥의 사구체: 보먼주머니에 담긴 모세 혈관이 뭉쳐진 덩어리 사구체는 들세동맥에서 유입되는 혈액 중 혈구나 대부분의 단백질은 여과시키지 않고 날세동맥으로 흘려보내며, 물·요소·나트륨·포도당 등과 같이 작은 물질들은 사구체막을 통과시켜 보먼주머니를 통해 세뇨관으로 나가게 한다. 이 과정을 '사구체 여과'라고 한다. 들세동맥에서 사구체로 유입된 혈액 중 (1) 혈구, 대부분의 단백질: 여과 X → 날세동맥, (2) 작은 물질들: 사구체 여과(사구체막 → 보먼주머니 → 세뇨관) (과정이 제시될 때, 반드시 단계별로 차근히 설명해 주지는 않아. 결과부터 제시한 후 결과까지의 과정을 설명하기도 하고, 시작과 마지막 단계 먼저 설명한 후 중간 과정을 다루기도 해. 또 순서를 한 번에 써주지 않고 어떤 과정을 대략적으로 제시한 후, 관련된 개념이나 원리 등을 덧붙이면서 과정을 구체화하는 경우도 있지. 그러니 정보가 어떠한 방식으로 제시되더라도 머릿속으로 순서를 정리하며 읽을 수 있도록 미리 대비해 두어야 해.)

**2** 사구체 여과가 발생하기 위해서는(사구체 여과가 발생하기 위한 선행 조건을 설명하려나 봐.) 사구체로 들어온 혈액을 사구체막 바깥쪽으로 밀어 주는 힘이 필요한데, 이 힘은 주로 들세동맥과 날세동맥의 직경 차이에서 비롯된다. (1)사구체로 혈액이 들어가는 들세동맥의 직경보다 사구체로부터 혈액이 나오는 날세동맥의 직경이 작다. 들세동맥 직경 > 날세동맥 직경 (2)이에 따라 사구체로 유입되는 혈류량보다 나가는 혈류량이 적기 때문에 사구체로 유입되는 혈류량 > 유출되는 혈류량 (3)자연히 사구체의 모세 혈관에는 다른 신체 기관의 모세 혈관보다 높은 혈압이 발생하고, 사구체 모세 혈관의 혈압 > 다른 신체 기관의 모세 혈관의 혈압 (4)이 혈압으로 인해 사구체의 모세 혈관에서 사구체 여과가 이루어진다. 사구체의 혈압은 동맥의 혈압에 따라 변화가 일어날 수 있지만 생명 유지를 위해 일정하게 유지된다. 사구체로 들어온 혈액을 사구체막 바깥쪽으로 미는 힘이 어떻게 작용하는지를 설명했어.

**3** 사구체막은(1, 2문단에서 언급했던 사구체막이 다시 나왔어. 술술 읽히는 지문이라면 계속 읽어나가면 되지만, 지금처럼 정보량이 많은 지문에서는 앞에서 나왔던 개념이 다시 나오면 돌아가서 한 번 더 확인한 후 읽어나가는 게 좋아.) 사구체 여과가 발생하기 위해 적절한 구조를 갖추고 있다. 사구체막은 모세 혈관 벽과 기저막, 보먼주머니 내층으로 이루어진다. 사구체막 = 모세 혈관 벽 + 기저막 + 보먼주머니 내층 모세 혈관 벽은(이어서 기저막, 보먼주머니 내층도 설명하겠네. 사구체 여과와 관련된 기관(구성 요소)를 설명하면서 사구체 여과 과정을 구체화해 나가려나 봐!) 편평한 내피세포 한 층으로 이루어져 있다. 이 내피세포들에는 구멍이 있으며 내피세포들 사이에도 구멍이 있다. 이 때문에 사구체의 모세 혈관은 다른 신체 기관의 모세 혈관에 비해 동일한 혈압으로도 100배 정도 높은 투과성을 보인다. 모세 혈관 벽: 편평한 내피세포(구멍 있음) 층으로 구성 → 투과성↑ 기저막은 내피세포와 보먼주머니 내층 사이의 비세포성 젤라틴 층으로, 콜라

겐과 당단백질로 구성된다. 콜라겐은 구조적 강도를 높이고, 당단백질은 내피세포의 구멍을 통과할 수 있는 알부민과 같이 작은 단백질들의 여과를 억제한다. 이는 알부민을 비롯한 작은 단백질들이 음전하를 띠는데 당단백질 역시 음전하를 띠기 때문에 가능한 것이다. 기저막: 콜라겐(구조적 강도↑)과 당단백질(작은 단백질들의 여과 억제)로 구성 보먼주머니 내층은 문어처럼 생긴 발세포로 이루어지는데, 각각의 발세포에서는 돌기가 나와 기저막을 감싸고 있다. 돌기 사이의 좁은 틈을 따라 여과액이 빠져나오면 보먼주머니 내강에 도달하게 된다. 보먼주머니 내층: 돌기 달린 발세포로 구성 (1문단에서 사구체의 작은 물질들은 사구체막을 통과시킨다고 한 설명을 구체화하여, 3문단에서 사구체막의 통과를 모세 혈관 벽 → 기저막 → 보먼주머니 내층을 통과한다고 설명하고 있어.)

**4** 한편(전환!) 사구체막을 사이에 두고 사구체 여과를 억제하는 압력이 발생한다. 혈액 속 대부분의 단백질들은 여과되지 않기 때문에(1문단에서 사구체는 대부분의 단백질은 여과시키지 않고 날세동맥으로 흘려보낸다고 했지. 3문단에서도 당단백질이 작은 단백질들의 여과를 억제한다고 했고.) 사구체의 모세 혈관 내에는 존재하고 보먼주머니 내강에는 거의 존재하지 않는다. 따라서 보먼주머니 내강보다 사구체의 모세 혈관의 단백질 농도가 높다. 그 결과 보먼주머니 내강의 물이 사구체의 모세 혈관 쪽으로 이동하려는 삼투압이 발생하게 된다. 이를 '혈장 교질 삼투압'이라고 한다. 혈장 교질 삼투압: 물이 보먼주머니 내강 → 모세 혈관 쪽으로 이동(∵보먼주머니 내강의 단백질 농도 < 사구체의 모세 혈관의 단백질 농도) 그리고 보먼주머니 내강에 도달한 여과액에 의해 '보먼주머니 수압'이 발생한다. 이 압력은 보먼주머니 쪽에서 사구체의 모세 혈관 쪽으로 작용하기 때문에 여과를 방해한다. 보먼주머니 수압: 보먼주머니 내강의 여과액에 의해 보먼주머니 쪽에서 사구체의 모세 혈관 쪽으로 작용 결과적으로 여과를 발생시키는 압력(사구체의 혈압)과 억제하는 압력(혈장 교질 삼투압, 보먼주머니 수압)의 차이가 '실제 여과압'이 된다. (앞에서는 사구체 여과의 발생을 다뤘다면, 4문단에서는 '한편'으로 글의 흐름을 전환해 사구체 여과를 억제하는 압력을 설명했네.)

**5** 질환이 있지 않은 정상 상태에서는 혈장 교질 삼투압과 보먼주머니 수압(여과를 억제하는 압력)이 크게 변하지 않는다. 그러나 사구체의 혈압(여과를 발생시키는 압력)은 동맥의 혈압에 따라 증가하거나 감소할 수 있다. 이 같은 변동은 생명 유지에 적합하지 않기 때문에 자가 조절 기능에 의해 관리된다. (2문단에서도 사구체의 혈압은 생명 유지를 위해 일정하게 유지된다고 했어.) 즉 콩팥은 심장의 수축에 의해 발생하는 혈압에 변동이 생기더라도 제한된 범위 내에서 사구체로 유입되는 혈류량을 일정하게 유지한다. 자가 조절은 주로 들세동맥의 직경을 조절함으로써 가능하다. 사구체 혈압의 변동은 생명 유지에 적합하지 않기 때문에 들세동맥의 직경을 조절하여 사구체로 유입되는 혈류량을 일정하게 유지하는구나.

**4. ①**

3문단에서 '사구체막은 모세 혈관 벽과 기저막, 보먼주머니 내층으로 이루어지는데, 그중 '기저막은 내피세포와 보먼주머니 내층 사이의 비세포성 젤라틴 층으로, 콜라겐과 당단백질로 구성'된다고 했다. 이때 '당단백질은 내피세포의 구멍을 통과할 수 있는 알부민과 같이 작은 단백질들의 여과를 억제'하는데, 이는 '알부민을 비롯한 작은 단백질들'과 '당단백질'이 모두 '음전하를 띠기 때문에 가능한 것'이다. 따라서 알부민과 같이 작은 단백질들이 당단백질과 상반된 전하를 띤다는 설명은 적절하지 않다.

② 3문단의 '보먼주머니 내층은 문어처럼 생긴 발세포로 이루어지는데, 각각의 발세포에서는 돌기가 나와 기저막을 감싸고 있다. 돌기 사이의 좁은 틈을 따라 여과액이 빠져나오면 보먼주머니 내강에 도달하게 된다.'를 통해 알 수 있다.

③ 5문단에서 '질환이 있지 않은 정상 상태에서는 혈장 교질 삼투압과 보먼주머니 수압이 크게 변하지 않는다.'라고 했으므로, 질병이 생길 경우 두 압력은 크게 변할 수 있을 것이다.

④ 3문단의 '기저막은 내피세포와 보먼주머니 내층 사이의 비세포성 젤라틴 층으로, 콜라겐과 당단백질로 구성된다.'를 통해 알 수 있다.

⑤ 1문단에서 '사구체 여과'의 과정에서 사구체막을 통과한 '물·요소·나트륨·포도당 등과 같이 작은 물질들'은 '보먼주머니를 통해 세뇨관으로 나가게' 된다고 했다.

**5. ⑤**

4문단에서 '보먼주머니 내강(㉴)보다 사구체의 모세 혈관(㉰)의 단백질 농도가 높'으면 '보먼주머니 내강의 물이 사구체의 모세 혈관 쪽으로 이동하려는 (혈장 교질) 삼투압이 발생'하는데, 이는 '사구체 여과를 억제하는 압력'이라고 했다. 이때 ㉰와 ㉴의 단백질 농도 차이가 감소하면 '혈장 교질 삼투압' 역시 감소하게 될 것이므로, '여과를 발생시키는 압력과 억제하는 압력의 차이'에 해당하는 '실제 여과압'은 감소하는 것이 아니라 증가할 수 있다.

① 1문단에서 '혈액을 통해 운반된 노폐물이나 독소는 주로 콩팥의 사구체를 통해 일차적으로 여과'된다고 했다. 그리고 3문단에서 사구체막에서 ㉰의 벽은 '편평한 내피세포 한 층으로 이루어져' 있는데, '이 내피세포들에는 구멍이 있으며 내피세포들 사이에도 구멍이 있'어 '사구체의 모세 혈관(㉰)'은 '높은 투과성'을 보인다고 했다. 따라서 혈액을 통해 운반된 노폐물이나 독소는 ㉰에 있는 내피세포 층의 구멍들을 통해 빠져나간다고 할 수 있다.

② 4문단에서 실제 여과압은 '여과를 발생시키는 압력과 억제하는 압력의 차이'라고 했다. 그리고 5문단에서 콩팥은 '자가 조절 기능'을 통해 '사구체로 유입되는 혈류량을 일정하게 유지'함으로써 여과를 발생시키는 압력인 ㉰의 혈압을 일정하게 유지한다고 했다. 따라서 만일 콩팥의 '자가 조절 기능'이 훼손되어 ㉰의 혈압이 감소하면 '실제 여과압'이 감소할 수 있다.

③ 4문단에서 '보먼주머니 내강(㉴)에 도달한 여과액'에 의해 발생하는 '보먼주머니 수압'은 '보먼주머니 쪽에서 사구체의 모세 혈관 쪽으로 작용하기 때문에 여과를 방해'한다고 했다. 따라서 ㉴에 도달하는 여과액이 감소하면 여과를 억제하는 압력인 '보먼주머니 수압'이 감소하므로 '여과를 발생시키는 압력과 억제하는 압력의 차이'인 '실제 여과압'은 증가할 수 있다.

④ 2문단에 따르면 사구체 여과를 발생시키는 혈압은 '사구체의 모세 혈관(㉰)'에 발생한다. 한편 3문단과 4문단에서 모세 혈관 벽과 기저막을 지난 여과액은 '보먼주머니 내강(㉴)에 도달'하는데, '보먼주머니 내강에 도달한 여과액'에 의해 발생하는 '보먼주머니 수압'은 '보먼주머니 쪽에서 사구체의 모세 혈관 쪽으로 작용하기 때문에 여과를 방해'한다고 했다. 즉 ㉰의 혈압은 모세 혈관에서 보먼주머니 방향으로, ㉴에 도달한 여과액에 의한 수압은 보먼주머니에서 모세 혈관 방향으로 작용한다.

**6. ① 돌기 ② 적합**

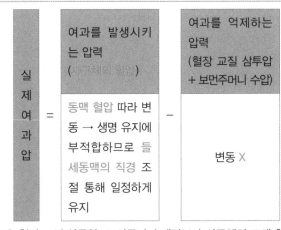

### 구 조 도 그 리 기

〈 사구체 여과 〉

**사구체 여과를 발생시키는 힘**

① 들세동맥 직경 〉 날세동맥 직경
② 사구체로 유입되는 혈류량 〉 유출되는 혈류량
③ 사구체의 모세 혈관의 혈압 〉 다른 신체 기관의 모세 혈관의 혈압
④ 들세동맥에서 사구체로 들어온 혈액을 사구체막 바깥으로 밀어 주는 힘 발생

**사구체 여과 과정**

• 사구체 여과: 작은 물질들이 사구체막(모세 혈관 벽 → 기저막 → 보먼주머니 내층) → 보먼주머니 → 세뇨관으로 나감

| 모세 혈관 벽 | 편평한 내피세포 한 층으로 구성, 투과성 높음 |
|---|---|
| 기저막 | 구조적 강도를 높이는 콜라겐과 작은 단백질들의 여과를 억제하는 당단백질로 구성 |
| 보먼주머니 내층 | 발세포(기저막 감싼 돌기 있음)로 구성, 돌기 사이 틈으로 여과액이 빠져나와 보먼주머니 내강에 도달 |

• 혈액 중 혈구, 대부분의 단백질은 여과 X → 날세동맥으로 나감

**사구체 여과를 억제하는 압력**

| 실제 여과압 | = | 여과를 발생시키는 압력 (사구체의 혈압) | − | 여과를 억제하는 압력 (혈장 교질 삼투압 + 보먼주머니 수압) |
|---|---|---|---|---|
| | = | 동맥 혈압 따라 변동 → 생명 유지에 부적합하므로 들세동맥의 직경 조절 통해 일정하게 유지 | − | 변동 X |

① 혈장 교질 삼투압: 보먼주머니 내강보다 사구체의 모세 혈관의 단백질 농도↑ → 보먼주머니 내강의 물이 사구체의 모세 혈관 쪽으로 이동하려는 삼투압 발생
② 보먼주머니 수압: 보먼주머니 내강에 도달한 여과액으로 인해 보먼주머니 쪽에서 사구체의 모세 혈관 쪽으로 압력 발생

1 day 30minute 4week

# 2주차 정답과 해설

## [1~3] 2009년도 M/DEET 「중산층의 판별」

1 흔히 사회적 양극화로 표현되는 중산층의 위기는 중산층 붕괴 문제뿐 아니라 중산층의 상대적 박탈감 문제와도 밀접하게 연관된다. 중산층 위기의 본질을 고찰하려면 먼저 중산층의 범주에 대한 이해가 필요하다. (이어서 중산층의 범주에 대해 설명한 후 이를 활용해 중산층의 위기를 이야기하겠지?) 이를 위해서는 (1)객관적 차원의 계층을 판별하고 (2)주관적 차원의 계층 의식을 측정하여 두 차원(객관적 차원의 계층과 주관적 차원의 계층 의식) 간의 조응 관계를 분석하는 작업이 요구된다. (이어서 객관적 차원의 계층이 무엇이고, 주관적 차원의 계층 의식이 무엇인지를 설명하겠군. 그 다음 두 차원의 조응 관계를 분석하는 순서로 지문이 전개되겠지?)

2 전체 계층 구조 속에서 중산층을 객관적으로 판별하기 위해서는 먼저 그 기준을 설정해야 한다. 현대 사회에서 개인의 계층적 위치는 다양한 측면을 반영하기 때문에, 경제적 지표와 사회 문화적 지표를 동시에 사용하는 것이 일반적이다. 경제적 지표로는 직업·종사상의 지위, 가구 소득, 자산을 사용하고 사회 문화적 지표로는 교육 연수(年數)를 사용한다. 구체적인 중산층 판별에는 아래의 점수표를 사용하며, 점수의 합이 3 이상이면 '핵심적 중산층', 2이면 '주변적 중산층', 1 이하이면 '하층'으로 분류한다. (1) 객관적 차원의 계층 판별: 경제적 지표와 사회 문화적 지표를 동시에 사용 → 점수표의 점수 합을 통해 중산층 판별

〈중산층 판별 점수표〉

| 측정 지표 | 판별 기준 | 점수 |
|---|---|---|
| 직업·종사상의 지위 | 고용주 및 상층 화이트칼라 | 2 |
| | 소규모 자영업자 및 하층 화이트칼라 | 1 |
| 가구 소득 | 도시 근로자 월평균 가구 소득의 90% 이상 | 1 |
| 자산 | 국민 주택 규모 소유 이상 | 1 |
| 교육 연수 | 2년제 대학 졸업 이상 | 1 |

3 ㉠이러한(객관적) 계층 측정 방식은 계층을 결정하는 요소들을 체계적으로 반영하고 중산층의 규모를 객관적으로 측정하는 데 유용하다. 객관적 차원의 계층 측정 방식의 장점: 계층 결정 요소 체계적 반영, 중산층의 규모 객관적 측정 그러나(객관적 차원의 계층 측정 방식의 단점(한계점)이 제시될 거야.) 측정 지표로 선정된 판별 기준의 적합성에 대해 논란이 있을 수 있고, 측정 시점에 따라 그 기준이 달라질 수 있어 장기간에 걸쳐 나타나는 변화를 추적하는 데에는 한계가 있다. 객관적 차원의 계층 측정 방식의 한계점: 판별 기준의 적합성에 대한 논란, 장기 변화 추적에 한계

4 주관적 차원의 계층을 판별하는 지표로는 계층 귀속 의식을 사용하는데, 이것(계층 귀속 의식)은 두 가지 방식으로 측정할 수 있다. '중산층 귀속 의식'은 스스로를 '중산층'이라는 집단과 동일시하는지를 이분법적으로 측정한다. 이(중산층 귀속 의식)와는 별도로 전체 계층 구조 속에서 개인의 주관적 위치를 알아보기 위해 '중간층 귀속 의식'을 측정하는데, 이것(중간층 귀속 의식)은 일반적으로 하층에서부터 상층에 이르는 계층의 단계를 선택지로 제시하고 자신이 속한다고 생각하는 범주를 고르게 하는 방식으

로 측정한다. 이 척도 상에서 중간에 위치하는 집단이 '중간층'으로 간주된다. (2) 주관적 차원의 계층 의식 측정: 계층 귀속 의식을 지표로 사용

| 중산층 귀속 의식 | 스스로를 중산층 집단과 동일시하는지를 이분법적으로 측정 |
|---|---|
| 중간층 귀속 의식 | 계층의 단계(중간에 위치한 집단이 중간층) 중 자신이 속한다고 생각하는 범주를 고르게 하여 개인의 주관적 위치 측정 |

5 ㉡귀속 의식을 이용한(주관적) 계층 측정 방식은 개인이 자신의 계층적 위치를 다른 사람들과 비교하여 평가한 결과라는 점에서 객관적 차원의 계층 판별이 보여 주지 못하는 상대적 측면을 포착하며, 중간층 또는 중산층과 동일시하는 사람들의 비율이 변화하는 추세를 잘 보여 준다. 그러나 개인에 따라 계층을 인식하는 잣대가 다를 수 있다는 문제가 있다. 주관적 차원의 계층 측정 방식의 장점: 상대적 측면 포착, 중간층·중산층과 동일시하는 사람들의 비율이 변화하는 추세 보여 줌 / 주관적 차원의 계층 측정 방식의 단점(한계점): 개인에 따라 계층을 인식하는 잣대가 다를 수 있음 (객관적, 주관적 차원의 계층 측정 방식 모두 측정법, 장점, 단점(한계점)을 설명했지? 이처럼 대등한 층위의 개념을 설명할 때는 전개되는 방식이 동일한 경우가 많아.)

6 객관적 차원의 측정과 주관적 차원의 측정은 각각 장단점을 지닌다. 이들 두 차원의 측정을 결합하면 객관적 차원의 계층과 주관적 차원의 계층 간에 존재할 수 있는 괴리를 포착할 수 있게 된다. (이제 두 차원 간의 조응 관계를 살펴보려나 봐.) 특히 객관적으로는 중산층에 속하면서도 주관적으로는 중산층과 동일시하지 않는 집단에 주목할 필요가 있는데, 이러한 불일치가 존재하는 집단에서 상대적 박탈감도 클 것으로 예상되기 때문이다. (1문단의 내용을 고려하면 객관적으로 중산층에 속하지만 주관적으로 중산층과 동일시하지 않는 집단의 상대적 박탈감 문제 또한 중산층의 위기와 관련된다고 볼 수 있지.) 한편, (전환! 마지막 문단의 '한편'은 주로 부수적 정보가 제시될 것임을 뜻해.) 주관적 차원의 측정에서도 중산층 귀속 의식과 중간층 귀속 의식 사이에 차이가 발견된다. 통상적으로는 후자(중간층 귀속 의식)가 전자(중산층 귀속 의식)보다 비율이 높게 나타나는데, 이는 사람들이 스스로를 중간으로 평가하는 일반적 경향이 있기 때문이기도 하고, 다른 한편으로는 중산층을 판단하는 데에 사용되는 주관적 기준이 높기 때문이기도 하다. 주관적 차원의 계층 의식 측정에서 중산층 귀속 의식 비율 < 중간층 귀속 의식 비율

**1. ⑤**

> 2문단에 따르면 ㉠(이러한 계층 측정 방식)은 '경제적 지표와 사회 문화적 지표'에 해당하는 '직업·종사상의 지위, 가구 소득, 자산', '교육 연수' 등 다수의 지표를 결합하여 점수를 합산하는 단일한 방식으로 계층을 측정함을 알 수 있다. 또한 4문단에 따르면 ㉡(귀속 의식을 이용한 계층 측정 방식)은 '계층 귀속 의식'이라는 단일한 지표를 사용하여 '중산층 귀속 의식'과 '중간층 귀속 의식'이라는 두 가지 방식으로 계층을 측정함을 알 수 있다.

① 4문단에 따르면 ㉡의 '중간층 귀속 의식' 측정에서는 사람들에게 '하층에서부터 상층에 이르는 계층의 단계를 선택지로 제시하고 자신이 속한다고 생각하는 범주를 고르게 하'므로, ㉡은 주관적인 차원에서 계층 구조상의 상층을 판별할 수 있다.

② ㉡은 5문단에서 언급한 것처럼 '개인이 자신의 계층적 위치를 다른 사람들과 비교하여 평가'하는 것이므로 계층 판별의 단위를 개인으로 볼 수 있다. 하지만 2문단의 '개인의 계층적 위치는 다양한 측면을 반영하기 때문에, 경제적 지표와 사회 문화적 지표를 동시에 사용하는 것이 일반적이다.'를 고려할 때 ㉠에서 계층 판별의 단위가 가구라고 할 수 없다.

③ 3문단에 따르면 ㉠은 계층의 양극화가 아닌 '중산층의 규모를 객관적으로 측정'한다고 볼 수 있다. 한편 5문단을 통해 ㉡ 역시 '개인이 자신의 계층적 위치를 다른 사람들과 비교하여 평가'하는 것일 뿐 계층의 불일치를 측정하는 것은 아님을 알 수 있다.

④ 3문단에서 ㉠이 '측정 시점에 따라 그 기준이 달라질 수 있어 장기간에 걸쳐 나타나는 변화를 추적하는 데에는 한계가 있다.'라고 한 것을 통해 ㉠에서는 지표의 판별 기준이 측정 시점에 따라 달라질 수 있음을 알 수 있다. 그러나 5문단에서 ㉡은 '개인에 따라 계층을 인식하는 잣대가 다를 수 있다'고 했으므로, ㉡에서 계층을 인식하는 잣대가 모두에게 동일하다고 볼 수 없다.

**2. ④**

> 6문단에서 '객관적으로는 중산층에 속하면서도 주관적으로는 중산층과 동일시하지 않는 집단', 즉 '불일치가 존재하는 집단에서 상대적 박탈감도 클 것으로 예상'된다고 했다. 이에 따르면 〈보기〉에서 '핵심적 중산층의 약 35%, 주변적 중산층의 약 12%'만이 자신을 중산층과 동일시한다고 한 것을 통해 자신을 중산층과 동일시하지 않는 이들, 즉 객관적 차원의 중산층 중 과반수의 상대적 박탈감이 클 것이라고 해석할 수 있다.

① 윗글과 〈보기〉를 통해 객관적 차원의 중산층이 증가한 것이 도시 근로자 월평균 가구 소득이 증가했기 때문인지는 알 수 없다.

② 6문단에서 중간층 귀속 의식에 비해 중산층 귀속 의식이 낮은 것은 '사람들이 스스로를 중간으로 평가하는 일반적 경향이 있기 때문이기도 하고, 다른 한편으로는 중산층을 판단하는 데에 사용되는 주관적 기준이 높기 때문'이라고 했다.

③ 〈보기〉에서 '주관적 차원의 경우 중간층 귀속 의식과 중산층 귀속 의식'이 '모두 이전에 비해 감소'했다고 했지만, 윗글과 〈보기〉에서 이것이 중산층의 붕괴를 의미한다고 볼 근거는 찾을 수 없다.

⑤ 〈보기〉를 통해 객관적 차원의 중산층의 과반수가 자신을 중산층과 동일시하지 않음을 알 수 있다. 한편 '하층의 약 6%만이 자신을 중산층과 동일시'한다고 한 것을 통해 하층의 약 94%는 자신이 중산층이 아니라고 생각함을 알 수 있다. 따라서 중산층보다 하층에서 계층의 불일치가 더 크게 나타난다고 할 수는 없다.

**3. ① 고찰 ② 괴리**

| 구 조 도 그 리 기 | | |
|---|---|---|
| 〈 중산층의 판별 〉 | | |
| 중산층의 범주 분석 필요성 | 객관적 차원의 계층 판별 + 주관적 차원의 계층 의식 측정 → 조응 관계를 분석함으로써 중산층 위기의 본질 고찰 가능 | |
| 객관적 차원의 계층 판별 | 방법 | 경제적 지표 + 사회 문화적 지표를 동시에 사용한 점수표에서 점수의 합으로 판별 |
| | 장점 | • 계층을 결정하는 요소들을 체계적으로 반영<br>• 중산층의 규모를 객관적으로 측정 |
| | 한계 | • 판별 기준의 적합성에 대한 논란<br>• 장기간의 변화 추적에 한계 |
| 주관적 차원의 계층 판별 | 방법 | 중산층 귀속 의식 또는 중간층 귀속 의식을 통해 계층 귀속 의식 측정<br>• 중산층 귀속 의식: 스스로를 중산층과 동일시하는지 여부<br>• 중간층 귀속 의식: 계층의 단계 중 자신이 속한다고 생각하는 범주를 선택<br>• 중산층 귀속 의식 비율 〈 중간층 귀속 의식 비율 |
| | 장점 | • 객관적 차원의 계층 판별이 보여 주지 못하는 상대적 측면 포착<br>• 중간층·중산층과 동일시하는 사람들의 비율 변화 추세 확인 가능 |
| | 한계 | • 개인에 따라 계층을 인식하는 잣대가 다를 수 있음 |
| 객·주관적 차원의 계층 간 괴리 | 객관적으로 중산층이나, 주관적으로 중산층과 동일시하지 않는 집단: 상대적 박탈감↑ | |

## [4~6] 2012년도 M/DEET 「단백질 생산 과정」

① 여러 아미노산이 연속적으로 연결되면 끈 모양의 폴리펩티드가 된다. 이 폴리펩티드는 꺾어지기도 하고, 둘둘 말리기도 하면서 3차원적인 입체 구조를 만들게 되는데 이 과정을 폴딩(folding)이라고 하며, 이렇게 입체 구조로 만들어진 폴리펩티드를 단백질이라고 부른다. 각각의 단백질은 특정한 3차원 구조를 제대로 갖추어야 제 기능을 발휘할 수 있다. (친절한 글쓴이는 아니야. 방향 정보부터 제시하기보다는 첫 문단부터 꽤 빽빽하게 정보를 제시하며 본론으로 들어가는 걸 보니까! 이런 경우 고난도인 경우가 많지. 하지만 이럴 때일수록 정보량에 빨려 들어가지 말고 주어진 정보를 차근히 정리해야 해. 글 전체의 큰 흐름을 보자고 생각하며 읽어 보자!) 여러 아미노산의 연속적 연결로 폴리펩티드 생산 → 폴딩(폴리펩티드가 3차원적인 입체 구조 형성) → 단백질 생산

② 단백질 생산에는 리보솜과 샤페론 등이 관여한다. (지문에서 순서를 항상 한꺼번에, 순서대로 써주는 것은 아니라고 했지? 1문단에서 단백질이 생산되는 대략적인 과정을 설명했다면, 이제 그 가운데의 과정을 좀 더 자세하게 다룸으로써 단백질 생산 과정을 구체화하려나 봐. 그럼 이어서 리보솜과 샤페론이 어떤 작용을 하는지를 설명하겠지?) 리보솜은 세포핵이 제공하는 유전자의 서열 정보에 따라 세포 내에서 만들어진 개개의 아미노산을 연결해 폴리펩티드를 만든다. 이렇게 새로 만들어진 폴리펩티드 중에서, 일부는 자발적으로 폴딩하여 기능성 단백질이 되고, 스스로 폴딩하지 못하는 폴리펩티드는 샤페론의 도움을 받아 정상적으로 폴딩된다. 리보솜이 여러 아미노산을 연속적으로 연결해 폴리펩티드 생산 → 일부는 자발적 폴딩, 스스로 폴딩하지 못하는 폴리펩티드는 샤페론의 도움을 받아 폴딩 → 단백질 생산 세포 내에는 다양한 종류의 샤페론이 존재하며, 그(샤페론)각각마다 작용하는 폴리펩티드가 다르다. (지문을 읽을 때 각각인지, 모두인지 혹은 일부인지, 전체인지 등도 놓치지 말고 꼼꼼하게 확인하자. 의외로 선지 판단에 있어 중요한 요소인 경우가 많거든! 그럼 1문단과 2문단의 '각각'을 살펴볼까? 1문단의 '각각'에 주목하면 단백질의 종류마다 제 기능을 발휘할 수 있도록 하는 3차원 구조가 달라. 또 2문단의 '각각'을 통해서는 샤페론마다 도움을 주는 폴리펩티드의 종류가 다르다는 것을 알 수 있어.)

③ 대부분의 경우(일반적인 경우가 제시되면 예외적이거나 특수한 경우도 뒤따라 제시될 수 있지.) 폴리펩티드의 폴딩은 정상적으로 진행되지만, 어떤 상황에서는 폴리펩티드가 폴딩하지 못하고 서로 얽혀 응집된 덩어리 형태를 띤다. 또한 세포에 열, 중금속, 화학 물질 등과 같은 스트레스가 가해지면, 폴딩 중이거나 이미 형성된 단백질의 구조에 이상이 발생할 수 있다. 단백질의 구조에 이상이 발생하는 이유: 세포에 가해진 스트레스(열, 중금속, 화학 물질 등) 때문 이때 비정상적인 3차원 구조로 변하는 미스폴딩(misfolding) 현상이나 3차원 구조가 완전히 붕괴되어 풀리는 언폴딩(unfolding) 현상이 일어나는데, 이처럼 구조가 변한 단백질을 변성 단백질이라고 한다.

| 폴딩 X | 폴리펩티드가 서로 얽혀 응집된 덩어리 형태를 띰 |
|---|---|
| 미스폴딩 | 단백질이 비정상적인 3차원 구조로 변함 |
| 언폴딩 | 단백질의 3차원 구조가 완전히 붕괴되어 풀림 |

(1문단에서 각각의 단백질은 특정한 3차원 구조를 제대로 갖추어야 제 기능을 발휘할 수 있다고 했으니까, 비정상적인 폴딩이 일어나 구조가 변한 변성 단백질은 원래의 기능

을 발휘할 수 없겠지?) 변성 단백질은 입체 구조가 흐트러져서 소수성(疏水性) 아미노산이 분자 표면에 노출된 형태로 바뀐 것이 많다. 변성 단백질 분자 표면에 노출된 소수성 아미노산들은 서로 당기는 상호 작용을 한다. 그 결과로 변성 단백질들이 모여 물에 녹지 않는 응집체가 형성된다. 응집체의 형성 과정은 대부분 비가역적이어서 일단 형성된 응집체는 쉽게 응집 상태를 벗어나지 못한다. 변성 단백질 분자 표면의 소수성 아미노산 간의 상호 작용 → 변성 단백질의 응집체 형성(물에 녹지 않음, 비가역적) 응집체를 형성하기 전에, 응집체 형성을 저해하는 샤페론에 의해 변성 단백질이 원래 구조로 회복되는 것이 리폴딩(refolding)이다. 리폴딩은 실험 상황에서는 샤페론 없이도 재현할 수 있다. (2문단에서 샤페론은 스스로 폴딩하지 못하는 폴리펩티드를 정상적으로 폴딩할 수 있도록 돕는다고 했는데, 변성 단백질의 응집체가 형성되는 것을 저해하는 기능도 있구나.)

| 리폴딩 | 변성 단백질이 응집체를 형성하기 전에 샤페론에 의해 원래 구조로 회복되는 것 |
|---|---|

④ 세포에는 잘못 생산된 단백질을 제거하거나 변성 단백질의 재생과 분해 작용을 담당하는 품질 관리 체계가 존재한다. 품질 관리 기능을 담당하는 주요 기관 중 하나인 소포체 내부에 변성 단백질이 축적되면, 이것은 소포체에 스트레스로 작용한다. 세포의 품질 관리 체계: 잘못된 단백질 제거, 변성 단백질의 재생과 분해 → 소포체에 변성 단백질 축적 시 스트레스로 작용 ㉠소포체 스트레스의 해소는 다양한 방법을 통해 이루어진다. (소포체가 스트레스를 푸는 두 개 이상의 방법을 설명해주겠지?)

⑤ 소포체에 변성 단백질이 축적되면, (1)ATF6가 활성화되어 소포체 샤페론의 생산을 촉진시키고, 샤페론은 리폴딩을 통해 변성 단백질을 정상 단백질로 재생한다. (2)재생이 되지 못하는 변성 단백질은, IRE1과 XBP-1의 연쇄적인 활성화로 단백질 분해 기구가 활성화되어 분해된다. 이 분해 과정은 재생이 어려운 변성 단백질을 세포질로 역수송하여 분해되도록 하는 것으로, 세포질에 존재하는 유비퀴틴-프로테아좀계에서 일어난다. 또한 소포체에 스트레스를 주는 환경이 유지되어 변성 단백질의 축적이 지속되면, (3)PERK의 활성화가 일어나고 이어서 단백질 합성 개시 인자인 eIF2α를 불활성화(인산화)하여 리보솜의 단백질 합성이 더 이상 진행되지 못하게 한다. 결과적으로 리보솜의 단백질 합성 기능을 멈추게 해 변성 단백질 생산량 자체를 감소시키는 것이다. 이와 같은 다양한 방법으로도 단백질의 품질 관리가 어려워지면 (4)세포는 다음 단계의 수단으로 스스로 사멸하는 길을 택하기도 한다.

| 소포체의 스트레스 해소 방법 |
|---|
| (1) ATF6 활성화 → 소포체 샤페론의 생산 촉진 → 샤페론이 리폴딩을 통해 변성 단백질을 정상 단백질로 재생 |
| (2) IRE1과 XBP-1의 연쇄적인 활성화 → 단백질 분해 기구 활성화 → 재생되지 못하는 변성 단백질을 유비퀴틴-프로테아좀계에서 분해 |

(3) PERK 활성화 → 단백질 합성 개시 인자인 eIF2α 불활성화 → 리보솜의 단백질 합성 방해 → 변성 단백질 생산량 감소

(4) 세포가 스스로 사멸

## 4. ④

3문단에서 '응집체의 형성 과정은 대부분 비가역적이어서 일단 형성된 응집체는 쉽게 응집 상태를 벗어나지 못한다. 응집체를 형성하기 전에, 응집체 형성을 저해하는 샤페론에 의해 변성 단백질이 원래 구조로 회복되는 것이 리폴딩이다.'라고 했다. 따라서 응집체를 형성한 세포 내 폴리펩티드가 자발적으로 리폴딩한다고 볼 수 없다.

① 3문단에서 '구조가 변한 단백질을 변성 단백질'이라고 했는데, 5문단에 따르면 '변성 단백질의 축적이 지속'되는 경우 세포는 '스스로 사멸하는 길을 택하기도' 하므로 단백질의 구조 변성은 세포의 생존을 위협한다고 볼 수 있다.

② 1문단과 2문단에 따르면 '리보솜은 세포핵이 제공하는 유전자의 서열 정보에 따라 세포 내에서 만들어진 개개의 아미노산을 연결해 폴리펩티드를 만'들며, '폴딩'을 통해 '입체 구조로 만들어진 폴리펩티드를 단백질'이라고 한다. 따라서 리보솜은 유전자 서열 정보를 받아 단백질 생산에 관여한다고 볼 수 있다.

③ 3문단의 '세포에 열, 중금속, 화학 물질 등과 같은 스트레스가 가해지면, 폴딩 중이거나 이미 형성된 단백질의 구조에 이상이 발생할 수 있다.'를 통해 알 수 있다.

⑤ 1문단의 '각각의 단백질은 특정한 3차원 구조를 제대로 갖추어야 제 기능을 발휘할 수 있다.'를 통해 알 수 있다.

## 5. ③

4문단에서 '소포체 내부에 변성 단백질이 축적되면, 이것은 소포체에 스트레스로 작용'하므로, ㉠(소포체 스트레스의 해소)을 위해서는 변성 단백질의 축적을 막아야 한다고 했다. 따라서 '㉠이 정상적으로 진행되지 못할 때'는 변성 단백질의 축적을 막지 못해 소포체 스트레스가 해소되지 못할 때를 가리킨다.

ㄴ. 5문단에 따르면 '재생이 되지 못하는 변성 단백질'을 분해하는 과정은 '유비퀴틴-프로테아좀계'에서 일어난다. 따라서 유비퀴틴-프로테아좀계가 손실되면 변성 단백질의 분해가 이루어지지 않아 ㉠이 정상적으로 진행되지 못할 수 있다.

ㄷ. 5문단에서 'ATF6가 활성화되어 소포체 샤페론의 생산을 촉진시키고, 샤페론은 리폴딩을 통해 변성 단백질을 정상 단백질로 재생한다.'라고 했다. 따라서 소포체 내의 샤페론 농도가 감소하면 변성 단백질이 정상 단백질로 재생되는 과정이 제대로 이루어지지 않아 ㉠이 정상적으로 진행되지 못할 수 있다.

ㄱ. 5문단에서 '재생이 되지 못하는 변성 단백질은, IRE1과 XBP-1의 연쇄적인 활성화로 단백질 분해 기구가 활성화되어 분해된다.'라고 했다. 따라서 변성 단백질이 분해되게 하는 소포체의 XBP-1 활성화는, ㉠이 정상적으로 진행되지 못하는 원인이 될 수 없다.

ㄹ. 5문단에 따르면 '단백질 합성 개시 인자인 eIF2α를 불활성화(인산화)하여 리보솜의 단백질 합성이 더 이상 진행되지 못하게' 하면 '변성 단백질 생산량 자체를 감소시'킬 수 있다. 따라서 단백질 합성 개시 인자의 불활성화는 ㉠이 정상적으로 진행되지 못하는 원인이 될 수 없다.

## 6. ① 발휘 ② 저해

### 구 조 도 그 리 기

**〈 단백질 생산 과정 〉**

#### 단백질 생산 과정

• 리보솜이 여러 아미노산을 연속적으로 연결해 폴리펩티드 생성 → 폴리펩티드의 폴딩(자발적 or 샤페론의 도움) → 단백질 생산

#### 비정상적 폴딩과 리폴딩

• 세포에 가해진 스트레스로 인해 미스폴딩(비정상적 3차원 구조), 언폴딩(3차원 구조 완전 붕괴) → 변성 단백질 생성

• 리폴딩: 변성 단백질이 물에 녹지 않는 응집체를 형성하기 전에 샤페론에 의해 원래 구조로 회복되는 것

#### 소포체 스트레스의 해소 방법

• 스트레스의 원인: 소포체 내부의 변성 단백질 축적

① ATF6 활성화 → 소포체 샤페론의 생산 촉진 → 샤페론이 리폴딩을 통해 변성 단백질을 정상 단백질로 재생

② IRE1과 XBP-1의 연쇄적인 활성화 → 단백질 분해 기구 활성화 → 재생되지 못하는 변성 단백질을 유비퀴틴-프로테아좀계에서 분해

③ PERK 활성화 → 단백질 합성 개시 인자인 eIF2α 불활성화 → 리보솜의 단백질 합성 방해 → 변성 단백질 생산량 감소

④ 세포가 스스로 사멸

## [1~3] 2009년도 LEET 「정당 수 산정 방식」

① 민주 정치의 중요 요소인 정당 정치는 '개별 정당'과 '정당 체계' 차원으로 나뉜다. 이때 정당 체계는 여러 정당이 조직화된 양식으로 작동하는 정당 군(群)을 의미한다. 개별 정당 분석이 대의제 아래에서 정당이 수행하는 시민 여론 조직화·가치화 기능에 대한 평가를 중요시한다면, 정당 체계 분석은 정당 간 상호 작용에 초점을 둔다. (이 글은 개별 정당 분석과 정당 체계 분석을 비교하는 글일 수도 있고, 혹은 둘 중 하나에 초점을 두고 파고드는 글일 수도 있어. 이어질 내용이 중요하겠네.) 정당 체계 분석에서 핵심적 역할을 하는 것이 정당 수 산정이다. 정당 수가 많은가 적은가 하는 것은 그 정치 체계의 이데올로기적 분포 및 정치 상황의 안정도를 보여 주는 중요 지표이다. 이데올로기의 극단적 분포가 궁극적으로 정치 체계의 불안정으로 귀결될 가능성도 있기 때문이다. 즉 정당 수는 이념적 분포가 원심적인지 아니면 구심적인지를 보여 준다. 최근까지 정당 수 산정을 위한 다양한 방식이 제시되어 왔는데, 이는 정치 현상에 대한 우리의 이해를 높이고자 하는 것이다. (개별 정당 분석은 정당 체계 분석의 개념을 정확하게 설명하기 위한 비교 개념이었고, 이 글의 핵심은 정당 체계 분석에서 정당 수 산정에 관한 것이구나.) 정당 체계 분석에서 정당 수: 정치 체계의 이데올로기적 분포(원심적 or 구심적) 및 정치 상황의 안정도를 보여 줌

② 그렇다면 정당 수를 산정하는 방식으로는 무엇이 있을까? (화제가 구체화되었네. '정당 수 산정을 위한 다양한 방식이 제시되어 왔'다는 것이나 '정당 수를 산정하는 방식으로는 무엇이 있을까?'라는 내용을 고려할 때, 이어서 정당 수를 산정하는 두 가지 이상의 방식을 제시할 거야. 각 방식의 개념과 공통점, 차이점 등에 주목하여 읽어보자.) 우선 (1) '단순 방식'이 있다. 이 방식에서는 한 정치 체계의 규정에 따른 정당이면 모두 동일한 자격을 갖춘 정당으로 간주한다. 그러나 이 방식은 유효한 정당의 수가 항상 고정된 것이 아니라, 정치 상황의 시점(時點)에 따라 달라질 수 있다는 것을 고려하지 못한다. 특히 내각 책임제의 경우 선거 전이냐 아니면 선거 후냐에 따라 유효한 정당의 수가 달라질 수 있다.

| 정당 수 산정 방식 (1): 단순 방식 | |
|---|---|
| 특징 | 한 정치 체계의 규정에 따른 정당이면 모두 동일한 자격을 갖춘 정당으로 간주 |
| 단점 | 시점에 따라 유효한 정당의 수가 달라질 수 있음 고려 X |

③ 이러한 문제를 해결하기 위해 등장한 것이 (2) '이항 분류 방식'이다. (어떤 방법의 한계점, 단점을 제시한 다음 이를 보완하거나 해결한 새로운 방법을 제시하는 전개 방식은 이제 익숙하지? 이항 분류 방식은 시점에 따라 유효한 정당의 수가 달라질 수 있다는 것을 고려한 방식이겠네.) 이 방식은 의회에 의석을 보유하고, 내각 구성에 참여할 가능성이 있는 정당(유효한 정당)만을 정당 체계 내 정당으로 인정한다. 이항 분류 방식은 특히 정당 난립 상황이 심할수록 유용한 분석 수단이다. 내각 책임제에서는 얼마나 많은 정당이 있느냐가 아니라 내각 구성에 참여할 수 있는 정당 수가 몇이냐가 중요하기 때문이다. 하지만 (앞에서 이항 분류 방식의 장점이 제시되었으니, 이제 단점이 나오겠지?) 대통령제에서 대통령 선거 결과에 따른 정당 체계와 총선 결과에 따른 정당 체계가 서로 다른 경우에는 이항 분류 방식을 사용하여 비교하기가 어렵다. 다시 말해

이 방식은 정부 형태 간 교차 분석을 위해 사용하기 어렵다. 동시에 내각 구성 과정에 영향을 미치지 못하지만, 정치적 실체로서 존재하며 정치적 영향력을 행사하는 정당의 존재가 배제될 수밖에 없는 것이 이 방식의 단점이다.

| 정당 수 산정 방식 (2): 이항 분류 방식 | |
|---|---|
| 특징 | 의회에 의석을 보유하고, 내각 구성에 참여할 가능성이 있는 정당만 인정 |
| 장점 | 정당 난립이 심할수록 유용 |
| 단점 | • 정부 형태 간 교차 분석을 위해 사용 X<br>• 내각 구성 과정에 영향 미치지 못하지만, 정치적 실체로서 존재하고 영향력을 행사하는 정당의 존재 배제 |

④ 앞의 두 방식을 비판하며 등장한 것이 (3) '지수화 방식'이다. 지수화 방식에서는 내각 참여 여부를 막론하고 각 정당의 득표수와 의석수의 상대적 가치를 중요시한다. 이 방식은 각 정당의 득표수 또는 의석수를 상대적 비율로 파악하여 '선거 유효 정당 지수' 또는 '의회 유효 정당 지수'를 산정한다. 만약 2개의 정당이 선거에 참여했고 각각 60%와 40%를 득표했다면, 1을 각각의 제곱의 합(0.36+0.16)으로 나눈다. 따라서 선거 유효 정당 지수는 1.9(1/0.52)가 된다. 선거 유효 정당 지수 = 1 ÷ 각 정당의 득표율의 제곱의 합 의회 유효 정당 지수는 득표율 대신 의석 비율을 사용한다는 점이 다를 뿐이다. 의회 유효 정당 지수 = 1 ÷ 각 정당의 의석 비율의 제곱의 합 (예시를 통해 지수화 방식을 구체적으로 설명했어. 계산식이 제시되면 선지에서 실제로 이를 활용한 간단한 계산을 요구할 가능성이 높아, 개념과 연결해 가며 정확히 이해해 두자.) 이러한 지수화 방식은 대통령 선거와 총선의 정당 체계를 같은 기준으로 비교하기 위해 사용할 수 있다. (이항 분류 방식에서는 이와 같은 비교가 불가능했지.) 정당의 선거별 득표수 또는 의석수를 상대적인 값으로 전환하여 지수화하기 때문이다.

| 정당 수 산정 방식 (3): 지수화 방식 | |
|---|---|
| 특징 | 각 정당의 선거 유효 정당 지수(득표수를 상대적 비율로 파악) 또는 의회 유효 정당 지수(의석수를 상대적 비율로 파악)를 산정 |
| 장점 | 대통령 선거와 총선의 정당 체계를 같은 기준으로 비교 가능 |

⑤ 결국 한 정당 체계의 정당 수는 산정 기준에 따라 달라진다. 다양한 정당 수 산정 방식이 제시된 것은 복잡한 정치 현상의 실체에 보다 가까이 접근하려는 노력의 결과이다. 하지만 더 중요한 것은 특정 정부 형태나 정치 상황에 국한되지 않는 산정 기준을 마련하는 것이다. 이러한 관점에서 볼 때, 국가 간 정당 체계 비교 연구나 정당 체계에 대한 일반 이론의 개발을 위해서는 지수화 방식이 가장 효과적이다. 이 방식은 정치 체계 간의 이데올로기적 분포를 객관적으로 비교할 수 있게 해 주며, 나아가 어떤 정당 체계가 민주 정치의 안정적 운영에 적절한지 판단하는 데 도움이 된다. (단순 방식의 문제를 해결하기 위해 등장한 것이 이항 분류 방식이고 이 두 방식을 비판하면서 등장한 것이 지수화 방식인데, 지수화 방식이 가장 효과적이라는 내용으로 글을 마무리하고 있어.)

**1. ②**

> 1문단에서 '정당 정치는 '개별 정당'과 '정당 체계' 차원으로 나'뉘는데, 정당 수 산정은 '정당 체계 분석에서 핵심적 역할을 하는 것'이라고 했다. 그런데 '대의제 아래에서 정당이 수행하는 시민 여론 조직화·가치화 기능에 대한 평가를 중요시'하는 것은 '개별 정당 분석'이므로 정당의 여론 전달 역할에 대한 평가를 정당 수 산정의 의의로 볼 수는 없다.

① 1문단에서 '최근까지 정당 수 산정을 위한 다양한 방식이 제시되어 왔는데, 이는 정치 현상에 대한 우리의 이해를 높이고자 하는 것이다.'라고 했고, 5문단에서 '다양한 정당 수 산정 방식이 제시된 것은 복잡한 정치 현상의 실체에 보다 가까이 접근하려는 노력의 결과이다.'라고 했다. 즉 정당 수 산정은 정치 현상에 대한 설명력을 높일 수 있게 한다는 점에서 의의를 지닌다.

③ 1문단에서 '정당 체계 분석은 정당 간 상호 작용에 초점을 둔다. 정당 체계 분석에서 핵심적 역할을 하는 것이 정당 수 산정이다.'라고 했다. 즉 정당 수 산정은 정당 간 상호 작용에 대한 이해를 가능하게 한다는 점에서 의의를 지닌다.

④ 1문단에서 '정당 수가 많은가 적은가 하는 것은 그 정치 체계의 이데올로기적 분포 및 정치 상황의 안정도를 보여 주는 중요 지표'라고 했다. 즉 정당 수 산정은 정치 상황의 안정성 정도를 파악할 수 있게 한다는 점에서 의의를 지닌다.

⑤ 1문단에서 '정당 수가 많은가 적은가 하는 것은 그 정치 체계의 이데올로기적 분포 및 정치 상황의 안정도를 보여 주는 중요 지표이다.', '정당 수는 이념적 분포가 원심적인지 아니면 구심적인지를 보여 준다.'라고 했다. 즉 정당 수 산정은 정치 체계의 이념적 분포의 정도를 이해할 수 있게 한다는 점에서 의의를 지닌다.

**2. ③**

> 3문단에서 이항 분류 방식은 '의회에 의석을 보유하고, 내각 구성에 참여할 가능성이 있는 정당만을 정당 체계 내 정당으로 인정'하여 정당 수를 산정한다고 했다. 이에 따르면 〈보기〉에서 산정되는 정당 수는 '선거 후 의회 의석을 확보'하고 '내각 구성에 관심을 표'한 정당 수인 3이다.
> 한편 4문단에 따르면 지수화 방식은 '내각 참여 여부를 막론'하고 '각 정당의 득표수 또는 의석수를 상대적 비율로 파악'하는 것으로, 1을 각 득표율 또는 의석 비율의 제곱의 합으로 나누어 구한다. 이중 의회 유효 정당 지수는 '의석 비율을 사용'하므로 〈보기〉에서 지수화 방식에 따른 의회 유효 정당 지수를 구하면 '1 ÷ {(0.4)² + (0.4)² + (0.2)²} = 약 2.78'이 된다.
> 따라서 〈보기〉에서는 이항 분류 방식에 따른 정당 수(3)가 지수화 방식에 따른 의회 유효 정당 지수(약 2.78)보다 크다.

① 2문단에 따르면 단순 방식은 '한 정치 체계의 규정에 따른 정당이면 모두 동일한 자격을 갖춘 정당으로 간주'하므로, 이에 따를 때 〈보기〉에서 선거 전 정당 수(6)와 선거 후 정당 수(3)에는 변화가 있다.

② 〈보기〉에서 선거 후 단순 방식에 따른 정당 수와 이항 분류 방식에 따른 정당 수는 3으로 동일하다.

④ 4문단에 따르면 지수화 방식에서 '의회 유효 정당 지수'는 1을 각 정당의 의석 비율의 제곱의 합으로 나눈 것으로, 이에 따르면 〈보기〉의 경우 의회 유효 정당 지수는 '1 ÷ {(0.4)² + (0.4)² + (0.2)²} = 약 2.78'이다.
한편 참여한 6개 정당 중 A당, B당, C당을 제외한 '나머지 정당들은 모두 합쳐 10%를 득표'했다는 것만 알 수 있을 뿐, 각각의 득표율은 제시되지 않았기 때문에 선거 유효 정당 지수는 정확하게 구할 수 없다. 다만 '1 ÷ {(0.4)² + (0.3)² + (0.2)² + (0.1)²} = 약 3.33'보다 큰 값이라는 것은 추론 가능하므로, 지수화 방식에 따를 때 의회 유효 정당 지수는 선거 유효 정당 지수보다 작다.

⑤ 〈보기〉에서 지수화 방식에 따른 의회 유효 정당 지수(약 2.78)와 선거 후 단순 방식에 따른 정당 수(3)는 서로 같지 않다.

**3. ① 귀결   ② 난립**

| 구 조 도   그 리 기 |
| --- |
| **〈 정당 수 산정 〉** |
| **산정 의의** |
| • 정치 체계의 이데올로기적 분포 및 정치 상황의 안정도를 보여 줌 → 정당 간 상호 작용에 초점을 둔 정당 체계 분석에서 핵심적 역할을 함 |
| **산정 방식** |
| ① 단순 방식<br>• 한 정치 체계의 규정에 따른 정당이면 모두 동일한 자격을 갖춘 정당으로 간주<br>• 단점: 정치 상황의 시점에 따라 유효한 정당의 수가 달라질 수 있음 고려 X<br>② 이항 분류 방식<br>• 단순 방식의 문제를 해결하기 위해 등장<br>• 의회에 의석을 보유하고 내각 구성에 참여할 가능성이 있는 정당만 인정<br>• 장점: 정당 난립이 심할수록 유용<br>• 단점: 정부 형태 간 교차 분석을 위해 사용하기 어려움, 정치적 실체로서 존재하고 영향력을 행사하지만, 내각 구성 과정에 영향을 미치지 못하는 정당의 존재는 배제됨<br>③ 지수화 방식<br>• 단순 방식, 이항 분류 방식을 비판하며 등장<br>• 각 정당의 선거 유효 정당 지수(득표수를 상대적 비율로 파악) 또는 의회 유효 정당 지수(의석수를 상대적 비율로 파악)를 산정<br>• 장점: 대선과 총선의 정당 체계를 같은 기준으로 비교할 수 있음 → 특정 정부 형태나 정치 상황에 국한되지 않는 산정 기준 마련에 가장 효과적 |

[4~6] 2011학년도 9월 모평 「산화물 반도체 물질을 이용한 저항형 센서」

**①** 우리는 생활에서 각종 유해 가스에 노출될 수 있다. 인간은 후각이나 호흡 기관을 통해 위험 가스의 존재를 인지할 수는 있으나, 그 (유해(위험) 가스) 종류를 감각으로 판별하기는 어려우며, 미세한 농도의 감지는 더욱 불가능하다. 인간의 감각으로 유해 가스의 종류를 판별하거나 미세한 농도의 유해 가스를 감지하는 것에는 한계가 있구나. **따라서** 가스의 종류나 농도 등을 감지할 수 있는 고성능 가스 센서를 사용하는 것이 위험 가스로 인한 사고를 미연에 방지할 수 있는 길이다. (한계점이나 문제점이 제시된 다음에는 그 보완이나 해결과 관련된 이야기를 할 가능성이 높아. 1문단에서는 유해 가스 판별, 감지에 있어 인간 감각의 **한계**를 언급한 다음, 이와 같은 문제가 없이 가스의 종류, 농도를 감지할 수 있는 '고성능 가스 센서'라는 화제를 제시하고 있어.)

**②** 가스 센서란 특정 가스를 감지하여 그것을 적당한 전기 신호로 변환하는 장치의 총칭이다. 가스 센서: 가스 감지 → 전기 신호로 변환 각종 가스 센서 가운데 산화물 반도체 물질을 이용한 저항형 센서는 감지 속도가 빠르고 안정성이 높으며 휴대용 장치에 적용할 수 있도록 소형화가 용이하기 때문에 널리 사용되고 있다. 저항형 센서의 장점: (1) 감지 속도 빠름, (2) 안정성 높음, (3) 소형화 용이 센서 장치에서 **안정성이 높다는 것**은 시간이 지남에 따라 반복 측정하여도 동일 조건 하에서는 센서의 출력이 거의 일정하다는 뜻이다. (저항형 센서의 장점 중 안정성이 높다는 것에 대해서만 설명을 덧붙이고 있으니, 이는 문제로 다룰 가능성이 높아. 정답률이 높은 문제라 우리 교재에 수록되지는 않았지만, 실제 문제로 출제되었어.)

**③** 저항형 가스 센서는 두께가 수백 나노미터($10^{-9}$m)에서 수 마이크로미터($10^{-6}$m)인 산화물 반도체 물질이 두 전극 사이를 연결하는 방식으로 되어 있다. ⑴가스가 센서에 다다르면 ⑵시간이 지남에 따라 산화물 반도체 물질에 흡착되는 가스의 양이 늘어나 **다가** ⑶흡착된 가스의 양이 일정하게 유지되는 정상 상태(定常狀態)에 도달하여 일정한 저항값을 나타내게 된다. ('-면', '-다가', '-여'와 같은 표현을 사용해 저항형 가스 센서의 **작동 과정**을 설명하고 있어. 눈에 띄는 명사나 용언뿐만 아니라, 조사, 어미, 부사 등도 꼼꼼히 읽는 습관을 길러 두자!) 정상 상태에 도달하는 동안 이산화질소와 같은 **산화 가스**는 산화물 반도체로부터 전자를 받으면서 흡착하여 산화물 반도체의 저항값을 증가시킨다. **반면에**(산화 가스와 차이가 두드러지는 대상이 제시될 거야.) 일산화탄소와 같은 **환원 가스**는 산화물 반도체 물질에 전자를 주면서 흡착하여 산화물 반도체의 저항값을 감소시킨다. 이러한 ⑷저항값 변화로부터 가스를 감지하고 농도를 **산출**하는 것이 센서의 작동 원리이다. 저항형 가스 센서의 작동 과정(원리)을 정리해볼까? (1) 가스가 센서에 다다름 (2) 산화물 반도체 물질에 흡착되는 가스의 양↑ (3) 산화 가스로 인해 산화물 반도체의 저항값↑ + 환원 가스로 인해 산화물 반도체의 저항값↓ → 정상 상태 도달해 일정한 저항값 저항값 변화로부터 가스 감지, 농도 산출

**④** 저항형 가스 센서의 성능을 평가하는 주된 요소는 응답 감도, 응답 시간, 회복 시간이다. **응답 감도**는(이 문단에서는 저항형 가스 센서의 성능을 평가하는 요소 세 가지를 차례로 설명하겠군.) 특정 가스가 존재할

때 가스 센서의 저항이 얼마나 민감하게 변화하는가에 대한 정도이며, 일정하게 유지되는 정상 상태 저항값($R_s$)과 특정 가스 없이 공기 중에서 측정된 저항값($R_{air}$)으로부터 도출된다. 이는 $R_s$와 $R_{air}$의 차이를 $R_{air}$로 나누어 백분율로 나타낸 것으로, 이 값이 클수록 가스 센서는 감도가 좋다고 할 수 있다. 센서의 성능 평가 요소 (1) 응답 감도: 가스 센서의 저항이 얼마나 민감하게 변하는가에 대한 정도 = ($R_s$−$R_{air}$)÷$R_{air}$ × 100 **또한**(이제 응답 시간에 대해 설명하겠지?) 가스 센서가 특정 가스를 얼마나 빨리 감지하고 반응하느냐의 척도인 **응답 시간**은 응답 감도 값의 50% 혹은 90% 값에 도달하는 데 걸리는 시간으로 정의된다. 센서의 성능 평가 요소 (2) 응답 시간: 가스를 얼마나 빨리 감지하고 반응하느냐의 척도 = 응답 감도 값의 50% 혹은 90% 값에 도달하는 데 걸리는 시간 **한편,**(마지막으로 회복 시간을 다루겠네.) 센서는 반복적으로 사용해야 하기 때문에 산화물 반도체 물질에 정상 상태로 흡착돼 있는 가스를 가능한 한 빠른 시간 내에 탈착시켜 처음 상태로 되돌려야 한다. 따라서 흡착된 가스가 공기 중에서 탈착되는 데 필요한 시간인 **회복 시간** 역시 가스 센서의 성능을 평가하는 중요한 요소로 꼽힌다. 센서의 성능 평가 요소 (3) 회복 시간: 흡착된 가스가 공기 중에서 탈착되는 데 필요한 시간

**4. ①**

3문단에서 '정상 상태에 도달하는 동안' '산화 가스는 산화물 반도체로부터 전자를 받으면서 흡착'하고, '환원 가스는 산화물 반도체 물질에 전자를 주면서 흡착'한다고 했다. 이를 통해 산화물 반도체 물질은 가스 흡착 시 전자를 주거나 받을 수 있음을 알 수 있다.

② 1문단에서 '인간은 후각이나 호흡 기관을 통해 위험 가스의 존재를 인지할 수는 있으나, 그 종류를 감각으로 판별하기는 어려우며, 미세한 농도의 감지는 더욱 불가능하다.'라고 했다.

③ 4문단에서 '센서는 반복적으로 사용해야 하기 때문에 산화물 반도체 물질에 정상 상태로 흡착돼 있는 가스를 가능한 한 빠른 시간 내에 탈착시켜'야 한다고 했다. 이때 '흡착된 가스가 공기 중에서 탈착되는 데 필요한 시간'이 회복 시간이므로, 회복 시간이 짧아야 산화물 반도체 가스 센서를 오래 사용할 수 있다.

④ 3문단에서 '가스가 센서에 다다르면 시간이 지남에 따라 산화물 반도체 물질에 흡착되는 가스의 양이 늘어나다가 흡착된 가스의 양이 일정하게 유지되는 정상 상태에 도달'한다고 했으므로, 흡착되는 가스의 양이 계속 늘어나는 것은 아니다.

⑤ 3문단에 따르면 저항형 가스 센서가 '저항값의 변화로부터 가스를 감지'하는 것은 맞지만, 저항값의 변화는 가스의 탈착 전후가 아니라 '흡착' 전후에 나타난 것이다.

**5. ③**

4문단에서 '가스 센서가 특정 가스를 얼마나 빨리 감지하고 반응하느냐의 척도인 응답 시간은 응답 감도($(R_s-R_{air})÷R_{air} \times 100$) 값의 50% 혹은 90% 값에 도달하는 데 걸리는 시간'이라고 했다. 이에 따르면 〈보기〉에서 A를 이용한 센서와 B를 이용한 센서의 정상 상태 저항값($R_s$)과 공기 중에서 측정된 저항값($R_{air}$)은 동일하므로 두 센서의 응답 감도는 같지만, 응답 감도 값의 50% 혹은 90% 값, 즉 일정 수준에 도달하는 데 걸리는 응답 시간은 A를 이용한 센서가 더 빠르다.

① 3문단에서 '정상 상태에 도달하는 동안 이산화질소와 같은 산화 가스는 산화물 반도체로부터 전자를 받으면서 흡착하여 산화물 반도체의 저항값을 증가시킨다.'라고 했다. 이에 따르면 〈보기〉에서 물질 A와 B의 저항값은 모두 증가하고 있으므로 실험에 사용된 가스는 산화 가스이다.

② 4문단에 따르면 응답 감도는 '$R_s$와 $R_{air}$의 차이를 $R_{air}$로 나누어 백분율로 나타낸 것'이다. 〈보기〉에서 A를 이용한 센서와 B를 이용한 센서의 정상 상태 저항값($R_s$)과 공기 중에서 측정된 저항값($R_{air}$)은 동일하므로 두 센서의 응답 감도는 같다.

④ 〈보기〉에서 특정 가스가 흡착하기 전($t_1$ 이전) 공기 중에서 측정된 저항값($R_{air}$)은 A와 B가 같다.

⑤ 3문단에서 '흡착된 가스의 양이 일정하게 유지되는 정상 상태'에서는 '일정한 저항값'을 가진다고 했다. 이에 따르면 〈보기〉에서 $t_1$ 직후부터 정상 상태 저항값($R_s$)에 도달하기 직전까지는 A의 저항값이 B의 저항값보다 크다.

**6. ① 미연 ② 산출**

---

### 구 조 도 그 리 기

〈 저항형 가스 센서 〉

| 가스 센서 |
|---|
| • 가스를 감지해 전기 신호로 변환하는 장치 |
| • 인간의 감각으로 감지 불가능한 유해 가스의 종류나 농도 감지해 사고 방지 |

| | 저항형 가스 센서 |
|---|---|
| 장점 | ① 감지 속도 빠름<br>② 안정성 높음: 시간이 지남에 따라 반복 측정해도 동일 조건 하 센서의 출력 거의 일정<br>③ 소형화 용이 |
| 작동 원리 | • 산화물 반도체 물질이 두 전극 사이를 연결<br>• 작동 원리<br>① 가스가 센서에 다다르면 산화물 반도체 물질에 흡착되는 가스의 양↑<br>② 정상 상태(흡착된 가스의 양 일정하게 유지, 일정한 저항값) 도달하는 동안 산화 가스(전자 받으면서 흡착, 저항값↑), 환원 가스(전자 주면서 흡착, 저항값↓)에 의해 저항값 변화<br>③ 저항값 변화로부터 가스 감지, 농도 산출 |
| 성능 평가 요소 | ① 응답 감도: 가스 센서의 저항이 얼마나 민감하게 변하는가에 대한 정도<br>② 응답 시간: 가스를 얼마나 빨리 감지하고 반응하느냐의 척도<br>③ 회복 시간: 흡착된 가스가 공기 중에서 탈착되는 데 필요한 시간 |

## [1~3] 2017년도 LEET 「비개념주의와 개념주의」

① 우리는 빨갛게 잘 익은 사과를 보고서, "그래, 저 사과 맛있겠으니 가족과 함께 먹자."라는 판단을 내린다. (예를 들면서 글을 시작하고 있어. 그렇다면 주어진 예와 대응되는 개념, 이론 등이 뒤에서 제시되겠지? 그것이 바로 이 글의 화제일 테고!) 이때 우리는 빨간 사과에 대한 감각 경험을 먼저 한다. 그러고 나서, "저기 빨간 사과가 있네."라거나, "사과가 잘 익었으니 함께 먹으면 좋겠다."라는 판단을 내린다. 이것은 보는 것이 믿는 것에 대한 선행 조건임을 의미한다. 감각 경험에 대한 판단과 추론은 고차원의 인지 과정이며 개념적 절차이고, 판단과 추론이 개입하기 이전의 감각 경험은 비개념적 내용을 가질 뿐이다. 이와 같이 비개념적인 감각 경험이 먼저 주어진 후에 판단과 추론이 이어지는 것을 정상적인 과정으로 보는 견해를 '비개념주의'라고 부른다. 비개념주의: 감각 경험(비개념적 내용) → 판단과 추론(고차원의 인지 과정, 개념적 절차)

② 비개념주의는 우리가 알아채는 것보다 실제로 더 많은 것을 본다는 점에 주목한다. 예를 들어 우리는 퇴근 후 아내와 즐겁게 대화를 나누며 저녁 식사를 하면서도 아내가 그날 노랗게 염색한 것을 알아채지 못할 수 있다. 아내의 핀잔을 들은 후 염색한 사실을 새삼스럽게 깨닫고서 어떻게 이를 모를 수 있었는지 의아해 한다. 이렇게 현저한 변화를 알아보지 못하는 현상을 변화맹(change blindness)이라고 부른다. 우리가 이러한 특징적인 변화를 정말 보지 못했다고 생각하기 어렵다. 새로운 시각 경험이 주어졌으나 이 경험을 인지하지 못했으며, 따라서 판단과 추론으로 이어지지 못했다는 설명이 자연스럽다. 우리는 아내의 노란 머리를 단지 알아차리지 못했을 뿐이지 보지 못했다고 말할 수는 없다. 비개념주의에서는 변화맹을 시각 경험은 주어졌지만 이를 인지하지 못해 판단과 추론으로 이어지지 못한 것일 뿐이라고 설명하고 있어.

③ 그러나 (비개념주의의 주장과는 다른 견해가 제시되겠지?) '개념주의'는 시각 경험과 판단·추론이 별개의 절차가 아니라고 본다. 우리가 무엇인가를 볼 때 여기에는 배경 지식이나 판단 및 추론 같은 고차원의 인지적 요소들이 이미 개입하고 있다는 것이다. 개념주의: 시각 경험에 이미 고차원의 인지적 요소들이 개입되어 있음 개념주의에서는 우리가 빨간 사과를 지각할 때 일종의 인지 작용으로서 해석이 일어난다고 여긴다. 식탁에 놓인 것을 '빨간 사과'로 보는 것 자체가 일종의 해석이다. 우리가 이 해석 작용 자체를 인식하는 것은 아니지만, 이 작용은 두뇌 곳곳에서 분산되어 일어나는데 이것(해석)도 일종의 판단이나 추론이라는 것이다. 개념주의에서는 시각 경험(지각)을 할 때 판단이나 추론(인지 작용)의 일종인 해석이 일어난다고 보는군.

④ 개념주의는 베르나르도 벨로토가 그린 〈엘베 강 오른편 둑에서 본 드레스덴〉을 통해서도 설명된다. 미술관에 걸려 있는 이 그림을 적당한 거리에서 바라볼 때, 원경으로 그려진 다리 위에는 조금씩 다른 모습의 여러 사람들이 보인다. 우리는 작가가 아마도 확대경을 이용하여 그 사람들을 매우 정교하게 그렸을 것

이라 생각할지도 모른다. 그런데 그 티끌같이 작은 사람들이 정말 사람의 형태를 하고 있을까? 이 그림의 다리 위 부분을 확대해서 보면 놀랍게도 사람들은 사라지고, 물감 방울과 얼룩과 터치만이 드러난다. 어떻게 보면 작가는 다리를 건너는 사람들을 직접 그렸다기보다는 단지 암시했을 뿐이지만, 우리의 두뇌는 사람과 비슷한 암시를 사람이라고 해석하여 경험한다. 이와 같은 과정을 비유적으로 '채워 넣기'라고 부를 수 있다. 두뇌는 몇몇 단서를 가지고서 세부 사항을 채워 넣으며 이를 통해 다채로운 옷을 입고 여러 동작을 하면서 다리를 건너는 사람들을 보게 되는 것이다. 채워 넣기도 일종의 판단 작용이다. 채워 넣기: 일종의 판단 작용으로 몇몇 단서를 통해 세부 사항을 채워 넣는 것 우리의 시각 경험에 이미 판단 작용이 들어와 있기 때문에, 시각 경험과 판단 작용은 구분되지 않는다. 우리가 이 그림에서 사람들을 지각할 때 이는 이미 해석을 전제한다.

⑤ 개념주의는 변화맹을 어떻게 설명할까? (비개념주의에서 변화맹에 대해 설명한 내용과 비교하며 읽는 게 좋겠지?) 개념주의에 따르면 나의 감각 경험에 주어진 두 장면 사이의 차이를 알아채지 못하는 변화맹은 불합리하다. 비개념주의에서는 판단 및 추론에서 독립된 감각 경험이 존재한다고 주장하는데, 판단이나 추론과 달리 나의 감각에 대해서는 나 자신이 특권을 가지므로 내가 나의 감각에 대해서 오류를 범할 수 없어야 한다. 그런데도 나의 감각의 변화를 내가 알아보지 못한다고 주장하는 것은 말이 되지 않는다. 변화를 알아볼 수 있을 때에야 감각하기 때문이다. 개념주의에서는 시각 경험과 판단 작용이 구분되지 않는다고 보니까, 변화를 알아볼 수 있을 때 감각한다고 보겠네. 이에 따르면 시각 경험이 주어졌지만 이를 알아보지 못한 변화맹은 불합리한 것이겠지.

⑥ 결국 개념주의는 비개념주의가 아는 것보다 실제로 더 많은 것을 본다는 근거 없는 자신감을 가지고 있다고 비판하는 셈이다. 반면에 (이번에는 비개념주의의 입장에서 개념주의를 비판한 내용이 나오겠지?) 비개념주의는 개념주의가 실제로는 더 많은 것을 보았는데 보지 못했다고 과소평가한다고 생각할 것이다.

## 1. ②

> 1문단과 3문단에 따르면 비개념주의는 '비개념적인 감각 경험이 먼저 주어진 후에 판단과 추론이 이어지는 것을 정상적인 과정'으로 보는 반면 개념주의는 '시각 경험과 판단·추론이 별개의 절차가 아니라고' 본다는 점에서 차이가 있지만, 비개념주의와 개념주의는 모두 '감각 경험에 대한 판단과 추론은 고차원의 인지 과정이며 개념적 절차'라는 점에 동의한다. 따라서 비개념주의와 개념주의 모두 판단 과정에 개념적 내용이 들어간다는 주장에 동의할 것이다.

① 5문단에 따르면 개념주의는 '나의 감각에 대해서는 나 자신이 특권을 가지므로' '나의 감각의 변화를 내가 알아보지 못한다고 주장하는 것은 말이 되지 않는다.'라고 본다. 이와 달리 2문단에 따르면 비개념주의는 '현저한 변화를 알아보지 못하는 현상'인 변화맹을 예로 들며 '알아채는 것보다 실제로 더 많은 것을 본다'고 했으므로 알아채지 못하는 감각은 불가능하다는 주장에 동의하지 않을 것이다.

③ 1문단에 따르면 비개념주의는 '보는 것이 믿는 것에 대한 선행 조건'이라고 본다. 하지만 3문단에 따르면 개념주의는 '시각 경험과 판단·추론이 별개의 절차가 아니라고' 보므로 무엇인가를 본 뒤에야 믿는 것이 가능하다는 주장에 동의하지 않을 것이다.

④ 5문단에 따르면 개념주의에서는 '판단이나 추론과 달리 나의 감각에 대해서는 나 자신이 특권을 가지므로 내가 나의 감각에 대해서 오류를 범할 수 없다'고 주장하므로 판단 및 추론에서는 오류를 범할 수 있다고 본다. 따라서 개념주의는 판단 및 추론에 대해 오류를 범하지 않는다는 주장에 동의하지 않을 것이다.

⑤ 2문단에 따르면 비개념주의는 '새로운 시각 경험이 주어졌으나 이 경험을 인지하지 못'하여 '판단과 추론으로 이어지지 못'하는 경우가 있다고 보므로, 감각 경험이 판단 작용으로 전환될 때 정보의 손실이 발생한다고 볼 것이다. 그러나 3문단에 따르면 개념주의는 '시각 경험과 판단·추론이 별개의 절차가 아니라고' 보므로 감각 경험이 판단 작용으로 전환될 때 정보의 손실이 발생한다는 주장에 동의하지 않을 것이다.

## 2. ④

> (다)와 같이 오타가 있는 단어를 볼 때 이를 알아차리지 못하고 제대로 읽게 되는 것은 4문단에서 설명한 '채워 넣기'가 일어났기 때문으로 볼 수 있다. 만약 5문단에 언급된 비개념주의의 주장처럼 '판단 및 추론에서 독립된 감각 경험이 존재'한다면 오타가 있는 단어는 오타 그대로 읽게 될 것이다.

① 4문단에 따르면 개념주의는 '시각 경험과 판단 작용은 구분되지 않는' 것으로 본다. 즉 어떠한 것을 알아차리지 못했다면 감각적으로도 보지 못했다고 보는 것이다. 따라서 개념주의는 (가)에서 관객이 조수가 바뀐 것을 알아차리지 못했다고 한 것에 대해 관객이 조수가 바뀐 것을 보지 못했다고 말할 것이다.

② 4문단에 따르면 개념주의는 (다)에서 오타가 있는 단어를 알아채지 못하고 제대로 읽은 것은 두뇌가 '몇몇 단서를 가지고서 세부 사항을 채워 넣으며' 읽었기 때문이라고 설명할 것이다.

③ (나)는 개념적 일반화나 언어적 조작 즉 '고차원의 인지 과정'이 불가능한 경우에도 감각 경험이 가능함을 보여 준다. 1문단을 참고할 때 비개념주의는 이를 '비개념적 내용'이 존재함을 보여 주는 사례라고 말할 것이다.

⑤ (라)는 변화를 알아차리지 못한 사람의 경우에도 감각 경험이 있었음을 보여 준다. 2문단에 따르면 비개념주의는 '변화맹'에 대해 '새로운 시각 경험이 주어졌으나 이 경험을 인지하지 못했으며, 따라서 판단과 추론으로 이어지지 못했다'고 설명한다. 따라서 비개념주의는 (라)를 사람들이 '알아채는 것보다 실제로 더 많은 것을 본다'는 사례로 활용할 것이다.

## 3. ① 주목 ② 의아

### 구 조 도 그 리 기

〈 비개념주의와 개념주의 〉

| 비개념주의 | 개념주의 |
|---|---|
| • 비개념적인 감각 경험 → 판단과 추론을 정상적인 과정으로 봄 | • 시각 경험(감각 경험)과 판단·추론은 별개의 절차 X: 시각 경험에 이미 배경 지식, 판단, 추론 등의 고차원의 인지적 요소들이 개입 |
| • 우리가 알아채는 것보다 실제로 더 많은 것을 본다는 점에 주목함 | • 지각은 채워 넣기(몇몇 단서를 통해 세부 사항을 채워 넣는 판단 작용)와 같은 해석을 전제함 |
| • 변화맹(현저한 변화를 알아보지 못하는 현상)을 시각 경험은 주어졌으나, 이를 인지하지 못해 판단과 추론으로 이어지지 못했다고 설명함 | • 변화를 알아볼 수 있을 때에야 감각하는 것이므로, 변화맹은 불합리함 |
| • 개념주의에 대한 평가: 더 많은 것을 보았는데 보지 못했다고 과소평가한다고 생각함 | • 비개념주의에 대한 평가: 아는 것보다 더 많은 것을 본다는 근거 없는 자신감을 가지고 있다고 생각함 |

## [4~6] 2010학년도 수능 「장비의 신뢰도 분석」

1 어떤 장비의 '신뢰도'란 주어진 운용 조건하에서 의도하는 사용 기간 중에 의도한 목적에 맞게 작동할 확률을 말한다. 신뢰도의 개념 복잡한 장비의 신뢰도는 한 번에 분석하기가 힘든 경우가 많으므로, 장비를 분해하여 몇 개의 하부 시스템으로 나누어서 생각하는 것이 합리적인 접근 방법이다. 직렬과 병렬 구조는 하부 시스템에 자주 나타나는 구조로서, 그 결과를 통합한다면 복잡한 장비의 신뢰도를 구할 수 있다. 복잡한 장비의 신뢰도 분석 방법: 몇 개의 하부 시스템들의 구조((1) 직렬 구조, (2) 병렬 구조 등) 분석 → 분석 결과 통합

2 A와 같은 직렬 구조는 원인에서 결과에 이르는 경로가 하나인 가장 간단한 신뢰도 구조이다. (직렬 구조부터 설명하고 병렬 구조도 설명하겠지?) 직렬 구조에서 시스템이 정상 가동하기 위해서는 모든 부품이 다 정상 작동해야 한다. 어떤 하나의 부품이 고장 나면 형성된 경로가 차단되므로 시스템이 고장 나게 된다. 직렬 구조: 원인-결과의 경로는 하나, 모든 부품이 정상 작동해야 시스템 정상 가동 만약 어떤 부품의 고장이 다른 부품의 수명에 영향을 주지 않는다면 A의 신뢰도는 부품 1의 신뢰도(r=0.9)와 부품 2의 신뢰도 (r=0.8)를 곱한 0.72로 계산되며, 이것은 100번 가운데 72번은 고장 없이 작동한다는 것을 의미한다. 부품이 두 개인 직렬 구조의 신뢰도: 부품 1의 신뢰도 × 부품 2의 신뢰도 고장 없이 영원히 작동하는 부품은 없기 때문에 직렬 구조의 신뢰도는 항상 가장 약한 부품의 신뢰도보다도 낮을 수밖에 없다.

3 한편, (전환! 이제 병렬 구조에 대해 설명하려나 보군.) B와 같은 병렬 구조는 원인에서 결과에 이르는 여러 개의 경로가 있고, 그중에 몇 개가 차단되어도 나머지 경로를 통해 결과에 이를 수 있는 구조이다. 병렬 구조에서는 부품이 모두 고장이어야 시스템이 고장이므로 병렬 구조: 원인-결과의 경로는 여러 개, 일부 부품이 고장일 때 시스템 정상 가동 O 시스템이 작동한다는 의미의 값인 1에서 두 개의 부품이 모두 고장 날 확률(0.1×0.2=0.02)을 빼서 얻은 0.98이 B의 신뢰도가 된다. 병렬 구조의 신뢰도: 1 - 모든 부품이 고장 날 확률 한 부품의 고장이 다른 부품의 신뢰도에 영향을 준다면 이 값 역시 달라진다.

4 이러한 신뢰도 구조는 물리적 구조와 구분된다. 자동차의 네 바퀴는 물리적 구조상 병렬로 설치되어 있지만, 그중 하나라도 고장 나면 자동차가 정상적으로 운행될 수 없으므로 신뢰도 구조상으로 직렬 구조인 것이다. 자동차 바퀴: 물리적 구조는 병렬, 신뢰도 구조는 직렬

[가] 5 종종 장비의 신뢰도를 높이기 위해 중복 설계(重複設計)를 활용하기도 한다. 가령, (예를 들어 설명하려고 하니 중복 설계의 개념을 정확히 이해해야겠어.) 순간적인 과전류로부터 섬세한 전자 기구를 보호하는 회로 차단기를 설치할 때에 그 안전도를 높이기 위해 2개를 물리적 구조상 직렬로 연결해야 하는데, 이때 차단기 2개 중 1개라도 정상 작동하면 전자 기구를 보호할 수 있다. 이것은 물리적으로 직렬 구조이지만 신뢰도 구조상으로 병렬 구조인 것이다. 회로 차단기: 물리적 구조는 직렬, 신뢰도는 병렬로 설계하여 장비의 신뢰도를 높임(중복 설계)

6 신뢰도 문제에서 직렬이나 병렬의 구조로 분석할 수 없는 'n 중 k' 구조도 나타난다. (신뢰도와 관련된 또 다른 구조가 제시되었네. 글의 거의 끝부분에서 새롭게 나왔으니 깊이 있게 다루지는 않겠지만 직렬, 병렬 구조와 비교하며 읽자.) 이 구조에서는 모두 n개의 부품 중에 k개만 작동하면 시스템이 정상 가동된다. n겹의 쇠줄로 움직이는 승강기에서 최대 하중을 견디는 데 k겹이 필요한 경우가 그 예이다. 'n 중 k' 구조: n개의 부품 중 k개만 작동하면 시스템 정상 가동 이 구조에서도 부품 간의 상호 작용에 따라 신뢰도가 달라진다. 부품 간의 상호 작용에 따른 신뢰도 변화: 직렬 구조 O, 병렬 구조 O, 'n 중 k' 구조 O

7 실제로 대규모 장비에 대한 신뢰도 분석은 대단히 힘들기 때문에 많은 경우 적절한 판단과 근삿값 계산을 필요로 한다. 따라서 주어진 장비의 구조 및 운용 조건을 충분히 이해하는 것이 필수적이다. 신뢰도 분석을 위해서는 장비의 구조 및 운용 조건을 충분히 이해하는 것이 필요하군.

## 4. ③

6문단에 따르면 'n 중 k' 구조에서는 'n개의 부품 중에 k개만 작동하면 시스템이 정상 가동'되는데, k=n이면 시스템을 구성하는 n개의 부품이 모두 정상 작동해야 시스템이 정상 가동됨을 의미한다. 이때 2문단에서 '직렬 구조에서 시스템이 정상 가동하기 위해서는 모든 부품이 다 정상 작동해야 한다.'라고 한 것을 고려하면, k=n일 때에는 'n 중 k' 구조의 신뢰도가 직렬 구조의 경우와 같다.

① 2문단에서 '직렬 구조에서 시스템이 정상 가동하기 위해서는 모든 부품이 다 정상 작동해야 한다.'라고 했다. 그런데 신뢰도를 구할 때 부품 각각의 신뢰도를 곱하여 계산하며 '고장 없이 영원히 작동하는 부품은 없'다고 했으므로 모든 부품의 신뢰도는 1보다 작다. 따라서 직렬 구조에서는 부품 수가 많아질수록 신뢰도가 낮아질 것이다.

② 2문단에서 직렬 구조의 신뢰도를 계산할 때 '어떤 부품의 고장이 다른 부품의 수명에 영향을 주지 않는' 경우를 가정한 것, 3문단에서 병렬 구조의 신뢰도는 '한 부품의 고장이 다른 부품의 신뢰도에 영향을 준다면' 달라질 수 있다고 한 것, 6문단에서 'n 중 k' 구조에서 '부품 간의 상호 작용에 따라 신뢰도가 달라진다.'라고 한 것을 통해 부품 간의 상호 작용에 따라 신뢰도는 달라짐을 알 수 있다.

④ 2문단에서 '직렬 구조는 원인에서 결과에 이르는 경로가 하나'라고 했고, 3문단에서 '병렬 구조는 원인에서 결과에 이르는 여러 개의 경로가 있'다고 했다. 또한 2개의 부품으로 이루어진 그림 A와 B를 통해서도 병렬 구조인 B가 직렬 구조인 A보다 경로의 수가 더 많음을 알 수 있다.

⑤ 2문단에 따르면 신뢰도 0.72는 '100번 가운데 72번은 고장 없이 작동한다는 것을 의미'하므로, 신뢰도 0.98은 100번 작동에 2번 꼴로 고장 날 수 있다는 것을 의미한다.

## 5. ①

[가]에서는 '장비의 신뢰도를 높이'는 방법으로 '물리적 구조'와 '신뢰도 구조'를 서로 다른 방식으로 설계하는 '중복 설계'를 언급했다. 〈보기〉의 배수 펌프 시스템은 '펌프 쪽으로 물이 역류'하는 것을 막기 위해 '두 개의 역류 방지용 밸브가 연결'되도록 하며, 밸브가 '한 개만 작동해도 역류를 막을 수 있는' 구조라고 한 것을 통해 신뢰도 구조상으로는 병렬 구조임을 알 수 있으며, '중복 설계'라고 하였으니 물리적으로는 직렬 구조이어야 함을 알 수 있다. 〈보기〉에서 말한 것처럼 '펌프에서 배출된 물'이 역류하는 것을 막기 위해서는 펌프가 물이 흐르기 시작하는 방향(가장 왼쪽)에 배치되고, 밸브가 물이 흘러가는 방향(오른쪽)에 배치되어야 한다. 따라서 물리적으로 직렬 구조이면서(①, ②, ③번), 펌프가 가장 왼쪽에 있고 밸브가 오른쪽에 있어서 둘 중 한 개만 작동해도 펌프 쪽으로의 역류를 막을 수 있는 ①번이 정답이다.

## 6. ① 운용 ② 가동

---

### 구 조 도 그 리 기

〈 장비의 신뢰도 〉

| 개념 |
| --- |
| • 주어진 운용 조건하, 의도하는 사용 기간 중, 의도한 목적에 맞게 작동할 확률 <br> • 복잡한 장비의 경우 하부 시스템의 구조를 분석해 결과 통합 |

| 신뢰도 구조 유형 | | |
| --- | --- | --- |
| 직렬 구조 | • 원인에서 결과에 이르는 경로 하나 <br> • 모든 부품 정상 작동 시 시스템 정상 가동 <br> • 신뢰도 = 부품 1 신뢰도 × … × 부품 n 신뢰도 → 가장 약한 부품의 신뢰도보다 낮음 | 중복 설계: 장비의 신뢰도를 높이기 위해 물리적 구조와 신뢰도 구조를 다르게 설계하기도 함 |
| 병렬 구조 | • 원인에서 결과에 이르는 경로 여러 개 <br> • 부품이 모두 고장이어야 시스템 고장 <br> • 신뢰도 = 1 − 모든 부품이 고장 날 확률 | |
| n 중 k 구조 | • n개의 부품 중 k개 작동 시 시스템 정상 가동 | |

## [1~3] 2015학년도 수능B 「신채호의 역사관」

① 역사가 신채호는 역사를 아(我)와 비아(非我)의 투쟁 과정이라고 정의한 바 있다. 그가 무장 투쟁의 필요성을 역설한 독립 운동가이기도 했다는 사실 때문에, 그의 이러한 생각(역사를 아와 비아의 투쟁 과정으로 본 것)은 그를 투쟁만을 강조한 강경론자처럼 비춰지게 하곤 한다. 하지만(신채호를 투쟁만을 강조한 강경론자라고 보는 관점과는 다른 관점이 제시되겠지?) 그는 식민지 민중과 제국주의 국가에서 제국주의를 반대하는 민중 간의 연대를 지향하기도 했다. 그의 사상에서 투쟁과 연대는 모순되지 않는 요소였던 것이다. 이(신채호의 사상에서 투쟁과 연대가 모순되지 않는 요소라는 점)를 바르게 이해하기 위해서는 그의 사상의 핵심 개념인 '아'를 정확하게 이해할 필요가 있다. (이어서 '아'의 개념을 구체적으로 설명할 거라는 방향 정보에 해당하는 내용이야. 이때 이를 설명하는 것은 궁극적으로 신채호의 사상에서 투쟁과 연대가 모순되지 않는 요소라는 점을 설명하기 위함임을 잊지 말자!)

② 신채호의 사상에서 아 란 자기 본위에서 자신을 자각하는 주체인 동시에 항상 나와 상대하고 있는 존재인 비아와 마주 선 주체를 의미한다. 아 = 자신을 자각하는 주체 + 비아와 마주 선 주체 자신을 자각하는 누구나 아가 될 수 있다는 상대성을 지니면서 또한 비아와의 관계 속에서 비로소 아가 생성된다는 상대성도 지닌다. 신채호는 조선 민족의 생존과 발전의 길을 모색하기 위해 『조선 상고사』를 저술하여 아의 이러한 특성을 규정했다. 『조선 상고사』에서 아의 특성을 규정한 이유: 조선 민족의 생존과 발전의 길을 모색하기 위함 그는 아의 자성(自性), 곧 '나의 나됨'은 스스로의 고유성을 유지하려는 항성(恒性)과 환경의 변화에 대응하여 적응하려는 변성(變性)이라는 두 요소로 이루어져 있다고 하였다. 아의 자성 = 항성 + 변성 아는 항성 을 통해 아 자신에 대해 자각하며, 변성 을 통해 비아와의 관계 속에서 자기의식을 갖게 되는 것으로 설정하였다. 그리고 자성이 시대와 환경에 따라 변화한다고 하였다. 예상대로 2문단에서는 '아'의 개념과 특성에 대해 자세히 설명하고 있어. 정리해보자.

| 아의 자성 (= 나의 나됨) | 항성 (고유성 유지) → 자신을 자각하는 주체 | + | 변성 (환경의 변화에 대응해 적응) → 비아와 마주 선 주체 |
|---|---|---|---|

③ 신채호는 아를 소아와 대아로 구별하였다. 그에 따르면,(구분되는 두 대상을 구체적으로 설명하려는군. 공통점이나 차이점이 있는지를 파악하며 읽어야겠지?) 소아 는 개별화된 개인적 아이며, 대아 는 국가와 사회 차원의 아이다. 소아는 자성(나의 나됨)은 갖지만 상속성(相續性)과 보편성(普遍性)을 갖지 못하는 반면,(소아와 상이한 대아의 특성이 제시되겠네.) 대아는 자성을 갖고 상속성과 보편성을 가질 수 있다.

| 아 | 소아 | • 개별화된 개인적 아<br>• 자성 O, 상속성·보편성 X |
|---|---|---|
| | 대아 | • 국가와 사회 차원의 아<br>• 자성 O, 상속성·보편성 O |

여기서 상속성 이란(자성은 이미 2문단에서 설명했으니, 상속성을 설명한 다음에 보편성에 대해 설명하겠지?) 시간적 차원에서 아의 생명력이 지속되

는 것을 뜻하며, 보편성 이란 공간적 차원에서 아의 영향력이 파급되는 것을 뜻한다. 상속성과 보편성은 긴밀한 관계를 가지는데, 보편성의 확보를 통해 상속성이 실현되며 상속성의 유지를 통해 보편성이 실현된다.

| 상속성 | • 시간적 차원, 아의 생명력이 지속되는 것<br>• 보편성의 확보를 통해 실현 |
|---|---|
| 보편성 | • 공간적 차원, 아의 영향력이 파급되는 것<br>• 상속성의 유지를 통해 실현 |

대아가 자성을 자각한 이후, 항성과 변성의 조화를 통해 상속성과 보편성을 실현할 수 있다. (2문단과 3문단에 설명된 대아, 자성, 항성, 변성, 상속성, 보편성이 모두 연결된 핵심 정보야. 설명된 개념들이 연결되는 지점은 절대 놓치지 말자!) 만약 대아의 항성이 크고 변성이 작으면(가정의 방식을 활용하여, 항성과 변성이 조화를 이루지 못하는 경우에 대해 설명하려나 봐.) 환경에 순응하지 못하여 멸절(滅絶)할 것이며, 변성은 환경의 변화에 대응하여 적응하려는 것이니, 변성이 작으면 환경에 순응하지 못하여 멸절하는 것이겠군. 항성이 작고 변성이 크면 환경에 주체적으로 대응하지 못하여 우월한 비아에게 정복당한다고 하였다. 항성은 스스로의 고유성을 유지하려는 것이니, 항성이 작으면 주체적으로 대응하지 못해 비아에게 정복당하는 것이겠네.

④ 이러한 아의 개념을 통해 우리는 투쟁과 연대에 관한 신채호의 인식을 정확히 이해할 수 있다. (여기서 1문단의 마지막 부분을 떠올렸지? 이제 2~3문단에서 설명한 아 개념을 바탕으로 신채호의 사상에서 투쟁과 연대가 모순되지 않음을 보여 줄 거야.) 일본의 제국주의 침략에 직면하여 그는 신국민이라는 새로운 개념을 제시하고 조선 민족이 신국민이 될 때 민족 생존이 가능하다고 보았다. 신국민 은 상속성과 보편성을 지닌 대아로서, 역사적 주체 의식이라는 항성과 제국주의 국가에 대응하여 생긴 국가 정신이라는 변성을 갖춘 조선 민족의 근대적 대아에 해당한다. 제국주의 침략에 직면한 신채호의 인식 (1): 신국민(상속성과 보편성 지니고, 항성과 변성 갖춘 근대적 대아)이 되어야 함 또한 그는 일본을 중심으로 서구 열강에 대항하자는 동양주의에 반대했다. 동양주의는 비아인 일본이 아가 되어 동양을 통합하는 길이기에, 조선 민족인 아의 생존이 위협받는다고 보았기 때문이다. 제국주의 침략에 직면한 신채호의 인식 (2): 일본(비아)이 아가 되어 동양을 통합하여 조선 민족(아)의 생존이 위협받는 동양주의 반대

⑤ 식민 지배가 심화될수록(제국주의 침략에 직면한 상황에서 식민 지배가 심화되는 상황으로의 변화가 나타나지? 통시적인 변화에 따라 달라진 점이 무엇인지에 주목하자.) 일본에 동화되는 세력이 증가하면서 신채호는 아 개념을 더욱 명료화할 필요가 있었다. 이에 그는 조선 민중을 아의 중심에 놓으면서, 아에도 일본에 동화된 '아 속의 비아'가 있고, 일본이라는 비아에도 아와 연대할 수 있는 '비아 속의 아'가 있음을 밝혔다. 민중은 비아에 동화된 자들을 제외한 조선 민족을 의미한 것이었다.

| 아(조선 민중) | 아 속의 비아 → 제외 | 비아(일본) |
|---|---|---|
| | 연대 ← 비아 속의 아 | |

그는 조선 민중을, 민족 내부의 압제와 위선(아 속의 비아)을 제거함으로써 참된 민족 생존과 번영을 달성할 수 있는 주체이자 제국주의 국가에서 제국주의를 반대하는 민중(비아 속의 아)과의 연대를 통하여 부당한 폭력과 억압을 강제하는 제국주의에 함께 저항할 수 있는 주체로 보았다. 이러한 민중 연대를 통해 '인류로서 인류를 억압하지 않는' 자유를 지향했다. 식민 지배 심화에 따른 신채호의 인식: 조선 민중과 비아 속의 아의 연대 → 인류로서 인류를 억압하지 않는 자유 지향

## 1. ④

3문단에서 '대아가 자성을 자각한 이후, 항성과 변성의 조화를 통해 상속성과 보편성을 실현'할 수 있다고 했으며, 대아의 항성과 변성이 조화를 이루지 못하면 '환경에 순응하지 못하여 멸절'하거나 '환경에 주체적으로 대응하지 못하여 우월한 비아에게 정복'당한다고 한 것을 통해 알 수 있다.

① 3문단에서 '소아는 자성은 갖지만 상속성과 보편성을 갖지 못'한다고 했으므로, 자성을 갖춘 모든 아가 상속성과 보편성을 갖는 것은 아니다.

②, ⑤ 3문단에서 소아는 '상속성과 보편성을 갖지 못'한다고 했으므로, 항성과 변성의 조화 여부와 관계없이 상속성과 보편성을 실현할 수 없다.

③ 3문단에서 '보편성의 확보를 통해 상속성이 실현되며 상속성의 유지를 통해 보편성이 실현'되고, '항성과 변성의 조화를 통해 상속성과 보편성을 실현'할 수 있다고 했다. 그런데 항성이 작고 변성이 크다는 것은 항성과 변성이 조화를 이루지 못한 경우이므로 상속성과 보편성이 모두 실현될 수 없다.

## 2. ③

5문단의 '일본이라는 비아에도 아와 연대할 수 있는 '비아 속의 아'가 있음을 밝혔다.'를 통해 신채호가 파악한 연대의 대상은 비아 전체가 아니라 '비아 속의 아'임을 알 수 있다.

① 2문단에서 '신채호는 조선 민족의 생존과 발전의 길을 모색하기 위해 『조선 상고사』를 저술'하여 아의 특성을 규정했다고 했다. 또한 3문단에서 '대아는 국가와 사회 차원의 아'라고 한 것이나 4문단에서 신채호가 제시한 신국민이 '조선 민족의 근대적 대아에 해당'하는 것임을 고려할 때, 『조선 상고사』는 대아로서의 조선 민족의 생존과 발전을 모색하기 위해, 즉 조선 민족의 자성(나의 나됨)을 역사적으로 유지·계승하기 위해 쓰인 것으로 볼 수 있다.

② 2문단과 4문단에 따르면 아의 자성은 '항성'과 '변성'이라는 두 요소로 이루어지는데, 이중 항성은 '역사적 주체 의식'을 의미한다. 이때 신채호가 동양주의를 '비아인 일본이 아가 되어 동양을 통합하는 길이기에, 조선 민족인 아의 생존이 위협받'는 것으로 보아 반대했다는 사실을 고려하면, 신채호는 동양주의로 인해 아의 항성, 즉 아의 역사적 주체 의식이 작아져 아의 자성을 유지하기 어렵게 될 것을 염려해 동양주의를 비판한 것으로 볼 수 있다.

④ 4문단에 따르면 신채호가 '일본 제국주의 침략에 직면'하여 제시한 신국민은 '상속성과 보편성을 지닌 대아'이며, 그는 '비아인 일본이 아가 되어 동양을 통합하는 길이기에, 조선 민족인 아의 생존이 위협받는다'고 보아 동양주의를 반대했다. 즉 신채호가 독립 투쟁을 한 것은, 비아인 일본 제국주의의 침략이 아의 상속성과 보편성 유지를 불가능하게 할 것을 염려했기 때문으로 볼 수 있다.

⑤ 5문단에 따르면 신채호는 '일본이라는 비아에도 아와 연대할 수 있는 '비아 속의 아'가 있고, '아의 중심'인 조선 민중이 '제국주의 국가에서 제국주의를 반대하는 민중과의 연대'로 '제국주의에 함께 저항할 수 있'다고 보았다. 또한 '이러한 민중 연대를 통해 '인류로서 인류를 억압하지 않는' 자유를 지향'했으므로 적절하다.

## 3. ① 역설  ② 모색

| 구 조 도  그 리 기 |
|---|
| 〈 신채호의 역사관 〉 |

| | |
|---|---|
| 아 | • 자신을 자각하는 주체 + 비아와 마주 선 주체<br>• 아의 종류<br>① 소아: 개별화된 개인적 아(자성 O, 상속성·보편성 X)<br>② 대아: 국가와 사회 차원의 아(자성 O, 상속성·보편성 O) → 자성을 자각한 후 항성과 변성 조화되면 상속성과 보편성 실현 가능<br>· 자성(나의 나됨): 항성(고유성 유지) + 변성(환경 변화에 대응해 적응)<br>· 상속성: 시간적 차원, 아의 생명력 지속, 보편성 확보를 통해 실현<br>· 보편성: 공간적 차원, 아의 영향력 파급, 상속성 유지를 통해 실현 |
| 제국주의 침략 직면 | • 신국민 개념 제시: 상속성, 보편성, 항성(역사적 주체 의식), 변성(제국주의 국가에 대응해 생긴 국가 정신) 지닌 근대적 대아<br>• 동양주의 반대: 조선 민족(아)의 생존이 위협받기 때문 |
| 식민 지배의 심화 | • 조선 민중: 민족 생존과 번영을 달성할 수 있는 주체, 연대 통해 제국주의에 저항하는 주체 |

표:
| 아 | 비아 |
|---|---|
| 조선 민중 | |
| 아 속의 비아 | →연대← 비아 속의 아 |

[4~6] 2011년도 M/DEET 「지도 투영법」

① 지표면에 있는 어떤 **형상**의 위치를 경도와 위도로 표현하는 지리 좌표계는 구형의 표면인 지표상의 위치를 표현하고 있기 때문에 평면의 지도에서 그 형상의 위치를 정확하게 표현하기 위해서는 지도 투영법이 필요하다. 지도 투영법의 필요성: 평면인 지도에서 구형인 지표면에 있는 형상의 위치를 정확히 표현하기 위함 지도 투영법이란 투명한 지구본 안에 광원을 두고 그 광원에서 빛을 쏘았을 때 투영면에 비춰지는 그림자를 지도로 그리는 방법이다. 지도 투영법: 투영면에 비춰지는 그림자를 지도로 그림 그림자가 비춰지는 이 투영면은 단순한 평면일 수도 있고, 원뿔이나 원통 모양으로 지구를 에워싸서 투영한 후 이를 펼친 면일 수도 있다. 이들을 각각 평면 도법(투영면이 단순 평면 모양), 원추 도법(투영면이 원뿔 모양), 원통 도법(투영면이 원통 모양)이라 한다. 평면 도법은(평면 도법, 원추 도법, 원통 도법을 차례로 설명하겠지? 각 도법끼리의 공통점과 차이점을 중심으로 읽어 나가자.) 중심점을 지나는 모든 대권(great circle)이 그 중심점으로부터 방사상으로 뻗은 직선으로 나타나기 때문에 지도상의 방위가 지표면에서의 방위와 일치하도록 표현된다. 극점을 중심으로 투영하면 위선은 동심원, 경선은 극에서 뻗은 방사상 직선으로 나타난다. 원추 도법으로 지구본의 위선과 접하게 투영하면 위선은 동심원의 호, 경선은 극에서 뻗은 방사상 직선으로 나타난다. 원통 도법으로 지구본의 적도와 접하게 투영하면 위선과 경선은 각각 수평선과 수직선으로 나타난다.

〈평면 도법〉　　　〈원통 도법〉

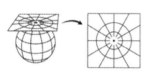 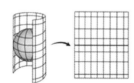

| 평면 도법 | · 투영면: 단순 평면 모양에 투영 |
| | · 극점을 중심으로 투영 → 위선: 동심원 / 경선: 극에서 뻗은 방사상 직선 |
| 원추 도법 | · 투영면: 원뿔 모양으로 지구를 에워싸서 투영한 후 펼친 면 |
| | · 위선과 접하게 투영 → 위선: 동심원의 호 / 경선: 극에서 뻗은 방사상 직선 |
| 원통 도법 | · 투영면: 원통 모양으로 지구를 에워싸서 투영한 후 펼친 면 |
| | · 적도와 접하게 투영 → 위선: 수평선 / 경선: 수직선 |

② 그러나 지구를 투영하는 과정에서 이들 투영면에 비춰진 그림자를 그대로 그리는 것은 아니며, 각 투영면에 나타나는 왜곡을 최소화하기 위하여 수학적인 방법으로 경선과 위선의 간격을 조절하여야 한다. 투영면에 비친 그림자를 그대로 그리면 형상의 왜곡이 일어나기 때문에, 왜곡의 최소화를 위해 경선과 위선의 간격을 조절하는구나. 이를 위해서는 다음의 네 가지 지구본의 특성을 고려하여야 한다. (이어서 지구본의 네 가지 특성을 설명할 거야. 이때 지구본의 특성을 설명하는 것은 결국 이를 고려한 경선과 위선의 간격 조절에 대해 설명하기 위함임을 잊지 말자.) (1)지표상에 있는 형상들의 모양이 닮은꼴로 유지되는 정형성, (2)지표에서 측정된

면적과 지도상에서의 면적의 비례 관계가 항상 일정하게 유지되는 정적성, (3)지표면에서 측정된 거리와 지도상의 거리의 비례 관계가 항상 일정하게 유지되는 정거성, (4)지도상에서의 각 지점들 간의 방위가 지표면 위에서의 방위와 같도록 하는 진방위 등이 그것이다. 지구본의 특성: (1) 정형성(모양 유지), (2) 정적성(면적의 비례 관계 유지), (3) 정거성(거리의 비례 관계 유지), (4) 진방위(방위 유지) 하지만 이 조건들을 모두 만족시키는 것은 오직 지구본밖에 없다. 지도를 제작할 때 이들 가운데 어떤 특성들은 그대로 유지되지만 나머지 특성들은 희생시켜야 하는 것이다. 지도 투영법은 세 가지의 투영면(평면, 원뿔, 원통 모양)마다 경선과 위선의 간격을 조정하여 이러한 지구본의 특성을 유지할 수 있다. 따라서 지도를 제작할 때는 지도의 사용 목적에 따라 유지시켜야 할 특성을 결정하고, 이에 부합하는 투영법을 선택하여야 한다. 정형성, 정적성, 정거성, 진방위의 특성을 모두 갖는 지구본과 달리 지도에서는 사용 목적에 따라 특정 특성만이 유지되는군.

③ 우선, 정형 도법은 정형성을 유지하는 투영법이다. ('우선'이라고 했으니, 다른 투영법도 이어서 제시되겠지? 각 투영법에서 유지되는 특성은 무엇인지를 파악하며 읽어야겠네.) 여기에서는 경선과 위선의 교차 각도가 지구본상에서와 같이 유지되고 한 지점에서부터 모든 방향으로 축척이 동일해야 한다. 정형 도법: 형상들의 모양이 닮은꼴로 유지 → 경선과 위선의 교차 각도 유지, 모든 방향으로 축척 동일 가령, 투영 과정에서 지표상의 형상이 동서 방향으로 길이가 늘어난다면 남북 방향도 늘어날 수 있도록 인위적으로 조정한다. 정형 도법의 예로 ㉠메르카토르(Mercator) 도법을 들 수 있다. 원통 도법을 조정한 이 투영법은 항해를 위해 제작되었으나 고위도 지역일수록 면적이 과장되는 단점이 있다. 메르카토르 도법: 항해를 위해 제작, 고위도 지역일수록 면적이 과장됨

④ 이에 비해(정형 도법과의 차이점을 드러내며 다음 투영법을 제시하고 있어.) 정적 도법은 정적성을 유지하는 투영 방법이다. 정적성을 유지하기 위해서는 모양은 다르지만 면적은 동일하게 나타나야 한다. 정적 도법: 지표에서 측정된 면적과 지도상에서의 면적의 비례 관계 유지 만약 지도의 특정 부분이 동서 방향으로 확대되었다면 반드시 남북 방향으로 축소해서 면적비가 변하지 않도록 해야 한다. 따라서 그 모양이 압축되거나 길게 늘어나거나 휘어진다. 정적 도법의 단점: 모양에 변형이 생길 수 있음 정적 도법의 예로 ㉡람베르트(Lambert)의 정적 원통 도법을 들 수 있다. 이 투영법은 정적성을 유지하기 위해 동서 방향의 축척 증가를 남북 방향의 축척 감소로 상쇄하도록 하였다. 정적 도법에서는 정형 도법에서와 달리 모든 방향으로 축척이 동일한 것은 아니겠네!

⑤ 다음으로, 정거 도법은 정거성을 유지하는 투영 방법이다. 정거성을 유지하기 위해서는 지도상 두 지점 간의 직선거리가 지구상 두 지점 간의 최단 거리인 대권상의 호(弧)를 나타낸 것이어야 한다. 정거 도법: 지표면에서 측정된 거리와 지도상의 거리의 비례 관계 유지 → 지도상 두 지점 간의 직선거리 = 지구상 두 지점 간의 최단 거리(대권상의 호) 정거 도법의 예로 평면 도법을 이용한 ㉢정거 방위 도법이 있다. 이 투영법을

극 중심으로 표현할 경우 위선은 같은 간격의 동심원으로 나타난다. ⑥ 마지막으로, 방위 도법 이란 진방위를 유지하는 투영 방법이다. 여기서는 한 중심 지점부터 다른 모든 지점까지의 방위가 지구상에서와 같도록 유지된다. 방위 도법: 각 지점들 간의 방위가 지표면 위에서의 방위와 같도록 유지 다른 도법과는 달리 방위 도법은 정적성, 정형성, 정거성 중의 하나와 함께 유지되도록 투영할 수 있다. (정적성, 정형성, 정거성은 두 가지 이상이 함께 유지될 수 없어.)

## 4. ①

2문단에서 진방위란 '지도상에서의 각 지점들 간의 방위가 지표면 위에서의 방위와 같도록 하는' 것이라고 했는데, 1문단에서 평면 도법은 '지도상의 방위가 지표면에서의 방위와 일치하도록 표현'된다고 했으므로 모든 평면 도법은 진방위를 유지할 것이다.

② 5문단에서 '정거 도법은 정거성을 유지하는 투영 방법'이며 그 예로 '평면 도법을 이용한 정거 방위 도법'이 있다고 했지만, 윗글을 통해 정거성이 평면 도법으로만 유지될 수 있다고 단정할 수는 없다.

③ 6문단에 따르면 '진방위를 유지'하는 '방위 도법은 정적성, 정형성, 정거성 중의 하나와 함께 유지되도록 투영할 수 있'으므로, 정형성과 진방위를 모두 만족하는 투영법이 존재할 수 있다.

④ 4문단에서 정적 도법의 예로 제시된 '람베르트의 정적 원통 도법'에서는 '정적성을 유지하기 위해 동서 방향의 축척 증가를 남북 방향의 축척 감소로 상쇄'한다고 했으므로, 정적 도법의 한 점에서 모든 방향으로 축척이 같다고 볼 수는 없다.

⑤ 3문단에 따르면 '정형성을 유지하는 투영법'인 정형 도법에서는 '지표상의 형상이 동서 방향으로 길이가 늘어난다면 남북 방향도 늘어날 수 있도록' 경선과 위선의 간격을 조정하는데, 이 중 하나인 '메르카토르 도법'에서 '고위도 지역일수록 면적이 과장되는 단점'이 있다고 했으므로 정형성을 가진 모든 지도의 경선과 위선이 정사각형을 형성할 것이라고 보기는 어렵다.

## 5. ③

인구 밀도는 '단위 면적당 인구 수'이므로, 이를 잘 나타낼 수 있는 지도는 면적이 정확하게 표현된 것이어야 한다. 2문단과 4문단에 따르면 '지표에서 측정된 면적과 지도상에서의 면적의 비례 관계가 항상 일정하게 유지되는 정적성'이 유지되는 '정적 도법'의 예 중 하나가 ⓒ(람베르트의 정적 원통 도법)이라고 했으므로 ⓐ에는 ⓒ이 들어가야 한다.
3문단에서 ③(메르카토르 도법)은 '항해를 위해 제작'된 것이라고 했으므로, ⓑ에는 화물선의 항로를 나타내는 지도에 사용하기 적절한 ③이 들어가야 한다.
5문단에 따르면 '정거 도법'에서는 '지도상 두 지점 간의 직선거리가 지구상 두 지점 간의 최단 거리'인데, ⓒ(정거 방위 도법)은 '정거 도법'의 하나이므로 이는 여객기의 직선 항로를 나타내는 지도에 사용하기 적절하다. 따라서 ⓒ에는 ⓒ이 들어가야 한다.

## 6. ① 형상  ② 부합

---

### 구 조 도  그 리 기

〈 지도 투영법 〉

• 지도 투영법: 지구본 안의 광원에서 쏜 빛이 투영면에 비춰지는 그림자 → 왜곡 최소화를 위해 경선과 위선의 간격을 조절 → 지도로 그림

| 평면 도법 | 단순 평면 모양의 투영면 |
| --- | --- |
| 원추 도법 | 원뿔 모양의 투영면 |
| 원통 도법 | 원통 모양의 투영면 |

• 지구본의 특성 유지에 따른 투영법

| 정형성 | 모양이 닮은꼴로 유지 |
| --- | --- |
| | • 정형 도법: 투영 과정에서 형상이 동서 방향으로 늘어나면 남북 방향이 늘어나도록 조절<br>예) 메르카토르 도법 |
| 정적성 | 면적의 비례 관계 유지 |
| | • 정적 도법: 특정 부분이 동서 방향으로 확대되면 남북 방향으로 축소하여 면적비 유지<br>예) 람베르트의 정적 원통 도법 |
| 정거성 | 거리의 비례 관계 유지 |
| | • 정거 도법: 지도상 두 지점 간의 직선거리가 지구상 두 지점 간의 최단 거리인 대권상의 호를 나타내야 함<br>예) 정거 방위 도법 |
| 진방위 | 방위 유지 |
| | • 방위 도법: 한 중심 지점부터 다른 모든 지점까지의 방위가 지구상에서와 같도록 유지, 정적성, 정형성, 정거성 중의 하나와 함께 유지되도록 투영 가능 |

→ 지도 제작 시 사용 목적에 따라 유지시켜야 할 특성 결정해 이에 부합하는 투영법 선택

## [1~3] 2011년도 LEET 「혁신 주도형 지역 발전 모델의 중심 개념」

① 많은 나라들은 지속적인 경제 성장을 위해 **요소 투입형 성장**에서 **혁신 주도형 성장으로 전환을 모색**하였다. 이는 지역적 차원에서도 경쟁력 강화를 위한 발전 모델의 변화를 가져오는데, **혁신 주도형 지역 발전 모델의 중심 개념**으로 제시되고 있는 것들로는 (1)클러스터, (2)지역혁신체계, (3)사회자본 등이 있다.

② (1)**클러스터**란(클러스터를 설명한 다음 나머지 두 개념에 대해서도 설명하겠지? 그렇다면 이 글에서는 혁신 주도형 지역 발전 모델의 중심 개념이 무엇인지에 핵심을 두고 설명하겠네.) 지리적으로 인접하고 있는 연계 기업, 특정 영역의 연관 기관 등이 유사성이나 보완성 등으로 서로 연결된 집단으로 정의된다. (1) 클러스터: 지리적으로 인접한 기업이나 기관이 유사성, 보완성 등으로 연결된 집단 클러스터의 경쟁력을 파악하기 위해서는 상호 연관된 클러스터의 구성 요소들이 어떤 네트워크 구조를 형성하고 있는지를 순차적으로 살펴보아야 한다. **즉**(앞 문장의 의미를 다시 한 번 풀어서 설명해 줄 거야.) 기업이나 산업의 전·후방 부가 가치 네트워크의 특성을 먼저 고찰하고, 다음으로 전문 기능, 기술, 정보 등을 공급하고 있는 서비스 기관을 파악한 후, 마지막으로 정부 혹은 규제 기관의 역할을 찾아내야 하는 것이다. 구성 요소들의 네트워크 구조 형성을 살펴봄으로써 클러스터의 경쟁력 파악 가능: 기업이나 산업의 부가 가치 네트워크의 특성 고찰 → 서비스 기관 파악 → 정부나 규제 기관의 역할 찾기 클러스터의 성공적인 사례인, 전통적인 포도 재배 지역에 형성된 ㉠**미국 캘리포니아 와인 클러스터**의 경우, 포도 재배는 이 지역의 농업 클러스터와, 와인 양조는 식품업 및 관광업 클러스터와 강한 연대를 **구축**하고 있다. 또한 와인학 과정을 개설하고 있는 지역 대학, 지방 정부, 지역 상·하원의 특별 위원회와도 연대를 구축하고 있다. 예) 미국 캘리포니아 와인 클러스터: 지역의 농업, 식품업 및 관광업 클러스터, 지역 대학, 지방 정부, 지역 특별 위원회와 연대를 구축하고 있음

③ (2)**지역혁신체계**는 지역의 제도, 문화, 규범, 분위기 등의 상부구조와 교통망이나 통신망 같은 물리적 하부구조 및 대학, 연구소, 기업, 지방 정부 등 사회적 하부구조로 구성되는 것으로, 새로운 기술과 지식을 생산하고 이를 상품화하는 상·하부구조 간 네트워크 체계를 말한다. (2) 지역혁신체계: 새로운 기술과 지식을 생산하고 상품화하는 상·하부구조 간 네트워크 체계 지역혁신체계는 혁신 주체들로 구성된 사회적 하부구조가 상부구조와 긴밀하게 연계되어 발전해야 한다. 또한 물리적 하부구조는 혁신 주체들을 유인할 수 있어야 할 뿐 아니라 이들의 혁신 성과물들에 대한 접근성을 높일 수 있어야 한다.

| 상부구조 | • 지역의 제도, 문화, 규범, 분위기 |
|---|---|
| 물리적 하부구조 | • 교통망, 통신망<br>• 혁신 주체들을 유인, 혁신 성과물들에 대한 접근성 높여야 함 |
| 사회적 하부구조 | • 대학, 연구소, 기업, 지방 정부<br>• 혁신 주체들로 구성, 상부구조와 연계되어 발전 |

그 대표적 **사례**로(클러스터와 마찬가지로 지역혁신체계에 대해서도 개념을 제시한 후 예를 들고 있어. 그렇다면 뒤에서 설명할 **사회자본**도 같은 방식으로 다룰 가능성이 높

겠네.) ㉡**스웨덴 시스타 과학 단지**를 들 수 있는데, 이 단지의 특징은 활성화된 산·학·연 협력, 대·중소 기업 간 협력 체계, 지방 정부의 도로 등 기반 시설 투자, 경쟁 기업 간 활성화된 공동 연구 등으로 요약될 수 있다. 예) 스웨덴 시스타 과학 단지: 활성화된 협력 체계, 기반 시설 투자, 경쟁 기업 간 공동 연구

④ **사회자본**은 국가나 지역, 개별 집단 등 공동체의 참여자들 간에 이루어지는 조정, 협력, 호혜적 규범, 사회적 신뢰 등을 뜻하는 것으로, 참여자들이 공유하는 목표를 추구하기 위해 효율적으로 함께 일할 수 있는 조건에 해당된다. (3) 사회자본: 공동체의 참여자들 간의 조정, 협력, 호혜적 규범, 사회적 신뢰(공유하는 목표 추구 위해 효율적으로 함께 일할 수 있는 조건) 1980년대 이후 사회자본에 대한 관심은 공동체가 지향하는 목적의 달성이 사회자본의 내용과 질에 달려 있다는 인식에서 비롯되었다. 그러한 사례가 영세 기업 중심으로 구성된 ㉢**일본 오타구 나카마 공동체**인데, 나카마 공동체란 동업의 친구나 서로 잘 아는 관계라고 불릴 수 있는 성격의 집단을 뜻한다. 종업원 10인 이하인 이 지역의 영세 기업들은 신뢰·협력·경쟁의 원리에 기초하여 그물망처럼 얽힌 공동체를 구성하고 있다. 이를 통하여 기업들은 전문 기능을 고도화하면서 대기업 못지않은 성과를 나타내고 있다. 예) 신뢰·협력·경쟁의 원리에 기초한 일본 오타구 나카마 공동체: 영세 기업들의 공동체, 전문 기능 고도화를 통해 높은 성과

⑤ 클러스터, 지역혁신체계, 사회자본의 개념은 **모두** 혁신 주도형 지역 발전을 위하여 네트워크를 강조하고 있다. (세 개념의 공통점을 설명하고 있어. 앞에서 설명한 개념들이 연결되는 지점은 속도를 늦추더라도 정확하게 읽자.) 클러스터와 지역혁신체계에서 네트워크는 구성 요소들 간 연계 체계 그 자체를 의미하며, 이는 지역의 부가 가치나 혁신성을 제고하는 원동력이 된다. 사회자본의 네트워크는 사회자본의 구성 요소인 조정, 협력, 신뢰, 규범의 호혜성의 정도에 따라 그 성격이 달라지는 것으로, 네트워크 자체도 중요하지만 구성 요소들의 질적 수준이 더욱 중요하다. 이때 사회자본은 다양한 유형의 네트워크에서 구성 요소들 간 관계를 활성화하는 촉매 역할을 한다. 즉 클러스터와 지역혁신체계의 네트워크에서 높은 질적 수준을 지닌 사회자본이 형성되면, 이들 네트워크의 참여자 수는 증가하며 교류 빈도 또한 높아진다. 결과적으로, 클러스터와 지역혁신체계는 강한 유대감 속에서 성장하면서 혁신 주도형 지역 발전을 위한 집합적 상승효과를 **창출**하게 된다.

| 클러스터 | • 네트워크(구성 요소들 간 연계 체계)가 지역의 부가 가치나 혁신성을 제고하는 원동력이 됨 |
|---|---|
| 지역혁신체계 | • 클러스터와 지역혁신체계의 네트워크에서 높은 질적 수준을 지닌 **사회자본**이 형성되면 네트워크의 참여자 수↑, 교류 빈도↑<br>→ 혁신 주도형 지역 발전을 위한 상승효과 창출 |
| 사회자본 | • **구성 요소**(조정, 협력, 신뢰, 규범의 호혜성의 정도)에 따라 네트워크의 성격이 달라지므로, 구성 요소들의 **질적 수준**이 중요 |

## 1. ④

5문단에서 '클러스터와 지역혁신체계에서 네트워크는 구성 요소들 간 연계 체계'를 의미하며, '지역의 부가 가치나 혁신성을 제고하는 원동력이 된다.' 라고 했고, '사회자본은 다양한 유형의 네트워크에서 구성 요소들 간 관계를 활성화하는 촉매 역할을 한다.'라고 했으므로 적절하지 않다.

① 2문단에서 클러스터는 '지리적으로 인접하고 있는 연계 기업, 특정 영역의 연관 기관 등이 유사성이나 보완성 등으로 서로 연결된 집단'이라고 했으므로, 클러스터의 주요 목적은 기업이나 산업의 보완적인 상호 연관성을 높이는 데 있다고 할 수 있다.

② 1문단에서 '혁신 주도형 지역 발전 모델의 중심 개념'으로 지역혁신체계를 언급하고 있으며, 3문단에서 이는 '새로운 기술과 지식을 생산하고 이를 상품화하는 상·하부구조간 네트워크 체계'라고 했다.

③ 5문단에서 '사회자본의 네트워크'는 '네트워크 자체도 중요하지만 구성 요소들의 질적 수준이 더욱 중요'하다고 했다.

⑤ 1문단에서 '지역적 차원'에서의 '경쟁력 강화를 위한 발전 모델' 중 '혁신 주도형 지역 발전 모델의 중심 개념'으로 '클러스터, 지역혁신체계, 사회자본 등'이 있다고 했으며, 5문단에서 이들은 모두 '혁신 주도형 지역 발전을 위하여 네트워크를 강조'한다고 했다.

## 2. ⑤

4문단에서 ⓒ(일본 오타구 나카마 공동체)은 '영세 기업들'이 '신뢰·협력·경쟁의 원리에 기초하여 그물망처럼 얽힌 공동체를 구성'하여 '전문 기능을 고도화하면서 대기업 못지않은 성과를 나타내고 있다.'라고 했다. 따라서 ⓒ에서 개별 기업이 지닌 한계는 기업체 내부의 소통이 아니라 기업체 간 소통 네트워크 강화를 통해 극복하고 있다고 볼 수 있다.

① 2문단에 따르면 ㉠(미국 캘리포니아 와인 클러스터)은 '농업 클러스터', '식품업 및 관광업 클러스터와 강한 연대를 구축'하고 있는데, 이는 하나의 클러스터가 기능화된 여러 클러스터로 구성된 복합 구조일 수 있음을 보여 준다.

② 1문단에 따르면 클러스터는 '혁신 주도형 지역 발전 모델의 중심 개념' 중 하나로, 2문단의 '전통적인 포도 재배 지역에 형성'된 ㉠을 통해 전통 산업과의 연계를 통해서도 혁신 주도형 지역 발전을 성공적으로 이룰 수 있음을 확인할 수 있다.

③ 3문단에 따르면 지역혁신체계의 '물리적 하부구조'는 '교통망이나 통신망' 등을 가리킨다. ⓒ(스웨덴 시스타 과학 단지)의 사례를 통해 지역혁신체계 구축을 위해서는 '지방 정부의 도로 등 기반 시설 투자'와 같은 물리적 하부구조를 강화하는 지방 정부의 활동이 중요함을 알 수 있다.

④ 3문단에서 지역혁신체계는 '새로운 기술과 지식을 생산하고 이를 상품화하는 상·하부구조 간 네트워크 체계'라고 했으며 그 예로 ⓒ을 제시하였다. 따라서 ⓒ에서 '경쟁 기업 간 활성화된 공동 연구'가 이루어지고 있는 것은 지역 혁신을 위해 상·하부구조가 성공적으로 연계되어 있음을 보여 주는 것이라 할 수 있다.

## 3. ① 구축  ② 창출

### 구 조 도  그 리 기

〈 혁신 주도형 지역 발전 모델의 중심 개념 〉

| 클러스터 | • 지리적으로 인접한 연계 기업, 특정 영역의 연관 기관 등이 유사성이나 보완성 등으로 서로 연결된 집단<br>• 구성 요소들의 네트워크 구조 형성을 살펴봄으로써 클러스터의 경쟁력 파악 가능 | 네트워크 : 구성 요소들 간 연계 체계 그 자체, 지역의 부가 가치나 혁신성을 제고하는 원동력이 됨 |
|---|---|---|
| 지역혁신체계 | • 새로운 기술과 지식을 생산하고 이를 상품화하는 상·하부구조 간 네트워크 체계<br>• 상부구조(지역의 제도, 문화, 규범, 분위기 등)와 물리적 하부구조(교통망, 통신망) 및 사회적 하부구조(대학, 연구소, 기업, 지방 정부)로 구성<br>→ 사회적 하부구조와 상부구조가 연계되어 발전해야 함<br>→ 물리적 하부구조는 혁신 주체 유인 + 혁신 성과물에 대한 접근성 높여야 함 | |
| 사회자본 | • 공동체의 참여자들 간에 이루어지는 조정, 협력, 호혜적 규범, 사회적 신뢰 등<br>• 참여자들이 공유하는 목표 추구를 위해 효율적으로 함께 일할 수 있는 조건<br>• 다양한 유형의 네트워크에서 구성 요소들 간 관계를 활성화하는 촉매 역할을 함 | 네트워크 : 사회자본의 구성 요소에 따라 네트워크의 성격이 달라짐(구성 요소들의 질적 수준이 중요) |

클러스터와 지역혁신체계의 네트워크에서 높은 질적 수준을 지닌 사회자본 형성 → 네트워크의 참여자 수↑, 교류 빈도↑ → 혁신 주도형 지역 발전을 위한 집합적 상승효과 창출

## [4~6] 2016학년도 4월 학평 「기억의 형성」

**1** 신경과학의 많은 연구들은 기억의 형성을 '장기강화'로 설명한다. 이(장기강화)에 따르면 뇌의 신경세포들은 세포 사이의 틈새인 시냅스로 전기적·화학적 신호를 전달하면서 정보를 공유하는 시냅스 연결을 한다. 이 신호가 강력해 시냅스 연결이 오래 유지되는 현상이 장기강화이며, 이를 통해 기억이 형성된다는 것이다. 장기강화: 시냅스 연결(시냅스로 신호를 전달하면서 정보를 공유)이 오래 유지되는 현상 → 기억의 형성

**2** 시냅스 연결은 신경세포에 있는 이온들의 활동이 바탕이 된다. (시냅스 연결에 앞서 이온들의 활동이 나타난다는 거네. 어떠한 과정을 설명할 때 항상 한꺼번에, 순서대로 써 주지는 않아. 앞뒤 순서나 인과관계를 파악해가며 읽도록 하자!) 이온은 농도가 높은 곳에서 낮은 곳으로 확산되며 이동하는 성질 등으로 신경세포막의 안과 밖을 이동한다. 이러한 이온의 이동은 신경세포의 상태를 변화시킨다. 이온의 이동(농도가 높은 곳 → 신경세포막 → 농도가 낮은 곳): 신경세포의 상태를 변화시킴 우선 외부 자극이 없으면 주로 세포막 밖은 양이온이 많고, 안은 음이온이 많아져 세포막 안팎이 각각 양전하, 음전하로 나뉘는 분극이 일어난다. 이 과정의 신경세포는 안정 상태에 있다. 외부 자극 X → 분극 → 신경세포: 안정 상태 그런데 ('우선'과 '그런데'를 고려하면 이어서 외부 자극이 있는 경우를 다루겠지?) 새로운 정보 등의 외부 자극이 있으면 양전하를 띤 Na⁺(나트륨 이온)이 밖에서 안으로 확산되어 세포 안에 양전하가 쌓이는 탈분극이 일어난다. 탈분극은 신경세포를 흥분상태로 만들면서 전기적 신호인 활동전위를 형성한다. 신경세포가 흥분상태가 되면 세포 밖의 Ca²⁺(칼슘 이온)이 안으로 확산된다. 그러면 이 Ca²⁺은 글루탐산을 비롯한 여러 신경전달물질, 즉 화학적 신호를 밖으로 분비시킨다. 이 신호가 다른 신경세포와 결합하면서 시냅스 연결이 이루어진다. 외부 자극이 있을 때 이온들의 활동을 바탕으로 시냅스 연결이 이루어지는 과정을 설명했어. 순서대로 정리해보자! 외부 자극 → 탈분극 → 활동전위 형성(신경세포: 흥분상태) → 세포 밖의 Ca²⁺이 안으로 확산 → Ca²⁺이 밖으로 분비시킨 화학적 신호가 다른 신경세포와 결합하면서 시냅스 연결이 이루어짐 이때 화학적 신호를 분비한 세포를 '시냅스전세포', 화학적 신호를 받는 세포를 '시냅스후세포'라고 한다. 시냅스전세포: 화학적 신호 분비 / 시냅스후세포: 화학적 신호 받음

**3** 이러한 시냅스 연결이 장기강화로 이어지는 것은 글루탐산과 Ca²⁺의 역할 때문이다. (글루탐산과 Ca²⁺이 어떻게 시냅스 연결을 장기강화로 이어지도록 하는지를 설명하겠지?) 흥분상태의 시냅스전세포가 분비한 글루탐산은 시냅스후세포의 암파 수용체와 NMDA 수용체를 자극한다. 먼저 암파 수용체의 통로는 많은 양의 글루탐산의 자극이 있으면 개방된다. (과정을 설명하고 있네. 끊어가며 읽으면서 순서를 파악하자!) 이 통로(암파 수용체의 통로)로 Na⁺이 안으로 확산되면 시냅스후세포도 탈분극되어 흥분상태가 된다. 이렇게 되면 글루탐산의 자극을 받고 있는 NMDA 수용체의 통로에서 Mg²⁺(마그네슘 이온)이 제거 [A]

되어 통로가 열린다. 그리고 개방된 NMDA 수용체 통로로 Na⁺과 Ca²⁺이 확산에 의해 안으로 유입된다. 유입된 Ca²⁺은 세포 안의 단백질을 활성화시키고, 활성화된 단백질은 새로운 암파 수용체를 만들어낸다. 그 결과 시냅스후세포는 Na⁺을 더 많이 받아들여 탈분극을 강화하고, Ca²⁺의 유입이 지속되어 흥분상태를 오래 유지할 수 있게 된다. 시냅스 연결이 글루탐산과 Ca²⁺로 인해 장기강화로 이어지는 과정을 정리해 볼까?

**4** 또한 흥분된 시냅스후세포는 역으로 시냅스전세포에 신호를 보내 시냅스전세포의 글루탐산 분비량을 늘려 시냅스 연결을 더욱 강화한다. (시냅스전세포가 분비한 글루탐산은 암파 수용체와 NMDA 수용체를 자극하니까, 글루탐산 분비량이 늘면 시냅스 연결은 강화되겠지!) 이를 통해 시냅스 연결은 3시간까지 유지되는데, 이를 초기 장기강화라고 한다. 초기 장기강화: 시냅스 연결이 3시간까지 유지됨 이에 비해 (초기 장기강화와 비교되는 대상이 나올 거야.) 시냅스 연결이 24시간 이상 지속되기도 하는데, 이를 후기 장기강화라고 한다. 후기 장기강화가 초기 장기강화와 다른 점은 새로운 단백질을 합성한다는 것이다. 암파 수용체는 수명이 짧아 시냅스 연결을 유지하려면 암파 수용체를 새로 만들어야 하는데, 초기 장기강화 때처럼 세포 안에 있는 단백질만을 활용하면 이(암파 수용체를 새로 만드는 것)를 지속할 수 없다. 따라서 새롭게 단백질을 합성해 암파 수용체를 계속 만들어내는 것이다. 후기 장기강화: 시냅스 연결이 24시간 이상 지속됨, 새로운 단백질을 합성해 지속적으로 암파 수용체 생성 신경과학자들은 초기 장기강화를 통해 단기기억이, 후기 장기강화를 통해 장기기억이 형성된다고 본다. (1문단에서는 장기강화를 통해 기억이 형성된다는 개괄적 정보만 먼저 제시하고, 2~4문단에서 거기에 세부적인 정보들을 덧붙여가며 초기 장기강화를 통해 단기기억이 형성되고, 후기 장기강화를 통해 장기기억이 형성되는 구체적인 과정을 설명한 지문이었어.)

---

4. ④

2문단에서 '이온은 농도가 높은 곳에서 낮은 곳으로 확산되며 이동하는 성질을 가지고 있다고 했다. 따라서 '신경세포가 흥분상태가 되면 세포 밖의 Ca²⁺이 안으로 확산'되는 것은 곧 Ca²⁺이 농도가 높은 세포 밖에서 농도가 낮은 세포 안으로 확산되는 것이므로 세포 안의 Ca²⁺의 농도는 점점 짙어진다. 이때 'Ca²⁺은 글루탐산을 비롯한 여러 신경전달물질, 즉 화학적 신호를 밖으로 분비시킨다.'라고 했으므로, 시냅스전세포 내부의 Ca²⁺의 농도가 점점 짙어지면 글루탐산이 분비된다는 추론은 적절하다.

① 2문단에서 '외부 자극이 없으면 주로 세포막 밖은 양이온이 많고, 안은 음이온이 많아져 세포막 안팎이 각각 양전하, 음전하로 나'뉜다고 했다. 또한 '외부 자극이 있으면 양전하를 띤 $Na^+$이 밖에서 안으로 확산'된다고 했으므로, 외부 자극이 없을 때 $Na^+$이 신경세포 외부보다 내부에 더 많이 분포한다는 추론은 적절하지 않다.

② 3문단에 따르면 '암파 수용체의 통로' 개방으로 인해 'NMDA 수용체의 통로에서 $Mg^{2+}$이 제거되어 통로가 열'리고, 이를 통해 안으로 유입된 $Ca^{2+}$이 '세포 안의 단백질을 활성화시키고, 활성화된 단백질은 새로운 암파 수용체를 만들어'냄으로써 시냅스 연결이 장기강화로 이어지게 된다. 또한 4문단에서 '암파 수용체는 수명이 짧아 시냅스 연결을 유지하려면 암파 수용체를 새로 만들어야 하'는데, 후기 장기강화에서는 '새롭게 단백질을 합성해 암파 수용체를 계속 만들어'냄으로써 장기기억을 형성한다고 했다. 이를 참고하면 암파 수용체가 새로 생겨서 더 많아질 때 NMDA 수용체의 기능이 억제된다는 추론은 적절하지 않다.

③ 3문단에서 시냅스후세포의 '암파 수용체의 통로'가 개방되면 '이 통로로 $Na^+$이 안으로 확산'된다고 했으므로, 암파 수용체의 통로가 열리면 시냅스후세포 안의 $Na^+$ 농도가 옅어진다는 추론은 적절하지 않다.

⑤ 3문단에서 '글루탐산'이 '시냅스후세포의 암파 수용체와 NMDA 수용체를 자극'하면 시냅스후세포가 '탈분극되어 흥분상태'가 되고, 이에 따라 'NMDA 수용체 통로'가 열려 '유입된 $Ca^{2+}$은 세포 안의 단백질을 활성화'시킨다고 했다. 따라서 글루탐산의 자극과 시냅스후세포의 강한 탈분극이 동시에 일어나면 시냅스후세포의 단백질 활성화가 억제된다는 추론은 적절하지 않다.

5. ②

[A]를 참고하면 〈보기〉의 ㉠은 암파 수용체와 NMDA 수용체의 통로를 통해 유입되므로 $Na^+$, ㉡은 암파 수용체, ㉢은 $Mg^{2+}$이 제거되며 열린 통로로 $Ca^{2+}$이 유입되는 것으로 보아 NMDA 수용체, ㉣은 NMDA 수용체의 통로로만 유입되므로 $Ca^{2+}$임을 알 수 있다. 하지만 [A]의 '유입된 $Ca^{2+}$(㉣)은 세포 안의 단백질을 활성화시키고, 활성화된 단백질은 새로운 암파 수용체(㉡)를 만들어낸다.'를 통해 ㉣이 유입되면 새로운 ㉡이 만들어짐을 알 수 있을 뿐, [A]에서 ㉢이 새로 만들어진다는 내용은 확인할 수 없다.

① [A]에서 암파 수용체(㉡)의 '통로로 $Na^+$(㉠)이 안으로 확산되면 시냅스후세포도 탈분극되어 흥분상태가 된다.'라고 했으므로, ㉠이 ㉡으로 유입되어야 시냅스후세포가 흥분상태가 됨을 알 수 있다.

③ [A]에서 글루탐산은 '흥분상태의 시냅스전세포가 분비'하는데, '암파 수용체(㉡)의 통로는 많은 양의 글루탐산의 자극이 있으면 개방'된다고 했다. 따라서 ㉡의 통로가 열리기 위해서는 시냅스전세포가 분비한 글루탐산의 자극이 필요할 것이다.

④ [A]에서 시냅스후세포가 '탈분극'되면 'NMDA 수용체(㉢)의 통로에서 $Mg^{2+}$이 제거되어 통로가 열'리며 '$Na^+$(㉠)과 $Ca^{2+}$(㉣)이 확산에 의해 안으로 유입'된다고 했다. 따라서 ㉢의 통로로 ㉣이 유입되기 위해서는 시냅스후세포의 탈분극이 필요할 것이다.

⑤ [A]에서 NMDA 수용체(㉢)의 통로로 '유입된 $Ca^{2+}$(㉣)'로 인해 '새로운 암파 수용체(㉡)를 만들어'낸 결과 '탈분극을 강화하고, $Ca^{2+}$(㉣)의 유입이 지속되어 흥분상태를 오래 유지할 수 있게 된다.'라고 했다. 따라서 ㉣의 유입이 지속되면 시냅스후세포의 흥분상태는 오래 유지될 수 있을 것이다.

6. ① 비롯  ② 지속

## 구 조 도  그 리 기
### 〈 기억의 형성 〉

• 기억의 형성: 장기강화(시냅스 연결이 오래 유지되는 현상)를 통해 이루어짐

• 시냅스 연결: 신경세포에 있는 이온들의 활동이 바탕이 됨

| 외부 자극 X | 세포막 밖: 양이온↑, 세포막 안: 음이온↑<br>신경세포: 안정 상태 |
|---|---|

↓

| 외부 자극 O | 양전하를 띤 $Na^+$이 밖에서 안으로 확산 → 탈분극(세포 안에 양전하가 쌓이는 것) 일어남 → 신경세포를 흥분상태로 만들면서 활동전위 형성 → 세포 밖에서 안으로 확산된 $Ca^{2+}$이 여러 신경전달물질(화학적 신호)을 밖으로 분비시킴 → 화학적 신호가 다른 신경세포와 결합하며 시냅스 연결이 이루어짐 |
|---|---|

• 글루탐산과 $Ca^{2+}$의 역할로 시냅스 연결이 장기강화로 이어짐

글루탐산(흥분상태의 시냅스전세포가 분비)이 시냅스후세포의 암파 수용체와 NMDA 수용체 자극 → 암파 수용체의 통로 개방 → $Na^+$이 안으로 확산, 시냅스후세포도 탈분극되어 흥분상태가 됨 → NMDA 수용체의 통로에서 $Mg^{2+}$ 제거되어 통로 개방 → $Na^+$, $Ca^{2+}$이 안으로 유입 → $Ca^{2+}$이 세포 안의 단백질을 활성화 → 활성화된 단백질이 새로운 암파 수용체 생성 → 시냅스후세포가 $Na^+$를 더 많이 받아들임(탈분극 강화), $Ca^{2+}$의 유입 지속(흥분상태 오래 유지)

• 흥분된 시냅스후세포는 시냅스전세포에 신호를 보내 시냅스 연결을 더욱 강화함

| 초기 장기강화 | 후기 장기강화 |
|---|---|
| · 시냅스 연결이 3시간까지 유지<br>· 세포 안에 있는 단백질만을 활용함<br>· 단기기억이 형성됨 | · 시냅스 연결이 24시간 이상 지속<br>· 새로운 단백질을 합성하여 암파 수용체를 만들어냄<br>· 장기기억이 형성됨 |

[1~3] 2018학년도 10월 학평 「투시 원근법」

① 르네상스 이전의 회화에서는 일정한 비례나 법칙이 없이 가까이 있는 사물은 크게, 멀리 있는 사물은 작게 그리는 자연적 원근법을 사용하였다. 그런데(전환! 화제가 제시되겠네. 그렇다면 화제는 르네상스 이전 회화의 자연적 원근법과는 달리 일정한 비례나 법칙이 있는 원근법에 대한 것이겠지?) 15세기 르네상스 회화에서는 눈에 보이는 장면을 정확하게 재현하려 했다. 이를 위해 르네상스 화가들은 자연적 원근법과 달리 수학과 과학의 원리를 적용한 투시 원근법으로 대상을 표현하였다.

| 르네상스 이전 회화 | · 자연적 원근법<br>· 일정한 비례나 법칙 X<br>· 가까이 있는 사물 크게, 멀리 있는 사물 작게 그림 |
|---|---|
| 15세기 르네상스 회화 | · 투시 원근법<br>· 수학과 과학의 원리 적용<br>· 눈에 보이는 장면을 정확하게 재현하려 함 |

② 1435년 알베르티는 『회화론』에서 광학의 원리에 기초한 투시 원근법을 소개하였다. 화가가 상자를 바라보고 있고, 화가의 눈과 상자 사이에 유리판이 놓여 있다고 하자. 눈과 사물 위의 한 점을 직선으로 연결한 선을 시선이라고 하고, 시선이 유리판과 만나는 점을 사영이라고 한다. (나열된 개념들은 사전 정보로, 핵심 정보를 설명하는 데 활용될 테니 차근히 정리하고 넘어 가자!) 상자의 각 점의 사영들을 모아 생기는 상이 화가의 눈에 비친 상자의 상이기 때문에 눈과 사물 사이의 유리판은 곧 화면이 된다. 알베르티는 ㉠유리판에 들어온 사물의 상을 그대로 그린다면, 그림 속의 인물이나 물체 등이 실제 모습과 비례하게 된다고 보았다. 알베르티의 광학의 원리에 기초한 투시 원근법: 화가의 눈과 사물 사이에 놓인 유리판(화면)에 들어온 사물의 상을 그대로 그리면 실제 모습과 비례함

③ 실제로 평행한 두 선을 투시 원근법으로 그린 그림에서는 두 선이 한 점에서 모이는 것을 볼 수 있다. 이 점을 소실점이라고 하는데, 소실점: 투시 원근법으로 그린 그림에서 평행한 두 선이 모이는 한 점 투시 원근법은 소실점의 개수에 따라 한 점 투시 원근법, 두 점 투시 원근법, 세 점 투시 원근법으로 나뉜다. 소실점의 개수에 따라 투시 원근법의 종류가 나뉘는군! 아래 〈그림 1〉의 투시도는 철로를 ㉡한 점 투시 원근법으로 그린 것으로, 투시도의 구현 원리는 평면도와 상승도를 통해 이해할 수 있다. (이어서 평면도, 상승도에 대해 설명함으로써 투시도가 어떻게 구현되는지를 설명해줄 거야. 그림이 제시되었으니 그림을 참고해가며 지문을 읽자.)

④ 철로의 평면도는 화가의 눈, 화면, 철로를 위에서 내려다볼 때, 철로의 각 점이 화면(유리판)에 어

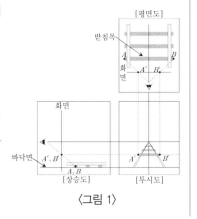

〈그림 1〉

떻게 사영(시선이 유리판과 만나는 점)되는지를 보기 위한 것이다. 화면과 수직으로 만나는 시선을 중앙선이라고 하는데, ㉢이 중앙선이 철로와 평행하다고 하자. 또 눈에서 가장 가까이 있는 받침목의 맨 왼쪽 점 $A$를 연결하는 시선이 화면과 만나는 점을 $A'$, 맨 오른쪽 점 $B$를 연결하는 시선이 화면과 만나는 점을 $B'$라고 하자. 그렇게 되면 선분 $AB$의 상은 선분 $A'B'$가 된다. 이런 식으로 다른 받침목들도 그리다 보면 받침목이 화면에서 멀어질수록 상의 길이가 작아지며, 양쪽 선로를 따라 점들이 멀어질수록 화면의 상들은 ㉣하나의 점에 가까워진다는 것을 알 수 있다. 먼저 평면도에 대해 설명했어. 정리해볼까?

| 평면도 |
|---|
| · 눈, 화면, 철로를 위에서 내려다본 그림(중앙선이 철로와 평행)<br>　· 선분 $AB$는 화면에 선분 $A'B'$로 표시<br>　· 받침목이 화면에서 멀어짐 → 상의 길이 작아짐<br>　· 선로를 따라 점들이 멀어짐 → 상들이 하나의 점에 가까워짐 |

다음으로 상승도를 보자. 상승도는 화가의 눈, 화면, 철로를 옆에서 본 그림이다. 철로가 놓인 바닥면을 기준으로 볼 때 ㉤중앙선은 바닥면과 평행하다고 하자. 눈에서 가장 가까운 받침목의 양 끝점 $A$와 $B$는 바닥으로부터 같은 높이에 있기 때문에 상승도에서 $A'($A$를 연결하는 시선이 화면과 만나는 점)와 $B'$는 하나의 점으로 화면에 표시된다. 다른 받침목도 이와 마찬가지다.

| 상승도 |
|---|
| · 눈, 화면, 철로를 옆에서 본 그림(중앙선이 바닥면과 평행)<br>　· $A'$와 $B'$는 화면에 하나의 점으로 표시 |

(평면도와 상승도를 설명했으니, 이제 이를 바탕으로 투시도의 구현 원리를 설명하겠지?)
⑤ 철로의 평면도와 상승도를 종합하면 투시도를 완성할 수 있다. 투시도를 그릴 화면 위쪽에 평면도를, 화면 왼쪽에 상승도를 놓는다. 그리고 평면도의 중앙선을 아래로 연장하고, 상승도의 중앙선을 오른쪽으로 연장하면 투시도의 한 점에서 만나게 된다. 투시도에서 점 $A'$의 위치는 평면도의 점 $A'$로부터의 수직선과 상승도의 점 $A'$로부터의 수평선이 만나는 점이다. 이런 식으로 다른 점들도 투시도에 표시할 수 있고, 이 점들을 모으면 철로의 상을 얻을 수 있다.

| 평면도 + 상승도 → 투시도 |
|---|
| · 투시도 그릴 화면 위쪽에 평면도, 왼쪽에 상승도를 놓음<br>　· 평면도의 중앙선 아래로 연장 + 상승도의 중앙선 오른쪽으로 연장 → 투시도의 한 점에서 만남<br>　· 평면도의 점 $A'$로부터의 수직선 + 상승도의 점 $A'$로부터의 수평선 → 투시도에서 점 $A'$의 위치 / 점들을 모으면 사물의 상을 얻음 |

⑥ 투시 원근법으로 그린 그림을 화가가 본 것과 유사하게 관람하기 위해서는 최적의 관람 거리를 유지해야 한다. 관람 거리는(화제가 바뀌었네. 지금까지는 투시 원근법의 구현 원리를 설명했다면, 이제부터는 투시 원근법으로 그린 그림의 최적의 관람 거리에 대해 설명하

려나 봐. 우선 사전 정보인 '관람 거리'부터 설명할 테니 차근히 읽어 보자!) **관람자와 그림 사이의 거리**로, 투시 원근법으로 그린 그림의 **최적의 관람 거리는 그림을 그리기 위해 실제 장면을 보고 있는 화가와 화면 사이의 거리에 해당**한다. 투시 원근법으로 그린 그림의 최적의 관람 거리 = 실제 장면을 보고 있는 화가와 화면 사이의 거리 〈그림 2〉는 가로의 길이가 $C$이고, 세로의 길이가 $D$인 직사각형을 한 점 투시 원근법으로 그린 것으로, 이 그림의 최적의 관람 거리를 추적해 보자.

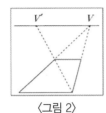

〈그림 2〉

**[가]** (예를 들어 최적의 관람 거리를 구하는 구체적인 방법을 설명하려나 봐. 그렇다면 문제에서도 이를 적용해 최적의 관람 거리를 구할 수 있는지를 물어볼 가능성이 높지!) 가로 변은 화면과 평행하고 세로 변은 화면과 수직으로 놓인 직사각형을 그린 그림에서 직사각형의 세로 변을 연장하면 한 점에서 모이는 것을 볼 수 있는데, 이 점을 $V$라 하자. 이때 **점 $V$는 그림의 소실점**이다. (3문단에서 투시 원근법으로 그린 그림에서 평행한 두 선이 모이는 한 점이 소실점이라고 했었지!) 점 $V$에서 직사각형의 가로 변과 평행한 선을 긋고 이 선을 지평선이라고 하자. 그런 다음에 직사각형의 한 대각선을 연장했을 때 지평선과 만나는 점을 $V'$라 하자. 점 $V$와 $V'$ 사이의 거리를 $c$, 화가와 화면 사이의 거리를 $d$라고 하면 $C : D = c : d$가 성립하여 최적의 관람 거리를 구할 수 있다.

| $C$ | $D$ | $c$ | $d$ |
|---|---|---|---|
| 직사각형의 가로 길이 | 직사각형의 세로 길이 | $V$(소실점)와 $V'$(직사각형의 한 대각선을 연장한 선이 지평선과 만나는 점) 사이의 거리 | 화가와 화면 사이의 거리 |

이때 $d$의 값이 최적의 관람 거리인 거구나!

**7** 한편 (마지막 문단에서 '한편'을 통한 전환은 부가적 내용을 설명하겠다는 의미인 경우가 많지!) 르네상스 시대에 원근법을 연구했던 프란체스카는 원근법의 한계를 지적하였다. 시선(눈과 사물 위의 한 점을 직선으로 연결한 선)과 중앙선(화면과 수직으로 만나는 시선)이 이루는 각이 60도의 범위 안에 들어오는 사물을 투시 원근법으로 그릴 경우, 화면에 실제 사물과 유사하게 사물의 상이 구현된다. 하지만 이 범위(시선과 중앙선이 이루는 각이 60도 안의 범위)에서 벗어나 있는 사물을 보고 그린 그림에서는 상이 왜곡된다는 것이다. 원근법의 한계: 시선과 중앙선이 이루는 각이 60도의 범위 밖이면 상이 왜곡됨 이런 이유로 후대 미술가 중에는 투시 원근법에 대한 회의적 시각을 지닌 이들이 등장했다. 하지만(투시 원근법에 대한 회의적 시각과 달리 그 가치를 인정하는 입장이 제시되겠지?) 투시 원근법은 여전히 대상을 사실적으로 재현하려는 이들에게는 유용한 방법이다. (1문단에서 투시 원근법은 눈에 보이는 장면을 정확하게 재현하기 위한 것

---

이라고 했어.) 최근에는 증강 현실의 구현에 투시 원근법이 활용되고 있다. 투시 원근법은 대상의 사실적 재현, 증강 현실의 구현에 활용되고 있구나.

❋

**1. ②**

[가]에 따르면 '투시 원근법으로 그린 그림'에서는 '$C$(가로의 길이) : $D$(세로의 길이) = $c$($V$와 $V'$ 사이의 거리) : $d$(화가와 화면 사이의 거리)가 성립'하며, 이때 $d$는 '최적의 관람 거리'에 해당한다. 만약 타일이 정사각형이라면 $C = D$이므로 $c = d$이다. 〈보기〉의 그림은 '가로와 세로의 길이가 각각 180cm'인데, $V$는 '그림의 정중앙에 위치'하고 $V'$는 '그림의 세로 테두리'에 위치하므로 $c$는 90cm이다. 그러므로 최적의 관람 거리인 $d$는 90cm이다.

① [가]에 따르면 '투시 원근법으로 그린 그림'에서는 '$C : D = c : d$가 성립'한다. 〈보기〉의 그림에서 $c$는 90cm이므로, $d$가 120cm라면 $C : D = 90 : 120$이 된다. 따라서 실제 타일은 세로의 길이가 가로의 길이보다 더 길다.

③, ⑤ [가]와 〈보기〉에 따르면 '그림 속 타일들의 세로 변을 연장하면 건물 중앙 입구의 한 점($V$)에서 모이고 '그림 속 타일의 대각선을 연장한 선은 그림의 세로 테두리'에 있는 한 점($V'$)에서 만난다. 따라서 화면의 중앙과 가까운 타일인지 여부와 관계없이 $V$와 $V'$ 사이의 거리는 동일하며, 실제 타일의 가로와 세로 길이와 상관없이 $V'$의 위치 또한 동일하다.

④ [가]에 따르면 '투시 원근법으로 그린 그림'에서는 '$C : D = c : d$가 성립'한다. 따라서 가로의 길이가 100cm, 세로의 길이가 50cm인 직사각형의 타일을 보고 그린 그림에서는 $100 : 50 = 90 : d$가 성립하므로 최적의 관람 거리인 $d$는 45cm가 된다.

**2. ③**

4문단에서 중앙선은 '화면(유리판)과 수직으로 만나는 시선'이라고 했으므로, ©(이 중앙선이 철로와 평행하다)은 철로가 화면과 평행한 방향이 아니라 수직인 방향으로 뻗어 있다는 의미이다.

① 2문단에서 '화가가 상자를 바라보고 있고, 화가의 눈과 상자 사이에 유리판이 놓여 있'을 때, '화가의 눈에 비친 상자의 상'은 '상자의 각 점의 사영(시선이 유리판과 만나는 점)들을 모아 생기는 상'이므로 ⊙(유리판에 들어온 사물의 상을 그대로 그린다면)은 사물의 각 점의 사영들을 모아서 그린다는 의미이다.

② 3문단에 따르면 '투시 원근법은 소실점의 개수에 따라 한 점 투시 원근법, 두 점 투시 원근법, 세 점 투시 원근법'으로 나뉘므로, ©(한 점 투시 원근법으로 그린 것으로)은 소실점을 하나만 설정하여 그린 것이다.

④ 4문단에서 '양쪽 선로를 따라 점들이 멀어질수록 화면의 상들은 하나의 점에 가까워진다는 것(®)을 알 수 있다.'라고 했는데, 이때 '하나의 점'은 〈그림 1〉의 [평면도]에서 중앙선과 화면이 만나는 점임을 알 수 있다.

⑤ 4문단에서 중앙선은 '화면(유리판)과 수직으로 만나는 시선'이라고 했으므로, ®(중앙선은 바닥면과 평행하다고 하자.)은 바닥면이 화면과 수직이라는 의미이다.

**3. ① 재현 ② 지적**

## 구 조 도 그 리 기

### 〈 투시 원근법 〉

| 등장 |
|---|
| 르네상스 이전 회화의 자연적 원근법: 일정한 비례나 법칙 없이 멀리 있으면 작게 그림 → 15세기 르네상스 회화의 투시 원근법: 수학과 과학의 원리 적용해 눈에 보이는 장면 정확히 재현 |

| 알베르티의 투시 원근법 |
|---|
| • 광학의 원리에 기초<br>• 유리판(화면)에 들어온 사물의 상을 그대로 그리면 실제 모습과 비례하게 됨(사물의 각 점의 사영들을 모아 생기는 상 = 화가의 눈에 비친 사물의 상)<br>　· 시선: 눈과 사물 위의 한 점을 직선으로 연결한 선<br>　· 사영: 시선이 유리판과 만나는 점 |

| 종류 |
|---|
| • 소실점의 개수에 따라 한 점 투시 원근법, 두 점 투시 원근법, 세 점 투시 원근법으로 나눌 수 있음<br>　· 소실점: 평행한 두 선이 모이는 한 점 |

| 투시도의 구현 원리 |
|---|
| 위에서 내려다본 평면도와 옆에서 본 상승도를 각각 투시도의 위쪽, 왼쪽에 놓음 → 평면도의 점 $A'$로부터의 수직선과 상승도의 점 $A'$로부터의 수평선이 만나는 점들을 모으면 사물의 상을 얻을 수 있음 |

| 투시 원근법으로 그린 그림의 최적의 관람 거리 |
|---|
| 직사각형을 그렸을 때, $C$(가로 길이) : $D$(세로 길이) = $c$($V$와 $V'$ 사이의 거리) : $d$(화가와 화면 사이의 거리)일 때 $d$의 값 |

| 한계와 활용 |
|---|
| • 프란체스카: 시선과 중앙선이 이루는 각이 60도를 벗어나면 상이 왜곡됨<br>• 대상의 사실적 재현, 증강 현실 구현에 활용 |

MEMO

## [4~6] 2013년도 LEET 「수성의 내부 구조」

1 수성은 태양계에서 가장 작은 행성으로 반지름이 2,440km이며 밀도는 지구보다 약간 작은 5,430kg/m³이다. 태양에서 가장 가까운 행성인 수성은 금성, 지구, 화성과 더불어 지구형 행성에 속하며, 딱딱한 암석질의 지각과 맨틀 아래 무거운 철 성분의 핵이 존재할 것으로 추측되나 <u>이 글의 화제는 수성이구나. 수성의 특징에 대해 정리해볼까? (1) 태양계에서 가장 작은 행성, (2) 수성의 밀도 < 지구의 밀도, (3) 태양에서 가장 가까운 행성, (4) 지구형 행성, (5) 지각과 맨틀 아래 철 성분의 핵 존재할 것으로 추측됨</u> 좀 더 정확한 정보를 알기 위해서는 탐사선을 이용한 조사가 필수적이다. 그러나 강한 태양열과 중력 때문에 접근이 어려워 현재까지 단 두 기의 탐사선만 보내졌다.

2 미국의 매리너 10호는 (1문단에서 지금까지 두 기의 수성 탐사선이 보내졌다고 했는데, 그중 하나가 매리너 10호이구나. 탐사선으로 수성에 관해 어떠한 정보를 알아냈는지를 설명해주겠지?) 1974년 최초로 수성에 근접해 지나가면서 수성에 자기장이 있음을 감지하였다. 비록 그 세기는 지구 자기장의 1%밖에 되지 않았지만 지구형 행성 중에서 지구를 제외하고는 유일하게 자기장이 있음을 밝힌 것이었다. 지구 자기장이 전도성 액체인 외핵의 대류와 자전 효과로 생성된다는 다이나모 이론에 근거하면, 수성의 자기장은 핵의 일부가 액체 상태임을 암시한다. <u>수성 탐사선 (1) 매리너 10호: 수성에 자기장이 있음을 감지 → 핵의 일부가 액체 상태임 암시</u> 그러나 (다이나모 이론에 근거한 추측과는 반대되는 내용이 제시될 거야.) 수성은 크기가 작아 철로만 이루어진 핵이 액체일 가능성은 희박하다. 만약 그랬더라도 오래전에 식어서 고체화되었을 것이다. 따라서 지질학자들은 철 성분의 고체 핵을 철–황–규소 화합물로 이루어진 액체 핵이 감싸고 있다고 추측하였다. 하지만 감지된 자기장이 핵의 고체화 이후에도 암석 속에 자석처럼 남아 있는 잔류자기일 가능성도 있었다. <u>수성의 핵에 대한 추측: ① 철 성분의 고체 핵을 액체 핵이 감싸고 있음, ② 핵이 고체화되었으며, 감지된 자기장은 암석 속에 남아 있는 잔류자기임</u>

3 2004년 발사된 두 번째 탐사선 메신저는 2011년 3월 수성을 공전하는 타원 궤도에 진입한 후 중력, 자기장 및 지형 고도 등을 정밀하게 측정하였다. <u>수성 탐사선 (2) 메신저: 수성의 중력, 자기장, 지형 고도 등을 측정</u> 중력 자료에서 얻을 수 있는 수성의 관성모멘트는 수성의 내부 구조를 들여다보는 데 중요한 열쇠가 된다. 관성모멘트란 물체가 자신의 회전을 유지하려는 정도를 나타낸다. <u>중력 자료에서 얻은 수성의 관성모멘트(회전을 유지하려는 정도) → 수성 내부 구조 파악의 단서</u> 물체가 회전축으로부터 멀리 떨어질수록 (비례/반비례 관계는 바로바로 정리하며 읽자!) 관성모멘트가 커지는데, 이는 질량이 같을 경우 넓적한 팽이가 홀쭉한 팽이보다 오래 도는 것과 같다. <u>회전축으로부터 거리↑ → 관성모멘트↑</u>

4 질량 M인 수성이 자전축으로부터 반지름 R만큼 떨어져 있는 한 점에 위치한 물체라고 가정한 경우의 관성모멘트는 $MR^2$이다. 수성 전체의 관성모멘트 C를 $MR^2$으로 나눈 값인 정규관성모멘트 $(C/MR^2)$는 수성의 밀도 분포를 알려 준다. 행성의 전체 크기에서 핵이 차지하는 비율이 클수록 정규관성모멘트가 커진다. <u>수성의 전체 크기에서 핵이 차지하는 비율↑ → 정규관성모멘트$(C/MR^2)$↑</u> 메신저에 의하면 수성의 정규관성모멘트는 0.353으로서 지구의 0.331보다 크다. 따라서 수성 핵의 반경은 전체의 80% 이상을 차지하며, 55%인 지구보다 비율이 더 크다. <u>수성의 정규관성모멘트 > 지구의 정규관성모멘트 → 수성에서 핵의 비율 > 지구에서 핵의 비율</u>

5 행성은 공전 궤도의 이심률로 인하여 미세한 진동을 일으키는데, 이를 '경도칭동'이라 하며 그 크기는 관성모멘트가 작을수록 커진다. <u>경도칭동: 공전 궤도의 이심률로 인해 일어나는 진동. 관성모멘트와 반비례 관계</u> 이는 홀쭉한 팽이가 외부의 작은 충격에도 넓적한 팽이보다 크게 흔들리는 것과 같다. (3문단을 참고하면 넓적한 팽이가 홀쭉한 팽이보다 관성모멘트가 크지. 그런데 경도칭동의 크기는 관성모멘트가 작을수록 커지니까, 홀쭉한 팽이의 경도칭동이 더 커서 작은 충격에도 더 크게 흔들리는 거야.) 조석고정 현상으로 지구에서는 달의 한쪽 면만 관찰할 수 있는 것으로 보통은 알려져 있으나, 실제로는 칭동 현상 때문에 달 표면의 59%를 볼 수 있다. 만약 수성이 삶은 달걀처럼 고체라면 수성 전체가 진동하겠지만, 액체 핵이 있다면 그(액체 핵) 위에 놓인 지각과 맨틀로 이루어진 '외곽층'만이 날달걀의 껍질처럼 미끄러지면서 경도칭동을 만들어 낸다. 따라서 액체 핵이 존재할 경우 경도칭동의 크기는 수성 전체의 관성모멘트 C가 아닌 외곽층 관성모멘트 Cm에 반비례한다. (2문단에서 언급한 수성의 핵에 대한 추측과 연결해가며 읽었지?) <u>(1) 액체 핵이 존재: 외곽층만 진동 → 경도칭동의 크기가 외곽층 관성모멘트(Cm)에 반비례, (2) 수성 전체가 고체: 수성 전체가 진동 → 경도칭동의 크기가 수성 전체 관성모멘트(C)에 반비례</u> 현재까지 알려진 수성의 경도칭동 측정값은 외곽층의 값 Cm을 관성모멘트로 사용한 이론값과 일치하고 있어, 액체 핵의 존재 가설을 강력히 뒷받침하고 있다. <u>수성의 경도칭동 측정값은 액체 핵이 존재한다는 가설을 뒷받침하는군!</u>

6 과학자들은 메신저에서 얻어진 정보를 이용하여 수성의 모델을 제시하였다. 이에 따르면 핵의 반경은 2,030km이고 외곽층(지각과 맨틀로 이루어짐)의 두께는 410km이다. 지형의 높낮이는 9.8km로서 다른 지구형 행성에 비해 작은데, 이는 지각의 평균 두께가 50km인 것을 고려할 때 맨틀의 두께가 360km로 비교적 얇아서 맨틀 대류에 의한 조산 운동이 활발하지 않기 때문으로 해석된다. 외곽층의 밀도(ρm)는 3,650kg/m³로 지구의 상부 맨틀(3,400kg/m³)보다 높다. <u>수성의 모델 제시: (1) 핵의 반경 2,030km, (2) 외곽층의 두께 410km, (3) 지형의 높낮이는 다른 지구형 행성에 비해 작은 9.8km, (4) 외곽층의 밀도 > 지구의 상부 맨틀의 밀도</u> 그러나 메신저의 엑스선 분광기는 수성의 화산 분출물에 무거운 철이 거의 없음을 밝혀냈는데 이는 매우 이례적인 결과이다. 왜냐하면 (수성의 외곽층 밀도가 높지만 수성의 화산 분출물에 무거운 철이 거의 없다는 점이 왜 이례적인 것인지를 설명해 줄 거야.) 이(수성의 화산 분출물에 무거운 철이 거의 없음)는 맨틀에도 철의 양이 적

다는 것이고, 그렇다면 <u>외곽층의 높은 밀도를 설명할 길이 없기</u> 때문이다. 이를 보완하기 위해 과학자들은 하부 맨틀에 밀도가 높은 황화철로 이루어진 반지각(anticrust)이 존재하며 그 두께는 지각보다 더 두꺼울 것이라는 새로운 가설을 제기하고 있다.

> 과학자들은 외곽층의 높은 밀도를 설명하기 위해 지각보다 더 두꺼운 반지각(밀도 높은 황화철로 구성)이 하부 맨틀에 존재한다는 새로운 가설을 제기했어.

## 4. ②

> 5문단과 6문단에서 '외곽층의 두께는 410km'라고 한 것을 통해 그림의 ㉠~㉢은 '지각과 맨틀로 이루어진' 외곽층임을 알 수 있으며, '지각의 평균 두께가 50km', '맨틀의 두께가 360km'임을 고려하면 ㉠은 지각, ㉡과 ㉢은 각각 상부 맨틀, 하부 맨틀에 존재하는 반지각임을 추론할 수 있다. 이때 '외곽층의 밀도(pm)는 3,650kg/m³로 지구의 상부 맨틀(3,400kg/m³)보다 높다.'라고 했지만, '하부 맨틀에 밀도가 높은 황화철로 이루어진 반지각(㉢)이 존재'한다는 가설을 통해 '외곽층의 높은 밀도를 설명'할 수 있는 것이므로 ㉢을 제외한 ㉠, ㉡의 밀도가 지구의 상부 맨틀보다 높다고 보기는 어렵다.

① 1문단에서 '수성은 금성, 지구, 화성과 더불어 지구형 행성에 속'한다고 했다. 그리고 ㉠의 표면 높낮이는 곧 6문단에서 언급한 '지형의 높낮이'를 가리키는데, 이는 '9.8km로서 다른 지구형 행성에 비해 작'다고 했다.

③ 6문단에서 '메신저의 엑스선 분광기는 수성의 화산 분출물에 무거운 철이 거의 없음을 밝혀냈는데' 이는 맨틀에도 철의 양이 적다는 것이고, 그렇다면 외곽층의 높은 밀도를 설명할 길이 없'어, '과학자들은 하부 맨틀에 밀도가 높은 황화철로 이루어진 반지각(㉢)이 존재하며 그 두께는 지각보다 더 두꺼울 것이라는 새로운 가설을 제기'했다고 하였다.

④, ⑤ 2문단의 '철 성분의 고체 핵을 철–황–규소 화합물로 이루어진 액체 핵이 감싸고 있다'를 통해 ㉣은 철, 황, 규소를 포함한 액체 핵, ㉤은 철을 포함한 고체 핵임을 알 수 있다. 또한 6문단의 '하부 맨틀에 밀도가 높은 황화철로 이루어진 반지각(㉢)이 존재'를 통해 ㉢은 황, 철을 포함함을 알 수 있다. 따라서 ㉢과 ㉣은 황 성분을 포함하고 있으며, ㉢, ㉣, ㉤은 철 성분을 포함하고 있다.

## 5. ④

> 2문단에 따르면 매리너가 감지한 수성의 '자기장이 핵의 고체화 이후에도 암석 속에 자석처럼 남아 있는 잔류자기'라면 이는 액체 상태의 핵이 존재한다는 가설을 지지하는 것이 아니라 약화시킨다.

①, ② 2문단에서 '미국의 매리너 10호는 1974년 최초로 수성에 근접해 지나가면서 수성에 자기장이 있음을 감지'했는데, '지구 자기장이 전도성 액체인 외핵의 대류와 자전 효과로 생성된다는 다이나모 이론에 근거하면, 수성의 자기장은 핵의 일부가 액체 상태임을 암시'한다고 했다. 따라서 자기장의 존재와 전도성 핵의 존재는 수성에 액체 상태의 핵이 존재한다는 가설을 지지한다.

③ 2문단에 따르면 '철로만 이루어진 핵이 액체일 가능성이 희박'하기 때문에 '지질학자들은 철 성분의 고체 핵을 철–황–규소 화합물로 이루어진 액체 핵이 감싸고 있다고 추측'한 것이므로, 철–황–규소 층의 존재는 수성에 액체 상태의 핵이 존재한다는 가설을 지지한다.

⑤ 5문단을 통해 '현재까지 알려진 수성의 경도칭동 측정값'은 '액체 핵의 존재 가설을 강력히 뒷받침'함을 알 수 있다.

## 6. ① 희박 ② 이례적

**〈 수성 〉**

• 태양계에서 가장 작은 행성, 밀도는 지구보다 약간 작은 지구형 행성 → 정확한 정보를 알기 위해 탐사선을 이용한 조사가 필수적

### 1974년 미국의 매리너 10호

수성의 자기장 감지로 핵의 일부가 액체 상태임을 암시
→ [가설 ①] 철 성분의 고체 핵을 액체 핵이 감싸고 있음
→ [가설 ②] 자기장은 핵의 고체화 이후에 암석 속에 남아 있는 잔류자기일 가능성이 있음

### 2004년 메신저

• 수성의 중력, 자기장, 지형 고도 등 정밀 측정 → 중력을 통해 관성모멘트(회전을 유지하려는 정도) 파악 → 관성모멘트와 반비례하는 경도칭동(공전 궤도의 이심률로 인한 미세한 진동)의 측정값은 가설 ① 지지
• 수성의 모델 제시

| 외곽층<br>(지각,<br>상부 맨틀,<br>하부 맨틀) | · 두께: 410km<br>· 지형의 높낮이: 다른 지구형 행성에 비해 작음<br>· 밀도: 지구의 상부 맨틀보다 높지만, 맨틀에 철의 양이 적음 → 하부 맨틀에 밀도가 높은 황화철로 이루어진 반지각이 존재할 것이라는 가설 제기 |
|---|---|
| 핵 | · 반경: 2,030km |

## [1~3] 2017년도 LEET 「카르네아데스의 널」

① 넓은 바다에서 여러 사람을 태운 배가 난파하였다. 바다에 빠진 선원 A는 바다 위에 떠 있는 널판을 발견하였다. 널판은 한 사람을 겨우 **지탱**할 만큼밖에 되지 않았다. 선원 A가 널판으로 헤엄쳐 갈 때, 마침 미처 붙잡을 만한 것을 찾지 못한 선원 B도 널판 쪽으로 헤엄쳐 왔다. 선원 A와 선원 B는 동시에 그 널판을 붙잡게 되었다. 두 사람이 계속 붙잡고 있다가는 널판이 가라앉을 것이기 때문에 선원 A는 둘 다 빠져 죽을까 걱정하여 선원 B를 널판에서 밀어내었다. 선원 B는 결국 물에 빠져 죽었고 선원 A는 구조되었다. 이는 고대 그리스의 철학자 카르네아데스가 만든 가상의 사건 '카르네아데스의 널'을 바탕으로 재구성한 **사례**이다. (사례를 통해 글을 시작했어. 사례가 먼저 제시되면 이는 이후 제시될 개념, 이론 등과 대응되기 마련이니, 꼼꼼하게 읽어두자.) 이 사례는 윤리적으로 허용될 수 있는지도 논란거리가 되지만, **형법상 처벌되어야 하는지**도 따져 볼 만하다. (선원 A의 행위가 **형법상 처벌되어야 하는지**에 대한 설명이 이 글의 핵심이구나.)

② 범죄는 '(1) 구성요건에 해당하고, (2) 위법하며, (3) 유책한 행위'라고 정의된다. 이 세 가지 요소 가운데 하나라도 빠지면 범죄는 성립하지 않는다. 범죄 성립의 필수적 요소: (1) 구성요건, (2) 위법, (3) 유책한 행위 이 중 **구성요건**이란(구성요건을 설명한 다음에는 위법, 유책한 행위에 대해서도 설명하겠네.) 형벌을 부과할 대상이 되는 위법한 행위를 형법에 유형화하여 기술해 놓은 것을 말한다. 예를 들면, 형법 제250조 제1항은 "사람을 살해한 자는 사형, 무기 또는 5년 이상의 징역에 처한다."라고 규정하는데, 여기서 사람을 살해한다는 것(형벌을 부과할 대상이 되는 위법한 행위)이 구성요건이다. 구성요건의 개념과 예시 따라서 구체적인 사실이 구성요건에 해당할 때에는 **일반적으로** 위법하다. ('일반적'이라는 표현은 예외적이거나 특수한 상황이 있을 수 있음을 의미하지.)

③ 구성요건에 해당하더라도 위법하다고 볼 수 없을 때가 있다. (구성요건에 해당하지만 위법하다고 볼 수는 없는 예외적 상황이 제시되었네.) 잘 알려진 것으로는 정당방위, 긴급피난에 해당하는 경우가 있다. 세 가지 요소가 모두 갖춰졌을 때 범죄가 성립한다고 했으니, 구성요건에 해당하지만 위법하다고 볼 수 없는 정당방위, 긴급피난은 범죄 행위라고 볼 수 없어. **정당방위**는 자기 또는 타인의 법익을 현재의 위법한 침해로부터 방위하기 위하여 상당한 이유가 있는 행위를 하는 것을 말한다. 여기에는 법이 불법에 양보할 필요가 없다는 전제가 깔려 있다. **긴급피난**은 자기 또는 타인의 법익에 대한 현재의 위난을 피하기 위하여 상당한 이유가 있는 행위를 하는 것을 말한다. 생명과 같이 대체할 수 없는 큰 법익을 지키기 위해 어쩔 수 없이 재산과 같은 법익을 희생시킨 일을 가지고 사회적인 해악을 일으킨 위법한 행위라 하지 않는 것이다. 긴급피난은 꼭 위법한 침해 행위로 일어난 위난에 대하여만 인정하는 것이 아니라는 점에서 정당방위와 다르다. 정당방위와 긴급피난의 개념 및 공통점, 차이점이 제시되었어. 정리해볼까?

| | 정당방위 | 긴급피난 |
|---|---|---|
| 개념 | 법익을 현재의 위법한 침해로부터 방위하기 위해 상당한 이유가 있는 행위를 하는 것 | 법익에 대한 현재의 위난을 피하기 위해 상당한 이유가 있는 행위를 하는 것 |
| 공통점 | 구성요건에 해당하지만 위법하다고 볼 수 없음 | |
| 차이점 | 위법한 침해 행위로 일어난 위난에 대해서만 인정 O | 위법한 침해 행위로 일어난 위난에 대해서만 인정 X |

④ 앞의 사례에서 선원 A와 선원 B가 동시에 널판을 잡은 행위는 저마다의 생명을 생각할 때 불가피한 일이었다. 이 상황은 선원 A의 입장에서 급박한 위난이었고, 선원 A의 이어진 행위는 위난을 피하는 데 절실한 것이었다. 이러한 선원 A의 행위에 대해 ㉠정당방위가 인정된다고 생각하는 이나, ㉡긴급피난이 성립하여 위법성이 없다고 파악하는 이가 있을지 모른다. **그러나** 그 어느 쪽도 해당하지 않는다고 해야 한다. (이어서 선원 A의 행위를 정당방위나 긴급피난으로 볼 수 없는 이유에 대해 설명하겠네.)

⑤ 우선 정당방위의 요건을 생각할 때 위난에 빠진 선원 B의 행위에 대한 선원 A의 행위를 정당방위로 볼 수는 없으며, 정당방위가 아닌 이유: 선원 B의 행위가 위법한 침해가 아니기 때문 또한 긴급피난이 성립하려면 보호한 법익이 침해한 법익보다 훨씬 커야 하는데 이 사례는 여기에 해당하지 않는다. 긴급피난이 아닌 이유: '보호한 법익 > 침해한 법익'이라고 볼 수 없음 그렇다고 해서 곧바로 선원 A에게 범죄가 성립한다고 **단정**할 수는 없다. 범죄가 성립하기 위해서는 '**책임**'이라고 하는 점도 고려해야 하기 때문이다. 범죄는 유책한 행위, 곧 행위자에게 책임을 물을 수 있는 행위여야 성립할 수 있는 것이다. 범죄는 구성요건에 해당하고, 위법하며, 유책한 행위라는 세 가지 요소를 모두 갖추어야 성립하니까! 따라서 유책하지 않은 행위를 들어 형벌을 부과할 수 없다. (마지막 문단에서는 선원 A의 행위가 유책한지를 살펴봄으로써, **형법상 처벌되어야** 하는지에 대한 결론을 제시하겠군.)

⑥ **위법성**은 개인의 행위를 법질서와의 관계에서 판단하는 것이어서, 행위자 개인의 특수성은 위법성 판단의 기준이 되지 않는다. 형법에서 위법한 행위를 한 행위자 개인을 비난할 수 있는가 하는 것이 바로 책임의 문제이다. 형법상 **책임**은 행위자에 대한 법적 비난 가능성의 문제인 것이다. 이(책임)는 구체적인 상황에서 행위자가 위법한 행위 말고 다른 행위를 할 수 있었겠는가 하는 기대 가능성으로 볼 수 있다. 적법한 행위를 할 수 있었는데도 위법한 행위를 한 데에 대하여는 윤리적인 비판뿐만 아니라 법적인 비난이 가해져야 하기 때문이다. 위법한 행위를 한 행위자가 그 상황에서 적법한 행위를 할 수 있었다면 책임을 물을 수 있다는 거네. '카르네아데스의 널'을 재구성한 사례에서 선원 A가 자신의 목숨을 희생하는 쪽을 선택하였다면 숭고한 선행임에 틀림없지만, 그렇게 하지 않은 데 대하여 윤리적인 비판은 몰라도 법적인 비난을 하기는 어렵다고 보는 것이 **일반적**이다. 선원 A가 위난을 피하기 위해 선원 B를 널판에서 밀어내

는 행위 외에 다른 적법한 행위를 할 수 없었다고 본 거네. 결과적으로 선원 A의 행위는 범죄 성립의 세 가지 요소 중 구성요건 O, 위법 O, 유책한 행위 X이기 때문에 형법상 처벌되기는 어려운 거지.

## 1. ①

1문단과 4문단을 참고할 때, '배가 난파'된 상황에서 선원 A와 B가 '널판을 잡은 행위는 저마다의 생명을 생각할 때 불가피한 일'이며, '둘 다 빠져 죽을까 걱정하여 선원 B를 널판에서 밀어'낸 선원 A의 행위 또한 '위난을 피하는 데 절실한 것'이었음을 알 수 있다.

② 6문단에서 '선원 A가 자신의 목숨을 희생하는 쪽을 선택하였다면 숭고한 선행임에 틀림없지만, 그렇게 하지 않은 데 대하여 윤리적인 비판은 몰라도 법적인 비난을 하기는 어렵다고 보는 것이 일반적'이라고 했으므로, 선원 B와 선원 A의 상황이 바뀐다고 해도 선원 B의 행위를 범죄라고 볼 수는 없다.

③ 2문단에서 '구성요건이란 형벌을 부과할 대상이 되는 위법한 행위를 형법에 유형화하여 기술해 놓은 것'으로, '형법 제250조 제1항은 "사람을 살해한 자는 사형, 무기 또는 5년 이상의 징역에 처한다."라고 규정'한 것에서 '사람을 살해한다는 것이 구성요건'이라고 했다. 따라서 선원 B를 물에 빠져 죽게 만든 선원 A의 행위는 살인죄의 구성요건에 해당한다.

④ 6문단의 '윤리적인 비판은 몰라도 법적인 비난을 하기는 어렵다'를 고려할 때 선원 A가 형법상 비난받지 않는 것은 이를 '유책한 행위'로 볼 수 없기 때문이지 윤리적으로 타당하기 때문이라고 보기는 어렵다.

⑤ 6문단에서 '선원 A가 자신의 목숨을 희생하는 쪽을 선택하였다면 숭고한 선행임에 틀림없다'고 했으므로, 만약 선원 A가 선원 B를 살리는 선택을 하였다면 이는 윤리적으로 드높은 덕행이라 할 수 있다.

## 2. ④

선원 A의 책임에 대한 문제까지 따져야 행위에 대한 범죄 성립 여부가 결정될 것이라고 보는 것은 ⓒ(긴급피난이 성립하여 위법성이 없다고 파악하는 이)의 입장이 아닌 글쓴이의 입장이다. ⓒ은 선원 A의 행위가 구성요건에 해당하지만 위법하지 않아 범죄가 성립하지 않는다는 입장이므로, 범죄의 성립 여부 판단에 있어 책임에 대한 문제까지 따져야 한다고 보지는 않을 것이다.

①, ② 3문단에서 '정당방위는 자기 또는 타인의 법익을 현재의 위법한 침해로부터 방위하기 위하여 상당한 이유가 있는 행위를 하는 것'이라고 했다. 이를 참고할 때 ㉠(정당방위가 인정된다고 생각하는 이)은 선원 A가 선원 B의 위법한 침해로부터 자신을 방위하기 위해 널판에서 밀어낸 것이라고 주장할 것이다.

③ 3문단의 '긴급피난은 꼭 위법한 침해 행위로 일어난 위난에 대하여만 인정하는 것이 아니라는 점에서 정당방위와 다르다.'를 참고할 때 ⓒ은 선원 B의 행위를 위법한 침해라고 주장하지 않아도 된다.

⑤ 3문단의 '정당방위는 자기 또는 타인의 법익을 현재의 위법한 침해로부터 방위하기 위하여 상당한 이유가 있는 행위를 하는 것', '긴급피난은 자기 또는 타인의 법익에 대한 현재의 위난을 피하기 위하여 상당한 이유가 있는 행위를 하는 것'을 통해 확인할 수 있다.

## 3. ① 지탱  ② 단정

| 구 조 도  그 리 기 | |
| --- | --- |
| **⟨ 범죄 성립의 요건 ⟩** | |
| 성립 요건 | (1) 구성요건: 형벌 부과 대상이 되는 위법한 행위를 형법에 기술해 놓은 것<br>(2) 위법<br>(3) 유책한 행위: 행위자에게 책임(법적 비난)을 물을 수 있을 때 성립<br>→ (1), (2), (3)이 모두 충족되어야 범죄 성립 |
| 정당방위<br>와<br>긴급피난 | • 정당방위: 법익을 위법한 침해로부터 방위하기 위함, 위법한 침해 행위로 일어난 위난에 대해서만 인정<br>• 긴급피난: 법익에 대한 위난을 피하기 위함, 보호한 법익 〉 침해한 법익, 위법한 침해 행위로 일어난 위난에 대해서만 인정 X<br>→ 정당방위와 긴급피난의 공통점: 범죄 성립 요건 중 (1)은 충족, (2)는 불충족 |
| '카르네<br>아데스의<br>널'을<br>재구성한<br>사례 | • 상황: 바다에 빠진 선원 A, B가 동시에 하나의 널판을 잡은 상황에서 둘 다 빠져 죽을까봐 A가 B를 밀어내 B는 죽고 A는 구조됨<br>• 결론<br>① 정당방위 X(∵ B의 행위 위법한 침해 아님)<br>② 긴급피난 X(∵ 보호한 법익 〉 침해한 법익 아님)<br>③ 윤리적 비판 O, 법적 처벌 X(∵ 구성요건에 해당하고, 위법하나, 유책하지 않음) |

**[4~6] 2018학년도 3월 학평 「사진기의 장치와 사진의 사실성」**

① 우리는 초상화보다는 초상 사진이 더 사실적이라고 느낀다. 회화(초상화)에 비해 사진(초상 사진)이 더 사실적이라고 생각하는 이유는 사진이 기계적 장치에 의해 대상을 정확히 재현할 수 있기 때문이다. 하지만(1문단에서 흐름이 바뀌면 구체적인 화제가 제시될 가능성이 높아.) 초점이나 노출을 조절하여 대상을 변형시킨 사진도 있다. 이런(대상을 변형시킨) 경우에도 사진이 사실성을 갖고 있다고 볼 수 있을지에 대해 여러 사진 미학 이론에서 다양한 논의를 펼쳤다. (이 글은 사진의 사실성에 대한 적어도 두 가지 이상의 사진 미학 이론의 견해를 다루려고 하는구나.) 이런 논의를 이해하기 위해서는 사진기의 주요 장치인 초점 조절 장치, 조리개, 셔터 등의 특성을 이해할 필요가 있다. (전개 방식이 짐작되네! 이 글은 사진기의 주요 장치의 특성을 차례로 설명한 다음 사진의 사실성에 대한 여러 사진 미학 이론의 논의를 다룰 거야.)

② (1) 초점 조절 장치 는(초점 조절 장치의 특성을 설명한 다음에는 조리개, 셔터의 특성도 설명하겠지?) 렌즈와 필름 사이의 거리를 조절하여 피사체의 상을 필름 면에 맺게 한다. 이 장치에는 렌즈와 관련한 광학 원리가 적용된다. 사진기 렌즈는 중심보다 가장자리가 더 많이 굽은 볼록 렌즈인데, 렌즈 면이 굽을수록 더 많이 굴절되므로 광축에 평행으로 입사한 빛들은 광축의 한 점에 모인다. 사진기의 주요 장치 (1) 초점 조절 장치: 볼록 렌즈와 필름 사이의 거리 조절 → 피사체의 상을 필름 면에 맺게 함 렌즈의 중심부터 빛이 모이는 점까지의 거리를 초점 거리(f) 라고 한다. 렌즈의 초점 거리는 렌즈를 제작할 때 결정되므로 렌즈마다 고유한 초점 거리를 갖는다. 하지만 렌즈의 중심과 피사체 사이의 거리인 물체 거리(o) 가 달라지면 특별한 경우를 제외하고는 렌즈의 중심과 상이 맺히는 지점 사이의 거리인 상 거리(i) 가 달라진다. (예외적인 경우가 있나 보네. 지문에서 설명한 만큼만 문제에서 물어보기 마련이니, 일단 초점 거리(f)는 렌즈마다 고유한 값을 가지지만 상 거리(i)는 물체 거리(o)에 따라 달라진다고 이해하고 넘어가면 돼. 특별한 경우에 대해서는 뒤에서 설명한다면 그때 이해하면 되고!)

③ 물체 거리(o)와 상 거리(i)가 렌즈의 초점 거리(f)와 어떻게 연결되는지는 $\frac{1}{o} + \frac{1}{i} = \frac{1}{f}$ 로 표현될 수 있는데, 이를 렌즈 공식 이라 한다. 렌즈 공식을 활용하면 i를 구할 수 있다. 아래 〈그림〉처럼 f가 20cm인 렌즈가 있다고 하자. 피사체인 연필의 o가 40cm인 경우에 연필의 i는 40cm가 된다. ($\frac{1}{40} + \frac{1}{i} = \frac{1}{20}$ 이니까 i가 40인 거지.) o가 10,000cm인 나무의 i는 어떻게 될까? o가 f보다 100배 이상 크면 물체가 무한대의 거리에 있는 것과 마찬가지로 작용한다.

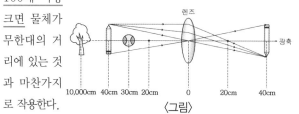
〈그림〉

따라서 $\frac{1}{o}$ 이 매우 작아서 무시할 수 있으므로 나무의 i는 f와 거의 같다. 물체 거리(o) ≥ 초점 거리(f) × 100 → 상 거리(i) ≒ 초점 거리(f) 만약 o가 f보다 작으면 피사체의 빛이 퍼져서 모이지 않아 렌즈 뒤에는 상이 맺히지 않는다. 물체 거리(o) < 초점 거리(f) → 상 X 렌즈 공식을 활용하면 상의 크기 도 파악할 수 있다. (렌즈 공식을 활용해 상 거리(i)를 구하는 방법을 설명한 데 이어 상의 크기를 파악하는 방법을 덧붙이려나 봐.) 상의 크기를 피사체의 크기로 나눈 값은 i를 o로 나눈 값과 같다. 그러므로 이 값(i를 o로 나눈 값)과 피사체의 크기를 알면 상의 크기도 알 수 있다. $\frac{i}{o}$ = 상의 크기÷피사체의 크기

④ 조리개와 셔터는 노출을 결정한다. 노출 은 필름에 입사되는 빛의 양이다. 노출이 과하면 사진이 허옇게 번져 나오고, 노출이 부족하면 사진이 어둡게 된다. 조리개 값과 셔터 속도로 노출 정도를 결정할 수 있다. (2) 조리개 는 렌즈 바로 뒤에 있는 구멍으로, 그 면적을 늘리거나 줄일 수 있도록 만들어져 있다. 조리개 조절 장치에 기록되어 있는 1.4, 2, 2.8, 4, 5.6, 8, 11 등의 수치들은 렌즈의 초점 거리(f)(앞에서 설명한 개념이 다시 나오면 개념을 한 번 더 확인하며 읽자. 초점 거리는 렌즈마다 고유한 값을 가져.)를 조리개의 지름으로 나눈 값인데, 이를 조리개 값 이라 한다. 조리개 값을 작은 수로 바꿀 때마다 조리개 지름은 약 1.4배 커져 조리개 면적이 약 2배 넓어진다. 따라서 빛의 양도 약 2배 증가한다. 사진기의 주요 장치 (2) 조리개(렌즈 바로 뒤의 구멍): 조리개 값으로 노출 정도를 결정하는 법을 설명했네. 조리개 값(= 초점 거리(f)÷조리개의 지름)↓ → 조리개 면적↑, 노출(빛의 양)↑ 한편(전환! 이제 셔터 속도로 노출 정도를 결정하는 법을 설명하겠지?) (3) 셔터 는 촬영 순간 열렸다 닫혀서 빛의 양을 조절한다. 셔터 속도는 1, 2, 4, … 등으로 표시된다. 이는 셔터가 열려 있는 시간이 1/1초, 1/2초, 1/4초, … 등임을 뜻한다. 셔터 속도가 2배 빨라지면 노출 시간 역시 2배 짧아지므로 빛의 양이 2배 감소한다. 사진기의 주요 장치 (3) 셔터: 셔터 속도↑ → 노출 시간↓, 노출(빛의 양)↓ 따라서 사진가는 조리개와 셔터를 활용하여 의도적으로 빛의 양(노출)을 조절할 수 있다.

⑤ 조리개와 셔터에는 다른 기능도 있다. 조리개는 사진의 심도에 영향을 미친다. 심도 란 상이 필름에서 적절하게 초점이 맞는 물체 거리의 범위라고 할 수 있다. 조리개 지름이 작아지면(조리개 면적↓, 빛의 양↓) 광축에 가까운 빛만 입사되어 초점이 맞는 물체 거리의 범위가 넓은데, 이를 심도가 깊다고 표현한다. 반대로 조리개 지름이 커지면 초점이 맞는 물체 거리의 범위는 좁다. 따라서 무엇을 어떻게 찍을 것인지를 결정하는 데 있어 심도는 중요한 요소이다. 조리개의 기능: ① 노출 결정, ② 심도에 영향

| 조리개 지름↓ | 광축에 가까운 빛만 입사 |
| --- | --- |
| | → 심도 깊음(초점이 맞는 물체 거리 범위 넓음) |
| 조리개 지름↑ | 광축에 멀리 있는 빛도 입사 |
| | → 심도 얕음(초점이 맞는 물체 거리 범위 좁음) |

셔터 속도는 피사체의 움직임을 어떻게 구현할지 결정하는 기능을 한다. 빠른 셔터 속도는(노출 시간↓, 빛의 양↓) 움직이는 피사체를 정지 동작으로 나타낼 수 있다. 노출 시간이 짧아 피사체의 잔상이 필름 위에 남을 가능성이 적어지기 때문이다. 반면에 느린 셔터 속도를 사용하면 움직임을 암시하는 사진을 얻을 수 있다. 이때 움직이는 피사체는 흘러가듯이 표현된다. 셔터의 기능: ① 노출 결정, ② 피사체의 움직임 구현 결정

| 셔터 속도↑ | 노출 시간↓, 잔상 남을 가능성↓ → 정지 동작 |
| 셔터 속도↓ | 노출 시간↑, 잔상 남을 가능성↑ → 움직임 암시 |

6 이와 같은 사진기 장치들의 특성은 대상을 사진으로 정확하게 재현할 수도, 의도적으로 변형할 수도 있게 한다. 대상을 변형시킨 사진 역시 사실성을 갖고 있다고 볼 것인지에 대해(사진기의 주요 장치의 특성에 대한 설명이 끝나고, 이제 사진의 사실성에 대한 논의가 제시될 거야.) 바쟁은 사진은 기계 장치에 의해 만들어지므로 사실성을 띤다고 본다. 조리개와 셔터 등의 요소에서 인간의 주관이 개입되는 측면을 인정하더라도 기계적 방식으로 대상을 기록한다는 본질은 변하지 않는다는 것이다. 월든은 사진은 우리가 육안으로 직접 보았을 법한 대로 대상을 묘사한다고 보고, 그런 의미에서만 사진이 사실성을 갖는다고 생각한다. 사진이 기계에 의존하여 대상을 정확히 재현한다는 점을 중시한 것이다. 그래서 그림은 그 대상의 가시적 특징을 추가하거나 누락할 수 있지만 사진은 그렇게 (대상의 가시적 특징을 추가하거나 누락) 하기 어렵기 때문에 그림과 달리 사진이 사실성을 띤다고 주장한다. 최근에는 또 다른 견해도 제시되고 있다. 이에 따르면 사진은 대상에서 나온 빛 이미지의 자취를 기계 장치로 기록한 것이다. 발자국이 대상의 실재를 함축하듯 사진은 그 대상의 실재를 함축한다. 그런 의미에서 모든 사진은 사실성을 갖는다고 본다. 그렇다면 발자국은 사진과 동일한가? 이 견해에 의하면 사진은 대상 자체의 자취가 아니라('A가 아니라 B'의 구조이므로 B의 내용에 집중하자.) 대상에서 나오는 빛 이미지의 자취를 기록한다는 점에서 발자국과 구별된다. 또한 사진의 사실성은 사진이 대상을 정확히 재현하는지 여부와는 무관하다고 본다. 사진 형성 과정에 사진가가 적극 개입한 사진이건 우연히 찍힌 사진이건 빛 이미지의 자취라는 점에서는 모두 사실성을 띤다는 것이다. 사진의 사실성에 관한 논의를 정리해 보자!

| 바쟁 | 주관이 개입되는 측면 인정하더라도, 사진은 기계 장치에 의해 만들어지므로 사실성 O |
| 월든 | 사진은 기계에 의존하므로 대상의 가시적 특징 추가·누락하기 어려워 사실성 O |
| 또 다른 견해 | 사진은 대상에서 나온 빛 이미지의 자취를 기록하므로 사실성 O(사진의 사실성은 대상의 정확한 재현 여부와는 무관) |

**4. ②**

2문단에 따르면 초점 조절 장치가 '렌즈와 필름 사이의 거리를 조절'하는 것은 맞지만, '렌즈의 초점 거리는 렌즈를 제작할 때 결정되므로 렌즈마다 고유한 초점 거리를 갖는다.'라고 했으므로 초점 조절 장치를 통해 초점 거리를 변경할 수는 없다.

① 4문단에서 '조리개 값을 작은 수로 바꿀 때마다 조리개 지름은 약 1.4배 커'진다고 했으므로, 반대로 조리개 값이 커지면 조리개 지름은 작아질 것이다. 그리고 5문단에서 '조리개 지름이 작아지면 광축에 가까운 빛만 입사'된다고 했으므로, 조리개 값이 커지면 조리개 지름이 작아져 광축에 가까운 빛만 입사될 것이다.

③ 3문단에 제시된 렌즈 공식은 '물체 거리($o$)와 상 거리($i$)가 렌즈의 초점 거리($f$)와 어떻게 연결되는지'를 설명하는 공식이다. 제시된 공식에 따르면 사진기의 초점 거리($f$)와 상 거리($i$)를 아는 경우 이를 렌즈 공식에 대입하여 물체 거리($o$)를 구할 수 있다.

④ 2문단에서 '렌즈 면이 굽을수록 더 많이 굴절되므로 광축에 평행하게 입사한 빛들은 광축의 한 점에 모인다.'라고 했다. 그런데 '사진기 렌즈는 중심보다 가장자리가 더 많이 굽은 볼록 렌즈'이므로, 광축에 평행으로 입사한 빛들은 사진기 렌즈의 중심보다 가장자리에서 더 많이 굴절될 것이다.

⑤ 6문단에서 조리개와 셔터 등의 '사진기 장치들의 특성은 대상을 사진으로 정확하게 재현할 수도, 의도적으로 변형할 수도 있게 한다.'라고 하였다.

**5. ①**

3문단을 참고해 연필을 렌즈 공식으로 표현하면 $\frac{1}{40} + \frac{1}{i} = \frac{1}{20}$이므로 연필의 $i$는 40cm이고, 공을 렌즈 공식으로 표현하면 $\frac{1}{30} + \frac{1}{i} = \frac{1}{20}$이므로 공의 $i$는 60cm이다. 즉 공의 $i$가 연필의 $i$보다 더 크다.

② 3문단에서 '$o$가 $f$보다 100배 이상 크면 물체가 무한대의 거리에 있는 것과 마찬가지로 작용'하여, '$\frac{1}{o}$이 매우 작아서 무시할 수 있으므로 나무의 $i$는 $f$와 거의 같다.'라고 했다. 이에 따르면 〈그림〉에서 나무의 '$o$(물체 거리)가 10,000cm', 렌즈의 '$f$(초점 거리)가 20cm'로 $o$가 $f$보다 100배 이상 큰 경우이므로, 나무의 $i$는 렌즈의 $f$와 거의 같다.

③ 3문단에서 '상의 크기를 피사체의 크기로 나눈 값은 $i$를 $o$로 나눈 값과 같다.'라고 했다. 〈그림〉에서 연필의 $i$와 $o$는 모두 40cm이므로, 상의 크기÷피사체의 크기 = 1이다. 따라서 연필의 실제 크기와 상의 크기는 같다.

④ 3문단을 참고해 공을 렌즈 공식으로 표현하면 $\frac{1}{30} + \frac{1}{i} = \frac{1}{20}$이므로 공의 $i$는 60cm이다. 이때 '상의 크기를 피사체의 크기로 나눈 값은 $i$를 $o$로 나눈 값과 같다.'라고 했으므로, 상의 크기 ÷ 피사체의 크기 = $\frac{60}{30}$ = 2이다. 따라서 공은 실제 크기보다 상의 크기가 더 크다.

⑤ 3문단에서 '$o$가 $f$보다 작으면 피사체의 빛이 퍼져서 모이지 않아 렌즈 뒤에는 상이 맺히지 않는다.'라고 했다. 〈그림〉에서 렌즈의 $f$(초점 거리)는 20cm이므로 만약 공의 $o$가 이보다 작은 15cm라면 렌즈 뒤에 상이 맺히지 않는다.

**6. ① 의존  ② 가시적**

## 구 조 도 그 리 기

〈 사진기의 장치와 사진의 사실성 〉

| 사진기의 주요 장치 |
| --- |

① 초점 조절 장치
- 렌즈와 필름 사이의 거리 조절 → 피사체의 상을 필름 면에 맺게 함
- 렌즈 공식

$$\frac{1}{o(물체\ 거리)} + \frac{1}{i(상\ 거리)} = \frac{1}{f(초점\ 거리)}$$

| 상 거리(i)<br>구하기 | · 초점 거리(f)는 고정 값, 물체 거리(o)가 달라지면 상 거리(i)가 달라짐<br>– 물체 거리(o) ≥ 초점 거리(f) × 100<br>　→ 상 거리(i) ≒ 초점 거리(f)<br>– 물체 거리(o) 〈 초점 거리(f): 상 X |
| --- | --- |
| 상의 크기<br>구하기 | · $\dfrac{i}{o}$ = 상의 크기÷피사체의 크기 |

② 조리개와 셔터
- 조리개 값과 셔터 속도로 노출(필름에 입사되는 빛의 양) 정도 결정: 조리개 값(초점 거리(f)÷조리개 지름)↓, 셔터 속도 느림 → 노출↑
- 조리개는 사진의 심도(초점이 맞는 물체 거리의 범위)에 영향: 조리개 지름↓ → 심도 깊음
- 셔터 속도는 피사체의 움직임을 어떻게 구현할지 결정: 셔터 속도 느림 → 움직임을 암시하는 사진

| 사진의 사실성에 관한 논의 |
| --- |

- 바쟁: 기계 장치에 의해 만들어지므로 사실성 O
- 월든: 기계에 의존하여 대상을 정확히 재현하므로 사실성 O
- 또 다른 견해: 대상에서 나온 빛 이미지의 자취를 기록하므로 사실성 O

1 day 30 minute 4 week

# 3주차
## 정답과
## 해설

**[1~3] 2017학년도 3월 학평 「삼단 논증의 추론 과정에서 일어나는 오류」**

① 삼단 논증은 두 개의 전제에서 하나의 결론을 도출하는 연역 논증이다. 삼단 논증: 전제 + 전제 → 결론 이때 두 전제로부터 그 결론만이 반드시 도출될 수 있는지를 확인하기 위해서는 논리적 규칙에 따라 추론해야 하는데, 사람들은 이 추론 과정에서 자주 오류를 범한다. 인지 실험 연구자들은 삼단 논증의 추론 과정에서 일어나는 오류 현상에 일정한 유형이 있다는 것에 착안하여 오류의 원인을 분석했다. (삼단 논증의 추론 과정에서 일어나는 오류의 원인이 이 글의 화제구나.)

② 인지적 측면에서 오류의 원인을 분석한 최초의 주요 이론은 '분위기 이론'이다. 분위기 이론은 〈모든 A는 B이다. 어떤 B는 C이다.〉에서 〈어떤 A는 C이다.〉가 반드시 도출되는 것이 아님에도, '반드시 도출된다'라고 생각하는 사람이 많은 이유는 전제의 분위기 때문이라고 설명한다. 즉 전제가 긍정인가 부정인가, 전칭('모든')인가 특칭('어떤')인가에 따라 일정한 분위기가 형성되어 결론에 영향을 끼친다는 것이다. 삼단 논증 추론에서의 오류 발생 원인 (1) 분위기 이론: 전제가 형성하는 분위기가 결론에 영향을 끼치기 때문 분위기 이론은 사람들이 두 전제가 모두 긍정문이면 긍정 결론을, 하나라도 부정문이면 부정 결론을 받아들이는 경향이 있다고 본다. 〈모든 A는 B이다.〉와 〈어떤 B는 C이다.〉는 모두 긍정문이니, 〈어떤 A는 C이다.〉라는 긍정 결론이 반드시 도출된다고 생각하는 사람이 많은 거겠네. 또한 두 전제가 모두 전칭이면 전칭 결론을, 하나라도 특칭이면 특칭 결론을 선호한다고 본다. 〈모든 A는 B이다.〉는 전칭이고, 〈어떤 B는 C이다.〉는 특칭이야. 두 전제 중 하나가 특칭이니 〈어떤 A는 C이다.〉라는 특칭 결론을 선호하는 사람들이 많겠지.

| 전제 | 결론 |
| --- | --- |
| 두 전제 모두 긍정문 | 긍정 결론 받아들이는 경향 |
| 두 전제 중 하나라도 부정문 | 부정 결론 받아들이는 경향 |
| 두 전제 모두 전칭(모든) | 전칭 결론 받아들이는 경향 |
| 두 전제 중 하나라도 특칭(어떤) | 특칭 결론 받아들이는 경향 |

하지만 똑같은 결론이 도출되는 두 개의 서로 다른 삼단 논증에 대한 사람들의 상이한 반응을 이 이론으로는 설명하기 힘들다. 분위기 이론에는 한계가 있네. 〈모든 A는 B이다. 어떤 B는 C이다. 따라서 어떤 A는 C이다.〉라는 부당한 논증과 〈어떤 A는 B이다. 모든 B는 C이다. 따라서 어떤 A는 C이다.〉라는 타당한 논증이 주어졌을 때, 분위기 이론은 피험자들이 두 논증의 결론을 모두 비슷한 비율로 '반드시 도출된다'라고 선택할 것이라고 예측한다. 왜냐하면 전제 하나가 특칭이라는 점에서는 차이가 없기 때문이다. 예로 든 부당한 논증과 타당한 논증에서의 전제는 모두 긍정문이고, 두 전제 중 하나가 특칭이야. 따라서 분위기 이론에 따르면 두 논증에서 사람들은 〈어떤 A는 C이다.〉라는 특칭, 긍정 결론을 타당한 것으로 받아들일 거라고 예측할 수 있어. 하지만(분위기 이론이 예측한 것과 다른 사람들의 상이한 반응이 이어지겠지?) 피험자들은 타당한 논증인 후자를 부당한 논증인 전자보다 더 높은 비율로 '반드시 도출된

다'를 선택한다는 것이 밝혀졌다. 그래서 이 이론(분위기 이론)으로는 구체적으로 추론의 어떤 과정에서 오류가 발생하는지 설명하기 어렵다. 분위기 이론의 한계: 똑같은 결론이 도출되는 두 개의 서로 다른 삼단 논증에 대한 사람들의 상이한 반응 설명 X (추론의 어떤 과정에서 오류가 발생하는지 설명 X)

③ 사람들이 삼단 논증에서 오류를 범하는 이유를 그 추론 과정에 주목하여 분석한 것으로는 '심적 모형 이론'이 있다. (분위기 이론은 추론의 어떤 과정에서 오류가 발생했는지 설명하기 어려운 반면, 오류의 원인을 추론 과정에 주목해서 분석하는 심적 모형 이론이 제시되었어. 이론들 간의 공통점과 차이점을 파악하며 읽어야겠군!) 이 이론은 사람들이 삼단 논증의 전제를 만족시키는 심적 모형을 만들고 결론이 만족스러운지 그 모형을 주의 깊게 살펴본다고 설명한다. 가령 〈모든 사각형은 음영이 있는 도형이다. 어떤 음영이 있는 도형은 뚜렷한 윤곽이 있다.〉에서 〈어떤 사각형은 뚜렷한 윤곽이 있다.〉가

'반드시 도출된다'라고 생각하는 사람들은 주어진 전제로부터 오른쪽 그림과 같은 심적 모형을 상상한 것이라고 보았다. 즉 피험자들은 삼단 논증의 전제를 만족시키는 심적 모형을 만들고 결론이 만족스러운지 그 모형을 살펴보고 결론이 만족스럽다면 '반드시 도출된다'라고 답한다는 것이다. 심적 모형 이론: 전제를 만족시키는 심적 모형 만듦 → 모형에서 결론이 만족스럽다면 결론이 반드시 도출된다고 답함 그러나 ㉠이 논증의 전제를 만족시키는 다른 심적 모형을 마음속에서 표상한다면 〈어떤 사각형은 뚜렷한 윤곽이 있다.〉가 이 전제로부터 반드시 도출되는 것이 아님을 알 수 있다. 심적 모형 이론은 전제로부터 결론이 반드시 도출되는지 여부를 알기 위해서는 전제로부터 도출할 수 있는 모형을 모두 구성하는 것이 필수적이며, 사람들이 이러한 모형 구성에 실패하기 때문에 삼단 논증 추론에서 오류가 발생한다고 주장한다. 삼단 논증 추론에서의 오류 발생 원인 (2) 심적 모형 이론: 전제로부터 도출할 수 있는 모형을 모두 구성하는 데 실패했기 때문

④ 삼단 논증 추론에서 오류가 생기는 원인을 명제의 잘못된 '환위' 때문이라고 분석하는 이론도 있다. 환위란 주어진 명제에서 주어와 술어의 위치를 바꾸는 것을 말한다. 사람들은 〈모든 A는 B이다.〉를 〈모든 B는 A이다.〉로, 〈어떤 A는 B가 아니다.〉를 〈어떤 B는 A가 아니다.〉로 환위하는 경향이 있다. 이런 경우에는 환위가 비논리적 결과를 야기한다. 즉 같은 뜻을 갖고 있는 문장이 아니므로 논리적 문제를 일으킨다. 삼단 논증 추론에서의 오류 발생 원인 (3): 명제의 잘못된 환위(명제의 주어와 술어의 위치를 바꾸는 것) 때문

⑤ 사람들은 결론이 담고 있는 내용에 영향을 받아 오류를 범할 때도 있다. 피험자들은 두 전제로부터 그 결론이 반드시 도출될 수 있는지 여부보다는 자신이 가지고 있는 믿음 체계와 정합적이거나 적어도 모순을 일으키지 않는 결론을 받아들이는 성향, 이

른바 |믿음 편향|이 있다는 점이 발견되었다. 에번스는 사람들이 일단 결론의 믿을 만함을 평가하고, 믿을 만하면 논리적 규칙을 적용하지 않고 그대로 결론을 받아들인다고 분석했다. 그리고 믿을 만하지 못하면 그제야 논리적 규칙을 적용하여 삼단 논증을 점검한다고 보았다. 이와 같은 맥락에서 폴라드의 연구 결과에 의하면 전제들이 논리적으로 더 복잡하다고 해서 그에 따라 믿음 편향 효과가 더 증가되지는 않는다는 것이 밝혀졌다. 삼단 논증 추론에서의 오류 발생 원인 (4): 믿음 편향 때문(① 결론이 믿을 만함 → 논리적 규칙 적용 없이 결론을 받아들임, ② 결론이 믿을 만하지 못함 → 논리적 규칙 적용하여 삼단 논증 점검)

⑥ 인지 오류에 대한 연구를 통해 일부 인지 심리학자들은 여러 실용적 목적에서 효율적인 수준이라고 만족한다면 사람들이 합리성이나 논리적 정합성을 기꺼이 버리는 사고를 하는 것이야말로 인간의 인지적 특성이라고 주장한다. 이러한 생각은 전통적 관점과 달리('A와 달리 B'의 구조에서 글쓴이가 설명하는 내용의 초점은 대개 B에 있어.) 인간이 논리적 사고 중심의 인지 체계를 가지고 있지 않을 가능성을 암시한다. 인간의 인지적 특성: 실용적 효율성 > 합리성, 논리적 정합성 → 인간의 인지 체계가 논리적 사고 중심 아닐 가능성 암시

1. ②

㉠을 뒷받침하는 심적 모형은 〈모든 사각형은 음영이 있는 도형이다. 어떤 음영이 있는 도형은 뚜렷한 윤곽이 있다.〉라는 전제를 만족시키면서 〈어떤 사각형은 뚜렷한 윤곽이 있다.〉가 반드시 도출되는 것은 아님을 보여줄 수 있어야 한다. 이때 ②번에 제시된 모든 사각형은 음영이 있으므로 첫 번째 전제를 만족시킨다. 그리고 음영이 있는 도형들은 모든 사각형과 동그라미 하나인데, 이 도형들 가운데 하나(동그라미)의 윤곽이 뚜렷하므로 두 번째 전제 역시 만족시킨다. 그러나 윤곽이 뚜렷한 도형은 동그라미뿐이므로 〈어떤 사각형은 뚜렷한 윤곽이 있다.〉는 도출되지 않아 ㉠을 뒷받침하는 심적 모형으로 가장 적절하다.

①, ③ 〈모든 사각형은 음영이 있는 도형이다.〉라는 전제를 만족시키지 못하고 있다.

④, ⑤ 〈어떤 음영이 있는 도형은 뚜렷한 윤곽이 있다.〉라는 전제를 만족시키지 못하고 있다.

2. ⑤

2문단에 따르면 분위기 이론은 사람들이 삼단 논법의 두 전제 중 '하나라도 부정문이면 부정 결론을 받아들이는 경향'이 있으며 '하나라도 특칭이면 특칭 결론을 선호한다'고 본다. 이때 어떤 결론을 선호하는지는 '부당한 논증'인지, '타당한 논증'인지의 여부와 관계없다. 그런데 〈보기〉의 첫 번째 전제에서 '어떤'이라는 특칭을 전칭으로 바꾸고, 두 번째 전제에서 '모든'이라는 전칭을 특칭으로 바꾸면 결국 전제 하나가 특칭이라는 점에는 변함이 없다. 따라서 분위기 이론은 〈보기〉와 ⑤번의 경우에서 결론이 '반드시 도출된다'라고 답하는 사람은 비슷한 비율로 나타난다고 예측할 것이다.

① 4문단에서 '환위란 주어진 명제에서 주어와 술어의 위치를 바꾸는 것'으로, 〈모든 A는 B이다.〉를 〈모든 B는 A이다.〉로, 〈어떤 A는 B가 아니다.〉를 〈어떤 B는 A가 아니다.〉로 환위'하게 되면 기존의 문장과 '같은 뜻을 갖고 있는 문장이 아니므로 논리적 문제를 일으킨다.'라고 했다. 따라서 〈보기〉의 전제들을 ①번에 제시된 것처럼 환위할 경우 환위하기 전과 뜻이 달라지게 된다.

② 3문단의 '심적 모형 이론은 전로로부터 결론이 반드시 도출되는지 여부를 알기 위해서는 전제로부터 도출할 수 있는 모형을 모두 구성하는 것이 필수적이며, 사람들이 이러한 모형 구성에 실패하기 때문에 삼단 논증 추론에서 오류가 발생한다고 주장한다.'를 통해 알 수 있다.

③ 2문단에 따르면 분위기 이론은 사람들이 삼단 논법의 두 전제 중 '하나라도 부정문이면 부정 결론을 받아들이는 경향'이 있으며 '하나라도 특칭이면 특칭 결론을 선호한다'고 본다. 〈보기〉의 첫 번째 전제는 '아니다'가 사용된 부정문이며 '어떤'이라는 특칭이 나타난다. 따라서 분위기 이론에서는 사람들이 이와 같은 '전제의 분위기'의 영향으로, '어떤 인류학자는 바둑 기사가 아니다.'라는 특칭과 부정이 사용된 결론이 '반드시 도출된다'라고 답하는 경향이 있을 것이라고 설명할 것이다.

④ 5문단에 따르면 '믿음 편향'은 '자신이 가지고 있는 믿음 체계와 정합적이거나 적어도 모순을 일으키지 않는 결론을 받아들이는 성향'을 가리키는데, '에번스는 사람들이 일단 결론의 믿을 만함을 평가하고, 믿을 만하면 논리적 규칙을 적용하지 않고 그대로 결론을 받아들인다'고 본다. 이에 따르면 인류학자 중 적어도 한 명은 바둑 기사일 리 없다는 믿음 편향을 가진 사람은 결론인 '어떤 인류학자는 바둑 기사가 아니다.'가 자신의 믿음 체계와 부합하므로 믿을 만하다고 평가하여 논리적 규칙의 적용 없이 '반드시 도출된다'라고 답하게 될 것이다.

3. ① 상이 ② 야기

구 조 도 그 리 기

삼단 논증 : 전제 + 전제 → 결론 도출
오류의
↳ 〈추론 과정에서 발생하는 현상에 대한 분석〉

① 분위기 이론
- 전제의 분위기가 결론에 영향 → 오류 발생
- 두 전제 모두 긍정 → 긍정 결론 선호 ┊ 두 전제 모두 전칭 → 전칭 결론 선호
  전제 중 하나 부정 → 부정 결론 선호 ┊ 전제 중 하나 특칭 → 특칭 결론 선호

② 심적 모형 이론
- 전제로부터 도출할 수 있는 모든 모형 구성에 실패 → 오류 발생
- 전제를 만족하는 심적 모형 구성 → 간소 → 결론이 만족스럽다는 판단
  → 결론이 '반드시 도출된다'라고 생각

③ 명제의 잘못된 환위
- 환위(주어와 술어의 위치 바꿈)로 인한 비논리적 결과 → 오류 발생

④ 믿음 편향
- 자신의 믿음 체계라 정합적 아니면 X면 결론은 받아들임 → 오류 발생
- 믿을 만하지 못하다고 판단되는 결론 → 그제야 논리적 규칙 적용

=> ① ~ ④의 면모: 인간이 논리적 사고 중심의 인지 체계를 가지고 있지 않을 가능성 암시.

[4~6] 2011년도 LEET 「원격탐사」

① 지구 주위를 돌고 있는 수많은 인공위성에는 지표를 세밀히 관측할 수 있는 다양한 영상 센서가 탑재되어 있다. 1960년대 초반부터 주로 군사적 목적으로 개발되기 시작한 위성 영상 센서는 근래에는 지구 환경의 이해를 위한 과학적 목적으로도 광범위하게 사용되고 있다. 위성 영상 센서: 군사적 목적으로 개발 → 지구 환경 이해를 위한 과학적 목적으로도 활용 원격탐사학은 이러한 센서 시스템을 통하여 비접촉 방식으로 물체에 대한 정보를 취득하고 분석하는 학문이다. 원격탐사학: 위성 영상 센서 시스템을 통해 물체에 대한 정보를 취득하고 분석 이(원격탐사학)를 바르게 이해하기 위해서는 원격탐사에 사용되는 에너지와 물체 간의 복잡한 상호 작용을 살펴보아야 한다. (이어서 원격탐사에 사용되는 에너지와 물체 간의 상호 작용을 다룸으로써 원격탐사학에 대한 이해를 돕겠지?)

② 태양으로부터 방출된 복사 에너지는(태양으로부터 방출된 복사 에너지가 원격탐사에 사용되는 에너지구나.) 전자기파의 형태로 우주 공간을 빛의 속도로 진행한 후 지구 대기를 통과하여 지표면에서 반사된 다음 다시 대기를 거쳐 위성 센서에 도달하는 방식으로 측정된다. 위성 센서에서 태양의 복사 에너지(전자기파의 형태)가 측정되는 과정을 정리해 볼까? 태양에서 복사 에너지 방출 → 우주 공간 진행 → 지구 대기 → 지표면에서 반사 → 지구 대기 → 위성 센서에 도달 물체에 입사하는 에너지와 반사되는 에너지의 비를 반사율이라 하는데, 원격탐사는 파장에 따른 반사율인 분광 반사율을 이용하여 물체의 성질을 알아낸다. 원격탐사의 원리: 분광 반사율(파장에 따른 물체에 입사하는 에너지와 반사되는 에너지의 비)을 이용해 물체의 성질을 알아냄

③ 물체는 다양한 파장의 복사 에너지를 방출하는데, 그중 에너지가 최대인 파장을 '최대 에너지 파장'이라 한다. 최대 에너지 파장: 물체가 방출하는 복사 에너지 중 에너지가 최대인 파장 표면의 절대 온도가 약 6,000K인 태양의 최대 에너지 파장은 0.48㎛이다. 이(태양의 최대 에너지 파장)에 맞추어 초기의 위성 영상은 가시광선(0.4~0.7㎛)만을 이용했는데, 근래에는 기술의 발달로 사람의 눈으로는 볼 수 없는 근적외선, 중적외선, 열적외선 등 다양한 파장 대역을 이용할 수 있게 되어 원격탐사의 유용성이 더욱 커졌다. 초기의 위성 영상: 태양의 최대 에너지 파장에 맞추어 가시광선만 이용 → 근래의 위성 영상: 눈으로 볼 수 없는 근적외선, 중적외선, 열적외선 등 다양한 파장 대역 이용

④ 예를 들어 우리 눈(가시광선만 볼 수 있음)에는 천연 잔디와 인공 잔디가 똑같이 녹색으로 보이지만, 근적외선(0.7~1.2㎛)을 사용하면 두 물체는 확연히 구별된다. (1) 근적외선: 가시광선으로는 구별되지 않는 천연 잔디와 인공 잔디 구별 녹색의 잎은 이 대역(근적외선)에서 약 50%의 강한 반사를 일으켜 위성 영상에서 밝게 보이는 반면, 인공 잔디는 약 5%만을 반사하여 어둡게 보이기 때문이다. 분광 반사율의 차이를 통해 천연 잔디와 인공 잔디를 구별할 수 있구나. 분광 반사율이 높을수록 영상이 밝게 보여!

⑤ 중적외선(1.2~3.0㎛)은 잎의 수분 함량에 대한 민감도가 가

시광선보다 뛰어나 작물의 생육 상태와 관련된 중요한 정보를 얻는 데 사용된다. (근적외선, 중적외선의 사용을 설명했으니 이어서 열적외선의 파장 대역을 이용하는 경우도 설명해 주겠지?) 또한 중적외선은 광물이나 암석의 고유한 분광 반사 특성을 이용한 자원 탐사에도 활용된다. (2) 중적외선: 작물의 생육 상태와 관련된 정보를 얻는 데 사용, 광물이나 암석의 분광 반사 특성을 이용한 자원 탐사에 활용 도자기의 원료인 고령토는 2.17, 2.21, 2.32, 2.58㎛의 중적외선을 흡수하는데, 어떤 물체의 분광 반사율이 이와 같은 특성을 가진다면 이는 고령토로 판단할 수 있다. 고령토는 특정 파장 대역의 중적외선을 흡수하는데, 이는 고유한 분광 반사 특성을 가진다는 의미로 이해하면 되겠네!

⑥ 지구에서 방출되는 지구 복사 에너지가 집중되어 있는 열적외선(3~14㎛)은 지표면의 온도 분포에 대한 정보를 제공한다. 물체가 방출하는 복사 에너지의 최대 에너지 파장은 물체의 절대 온도에 반비례하므로, 산불(온도 약 800K, 최대 에너지 파장 3.62㎛) 감시나 지표면의 토양, 물, 암석 등(온도 약 300K, 최대 에너지 파장 9.67㎛)의 온도 감지에는 열적외선 센서가 유용하다. (3) 열적외선: 지구 복사 에너지가 집중됨, 물체의 최대 에너지 파장과 절대 온도는 반비례함을 이용해 지표면의 온도 분포에 대한 정보 제공

⑦ 여기서 전자기파는(2문단에서 태양으로부터 방출된 복사 에너지는 전자기파의 형태라고 했어.) 지표에 도달하기 전과 반사된 후에 각각 대기 입자에 의해 산란·흡수된다는 점에 유의해야 한다. 대기 중에 먼지, 안개, 구름이 없는 청명한 날에도 산소나 질소 입자와 같이 입사파의 파장보다 월등히 작은 유효 지름을 가지는 대기 입자에 의하여 산란이 발생한다. 이를 레일리 산란이라 하는데, 레일리 산란: 전자기파(입사파)가 그 파장보다 작은 유효 지름을 가진 대기 입자에 의해 산란되는 현상 (먼저 전자기파가 대기 입자에 의해 산란된다는 점을 설명할 건가 봐! 뒤에서 전자기파의 흡수에 대해서도 설명해 주겠지?) 그 강도는 파장의 4제곱에 반비례한다. 레일리 산란의 강도 ∝ 1/파장⁴ 예를 들어 파장이 0.32㎛인 자외선은 파장이 0.64㎛인 적색광에 비하여 약 16배 강한 산란을 보인다. 자외선의 파장은 적색광의 1/2이니까, 레일리 산란의 강도는 16(= 1/(1/2)⁴)배가 되는 거지! 레일리 산란은 대기의 조성과 밀도를 알려 주는 중요한 지시자가 되기도 하지만, 지표를 촬영한 위성 영상의 밝기와 대비를 감쇠시키므로 이 점을 고려해야 한다. 전자기파가 위성 센서에 도달하기 전에 산란되면 위성 영상의 밝기와 대비가 감쇠되니까 레일리 산란은 원격탐사의 방해 요인이 되겠군. 일부 원격탐사 시스템 중에는 레일리 산란의 영향이 큰 청색을 배제하고 녹색, 적색, 근적외선 센서들로만 구성하여 천연색 영상의 획득을 포기하는 경우도 있다. 천연색 영상 획득을 포기하고 레일리 산란의 영향이 큰 청색을 배제하기도 함

⑧ 대기 중 전자기파의 흡수는(마지막 문단에서는 예상대로 대기 입자에 의한 전자기파의 흡수를 설명하는구나!) 물질의 고유한 공명 주파수에 따라 특정한 파장 대역에서 발생하는데, 수증기, 탄소, 산소, 오존, 산화질소 등 여러 대기 물질의 흡수 효과가 중첩되므로 일부 파장

대역의 전자기파는 맑은 날에도 지구 대기를 거의 통과하지 못
한다. 물질의 공명 주파수에 따른 특정 파장 대역에서의 전자기파 흡수 + 대기 물질
의 전자기파 흡수 → 일부 파장 대역의 전자기파는 지구 대기 거의 통과 X 다행히 가
시광선을 비롯한 여러 전자기파 대역은 에너지가 매우 효율적으
로 통과되는 '대기의 창'에 속한다. 위성 센서는 반드시 대기의 창
에 해당하는 파장 대역에 맞추어 설계되어야 한다. 위성 센서: 에너지
가 효율적으로 통과하는 대기의 창에 해당하는 파장 대역에 맞추어 설계해야 함 이 때
문에 중적외선 센서는 대기 수분에 의한 강한 흡수 파장인 1.4,
1.9, 2.7㎛를 제외하고 설계하며, 열적외선 센서는 주로 3~5㎛
와 8~14㎛ 대역만을 사용한다.

**4. ③**

5문단에서 '중적외선은 광물이나 암석의 고유한 분광 반사 특성을 이용한
자원 탐사에도 활용'된다고 하면서, '고령토는 2.17, 2.21, 2.32, 2.58㎛의
중적외선을 흡수하는데, 어떤 물체의 분광 반사율이 이와 같은 특성을 가진
다면 이는 고령토로 판단할 수 있다.'라고 했다. 즉 광물이나 암석의 전자기
파 흡수는 자원 탐사에 활용될 수 있으므로, 이것이 지표 관측 원격탐사의
방해 요소가 된다고 볼 수는 없다.

① 3문단에서 '초기의 위성 영상은 가시광선만을 이용했는데, 근래에는 기술
의 발달로 사람의 눈으로는 볼 수 없는 근적외선, 중적외선, 열적외선 등
다양한 파장 대역을 이용할 수 있게' 되었다고 한 것을 통해 알 수 있다.

② 4문단에서 근적외선을 이용해 '천연 잔디와 인공 잔디'를 구별할 수 있다
고 한 것과 5문단에서 중적외선을 이용해 '작물의 생육 상태와 관련된 중
요한 정보'를 얻을 수 있다고 한 것을 통해 알 수 있다.

④ 7문단에서 전자기파가 '대기 입자에 의해 산란·흡수된다는 점에 유의해
야' 한다고 하면서 산란은 '지표를 촬영한 위성 영상의 밝기와 대비를 감
쇠'시킨다고 한 것을 통해 알 수 있다.

⑤ 2문단의 '태양으로부터 방출된 복사 에너지는 전자기파의 형태로 우주 공
간을 빛의 속도로 진행한 후 지구 대기를 통과하여 지표면에서 반사된 다
음 다시 대기를 거쳐 위성 센서에 도달하는 방식으로 측정된다.'를 통해
알 수 있다.

**5. ⑤**

2문단에서 '원격탐사는 파장에 따른 반사율인 분광 반사율을 이용하여 물
체의 성질을 알아낸다.'라고 했는데, 1.4㎛과 2.2㎛에서는 모두 A와 B의 분
광 반사율의 차이가 뚜렷하다. 그런데 8문단에서 위성 센서는 '전자기파의
흡수'가 적은 '대기의 창에 해당하는 파장 대역에 맞추어 설계되어야' 하므
로 '중적외선 센서는 대기 수분에 의한 강한 흡수 파장인 1.4, 1.9, 2.7㎛를
제외하고 설계'한다고 했다. 그래프에서도 1.4㎛에서는 대기 흡수율이 높
지만 2.2㎛에서는 대기 흡수율이 0%에 가까우므로, 1.4㎛보다 2.2㎛에서
A와 B는 더 효과적으로 구별될 것이다.

① 7문단에서 전자기파가 '대기 입자에 의해 산란·흡수된다는 점에 유의해
야' 한다고 하면서 산란은 '지표를 촬영한 위성 영상의 밝기와 대비를 감
쇠'시킨다고 한 것을 통해 흡수 또한 위성 영상의 밝기와 대비를 감쇠시
킴을 추론할 수 있다. 이때 8문단에서 '중적외선 센서는 대기 수분에 의한
강한 흡수 파장인 1.4㎛를 제외하고 설계한다고 했으며, 그래프에서도
1.4㎛에서 대기 흡수율이 높음을 알 수 있으므로 1.4㎛에서 A가 가장 밝
게 보인다고 할 수 없다.

② 그래프에 따르면 B의 분광 반사율은 가시광선 대역에서 더 높게 나타나
는데, 4문단에서 '강한 반사를 일으'킬수록 '위성 영상에서 밝게' 보임을
알 수 있으므로 B는 분광 반사율이 높은 가시광선에서 중적외선보다 밝
게 보일 것이다.

③ 8문단에서 '위성 센서는 반드시 대기의 창에 해당하는 파장 대역에 맞추
어 설계되어야' 하는데, '중적외선 센서는 대기 수분에 의한 강한 흡수 파
장인 1.4, 1.9, 2.7㎛을 제외하고 설계'한다고 했다. 그래프에서도 1.9㎛에
서 대기 흡수율이 높으므로, 1.9㎛는 에너지가 효율적으로 통과되는 대기
의 창이라고 할 수 없다.

④ 2문단에 따르면 '원격탐사는 파장에 따른 반사율인 분광 반사율을 이용하
여 물체의 성질을 알아'내는데, 그래프에서 A와 B의 분광 반사율은 가시광
선보다 중적외선 대역에서 차이가 크다. 따라서 대기 흡수율이 높은 파장 대
역을 제외하면 A와 B의 구별에는 가시광선보다 중적외선 대역이 유리하다
고 할 수 있다.

**6. ① 탑재 ② 유의**

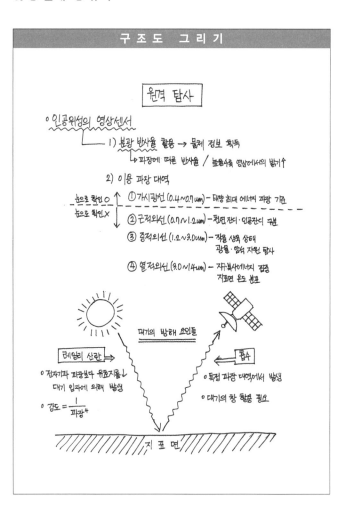

**[1~3] 2018학년도 7월 학평 「노동 경제학」**

1 '노동 가능 인구'는 경제 활동에 참여할 의사와 능력이 있는 '경제 활동 인구'와 육아, 가사, 취학, 취업 준비 등의 이유로 경제 활동에 참여할 의사나 능력이 없는 '비경제 활동 인구'로 구분한다. 경제 활동 인구는 현재 직업에 종사하고 있는 '취업자'와 일할 능력과 의사가 있음에도 불구하고 지난 4주 동안 일자리를 구하지 못한 '실업자'로 나뉜다.

| 노동 가능 인구 | · 경제 활동 인구: 경제 활동에 참여할 의사와 능력 O |
| | ⤷ 취업자: 현재 직업에 종사하고 있는 사람 |
| | ⤷ 실업자: 지난 4주 동안 일자리를 구하지 못한 사람 |
| | · 비경제 활동 인구: 경제 활동에 참여할 의사나 능력 X |

2 경제 활동 인구 중에서 실업자가 차지하는 비율인 ㉠'실업률'은 국가 경제를 드러내는 지표의 하나로, 보통 실업률이 낮으면 고용 상황이 매우 좋은 것으로 인식될 수 있다. 낮은 실업률(= 실업자 / 경제 활동 인구)은 고용 상황 좋은 것으로 인식 하지만(이어질 내용은 실업률에 대한 일반적인 인식이 항상 적절한 것은 아님을 보여 주는 내용이겠지?) 지난 1주간 1시간 이상 수입을 목적으로 일을 한 사람을 취업자로 보기 때문에 이에 해당하는 부업 노동자나 일용직 노동자도 모두 취업자에 해당한다. 또한 능력이 있으나 지난 4주 동안 구직 활동을 하지 않고 구직 활동을 포기한 사람인 '구직단념자'는 비경제 활동 인구로 분류되어 실업자에 포함되지 않는다. 실업률이 낮다고 고용 상황이 매우 좋다고만 볼 수 없는 이유: (1) 부업 노동자, 일용직 노동자가 취업자로 포함되기도 함, (2) 구직단념자는 경제 활동 인구 중 실업자가 아닌 비경제 활동 인구로 분류됨 따라서(실업률은 고용 상황을 정확히 반영하지 못한다는 문제점이 있는 거네? 그렇다면 고용 상황을 보다 잘 보여 줄 수 있는 다른 지표를 제시할 수 있겠지!) 실업률만으로는 정확한 고용 상황을 파악할 수 없기 때문에 최근에는 노동 가능 인구 중 취업자가 차지하는 비율인 ㉡'고용률'을 더 중시하는 경향을 보이고 있다. 고용률 = 취업자 / 노동 가능 인구

3 일반적으로 국가 경제에서 실업률이 높고 고용률이 낮으면 실업으로 인한 문제가 발생할 수 있다. 이러한 실업 문제를 해결하기 위해서는 먼저 원인에 따른 실업 형태를 파악해 볼 필요가 있다. (원인에 따른 실업 형태를 설명한 다음, 이와 관련한 실업 문제 해결에 대해 설명하는 순으로 글이 전개되겠지?) 실업은 크게 '수요 부족 실업'과 '비수요 부족 실업'으로 나눌 수 있는데 수요 부족 실업이란 어떤 경제의 노동력에 대한 총수요가 전체 노동력을 고용할 수 있을 만큼 크지 않을 때 발생하는 실업이며 그것(수요 부족 실업)의 단기적 현상이 경기적 실업이다. 즉, 경기적 실업이란 경기 침체로 인한 기업의 인원 감축의 결과로 발생하는 비자발적 실업인 것이다. 비수요 부족 실업에는 마찰적 실업, 구조적 실업 그리고 계절적 실업이 있다. 마찰적 실업이란 노동자들이 이사나 이직 등으로 새로운 일자리를 찾는 과정에서 고용 정보의 불충분으로 인해 발생하는 자발적 실업으로 경제 상황과 관계없이 항상('모든', '항상', '언제나' 등 예외가 없음을 뜻하는 표현은 체크하며 읽자. 문제로 물어보기 좋은 내용이니까!)

일정 수준만큼은 나타난다. 구조적 실업은 빈 일자리와 실업이 공존하더라도 생산 설비 자동화와 같은 기술 혁신에 따라 산업 구조를 재편하는 과정에서 수요자가 요구하는 기술을 가진 노동자가 부족하거나 노동자의 지역 간의 이동이 불완전하기 때문에 발생한다. 구조적 실업은 노동력에 대한 총수요가 증가하더라도 수요자가 요구하는 기술 수준을 노동자가 갖추지 못하면 사라지지 않고 장기화되는 경향이 있다. 계절적 실업이란 농림, 어업, 관광업 등에서 특정 계절에 일시적으로 실업자가 증가하는 것과 같이 계절의 변화로 인해 특정 시기에 반복적으로 발생하는 실업을 말한다. 원인에 따른 실업 형태를 정리해볼까?

| | | 노동력에 대한 총수요 < 전체 노동력 |
|---|---|---|
| 수요 부족 실업 | 경기적 실업 | · 수요 부족 실업의 단기적 현상<br>· 경기 침체로 인한 기업의 인원 감축 결과 발생, 비자발적 실업 |
| 비수요 부족 실업 | 마찰적 실업 | · 새로운 일자리를 찾는 과정에서 고용 정보 불충분으로 인해 발생, 자발적 실업<br>· 경제 상황과 관계없이 일정 수준 항상 발생 |
| | 구조적 실업 | · 수요자가 요구하는 기술을 가진 노동자 부족, 노동자의 지역 간 이동이 불완전하여 발생<br>· 노동자가 기술 수준 갖추지 못하면 장기화되는 경향 |
| | 계절적 실업 | · 계절의 변화로 인해 특정 시기에 반복적으로 발생 |

4 실업의 원인은 다양하기 때문에 실업의 형태를 명확하게 구분하는 것은 쉽지 않지만 빈 일자리와 실업 간의 관계를 보여 주는 베버리지 곡선을 활용하면 수요 부족 실업과 비수요 부족 실업을 구분할 수 있다. 베버리지 곡선: 빈 일자리와 실업 간의 관계를 보여 줌 → 수요 부족 실업과 비수요 부족 실업 구분 가능 다음의 〈그림〉에서 가로축은 실업자 수(U)를, 세로축은 충원되지 않은 빈 일자리 수인 결원 수(V)를 나타낸다. (그래프가 제시되면, 이를 활용해 자료를 분석하는 문제가 나올 가능성이 높아. 설명하는 내용과 〈그림〉을 연결해가며 꼼꼼하게 이해하자!) 이 〈그림〉에서 두 가지 변수(실업자 수와 결원 수) 사이의 관계를 나타내는 곡선이 우하향하고 있는 것은 결원 수(빈 일자리 수)가 감소하면 실업자 수가 증가하고 그 역도 또한 성립한다는 것을 나타낸다. 결원 수와 실업자 수는 반비례 관계! 〈그림〉의 원점에서 45°로 나간 직선 F는 베버리지 곡선 B₁과 t에서 만나고 있다. 이 t는 실업자 수와 결원 수가 동일해 모든 실업자가 고용될 수 있는 완전 고용 상태에 해

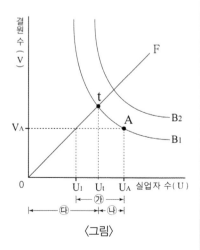

〈그림〉

당한다. 완전 고용 상태: 실업자 수 = 결원 수, 모든 실업자가 고용될 수 있는 상태 현재 노동 시장의 상황을 A라 할 때, 수요 부족 실업의 경우 노동자 수에 비해 빈 일자리가 부족하여 발생한 것이므로 이론적으로는 $U_A$에서 $V_A$를 빼면 A에서의 수요 부족 실업자 수를 알 수 있게 된다. ('이론적'이라고 언급한 것을 보니 실제의 수요 부족 실업자 수는 이와 다를 수 있겠네.) 그런데 $V_A$는 $U_1$과 동일하므로 결국 $U_A$에서 $U_1$을 뺀 ㉮를 수요 부족 실업자 수로 볼 수 있다. 이론적인 수요 부족 실업자 수 = $U_A - V_A(U_1)$ = ㉮ 그러나 경기 부양 대책으로 수요 부족 실업을 해소하여 결원 수를 증가시키더라도 $B_1$의 완전 고용 수준인 t에 대응하는 $U_t$까지만 실업자 수가 줄어들게 된다. 따라서 실질적인 수요 부족 실업자 수는 $U_A$에서 $U_t$를 뺀 ㉯가 되고 실질적인 수요 부족 실업자 수 = $U_A - U_t$ = ㉯ 경기가 좋아져서 취업할 수 있음에도 불구하고 실업 상태에 놓여 있는 ㉰에 해당하는 실업자는 마찰적 실업과 구조적 실업과 같은 비수요 부족 실업자로 보아야 한다. 비수요 부족 실업자 수 = ㉰ ㉱ 또한 실업자 수와 결원 수가 동시에 증가하면 $B_1$에서 $B_2$로 베버리지 곡선 자체가 이동하게 된다. 이 경우는 노동 시장에서 결원 수가 높아지고 있음에도 실업이 증가하는 것으로 노동 시장에서 수요와 공급의 불일치 정도가 높아져 비수요 부족 실업자 수가 증가하고 있음을 의미한다. 결원 수(빈 일자리 수)가 늘어나는데도 실업이 증가한다는 것은 곧 비수요 부족 실업자 수가 증가하고 있다는 거지. 이처럼 베버리지 곡선을 활용하면 수요 부족 실업과 비수요 부족 실업을 구분하여 실업 문제를 해결하기 위한 정책을 마련할 수 있다. 베버리지 곡선 활용의 의의

### 1. ④

1문단에 따르면 '취업 준비 등의 이유로 경제 활동에 참여할 의사나 능력이 없는' 사람은 '비경제 활동 인구'로 구분되는데, 이러한 사람들이 취업을 하면 '경제 활동 인구' 중 '현재 직업에 종사하고 있는' 사람인 '취업자'가 된다. 따라서 '노동 가능 인구', '실업자' 수는 변화가 없지만, '경제 활동 인구', '취업자' 수는 증가하고 '비경제 활동 인구'는 감소한다. 2문단에 따르면 ㉠(실업률)은 '경제 활동 인구 중에서 실업자가 차지하는 비율'이므로 감소하고, ㉡(고용률)은 '노동 가능 인구 중 취업자가 차지하는 비율'이므로 증가한다.

① 2문단에서 ㉠은 '경제 활동 인구 중에서 실업자가 차지하는 비율'이라고 했다. 그런데 1문단에 따르면 '육아'로 인해 경제 활동에 참여할 의사가 없는 사람은 '비경제 활동 인구'에 해당하므로 ㉠에 반영되지 않는다.

② 2문단에 따르면 '지난 1주간 1시간 이상 수입을 목적으로 일을 한 사람을 취업자'로 보며, ㉡은 '노동 가능 인구 중 취업자가 차지하는 비율'이라고 했다. 따라서 지난 1주간 수입을 목적으로 8시간만 일을 한 사람은 취업자에 해당해 ㉡에 반영된다.

③ 3문단에서 '이직 등으로 새로운 일자리를 찾는 과정에서' 발생하는 실업은 '마찰적 실업'이라 했으므로, 이직을 위한 퇴직자는 실업자에 해당한다. 2문단을 참고할 때 실업자가 증가하면 ㉠은 '경제 활동 인구 중에서 실업자가 차지하는 비율'이므로 증가하고, ㉡은 '노동 가능 인구 중 취업자가 차지하는 비율'이므로 감소한다.

⑤ 2문단에서 '지난 4주 동안 구직 활동을 하지 않고 구직 활동을 포기한 사람'은 '구직단념자'라고 했으며, 이들은 '비경제 활동 인구로 분류되어 실업자에 포함되지 않는다.'라고 했다. 구직단념자가 증가하면 ㉠은 '경제 활동 인구 중에서 실업자가 차지하는 비율'이므로 감소하고, ㉡은 '노동 가능 인구 중 취업자가 차지하는 비율'이므로 변하지 않는다.

### 2. ②

4문단에서 '실질적인 수요 부족 실업자 수는 $U_A$(현재 노동 시장에서의 실업자 수)에서 $U_t$(완전 고용 상태에서의 실업자 수)를 뺀 ㉯'라고 했다. 따라서 〈보기〉에서는 A의 실업자 수인 20만 명에서 완전 고용 상태에서의 실업자 수인 10만 명을 뺀 10만 명이 실질적인 수요 부족 실업자 수에 해당한다.

①, ③ 〈보기〉의 그래프를 참고하면 ○○ 지역의 현재 결원 수(빈 일자리 수)는 5만 개다. 그런데 4문단에서 '경기 부양 대책으로 수요 부족 실업을 해소하여 결원 수를 증가시키'면 '완전 고용 수준'에 대응하는 실업자 수까지만 실업자 수가 줄어든다고 했다. 따라서 ○○ 지역의 경기를 부양시키면 10만 명까지 실업자를 줄일 수 있어 현재보다 5만 개의 일자리를 늘릴 수 있지만, 여전히 완전 고용 상태의 실업자 수인 10만 명의 실업자가 있을 것이다.

④ 4문단에서 '경기가 좋아져서 취업할 수 있음에도 불구하고 실업 상태에 놓여 있는 ㉰에 해당하는 실업자'는 '비수요 부족 실업자'라고 했다. 그리고 5문단에서 '베버리지 곡선을 활용하면 수요 부족 실업과 비수요 부족 실업을 구분하여 실업 문제를 해결하기 위한 정책을 마련할 수 있다.'라고 했다. 이를 참고하면 〈보기〉의 그래프에서 ○○ 지역의 비수요 부족 실업자는 10만 명임을 알 수 있으며, 베버리지 곡선을 활용하여 이들을 위한 정책을 마련할 수 있다.

⑤ 5문단에서 '실업자 수와 결원 수가 동시에 증가하면 $B_1$에서 $B_2$로 베버리지 곡선 자체가 이동'하며, 이는 '비수요 부족 실업자 수가 증가'함을 의미한다고 했다. 따라서 〈보기〉의 노동 시장 상황이 A에서 A'로 이동한다면 노동 시장에서 비수요 부족 실업자가 늘어나고 있다고 볼 수 있다.

### 3. ① 경향 ② 침체

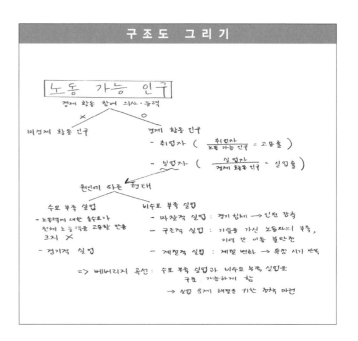

## [4~6] 2008년도 M/DEET 「장기 기후 예측이 어려운 이유」

① 해에 따라서 혹서 또는 저온의 여름이 출현하고, 겨울의 기온과 강설량에도 큰 편차가 나타난다. 그런데(본격적인 화제를 꺼내려나 보군.) 이러한 계절 기후의 특성을 미리 예측하는 일은 매우 어렵다. 수일 이내를 대상으로 하는 단기 예보의 정확도에 비하여, 예측 대상 기간을 1개월 이상으로 하는 장기 기후 예측의 정확도는 많이 떨어진다. 그 이유가 무엇일까? (이 글은 장기 기후 예측의 정확도가 떨어지는 이유를 설명하는 글이겠군.)

② 우선(여러 가지 이유를 설명해주려나 봐. 하나씩 정리해가며 읽자!) 장기 기후 변화는 해양의 영향을 많이 받는데, 해수 온도의 장기적 변화를 예측하기 어렵다는 사실을 들 수 있다. 장기 기후 예측의 정확도가 떨어지는 이유 (1): 해수 온도의 장기적 변화 예측의 어려움 해양의 열용량은 육지보다 훨씬 크며, 대기의 열용량의 사백 배에 달한다. 해양의 열용량 > 육지나 대기의 열용량 난류의 영향을 크게 받는 북유럽은 같은 위도대에 위치하면서 난류의 영향을 받지 않는 다른 지역에 비하여 평균 기온이 훨씬 높고 일교차와 연교차가 작다는 사실을 생각해 보면, 해류가 기후에서 차지하는 비중을 짐작할 수 있다. 난류의 영향↑ → 평균 기온↑, 일교차와 연교차↓ 그래서 기후 예측의 대상 기간이 길수록 해양의 상태를 파악하는 일이 중요하다. 대기에 직접 영향을 미치는 것은 해수 표면의 온도인데, 표면 온도를 포함하여 해수의 온도는 해류 운동에 의해 결정된다. 해류 운동 → 해수 표면의 온도 → 대기에 영향 문제는 해류 운동이 매우 불규칙하여 해수 온도의 공간 분포를 예측하기가 어렵다는 점이다. 해류 운동에는 다양한 주기를 가진 여러 인자들이 관여하기 때문이다. 어떤 인자는 100년 이상의 주기를 보이기도 하는데, 이들이 서로 간섭하여 상승 혹은 상쇄 효과를 내며 해류 운동의 불규칙성을 낳는다. 해류 운동은 다양한 주기를 가진 여러 인자들이 관여해 불규칙 → 해수 온도의 공간 분포 예측 어려움

③ 해양 수중 온도의 관측이 기술적·경제적으로 어렵다는 사실도 그 이유가 된다. 장기 기후 예측의 정확도가 떨어지는 이유 (2): 해양 수중 온도 관측의 기술적·경제적 어려움 대기와 달리 해수는 전자기파를 잘 흡수하는 성질이 있어 수중에서는 전자기파를 통한 원거리 정보 전달이 어렵기 때문에 기상 관측에서 사용하는 라디오존데와 같은 기구를 사용하기 힘들다. 따라서 직접 배를 타고 현장에 나가 관측을 해야 하는데, 여기에는 많은 시간과 비용이 소요된다는 난점이 있다. 수중에서는 전자기파를 통한 원거리 정보 전달 어려움 → 현장 관측을 하는 데 시간과 비용↑ 그래서 수중 온도 분포 자료가 기후 예측에 매우 중요한데도 실효성이 있는 자료를 기후 예측 모델의 입력 자료로 사용할 수 없는 실정이다.

④ 해양-대기의 상호 작용 메커니즘에 관한 이해 부족도 간과할 수 없는 요인이다. 장기 기후 예측의 정확도가 떨어지는 이유 (3): 해양-대기의 상호 작용 메커니즘에 관한 이해 부족 바람은 해수 온도의 공간 분포 차이로 발생하고, 발생한 바람은 해류를 만들어 해수 온도 분포를 바꾼다. 즉, 바람과 해류는 서로 발생의 원인으로 작용하는 ⓐ인과

적 상호 작용을 한다. 그런데 그 메커니즘을 구체적으로 이해하려고 하면 그 관계가 명료하게 규명되지 않는 경우가 많다. 예를 들어 세계 각지에 이상 기후를 발생시키는 엘니뇨현상의 경우, 그것(엘니뇨현상)을 유발하는 해류와 바람의 상호 작용에 대한 이해가 부족하기 때문에 다음번 엘니뇨현상이 언제 발생할지를 제대로 예측하기는 어렵다. 바람과 해류의 인과적 상호 작용의 메커니즘 명료 X → 다음번 엘니뇨현상 예측 어려움

⑤ 기후 시스템이 ⓑ카오스적 성질을 가지고 있다는 것도 장기 기후 예측을 어렵게 한다. 장기 기후 예측의 정확도가 떨어지는 이유 (4): 기후 시스템의 카오스적 성질 카오스적 성질이란 초기 조건의 미미한 차이가 시간이 지남에 따라 예상할 수 없는 방향으로 급속히 확대되어, 초기에는 같은 것처럼 보였던 상태가 나중에는 전혀 다른 상태로 변해 가는 성질을 말한다. 이러한 성질을 갖는 시스템은 시간에 따라 불규칙하게 변화하기 때문에 두 번 다시 똑같은 상태가 나타나지 않는다. 기후 모델의 입력 자료로 사용되는 기상 관측 자료에는 필연적으로 오차(미미한 차이)가 포함되기에, 예측 기간이 길어질수록 예보 결과는 사실과 동떨어진 결과를 산출하게 된다. 초기 조건의 미미한 차이가 확대되어 나중에는 전혀 다른 상태로 변함 → 예측 기간이 길어질수록 예보 결과는 사실과 동떨어진 결과 산출

## 4. ③

4문단에서 '세계 각지에 이상 기후를 발생시키는 엘니뇨현상'은 '그것을 유발하는 해류와 바람의 상호 작용에 대한 이해가 부족하기 때문에 다음번 엘니뇨현상이 언제 발생할지를 제대로 예측하기는 어렵다.'라고 했다. 따라서 이상 기후를 발생시키는 엘니뇨현상이 더 자주 더 강하게 나타나는 것으로 관측되더라도 장기 기후 예측이 곤란하다는 주장을 약화시킬 수는 없다. 이보다는 '해양-대기의 상호 작용 메커니즘에 관한 이해 부족' 문제가 해결될 때 장기 기후 예측이 곤란하다는 주장이 약화될 수 있을 것이다.

① 2문단의 '표면 온도를 포함하여 해수의 온도는 해류 운동에 의해 결정된다. 문제는 해류 운동이 매우 불규칙하여 해수 온도의 공간 분포를 예측하기가 어렵다는 점이다.'를 참고할 때, 해수의 표면 온도가 높은 해역이 낮은 해역보다 해수의 열 저장량도 많다고 볼 수는 없다.

② 2문단의 '난류의 영향을 크게 받는 북유럽은 같은 위도대에 위치하면서 난류의 영향을 받지 않는 다른 지역에 비하여 평균 기온이 훨씬 높고 일교차와 연교차가 작다는 사실을 생각해 보면, 해류가 기후에서 차지하는 비중을 짐작할 수 있다.'를 통해 지구 온난화의 영향이 아니더라도 지역에 따라서는 해류의 영향 등으로 장기간 이상 고온 현상이 지속될 수 있음을 추론할 수 있다.

④ 3문단에서 장기 기후 예측이 어려운 이유 중 하나로 '수중에서는 전자기파를 통한 원거리 정보 전달이 어렵기 때문에' '직접 배를 타고 현장에 나가 관측을 해야 하는데, 여기에는 많은 시간과 비용이 소요'된다는 점을 들었다. 따라서 수중에서 수집한 정보를 지상의 관측소까지 신속하게 전달할 수 있는 기법이 개발된다면 장기 기후 예측의 어려움도 어느 정도 줄어들 것이라 추론할 수 있다.

⑤ 5문단에서 '카오스적 성질이란 초기 조건의 미미한 차이가 시간이 지남에 따라 예상할 수 없는 방향으로 급속히 확대되어, 초기에는 같은 것처럼 보였던 상태가 나중에는 전혀 다른 상태로 변해 가는 성질을 말한다.'라고 했다. 따라서 초기 조건을 바꾸어 가며 반복 계산을 수행한 후 그 결과를 평균하는 방식은 카오스적 성질에서 오는 문제를 줄이려는 의도라고 볼 수 있다.

## 5. ①

4문단을 통해 ⓐ(인과적 상호 작용)는 '서로 발생의 원인으로 작용'하는, 즉 '원인'이 낳은 '결과'가 다시 그 '원인'의 원인으로 작용하는 것임을 알 수 있다. ㄱ은 열섬 현상이 냉방 에너지 소비의 원인이 되고, 냉방 에너지 소비가 다시 열섬 현상의 원인이 되므로 ⓐ에 해당한다. ㄴ은 해상 공기의 냉각과 습윤화가 해무의 원인이 되고, 해무가 야간 복사 냉각을 증가시켜 다시 공기의 냉각과 습윤화의 원인이 되므로 ⓐ에 해당한다. ㄹ은 이산화탄소 농도 증가가 강우량 감소의 원인이 되고, 강우량 감소가 다시 이산화탄소 농도 증가의 원인이 되므로 ⓐ에 해당한다.
한편 5문단을 통해 ⓑ(카오스적 성질)는 '초기 조건의 미미한 차이가 시간이 지남에 따라 예상할 수 없는 방향으로 급속히 확대되어, 초기에는 같은 것처럼 보였던 상태가 나중에는 전혀 다른 상태로 변해 가는 성질'임을 알 수 있다. ㄷ은 수증기 증발이 그 지역 기상 조건의 차이에 따라 태풍 발생을 증가시키기도 하고, 태풍 발생을 감소시키기도 하는 전혀 다른 결과를 낳는 경우이므로 ⓑ에 해당한다.

## 6. ① 비중  ② 실정

---

### 구 조 도 그 리 기

장기 기후 예측 정확도 ⓛ 이유

① 해수 온도의 장기적 변화 예측 어려움
  └→ 해양 열용량(>육지 열용량) → 장기 기후 변화 영향
   ◦ 해류 운동 ──── (영향) 해수 표면 온도 → (영향) 대기
   └ 불규칙 ⇒ 온도의 공간 분포 예측 어려움

② 관측의 기술적·경제적 어려움
  원거리 전달 어려움    현장 관측 비용↑

③ 해양-대기 메커니즘 이해 부족 (ex. 엘니뇨현상 예측의 어려움)
  └→ 인과적 상호작용

④ 기후 시스템의 카오스적 성질
     초기 조건의 미미한 차이 ──→ 전혀 다른 상태
  └→ 관측 자료의 오차  ⇄  사실과 동떨어진
                        예측 결과

## [1~3] 2015년도 LEET 「유형론과 개체군론」

① 근대적 의미의 고고학이 시작된 이래, 고고학자들은 수집과 발굴 조사를 거쳐 유물들을 분류하고, 유물들 사이의 시공간적 관계와 그 변화 과정을 추정하여, 이를 과거 인간의 행위와 관련지어 해석하려 했다. 고고학자들의 조사 과정: (1) 수집과 발굴을 거쳐 유물 분류 → (2) 유물들 간의 관계와 변화 과정 추정 → (3) 과거 인간의 행위와 관련지어 해석 **이때**('이때' 바로 뒤에 이어지는 내용이 중요한 경우가 많아. 집중하자.) 유물 분류를 바라보는 시각은 크게 보아 '유형론'과 '개체군론'으로 나눌 수 있다. (유물 분류를 바라보는 유형론의 시각을 먼저 제시한 다음, 개체군론의 시각을 설명하는 방식으로 글이 전개되겠군! 구분되는 두 개념을 제시했으니 공통점, 차이점을 파악하며 읽어야겠어.)

② 초기 고고학 연구를 주도하며 기본적인 분류 체계를 세운 이들은 유형론자들이다. 이들은 분류를 위해 먼저 유물이 가지고 있는 인지 가능한 형태적 특질을 검토하여 그룹을 짓는다. '형식'이라는 용어로 개념화되는 본질적이고 형태적인 특징, 혹은 중심적 경향을 찾으면 이(형식)를 바탕으로 하나의 '유형'이 만들어진다. 이 작업은 특정한 하나의 형식을 공통적으로 가진 여러 유물 가운데, 원형이 되는 유물을 확인하고 이 유물을 이상적인 기준으로 삼아 다른 유물들과 비교하는 과정을 거쳐 이루어진다. 유물의 형태적 특질 검토 → 형식(본질적 특징, 중심적 경향)을 찾아 유형을 만듦 각각의 유형 안에는 개별 유물 간의 차이, 즉 '변이'가 있기 마련이지만 그것(변이)이 새 유형을 설정할 수 있을 정도로 본질적이라고 판단되지 않는 한, 유형론자들은 그것을 편차 정도로만 인식하여 설명할 가치가 없다고 본다. 그러므로 이들은 유물의 모든('모든, 항상, 언제나'와 같은 단어는 눈여겨보자! 예외가 없다는 뜻이니까.) 변화를 한 유형에서 다른 유형으로 바뀌는 '변환'이라고 인식한다. 유물의 변화는 변환으로 인식(본질적이지 않은 변이는 편차로 인식) 이러한 관점은 유형의 구분, 유형 사이의 경계 설정 및 순서 지움을 통해 시간적 연쇄나 뚜렷한 문화적·공간적 경계를 가진 집단을 구별할 수 있는 근거를 마련하는 데 결정적으로 기여하였다. 유형론의 의의: 시간적 연쇄나 문화적·공간적 경계 가진 집단 구별할 수 있는 근거 마련 **그렇지만**(유형론이 기여한 점을 설명했으니, 이어서 유형론의 한계점(단점)을 제시하겠지?) 실제 관찰되는 개별 유물의 형태 변화는 연속적인 경우가 많다. 또한 유형론자들은 유형의 변화를 단속적이라고 파악하여 자체적이고 내부적인 진화의 과정에 대한 고려를 배제한 채, 외부로부터의 유입이나 새로운 발명 등의 요인으로만 설명하려고 하였다. 더구나 유형론적 접근 방식을 취할 경우 발굴 조사된 유물들 사이의 상사성과 상이성만을 단순 비교할 수밖에 없다는 단점도 있었다. 유형론의 한계점: (1) 실제 유물의 형태 변화는 연속적인 경우가 많음, (2) 자체적·내부적인 진화 과정 고려 X, (3) 유물들 간 상사성과 상이성만 단순 비교

③ 이러한 문제점들 때문에 고고학자들은 또 다른 시각에서 유물 분류를 시도하였다. 이것이 개체군론적 사고에 의한 방식이다. (유형론의 한계점들로 인해 대안으로 제시된 개체군론에서 유물 분류를 바라보는 시각이

설명되겠지?) 개체군론자들은 유물의 본질적 특징이란 실재하는 것이 아니며, 중심적인 경향 또한 경험적 관찰의 결과일 뿐이라고 주장한다. 이들은 특히 중심적인 경향은 유물의 수와 기준에 따라 언제든지 바뀔 수 있다고 본다. 따라서 이들은 유형이 유물 자체에 고유한 본질에 따라 존재하는 것이 아니라, 관찰을 통해 추론된 것이며 연구자가 자신의 연구 목적에 따라 고안한 도구일 뿐이라고 주장한다. 존재하는 것은 사물의 상태를 의미하는 현상과 변이뿐이라는 것이다. 개체군론자들에 따르면 특정한 유형 내에서 그 유형을 대표할 수 있는 형식의 유물, 즉 원형은 실재하지 않는다. 유형론에 대한 개체군론의 비판: (1) 본질적 특징 실재 X, (2) 중심적 경향은 관찰의 결과일 뿐, 유물의 수와 기준에 따라 바뀔 수 있음, (3) 유형은 관찰을 통해 추론된 것이며 연구자가 고안한 도구일 뿐, 원형(유형을 대표하는 형식의 유물) 실재 X, (4) 존재하는 것은 현상과 변이뿐임 따라서 이들은 변이에 관심을 집중한다. 이 변이는 다양하게 나타나는데, 최초로 등장한 이후 점차적으로 많아지다가 서서히 소멸해간다. 그들은 이런 식으로 변화가 연속적으로 일어난다고 파악한다. 즉 변이의 빈도는 시공간에 따라 다르게 나타나며, 변화는 변이들이 시공간에 따라 얼마나 분포되어 있는지에 의해 결정된다고 보아 그러한 변이들의 빈도 변화와 특정 변이들의 차별적인 지속을 강조한다. 개체군론은 변이들의 빈도 변화와 특정 변이들의 차별적인 지속을 강조: 변이는 최초 등장 이후 점차 많아지다가 서서히 소멸해가면서 연속적으로 변화 개체군론자들은 이러한 변이의 빈도 변화와 차별적 지속을 '유동성'과 '선택'이라는 개념으로 설명한다. 유동성은 하나의 유물군 내에서 예측 불가능한 변이들을 가진 유물들이 지속적으로 등장하면서 변이들의 빈도에서 무작위적 변화가 일어나게 되는 현상을 의미한다. 선택은 그러한 변이들 가운데 특정 환경에 잘 적응한 변이들이 그렇지 못한 변이들에 비해 양적으로 증가하는 것이다. 유동성: 변이들의 빈도에서 무작위적 변화가 일어나는 현상 / 선택: 특정 환경에 잘 적응한 변이들이 양적으로 증가하는 것

④ 이러한 시각의 차이가 실제 조사 과정에서 어떻게 적용되는지 살펴보면 흥미로운 사실을 발견할 수 있다. 일반적으로 고고학자들은 새로운 유물들이 발견되었을 경우, 그 중 일부에 대한 직접적 관찰을 통해 형태적 특징을 파악하고 기존의 사례를 검토하여 유형의 배정이나 설정에 필요한 중요 속성들을 선별한다. 이를 바탕으로 모든 유물들이 그러한 중요 속성을 가지고 있는지를 다시 관찰하여 속성의 유무에 따라 분류하고 이에 따라 유형을 배정 또는 설정한다. 고고학자들의 일반적인 조사 과정: 일부 유물의 관찰을 통해 형태적 특징 파악 → 기존 사례를 검토해 유형의 배정·설정을 위한 중요 속성 선별 → 유물들을 재관찰해 중요 속성의 유무에 따라 분류하고 유형 배정·설정 이때 유형이 둘 이상이라면, 확인된 복수의 유형들을 일단 시공간적으로 배열하여 그 의미의 해석을 시도한다. 여기서 만약 연구자가 대상 유물들의 시간적 선후 관계나 사용 집단의 차이를 확인하고 싶다면 유형의 설정과 배열에 주목한다. 반

면에 각 유형 간의 변화 과정을 구체적으로 확인하고 싶다면, 이렇게 시공간 상에 배열된 유형 내 변이들에 주목하여 그 변이들의 빈도와 그 빈도들 사이의 상대적인 비율을 측정하고, 여러 변이들 가운데 어떤 변이들이 선택되어 지속적으로 사용되는지에 주목한다. 고고학자는 유물의 분류에 대한 입장의 차이에도 불구하고 이처럼 실제로는 자신들이 해결하고자 하는 문제에 따라 양자의 방식 중 어느 하나를 선택하거나 적절히 혼용하여 사용한다. 실제 조사 과정에서 고고학자들은 필요에 따라 유형론과 개체군론 중 하나를 선택 또는 혼용하여 사용: (1) 시간적 선후 관계나 사용 집단의 차이를 확인하고 싶은 경우 → 유형의 설정과 배열에 주목(유형론적 사고), (2) 유형 간의 변화 과정을 구체적으로 확인하고 싶은 경우 → 유형 내 변이들에 주목(개체군론적 사고)

## 1. ④

2문단에 따르면 형식이란 '본질적이고 형태적인 특징, 혹은 중심적 경향'을 가리킨다. 그런데 3문단에서 '개체군론자들은 유물의 본질적 특징이란 실재하는 것이 아니며, 중심적인 경향 또한 경험적 관찰의 결과일 뿐'이고, '존재하는 것은 사물의 상태를 의미하는 현상과 변이뿐'으로 본다고 한 것을 통해 개체군론적 사고에서는 형식이 실재하지 않는다고 봄을 알 수 있다.

①, ② 2문단의 ''형식'이라는 용어로 개념화되는 본질적이고 형태적인 특징, 혹은 중심적 경향을 찾으면 이를 바탕으로 하나의 '유형'이 만들어진다.', '각각의 유형 안에는 개별 유물 간의 차이, 즉 '변이'가 있기 마련이지만 그것이 새 유형을 설정할 수 있을 정도로 본질적이라고 판단되지 않는 한, 유형론자들은 그것을 편차 정도로만 인식하여 설명할 가치가 없다고 본다.', '유물의 모든 변화를 한 유형에서 다른 유형으로 바뀌는 '변환'이라고 인식한다.'를 통해 유형론적 사고에서는 유형이 본질적이라고 생각하며, 변화를 '한 유형에서 다른 유형으로 바뀌는' 것, 즉 본질이 바뀌는 것으로 파악함을 알 수 있다.

③ 2문단의 '각각의 유형 안에는 개별 유물 간의 차이, 즉 '변이'가 있기 마련이지만 그것이 새 유형을 설정할 수 있을 정도로 본질적이라고 판단되지 않는 한, 유형론자들은 그것을 편차 정도로만 인식하여 설명할 가치가 없다고 본다.'를 통해 유형론적 사고에서 편차는 유형을 설정할 때 중요시되지 않음을 알 수 있다.

⑤ 3문단에서 개체군론자들은 '선택'이 '변이들 가운데 특정 환경에 잘 적응한 변이들이 그렇지 못한 변이들에 비해 양적으로 증가하는 것'으로 본다고 했다.

## 2. ⑤

3문단에서 개체군론자가 '관심을 집중'하는 '변이는 다양하게 나타'난다고 했다. 또한 이들은 '변이들의 빈도 변화와 특정 변이들의 차별적인 지속을 강조'했으므로, 개체군론자들은 발견 빈도수가 충분히 많지 않다고 해서 중요한 의미가 없다고 보지는 않을 것이다. 2문단에 따르면 새로운 토기의 발견 빈도수가 충분히 많지 않아 중요한 의미가 없기 때문에, 즉 '변이'가 '새 유형을 설정할 수 있을 정도로 본질적'이지 않기 때문에 이를 '편차 정도로만 인식'하여 A유형과 B유형 중 한쪽으로 분류하는 것은 오히려 유형론자의 입장에 가깝다.

① 〈보기〉에서 A유형과 B유형의 분류 기준은 '입구의 형태와 손잡이의 유무'이며 'A유형 토기는 각진 입구에 손잡이가 없'고, B유형 토기는 '둥근 입구에 두 개의 손잡이가 있'다고 했다. 따라서 어떤 유형론자는 새로 발견한 토기를 각진 입구에 주목하면 A유형으로, 손잡이가 있는 것에 주목하면 B유형으로 분류할 것이다.

② 〈보기〉에서 A유형 토기는 '바닥이 편평'하고 B유형 토기는 '바닥이 뾰족'한데, '바닥이 둥근 토기들이 새로 발견'되고 있다고 했다. 이때 2문단의 ''형식'이라는 용어로 개념화되는 본질적이고 형태적인 특징, 혹은 중심적 경향을 찾으면 이를 바탕으로 하나의 '유형'이 만들어진다.'를 참고하면, 어떤 유형론자는 바닥 형태의 차이를 본질적이고 형태적인 특징으로 보아 이를 기준으로 새로운 유형의 설정을 고려할 것임을 추론할 수 있다.

③ 2문단의 '유형론자들은 유형의 변화를 단속적이라고 파악하여 자체적이고 내부적인 진화의 과정에 대한 고려를 배제한 채, 외부로부터의 유입이나 새로운 발명 등의 요인으로만 설명하려고 하였다.'를 참고하면, 어떤 유형론자는 〈보기〉에서 새로 발견된 토기의 특이성의 이유를 외부에서 들어온 이주민들에게서 찾을 것임을 추론할 수 있다.

④ 3문단에서 개체군론자들은 '변이에 관심을 집중'하며 '변화가 연속적으로 일어난다고 파악'한다고 했다. 이를 고려할 때 어떤 개체군론자는 새로 발견된 토기가 손잡이의 유무와 관련해서는 '없음 → 1개 → 2개', 바닥 형태와 관련해서는 '편평 → 둥근 → 뾰족'으로 A유형에서 B유형으로의 점진적인 변이를 보여준다고 생각할 것이다.

## 3. ① 선별 ② 혼용

### 구 조 도 그 리 기

**유물 분류를 바라보는 시각 비교**

**유 형 론**
- 형태적 특징 검토 → 본질적 특징·중심적 경향 → '유형'을 만듦
- 변이: 본질적이 X → 편차로만 인식
- 모든 변화 = '변환'(하나의 유형 → 다른 유형)
- 의의: 시간적 선후, 뚜렷한 문화적·공간적 경계 가진 집단을 구별하는 단서!
- 한계: ① 개별 유물 변화의 형태는 연속적인 경우 多
  ② 자체적·내부적 진화 과정 고려 X
  ③ 유물들의 상사성·상이성 단순 비교

**개 체 군 론**
- 유물의 본질적 특징은 실재 X, 경험적 관찰의 결과일 뿐.
- 존재하는 것은 '현상'과 '변이'
  → 변이들의 빈도 변화, 특정 변이들의 차별적 지속 강조
- 유동성: 변이들의 빈도에서 무작위적 변화가 발생하는 현상
- 선택: 특정 환경에 잘 적응한 변이의 양적 증가

**고고학자들의 조사 과정**
- 유형론 / 개체군론 중 선택 or 혼용
  - 시간적 선후 관계, 사물 집단 간 차이 확인 → '유형론적 관점'
  - 유형 간 변화 과정 구체적 확인 → '개체군론적 관점'

[4~6] 2019학년도 10월 학평 「프리즘 렌즈를 통한 복시의 증상 완화」

① 시야란 시선을 한곳에 고정하고 한 번에 볼 수 있는 범위를 의미한다. 한쪽 눈의 시야는 시선을 중심으로 코 쪽으로 60°이고, 귀 쪽으로 100°이기 때문에 수평적으로 두 눈의 시야는 약 200°가 된다. 그러나(글의 초반부에서 흐름이 바뀌면 화제를 제시할 확률이 높아.) 물체가 두 눈의 시야에 있다고 해서 뚜렷하게 볼 수 있는 것은 아니다. 시선을 중심으로 오른쪽 눈과 왼쪽 눈의 시야가 겹치는 120° 범위 안에 있는 물체는 뚜렷하게 볼 수 있지만(이어서 물체가 두 눈의 시야에 있지만 뚜렷하게 보이지 않는 범위가 제시될 거야!) 두 눈의 시야가 겹치지 않는 양 귀 쪽 40° 범위 안에 있는 물체는 그렇지 않다. 두 눈의 시야가 겹치는 범위에 있는 물체: 뚜렷하게 보임 O / 두 눈의 시야가 겹치지 않는 범위에 있는 물체: 뚜렷하게 보임 X

② 사람의 경우 '보는 것'은 두 눈이 하나의 물체를 주시하는 것이다. 물체를 주시할 때 물체의 상은 각막과 동공을 거쳐 안쪽 막인 망막에 맺히는데, 주시란 두 눈의 시선을 물체 쪽으로 돌려 물체를 똑바로 응시하여 물체의 상이 동공의 중심을 통과해 망막의 황반에 맺히도록 하는 것이다. 이때 주시하는 시선이 주시선이 되고 응시하는 물체가 주시점이 된다. 망막에는 시세포들이 분포하고 있어 물체의 상을 볼 수 있는데 특히 망막의 황반에는 시세포들이 집중적으로 분포하고 있어 물체를 뚜렷하게 보려면 물체의 상이 두 눈의 황반에 맺혀야 한다. 우리가 움직이는 물체를 주시하거나 움직이면서도 물체를 주시할 수 있는 것은 눈 운동을 통해 물체의 상이 황반에 맺히게 하기 때문이다. 눈 운동은 눈알 바깥에 붙어 있는 4개의 곧은근과 2개의 빗근이 뇌 신경의 지배를 받아 눈알 전체를 상하·좌우로 움직이게 하거나 회전시키는 방식으로 이루어진다. 사람이 물체를 보는 원리를 순서대로 정리해 볼까? 눈 운동을 통해 두 눈의 시선(주시선)을 물체(주시점) 쪽으로 돌려 물체를 주시 → 물체의 상이 각막과 동공 통과 → 시세포들이 집중적으로 분포해 있는 망막의 황반에 물체의 상이 맺힘

③ 오른쪽 눈과 왼쪽 눈은 동공의 중심을 기준으로 6㎝ 정도 떨어져 있기 때문에 물체를 뚜렷하게 보기 위해서는 각 눈의 주시선(주시하는 시선)을 코 쪽으로 모으는 폭주 운동이 필수적이다. (1문단에 따르면 두 눈의 시야가 겹치는 범위 안에 있는 물체만 뚜렷하게 볼 수 있으니까, 폭주 운동을 통해 두 눈의 주시선을 모아야겠지!) 이때 폭주 운동의 양을 폭주량이라고 하고 폭주량은 미터각으로 나타낼 수 있다. 미터각은 주시하고 있는 물체까지의 거리에 대한 역수, $\frac{1}{\text{물체까지의 거리}}$로 표시한다. 그런데 사람마다 동공 간의 거리인 동공중심거리가 다르기 때문에 눈과 물체 사이의 거리가 같더라도 실제 폭주량은 다를 수 있다. 따라서(폭주량은 미터각으로 나타낼 수 있지만, 동공중심거리에 개인차가 있기 때문에 실제 폭주량은 다를 수 있군. 이어서 실제 폭주량을 구하는 방법을 설명하겠지?) 실제 폭주량을 알려면 미터각에 동공중심거리를 곱한 값인 프리즘디옵터를 구해야 한다. 프리즘디옵터 = 미터각 $\left(\frac{1}{\text{물체까지의 거리}}\right)$ × 동공중심거리 만약(예를 들어 실제 폭주량을 구하는 방법을 설명하려나 봐. 그렇다면 이를 활용해 간단한 계산을 요구하는 문제가 출제될 수 있으니 정

확히 이해하고 넘어가자!) 동공중심거리가 6㎝인 사람이 1m 떨어져 있는 물체를 주시한다면 이때의 미터각은 $\frac{1}{1m}$ =1MA이 된다. 그리고 1MA에 동공중심거리인 6㎝를 곱하면 프리즘디옵터는 6△가 된다.

④ 그런데 눈 운동에 이상이 생겨 주시선이 주시하려는 물체(주시점)를 향하지 못하고 벗어나는 편위가 일어나면 물체가 두 개로 보이는 복시가 발생하여 두통이나 어지럼증 등을 일으킬 수 있다. (앞서 눈 운동을 통해 물체를 주시하여 상이 맺히는 과정을 설명했으며, '그런데'로 흐름을 전환해서 눈 운동에 이상이 생긴 경우를 다루고 있어.) 눈 운동에 이상 발생 → 편위 발생 → 복시 발생 → 두통이나 어지럼증 발생 복시는 크게 생리적 복시와 사시성 복시로 나눌 수 있는데 생리적 복시는 피로감으로 인해 일시적으로 생기며, 사시성 복시는 뇌 신경의 이상으로 곧은근이나 빗근이 정상적으로 기능하지 못해 생긴다. 발생 원인에 따른 복시의 유형: (1) 생리적 복시, (2) 사시성 복시

⑤ 주시선이 코 쪽으로 편위되어 나타나는 복시를 비교차성 복시라고 하고, 귀 쪽으로 편위되어 나타나는 복시를 교차성 복시라고 한다. 편위되는 방향에 따른 복시의 유형: (1) 비교차성 복시, (2) 교차성 복시 복시인 경우에는 물체의 상이 망막의 황반에 맺히지 않는다. (2문단에서 눈 운동을 통해 물체의 상이 망막의 황반에 맺힌다고 했어. 따라서 눈 운동의 이상으로 인한 편위 때문에 발생한 복시에서는 물체의 상이 망막의 황반에 맺히지 않겠지!) 예를 들어 오른쪽 눈이 비교차성 복시라면 주시선이 코 쪽으로 편위되기 때문에 물체의 상은 망막의 황반보다 코 쪽으로 치우쳐 맺힌다. 하지만 뇌에서는 오른쪽 눈이 편위되었다고 생각하지 않고 물체를 똑바로 보고 있다고 생각한다. 즉 주시선이 실제보다 귀 쪽으로 향해 있다고 여기기 때문에 물체가 실제의 위치보다 오른쪽에 있다고 느끼게 된다. 복시인 경우 실제로는 주시선이 편위되어 물체의 상이 망막의 황반에 맺히지 않지만, 뇌는 주시선이 편위되었다고 생각하지 못해 물체의 위치를 정확하게 파악하지 못하는군.

⑥ 생리적 복시는 일시적인 현상이기 때문에 편위가 발생한 눈을 가린 상태로 시간이 흐르면 자연적으로 치유될 수 있다. 반면 사시성 복시는 프리즘 렌즈를 사용하여 복시에 따른 증상을 완화할 수 있다. (5문단에서는 문제 상황이 제시되었다면, 6문단에서는 그 해결과 관련된 내용이 전개되고 있네!) 프리즘은 두 개 이상의 평면이 일정한 각을 이루고 있는 투명체로 빛의 진행 방향을 바꿀 수 있다. 프리즘의 평면이 교차하는 점을 꼭지, 교차각을 꼭지각, 꼭지의 반대쪽을 기저라고 하는데, (사전 정보를 나열하고 있네. 뒤에서 나열된 개념들을 연결하여 핵심 정보인 프리즘 렌즈를 사용하여 사시성 복시의 증상을 완화하는 방법을 설명하겠지?) 프리즘을 통과한 빛은 스넬의 법칙을 따라 기저 방향으로 꺾인다. 스넬의 법칙에 따르면 굴절률이 n인 소재의 직각 프리즘이 공기 중에 있다고 가정할 때 굴절률(n)에서 1을 뺀 값에 꼭지각(α)을 곱하면 빛의 꺾임각(δ)을 알 수 있다. 빛의 꺾임각(δ)= (굴절률(n) - 1) × 꼭지각(α) 〈그림〉과 같이 직각 프리즘을 통과하여 꺾인 빛

이 1m 떨어진 평면에서 점선으로 표시된 연장선에서 수직으로 1cm 간격에 있을 때의 꺾임각을 1△라 한다. 만일 오른쪽 눈의 주시선이 귀 쪽으로 편위(교차성 복시)되어 폭주량이 작다면 빛이 프리즘 렌즈를 통과할 때 코 쪽으로 굴절되게 하여 차이 나는 폭주량만큼 꺾임각을 형성하여 주시선을 바꿀 수 있다. 주시선이 편위되어 차이 나는 폭주량만큼 프리즘 렌즈를 사용해 빛을 굴절시켜 주시선을 바꿈으로써 사시성 복시의 증상을 완화할 수 있군. (그림이 제시되었으니 이에 대해 설명한 내용을 적용하여 풀어야 하는 문제가 출제되겠네!)

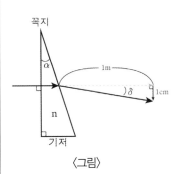

〈그림〉

**4. ①**

3문단에서 '미터각은 주시하고 있는 물체까지의 거리에 대한 역수'로 표시한다고 한 것을 통해 미터각과 물체까지의 거리는 반비례 관계임을 알 수 있다. 즉 물체까지의 거리가 멀어지면 미터각은 작아진다.

② 2문단에서 '4개의 곧은근과 2개의 빗근이 뇌 신경의 지배를 받아 눈알 전체를 상하·좌우로 움직이게 하거나 회전시'킨다고 한 것을 통해 알 수 있다.

③ 4문단에서 '생리적 복시는 피로감으로 인해 일시적으로 생'긴다고 했는데, 6문단에 따르면 이는 '편위가 발생한 눈을 가린 상태로 시간이 흐르면 자연적으로 치유'된다.

④ 6문단에서 프리즘은 '빛의 진행 방향을 바꿀 수 있다.'라고 했다.

⑤ 1문단에서 '오른쪽 눈과 왼쪽 눈의 시야가 겹치는 120° 범위'라고 한 것을 통해 알 수 있다.

**5. ④**

3문단에 제시된 실제 폭주량을 구하는 공식에 따르면 ○○의 오른쪽 눈에 사시성 복시가 없다면 '1MA(미터각) × 6.4cm(동공중심거리) = 6.4△(프리즘디옵터)'가 두 눈의 실제 폭주량이 된다. 하지만 6문단에서 '오른쪽 눈의 주시선이 귀 쪽으로 편위되어 폭주량이 작'은 경우 '차이 나는 폭주량만큼 꺾임각을 형성하여 주시선을 바꿀 수 있다.'라고 했으므로, ○○의 사시성 복시가 직각 프리즘 렌즈를 통해 교정되었다면 폭주량이 6.4△보다 커진다고 이해하는 것은 적절하지 않다.

① 6문단에서는 〈그림〉에 대해 설명하며 '직각 프리즘을 통과하여 꺾인 빛이 1m 떨어진 평면에서 점선으로 표시된 연장선에서 수직으로 1cm 간격에 있을 때의 꺾임각을 1△'라고 했다. 이를 참고하면 직각 프리즘을 통과하여 꺾인 빛이 1m 떨어진 평면에서 점선으로 표시된 연장선에서 수직으로 3.2cm 간격에 있는 〈보기〉의 꺾임각은 3.2△이다. 또한 '굴절률이 n인 소재의 직각 프리즘이 공기 중에 있다고 가정할 때 굴절률(n)에서 1을 뺀 값에 꼭지각(α)을 곱하면 빛의 꺾임각(δ)을 알 수 있'으므로, 굴절률이 4.2인 직각 프리즘 렌즈를 사용하여 정상적으로 교정이 되었을 경우 (4.2 − 1) × 꼭지각 = 3.2△이므로 꼭지각은 1△일 것이다.

② 6문단의 '굴절률(n)에서 1을 뺀 값에 꼭지각(α)을 곱하면 빛의 꺾임각(δ)을 알 수 있다.'를 통해 직각 프리즘 렌즈를 굴절률이 큰 소재로 만들수록 꼭지각을 작게 할 수 있음을 알 수 있다.

③ 6문단에서 '오른쪽 눈의 주시선이 귀 쪽으로 편위되어 폭주량이 작'은 경우 '차이 나는 폭주량만큼 꺾임각을 형성하여 주시선을 바꿀 수 있다.'라고 했다. 〈보기〉는 '1m 떨어져 있는 물체를 바라보는 주시선이 정상일 때보다 (오른쪽) 귀 쪽으로 3.2cm 편위'된 경우이므로, 꺾임각이 3.2인 직각 프리즘 렌즈를 사용하여 주시선을 바꾼다면 물체의 상을 오른쪽 눈의 황반에 맺히게 할 수 있을 것이다.

⑤ 4문단에서 '사시성 복시는 뇌 신경의 이상으로 곧은근이나 빗근이 정상적으로 기능하지 못해 생긴' 것이라고 했고, 5문단에서 '귀 쪽으로 편위되어 나타나는 복시를 교차성 복시'라고 했다. 〈보기〉의 ○○는 '사시성 복시' 때문에 '주시선이 정상일 때보다 귀 쪽으로 3.2cm 편위'된 상황이므로, 곧은근이나 빗근이 정상적으로 기능하지 못하는 교차성 복시로 볼 수 있다.

**6. ① 일시적 ② 치유**

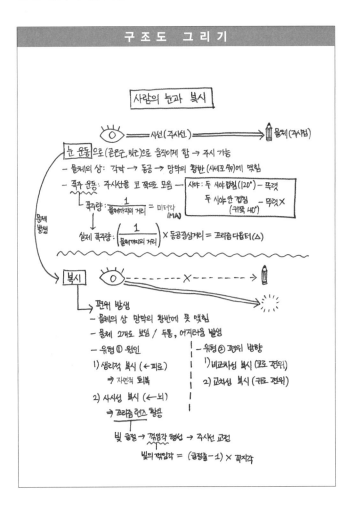

**[1~3] 2017년도 LEET 「금융위기에 대한 네 가지 시각」**

① 과거에 일어난 금융위기에 대해 많은 연구가 진행되었어도 그 원인에 대해 의견이 모아지지 않는 경우가 대부분이다. 이것은 금융위기가 여러 차원의 현상이 복잡하게 얽혀 발생하는 문제이기 때문이기도 하지만, 사람들의 행동이나 금융 시스템의 작동 방식을 이해하는 시각이 다양하기 때문이기도 하다. 금융위기의 원인에 대한 의견이 모아지지 않는 이유 은행위기를 중심으로 금융위기에 관한 주요 시각을 다음과 같은 네 가지로 분류할 수 있다. (이 글에서는 은행위기를 중심으로 하여 금융위기에 관한 네 가지 시각을 설명하겠네. 각 시각의 공통점과 차이점에 주목하며 읽어 보자.) 이들이 서로 배타적인 것은 아니지만 주로 어떤 시각에 기초해서 금융위기를 이해하는가에 따라 그 (금융위기) 원인과 대책에 대한 의견이 달라진다고 할 수 있다.

② 우선, (첫 번째 시각부터 설명하는군.) 은행의 지불능력이 취약하다고 많은 예금주들이 예상하게 되면 실제로 은행의 지불능력이 취약해지는 현상, 즉 ㉠'자기 실현적 예상'이라 불리는 현상을 강조하는 시각이 있다. 예금주들이 예금을 인출하려는 요구에 대응하기 위해 은행이 예금의 일부만을 지급준비금으로 보유하는 부분준비제도는 현대 은행 시스템의 본질적 측면이다. 이 제도(부분준비제도)에서는 은행의 지불능력이 변화하지 않더라도 예금주들의 예상이 바뀌면 예금 인출이 쇄도하는 사태가 일어날 수 있다. 예금은 만기가 없고 선착순으로 지급하는 독특한 성격의 채무이기 때문에, 지불능력이 취약해져서 은행이 예금을 지급하지 못할 것이라고 예상하게 된 사람이라면 남보다 먼저 예금을 인출하는 것이 합리적이기 때문이다. 이처럼 예금 인출이 쇄도하는 상황에서 예금 인출 요구를 충족시키려면 은행들은 현금 보유량을 늘려야 한다. 이(현금 보유량 늘리기)를 위해 은행들이 앞다투어 채권이나 주식, 부동산과 같은 자산을 매각하려고 하면 자산 가격이 하락하게 되므로 은행들의 지불능력이 실제로 낮아진다. 금융위기에 관한 시각 (1) 자기 실현적 예상을 강조하는 시각: 예금주들이 은행의 지불능력이 취약해졌다고 예상 → 예금 인출 요구 쇄도 → 은행은 요구 충족 위해 자산을 매각해 현금 보유량을 늘리려 함 → 자산 가격 하락으로 은행의 지불능력이 실제로 낮아짐

③ 둘째, ㉡은행의 과도한 위험 추구를 강조하는 시각이 있다. 주식회사에서 주주들은 회사의 모든 부채를 상환하고 남은 자산의 가치에 대한 청구권을 갖는 존재이고 통상적으로 유한책임을 진다. 따라서 회사의 자산 가치가 부채액보다 더 커질수록 주주에게 돌아올 이익도 커지지만, 회사가 파산할 경우에 주주의 손실은 그 회사의 주식에 투자한 금액으로 제한된다. 이러한 ⓐ비대칭적인 이익 구조로 인해 수익에 대해서는 민감하지만 '자산 가치 > 부채액'일수록 주주에게 돌아올 이익도 커지니까. 위험에 대해서는 둔감하게 된 파산하더라도 주주의 손실에는 제한이 있으니까. 주주들은 고위험 고수익 사업을 선호하게 된다. 결과적으로 주주들이 더 높은 수익을 얻기 위해 감수해야 하는 위험을 채권자에게 전가하는 것인데, 자기자본비율이 낮을수록 이러한 동기는 더욱 강해진다.

은행과 같은 금융 중개 기관들은 대부분 부채 비율이 매우 높은 (자기자본비율이 낮은) 주식회사 형태를 띤다. 금융위기에 관한 시각 (2) 은행의 과도한 위험 추구를 강조하는 시각: 주식회사인 은행의 비대칭적인 이익 구조 → 주주들이 고위험 고수익 사업을 선호하며 위험을 채권자에게 전가

④ 셋째, ㉢은행가의 은행 약탈을 강조하는 시각이 있다. 전통적인 경제 이론에서는 은행의 부실을 과도한 위험 추구의 결과로 이해해왔다. 하지만 최근에는(전통적인 경제 이론과는 다른 최근의 시각이 제시되겠지?) 은행가들에 의한 은행 약탈의 결과로 은행이 부실해진다는 인식도 강해지고 있다. 과도한 위험 추구는 은행의 수익률을 높이려는 목적으로 은행의 재무 상태를 악화시킬 위험이 큰 행위를 은행가가 선택하는 것이다. 이에 비해(과도한 위험 추구와 은행 약탈의 차이점을 중심으로 내용이 전개될 거야.) 은행 약탈은 은행가가 자신에게 돌아올 이익을 추구하여 은행에 손실을 초래하는 행위를 선택하는 것이다. 은행 부실: (전통적인 경제 이론) 은행가가 은행의 수익률을 높이려는 목적으로 위험이 큰 행위를 선택한 결과 ↔ 은행 약탈: 은행가가 자신에게 돌아올 이익을 추구하여 은행에 손실을 초래하는 행위를 선택한 결과 예를 들어 은행가들이 자신이 지배하는 은행으로부터 남보다 유리한 조건으로 대출을 받는다거나, 장기적으로 은행에 손실을 초래할 것을 알면서도 자신의 성과급을 높이기 위해 단기적인 성과만을 추구하는 행위 등은, 지배 주주나 고위 경영자의 지위를 가진 은행가가 은행에 대한 지배력을 사적인 이익을 위해 사용한다는 의미에서 약탈이라고 할 수 있다. 금융위기에 관한 시각 (3) 은행가의 은행 약탈을 강조하는 시각: 은행가가 은행에 대한 지배력을 사적인 이익을 위해 사용 → 은행에 손실 초래(은행의 재무 상태 악화)

⑤ 넷째, ㉣이상 과열을 강조하는 시각이 있다. 위의 세 가지 시각과 달리 이 시각은 경제 주체의 행동이 항상 합리적으로 이루어지는 것은 아니라는 관찰에 기초하고 있다. ('달리'에 주목하면 금융위기에 관한 시각 (1)~(3)에서는 경제 주체의 행동이 항상 합리적으로 이루어진다고 보는구나.) 예컨대 많은 사람들이 자산 가격이 일정 기간 상승하면 앞으로도 계속 상승할 것이라 예상하고, 일정 기간 하락하면 앞으로도 계속 하락할 것이라 예상하는 경향을 보인다. 이 경우 자산 가격 상승은 부채의 증가를 낳고 이는 다시 자산 가격의 더 큰 상승을 낳는다. 이러한 상승작용으로 인해 거품이 커지는 과정은 경제 주체들의 부채가 과도하게 늘어나 금융 시스템을 취약하게 만들게 되므로, 거품이 터져 금융 시스템이 붕괴하고 금융위기가 일어날 현실적 조건을 강화시킨다. 금융위기에 관한 시각 (4) 이상 과열을 강조하는 시각: 자산 가격이 일정 기간 상승 → 앞으로도 자산 가격이 계속 상승할 것이라 예상하여 부채 증가 → 자산 가격의 더 큰 상승으로 거품이 커짐 → 금융 시스템을 취약하게 만들어 금융 시스템 붕괴 및 금융위기가 일어날 현실적 조건 강화

## 1. ⑤

2문단에 따르면 ㉠('자기 실현적 예상'이라 불리는 현상을 강조하는 시각)은 경제 주체들의 '예상'이 실현된 결과를 금융위기로 본다고 할 수 있다. 하지만 5문단에 따르면 ㉣(이상 과열을 강조하는 시각)은 '많은 사람들이 자산 가격이 일정 기간 상승하면 앞으로도 계속 상승할 것이라 예상'하여 행동한 결과, 예상과 달리 '거품이 터져' 금융위기가 일어날 조건이 강화된다고 본다. 따라서 ㉣에서 경제 주체들의 예상이 그대로 실현된 결과를 금융위기로 본다고 할 수 없다.

① 2문단에 따르면 ㉠은 '현대 은행 시스템의 본질적 측면'인 부분준비제도가 갖는 취약성과 관련하여 '은행의 지불능력이 변화하지 않더라도 예금주들의 예상이 바뀌면 예금 인출이 쇄도하는 사태'에 주목하여 금융위기를 설명한다.

② 3문단에 따르면 ㉡(은행의 과도한 위험 추구를 강조하는 시각)은 '비대칭적인 이익 구조로 인해 수익에 대해서는 민감하지만 위험에 대해서는 둔감하게 된 주주들'이 '고위험 고수익 사업을 선호'하면서 '더 높은 수익을 얻기 위해 감수해야 하는 위험을 채권자에게 전가'한다고 본다. 따라서 ㉡은 경영자들이 예금주들의 이익보다 주주들의 이익을 우선한다는 전제 하에 금융위기를 설명한다고 할 수 있다.

③ 4문단에 따르면 ㉢(은행가의 은행 약탈을 강조하는 시각)은 '지배 주주나 고위 경영자의 지위를 가진 은행가가 은행에 대한 지배력을 사적인 이익을 위해 사용'하여 은행이 부실해지고, 그것이 금융위기를 초래한다고 보는 입장이다.

④ 5문단에 따르면 ㉣은 '경제 주체의 행동이 항상 합리적으로 이루어지는 것은 아니라는 관찰에 기초'하는 입장이다. 즉 ㉣은 경제 주체의 행동에 대한 관찰을 통한 귀납적 접근에 기초하여 금융위기를 이해한다고 볼 수 있다.

## 2. ⑤

3문단에 따르면 주주들은 '회사의 자산 가치가 부채액보다 더 커질수록 주주에게 돌아올 이익도 커'지게 되어 '고위험 고수익 사업을 선호'하는 것이므로, 주주들이 자산 가치와 부채액 사이의 차이가 줄어들 가능성을 높이기 위해 고위험 고수익 사업을 선호한다고 보기는 어렵다. 주주들이 고위험 고수익 사업을 선호하는 것은 주식회사의 ⓐ(비대칭적인 이익 구조)에 의해 '수익에 대해서는 민감하지만 위험에 대해서는 둔감'하기 때문이다.

①, ③ 3문단에서 주주들이 통상적으로 '유한책임'을 짐에 따라 '회사가 파산할 경우에 주주의 손실은 그 회사의 주식에 투자한 금액으로 제한'된다고 했다. 즉 회사의 자산 가치보다 부채액이 더 클 경우(회사가 자산을 다 팔아도 부채를 다 갚지 못할 경우)에도 주주들이 져야 할 책임은 한정되어 있으며, 얼마나 많이 못 갚는지는 주주들의 이해와 상관이 없다.

② 3문단에서 '주주들은 회사의 모든 부채를 상환하고 남은 자산의 가치에 대한 청구권을 갖는 존재'라고 했으며, '회사의 자산 가치가 부채액보다 더 커질수록 주주에게 돌아올 이익도 커'진다고 했다. 이를 통해 회사의 자산 가치가 부채액보다 큰 경우 그 값은 원칙적으로 주주의 몫임을 알 수 있다.

④ 3문단에 따르면 '회사의 자산 가치가 부채액보다 더 커질수록 주주에게 돌아올 이익도 커지지만, 회사가 파산할 경우에 주주의 손실은 그 회사의 주식에 투자한 금액으로 제한'된다고 했다. 즉 주주들이 선호하는 '고위험 고수익 사업'이 성공하면 회사가 큰 수익을 얻지만, 실패한다면 주주들이 책임을 지는 부분은 한정되어 있기 때문에 회사가 큰 손실을 입을 가능성이 높다.

## 3. ① 쇄도 ② 매각

**구 조 도 그 리 기**

〈금융 위기에 대한 네 가지 시각〉

① 자기 실현적 예상 강조
- 예금주: 은행 지불능력이 약하다면 생각
  → 예금인출 → 은행: 자산 매각
  → 자산 가격↓ → 실제 지불능력↓

② 은행의 과도한 위험추구 강조
- 비대칭적 이익 구조 → 주주: 고위험 고수익 사업 선호 → 위험을 채권자에게 전가 → 은행:↑ 위험 추구

③ 은행가의 은행 약탈 강조
- 은행가: 은행에 대한 지배력을 사적인 이익 위해 사용 → 은행에 손실

④ 이상 과열 강조
- 경제 주체들이 항상 합리적 행동하는 것 ✕
- 자산 가격↑ → 상승 기대 → 이상과열(부채↑) → 금융 시스템 취약 → 금융위기 발생 조건 강화

## [4~6] 2017학년도 6월 모평 「인공 신경망의 학습과 판정」

① 인간의 신경 조직을 수학적으로 모델링하여 컴퓨터가 인간처럼 기억·학습·판단할 수 있도록 <u>구현</u>한 것이 인공 신경망 기술이다. 신경 조직의 기본 단위는 뉴런인데, 인공 신경망에서는 뉴런의 기능을 수학적으로 모델링한 퍼셉트론을 기본 단위로 사용한다. 인공 신경망 기술의 개념과 그 기본 단위인 퍼셉트론

② 퍼셉트론은 입력값들을 받아들이는 <u>여러 개의 입력 단자</u>와 이 값(입력값)을 처리하는 부분, 처리된 값을 내보내는 <u>한 개의 출력 단자</u>로 구성되어 있다. 퍼셉트론의 구성: 여러 개의 입력 단자, 입력값을 처리하는 부분, 한 개의 출력 단자 퍼셉트론은 <u>각각</u>의 입력 단자에 할당된 가중치를 입력값에 곱한 값들을 <u>모두</u> 합하여(입력 단자는 여러 개이고, 각각의 입력 단자마다 가중치가 할당되어 있어. 반면 출력 단자는 한 개이지. '여러 개', '한 개', '각각', '모두'처럼 하나인지 여러 개인지, 전체인지 일부인지, 고정된 값인지 변화하는 값인지 등을 의미하는 표현도 놓치지 말고 꼼꼼하게 읽자! 사소해 보이는 표현이지만 선지의 정오를 판정할 때 의외로 중요한 부분이거든.) 가중합을 구한 후, 고정된 임계치보다 가중합이 작으면 0, 그렇지 않으면 1과 같은 방식으로 출력값을 내보낸다. (구성 요소를 제시한 다음, 이를 활용해 그 원리를 설명하는 것은 기술 지문의 흔한 전개 방식이야!) 퍼셉트론의 작동 과정을 정리해 볼까?

| (1) 가중합 구하기 | (각각의 입력 단자에 할당된 가중치 × 입력값)을 모두 합한 값 |
|---|---|
| (2) 출력값 내보내기 | • 가중합 < 임계치 → 0<br>• 가중합 ≥ 임계치 → 1 |

③ 이러한 퍼셉트론은 출력값에 따라 두 가지(0 또는 1)로만 구분하여 입력값들을 판정할 수 있을 뿐이다. 이에 비해 복잡한 판정을 할 수 있는 인공 신경망은(입력값들을 두 가지로만 판정 가능한 퍼셉트론과 복잡한 판정이 가능한 인공 신경망을 비교하고 있어.) <u>다수의 퍼셉트론을 여러 계층으로 배열</u>하여 한 계층에서 출력된 신호가 다음 계층에 있는 모든 퍼셉트론의 입력 단자에 입력값으로 입력되는 구조로 이루어진다. 인공 신경망의 구조: 다수의 퍼셉트론을 여러 계층으로 배열, 한 계층의 출력 신호 → 다음 계층의 입력값으로 입력 이러한 인공 신경망에서 가장 처음에 입력값을 받아들이는 퍼셉트론들을 입력층, 가장 마지막에 있는 퍼셉트론들을 출력층이라고 한다. 입력층 퍼셉트론들이 입력값을 받아들여 가중합을 구한 후 출력된 신호를 내보내면, 이것이 다음 계층의 퍼셉트론들의 입력값이 되는 과정이 출력층에 이르기까지 반복되는 거네!

④ 어떤 사진 속 물체의 색깔과 형태로부터 그 물체가 사과인지 아닌지를 구별할 수 있도록 인공 신경망을 학습시키는 경우를 생각해 보자. <u>먼저</u>(인공 신경망을 학습시키는 과정을 설명할 거야.) 학습을 위한 입력값들 즉 학습 데이터를 만들어야 한다. 학습 데이터를 만들기 위해서는 사과 사진을 준비하고 사진에 나타난 특징인 색깔과 형태를 수치화해야 한다. 이 경우 색깔과 형태라는 두 범주를 수치화하여 하나의 학습 데이터로 묶은 다음, '정답'에 해당하는 값과 함께 학습 데이터를 인공 신경망에 제공한다. 범주들을 수치화하여 하나의 학습 데이터로 만듦 → 정답에 해당하는 값과 학습 데이터를 인공 신경망에 제공 이때 같은 범주에 속하는 입력값은 동일한 입력 단자를 통해 들

어가도록 해야 한다. 그리고 사과 사진에 대한 학습 데이터를 만들 때에 정답인 '사과이다'에 해당하는 값을 '1'로 설정하였다면 출력값 '0'은 '사과가 아니다'를 의미하게 된다.

⑤ 인공 신경망의 작동은 크게 학습 단계와 판정 단계로 나뉜다. 학습 단계는(4문단에서 학습 데이터를 만들어 인공 신경망에 제공하는 과정을 설명했다면, 이제 학습 단계와 판정 단계를 본격적으로 설명하려나 봐.) 학습 데이터를 입력층의 입력 단자에 넣어 주고 출력층의 출력값을 구한 후, 이 출력값과 정답에 해당하는 값의 차이가 줄어들도록 가중치를 갱신하는 과정이다. 어떤 학습 데이터가 주어지면 이때의 출력값을 구하고 학습 데이터와 함께 제공된 정답에 해당하는 값에서 출력값을 뺀 값 즉 오차 값을 구한다. 인공 신경망의 작동 (1) 학습 단계: 입력층의 입력 단자에 학습 데이터 입력 → 출력층의 출력값 구함 → 오차 값(정답에 해당하는 값 - 출력값)이 줄어들도록 가중치 갱신 이 오차 값의 일부가 출력층의 출력 단자에서 입력층의 입력 단자 방향으로 되돌아가면서 각 계층의 퍼셉트론별로 출력 신호를 만드는 데 관여한 모든 가중치들에 더해지는 방식으로 가중치들이 갱신된다. 가중치 갱신 과정: 오차 값의 일부가 출력층 → 입력층 방향으로 되돌아가 각 계층마다 출력 신호 생성에 관여한 모든 가중치들에 더해짐 이러한 과정을 다양한 학습 데이터에 대하여 반복하면 출력값들이 각각의 정답 값에 수렴하게 되고 판정 성능이 좋아진다. 오차 값이 0에 근접하게 되거나 가중치의 갱신이 더 이상 이루어지지 않게 되면 학습 단계를 마치고 판정 단계로 전환한다. 오차 값 0에 근접 or 가중치 갱신 X → 인공 신경망의 작동 (2) 판정 단계로 전환 이때 판정의 오류를 줄이기 위해서는 학습 단계에서 대상들의 변별적 특징이 잘 반영되어 있는 서로 다른 학습 데이터를 사용하는 것이 좋다. 변별적 특성이 잘 반영된 학습 데이터 사용 → 판정 오류↓

**4. ⑤**

5문단에서 가중치의 갱신은 '오차 값의 일부가 출력층의 출력 단자에서 입력층의 입력 단자 방향으로 되돌아가면서' 이루어지는 것이라고 했다.

① 2문단에서 퍼셉트론은 '여러 개의 입력 단자와 이 값을 처리하는 부분, 처리된 값을 내보내는 한 개의 출력 단자로 구성'된다고 했다.

② 5문단에서 '정답에 해당하는 값에서 출력값을 뺀 값'이 '오차 값'이라고 했다. 따라서 출력층의 출력값이 정답에 해당하는 값과 같다면 오차 값은 0이다.

③ 3문단에서 '복잡한 판정을 할 수 있는 인공 신경망'은 '한 계층에서 출력된 신호가 다음 계층에 있는 모든 퍼셉트론의 입력 단자에 입력값으로 입력되는 구조'이며, '입력층'은 '가장 처음에 입력값을 받아들이는 퍼셉트론들'이라고 한 것을 통해 알 수 있다.

④ 1문단에서 인공 신경망의 기본 단위인 '퍼셉트론'은 '신경 조직의 기본 단위'인 '뉴런의 기능을 수학적으로 모델링'한 것이라고 했다.

**5. ③**

2문단을 참고하여 〈보기〉의 가중합을 구하면 0.6((0.5 × 1) + (0.5 × 0) + (0.1 × 1))이 된다. 이는 '임계치 1보다 작으'므로 출력값은 0이다. 이때 5문단의 설명에 따라 '학습 데이터와 함께 제공'된 정답인 1에서 출력값인 0을 빼면 '오차 값'은 1이 된다. '이 오차 값의 일부'가 '각 계층의 퍼셉트론별로 출력 신호를 만드는 데 관여한 모든 가중치들에 더해지는 방식으로 가중치들이 갱신'된다고 했으므로, [B]로 한 번 학습시키고 나면 가중치 $W_a$, $W_b$, $W_c$는 모두 늘어날 것이다.

① 5문단에서 '인공 신경망의 작동은 크게 학습 단계와 판정 단계'로 나뉘는데, '오차 값이 0에 근접하게 되거나 가중치의 갱신이 더 이상 이루어지지 않게 되면 학습 단계를 마치고 판정 단계로 전환'한다고 했다.

② 〈보기〉에서 '가중합이 임계치 1보다 작으면 0을, 그렇지 않으면 1을 출력'한다고 했으므로, 〈보기〉의 퍼셉트론이 1을 출력한 것은 가중합이 1보다 작지 않았음을 의미한다고 볼 수 있다.

④ 5문단에서 인공 신경망의 학습 단계를 설명하며 '이러한 과정을 다양한 학습 데이터에 대하여 반복하면 출력값들이 각각의 정답 값에 수렴'하게 된다고 했다. 따라서 [B]로 여러 차례 반복해서 학습시키면 퍼셉트론의 출력값은 정답인 1에 수렴하게 될 것이다.

⑤ 〈보기〉에서 '가중합이 임계치 1보다 작으면 0을, 그렇지 않으면 1을 출력'한다고 했다. [B]의 학습 데이터를 한 번 입력했을 때의 가중합은 임계치인 1보다 작은 0.6이므로, 그에 대한 퍼셉트론의 출력값은 1이 아닌 0이 된다.

**6. ① 구현  ② 할당**

---

### 구조도 그리기

**"인공 신경망 기술"**

**'퍼셉트론(기본 단위)'**
① 구성 : 여러 입력 단자 + 처리부 + 한 개의 출력 단자
② 과정 : (가중치 × 입력값) + … + (가중치 × 입력값) = 가중합
  ⇨ 고정 임계치 > 가중합 : 출력값 0
     고정 임계치 ≤ 가중합 : 출력값 1
③ 한계 : 출력값에 따라 두 가지로만 구분
  → 복잡한 판정 가능
  → 다수의 퍼셉트론 배열 : 출력 산호 → 다음 계층 퍼셉트론 입력값

**'인공 신경망 기술'**
(1) 학습 단계
  ① 학습 데이터 만들기 : 범주 수치화 → 하나의 학습 데이터 + 정답값과 함께 제공
  ② 출력값 구함
  ③ 가중치 갱신 : 오차 값(= 정답값 - 출력값)이 출력 → 입력 단자로 돌아가 가중치에 더해지며 출력값이 정답값에 수렴
(2) 판정 단계
  오류 줄이기 위해 변별적 특징 잘 반영된 서로 다른 학습 데이터 사용

## [1~3] 2017학년도 10월 학평 「정당화적 의무 충돌과 면책적 의무 충돌」

① 인공호흡기가 1대밖에 없는 병원에 동등하게 살아남을 기회를 가진 2명의 환자가 동시에 실려 왔다. 한 사람은 출산을 앞둔 여성이고 다른 한 사람은 그녀의 남편이다. 치료 의무가 있는 담당 의사는 인공호흡기가 1대밖에 없기 때문에 그중 한 사람은 치료할 수 없었다. 이렇게 복수의 의무가 서로 충돌하여 행위자가 하나의 의무만을 이행할 수밖에 없는 긴급 상황에서, 하나의 의무를 이행하면 다른 의무를 이행할 수 없는 상호 관계에 있는 경우를 의무 충돌이라 한다. 의무 충돌: 하나의 의무만을 이행할 수밖에 없는 상황에서 하나의 의무를 이행하면 다른 의무를 이행할 수 없는 경우 의무 충돌 상황에서 의무는 법적 의무이어야 하며, 행위자는 의무 충돌 상황을 야기한 책임이 없어야 의무 충돌이 성립한다. 의무 충돌의 성립 조건: ① 법적 의무이어야 함, ② 행위자는 의무 충돌 상황 야기의 책임이 없어야 함 의무는 특정 행위를 해야 할 작위 의무와 하지 말아야 할 부작위 의무로 구분된다. (구분되는 개념들의 차이점을 파악하며 읽되, 이 둘은 모두 의무라는 사실도 기억해야 해.) 작위란 행위자가 신체적 힘을 이용해 자연적으로 벌어지는 일들에 변경을 가한 경우를 말하며, 부작위는 변경시킬 수 있지만 아무런 신체적 힘을 투입하지 않고 사건이 벌어질 것을 방치한 것을 말한다. 작위: 자연적인 일에 변경을 가한 것 vs. 부작위: 사건이 벌어질 것을 방치한 것 가령 위의 응급 상황에서 담당 의사가 환자에게 인공호흡기를 연결하지 않는 부작위가 일어났다면 의사는 생명을 보호해야 하는 작위 의무를 위반한 것이다. ('작위', '부작위', '작위 의무', '부작위 의무' 등의 개념이 나열됐으니, 뒤에서 이를 활용해 핵심 정보를 설명하겠지? 형태가 비슷해 대개 읽으면 헷갈리기 쉬우니, 단어를 정확히 확인하며 이어지는 내용을 읽도록 하자!)

② 의무가 서로 충돌할 수 있는 상황은 (1)부작위 의무 대 부작위 의무, (2)작위 의무 대 부작위 의무, (3)작위 의무 대 작위 의무의 충돌 형식을 띨 수 있다. 그러나 위의 세 가지 충돌 형식들이 모두 의무 충돌로 성립되는 것은 아니다. 대다수 형법학자들은 (1)부작위 의무 간의 충돌은 의무 충돌에 해당되지 않는다고 본다. 의무가 충돌하는 상황 (1) 부작위 의무 ↔ 부작위 의무: 의무 충돌 X (1문단에서 부작위 의무는 특정 행위를 하지 말아야 할 의무라고 했어. 그렇다면 부작위 의무 간의 충돌이 발생하는 경우 행위자가 두 부작위 의무를 동시에 이행하는 것이 가능하겠지? 따라서 이는 의무 충돌에 해당되지 않는다고 볼 수 있어!) 한편, (2)작위 의무 대 부작위 의무의 충돌은 견해에 따라 의무 충돌이 아니라 긴급 피난으로 보는 견해들도 있다. 의무가 충돌하는 상황 (2) 작위 의무 ↔ 부작위 의무: 긴급 피난으로 보기도 함 긴급 피난이란(긴급 피난의 개념을 설명하려나 봐. 그렇다면 이를 사전 정보로 삼아 작위 의무 대 부작위 의무의 충돌을 긴급 피난으로 보는 견해에 대해 구체적으로 설명하겠지?) 자기 또는 타인의 법익에 대한 현재의 위난을 피하기 위한 상당한 이유가 있는 행위이다. 이때 법익이란 법이 보호하는 이익이고, 위난이란 법익에 대한 위험 있는 상태를 말한다. 운전 중 갑자기 나타난 보행자를 피하려 했는데, 좌측은 낭떠러지였기 때문에 급히 핸들을 우측으로 꺾어 건물 일

부를 파손하는 행위는 긴급 피난으로 볼 수 있다. 긴급 피난으로 인정되면 벌하지 않는다. 긴급 피난: 법익에 대한 위난을 피하기 위한 상당한 이유가 있는 행위, 처벌 X 이를 의무 개념으로 설명하자면 타인의 생명을 보호해야 한다는 작위 의무와 타인의 재산을 파괴하면 안 된다는 부작위 의무의 충돌 상황에서 핸들을 꺾는 작위에 의해 부작위 의무를 위반한 것으로 이해할 수 있다. 따라서 작위 의무 대 부작위 의무의 충돌은 긴급 피난과 본질적으로 동일하므로 의무 충돌에서 제외되어야 한다는 견해가 제기되는 것이다. 작위 의무(타인의 생명을 보호해야 함) 대 부작위 의무(타인의 재산을 파괴하면 안 됨)의 충돌 상황에서 작위(핸들을 꺾음)에 의해 부작위 의무를 위반한 것 = 핸들을 꺾어(작위) 건물을 파손한 행위는 타인의 법익(생명)에 대한 현재의 위난을 피하기 위한 긴급 피난이므로 의무 충돌이 아님

③ 의무 충돌과 긴급 피난은 모두 긴급 상황에서 한쪽의 법익을 보전하기 위해 다른 한쪽의 법익을 침해하지 않을 수 없다는 점에서 유사점이 있기 때문에 의무 충돌 자체가 긴급 피난과 구별되지 않는다고 보는 견해가 있다. 의무 충돌과 긴급 피난의 유사점: 긴급 상황에서 한쪽의 법익을 보전하기 위해 다른 한쪽의 법익을 침해하게 됨 그러나(의무 충돌과 긴급 피난은 구별된다는 얘기를 하겠지?) 의무 충돌과 긴급 피난은 의무의 범위를 작위 의무로 한정하면 그 차이점이 분명해진다. 긴급 피난은 위난을 제3자에게 전가하지 않고 자기 스스로 위난을 감수함으로써 법익 충돌을 해결할 가능성이 있는 것에 반해, 의무 충돌은 그와 같은 가능성이 없다. 즉 앞선 사례에서 운전자는 핸들을 우측으로 꺾지 않고 좌측으로 꺾어 자신의 법익을 희생함으로써 법익 충돌을 해결할 가능성이 있다. 반면, 앞서 언급한 담당 의사에게는 그와 같은 가능성이 없다. 의무 충돌과 긴급 피난의 차이점 ①: 자기 스스로 위난을 감수하여 법익 충돌을 해결할 가능성 → 긴급 피난 O, 의무 충돌 X 또한(의무 충돌과 긴급 피난의 또 다른 차이점을 제시하겠네.) 행위자가 적극적인 어떤 활동을 하는 작위에 의해 법익 침해가 이루어지는 긴급 피난과 달리, 의무 충돌은 행위자가 사건이 벌어질 것을 방치하는 부작위에 의해 법익 침해가 이루어진다. 의무 충돌과 긴급 피난의 차이점 ②: 긴급 피난은 작위, 의무 충돌은 부작위에 의해 법익 침해 발생 그러므로 의무 충돌은 대개의 경우 (3)작위 의무 간의 충돌을 뜻한다. (2문단에서 의무가 서로 충돌할 수 있는 세 가지 상황을 제시했어. 그중 (1) 부작위 의무 간의 충돌은 의무 충돌에 해당되지 않는다는 점을 간단히 언급했고, (2) 작위 의무 대 부작위 의무의 충돌을 긴급 피난으로 보는 견해에 대해서는 자세히 설명해줬어. 이제 (3) 작위 의무 대 작위 의무의 충돌을 본격적으로 설명하려나 봐.)

④ 의무 충돌을 작위 의무 간의 충돌로 한정한다면 두 경우를 생각해 볼 수 있다. 충돌하는 의무 사이에 가치의 경중이 있는 경우와 서로 동등한 가치가 충돌하는 경우가 바로 그것이다. 전자의 경우 가치가 낮은 의무를 희생하고 가치가 높은 의무를 이행하는 행위는 위법하지 않다고 보는 것이 형법학의 일반적 견해이다. 왜냐하면 복수의 의무 중 가치가 높은 의무를 이행하는 것이 법

질서에 합치된다고 보기 때문이다. 가치의 경중이 있는 작위 의무 간의 충돌: 가치가 높은 의무를 이행하는 행위는 위법하지 않음 그런데(이제 두 의무의 가치가 동등한 작위 의무 간의 충돌을 다루겠지?) 서로 동등한 가치의 의무가 충돌할 때에는 부작위에 의한 법익 침해에 대해 위법하지 않다고 보는 견해와 위법성은 성립하지만 그 책임을 면할 수 있다는 견해로 나눌 수 있다. (가치가 동등한 작위 의무 간의 충돌에 대한 견해는 다시 두 가지로 나눌 수 있군.)

5 위법하지 않다고 보는 견해를 일러 위법성 조각설 이라 한다. 이(위법성 조각설)에 따르면 동등한 가치의 의무가 서로 충돌하여 의무를 동시에 이행할 수 없다면 그중 어느 것을 택할 것인가는 행위자의 양심에 따른 판단에 맡겨야 한다고 본다. 만약 위법하다면 어느 하나라도 의무를 이행한 자의 행위와 의무를 전혀 이행하지 않은 자의 행위가 위법하다는 점에서 동일하게 되어 불합리하다는 것이다. 동등한 가치의 작위 의무 간 충돌에 대한 견해 ① 위법성 조각설: 선택은 행위자의 양심에 따른 판단에 맡겨야 함, 하나라도 의무를 이행한 자의 행위는 위법 X 이와 달리(위법성은 성립하지만 그 책임을 면할 수 있다는 견해에 대해 설명하겠지?) 동등한 가치의 의무 중 어느 것도 포기할 수 없기 때문에 의무 위반에 대한 위법성이 있지만 다만 그 책임이 면제될 수 있을 뿐이라고 보는 견해가 있는데, 이를 책임 조각설 이라 한다. 이에 따르면 동등한 가치 중 어느 하나를 포기했다는 점에서 그 행위는 위법성이 성립하지만 의무 충돌에서는 적법 행위를 기대할 수 없으므로 면책될 수 있다고 보는 것이다. 동등한 가치의 작위 의무 간 충돌에 대한 견해 ② 책임 조각설: 하나의 의무를 포기했으므로 위법하나, 적법 행위를 기대할 수 없으므로 면책

## 1. ③

1문단에서 '작위란 행위자가 신체적 힘을 이용해 자연적으로 벌어지는 일들에 변경을 가한 경우를 말하며, 부작위는 변경시킬 수 있지만 아무런 신체적 힘을 투입하지 않고 사건이 벌어질 것을 방치한 것'이라고 했다. 또한 2문단의 '운전 중 갑자기 나타난 보행자를 피하려'고 '건물 일부를 파손하는 행위'에 대한 예를 고려하면, 이는 부작위에 의한 법익 침해가 아닌 '핸들을 꺾는 작위'에 의한 법익 침해라고 할 수 있다.

①. ② 1문단에 따르면 '하나의 의무를 이행하면 다른 의무를 이행할 수 없는 상호 관계에 있는 경우'인 의무 충돌은 '의무는 법적 의무이어야 하며, 행위자는 의무 충돌 상황을 야기한 책임이 없어야' 성립한다.

④ 4문단과 5문단에 따르면 책임 조각설은 '서로 동등한 가치의 의무가 충돌'하는 경우, '어느 하나를 포기했다는 점에서 그 행위는 위법성이 성립하지만 의무 충돌에서는 적법 행위를 기대할 수 없으므로 면책될 수 있다'고 본다.

⑤ 4문단과 5문단에 따르면 위법성 조각설에서는 '동등한 가치의 의무가 서로 충돌하여 의무를 동시에 이행할 수 없'을 때 '어느 하나라도 의무를 이행한 자'는 '부작위에 의한 법익 침해에 대해 위법하지 않다'고 본다.

## 2. ②

3문단에서 의무 충돌은 '자기 스스로 위난을 감수함으로써 법익 충돌을 해결 가능성'이 없다고 했다. 따라서 〈보기〉의 선로 관리자가 자기 스스로 위난을 감수할 수 있는 가능성이 없었던 것은 맞지만, 이를 근거로 의무 충돌로 볼 수 없다는 것은 적절하지 않다.

①. ③ 〈보기〉에서 선로 관리자가 선로를 변경하지 않으면 '빈 객차'가 '승객을 태운 객차'와 충돌하여 '다수의 희생자가 나올 가능성'이 높고, 선로를 변경하면 일하고 있는 '한 명의 노동자'가 피해를 입게 된다. 이처럼 객차 승객들의 법익과 노동자의 법익이 서로 충돌하는 상황, 즉 '다수의 인명 피해를 방지하기 위해 선로를 변경'해야 한다는 의무와 '노동자'의 법익을 침해해서는 안 된다는 의무라는 동시에 이행할 수 없는 두 의무가 충돌하는 상황에서 선로 관리자는 전자의 의무를 선택했다고 볼 수 있다.

④ 1문단에서 '작위란 행위자가 신체적 힘을 이용해 자연적으로 벌어지는 일들에 변경을 가한 경우를 말하며, 부작위는 변경시킬 수 있지만 아무런 신체적 힘을 투입하지 않고 사건이 벌어질 것을 방치한 것'이라고 했다. 또한 2문단의 예를 참고하면, 〈보기〉의 선로 관리자는 '선로를 변경'하는 작위에 의해 노동자의 생명을 해쳐서는 안 된다는 부작위 의무를 위반한 것으로 볼 수 있으므로, 작위 의무 대 부작위 의무 충돌로 볼 수 있다.

⑤ 2문단에서 긴급 피난은 '자기 또는 타인의 법익에 대한 현재의 위난을 피하기 위한 상당한 이유가 있는 행위'라고 했다. 이에 따르면 객차 간 충돌 가능성으로 인해 위난에 처한 승객들의 생명(법익)을 보전하기 위해 '선로를 변경'하여 노동자에게 피해를 입힌 〈보기〉의 선로 관리자의 행위는 긴급 피난 인정 여부를 살필 수 있다.

## 3. ① 위반 ② 전가

### 구 조 도 그 리 기

```
         i) 작위 의무: 특정 행위 해야 할 의무
       ┌ ii) 부작위 의무: 특정 행위 하지 말아야 할 의무
       │
  ～～～ │         하나의 의무 이행시 다른 의무 이행X,
  의무 충돌 ⟹    법적 의무 O, 행위자는 의무 충돌 상황
       ↑↑↑              야기의 책임 없어야 함
       │││         ↟
       │││  ① 부작위 의무 vs 부작위 의무 ≠ 의무 충돌
  동일│││ ② 작위 의무 vs 부작위 의무 → 긴급 피난
     ✗││└─╌ 한 쪽의 법익 보호 위해 다른 쪽 법익 침해
      ✗│└──╌ 스스로 위난 감수하여 법익 충돌 해결 가능성 有
       └───╌ 작위에 의해 법익 침해 발생

        ③ 작위 의무 vs 작위 의무
        ○ 가치에 경중 有 → 가치 높은 의무 이행시 위법 X
        ○ 가치에 경중 無 (동등)
           i) 위법성 조각설: 부작위에 의한 위법 X, 양심적 판단
           ii) 책임 조각설: 부작위에 의한 위법 O, 면책 가능
```

## [4~6] 2015년도 LEET 「순차 논리 회로를 통한 CPU의 작업 수행」

**1** 컴퓨터의 CPU가 어떤 작업을 수행하는 것은 CPU의 '논리 상태'가 시간에 따라 바뀌는 것을 말한다. CPU의 작업 수행 = CPU의 논리 상태가 시간에 따라 바뀌는 것 가령,(CPU가 작업을 수행하는 것을 다른 말로 풀어서 설명한 것에 더하여 예까지 들어주려나 봐. 정확히 이해할 필요가 있겠네!) $Z = X + Y$ 의 연산을 수행하려면 CPU가 X와 Y에 어떤 값을 차례로 저장한 다음, 이것을 더하고 그 결과를 Z에 저장하는 각각의 기능을 순차적으로 진행해야 한다. CPU가 수행할 수 있는 기능은 특정한 CPU의 논리 상태와 일대일로 대응되어 있으며, CPU가 수행할 수 있는 기능 : CPU의 논리 상태 = 1 : 1 프로그램은 수행하고자 하는 작업의 진행에 맞도록 CPU의 논리 상태를 변경한다. CPU의 논리 상태를 변경함으로써 CPU는 어떤 값을 저장하거나, 더하는 등의 기능을 수행할 수 있는 거네. 이를 위해 CPU는 현재 상태를 저장하고 이것에 따라 해당 기능을 수행할 수 있는 부가 회로도 갖추고 있다. CPU는 논리 상태 변경을 위해 부가 회로를 갖추고 있어. 만약 CPU가 가지는 논리 상태의 개수가 많아지면 한 번에 처리할 수 있는 기능이 다양해진다. 따라서 처리할 데이터의 양이 같다면 이를 완료하는 데 걸리는 시간이 줄어든다. CPU의 논리 상태 개수 ↑ → 한 번에 처리 가능한 기능 ↑ → 데이터 처리 완료 시간 ↓

**2** 논리 상태 는('논리 상태'에 대해 보다 구체적으로 설명할 건가 봐!) 2진수로 표현되는데 논리 함수를 통해 다른 상태로 변환된다. 논리 상태: 2진수로 표현, 논리 함수 통해 다른 상태로 변환 논리 소자가 연결된 조합 회로 는(<그림>의 순차 논리 회로 중 '조합 회로'에 대해 설명하려나 봐.) 논리 함수의 기능(논리 상태 변환)을 가지는데, 소합 회로는 논리 연산은 가능하지만 논리 상태를 저장할 수는 없다. 어떤 논리 상태를 '저장'한다는 것은 2진수 정보의 시간적 유지를 의미하는데, 외부에서 입력이 유지되지 않더라도 입력된 정보를 논리 회로 속에 시간적으로 가둘 수 있어야 한다. 조합 회로: 논리 소자가 연결된 것으로 논리 함수의 기능 가짐 / 논리 연산 O, 논리 상태 저장(외부 입력이 유지되지 않아도 입력된 2진수 정보를 논리 회로 속에 시간적으로 가두어 유지) X

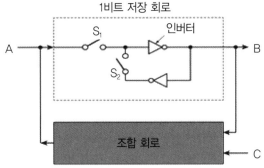

〈그림〉 순차 논리 회로

**3** 인버터 는 입력이 0일 때 1을, 1일 때 0을 출력하는 논리 소자이다. 인버터(논리 소자): 입력 0 → 출력 1 / 입력 1 → 출력 0 〈그림〉의 점선 내부에 표시된 1비트 저장 회로 를 생각해보자. 이 회로에서 스위치 $S_1$은 연결하고 스위치 $S_2$는 끊은 채로 A에 정보를 입력한다. 그런 다음 $S_2$를 연결하면 $S_1$을 끊더라도 $S_2$를 통하는

ⓒ피드백 회로에 의해 A에 입력된 정보와 반대되는 값이 지속적으로 B에 출력된다. 1비트 저장 회로에서 피드백 회로: $S_1$ 연결, $S_2$는 끊은 채로 A에 정보 입력 → $S_2$ 연결 → $S_1$ 끊어도 피드백 회로로 인해 A에 입력된 정보와 반대되는 값 지속적으로 B에 출력 따라서 이 회로는 0과 1 중 1개의 논리 상태, 즉 1비트의 정보를 저장할 수 있다. 1비트 저장 회로: 0과 1 중 1개의 논리 상태(1비트의 정보) 저장 이러한 회로가 2개가 있다면 00, 01, 10, 11의 4가지 논리 상태, n개가 있다면 $2^n$가지의 논리 상태 중 1개를 저장할 수 있다. 1비트 저장 회로가 n개: $2^n$가지의 논리 상태 중 1개를 저장

**4** 그렇다면 논리 상태의 변화는 어떻게 일어날까? (1문단에서 CPU의 논리 상태 변경을 통해 CPU가 작업을 수행할 수 있다고 했지. 이제 논리 상태 변경에 대해 구체적으로 설명할 건가 봐!) 이제 〈그림〉과 같이 1비트 저장 회로와 조합 회로로 구성되는 '순차 논리 회로'를 생각해보자. (순차 논리 회로에 대해 설명하기 위해 2문단과 3문단에서 그 구성 요소인 조합 회로와 1비트 저장 회로를 먼저 설명한 거구나!) 이 회로에서 조합 회로는 외부 입력 C와 저장 회로의 출력 B를 다시 입력으로 되받아, 내장된 논리 함수를 통해 논리 상태를 변환하고, (2문단에서 논리 상태는 논리 함수를 통해 다른 상태로 변환된다고 했었지.) 이를 다시 저장 회로의 입력과 연결하는 ⓒ피드백 회로를 구성한다. 순차 논리 회로의 피드백 회로: 조합 회로가 외부 입력 C + 저장 회로의 출력 B를 입력으로 받음 → 내장된 논리 함수를 통해 논리 상태 변환 → 저장 회로의 입력으로 연결 예를 들어 조합 회로가 두 입력(외부 입력 C와 저장 회로의 출력 B)이 같을 때는 1을, 그렇지 않을 경우 0을 출력한다고 하자. 만일 B에서 1이 출력되고 있을 때 C에 1이 입력된다면 조합 회로는 1을 출력하게 된다. 두 입력이 같으니까 1이 출력된 거겠지! 이때 외부에서 어떤 신호를 주어 $S_2$가 열리자마자 $S_1$이 닫힌 다음 다시 $S_2$가 닫히고 $S_1$이 열리는 일련의 스위치 동작이 일어나도록 하면, 조합 회로의 출력은 저장 회로의 입력과 연결되어 있으므로 B에서 출력되는 값은 0으로 바뀐다. 그런 다음 C의 값을 0으로 바꾸어주면, 일련의 스위치 동작이 다시 일어나더라도 B의 값은 바뀌지 않는다. 조합 회로의 외부 입력 C에 1 + 저장 회로의 출력 B에 1 입력 → 조합 회로의 출력 1 → 일련의 스위치 동작으로 저장 회로의 출력 B는 0 → 조합 회로의 외부 입력 C를 0으로 바꿈 → 일련의 스위치 동작이 다시 일어나도 저장 회로의 출력 B는 0으로 유지 하지만 C에 다시 1을 입력하고 그럼 조합 회로의 두 입력은 0과 1이 되니 조합 회로에서는 0이 출력될 거야. 일련의 스위치 동작이 일어나도록 하면 B의 출력은 1로 바뀐다. 따라서 C에 주는 입력에 의해 저장 회로가 출력하는 논리 상태를 임의로 바꿀 수 있다. 순차 논리 회로에서는 조합 회로의 외부 입력 C에 따라 저장 회로의 출력 B의 논리 상태를 변환할 수 있어.

**5** 만일 이 회로에 2개의 1비트 저장 회로를 병렬로 두어 출력을 2비트로 확장하면 00~11의 4가지 논리 상태 중 1개를 출력할 수 있다. 조합 회로의 외부 입력도 2비트로 확장하면 조합 회로는 저장 회로의 현재 출력과 합친 4비트(저장 회로의 출력 2비트 + 조합 회로의 외부 입력 2비트)를 입력받게 된다. 이를 내장된 논리 함수에 의해 다시 2비트 출력을 만들어 저장 회로의 입력과 연결한다. 이

와 같이 │2비트로 확장된 순차 논리 회로│에서 외부 입력을 주고 스위치 동작이 일어나도록 하면, 저장 회로의 출력은 2배로 늘어난 논리 상태 중 하나로 바뀐다. 2비트로 확장된 순차 논리 회로: 저장 회로의 출력 2비트(1비트 저장 회로 2개를 병렬 연결) + 조합 회로의 외부 입력 2비트가 조합 회로로 입력 → 내장된 논리 함수를 통한 2비트의 출력 → 저장 회로의 입력으로 연결 → 저장 회로가 2배로 늘어난 논리 상태(00, 01, 10, 11) 중 하나 출력

6 이 회로에 일정한 시간 간격으로 외부 입력을 바꾸고 스위치 동작 신호를 주면, 주어지는 외부 입력에 따라 특정한 논리 상태가 순차적으로 출력에 나타나게 된다. 이런 회로가 N비트로 확장된 대표적인 사례가 │CPU│이며 스위치를 동작시키는 신호가 │CPU 클록│이다. 회로 외부에서 입력되는 정보는 │컴퓨터 프로그램의 '명령 코드'│가 된다.

| N비트로 확장된 순차 논리 회로 | CPU |
|---|---|
| 스위치 동작시키는 신호 | CPU 클록 |
| 회로 외부에서 입력되는 정보 | 컴퓨터 프로그램의 '명령 코드' |

명령 코드를 CPU의 외부 입력으로 주고 클록 신호를 주면 CPU의 현재 논리 상태는 특정 논리 상태로 바뀐다. 이때 출력에 연결된 회로가 바뀐 상태에 해당하는 기능을 수행하게 된다. 명령 코드 + 클록 신호 → CPU의 논리 상태가 특정 논리 상태로 변환, 출력에 연결된 회로가 변환된 상태에 해당하는 기능 수행 CPU 클록은 CPU의 상태 변경 속도, 즉 CPU의 처리 속도를 결정한다. CPU 클록: CPU의 상태 변경 속도(처리 속도) 결정

### 4. ③

4문단에 따르면 순차 논리 회로의 구조를 나타낸 〈그림〉에서 '저장 회로의 출력'은 B, 조합 회로의 '외부 입력'은 C이다. 이때 '조합 회로가 두 입력이 같을 때는 1을, 그렇지 않을 경우 0을 출력'하고, 'C에 주는 입력에 의해 저장 회로가 출력하는 논리 상태를 임의로 바꿀 수 있다.'라고 한 것을 고려하면, B에서 1이 출력되고 있을 때 C에 0이 입력되면 조합 회로는 0을 출력하게 된다. 따라서 순차 논리 회로에서 저장 회로와 조합 회로의 출력 상태가 항상 동일하다는 설명은 적절하지 않다.

① 1문단의 'CPU가 수행할 수 있는 기능은 특정한 CPU의 논리 상태와 일대일로 대응'을 통해 알 수 있다.

② 2문단에서 '논리 상태는 2진수로 표현'된다고 했는데, 3문단에서 '인버터는 입력이 0일 때 1을, 1일 때 0을 출력하는 논리 소자'라고 했으므로 입력되는 2진수 논리 값과 반대되는 값을 출력한다고 할 수 있다.

④ 6문단에서 '명령 코드를 CPU의 외부 입력으로 주고 클록 신호를 주면 CPU의 현재 논리 상태는 특정 논리 상태'로 바뀌며 '출력에 연결된 회로가 바뀐 상태에 해당하는 기능을 수행하게 된다.'라고 한 것을 통해 알 수 있다.

⑤ 2문단에서 '논리 상태는 2진수로 표현되는데 논리 함수를 통해 다른 상태로 변환'되며 '논리 소자가 연결된 조합 회로는 논리 함수의 기능'을 가진다고 했다. 또한 4문단의 예를 통해서도 조합 회로가 '외부 입력 C와 저장 회로의 출력 B'를 입력으로 받아 '내장된 논리 함수를 통해 논리 상태를 변환'하여 출력함을 알 수 있다.

### 5. ④

3문단에서 1비트 저장 회로가 '0과 1중 1개의 논리 상태, 즉 1비트의 정보를 저장할 수 있다'고 한 것을 참고할 때, 1비트 저장 회로에서 ㉠(피드백 회로)은 정보를 저장하기 위한 구조임을 알 수 있다. 반면 2문단의 '조합 회로는 논리 연산은 가능하지만 논리 상태를 저장할 수는 없다.'와 4문단의 '조합 회로는 외부 입력 C와 저장 회로의 출력 B를 다시 입력으로 되받아, 내장된 논리 함수를 통해 논리 상태를 변환하고'를 참고하면 순차 논리 회로에서 ㉡(피드백 회로)은 논리 상태를 변경하기 위한 구조임을 알 수 있다.

① 3문단과 4문단을 통해 ㉠은 '인버터'를 통해서, ㉡은 '조합 회로'를 통해서 피드백 기능이 구현됨을 알 수 있다.

② 3문단에 따르면 피드백 기능을 위해 ㉠은 'A에 입력된 정보' 1개가 필요하지만, 4문단에 따르면 ㉡은 '외부 입력 C와 저장 회로의 출력 B', 즉 2개의 정보가 필요하다. 따라서 ㉠과 ㉡의 각 회로에서 피드백 기능을 위해 입력하는 정보의 개수는 같지 않다.

③ 2문단에서 논리 상태의 저장이란 '2진수 정보의 시간적 유지'이며, '외부에서 입력이 유지되지 않더라도 입력된 정보를 논리 회로 속에 시간적으로 가둘 수 있'는 것이라고 했다. 그런데 3문단에 따르면 ㉠에 의해 'A에 입력된 정보와 반대되는 값이 지속적으로 B에 출력'되므로 외부에서 입력되는 논리 상태를 그대로 저장하는 것은 아니다. 또한 4문단에 따르면 ㉡도 '내장된 논리 함수를 통해 논리 상태를 변환'하므로 외부에서 입력되는 논리 상태를 그대로 저장하는 기능이 있다고 볼 수 없다.

⑤ 3문단에서 1비트 저장 회로에서는 '스위치 $S_1$은 연결하고 스위치 $S_2$는 끊은 채로 A에 정보를 입력'한 뒤 '$S_2$를 연결하면 $S_1$을 끊더라도 $S_2$를 통하는 피드백 회로에 의해 A에 입력된 정보와 반대되는 값이 지속적으로 B에 출력된다.'라고 했다. 이를 통해 ㉠은 스위치 $S_2$가 연결될 때 동작함을 알 수 있다. 한편 4문단의 '외부에서 어떤 신호를 주어 $S_2$가 열리자마자 $S_1$이 닫힌 다음 다시 $S_2$가 닫히고 $S_1$이 열리는 일련의 스위치 동작이 일어나도록 하면, 조합 회로의 출력은 저장 회로의 입력과 연결되어 있으므로 B에서 출력되는 값은 0으로 바뀐다.'와 〈그림〉을 참고하면 ㉡은 $S_2$가 연결될 때만 피드백 기능이 동작한다고 할 수는 없다.

### 6. ① 수행 ② 변경

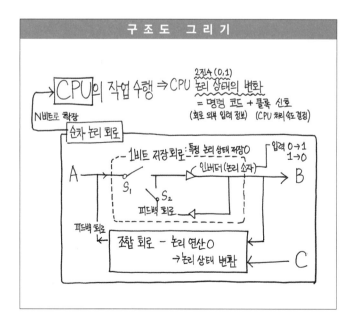

## [1~3] 2012년도 LEET 「멜로드라마의 시대별 변천」

① '멜로드라마'는 18세기 프랑스에서 대중의 관심을 끄는 통속적 이야기를 화려한 볼거리와 음악을 통해 보여 주는 대중 연극에서 시작된 것으로 알려져 있다. 멜로드라마의 유래: 18세기 프랑스의 대중 연극에서 시작 초기 멜로드라마에서는 대개 사악한 봉건 귀족에게 핍박받는 선하되 약한 부르주아의 이야기가 부르주아의 관점에서 전개되었다. 하지만 사회적 모순을 적극적으로 타개하는 데에는 이르지 못한 채 다만 비약이나 우연 같은 의외성에 기대어 부르주아의 덕행과 순결함이 어떻게든 승리하도록 만들려고 했다. 초기 멜로드라마의 특징: 사악한 봉건 귀족에게 핍박받는 선하되 약한 부르주아의 덕행과 순결함이 승리하는 이야기

② 19세기 (1문단에서 18세기 프랑스에서 유래된 초기 멜로드라마에 대해 설명한 후, 이제 19세기를 언급하는 것으로 보아 이 글은 통시적인 관점에서 시대의 흐름에 따라 멜로드라마가 어떻게 변화했는지를 설명하는 글이겠군. 시대별 멜로드라마의 특징을 정리해가며 읽자!) 자본주의 발달과 더불어 멜로드라마의 인물 구도에는 변화가 생겼다. 봉건 귀족의 자리는 악하되 강한 인물이 대신하고 그에 의해 고통 받는 선량하지만 가난한 사람이 주인공으로 등장하였다.

| 18세기 멜로드라마 | 사악한 봉건 귀족 ↔ 선하되 약한 부르주아 |
| --- | --- |
| 19세기 멜로드라마 | 악하되 강한 인물 ↔ 선량하되 가난한 사람 |

이에 따라 멜로드라마에서는 가족의 위기, 불가능한 사랑, 방해받는 모성, 불가피한 이별 등으로 주인공(악하되 강한 인물에 의해 고통 받는 선량하지만 가난한 사람)이 고통을 겪다가 행복해지는 과정이 다루어졌고, 선악 대립보다는 파토스(pathos)의 조성이 부각되었다. 곧(파토스의 조성이 부각되었다는 것이 무슨 의미인지를 풀어서 설명해 줄 거야.) 약자가 겪는 고통과 슬픔을 과장되게 보여 주면서 감성을 자극하는 것이 주된 관심사가 되었던 것이다. 하지만 사회 어디에도 말할 수 없었던 약자들의 고통과 슬픔이 표출되었다는 점에서 보면, 이러한 파토스의 과잉은 그 나름의 의의를 지녔다고 할 만하다. 19세기 멜로드라마의 특징: 선악 대립보다 파토스의 조성이 부각됨(약자의 고통과 슬픔을 과장되게 보여 주어 감성을 자극)

③ 20세기에 들어서 멜로드라마는 영화로 중심을 옮겨 갔다. 영화는 클로즈업을 통해 관객들이 인물에 감정 이입을 하게 하기 쉬웠고, 통속성과 스펙터클을 만들어 내기에도 적절했으며, 음악을 통해 과잉된 정서를 표현하기에 효과적이었기 때문이다. (20세기에 멜로드라마가 영화로 중심을 옮겨 간 이유는 영화가 파토스의 조성을 부각하는 데 효과적이었기 때문이구나!) 멜로드라마 영화는 악인에게 괴롭힘을 당하는 약자로부터가 아니라('A가 아니라 B'의 구조이니까 B에 중심을 두고 읽어 내려가면 되겠지!) 사회적 모순에 따른 억압적 상황에서 고통 받는 약자, 특히 여성들로부터 파토스를 이끌어 냈다.

| 19세기 멜로드라마 | 악인에게 괴롭힘을 당하는 약자로부터 파토스를 이끌어 냄 |
| --- | --- |
| 20세기 멜로드라마 영화 | 사회적 모순에 따른 억압적 상황에서 고통 받는 약자로부터 파토스를 이끌어냄 |

이들은 가부장제나 계층적인 차이로 고통 받으면서도 허락되지 않은 삶의 지평을 갈망하는 '어찌할 수 없음'의 상황에 놓인 존재들이다. 일례로('어찌할 수 없음'의 상황에 놓인 존재로부터 파토스를 이끌어 낸 20세기 멜로드라마 영화의 예를 들어줄 거야.) 비더의 ㉠〈스텔라 달라스〉(1937)에는 상류 계급의 문화 장벽을 넘지 못하고 남편과 헤어져야 했던 하층민 여성이 주인공으로 등장한다. 그녀는 딸을 곁에 두고 싶어 하면서도 딸이 더 나은 삶을 누리기 바라는 가운데 마음 깊이 고통을 겪는다. 이러한 어찌할 수 없는 상황에서 그녀가 결국 딸을 상류층의 전남편에게 보내는 선택을 하는 것은 희생적 모성이라는 이데올로기와 타협한 것이라고 할 수 있겠지만, 딸의 결혼식을 창밖에서 바라보던 어머니가 입가에 미소를 띤 채 눈물을 흘리는 마지막 장면에서 관객들은 고통 어린 만족을 선택한 모성에 공감의 눈물을 흘리게 된다. 20세기 멜로드라마 영화의 특징: 영화로 중심 이동, 어찌할 수 없음의 상황에 놓인 존재들로부터 파토스를 이끌어 냄

④ 1950년대에 할리우드는 '가족 멜로드라마'라는 또 다른 멜로드라마의 흐름을 만들어 냈다. 이제 멜로드라마는 통속적 서사의 틀을 유지하면서도 사회적 갈등의 축도와도 같은 미국 중산층 핵가족에 주목하게 되는데, 그것은 가족이 자본이나 가부장제 같은 사회 권력이 작동하는 무대이기 때문이다. 예컨대 서크의 ㉡〈천국이 허락한 모든 것〉(1955)은 유복한 과부와 연하의 정원사의 사랑과 시련, 그리고 재회의 과정을 보여 주는데, 여기에는 그들의 결합을 반대하는 자식들이 가족의 이름으로 등장한다. 이제 가족은 더 이상 애틋한 유대의 단위가 아니라 개인의 삶을 관리하는 제도가 된다. 따라서 자식들의 반대로 사랑을 포기했던 그녀가 거듭된 우연 끝에 병상의 정원사와 재회하게 되는 결말은 의미심장하다. 1950년대 할리우드 가족 멜로드라마의 특징: 통속적 서사의 틀 유지, 미국 중산층 핵가족에 주목(가족은 사회 권력이 작동하는 무대)

⑤ 가족 멜로드라마로서 이 영화〈천국이 허락한 모든 것〉는 시대의 변화 속에서 지속되어 온 멜로드라마의 주요한 특징들을 담고 있으면서도 멜로드라마의 또 다른 가능성을 열어 놓았다고 할 수 있다. 사회적 모순에 눈 감은 채 주인공의 성공에 안도하는 기존의 '행복한 결말'과는 구별되는 '행복하지 않은 해피엔딩'을 경험하게 한다는 점에서 그렇다. 서크는 여전히 근본적인 갈등이 해소되지 않은 결말에 관객들이 주목하게 하여, 자신들이 보고 있는 것이 '만들어진 현실'이며 행복한 결말은 인위적인 허구 안에서만 가능하다는 것을 생각하게 하고자 했다. 고도로 표현적인 미장센(장면화)을 통해 여주인공이 누리는 삶의 풍요로움이 오히려 중산층의 지배적 가치와 규범으로 인한 억압과 소외의 상황임을 드러냈던 것이다. 서크의 영화가 보여 준 멜로드라마의 새로운 가능성: 행복하지 않은 해피엔딩을 경험하게 하여 행복한 결말은 인위적인 허구 안에서만 가능하다는 것을 생각하게 함

⑥ 멜로드라마는 '부적절한 리얼리즘'이니 '여성용 최루물'이니 하는 등의 비하하는 말로 언급되곤 한다. 하지만(멜로드라마에 대한 긍정적

평가가 이어지겠지?) 서크의 영화에서처럼 멜로드라마는 <u>사회적 약자의 말할 수 없는 슬픔과 이루어질 수 없는 꿈을 전달하는 서사이면서 사회적 모순에 대한 아이러니한 반응</u>으로도 읽힐 수 있다. <u>현실에 종속되면서도 그 현실을 넘어서려는 절박한 요구</u>는 영화라는 재현 체계 속에서 대중들과 끊임없이 교감하면서 멜로드라마를 생산하도록 했다는 것이다. 멜로드라마의 의의: 말할 수 없었던 약자의 슬픔과 이루어질 수 없는 **꿈**을 전달, 사회적 모순에 대한 아이러니한 반응, 현실에 종속되면서도 그 현실을 넘어서려는 절박한 요구로 인해 생산된 것

## 1. ②

1문단에 따르면 멜로드라마는 '대중의 관심을 끄는 통속적 이야기를 화려한 볼거리와 음악을 통해 보여 주는 대중 연극에서 시작된 것'인데, 3문단에서 20세기의 멜로드라마가 영화로 중심을 옮겨 간 이유 중 하나는 '통속성'을 만들어 내기에 적절했기 때문이라고 했다. 또한 4문단에서 1950년대의 멜로드라마가 '통속적 서사의 틀을 유지'했다고 했으므로, 멜로드라마가 시대의 흐름에 따라 통속성이 점차 사라지고 정서 표출보다 현실 묘사에 치중하게 되었다고 볼 수는 없다.

① 1문단에 따르면 초기 멜로드라마는 '사회적 모순을 적극적으로 타개하는 데에는 이르지 못'했다. 또한 5문단에서 1950년대의 멜로드라마 역시 '근본적인 갈등이 해소되지 않은 결말'을 보여 주었다고 했으므로, 멜로드라마에 갈등을 낳은 사회적 모순을 적극적으로 극복하려는 내용은 없었다고 할 수 있다.

③ 4문단에서 1950년대 멜로드라마에서는 '사회적 갈등의 축도와도 같은 미국 중산층 핵가족에 주목하게 되는데, 그것은 가족이 자본이나 가부장제 같은 사회 권력이 작동하는 무대이기 때문'이라고 한 것을 고려하면, 영화에 나타난 가정이나 개인의 문제는 사회적 문제가 전환되어 표현된 것이라 할 수 있다.

④ 1문단에서 초기 멜로드라마는 '비약이나 우연 같은 의외성에 기대어 부르주아의 덕행과 순결함이 어떻게든 승리하도록 만들려고 했다.'라고 한 것을 통해 작위적인 서사로 인물이 처한 문제를 해소하려는 방향으로 이야기가 전개되었음을 알 수 있다.

⑤ 2문단에서 19세기 멜로드라마에서는 '선악 대립보다는 파토스의 조성이 부각'되고 '약자가 겪는 고통과 슬픔을 과장되게 보여 주면서 감성을 자극하는 것이 주된 관심사가 되었다'고 했으므로, 선악 대립이 차츰 약해지고 사회적 상황으로 인한 파토스가 형상화되었다고 할 수 있다.

## 2. ⑤

3문단에 따르면 ⊙(〈스텔라 달라스〉(1937))은 '상류 계급의 문화 장벽을 넘지 못하고 남편과 헤어져야 했던 하층민 여성이 주인공으로 등장'하는데, '결국 딸을 상류층의 전남편에게 보내는 선택'을 하고 '딸의 결혼식을 창밖에서 바라보'며 눈물을 흘리는 것으로 끝난다. 한편 4문단과 5문단에 따르면 ⓒ(〈천국이 허락한 모든 것〉(1955))에서 '가족은 더 이상 애틋한 유대의 단위가 아니라 개인의 삶을 관리하는 제도'로 기능하며, 이 작품 또한 '여전히 근본적인 갈등이 해소되지 않은 결말'을 맺는다고 했다. 따라서 ⊙과 ⓒ 모두 위기에 빠진 중산층 가족의 가치 회복이라는 주제 의식을 담았다고 보기 어렵다.

① 3문단에서 멜로드라마 영화는 '음악을 통해 과잉된 정서를 표현하기에 효과적'이었다고 했다. ⊙과 ⓒ은 모두 멜로드라마 영화이므로 인물의 고통과 슬픔을 음악을 통해 극적으로 표현했을 것이다.

② 3문단에서는 '사회적 모순에 따른 억압적 상황에서 고통 받는 약자, 특히 여성들로부터 파토스를 이끌어' 낸 멜로드라마 영화의 예로 ⊙을 들고 있다. 따라서 이는 4문단에 언급한 것과 같이 '통속적 서사의 틀을 유지하면서도 사회적 갈등의 축도와도 같은 미국 중산층 핵가족에 주목'한 1950년대 가족 멜로드라마인 ⓒ에 비해 관객들이 여성 인물과 자신을 동일시하는 정도가 더 강했을 것이다.

③ 5문단에 따르면 ⓒ은 '사회적 모순에 눈 감은 채 주인공의 성공에 안도하는 기존의 '행복한 결말'과는 구별되는 '행복하지 않은 해피엔딩'을 경험하게' 한다. 이를 통해 서크는 관객들이 '자신들이 보고 있는 것이 '만들어진 현실'이며 행복한 결말은 인위적인 허구 안에서만 가능하다는 것을 생각하게 하고자' 했으므로, ⓒ은 ⊙에 비해 관객들에게 더 능동적인 감상을 이끌어 내려 했다고 할 수 있다.

④ 3문단을 통해 ⊙은 '가부장제나 계층적인 차이로 고통 받으면서도 허락되지 않은 삶의 지평을 갈망'하는 약자를 그렸음을 알 수 있다. 또한 4문단의 '자식들의 반대로 사랑을 포기했던 그녀가 거듭된 우연 끝에 병상의 정원사와 재회하게 되는 결말'을 통해 ⓒ에서는 현실적 억압에도 불구하고 소망을 성취하고자 하는 약자를 그렸음을 알 수 있다.

## 3. ① 타개 ② 안도

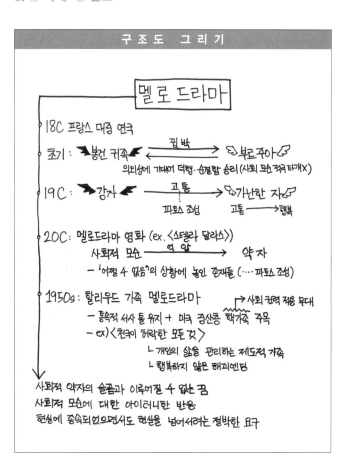

구 조 도 그 리 기

멜로드라마

· 18C 프랑스 대중 연극

· 초기: 봉건 귀족 ← 핍박 → 부르주아
　의외성에 기대어 덕행·순결함 승리 (사회 모순 적극 타개X)

· 19C: 강자 → 고통 → 가난한 자
　파토스 조성　고통 → 행복

· 20C: 멜로드라마 영화 (ex. 〈스텔라 달라스〉)
　사회적 모순 → 억압 → 약자
　- '어쩔 수 없음'의 상황에 놓인 존재들 (···· 파토스 조성)

· 1950s: 할리우드 가족 멜로드라마 → 사회 권력 작용 무대
　- 통속적 서사 틀 유지 + 미국 중산층 핵가족 주목
　- ex)〈천국이 허락한 모든 것〉
　　└ 개인의 삶을 관리하는 제도적 가족
　　└ 행복하지 않은 해피엔딩

사회적 약자의 슬픔과 이루어질 수 없는 꿈
사회적 모순에 대한 아이러니한 반응
현실에 종속되었으면서도 현실을 넘어서려는 절박한 요구

**[4~6]** 2019학년도 7월 학평 「양자암호통신」

① 온라인 전자 상거래나 공인 인증이 일상화되면서 보안을 위해 메시지를 암호화하여 주고받는 암호통신의 중요성이 강조되고 있다. 암호통신에서 가장 핵심적인 문제 중 하나는 메시지를 암호화하거나 이를 다시 원래의 메시지로 복호화하는 데 필요한 키를 암호통신의 대상자인 송·수신자가 어떻게 안전하게 주고받느냐에 대한 것이다. (글쓴이가 이렇게까지 강조했는데 놓치진 않았겠지? 이 글은 암호화나 복호화에 필요한 키를 송·수신자가 어떻게 안전하게 주고받느냐를 설명하는 글일 거야.) 이러한 암호통신은 암호화나 복호화에 필요한 키를 관리하는 방식에 따라 크게 대칭키 방식과 공개키 방식으로 구분된다. (구분되는 두 대상이 제시되었으니 공통점과 차이점이 무엇인지를 파악하며 읽어야겠지?) 키를 관리하는 방식에 따른 암호통신의 종류: (1) 대칭키 방식, (2) 공개키 방식

② 대칭키 방식은 메시지를 암호화하거나 복호화할 때 동일한 키를 사용한다. 이러한 이유로 송신자와 수신자만 아는 비밀키를 미리 분배하고 사용하는 과정에서 키 정보가 유출될 가능성이 높아 암호통신을 시도할 때마다 상대에 따라 새로운 비밀키를 사용해야 한다. (1) 대칭키 방식: 송·수신자만 아는 비밀키 미리 분배 → 암호화, 복호화 시 동일한 키 사용 / [단점] 키 정보가 유출될 가능성이 높아 상대에 따라 새로운 비밀키 사용 이에 반해(대칭키 방식과 대비되는 공개키 방식의 특징에 대한 설명이 이어지겠군.) 공개키 방식은 암호화 키와 복호화 키가 서로 다른 방식이다. 수신자가 미리 생성하여 공개한 공개키(public key)로 송신자가 메시지를 암호화하여 전송하면 수신자는 공개키에 대응하여 생성한, 자신만 알고 있는 비밀키(private key)를 이용하여 복호화한다. 공개키 방식은 별도의 비밀키 분배 과정이 필요 없고 통신 상대에 따라 비밀키를 바꿀 필요도 없어 대칭키 방식에 비해 보안에 유리하다. (2) 공개키 방식: 암호화, 복호화 시 서로 다른 키 사용(암호화: 송신자가 수신자가 생성한 공개키로 메시지를 암호화해 전송, 복호화: 수신자가 자신만 아는 비밀키로 전달받은 메시지를 복호화) / [장점] 송·수신자 간 비밀키 분배 과정 X, 상대에 따라 새로운 비밀키 사용 X

③ 대표적인 공개키 방식인 RSA 알고리즘은(공개키 방식의 한 종류를 설명하려는 걸로 보아, 이 글은 대칭키 방식과 공개키 방식을 대등한 층위에서 다루는 글은 아니구나. 둘 중 좀 더 비중을 두고 다루고자 하는 대상은 공개키 방식이야.) 큰 소수의 곱과 추가 연산을 통해 만들어진 정수의 소인수 분해가 매우 어렵다는 점에 기반하여 한 쌍의 공개키와 비밀키를 생성한다. 키를 만드는 연산 과정이 복잡하여 대칭키 방식에 비해 암호화나 복호화 속도가 상대적으로 느리지만(RSA 알고리즘 방식의 단점을 언급했으니 이어서 이와 대비되는 장점을 언급하겠지?) 암호화된 문서가 유출되어도 현재의 컴퓨터 성능으로는 비밀키를 유추하는 데 비현실적으로 오랜 시간이 걸리기 때문에 비밀키를 바꿀 필요가 없다. RSA 알고리즘: 한 쌍의 공개키와 비밀키 생성 / [단점] 키 연산 과정 복잡해 암호화, 복호화 속도가 느림, [장점] 키 유추에 오랜 시간이 걸려 암호화된 문서가 유출되어도 비밀키 바꿀 필요 X 하지만 컴퓨터 연산 속도가 급격하게 발전하게 되면 복잡한 연산 과정을 기반으로 한 공개키 방식의 암호 체계가 위협받을 가능성이 높아질 수 있다. 컴퓨터 성능이 향상되면 현재에 비해 비밀키를

유추하는 데 걸리는 시간이 줄어들 테니까.

④ 그래서(앞에서 RSA 알고리즘에 대한 우려(문제점)가 제시된 걸 고려하면, 이어서 그 해결과 관련된 내용이 나오겠지?) 최근 수학적 복잡성에 의존하지 않으면서도 도청으로부터 비밀키를 안전하게 나누어 가질 수 있는 양자암호통신 기술이 주목받고 있다. 양자암호통신에서는 매번 새롭게 만들어지는 비밀키를 안전하게 나누어 갖기 위해 양자의 종류 중 하나인 광자의 물리적 특성을 이용한다. 양자암호통신은 RSA 알고리즘처럼 수학적 복잡성에 의존하는 것이 아니라, 광자의 물리적 특성을 이용하는 방식이군. 원자나 분자 단위 이하의 미시 세계를 다루는 양자 역학에서 광자는 더 이상 나눌 수 없는 최소 단위이기 때문에 광자 하나하나에 정보를 실어 보내는 양자암호통신에서 단일광자에 실린 정보의 일부만을 가로채는 것은 불가능하다. 또한(광자의 물리적 특성을 이용한 양자암호통신의 또 다른 특징을 설명할 거야.) 도청자가 단일광자 자체를 가로챈다 하더라도 수신자에게 가로챈 광자와 동일한 상태의 광자를 보내야만 도청 사실을 숨길 수 있는데 여러 상태를 동시에 지니는 '중첩'이라는 양자의 특성(광자는 양자의 종류 중 하나라고 했으니까, 양자가 갖는 특성은 광자도 가진다고 할 수 있어.) 때문에 단일광자의 원래 상태를 정확히 측정해 보낼 수 없다. 이러한 이유들로 인해 양자암호통신은 도청으로부터 안전한 신호 전달이 가능하다. 양자암호통신에서 도청으로부터 안전한 신호 전달이 가능한 이유: (1) 광자는 더 이상 나눌 수 없음 → 단일광자에 실린 정보의 일부만을 가로채는 것이 불가능, (2) 양자는 중첩의 특성을 지님 → 도청자가 단일광자 자체를 가로채더라도 수신자에게 도청 사실을 숨기는 것이 불가능

⑤ 양자암호통신의 대표적인 키 분배 기술로는 단일광자의 편광 상태에 정보를 실을 수 있는 BB84 프로토콜을 들 수 있다. BB84 프로토콜: 양자암호통신에서 송·수신자가 사용하는 비밀키를 분배하는 기술 자연 상태의 빛은 진행하는 방향과 수직인 모든 방향으로 진동하는 특성이 있는데, 진동 방향에 따라 빛을 선택적으로 통과시킬 수 있는 필터를 이용하면 특정한 방향으로 진동하는 빛을 만들 수 있다. 이러한 빛은 '편광'이라고 하며, 편광을 만들 때 이용하는 필터를 '편광필터'라고 한다. 편광필터: 진동 방향에 따라 빛을 선택적으로 통과시켜 편광(특정한 방향으로 진동하는 빛)을 만드는 필터 (BB84 프로토콜을 설명할 줄 알았는데 갑자기 빛, 편광에 대해서 이야기한다고 당황한 건 아니겠지? 지금 설명한 사전 정보를 활용해 BB84 프로토콜을 설명하는 순간이 올 테니 차근히 정리하며 읽으면 돼.) 그런데 편광된 광자 또한 여러 방향으로 진동하는 '중첩' 특성을 지니고 있다. 즉 편광필터를 통과한 수직(↕)이나 수평(↔) 편광의 경우 대각(╱)·역대각(╲) 편광 특성도 지니고 있으며, 마찬가지로 편광필터를 통과한 대각이나 역대각 편광 또한 수직·수평 편광 특성을 동시에 지니고 있다. 따라서 수직이나 수평 편광을 ✚ 편광필터를 이용하여 측정하면 수직이나 수평 편광으로 100% 측정되지만, 수직이나 수평 편광을 ✖ 편광필터를 이용하여 측정하면 대각 혹은 역대각 편광으로 잘못 측정된다. 편광의 중첩 특성: 수직·수평 편광이 대각·역대각 편광 특성도 함께 지님

⑥ 이러한 편광의 중첩 특성이 BB84 프로토콜에서 <mark>어떻게</mark> 이용되는지 알아보자. (역시 앞서 설명한 편광의 중첩 특성은 사전 정보였고, 이제 핵심 정보인 BB84 **프로토콜**에서 어떻게 키를 분배하는지를 설명하려는 가 봐. 속도를 조금 늦추더라도 꼼꼼하게 읽자.)

| (a) 송신자의 비트 정보 | 0 | 1 | 1 | 0 | 1 | 0 |
|---|---|---|---|---|---|---|
| (b) 송신자의 편광필터 | ✛ | ✛ | ✖ | ✛ | ✖ | ✖ |
| (c) 송신자의 편광 신호 | ↔ | ↑ | ↘ | ↔ | ↘ | ↗ |
| (d) 수신자의 편광필터 | ✛ | ✛ | ✖ | ✖ | ✛ | ✖ |
| (e) 수신자의 측정 신호 | ↔ | X | ↘ | ↗ | ↑ | ↗ |
| (f) 비밀키 공유 | 0 | | | 1 | | 0 |

※ 'X'는 누락된 광자.

**[A]**

⑦ BB84 프로토콜은 먼저 위 〈표〉의 (a)처럼 송신자가 무작위로 비트 정보를 생성하는 것으로 <mark>시작</mark>한다. (과정이 제시될 거야. 끊어가며 읽으며 순서를 파악하자.) (a) 송신자가 무작위로 비트 정보 생성 이때 BB84 프로토콜은 수직 편광과 역대각 편광은 '1'이라는 비트 정보로, 수평 편광과 대각 편광은 '0'이라는 비트 정보로 표시하기로 약속되어 있어 (b)처럼 송신자가 ✛ 편광필터와 ✖ 편광필터를 무작위로 선정하면 (b) 송신자가 무작위로 편광필터 선정 (c)와 같은 편광 신호들이 생성된다. (c) 송신자의 편광 신호 생성 수신자는 (c)에서 생성된 편광 신호들이 어떤 편광인지 전혀 모르는 상태에서 (d)처럼 스스로 무작위로 편광필터를 선택하여 (e)와 같이 편광된 광자를 측정한다. (d, e) 수신자가 무작위로 편광필터 선택해 편광된 광자 측정 이때 전송 과정에서 잡음 등으로 인해 누락된 광자가 발생할 수 있으며, 누락된 광자는 측정에서 제외된다. 이후 송·수신자는 공개 채널에서 자신들이 어떤 편광필터를 어떤 순서로 사용했는지 서로 공유하면 (f) 송·수신자가 공개 채널에서 편광필터와 그 순서 공유 (f)와 같이 동일한 편광필터를 사용한 '010'이라는 비트 정보만 걸러낼 수 있어 비밀키로 사용하는 측정값을 안전하게 공유할 수 있다.

(g) 송·수신자가 동일한 편광필터를 사용한 비트 정보만 걸러냄으로써 비밀키로 사용하는 측정값 공유됨

**4. ⑤**

2문단에 따르면 '암호화하거나 복호화할 때 동일한 키를 사용'하는 대칭키 방식과 달리 공개키 방식은 '암호화 키와 복호화 키가 서로 다른 방식'이다. 하지만 3문단에서 언급했듯이 '대표적인 공개키 방식'인 RSA 알고리즘이 '대칭키 방식에 비해 암호화나 복호화 속도가 상대적으로 느린 것은 '키를 만드는 연산 과정이 복잡'하기 때문이다.

① 2문단에서 공개키 방식은 '수신자가 미리 생성하여 공개한 공개키로 송신자가 메시지를 암호화하여 전송하면 수신자는 공개키에 대응하여 생성한, 자신만 알고 있는 비밀키를 이용하여 복호화'하는 방식이라고 했다. 즉 공개키 방식에서 공개키와 비밀키를 생성하는 주체는 수신자로 동일하다.

② 3문단~4문단에서 '컴퓨터 연산 속도가 급격하게 발전하게 되면 복잡한 연산 과정을 기반으로 한 공개키 방식의 암호 체계가 위협받을 가능성이 높아질 수 있'기에 '최근 수학적 복잡성에 의존하지 않으면서도 도청으로부터 비밀키를 안전하게 나누어 가질 수 있는 양자암호통신 기술이 주목받고 있'다고 한 것을 통해 컴퓨터의 연산 능력이 발전하더라도 양자암호통신은 비밀키를 안전하게 나누어 가질 수 있음을 알 수 있다.

③ 4문단에서 양자암호통신은 '도청자가 단일광자 자체를 가로챈다 하더라도 수신자에게 가로챈 광자와 동일한 상태의 광자를 보내야만 도청 사실을 숨길 수 있는데 여러 상태를 동시에 지니는 '중첩'이라는 양자의 특성 때문에 단일광자의 원래 상태를 정확히 측정해 보낼 수 없다.'라고 했다. 따라서 도청자는 수신자에게 도청 사실을 숨길 수 없다.

④ 3문단에 따르면 RSA 알고리즘에서는 '암호화된 문서가 유출되어도 현재의 컴퓨터 성능으로는 비밀키를 유추하는 데 비현실적으로 오랜 시간이 걸리기 때문에 비밀키를 바꿀 필요가 없'다.

**5. ③**

7문단을 통해 BB84 프로토콜에서는 송·수신자가 '동일한 편광필터를 사용'한 '비트 정보만 걸러'내어 '비밀키로 사용'함을 알 수 있다. 이를 참고하면 〈보기〉에서 송신자와 수신자는 2, 5, 6, 8, 9번째에서 동일한 편광필터를 사용했는데, 5번째에는 '누락된 광자'가 발생했으므로 이는 '측정에서 제외'하고 그 외의 2, 6, 8, 9번째 비트 정보를 걸러내어 '1101'을 비밀키로 공유했을 것이다.

| 송신자의 비트 정보 | 0 | 1 | 0 | 0 | 1 | 1 | 1 | 0 | 1 | 0 |
|---|---|---|---|---|---|---|---|---|---|---|
| 송신자의 편광필터 정보 | 0 | 1 | 1 | 0 | 1 | 0 | 1 | 1 | 1 | 0 |
| 수신자의 편광필터 정보 | 1 | 1 | 0 | 1 | 1(X) | 0 | 0 | 1 | 1 | 1 |

**6. ① 유출 ② 별도**

## 구 조 도 그 리 기

**암호통신**

Ⅰ. 대칭키 방식: 암호화 - 복호화 비밀키 동일
  ⊖ 유출 가능성↑, 상대에 따라 변경↗

Ⅱ. 공개키 방식: 암호화 - 복호화 키 다름 (ex. RSA 알고리즘)
  수신자 ←①공개키 공개→ 송신자
  ②공개키로 메시지 암호화
  ③자신의 비밀키로 복호화
  ⊕ 분배 필요X, 보안↑
  ⊖ 복호화 속도↓, 연산 발전시 위협
  ④수학적 복잡성

Ⅲ. 양자암호통신: 광자의 특성 활용 (ex. BB84 프로토콜)
  양자의 종류
  i) 최소 단위 - 정보 일부만 가로채기 불가
  ii) 중첩 - 도청 사실 숨기기 불가
  편광
  ① 송신자 - 무작위 비트 정보 생성 → 편광필터 선정 → 편광 신호 생성
  ② 수신자 - 무작위 편광필터 선택 → 편광된 광자 측정
  ③ 송신자 - 수신자 : 편광필터 + 순서 공유

## [1~3] 2010학년도 9월 모평 「동양에서 천 개념의 변천 과정」

① 동양에서 '천(天)'은 그 함의가 넓다. 모든 존재의 근거가 그 것(천)으로부터 말미암지 않는 것이 없다는 면에서 하나의 표본이었고, 모든 존재들이 자신의 생존을 영위하고 그 존재 가치와 의의를 실현하는 데도 그것(천)의 이치와 범주를 벗어날 수 없다는 면에서 하나의 기준이었다. 동양에서 천: (1) 모든 존재의 근거가 천으로부터 말미암음 → 하나의 표본, (2) 모든 존재가 천의 이치와 범주 내에서 생존을 영위하고 존재 가치와 의의를 실현 → 하나의 기준 그래서 현실 세계 안에서 인간의 삶을 모색하는 데 관심을 두었던 동양에서는 인간이 천을 어떻게 이해하느냐에 따라 삶의 길이 달리 설정되었을 만큼 천에 대한 이해가 다양하였다. (이 글의 화제는 동양에서의 천이구나. 이어서 천에 대한 두 가지 이상의 이해와 그에 따른 삶의 길에 대해서 설명하겠지?)

② 천은 자연현상 가운데 인간에게 가장 크게 영향을 미치는 것이자 가장 크고 뚜렷하게 파악되는 현상으로 여겨졌다. 농경을 주로 하는 문화적 특성상 자연현상과 기후의 변화를 파악하는 것이 중시된 만큼 천의 표면적인 모습 외에 작용 면에서 천을 파악하려는 경향이 짙었다. 그래서 천은 자연적 현상과 작용 등을 포괄하는 '자연천(自然天)' 개념으로 자리를 잡았다. 천에 대한 이해 (1) 자연천: 농경 문화의 특성상 표면적인 모습 외의 작용 면에서 천을 파악(자연적 현상과 작용을 포괄하는 천 개념)

③ 이러한 천(자연천) 개념하에서 인간은 도덕적 자각이 없었을 뿐만 아니라 자연 변화의 원인과 의지도 알 수 없었다. (1문단에서 동양에서는 천에 대한 이해에 따라 삶의 길이 달리 설정되었다고 했지. 그리고 2문단에서 천을 이해하는 방식으로서 자연천 개념을 소개했다면, 이제 자연천 개념하에서 인간의 삶에 대해 설명하고 있어.) 자연천 개념하에서의 인간: 도덕적 자각 X, 자연 변화의 원인과 의지 파악 X 이에 따라 천은 신성한 대상으로 숭배되었고, 여러 자연신 가운데 하나로 생각되었다. 특히 상제(上帝)와 결부됨으로써 모든 것을 주재하는 절대적인 권능을 가진 '상제천(上帝天)' 개념이 자리 잡았다. 길흉화복을 주재하고 생사여탈권까지 관장하는 종교적인 의미로 그 성격이 변화한 것이다. 천에 대한 이해 (2) 상제천: 천 + 상제 → 천은 모든 것을 주재하는 절대적인 권능을 가진 것, 종교적인 의미 가치중립적이었던 천(자연천)이 의지를 가진 절대적 권능의 존재(상제천)로 수용되면서 정치적인 개념으로 '천명(天命)'이 등장하였다. 그리고 통치자들은 천의 명령을 통해 통치권을 부여받았고, 천의 의지인 천명은 제사 등을 통해 통치자만 알 수 있는 것으로 규정되었다. 그리하여 천명은 통치자가 권력을 행사하고, 정권의 정통성을 보장하는 근거가 되었다. 천명(천의 의지): 상제천 개념의 수용에 따라 등장, 통치자의 권력 행사 및 정권의 정통성 보장의 근거

④ 그러나 ('그러나' 뒤에는 천명의 문제점이 제시되겠지?) 독점적이고 배타적인 천명에 근거한 권력 행사는 부작용을 가져왔다. 도덕적 경계심이 결여된 통치자의 권력 행사는 백성에 대한 억압의 계기로 작용하였다. 천명에 근거한 권력 행사의 부작용: 도덕적 경계심이 결여된 통치자가 백성을 억압 통치의 부작용이 심화됨에 따라(원인과 그에 따른 결과를 파악

하며 읽자!) 천에 대한 반성이 제기되었고, 도덕적 반성을 통해 천명 의식은 수정되었다. 그리고 '천은 명을 주었다가도 통치자가 정치를 잘못하면 언제나 그 명을 박탈해 간다.', '천은 백성들이 원하는 것을 들어준다.'는 생각이 현실화되었다. 천명은 계속 수용되었지만, 그것의 불변성, 독점성, 편파성 등은 수정되었고, 그 기저에는 도덕적 의미로서 '의리천(義理天)' 개념이 자리하였다. (자연천 개념하에서 인간은 자연 변화의 원인과 의지를 알 수 없었는데, 이는 상제천 개념이 출현하는 이유가 되었어. 그리고 상제천 개념에 대한 반성은 의리천 개념을 낳았고! 이 글에서는 이와 같은 천 개념들의 관계 및 변화를 이해하는 게 중요하겠군!) 동양에서의 천 개념 (3) 의리천: 천명에 따른 통치의 부작용 심화 → 천에 대한 도덕적 반성 → 천명 의식의 수정 및 도덕적 의미의 의리천 개념 등장

⑤ 천명 의식의 변화와 맞물려 천 개념은 복합적으로 수용되었다. 상제로서의 천 개념(상제천)이 개방되면서 주재적 측면이 도덕적 측면으로 수용되었고, '의리천' 개념은 더욱 심화되어 천은 인간의 도덕성과 규범의 근거로 받아들여졌다. 상제천이 도덕적 측면으로 수용, 의리천 개념 심화 → 천은 인간의 도덕성과 규범의 근거 천을 인간 내면으로 끌어들여 인간 본성을 자연한 것이자 도덕적인 것으로 간주하였다. 천이 도덕 및 인간 본성과 결부됨에 따라 인간 내면에 있는 천으로서의 본성을 잘 발휘하면 도덕을 실현함은 물론, 천의 경지에 도달할 수 있다고 여겨졌다. 의리천 개념하에서의 인간: 천을 인간 내면으로 끌어들임 → 내면에 있는 천으로서의 본성을 발휘하면 도덕 실현, 천의 경지에 도달 가능 내면화된 천은 비도덕적 행위에 대한 제어 장치 역할을 하는 양심의 근거로도 수용되어 천의 도덕적 의미는 더욱 강조되었다. 천명 의식의 변화와 확장된 천 개념의 결합에 따라 천은 초월성과 내재성을 가진 존재로서 받아들여졌고, ㉠인간 행위의 자율성과 타율성을 이끌어 내는 기반이 되어 인간 삶의 중요한 근거로서 그 위상이 강화되었다. 천명 의식의 변화 + 확장된 천 개념(도덕적 의미 강조) → 천은 인간 행위의 자율성과 타율성을 이끌어 내는 기반으로서 위상 강화

## 1. ①

3문단에서 '자연천' 개념하에서 '인간은 도덕적 자각이 없었을 뿐만 아니라 자연 변화의 원인과 의지도 알 수 없'는 존재라고 했으므로, '자연천'에서 인간 행위의 자율성이 부각된다고 보기는 어렵다.

② 3문단에서 '상제천' 개념을 수용하면서 등장한 '천명'은 '통치자가 권력을 행사'하는 근거가 되었다고 했지만, 4문단에 따르면 '도덕적 경계심이 결여된 통치자의 권력 행사는 백성에 대한 억압의 계기로 작용'했으므로, '상제천'에서 인간 행위의 타율성(자신의 의지와 관계없이 정하여진 원칙이나 규율에 따라 움직이는 성질)이 나타나기 시작했다고 볼 수 있다.

③ 5문단에 따르면 '인간 행위의 자율성'이 잘 발휘된다는 것은 곧 '의리천' 개념을 수용하여 '인간 내면에 있는 천으로서의 본성을 잘 발휘'하는 것을 가리킨다. '의리천' 개념에 따르면 '인간 내면에 있는 천으로서의 본성을 잘 발휘하면 도덕을 실현함은 물론, 천의 경지에 도달'할 수 있다.

④ 5문단에 따르면 '상제로서의 천 개념이 개방되면서 주재적 측면이 도덕적 측면으로 수용되었고, '의리천' 개념은 더욱 심화'되었다. '천명 의식의 변화와 확장된 천 개념의 결합'은 '인간 행위의 자율성과 타율성(㉠)을 이끌어 내는 기반'이 되었으므로, 천 개념의 개방에 따라 인간 행위의 자율성이 인정되는 방향으로 나갔다고 볼 수 있다.

⑤ 4문단과 5문단을 참고하면 '상제천' 개념에서는 인간 행위의 타율성이 나타났고, '의리천' 개념에서 인간 행위의 자율성이 인정되는 방향으로 변화가 발생했음을 알 수 있다. 이때 '상제천'에서 '의리천'으로의 변화는 천명 의식의 수정에 따른 것이므로, '천명 의식'이 달라짐에 따라 인간 행위의 자율성과 타율성의 양상이 변화했다고 볼 수 있다.

## 2. ④

ㄱ. 2문단에 따르면 자연천은 '천의 표면적인 모습 외에 작용 면에서 천을 파악하려는 경향'이 있다. 따라서 천의 '크기'와 '운행이 초래하는 변화'에 대해 언급하는 ㄱ은 '자연천'에 해당한다.

ㄴ. 3문단에서 따르면 '모든 것을 주재하는 절대적인 권능'의 존재로서의 천은 '상제천'이다. 따라서 만물을 '주재하고 운용하는 존재'에 대해 언급하는 ㄴ은 '상제천'에 해당한다.

ㄷ. 4문단에서 '도덕적 반성'을 통해 수정된 천명 의식에 따르면 "'천은 명을 주었다가도 통치자가 정치를 잘못하면 언제나 그 명을 박탈해 간다.', '천은 백성들이 원하는 것을 들어준다.'는 생각이 현실화되었다.'라고 했다. 따라서 '인심'이 곧 천명이고, '사람을 거스르고 천을 따르는 자는 없'다고 언급하는 ㄷ은 '의리천'에 해당한다.

ㄹ. '하늘이 어떻게 하나하나 명을 낸단 말인가?'는 천이 명을 내는 존재가 아니라고 보는 것이므로, '상제천'이나 '의리천'에 해당한다고 보기 어렵다. 2문단과 3문단을 참고할 때 '천은 텅 비고 아득하여 아무런 조짐도 없으면서 저절로 되어 가도록 맡겨 둔다.'라고 보는 것은 천을 '자연적 현상과 작용'과 관련해 파악하며, '자연 변화의 원인과 의지'를 알 수 없다고 보는 '가치중립적'인 천인 '자연천'에 해당한다고 볼 수 있다.

## 3. ① 관장  ② 결여

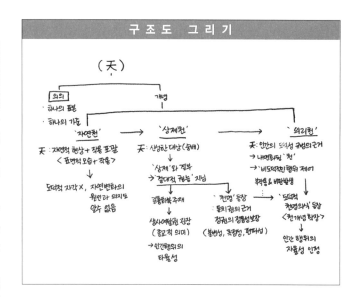

[4~6] 2019학년도 3월 학평 「세종의 역법 제정과 칠정산」

① 전통적으로 동아시아에서 역법은 연월일시의 시간 규범을 제시하는 일뿐만 아니라 태양, 달 그리고 다섯 행성의 위치 변화를 통해 하늘의 뜻을 이해하는 것이었다. 역법의 운용과 역서의 발행은 나라를 다스리는 중요한 통치 행위였기 때문에 동아시아에서는 국가 기구를 설치하여 역법을 다루었고 그곳의 관리에게만 연구가 허락되었다. 『서경(書經)』에서 말한 '하늘을 관찰하여 백성에게 시간을 내려준다.'라는 뜻의 관상수시(觀象授時)는 유교 문화권에서 역법을 어떻게 바라보았는가를 잘 드러낸다. 관상수시는 하늘의 명을 받은 천자에게만 허락된 일이므로 <sub>동아시아에서의 역법: 관상수시(시간 규범의 제시, 하늘의 뜻을 이해하는 것) → 천자에게만 허락됨</sub> 고려 시대에는 중국의 역을 거의 그대로 따라야 했다. 고려 초에 도입된 선명력은 정확성이 부족하여 고려 말에는 정확성이 높아진 수시력을 도입했다. 수시력은 계산식이 복잡해 익히기가 어려웠기 때문에 일식과 월식, 곧 교식을 추보할 때는 여전히 선명력이 사용되었다. 이 상황<sub>(교식 추보에 선명력을 사용하는 것)</sub>은 조선 건국 직후에도 지속되었다. <sub>(시간의 흐름에 따른 통시적 변화가 나타나고 있어. 통시적인 흐름에서는 변화하는 것이 설명하고자 하는 내용의 초점이지.) 고려 시대: 중국의 역 거의 그대로 따름(고려 초 선명력 도입 → 고려 말 수시력 도입, 교식 추보에는 조선 건국 직후까지 선명력 사용)</sub>

② 세종은 즉위 초부터 수시력에 대한 이해를 높이려고 애썼고 마침내 수시력에 통달했다고 자부했다. 그럼에도 세종 12년, 교식 추보에 오차가 생기자 세종은 그 해결책으로 조선만의 교식 추보 방법을 찾고자 했다. 세종은 중국의 역법을 수용하되 이것을 조선에 맞게 운용하는 방법을 택함으로써 중국과의 관계를 고려<sub>(중국의 역법 수용)</sub>하면서도 시간 규범을 스스로 수립<sub>(조선에 맞게 운용)</sub>하고자 한 것이다. 수시력으로 교식을 추보할 때에는 입성을 사용했는데, 이때의 입성은 모두 중국을 기준으로 한 것이었다. 입성이란 천체의 위치를 계산하는 데 필요한 관측값 등을 실어 놓은 계산표이다. 세종은 한양을 기준으로 한 입성을 제작하려 했다. <sub>세종은 수시력으로 교식을 추보할 때 사용되는 입성을 한양을 기준으로 제작하려고 했어.</sub> 그래서 입성 제작에 필요한 낮과 밤의 길이인 주야각을 추보하기 위해 한양의 위도 등을 알아내도록 명했다. 이러한 일련의 연구 성과를 담은 것이 세종 26년에 편찬된 『칠정산 내편』이다. '칠정'이란 태양, 달, 다섯 행성의 운행을 가리키고, '산'이란 계산했다는 뜻이다. 『칠정산 내편』은 중국 역법에 기반을 두었지만 교식과 천체 관측에 필요한 값들을 한양의 기준으로 계산할 수 있게 되었다는 점에서 독자적인 역법이라 할 수 있다. <sub>세종은 교식 추보에 오차가 생기자 조선만의 교식 추보 방법을 찾고자 했는데, 그 연구 성과를 담은 것이 『칠정산 내편』이구나.</sub>

| 중국의 역법 수용 | 조선에 맞게 운용 |
|---|---|
| 중국과의 관계 고려 | 시간 규범을 스스로 수립 (교식과 천체 관측에 필요한 값들을 한양의 기준으로 계산) |

③ 『칠정산 내편』의 효용성을 살피기 위해 세종은 정묘년(1447년) 8월에 일어날 교식을 미리 추보하여 『칠정산 내편 정묘년 교식 가령』을 편찬하게 했다. <sub>『칠정산 내편 정묘년 교식 가령』: 정묘년 8월 교식 추보 → 『칠정산 내편』의 효용성을 살피고자 함</sub> 그런데 이 추보에 오차가 발생하자 추보의 방법과 내용을 꾸준히 정비했다. 이 성과를 담은 책이 바로 세조 4년에 편찬된 『교식 추보법 가령』이다. 이 책은 정묘년(1447년) 8월의 교식을 새로운 계산식으로 다시 추보한 것이다. <sub>『교식 추보법 가령』: 『칠정산 내편 정묘년 교식 가령』에서의 추보를 정비해 정묘년 8월 교식을 다시 추보</sub> 두 가령의 교식 추보 원리는 동일하지만 계산식을 약간 달리했기 때문에 교식 추보 시각은 서로 달랐다. 두 가령의 교식 추보 시각은 현대 천문학의 계산과 조금의 오차는 있지만 당시 유럽의 천문학과 비교하더라도 그 방법론이 매우 정교하여 조선 역법의 뛰어난 수준을 보여 주는 것이다.

④ 지구는 태양과의 거리가 가장 가까운 근일점에서 공전 속도가 가장 빠르다. 그러므로 북반구에서 관측한 태양은 동지 즈음에 가장 빠르게 운행하는 것으로 보이고, 하지 즈음에 가장 느리게 운행하는 것으로 보인다. 그래서 『칠정산 내편』은 근일점과 동지가 일치한다고 보았다. <sub>근일점(지구의 공전 속도 가장 빠름) = 동지(태양의 운행 가장 빠른 것으로 보임)</sub> 즉 동지와 하지에서 태양의 실제 위치가 평균 속도로 운행한 태양의 위치와 일치한다고 설정한 것이다. 그리고 동지부터 하지 사이를 영, 하지부터 동지 사이를 축이라 했다. '영축차'는 태양의 실세 위치에서 평균 위치를 뺀 값이다. 그러므로 영에서의 값인 '영차'는 양의 값이고, 축에서의 값인 '축차'는 음의 값이다.

| 영축차 = 태양의 실제 위치 - 평균 위치 |
|---|
| ·영(동지부터 하지 사이) → 영차는 양의 값 |
| ·축(하지부터 동지 사이) → 축차는 음의 값 |

달 역시 지구와 가까울수록 빠르게 움직인다. 그래서 달이 지구와 가장 가까이 위치할 때인 근지점에서 '지질차'의 값을 0으로 간주했다. '지질차'란 달의 실제 위치에서 평균 위치를 뺀 값인데, 근지점부터 달이 지구와 가장 멀리 떨어져 있는 원지점까지는 달의 실제 위치가 평균 위치보다 앞선다. 그리고 원지점부터 근지점까지는 그 반대<sub>(달의 실제 위치가 평균 위치보다 뒤처짐)</sub>이다. 달의 실제 위치가 평균 위치보다 앞서면 '질차', 뒤처지면 '지차'라 했다. <sub>('근일점', '영축차', '지질차' 등의 개념이 연달아 제시돼서 당황스러울 수 있어. 하지만 나열된 개념을 연결해 가며 핵심 정보를 설명하는 순간이 올 테니, 일단 차근히 정리만 하며 읽으면 돼.)</sub>

| 지질차 = 달의 실제 위치 - 평균 위치 |
|---|
| ·근지점부터 원지점까지 → 달의 실제 위치가 평균 위치보다 앞서므로 질차(양의 값) |
| ·원지점부터 근지점까지 → 달의 실제 위치가 평균 위치보다 뒤처지므로 지차(음의 값) |

⑤ 달이 태양과 지구 사이에 놓여 태양을 가릴 때를 삭(朔), 지구가 태양과 달 사이에 놓여 달을 가릴 때를 망(望)이라 한다.

삭: (태양) - 달 - 지구 / 망: 태양 - 지구 - (달) 정삭과 정망은 지구와 달이 태양과 정확히 일직선 위에 놓이게 될 때의 시각이다. 『칠정산 내편 정묘년 교식 가령』과 『교식 추보법 가령』 모두 정삭, 정망은 태양과 달의 평균 위치로 계산된 경삭과 경망에 실제 태양과 달의 빠르고 느린 정도를 가하거나 감하여 구했다. 이를 가감차 방식 이라 한다. (3문단에서 두 가령의 교식 추보 원리는 동일하다고 했던 것 기억하지? 그 원리가 바로 가감차 방식인 거네.) 가감차 값 은 영축차에서 지질차를 뺀 값을 속도항 값으로 나누어 구했다. 가감차 값 = (영축차 - 지질차) / 속도항 값 즉 가감차 값이 양일 때에는 그 값을 경삭, 경망에 더하는 가차로 삼았고, 음일 때에는 그 값을 경삭, 경망에서 빼는 감차로 삼았다. 가감차 값이 양이면 가차, 음이면 감차 앞에서 언급한 두 가령 모두 영축차에서 지질차를 뺀 값에는 거의 차이가 없다. 하지만(두 가령에서 차이가 있는 부분을 언급하겠지?) 『칠정산 내편 정묘년 교식 가령』은 속도항 값으로 달의 이동 속도를 활용했지만, 『교식 추보법 가령』은 달의 이동 속도에서 태양의 이동 속도를 뺀 값을 활용했다. 이는 태양이 달에 비해 느린 속도로 달과 같은 방향으로 이동하는 것처럼 보이는 현상을 고려한 것이다.

| | 영축차 - 지질차 | 속도항 값 |
|---|---|---|
| 『칠정산 내편 정묘년 교식 가령』 | 거의 차이가 없음 | 달의 이동 속도 |
| 『교식 추보법 가령』 | | 달의 이동 속도 - 태양의 이동 속도 |

6 『칠정산 내편』 등을 통한 역법의 확립으로 조선은 유교적 이념을 만족스럽게 실현할 수 있는 체계를 갖추었다는 자부심을 가질 수 있게 되었다. 『칠정산 내편』이 편찬된 지 200여 년 뒤, 일본을 왕래하던 조선 통신사 사신 박안기는 조선의 역법을 일본에 전하게 된다. 이를 바탕으로 일본에서도 독자적인 역법 『정향력』이 완성되었다. 동아시아 천문학은 시대와 장소에 따라 서로 다르게 전개되었지만 『칠정산 내편』, 『정향력』 등은 자국의 고유한 역법을 확립하고자 했던 열망의 소산이라고 할 수 있다. 조선의 역법 확립의 의의를 다루며 글을 마무리하고 있어.

**4. ③**

1문단에서 역법에 대한 유교적 관점을 '관상수시'라는 개념을 통해 드러내고, 2문단~5문단에서 조선이 역법 확립을 위해 노력한 바를 보여 주고 있다. 그리고 6문단에서 조선의 역법 확립이 끼친 영향을 제시하며 글을 마무리하고 있다.

① 1문단에서 '관상수시'의 개념을 소개했지만, 고려와 조선이 이를 어떻게 변용하여 역법 제작에 응용했는지에 관한 설명은 나타나 있지 않다.

② 2문단과 3문단에서 조선의 역법 발달 과정을 언급하고 있지만, 동서양 문명에서 공통적으로 나타난 천문과 역법의 의미를 보여 주고 있지는 않다.

④ 2문단을 통해 조선의 교식 추보 방법이 '중국의 역법을 수용'한 것임은 알 수 있지만, 조선의 교식 추보가 중국 천문학 발전에 끼친 영향은 제시되어 있지 않다.

⑤ 3문단에서 조선의 '교식 추보 시각은 현대 천문학의 계산과 조금의 오차는 있지만 당시 유럽의 천문학과 비교하더라도 그 방법론이 매우 정교하여 조선 역법의 뛰어난 수준을 보여' 준다고 하며 조선 역법의 우수성을 부각하고 있지만, 그 관측값들이 현대적 관점에서 얼마나 정확한지 단계적으로 검증하고 있지는 않다.

**5. ③**

4문단을 참고할 때 〈보기〉의 정묘년 8월은 '하지를 지나 동지로 가는 시점'이므로 '축'이며 '축에서의 값인 '축차'는 음의 값'임을 알 수 있다. 또한 '달은 원지점에서 근지점으로 이동하고 있었'으므로 달의 실제 위치가 평균 위치보다 뒤처지는 '지차'이며 이는 음의 값이다.
또한 5문단에서 두 가령 모두 '가감차 방식'을 사용하는데, '가감차 값은 영축차에서 지질차를 뺀 값을 속도항 값으로 나누어 구'하며 '가감차 값이 양일 때에는 그 값을 경삭, 경망에 더하는 가차로 삼았고, 음일 때에는 그 값을 경삭, 경망에서 빼는 감차로 삼았다.'라고 했다. 이에 따르면 정묘년 8월 정삭 추보에서 '영축차 - 지질차'는 (-2.39) - (-4.99) = 2.60이므로 가감차 값은 양의 값이 되어 이를 경삭에 더하는 가차로 삼았을 것이다.

① 4문단에서 '근지점부터 달이 지구와 가장 멀리 떨어져 있는 원지점까지는 달의 실제 위치가 평균 위치보다 앞선다. 그리고 원지점부터 근지점까지는 그 반대'라고 했다. 〈보기〉에서 정묘년 8월 '경삭이 일어날 때 달은 원지점에서 근지점으로 이동하고 있'으므로, 달의 실제 위치는 평균 위치보다 뒤처져 있었을 것이다.

② 5문단에서 '가감차 값은 영축차에서 지질차를 뺀 값을 속도항 값으로 나누어 구'하는데, '두 가령 모두 영축차에서 지질차를 뺀 값에는 거의 차이가 없다.'라고 했다. 즉 가감차 값의 분자는 비슷하다. 한편 『칠정산 내편 정묘년 교식 가령』은 속도항 값으로 달의 이동 속도를 활용했지만, 『교식 추보법 가령』은 달의 이동 속도에서 태양의 이동 속도를 뺀 값을 활용'했으므로 가감차 값의 분모는 『교식 추보법 가령』에서 더 작다. 따라서 가감차 값은 『교식 추보법 가령』이 『칠정산 내편 정묘년 교식 가령』보다 더 컸을 것이다.

④ 4문단에서 '동지부터 하지 사이를 영, 하지부터 동지 사이를 축'이라고 하며, 영에서의 값을 '영차', 축에서의 값을 '축차'라고 했다. 〈보기〉에 따르면 정묘년 8월은 '하지를 지나 동지로 가는 시점'이므로 정삭 추보에서 두 가령 모두 가감차 계산에 영차가 아닌 축차를 사용했을 것이다.

⑤ 5문단에서 '달이 태양과 지구 사이에 놓여 태양을 가릴 때를 삭'이라고 했으므로, 정삭 때에는 달이 태양과 지구 사이에 있었을 것이다.

**6. ① 통달 ② 자부**

구 조 도 그 리 기

〈역법〉

동아시아에서 역법 : 관상수시 - (유교) 시간 규범 제시 · 하늘의 뜻 이해

고려 ┬ 중국의 역 거의 그대로
　　 └ (초) 선명력, (말) 수시력 + 선명력 → 선명력 교식 (일 · 월식) 추보할 때

조선 ┬ (건국직후) 수시력 + 선명력
　　 │
　　 ├ (세종) ┬ 조선만의 교식 추보 방법으로 Q차 ↓ ① 중국의 역법 수용
　　 │ 　　 　　　　　　　　　　　　　　　② 조선에 맞게 운용 〈 시간 규범
　　 │ 　　 　　　　　　　　　　　　　　　　　　　　　　　 한양 기준 입성 제작
　　 │ 　　 └ 『칠정산 내편』 + 『칠정산 내편 정묘년 교식 가령』
　　 │ 　　 　　 [문제] 교식 추보에 Q차 발생
　　 │ 　　 　　 [해결] 새로운 계산식으로 다시 추보
　　 │
　　 └ (세조) ┬ 『교식 추보법 가령』: 『칠 · 내 · 가』와 교식 추보원리 동일, 계산식 약간 다름
　　 　　 　　 └ 계산식 비교 : ┌─『칠정산 내편 정묘년 교식 가령』┬『교식 추보법 가령』
　　 　　 　　 　　 　　 　　 가감차 방법 = (영축차 - 가감차) / 속도항 값
　　 　　 　　 　　 　　 　　 ─────────────────────────────────
　　 　　 　　 　　 　　 　　 속도항 값=달의 이동속도 │ 달의 이동속도 - 태양의 이동 속도

1day 30minute 4week

# 4주차
## 정답과
## 해설

## [1~3] 2011년도 LEET 「음악에서 맥락의 형성 방법」

**1** 음악에서 개별적인 음 하나하나는 단순한 소리일 뿐 의미를 갖지 못한다. 이 음들이 의미를 가지려면 음들은 조화로운 방식으로 결합된 맥락 속에서 파악되어야 한다. 그렇다면 그 맥락은 <u>어떻게</u> 형성되는가? (질문을 통해 화제를 제시했네. 이 글은 음악에서 맥락이 어떻게 형성되는지를 설명하는 글이야!) 이(음악에서 맥락이 형성되는 방법)를 알기 위해서는 음악의 기본적인 요소인 <u>음정과 화음, 선율과 화성의 개념을 이해할 필요</u>가 있다. (글의 흐름이 보여! 먼저 음정과 화음, 선율과 화성의 개념을 다루고, 이 개념들을 활용해 음악에서 맥락이 형성되는 방법을 얘기하겠지?)

**2** 떨어진 두 음의 거리를 '음정'이라고 한다. 음정의 크기(1도 ~8도)와 성질(완전, 장, 단 등)은 두 음의 어울리는 정도를 결정하는데, 음정의 크기와 성질: 두 음의 어울리는 정도 결정 그(두 음의 어울리는 정도)에 따라 음정은 세 가지, 곧 완전음정(1도, 8도, 5도, 4도), 불완전음정(장3도, 단3도, 장6도, 단6도), 불협화음정(장2도, 단2도, 장7도, 단7도 등)으로 나뉜다. 여기서 '한 음의 중복'인 완전1도가 가장 협화적이며, 완전4도 〈도-파〉는 완전5도 〈도-솔〉보다 덜 협화적이다. 불완전음정은 협화음정이기는 하나 완전음정보다는 덜 협화적이다. 협화 정도에 따른 음정의 종류: 완전음정(가장 협화적), 불완전음정(협화적), 불협화음정

**3** 중세와 르네상스 시대에는 수직적인 음향보다는 수평적인 선율을 중시하는 선법 음악이 발달했다. 선법 음악은 음정의 개념에 근거한 다성부 짜임새를 사용했는데, 이(다성부 짜임새)는 두 개 이상의 선율이 각각 서로 독립성을 유지하면서도 선율과 선율 사이의 조화가 음정에 따라 이루어지는 대위적 개념에 근거한 것이었다. 선법 음악의 특징: 수평적인 선율 중시, 다성부 짜임새 사용(두 개 이상의 선율이 독립성 유지하면서도 음정에 따라 조화가 이루어짐) 따라서 각각의 선율은 모두 동등하게 중요했으며, 그에 반해 그 선율들이 만들어 내는 수직적인 음향은 부차적이었다.

**4** 중세의 선법 음악에서는 완전하게 어울리는 음정을 즐겨 사용했다. 그래서 기본적으로 완전음정만을 협화음정으로 강조하면서 불완전음정과 불협화음정을 장식적으로만 사용했다. 중세 선법 음악의 특징: 완전음정만 협화음정으로 강조 하지만 르네상스 시대에 이르러 ('하지만'은 상반되는 내용이 이어질 때 쓰는 접속어야. 즉 3문단에서는 중세와 르네상스 시대 선법 음악의 공통점이 제시되었다면, 4문단에서는 중세와 르네상스 시대 선법 음악의 차이점을 중점적으로 설명하려나 봐.) 불완전음정인 3도와 6도를 더 적극적으로 사용하기 시작했다. 르네상스 시대 선법 음악의 특징 (1): 중세에 장식적으로만 사용하던 불완전음정인 3도와 6도를 더 적극적으로 사용 특히 16세기 대위법의 음정 규칙에서는 악보 (가)의 예가 보여 주듯이 음정의 성질에 따라 그 진행이 단계적으로 이루어지도록 했다. 예를 들면 7도의 불협화적인 음향이 '매우' 협화적인 음향인 8도로 진행하기 전에 '적당히' 협화적인 음향인 6도를 거치도록 했는데, 이를 통해 선법 음악이 추구하는 자연스러운 음향을 표현할 수 있도록 했다. 이는 2도(불협화음정)-3도(불완전음정)-1도(완전음정)의 진행

에서도 확인할 수 있다. 르네상스 시대 선법 음악의 특징 (2): 불협화적 음향 → 적당히 협화적인 음향 → 매우 협화적인 음향으로 진행하도록 하여 자연스러운 음향 표현

(가)　　　　　　　　　　(나)

**5** 한편(전환! 앞서 음정에 대해 설명했으니, 이제 화음을 설명할 차례겠지?) 불완전음정 3도가 완전5도를 분할하는 음정으로 사용되면서 '화음'의 개념이 출현하게 되는데, 이러한 변화는 음의 결합을 두 음에서 세 음으로 확장한 것이다. 음정은 두 음의 결합이라면, 화음은 세 음의 결합이군. 예컨대(앞에서부터 여러 차례 개념을 설명한 후 예를 들고 있네. 여기까지 들어서 설명한다면 이를 적용하여 푸는 문제를 출제할 거라는 뜻이니, 정확하게 이해하고 넘어가도록 하자!) 〈도-미-솔〉을 음정의 개념에서 보면 〈도-솔〉, 〈도-미〉, 〈미-솔〉로 두 음씩 묶은 음정들이 결합된 소리로 판단되지만, 화음의 개념에서는 이 세 음을 묶어 하나의 단위, 곧 3화음으로 본다. 이와 같이 세 음의 구성을 한 단위로 취급하는 3화음에서는 맨 아래 음이 화음의 근음(根音)으로서 중요하며, 그 음(근음)으로부터 화음의 이름이 정해진다. 화음의 이름: 근음(맨 아래 음)으로부터 정해짐 또한 이 근음 위에 쌓는 3도 음정이 장3도인지 단3도인지에 따라 화음의 성격을 각각 장3화음, 단3화음으로 구별한다. 화음의 성격에 따른 종류: 장3화음(근음 위에 장3도 음정), 단3화음(근음 위에 단3도 음정) 예를 들면 완전5도 〈도-솔〉에 장3도 〈도-미〉를 더한 〈도-미-솔〉은 '도 장3화음'이며, 단3도 〈도-미♭〉을 더한 〈도-미♭-솔〉은 '도 단3화음'이다. 〈도-미-솔〉은 근음이 '도'이고 그 위에 쌓은 〈도-미〉가 장3도라서 '도 장3화음'이고, 〈도-미♭-솔〉은 근음이 '도'이고 〈도-미♭〉은 단3도라서 '도 단3화음'인 거구나. 화성적 음향이 발달해 3화음 위에 3도를 한 번 더 쌓으면 네 개의 음으로 구성된 화음이 생기는데, 이것을 '7화음'이라고 부른다. 예를 들어, 위의〈도-미-솔〉의 경우 〈도-미-솔-시〉가 7화음이다. 세 개의 음으로 구성된 화음이 3화음이라면, 네 개의 음으로 구성된 화음은 7화음이야.

**6** 조성 음악은 이러한 화음의 개념에 근거해서 발달한 것이다. 수평적인 선율보다 수직적인 화음을 중시하는 양식으로 르네상스 시대 이후 등장한 조성 음악에서는 복합층으로 노래하던 다성부의 구조가 쇠퇴하는 대신 선율과 화성으로 구성된 구조가 등장하였다. (중세와 르네상스 시대의 선법 음악과 르네상스 시대 이후 조성 음악을 비교해가며 읽어야겠지?) 이러한 구조(선율과 화성으로 구성된 구조)에서는 선율이 화음에 근거하여 만들어지기 때문에, 수평적인 선율 안에 화음의 구성음들이 '내재'한다. 르네상스 시대 이후 조성 음악의 특징: 수직적인 화음 중시, 선율과 화성으로 구성된 구조 등장(선율 안에 화음의 구성음 내재)

**7** 조성 음악에서 화음들의 연결을 '화성'이라 한다. 말하자면 화성은 화음들이 조화롭게 연결되어 만들어 내는 맥락을 뜻한다.

(1문단에서 제시한 화제가 떠올랐지? 이 글의 화제는 음악에서 맥락이 형성되는 방법이었어. 즉 음악에서 맥락은 화성을 이룸으로써 형성되는데, 화성은 화음들이 연결된 것이고, 화음은 음정의 결합이 확장된 것으로 이에 근거해 선율이 만들어지지. 따라서 음악에서 맥락이 형성되는 방법을 알기 위해 음정, 화음, 선율, 화성의 개념을 이해할 필요가 있었던 거야.) 악보 (나)가 보여 주듯이 조성 음악에서는 5도 관계에 놓인 세 화음이 화성적 맥락을 형성하는 근본적인 역할을 한다. '도'를 중심으로 해서 이 음보다 5도 위의 '솔', 5도 아래의 '파'를 정하면, '도'가 으뜸음이 되며 '솔'(으뜸음의 5도 위)은 딸림음, '파'(으뜸음의 5도 아래)는 버금딸림음이 된다. 이 세 음을 근음으로 하여 그 위에 쌓은 3화음이 '주요 3화음'이 되는데, 이를 각각 으뜸화음, 딸림화음, 버금딸림화음이라고 한다. 이 세 화음은 으뜸화음으로 향하는 화성 진행을 만든다.

## 1. ⑤

6문단에서 '조성 음악'의 '선율이 화음에 근거하여 만들어지기 때문에, 수평적인 선율 안에 화음의 구성음들이 '내재'한다.'라고 했으므로 화음의 개념에 근거한 선율을 통해 곡의 주요 3화음을 알 수 있다.

① 2문단에서 "'한 음의 중복'인 완전1도가 가장 협화적'이라고 했으므로, 완전5도인 〈도-솔〉은 완전1도인 〈도-도〉보다 덜 협화적이다.

② 4문단에 따르면 '중세의 선법 음악'에서는 '완전음정만을 협화음정으로 강조하면서 불완전음정과 불협화음정을 장식적으로만 사용'했지만, '르네상스 시대에 이르러 불완전음정인 3도와 6도를 더 적극적으로 사용하기 시작'했으므로, 중세 시대에 협화적인 음정을 더 많이 사용했다고 볼 수 있다.

③ 2문단의 '완전음정(1도, 8도, 5도, 4도), 불완전음정(장3도, 단3도, 장6도, 단6도), 불협화음정(장2도, 단2도, 장7도, 단7도 등)'과 4문단에서 '2도-3도-1도의 진행'은 '불협화적인 음향이 '매우' 협화적인 음향'으로 '진행하기 전에 '적당히' 협화적인 음향'을 거친 예라고 한 것을 통해 2도-3도-1도의 진행은 불협화음정-불완전음정-완전음정의 단계적 진행임을 알 수 있다.

④ 5문단의 '근음 위에 쌓는 3도 음정이 장3도인지 단3도인지에 따라 화음의 성격을 각각 장3화음, 단3화음으로 구별한다.'를 통해 알 수 있다.

## 2. ⑤

〈조건〉에 따르면 선율은 '도'를 으뜸음으로 하며, 한 마디에는 하나의 화음을 사용한다. 이때 5문단과 7문단을 참고하면 으뜸화음은 으뜸음 '도'를 근음으로 하여 그 위에 쌓은 〈도-미-솔〉이고, 으뜸 7화음은 여기에 3도를 한 번 더 쌓은 〈도-미-솔-시〉이다. 또한 딸림화음은 '솔'을 근음으로 한 〈솔-시-레〉, 딸림 7화음은 〈솔-시-레-파〉이다. 마지막으로 버금딸림화음은 '파'를 근음으로 한 〈파-라-도〉, 버금딸림 7화음은 〈파-라-도-미〉이다. 이때 ㉠은 '솔'과 '도'만 사용되었으므로 으뜸화음, ㉡은 '도, 라, 파, 미'가 사용되었으므로 버금딸림 7화음, ㉢은 '레, 솔, 파'가 사용되었으므로 딸림 7화음, 마지막 마디는 '미, 솔, 도'가 사용되었으므로 으뜸화음이 사용된 것이다. 그런데 각 마디의 첫 음인 '솔', '도', '레', '미'는 각 마디에 사용된 화음의 근음인 '도', '파', '솔', '도'와 다르므로 각 마디의 첫 음이 그 마디에 사용된 화음의 근음이라고 할 수 없다.

① 6문단에서 '선율이 화음에 근거하여 만들어지기 때문에, 수평적인 선율 안에 화음의 구성음들이 '내재'한다.'라고 했다. 이를 참고하면 ㉠에 사용된 화음은 〈도-미-솔〉로 구성된 으뜸화음이므로 여기에는 '미'가 내재되어 있다고 할 수 있다.

② ㉡은 〈파-라-도-미〉로 구성된 버금딸림 7화음이 사용된 마디이다.

③ ㉢은 〈솔-시-레-파〉로 구성된 딸림 7화음이 사용된 마디이다.

④ ㉠과 마지막 마디에서는 모두 〈도-미-솔〉로 구성된 으뜸화음이 사용되었다.

## 3. ① 부차적  ② 쇠퇴

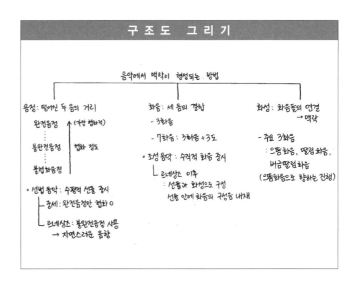

## [4~6] 2014학년도 9월 모평A 「동물의 길찾기」

**1** 동물은 <u>다양한</u> 방식으로 중요한 장소의 위치를 기억하고 이를 활용하여 자신의 은신처까지 길을 찾아올 수 있다. (동물의 길찾기 방식을 두 가지 이상 설명하겠군.) 동물의 길찾기: 중요한 장소의 위치를 활용해 은신처까지의 길을 찾아오는 것 동물의 길찾기 방법에는 '장소기억', '재정위', '경로적분' 등이 있다. (1) '장소기억'은(세 가지 방식을 차례로 설명하겠지? 각 방식의 공통점과 차이점에 주목하며 읽어 보자.) 장소의 몇몇 표지만을 영상 정보로 기억해 두었다가 그 영상과의 일치 여부를 확인하며 길을 찾는 방법이다. 기억된 영상은 어떤 각도에서 바라보는지에 따라 달라지기에, 이 방법을 활용하는 <u>꿀벌</u>은 특정 장소를 특정 각도에서 본 영상으로 기억해 두었다가 다시 그곳으로 갈 때는 자신이 보는 영상과 기억된 영상이 일치하도록 비행한다. (장소기억의 개념을 설명하고 이를 활용하는 꿀벌의 예를 들었어. 동일한 층위에 있는 대상은 동일한 방법으로 설명하는 경우가 많아. 그렇다면 이어서 다룰 재정위나 경로적분도 개념과 예시가 제시될 가능성이 높겠지?) 장소기억은 곤충과 포유류를 비롯한 많은 동물이 길찾기에 활용한다. (1) 장소기억: 장소의 몇몇 표지만을 영상 정보로 기억하고, 영상과의 일치 여부를 확인하며 길을 찾는 방법(ex. 곤충(꿀벌), 포유류)

**2** (2) '재정위'는 방향 기억이 헝클어진 상황에서도 장소의 기하학적 특징을 활용하여 방향을 다시 찾는 방법이다. <u>예를 들어,</u> (예상대로 개념을 설명하고 이를 활용하는 동물의 예를 들고 있어.) 직사각형 방에 갇힌 배고픈 <u>흰쥐</u>에게 특정 장소에만 먹이를 두고 찾게 하면, 긴 벽이 오른쪽에 있었는지와 같은 공간적 정보(장소의 기하학적 특징)만을 활용하여 먹이를 찾는다. 이런 정보는 흰쥐의 방향 감각을 혼란시킨 상황에서도 <u>보존</u>되는데, 흰쥐는 재정위 과정에서 장소기억 관련 정보를 무시한다. <u>하지만</u>(흰쥐와 달리 장소기억 관련 정보를 활용하는 경우가 제시되겠군.) 최근 연구에 따르면, <u>원숭이</u>는 재정위 과정에서 벽 색깔과 같은 장소기억 정보도 함께 활용한다는 점이 밝혀졌다. (2) 재정위: 장소의 기하학적 특징을 활용하여 방향을 찾는 방법(ex. 흰쥐(장소기억 무시), 원숭이(장소기억 활용))

**3** (3) '경로적분'은 곤충과 새의 가장 기본적인 길찾기 방법으로 이를 활용하는 능력은 타고나는 것으로 알려졌다. 예를 들어 먹이를 찾아 길을 나선 ㉠<u>사하라 사막의 사막개미</u>는 집 근처를 이리저리 <u>탐색</u>하다가 일단 먹이를 찾으면 집을 향해 거의 일직선으로 돌아온다. 사막개미는 장소기억 능력이 있지만 눈에 띄는 지형지물이 거의 없는 사막에서는 장소기억을 사용할 수 없기 때문에 경로적분을 활용한다. 사막개미의 이러한 놀라운 집찾기는 집을 출발하여 먹이를 찾아 이동하면서 자신의 위치에서 집 방향을 계속하여 다시 계산함으로써 가능하다. 가령, 그림에서 이동 경로를 따라 A에 도달한 사막개미가

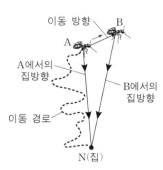

이동 방향 B
A
A에서의 집방향
B에서의 집방향
이동 경로
N(집)

먹이를 찾았다면 그때 파악한 집 방향 $\overrightarrow{AN}$으로 집을 향해 갈 것이다. 만약 A에서 먹이를 찾지 못해 B로 한걸음 이동했다고 가정하자. 이때 사막개미는 A에서 B로의 이동 방향과 거리에 근거하여 새로운 집 방향 $\overrightarrow{BN}$을 계산한다. 사막개미는 먹이를 찾을 때까지 이러한 과정을 반복하여 매 위치에서의 집 방향을 파악한다. (3) 경로적분: 이동 경로상의 매 지점에서 집 방향을 다시 계산하여 길을 찾는 방법(ex. 곤충(사막개미(지형지물 많을 때에는 장소기억 활용)), 새)

**4** <u>한편,</u> (마지막 문단에서의 '한편'은 주로 부수적인 정보가 덧붙을 것임을 뜻하지.) 이동 경로상의 매 지점에서 사막개미가 <u>방향을 결정하기 위해서는 기준이 있어야 한다.</u> 이 기준을 정하기 위해 사막개미는 <u>태양의 위치와 산란된 햇빛</u>을 함께 이용한다. 태양의 위치는 태양이 높이 떠 있거나 구름에 가려 보이지 않을 때는 유용하지 않다. 이때(태양의 위치를 이용할 수 없을 때) 결정적 도움을 주는 것이 산란된 햇빛 정보이다. 사막개미는 마치 하늘을 망원경으로 관찰하는 천문학자처럼 하늘을 끊임없이 관찰하고 있는 셈이다. 사막개미는 태양의 위치와 산란된 햇빛 정보를 이용해 방향 결정의 기준을 정하는군.

**4. ③**

3문단에 따르면 '사막개미는 장소기억 능력이 있지만 눈에 띄는 지형지물이 거의 없는 사막에서는 장소기억을 사용할 수 없기 때문에 경로적분을 활용'하므로, 지형지물이 많은 곳에서는 장소기억을 활용할 것이다.

① 4문단에 따르면 사막개미는 방향 결정의 기준을 정하는 데 '태양의 위치와 산란된 햇빛을 함께 이용'한다. 따라서 태양의 위치나 산란된 햇빛을 확인할 수 없는 암흑 속에서는 집 방향을 계산할 수 없을 것이다.

② 3문단에서 '곤충과 새의 가장 기본적인 길찾기 방법'인 경로적분을 활용하는 능력은 '타고나는 것'이라고 했으므로, 사막개미의 경로적분 능력은 학습을 통해 얻어진 것이라고 추론하는 것은 적절하지 않다.

④ 3문단에서 '먹이를 찾아 길을 나선 사하라 사막의 사막개미는 집 근처를 이리저리 탐색하다가 일단 먹이를 찾으면 집을 향해 거의 일직선으로 돌아온다.'라고 했다. 따라서 사막개미가 집으로 되돌아갈 때 왔던 경로를 따라 가는 것은 아니다.

⑤ 3문단에 따르면 사막개미는 '집을 출발하여 먹이를 찾아 이동하면서 자신의 위치에서 집 방향을 계속하여 다시 계산'하는 것이지, 집까지의 직선거리를 계산하는 것은 아니다.

**5. ③**

〈보기〉에서 병아리는 '재정위 과정에서 기하학적 특징만을 활용한다고 가정'했는데, 2문단을 통해 기하학적 특징이란 '긴 벽이 오른쪽에 있었는지와 같은 공간적 정보'임을 알 수 있다. 따라서 병아리는 먹이(A)를 중심으로 긴 벽이 왼쪽, 짧은 벽이 오른쪽에 있었다는 정보를 활용하여 A~D를 탐색할 것이다. 먹이를 중심으로 긴 벽이 왼쪽, 짧은 벽이 오른쪽에 있는 곳은 A와 C이므로 병아리는 이 두 곳을 집중적으로 탐색하고, 긴 벽이 오른쪽, 짧은 벽이 왼쪽에 있는 B와 D는 상대적으로 낮은 빈도로 탐색할 것이라고 추론할 수 있다.

**6. ① 보존  ② 탐색**

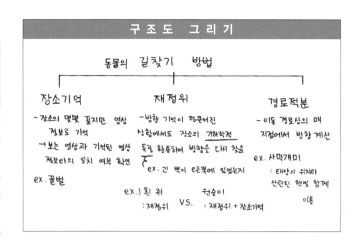

**[1~3] 2012년도 M/DEET 「심리적 이기주의와 윤리적 이기주의」**

① 우리는 다른 사람을 돕거나 심지어 목숨까지 바치는 행위를 이타적이라고 칭송한다. 그러나(이타적 행위에 대한 일반적인 인식과는 다른 관점이 제시되겠지?) 심리적 이기주의에 따르면 이타적인 행위는 없다. 인간의 모든('모든', '항상' 등은 예외가 없음을 의미하지!) 행위는 자기 자신의 이익을 위한 행위라고 주장하기 때문이다. 심리적 이기주의의 주장: 모든 행위는 자신의 이익을 위한 것, 이타적 행위 X

② 심리적 이기주의를 지지하는 논증에는 두 가지가 있다. (1)첫 번째 논증은 우리가 이기적인 행위를 했든 이타적인 행위를 했든 우리는 단지 가장 원하는 행위를 했으므로 이타적이라고 할 수 없다는 것이다. 자신이 가장 하고 싶은 일을 했을 뿐이므로 '이타적'이었다고 칭찬받아야 할 이유가 없다는 것이다. (2)두 번째 논증은 이타적으로 행동하면 사람들이 만족감을 얻는다는 사실에 근거한다. 아무리 이타적인 행위라고 해도 결국에는 자기만족을 위한 행위라는 것이다. 심리적 이기주의의 논증: (1) 자신이 가장 하고 싶은(원하는) 행위를 한 것이므로 이타적 X, (2) 이타적 행위도 결국 자기만족을 위한 행위임

③ ⊙이런 심리적 이기주의의 논증에는 결함이 있다. (심리적 이기주의의 논증은 완전하지 못하구나. 이어서 어떤 점에서 그러한지를 구체적으로 설명하겠지?) (1)첫 번째 논증은 사람들이 자신이 원하는 것 이외에는 아무것도 자발적으로 하지 않는다는 생각에 기초하고 있다. 하지만 이런 생각은 잘못된 것이다. 우리는 별로 하고 싶지 않은데도 그렇게 해야만 한다는 생각에서 행동할 때도 있기 때문이다. (2)두 번째 논증도 역시 결함이 있다. 어떤 사람이 어떤 행위를 한 동시에 그로부터 만족감을 얻는다는 사실은 그 사람이 만족감 때문에 그 일을 했다는 사실을 입증하지 않는다. 우리는 합격, 결혼, ⊙다른 사람을 돕는 일 등 다양한 일을 원하지만, 이 일을 성취했을 때 기분이 좋아지는 것은 부수적인 산물일 뿐 우리가 얻고자 했던 것은 아니기 때문이다. 다른 사람에게 관심이 없는 사람이라면 돕는 일을 아예 하지 않았을 것이다. 심리적 이기주의의 논증에 대한 비판: (1) 사람은 하기 싫지만 그렇게 해야만 한다는 생각에서 행동하기도 함, (2) 만족감은 부수적인 산물일 뿐 행위의 목적은 아님

④ 심리적 이기주의가 사람들이 어떤 행위를 실제로 하고 있는가에 관한 이론이라면, 윤리적 이기주의는 어떤 행위를 해야 하는가에 관한 규범적 이론이다. 심리적 이기주의는 우리가 언제나 자신의 이익을 추구한다고 주장하지만, 윤리적 이기주의는 우리가 실제로 자기 이익을 추구하든 안 하든 각 개인들은 오로지 자신의 이익만을 추구해야 한다고 주장한다. (심리적 이기주의와 대비되는 윤리적 이기주의의 주장이 제시되고 있어.) 곧 윤리적 이기주의는 우리가 실제로 어떻게 행동하고 있는지와 상관없이, 자신에게 이익이 되는 것을 하는 것이 우리의 의무라고 말한다. 그렇다고 해서 윤리적 이기주의가 다른 사람을 돕는 행위를 하지 말아야 한다고 말하지는 않는다. 다른 사람을 돕는 일이 나 자신의 이익을 도모하는 효과적인 수단이 될 수 있으므로 그런 행위를 금지하지 않는다.

또 윤리적 이기주의는 다른 사람이 어떻게 행동하든 상관하지 않는 이론은 아니다. 윤리 이론이라면 말하는 사람뿐만 아니라 모든 사람들이 어떻게 행동해야 하는가에 관한 이론이어야 하므로, 다른 사람들도 나처럼 각자의 이익을 추구해야 한다고 주장한다. 윤리적 이기주의의 주장: 자신의 이익을 추구하는 것은 사람의 의무이며, 모든 사람은 각자의 이익을 추구해야 함

⑤ 그러나 윤리적 이기주의는 실천적인 측면과 논리적인 측면에서 모두 심각한 문제점을 낳는다. (심리적 이기주의의 주장을 살펴본 다음 그 결함을 언급한 것처럼, 윤리적 이기주의에 대해서도 주장을 설명한 뒤 문제점을 다루려나 봐. 먼저 실천적인 측면의 문제점을 설명하고 다음으로 논리적인 측면의 문제점을 설명하겠지?) 먼저 윤리적 이기주의는 현실적으로 이익의 충돌을 해결할 수 없다. 서로 대결하는 두 사람 중 한 사람의 승리는 그의 이익이지만 상대방의 이익에는 위배되므로 그는 상대방을 확실히 제압할 때까지는 자신의 의무를 다하지 않은 것이 된다. 그런데 이것은 상대방 입장에서도 마찬가지이다. 윤리를 자기 이익이라는 관점에서 본다면 이렇게 이익이 충돌하는 경우에 대한 해결책이 결코 존재할 수 없으므로, 윤리적 이기주의는 수용하기 힘들다. 윤리적 이기주의에 대한 실천적인 측면의 비판: 이익이 충돌하는 경우에 대한 해결책 제시 X

⑥ 더 나아가 윤리적 이기주의는 논리적 모순에 빠지게 된다. A, B 두 사람의 대결을 생각해 보면, A가 자신을 제압하려는 B의 행동을 막는다면 A의 행위는 잘못된 행위이면서 동시에 잘못된 행위가 아니라고 말할 수밖에 없다. A는 B가 자신의 의무(B가 자신의 이익을 추구하는 것)를 다하지 못하게 막아야 하는데, 바로 그 행위가 A가 해야만 하는 일(A가 자신의 이익을 추구하는 것)이기 때문에 잘못인 것은 아니지만 동시에 B가 그 의무를 다하지 못하게 막는 것은 잘못이기 때문이다. 윤리적 이기주의에 대한 논리적인 측면의 비판 (1): 이익이 충돌하는 경우 논리적 모순에 빠짐

⑦ 마지막으로 윤리적 이기주의는, 윤리적 판단은 충분한 이유에 의해 뒷받침되어야 한다는 윤리 이론의 기본 조건을 만족시키지 못하고 있다. 성차별주의처럼 충분한 이유 없이 차별을 옹호하는 이론은 독단적이다. 윤리적 이기주의도 나의 이익을 다른 사람의 이익보다 더 중요하게 여길 특별한 이유가 없는데도 나의 이익을 더 중요하게 생각하라고 요구하기 때문에 독단적인 이론이 된다. 윤리적 이기주의에 대한 논리적인 측면의 비판 (2): 자신의 이익을 더 중요하게 여기라는 주장에 충분한 이유가 없어 윤리 이론의 기본 조건을 만족시키지 못하는 독단적인 이론임

**1. ⑤**

> 1문단에 따르면 심리적 이기주의는 '인간의 모든 행위는 자기 자신의 이익을 위한 행위라고 주장'한다. 반면 4문단에 따르면 윤리적 이기주의는 '우리가 실제로 자기 이익을 추구하든 안 하든 각 개인들은 오로지 자신의 이익만을 추구해야 한다고 주장'하므로, 윤리적 이기주의와 달리 심리적 이기주의는 우리가 자신의 이익을 추구하지 않을 때가 있을 수 있음을 인정하지 않는다고 할 수 있다.

① 1문단과 2문단에 따르면 심리적 이기주의는 '인간의 모든 행위는 자기 자신의 이익을 위한 행위'이고, '우리는 단지 가장 원하는 행위'를 할 뿐이라고 본다. 윗글에서 심리적 이기주의가 욕구와 당위성 사이에 갈등이 있음을 인정한다는 내용은 확인할 수 없다.

② 4문단에 따르면 윤리적 이기주의는 '어떤 행위를 해야 하는가에 관한 규범적 이론'으로, '자신에게 이익이 되는 것을 하는 것이 우리의 의무'라고 본다.

③ 2문단과 3문단에 따르면 우리가 '만족감' 때문에 행동한다는 것을 부인하는 것은 '심리적 이기주의의 논증에는 결함'이 있다고 비판하는 입장의 견해이며, '우리는 단지 가장 원하는 행위'를 한다고 보는 것은 '심리적 이기주의'의 견해이다.

④ 4문단에 따르면 윤리적 이기주의는 '어떤 행위를 실제로 하고 있는가'가 아닌 '어떤 행위를 해야 하는가'에 관한 이론이다.

**2. ①**

> 2문단과 3문단을 참고하면 ㉠(이런 심리적 이기주의의 논증에는 결함이 있다.)처럼 생각하는 사람은 '우리는 단지 가장 원하는 행위를 했으므로 이타적이라고 할 수 없'으며, '이타적인 행위라고 해도 결국에는 자기만족을 위한 행위'라는 심리적 이기주의의 주장을 비판한다. 또한 ㉠처럼 생각하는 사람은 '우리는 별로 하고 싶지 않은데도 그렇게 해야만 한다는 생각에서 행동할 때도 있'다고 보며, '다른 사람에게 관심이 없는 사람이라면 돕는 일을 아예 하지 않았을 것'이라고 보므로 ㉡(다른 사람을 돕는 일)에 대해 타인을 돕는 행위가 이기적이라고 단정지어 평가하지는 않을 것이다.

②, ③ 2문단과 3문단에 따르면 ㉠처럼 생각하는 사람은 '자신이 가장 하고 싶은 일을 했을 뿐이므로 '이타적'이었다고 칭찬받아야 할 이유가 없다'는 심리적 이기주의의 입장을 '잘못된 것'으로 보며, '우리는 별로 하고 싶지 않은데도 그렇게 해야만 한다는 생각에서 행동할 때도 있'다고 반박한다. 즉 ㉠처럼 생각하는 사람은 의무감에 의해 ㉡을 수행할 수도 있으며, ㉡을 수행한 사람은 칭찬받을 만하다고 생각하는 것이다.

④, ⑤ 3문단에 따르면 ㉠처럼 생각하는 사람은 ㉡을 성취했을 때 '기분이 좋아지는 것은 부수적인 산물일 뿐 우리가 얻고자 했던 것은 아니'라고 본다. 즉 ㉡을 통해 얻는 만족감은 돕는 행위를 했기 때문에 생긴 부수적 산물일 뿐, 만족감 때문에 돕는 행위를 한 것은 아니라고 보는 것이다.

**3. ① 성취 ② 위배**

---

구 조 도  그 리 기

○ 심리적 이기주의
: 모든 행위는 자신의 이익을 위한 것.
이타적 행위는 없음.
- 가장 원하는 행위를 했을 뿐
- 자기만족을 위한 행위일 뿐

- 하고 싶지 않아도 해야만 한다는
생각에 행위할 수 있음
- 만족감은 행위의 부수적 산물
목적은 아님

○ 윤리적 이기주의
: 모든 사람들은 각자의 이익을 위해
행위해야 함. (의무)

실천적 - 이익이 충돌하는 경우를
해결할 수 없음
논리적 - 이익의 충돌 상황에서 논리적
모순이 발생, 자신의 이익을
더 중요하게 여겨야 할 이유 없음

[4~6] 2009년도 LEET 「VOD」

**①** VOD(Video on Demand)는 사용자의 요청에 따라 서버가 네트워크를 통해 비디오 콘텐츠를 실시간으로 전송하고, 동시에 수신 측에서 이와 연동하여 이(비디오 콘텐츠)를 재생하는 서비스를 말한다. 콘텐츠가 실시간으로 전송될 때는 허용 시간 내에 데이터가 전달되는 것이 중요하므로, 공중파 방송처럼 데이터를 통신망으로 퍼뜨리는 형태를 취한다. VOD: 서버가 네트워크를 통해 비디오 콘텐츠 데이터를 통신망으로 퍼뜨리는 형태로 실시간 전송, 수신 측에서 이와 연동하여 재생 콘텐츠의 전송은 소프트웨어적으로 정의되는 채널을 통해 일어나는데, 한 채널은 콘텐츠 데이터 블록의 출구 역할을 하며 단위 시간당 전송하는 데이터의 양을 의미하는 '대역'으로 그 크기를 나타낸다. 채널: 콘텐츠 데이터 블록의 출구 역할, 크기는 대역(전송하는 데이터의 양/단위 시간)으로 나타냄 한편 한 서버가 가지는 수용 가능한 대역의 크기, 즉 최대 전송 능력을 '대역폭'이라고 하고 초당 전송 비트 수로 나타낸다. 서버의 대역폭(최대 전송 능력) = 전송 비트 수/초

**②** VOD의 여러 방법 가운데 사용자의 요청마다 각각의 채널을 생성하여 서비스하는 방법을 'RVOD(Real VOD)'라고 한다. (VOD 중에서도 RVOD로 화제가 좁혀졌어. '여러' 방법이 있다는 걸로 보아 뒤에서 RVOD 외에 다른 VOD의 방법을 설명할 수도 있겠네.) 각 전송 채널이 사용자별로 독립되어 있으므로 사용자가 직접 '일시 정지', '빨리 감기' 등과 같은 실시간 전송 제어를 할 수 있어 상대적으로 사용자의 편리성이 높고, 제한된 대역폭으로도 다양한 콘텐츠의 동시 서비스가 가능하다. 그러나(앞에서 RVOD의 장점을 다뤘다면, 이제 단점을 설명하려나 봐.) 동시 접속 사용자의 수에 비례하여 서버가 전송해야 하는 전체 데이터의 양이 증가하므로, 대역폭의 제한이 있는 상황에서는 동시 접속이 가능한 사용자의 수에 한계가 있다.

| RVOD | |
|---|---|
| 개념 | 사용자별로 전송 채널 생성하여 서비스 |
| 장점 | 실시간 전송 제어 가능, 제한된 대역폭으로 다양한 콘텐츠 동시 서비스 가능 |
| 단점 | 동시 접속 가능한 사용자의 수 제한 있음 |

**③** 이 단점을 극복하기 위해 제시된 NVOD(Near VOD)는 일정 시간 동안에 들어온 서비스 요청을 묶어 한 채널에 다수의 수신자가 동시에 접속되는 형태를 통해 서비스하는 방식이다. (RVOD의 한계를 보완하기 위한 VOD의 다른 방법이 소개되었어. 어떤 기술의 문제점을 제시한 다음, 이를 보완하거나 해결한 새로운 기술을 소개하는 것은 기술 지문의 흔한 구성 방식이니 기억해 두자.) NVOD의 한 채널은 동시 접속 수신자 수에 상관없이 일정한 대역을 필요로 하므로 동시 접속 사용자 수의 제한을 극복할 수 있지만,(RVOD의 단점은 극복했지만, NVOD에도 단점이 있다는 내용이 이어지겠군.) 사용자가 서비스를 받기 위해 일정 시간을 기다려야 하는 불편이 있다. 서비스 제공자의 입장에서 볼 때 사용자가 서비스 요청을 취소하지 않고 참을 수 있는 대기 시간을 '허용 대기 시간'이라고 하는데, 이것(허용 대기 시간)은 VOD의 질을 결정하는 중요한 요소이다. NVOD에서 사용자의 대기 시간이 허용 대기 시간

을 넘기면 질이 떨어질 위험이 있겠군.

| NVOD | |
|---|---|
| 개념 | 한 채널에 다수의 수신자가 동시 접속되는 형태로 서비스 |
| 장점 | 동시 접속 가능한 사용자의 수에 제한 없음 |
| 단점 | 사용자가 일정 시간을 기다려야 하는 불편 있음 |

**④** '시간 분할 NVOD'는 동일 콘텐츠가 여러 채널에서 시간 간격을 두고 반복 전송되도록 함으로써 대기 시간을 줄이는 방법이다. (NVOD의 한 유형인 시간 분할 NVOD로 화제가 좁혀졌어.) 사용자는 요청 시점 이후 대기 시간이 가장 짧은 채널에서 수신 대기하게 되고, 그 채널의 전송이 데이터 블록의 첫 부분부터 다시 시작될 때 수신이 시작된다. 이때 대기 시간은 서버의 채널 수나 콘텐츠의 길이에 따라 결정되는데, 120분 길이의 영화를 12개의 채널을 통하여 10분 간격으로 전송하면 대기 시간은 10분 이내가 된다. 대기 시간을 줄이려면 많은 수의 채널이 필요한데, 1분 이내로 만들려면 120개의 채널이 필요하다. NVOD의 유형 (1) 시간 분할 NVOD: 동일 콘텐츠를 여러 채널에서 시간 간격을 두고 반복 전송하여 대기 시간 조절

**⑤** '데이터 분할 NVOD'는 콘텐츠를 여러 데이터 블록으로 나누고 각각을 여러 채널에서 따로 전송하는 방법을 사용하여 대기 시간을 조절한다. 첫 번째 블록을 적당한 크기로 만들어, 이어지는 블록의 크기가 순차적으로 2배씩 증가하면서도 블록 수가 이용 가능한 채널 수만큼 되도록 전체 콘텐츠를 나눈다. 각 채널에서는 순서대로 할당된 블록의 전송을 동시에 시작하고, 각 블록의 크기에 따라 주기적으로 전송을 반복한다. NVOD의 유형 (2) 데이터 분할 NVOD: 콘텐츠를 여러 데이터 블록으로 나눔(채널 수만큼, 블록의 크기가 순차적으로 2배씩 증가하도록) → 여러 채널에서 할당된 블록 전송을 동시에 시작, 주기적으로 전송 반복하여 대기 시간 조절 수신 측은 요청 시점 이후 첫 번째 블록부터 순서대로 콘텐츠를 받게 되는데, 블록의 수신이 끝나면 이어질 블록이 전송되는 채널로 자동 변경되어 그 블록의 시작 부분부터 수신된다. 단,(수신에 있어서 예외적인 사항이나 조건이 있나 보네.) 채널의 대역이 콘텐츠의 재생에 필요한 것보다 2배 이상 커야만 이미 받은 분량이 재생되는 동안 이어질 블록의 수신이 보장되고 연속 재생이 가능하다. 수신 및 연속 재생의 조건: 채널의 대역이 콘텐츠 재생에 필요한 것보다 2배 이상 커야 함

**⑥** 이 방법(데이터 분할 NVOD)은 첫 블록의 크기가 상대적으로 작아지므로 대기 시간을 줄일 수 있다. 앞선 예에서 120분 분량을 2배속인 6개의 채널을 통해 서비스하면 대기 시간은 1분 이내가 된다. 따라서 시간 분할 방법에 비해 동일한 대역폭을 점유하면서도 대기 시간을 90% 이상 감소시킬 수 있으며, 대기 시간 대비 사용 채널 수가 줄어들어 한 서버에서 동시에 서비스 가능한 콘텐츠의 종류를 늘릴 수 있다. 하지만(데이터 분할 NVOD의 단점을 제시할 거야.) 전체 콘텐츠의 전송에 걸리는 시간이 콘텐츠의 전체 재생 시간의 절반 이하이므로 각 채널이 2배 이상의 전송 능력을 유지

해야 하며, 콘텐츠의 절반에 해당하는 데이터를 저장할 수 있는 공간이 수신 측에 반드시 필요하다. 데이터 분할 NVOD: [장점] ① 시간 분할 방법 비해 대기 시간↓, ② 동시 서비스 가능한 콘텐츠의 종류↑ / [단점] ① 각 채널이 2배 이상 전송 능력 유지해야 함, ② 수신 측에 콘텐츠의 절반만큼의 데이터 저장 공간 필요

⑦ NVOD는 공통적으로 대기 시간 조절을 위해 다중 채널을 이용하므로 서비스에 필요한 일정한 대역폭을 늘 확보해야 한다. 시간 분할 NVOD와 데이터 분할 NVOD의 공통점 따라서 콘텐츠당 동시 접속 사용자가 적을 경우에는 그리 효율적이지 못하다. 극단적으로 한 명의 사용자가 있을 경우라도 위의 예에서는 6개의 채널에 필요한 대역폭을 점유해야 하므로 네트워크 자원의 낭비가 심하다. NVOD의 경우 네트워크 자원을 낭비할 가능성이 있네.

## 4. ⑤

5문단에서 데이터 분할 NVOD는 '콘텐츠를 여러 데이터 블록으로 나누고 각각을 여러 채널에서 따로 전송'하는데, 이때 첫 번째 블록에서 '이어지는 블록의 크기가 순차적으로 2배씩 증가'하게 하며, '각 채널에서는 순서대로 할당된 블록의 전송을 동시에 시작하고, 각 블록의 크기에 따라 주기적으로 전송을 반복'한다고 했다. 즉 각 채널에 할당된 데이터 블록의 크기는 재생 순서에 따라 다음 채널로 넘어가면서 2배씩 증가하게 되므로, 그 전송 반복 시간 역시 2배씩 증가하게 될 것이다.

① 2문단에 따르면 RVOD에서는 '동시 접속 사용자의 수에 비례하여 서버가 전송해야 하는 전체 데이터의 양', 즉 '단위 시간당 전송하는 데이터의 양'인 대역이 증가한다.

② 5문단에서 데이터 분할 NVOD에서는 수신 측에서 '블록의 수신이 끝나면 이어질 블록이 전송되는 채널로 자동 변경'된다고 했다. 또한 4문단에 따르면 시간 분할 NVOD에서는 '동일 콘텐츠가 여러 채널에서 시간 간격을 두고 반복 전송'되며 이중 사용자는 '대기 시간이 가장 짧은 채널'에서 수신을 하게 되는 것이므로, 재생 중 수신 채널 변경은 필요하지 않다.

③ 4문단에서 시간 분할 NVOD는 '동일 콘텐츠'가 반복 전송된다고 했다. 또한 5문단에 따르면 콘텐츠를 '크기가 순차적으로 2배씩 증가'하는 '여러 데이터 블록'으로 나누어 각 채널에서 반복 전송하는 것은 데이터 분할 NVOD이다.

④ 5문단에 따르면 데이터 분할 NVOD에서는 '이어지는 블록의 크기가 순차적으로 2배씩 증가하면서도 블록 수가 이용 가능한 채널 수만큼 되도록' 콘텐츠를 나누므로, 데이터 블록의 크기는 사용 채널 수에 상관없이 결정될 수 있는 것이 아니다.

## 5. ③

2문단에 따르면 RVOD는 '다양한 콘텐츠의 동시 서비스가 가능'하지만 '동시 접속이 가능한 사용자의 수에 한계'가 있으므로, 서비스 요청자 수가 적은 '심야'에 활용하는 것이 바람직하다.

7문단에 따르면 NVOD는 공통적으로 '콘텐츠당 동시 접속 사용자가 적을 경우에는 그리 효율적이지 못하'므로, 서비스 요청자 수가 많은 '아침, 낮' 또는 '저녁, 밤'에 활용하는 것이 바람직하다.

이때 6문단에서 데이터 분할 NVOD는 '시간 분할 방법에 비해 동일한 대역폭을 점유하면서도 대기 시간을 90% 이상 감소시킬 수 있'고 '동시에 서비스 가능한 콘텐츠의 종류를 늘릴 수 있'다고 한 것을 고려하면, '아침, 낮', '저녁, 밤' 가운데 상대적으로 허용 대기 시간이 길고 요청 콘텐츠의 수가 적은 '아침, 낮'에 시간 분할 NVOD를 활용하고, '저녁, 밤'에 데이터 분할 NVOD를 활용하는 것이 바람직함을 추론할 수 있다.

## 6. ① 극복  ② 점유

---

### 구 조 도  그 리 기

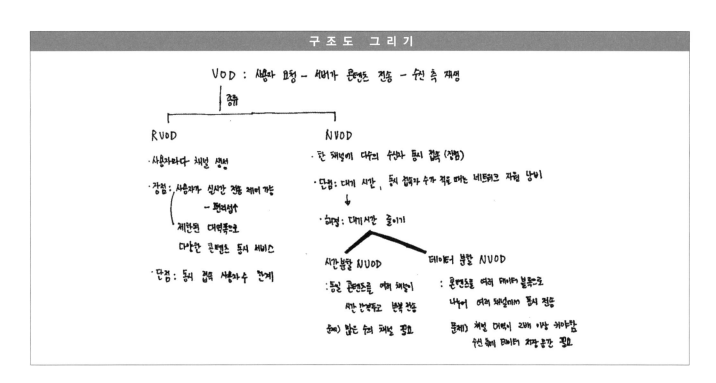

**[1~3] 2017학년도 7월 학평 「금리와 금전소비대차 계약」**

① 우리는 현금이나 예금 및 유가 증권을 일컫는 금융 자산을 관리하기 위해 금융 거래를 한다. (금융 거래의 목적: 금융 자산(현금, 예금, 유가 증권)을 관리하기 위함) 금융 거래는 개인과 금융 기관의 거래뿐만 아니라 개인과 개인 간에도 빈번히 일어나는데, 개인과 금융 기관 간에는 금리를 잘 따져봐야 하고, 개인과 개인 간에는 금전소비대차 계약에 대해 알아야 한다. (이어서 금리가 무엇이고 금전소비대차 계약이 무엇인지를 설명하면서, 이를 각각 개인과 금융 기관 간의 금융 거래와 개인과 개인 간의 금융 거래에 있어 알아두어야 하는 이유를 설명하겠지?)

② 금리란 원금에 대한 이자의 비율을 말하는 것으로 자금의 수요와 공급에 의해 결정되며, 자산의 증감에 영향을 미치는 중요한 요소이다. 자금의 수요와 공급 → 금리(원금에 대한 이자의 비율) 결정 → 자산의 증감에 영향 예금자의 입장에서는 같은 금액을 예금하더라도 금리의 방식, 즉 단리인지 복리인지에 따라 수익률이 다르다. 단리는 원금에 대해서만 이자가 붙지만, 복리는 원금과 이자를 모두 합친 금액에 이자가 붙는다. 예를 들어(금리의 방식에 따라 수익률이 다름을 설명한 후 예까지 들고 있어. 그렇다면 문제에서 물어볼 가능성이 크니, 앞에서 설명한 개념과 예시의 내용을 대응해 가며 정확히 이해해야겠지?) 원금 1,000만 원을 연 5% 금리로 2년간 예금하면 단리 이자는 매년 50만 원이다. 하지만 복리의 경우 첫해의 이자는 50만 원이나, 다음 해는 첫해의 이자가 포함된 1,050만 원(원금과 이자를 모두 합친 금액)에 5%의 금리를 적용하여 이자는 52만 5천 원이 되는 것이다. 즉 금리가 같다면, 원금이 커질수록 또 기간이 길어질수록 단리와 복리에 따른 금액의 차이는 커진다. 원금↑, 기간↑ → 단리와 복리에 따른 금액의 차이↑

[가]

| 원금 1,000만 원을 연 5% 금리로 2년간 예금 | |
|---|---|
| 단리 | • 원금에 대해서만 이자가 붙음<br>• [매년 이자] 1,000만 원 X 0.05 = 50만 원<br>→ 2년이 되는 날 원리금 합계 = 1,100만 원 |
| 복리 | • 원금과 이자를 모두 합친 금액에 이자가 붙음<br>• [첫해 이자] 1,000만 원 X 0.05 = 50만 원<br>[다음 해 이자] 1,050만 원 X 0.05 = 52만 5천 원<br>→ 2년이 되는 날 원리금 합계 = 1,102만 5천 원 |

③ 또한 금리로 인한 실제 수익률을 판단할 때에는 물가 변동률이 중요한 요소가 될 수 있다. 물가 변동률을 고려하지 않은 금리를 명목 금리라 하고, 물가 변동을 고려하여 명목 금리에 물가 변동률을 뺀 금리를 실질 금리라 한다. 실질 금리 = 명목 금리 - 물가 변동률 예를 들어, 철수가 100만 원을 연 10% 금리로 예금한다면 1년 뒤 원금에 이자를 포함한 원리금합계는 110만 원이 된다. 그런데 물가 상승률이 10%이면 원리금합계의 가치와 1년 전의 원금의 가치가 동일해지기 때문에 철수의 명목 금리는 10%이지만 실질 금리는 0%인 것이다. 명목 금리(10%) - 물가 변동률(10%) = 실질 금리(0%)

④ 금리는 예금자뿐 아니라 금융 기관으로부터 돈을 빌리는 사람에게도 중요하다. (1문단에서 개인과 금융 기관 간 금융 거래에 있어 금리를 잘 따져봐야 한다고 했어. 이후 2문단과 3문단에서는 예금자인 개인이 금리를 잘 따져봐야 하는 이유를 설명했다면, 지금부터는 금융 기관으로부터 돈을 빌리는 개인에게 금리가 중요한 이유를 설명할 건가봐!) 돈을 빌리면 대출 이자를 내게 되는데 일반적으로 금리가 오르면 대출 이자도 오른다. 금리↑ → 대출 이자↑ 따라서 금리에 따른 이자 부담을 줄이기 위해서는 고정 금리와 변동 금리를 따져봐야 한다. 고정 금리는 대출 기간에 금리가 변하지 않지만, 변동 금리는 적절한 금리 조정을 통해 금리가 계속 변한다. 고정 금리: 대출 기간 내 금리 변화 X vs. 변동 금리: 대출 기간 내 금리 변화 O 금리의 조정은 다양한 요인들에 의해 이루어지는데, 일부 금융 기관은 자체적으로 산출한 자금 조달 비용에 따라 변동 금리를 결정하기도 한다. 하지만(자체적으로 산출한 자금 조달 비용에 따라 변동 금리를 결정하는 일부 금융 기관을 제외한 나머지 금융 기관에서 금리를 조정하는 요인을 설명하겠지?) 대부분의 금융 기관들은 한국은행에서 발표하는 기준 금리를 반영하여 금리를 책정한다. 변동 금리를 결정하는 요인: (1) 금융 기관에서 자체적으로 산출한 자금 조달 비용에 따라 결정, (2) 기준 금리를 반영하여 결정 기준 금리는 한국은행의 금융통화위원회가 시중의 통화량을 조절하기 위해 매달 인위적으로 결정하는데, (기준 금리를 인위적으로 결정하는 목적: 시중의 통화량을 조절하기 위함) 경기 과열로 물가 상승의 우려가 있으면 기준 금리를 올려 경기를 안정시킨다. 또한 경기가 위축될 우려가 있으면 기준 금리를 낮추어 경기 활성화를 꾀한다. 기준 금리가 변하게 되면 금융 기관의 금리에 영향을 미쳐 변동 금리로 돈을 빌린 사람의 이자 부담은 커지거나 작아진다. (기준 금리가 오르면, 이를 반영해 변동 금리를 책정하는 금융 기관들의 변동 금리는 인상되겠지? 따라서 변동 금리로 돈을 빌린 사람의 이자 부담은 늘어날 테고!)

| 금융통화위원회의 기준 금리 결정 |
|---|
| 경기 과열로 물가 상승 우려 → 기준 금리 인상 → 경기 안정 |
| 경기 위축 우려 → 기준 금리 인하 → 경기 활성화 |

⑤ 금융 거래는 개인과 금융 기관 간의 거래뿐 아니라 개인 간에도 이루어진다. (이제 개인과 금융 기관 간의 금융 거래에서 금리가 중요한 이유에 대한 설명은 끝났고, 앞으로는 개인과 개인 간의 금융 거래에서 금전소비대차 계약에 대해 알아야 하는 이유를 설명하겠군!) 이때(개인과 개인 간의 금융 거래 시) 발생할 수 있는 갈등을 예방하기 위해 민법은 금전, 즉 돈을 빌려주는 것을 내용으로 하는 계약을 금전소비대차로 규정하고 관련 내용을 명시하고 있다. 금전소비대차 계약은 돈을 빌려주는 채권자와 돈을 빌리는 채무자의 합의를 우선시하는데, 금전소비대차 계약: 채권자와 채무자 간 돈을 빌려주는 것을 내용으로 하는 계약(합의를 우선시) 이때의 계약은 몇 가지 유의할 점이 있다. (금전소비대차 계약에서 유의할 점을 여러 가지 나열하겠지? 정리해가며 읽자!)

⑥ 첫째, 채권자와 채무자는 이자에 관한 사항을 서로 합의해야 한다. 이자 지급에 대한 합의가 이루어지지 않았을 때는 무이자

가 원칙이다. 그런데 만일 이자 지급에는 합의를 하였으나 이자율을 정하지 않았으면 연 5%의 법정 이자율이 적용된다. 금전소비대차 계약 시 유의 사항 (1): 이자에 관한 합의(이자 지급 미합의 시 무이자, 이자 지급 합의했으나 이자율 미합의 시 연 5%의 법정 이자율 적용) 둘째, 채무자가 돈을 갚지 못할 때를 대비해서 채권자가 요구하는 인적 담보와 물적 담보에 관한 사항을 명시해야 한다. 채권자는 인적 담보와 물적 담보 모두를 요구할 수 있는데 채무자 대신 돈을 갚아 줄 보증인을 제공하는 것을 인적 담보라 하고, 빚 대신 처분할 수 있는 물건을 제공하는 것을 물적 담보라 한다. 물적 담보는 채권자가 처분할 수 있어야 하므로 채무자의 소유이거나, 채무자의 소유가 아닌 다른 사람의 소유라면 소유자로부터 처분에 대한 약속을 받아야 한다. 금전소비대차 계약 시 유의 사항 (2): 인적 담보(채무자 대신 돈을 갚아 줄 보증인 제공)와 물적 담보(빚 대신 처분할 수 있는 물건 제공)에 관한 사항 명시 셋째, 돈을 갚을 날짜를 합의해야 한다. 돈을 갚기로 한 날 채무자는 채권자의 은행 계좌로 입금하면 되지만, 직접 만나 갚기로 할 경우 채권자가 고의로 나타나지 않거나, 받기를 거부하여 갚지 못한다면 사전에 합의가 없더라도 공탁 제도를 활용할 수 있다. 공탁은 채무자가 돈이나 유가 증권 등을 법원의 공탁소에 맡기는 것을 말한다. 공탁을 할 경우 그날 돈을 갚는 것과 같은 효과를 가져 상환 시기에 따른 분쟁을 피할 수 있다. 금전소비대차 계약 시 유의 사항 (3): 돈을 갚을 날짜 합의(채권자가 고의로 받지 않는다면 공탁 제도 활용 가능)

7 금전소비대차는 채무자가 빌린 돈을 갚으면 계약이 만료된다. 만약 채무자가 돈을 갚지 않으면 채권자는 계약 해제나 강제 집행을 통해 채무 내용에 대해 강제할 수 있다. 금전소비대차: 빌린 돈을 갚으면 계약 만료 → 채무자가 돈을 갚지 않으면 채권자가 채무 내용에 대해 강제할 수 있음 이때 자산보다 빚이 많아 빚을 갚을 능력이 없는 채무자를 돕기 위해 법원은 채무자 회생 및 파산에 관한 법률에 따라 개인 회생 제도와 개인 파산 제도를 시행하고 있는데, (개인 회생·파산 제도의 시행 목적: 빚을 갚을 능력이 없는 채무자(자산 < 빚)를 돕기 위함) 두 제도 모두 빚을 갚을 능력이 없다는 것을 법원으로부터 확인받아야 한다. 개인 회생 제도의 경우는 채무자가 지속적인 수입이 있을 때 신청할 수 있고, 개인 회생 제도를 신청할 당시의 수입에서 최저 생계비를 제외하고 법원이 정해 준 금액을 5년간 갚으면 나머지 빚은 면제된다. 그런데(전환! 빚을 갚을 능력이 없는 채무자를 위한 제도 중 개인 회생 제도를 설명했으니, 이제 개인 파산 제도에 대해 설명하겠군.) 채무자가 지속적 수입이 없을 경우에는 개인 파산 제도를 신청할 수 있다. 이때 채무자가 법원에 파산 신청을 먼저 하면 법원은 채무자에게 파산 선고를 하고, 채무자가 면책 선고까지 받으면 모든 채무는 없어진다. 이러한 제도로, 과도한 빚으로 인한 부담을 덜 수는 있겠지만 선고를 받기 전까지 채무자와 그 주변인이 감당해야 할 부담은 엄청나며, 선고를 받은 후에도 금융 기관과의 신용 거래에 불이익을 당하는 등 정상적으로 경제생활을 하기에 큰 어려움이 생길 수 있다.

| 빚을 갚을 능력이 없는 채무자를 돕기 위한 제도 | |
| --- | --- |
| 개인 회생 제도 | • 채무자의 지속적 수입 O<br>• 신청 당시 수입에서 최저 생계비를 제외하고 법원이 정한 금액을 5년간 갚으면 나머지 빚 면제 |
| 개인 파산 제도 | • 채무자의 지속적 수입 X<br>• 채무자가 파산 신청 → 법원이 채무자에게 파산 선고 → 채무자 면책 선고 받음 → 모든 채무 면제 |

**1. ⑤**

4문단에서 '일반적으로 금리가 오르면 대출 이자도 오른다.', '기준 금리가 변하게 되면 금융 기관의 금리에 영향을 미쳐 변동 금리로 돈을 빌린 사람의 이자 부담은 커지거나 작아진다.'라고 했다. 이를 참고하면 금융 기관에서 산출한 금리가 지속적으로 상승하면 변동 금리도 상승하여, 변동 금리로 대출을 받은 사람의 이자 부담은 커질 것이다.

① 4문단에서 '고정 금리는 대출 기간에 금리가 변하지 않'는다고 했다.

② 3문단에서 '명목 금리에 물가 변동률을 뺀 금리를 실질 금리'라고 했다. 물가 상승률이 명목 금리보다 낮으면 실질 금리가 0%보다 크므로 예금으로 자산을 증대할 수 있다.

③ 4문단에서 '경기가 위축될 우려가 있으면 기준 금리를 낮추어 경기 활성화를 꾀한다.'라고 했다. 따라서 금리 인하를 결정할 때 경기가 활성화된다.

④ 6문단에서 '공탁을 할 경우 그날 돈을 갚는 것과 같은 효과를 가져 상환 시기에 따른 분쟁을 피할 수 있다.'라고 했다.

**2. ⑤**

[가]에서 실질 금리는 '물가 변동을 고려하여 명목 금리에 물가 변동률을 뺀 금리'라고 했다. 〈보기〉에서 '물가 상승률은 매년 연 3%로 예측'된다고 했고, 단리 상품의 금리는 '연 8%', 복리 상품의 금리는 '연 5%'라고 했다. 이때 예금 후 1년이 되는 날에 적용되는 단리 상품의 실질 금리는 8% − 3% = 5%이고, 복리 상품의 실질 금리는 5% − 3% = 2%이므로 단리 상품과 복리 상품의 실질 금리는 같지 않다.

① [가]에서 '단리는 원금에 대해서만 이자가 붙는다'고 했다. 〈보기〉에서 A가 예금한 돈은 '1,000만 원'이고, 단리 상품의 금리는 '연 8%'라고 했으므로 A가 단리 상품에 예금하면 매년 원금인 1,000만 원의 8%인 80만 원을 이자로 받게 될 것이다.

② [가]를 통해 원리금합계는 '원금에 이자를 포함'한 것임을 알 수 있다. 〈보기〉에서 A는 '1,000만 원'을 예금했는데, 단리 상품의 금리는 '연 8%'이고 복리 상품의 금리는 '연 5%'이므로 1년 후에는 각각 80만 원과 50만 원을 이자로 받게 된다. 따라서 1년이 되는 날 단리 상품의 원리금합계는 1,000만 원 + 80만 원 = 1,080만 원이고, 복리 상품의 원리금합계는 1,000만 원 + 50만 원 = 1,050만 원이므로 복리 상품보다 단리 상품의 원리금합계가 더 많다.

③ [가]에서 실질 금리는 '물가 변동을 고려하여 명목 금리에 물가 변동률을 뺀 금리'라고 했다. 〈보기〉에서 단리 상품의 금리는 '연 8%'이고 물가 상승률은 '매년 연 3%로 예측'된다고 했는데, 이때 단리 상품의 금리는 '물가 변동률을 고려하지 않은' 명목 금리에 해당된다고 볼 수 있다. 따라서 A가 단리 상품에 예금한 뒤 1년이 되는 날의 실질 금리는 8% − 3% = 5%이다.

④ [가]에서 '복리는 원금과 이자를 모두 합친 금액에 이자가 붙는다.'라고 했다. 〈보기〉에서 A가 원금 '1,000만 원'을 예금했을 때 복리 상품의 금리는 '연 5%'이므로, 1년 뒤 원금(1,000만 원)에 이자(50만 원)를 합한 원리금합계는 1,050만 원이 된다. 따라서 그로부터 1년이 흐른 뒤, 즉 예금 후 2년이 되는 날에 발생하는 복리 상품의 이자는 원금과 이자를 모두 합친 금액인 1,050만 원의 5%에 해당하는 금액이 될 것이다.

3. ① 책정  ② 상환

---

**구 조 도  그 리 기**

금융 거래

**개인 - 금융 기관 ; 금리**

금리 : 원금에 대한 이자의 비율

[ 단리 - '원금'에 대해서만 이자
  복리 - '원금+이자'에 대해 이자 ]

[ 명목 금리 - 물가 변동률 고려 ✕
  실질 금리 - 물가 변동률 고려 ○
      (명목 금리 - 물가 변동률) ]

[ 고정 금리 - 대출 기간 중 변화✕
  변동 금리 - 대출 기간 중 변화○
      (자체 산출한 자금 조달 비용
       이 기준 금리에 따라) ]

**개인 - 개인 ; 금전소비대차 계약**

금전소비대차 계약 ; 채권자 - 채무자 합의 우선시

⊮ 계약 시 유의 사항
  ① 이자 ; 이자 지급 미합의 → 무이자
           이자율 미합의 → 연 5%
  ② 인적 담보, 물적 담보 명시
  ③ 상환 날짜 ; 채권자가 받지 않음으면
           공탁 제도 활용

⊮ 빚 갚을 능력 없는 채무자를 위해
  ① 개인 회생 제도 ; 채무자 지속적 수입 ○
     법원이 정한 금액 5년간 갚고 끝
  ② 개인 파산 제도 ; 채무자 지속적 수입 ✕
     (채무자 파산 신청 → 법원 파산 선고
      → 채무자 면책 선고 → 채무 면제)

MEMO

**[4~6] 2017년도 LEET 「성운을 통한 우주의 범위 확장」**

① 우주의 크기는 인류의 오랜 관심사였다. 천문학자들은 이(우주의 크기)를 알아내기 위하여 먼 별들의 거리를 측정하려고 하였다. <sub></sub>천문학자들은 우주의 크기를 알아내기 위해 먼 별들의 거리를 측정 18세기 후반에 허셜은 별의 '고유 밝기'가 같다고 가정한 뒤, 지구에서 관측되는 '겉보기 밝기'가 거리의 제곱에 비례하여 어두워진다는 사실을 이용하여 별들의 거리를 대략적으로 측정하였다. 그 결과 별들이 우주 공간에 균질하게 **분포**하는 것이 **아니라**,('아니라'의 뒤 내용에 집중!) 전체적으로 납작한 원반 모양이지만 가운데가 위아래로 볼록한 형태를 이루며 모여 있음을 알게 되었다. 이 경우, 원반의 내부에 위치한 지구에서 사방을 바라본다면 원반의 납작한 면과 나란한 방향으로는 별이 많이 관찰되고 납작한 면과 수직인 방향으로는 별이 적게 관찰될 것인데, 이는 밤하늘에 보이는 '은하수'의 특징과 **일치**한다. 이에 착안하여 천문학자들은 지구가 포함된 천체들의 집합을 '은하'라고 부르게 되었다. 별들이 모여 있음을 알게 된 이후에는 그 너머가 빈 공간인지 아니면 또 다른 천체가 존재하는 공간인지 의문을 갖게 되었으며, '성운'에 대한 관심도 커졌다. <sub>18c 후반 허셜: 별의 고유 밝기는 같다고 가정 + 겉보기 밝기는 거리에 비례해 어두워진다는 사실 이용해 별들의 거리 대략 측정 → 별들은 전체적으로 납작한 원반 모양이지만 가운데가 위아래로 볼록한 형태를 이루며 모여 있음(납작한 면과 나란한 방향: 별↑ vs. 납작한 면과 수직인 방향: 별↓) = 은하수의 특징 → 별 너머의 공간과 성운에 대한 관심 커짐</sub>

② 성운은 망원경으로 보았을 때, 뚜렷한 작은 점으로 보이는 별과는 다르게 얼룩처럼 번져 보인다. 성운이 우리 은하(지구가 포함된 천체들의 집합) 내에 존재하는 먼지와 기체들이고 별과 그 주위의 행성이 생성되는 초기 모습인지, 아니면 우리 은하처럼 수많은 별들이 모인 또 다른 은하인지는 오랜 논쟁거리였다. 앞의 가설(성운 = 우리 은하 내의 먼지와 기체들, 별과 행성들이 생성되는 초기 모습)을 주장한 학자들은(성운에 대한 논쟁을 구체적으로 설명할 건가 봐. 두 가지 가설에서 각각 주장하는 바를 정확히 파악하며 읽자!) 성운이 은하의 납작한 면 바깥에서는 많이 관찰되지만 정작 그 면의 안에서는 거의 관찰되지 않는다는 사실을 근거로 내세웠다. 그들에 따르면, 성운이란 별이 형성되는 초기의 모습이므로 이미 별들의 형성이 완료되어 많은 별들이 존재하는 은하의 납작한 면 안에서는 성운이 거의 관찰되지 않는다.

| 성운에 대한 가설 (1): 성운은 **우리 은하** 내의 먼지와 기체들로 별과 그 주위의 행성이 생성되는 초기 모습 |
| --- |
| • 근거: 성운이 은하의 납작한 면 **바깥**에 많고 납작한 면 **안**에는 거의 없음 |
| • 성운이 은하의 납작한 면 안에 거의 없는 이유: 성운은 별 형성 **초기** 모습이므로, 별 형성이 **완료**된 납작한 면 안에서는 거의 관찰되지 않는 것임 |

**반면에**(성운에 대한 뒤의 가설을 설명하겠지?) 이들과 반대되는 가설(성운 = 또 다른 은하)을 주장한 학자들은 원반 모양의 우리 은하를 멀리서 비스듬한 방향으로 보면 타원형이 되는데, 많은 성운들도 타원 모양을 띠고 있으므로 우리 은하처럼 독립적인 은하일 것이라고

생각하였다. 그들에 따르면, 성운이 우주 전체에 고루 퍼져 있음에도 우리 은하의 납작한 면 안에서 거의 관찰되지 않는 이유는 납작한 면 안의 수많은 별과 먼지, 기체들에 의해 약한 성운의 빛이 가려졌기 때문이다.

| 성운에 대한 가설 (2): 성운은 수많은 별들이 모인 **독립적인 은하** |
| --- |
| • 근거: 우리 은하처럼 많은 성운들도 **타원** 모양임 |
| • 성운이 은하의 납작한 면 안에 거의 없는 이유: 별, 먼지, 기체들이 약한 성운의 빛을 가리기 때문 |

③ **두 가설 중 어느 것이 맞는지**는 지구와 성운 사이의 거리를 측정하면 알 수 있다. (지금부터는 지구와 성운 사이의 거리 측정을 통해 두 가설 중 어느 것이 맞는지를 밝히겠지?) 이 거리를 측정하는 방법은 밝기가 변하는 별인 변광성의 연구로부터 나왔다. 주기적으로 밝기가 변하는 변광성 중에는 쌍성이 있는데, 밝기가 다른 두 별이 서로의 주위를 도는 쌍성은 지구에서 볼 때 두 별이 서로를 가리지 않는 시기, 밝은 별이 어두운 별 뒤로 가는 시기, 어두운 별이 밝은 별 뒤로 가는 시기마다 각각 관측되는 밝기에 차이가 생긴다. 이 경우에 별의 밝기는 시간에 따라 대칭적으로 변화한다. 한편, (전환!) 또 다른 특성을 지닌 변광성도 존재하는데, 이 변광성의 밝기는 시간에 따라 비대칭적으로 변화한다. 이와 같은 비대칭적 밝기 변화는 두 별이 서로를 가리는 경우와 다른 것으로, 별의 중력과 복사압 사이의 불균형으로 인하여 별이 팽창과 수축을 반복할 때 방출되는 에너지가 주기적으로 변화하며 발생한다. 이러한 변광성을 세페이드 변광성이라고 부른다. ('변광성', '쌍성', '세페이드 변광성' 등 새로운 개념들이 연달아 제시되었어. 변광성의 연구로부터 지구와 성운 사이의 거리를 측정하는 방법이 나왔다고 했으니, 이 점을 설명하기 위한 사전 정보를 제시한 거겠지? 이때 '복사압', 별의 '팽창과 수축' 등에 대해서는 필요하다면 더 설명해줄 거야. 그렇지 않다면 써준 대로 별의 중력과 복사압 사이의 불균형 때문에 별이 팽창과 수축을 반복한다는 인과 관계만 정확히 이해하면 돼! 그럼 설명해 준 개념들부터 차근히 정리해 보자.)

| 변광성: 주기적으로 **밝기**가 변하는 별 |
| --- |
| (1) 쌍성: 별의 밝기가 시간에 따라 **대칭적**으로 변화(∵ **밝기**가 다른 두 별이 서로를 가리는 경우에 따라 발생) |
| (2) 세페이드 변광성: 별의 밝기가 시간에 따라 **비대칭적**으로 변화(∵ 별의 중력과 복사압 사이의 **불균형**으로 인해 별이 팽창·수축을 반복할 때 방출되는 에너지가 주기적으로 변화하며 발생) |

④ 1910년대에 마젤란 성운에서 25개의 세페이드 변광성이 발견되었다. 이들(세페이드 변광성)은 최대 밝기가 밝을수록 밝기의 변화 주기가 더 길고, 둘 사이에는 수학적 관계가 있음이 알려졌다. 이러한 관계(최대 밝기↑ → 밝기의 변화 주기↑)가 모든 세페이드 변광성에 대해 유효하다면, 하나의 세페이드 변광성의 거리를 알 때 다른 세페이드 변광성의 거리는 그 밝기 변화 주기로부터 고유 밝기를 밝혀내어 이를 겉보기 밝기와 비교함으로써 알 수 있다. 이를 바탕으로 어떤 성운에 속한 변광성을 찾아 거리를 알아냄으

로써 그 성운의 거리도 알 수 있게 되었는데, 하나의 세페이드 변광성 거리를 알면, 다른 세페이드 변광성의 거리도 알 수 있음 → 어떤 성운에 속한 변광성의 거리를 알아내면 그 성운의 거리도 알 수 있음 1920년대에 허블은 안드로메다 성운에 속한 세페이드 변광성을 찾아내어 그 거리를 계산한 결과 지구와 안드로메다 성운 사이의 거리가 우리 은하 지름의 열 배에 이른다고 밝혔다. 이로부터 성운이 우리 은하 바깥에 존재하는 독립된 은하임이 분명해지고, 우주의 범위가 우리 은하 밖으로 확장되었다. (세페이드 변광성을 통해 지구와 성운 사이의 거리를 측정함으로써, 성운에 대한 두 번째 가설이 적절함을 알 수 있었고 우주의 범위는 우리 은하 밖으로 확장되었어!)

## 4. ②

2문단에서 성운이 '별과 그 주위의 행성이 생성되는 초기 모습'인지 '독립적인 은하'인지에 대한 논쟁이 제시되었는데, 4문단에서 성운이 '우리 은하 바깥에 존재하는 독립된 은하'임이 밝혀졌으므로, 안드로메다 성운을 별 주위에 행성이 생성되는 초기의 모습으로 보는 것은 적절하지 않다.

① 2문단의 '성운이 우주 전체에 고루 퍼져 있음에도 우리 은하의 납작한 면 안에서 거의 관찰되지 않는 이유는 납작한 면 안의 수많은 별과 먼지, 기체들에 의해 약한 성운의 빛이 가려지기 때문이다.'를 통해 알 수 있다.

③ 2문단의 '성운이 은하의 납작한 면 바깥에서는 많이 관찰되지만 정작 그 면의 안에서는 거의 관찰되지 않는다'와 '성운이 우주 전체에 고루 퍼져 있음에도 우리 은하의 납작한 면 안에서 거의 관찰되지 않는' 등을 통해 알 수 있다.

④ 1문단의 '별들이 우주 공간에 균질하게 분포하는 것이 아니라, 전체적으로 납작한 원반 모양이지만~이는 밤하늘에 보이는 '은하수'의 특징과 일치한다.'를 통해 밤하늘에 은하수가 관찰되는 이유는 우리 은하가 원반 모양이기 때문임을 알 수 있다.

⑤ 2문단의 '이들과 반대되는 가설(성운은 우리 은하처럼 독립적인 은하임)을 주장한 학자들은 원반 모양의 우리 은하를 멀리서 비스듬한 방향으로 보면 타원형이 되는데, 많은 성운들도 타원 모양을 띠고 있으므로 우리 은하처럼 독립적인 은하일 것이라고 생각하였다.'를 통해 알 수 있다.

## 5. ③

3문단에서 '밝기가 다른 두 별이 서로의 주위를 도는 쌍성'은 '시기마다 각각 관측되는 밝기에 차이'가 있다고 한 것을 고려하면, 〈보기〉의 A에서 밝기가 100%인 시기는 '두 별이 서로를 가리지 않는 시기'이며, ⓐ는 '어두운 별이 밝은 별 뒤로' 가서 밝은 별이 어두운 별을 가려 어두운 별의 밝기만큼 밝기가 낮아진 시기임을 알 수 있다.

① 3문단에 따르면 세페이드 변광성의 '밝기는 시간에 따라 비대칭적으로 변화'한다. 하지만 〈보기〉에서 A는 밝기가 대칭적으로 변화하고 있으므로 세페이드 변광성이 아닌 쌍성이다.

② 3문단에 따르면 '두 별'로 구성된 변광성은 '쌍성'이며, 이는 '밝기가 다른 두 별이 서로의 주위를 도는' 것이라고 했다. 하지만 〈보기〉의 B는 별의 밝기가 '시간에 따라 비대칭적으로 변화'하므로 쌍성이 아닌 세페이드 변광성이다.

④ 4문단에서 '마젤란 성운'에서 발견된 '25개의 세페이드 변광성'에서 나타난 관계가 '모든 세페이드 변광성에 대해 유효하다면, 하나의 세페이드 변광성의 거리를 알 때 다른 세페이드 변광성의 거리는 그 밝기 변화 주기'를 통해 알 수 있다고 했을 뿐, 윗글에서 쌍성을 통해 변광성의 거리를 알 수 있는지는 언급하지 않았다. 따라서 쌍성에 해당하는 〈보기〉A의 ⓑ를 측정하여 A의 거리를 알 수는 없다.

⑤ 1문단에서 겉보기 밝기는 '지구에서 관측'되는 밝기라고 했을 뿐, 최대 겉보기 밝기를 알기 위해 세페이드 변광성의 밝기 주기인 ⓒ를 알아야 한다고 하지는 않았다. 4문단에 따르면 ⓒ로부터 밝혀낼 수 있는 것은 '고유밝기'이다.

## 6. ① 분포 ② 일치

### 구 조 도 그 리 기

성운을 통한 우주의 크기 확장

- 우주에 대한 관심↑ → 크기 측정 (by 별의 거리 측정)
  - 은하의 존재 확인 : 18C 허블
  - 성운에 대한 관심↑
- 성운은
  ① 우리 은하 내의 먼지, 기체
  ② 또 다른 은하
  ⇒ 세페이드 변광성 거리를 측정하여 가설 확인 가능
  - 세·변 사이의 수학적 관계 이용
  - 1920s 허블 : 안드로메다 성운의 세·변 거리 측정
- 우리 은하 지름의 열 배 거리에 있는 성운의 세·변
  : ②번 가설이 맞음
  → 우주의 범위 확장됨

## [1~3] 2017년도 LEET 「복지 수준에 대한 도덕철학적 입장」

**1** 개인의 복지 수준이 향상되었다거나 또는 한 개인의 복지 수준이 다른 사람보다 높다고 할 때, 이는 무엇을 의미하는가? 이 물음에 대한 답변은 인간 복지의 본성이나 요건에 대한 이해를 요구하는데, 이(인간 복지의 본성이나 요건에 대한 이해)와 관련된 대표적인 도덕철학적 입장은 다음과 같다.

**2** 첫째, (친절한 글쓴이네. 표지에 주목하여 각각의 입장이 제시될 때마다 구분해 가며 읽어 보자!) '쾌락주의적 이론'은 긍정적인 느낌으로 구성된 심리 상태인 쾌락의 정도가 복지 수준을 결정한다고 본다. 어떤 개인이 느끼는 쾌락이 증진될 때 그의 복지가 향상된다는 것이다. 둘째, '욕구 충족 이론'은 개인이 욕구하는 것이 충족되는 정도에 따라 복지 수준이 결정된다고 본다. 어떤 개인이 지닌 욕구들이 좌절되지 않고 더 많이 충족될 때 그의 복지가 향상된다는 것이다. 셋째, '객관적 목록 이론'은 개인의 삶을 좋게 만드는 목록을 기준으로 그것이 실현되는 정도에 따라 복지 수준이 결정된다고 본다. 그러한 목록에는 통상적으로 자율적 성취, 지식, 친밀한 인간관계, 미적 향유 등이 포함되는데, 그것의 내재적 가치는 그것이 개인에게 쾌락을 주는지 또는 그것이 개인에 의해 욕구되는지 여부와는 직접적 관련이 없다. 이 중에서 '쾌락주의적 이론'과 '객관적 목록 이론'은 어떤 것들이 내재적 가치가 있는지를 말해 준다는 점에서 실질적인 복지 이론이며, '욕구 충족 이론'은 사람들에게 좋은 것들을 찾아내는 방법을 알려주지만 그것들이 무엇인지를 말해 주지 않는다는 점에서 형식적인 복지 이론이라고 할 수 있다. 복지의 본성이나 요건에 대한 여러 도덕철학적 입장을 제시하고, 이를 분류했네. 정리해 볼까?

| 실질적인 복지 이론 | · 어떤 것들이 내재적 가치가 있는지를 말해 줌 |
| | · 쾌락주의적 이론: 쾌락의 정도가 복지 수준 결정 |
| | · 객관적 목록 이론: 개인의 삶을 좋게 만드는 목록이 실현되는 정도에 따라 복지 수준 결정 |
| 형식적인 복지 이론 | · 좋은 것을 찾아내는 방법을 알려줌 |
| | · 욕구 충족 이론: 개인이 욕구하는 것이 충족되는 정도에 따라 복지 수준 결정 |

**3** 이러한 복지 이론들 중에서 많은 경제학자들의 지지를 받는 것은 '욕구 충족 이론'이다. 그들(경제학자)은 이 이론을 바탕으로 복지 수준의 높고 낮은 정도를 평가할 수 있다고 본다. 경제학자들은 복지 수준의 정도를 평가할 수 있기 때문에 욕구 충족 이론을 지지했구나. 그리고 우리가 직관적으로 복지의 증가에 해당한다고 믿는 모든 활동과 계기들이 쾌락이라는 심리 상태를 항상 동반하는 것은 아니기 때문에 '쾌락주의적 이론'은 복지에 관해서 너무 협소하다고 비판하면서 더 개방적인 입장을 가져야 한다고 주장한다. (이 글은 앞서 제시한 세 가지 이론을 대등하게 설명하고자 한 것이 아니라, 욕구 충족 이론의 관점에 대해 구체적으로 설명하기 위해 나머지 두 이론을 비교 개념으로 제시한 것으로 볼 수 있겠네.) 욕구의 대상이 현실에서 구현되는 것이 중요하지 그 구현 사실이 인식되어 개인들이 어떤 느낌(쾌락)을 갖게 되는 것이 필수

적이지는 않다고 보기 때문이다. 그 이론(욕구 충족 이론)의 옹호자들은 '객관적 목록 이론'도 한계를 지니고 있다고 비판한다. 복지 목록에 있는 항목들이 대체로 개인들의 복지에 기여한다는 점은 인정할 수 있지만 그 항목들이 복지에 기여하는 이유에 대해서는 제대로 해명하지 못하고 있다는 것이다. 또한(객관적 목록 이론을 비판하는 또 다른 이유가 제시되겠지?) 개인들이 실제로 욕구하는 것들 중에는 그 목록에 포함되지 않지만 복지에 기여하는 경우도 있다는 것이다. 욕구 충족 이론의 입장에서 본 쾌락주의적 이론과 객관적 목록 이론의 한계를 정리해보자.

| 쾌락주의적 이론의 한계 | · 복지 증가에 해당한다고 믿는 모든 활동, 계기가 쾌락을 항상 동반하지는 않음 → 협소한 관점임 |
| 객관적 목록 이론의 한계 | · 목록의 항목들이 복지에 기여하는 이유를 해명하지 못함 |
| | · 목록에 포함되지 않지만 복지에 기여하는 경우도 있음 |

**4** 하지만 이러한 '욕구 충족 이론'도 다음과 같은 문제점을 갖고 있다. 첫째, 욕구의 충족과 복지가 어느 정도 연관성이 있기는 하지만 모든 욕구의 충족이 복지에 기여하는 것은 아니라는 문제가 있다. 사람들이 정보의 부족이나 잘못된 믿음으로 자신에게 나쁜 것을 욕구할 수 있으며, ㉠타인의 삶에 대해 내가 원하는 것이 이루어졌다고 할지라도 그것이 나의 복지 증진과는 무관할 수 있기 때문이다. 둘째, 사람들이 타인에 대한 가학적 욕구와 같은 반사회적인 욕구를 추구하는 경우도 문제가 된다. 셋째, ㉡개인이 일관된 욕구 체계를 갖고 있지 않아서 욕구들 사이에 충돌이 발생할 때 이를 해결하기 어렵다는 문제가 있다. 욕구 충족 이론의 문제점: (1) 모든 욕구 충족이 복지에 기여 X, (2) 반사회적인 욕구를 추구하는 경우 문제가 됨, (3) 욕구들 사이에 충돌 발생 시 해결하기 어려움

**5** 이러한 문제들에 대응하는 방식으로는(문제점이 제시되면 이어서 이를 해결하는 방안이 제시되는 경우가 많아.) '욕구 충족 이론'을 버리고 다른 복지 이론을 수용하는 방식도 있지만 그 이론을 변형하는 방식도 있다. '욕구 충족 이론'과 구별되는 '합리적 욕구 충족 이론'은 개인들이 가진 모든 욕구들의 충족이 아니라, 관련된 정보에 입각하여 타인이 아닌 자기에게 이익이 되는 합리적인 욕구의 충족만이 복지에 기여한다고 본다. 이것은 사람들이 욕구하는 것이 합리적이라면 그것이 바로 좋은 것이라는 입장이다. 이 이론은 '욕구 충족 이론'이 봉착한 난점들을 상당히 해결해 준다는 점에서 장점을 갖고 있다. 하지만(합리적 욕구 충족 이론도 한계점(문제점)이 있나 봐.) 이 이론은 어떤 욕구가 합리적인지에 대해 답변을 해야 하는 부담을 안고 있다. 만약 이 이론의 옹호자가 이에 대한 답변을 시도한다면 이 이론은 형식적 복지 이론에서 실질적 복지 이론으로 한 걸음 나아가게 된다. 욕구 충족 이론의 문제들에 대응하기 위해 이를 변형한 합리적 욕구 충족 이론에 대해 설명했어. 이를 정리해 볼까?

| 입장 | 자기에게 이익이 되는 합리적인 욕구의 충족만이 복지에 기여함 |
| 장점 | 욕구 충족 이론의 문제점을 상당히 해결해 줌 |
| 한계 | 어떤 욕구가 합리적인지에 대한 답변이 요구됨 |

## 1. ②

2문단에 따르면 욕구 충족 이론은 '개인이 욕구하는 것이 충족되는 정도에 따라 복지 수준이 결정'된다고 보는데, 3문단에서 '이 이론(욕구 충족 이론)을 바탕으로 복지 수준의 높고 낮은 정도를 평가할 수 있다'는 점에서 경제 학자들의 지지를 받은 것을 고려하면, 욕구 충족 이론은 개인들 간의 복지 수준을 서로 비교할 수 있다고 볼 것이다.

① 2문단에 따르면 쾌락주의적 이론은 '개인이 느끼는 쾌락이 증진될 때 그의 복지가 향상'된다고 보므로, 개인의 쾌락이 감소하면 복지도 감소한다고 볼 것이다.

③ 2문단에서 객관적 목록 이론은 '개인의 삶을 좋게 만드는 목록을 기준으로 그것이 실현되는 정도에 따라 복지 수준이 결정'된다고 보는데, 이 목록의 '내재적 가치는 그것이 개인에게 쾌락을 주는지' 등의 여부와는 직접적 관련이 없다고 했다. 따라서 객관적 목록 이론은 쾌락이 증가하더라도 복지 수준은 변하지 않을 수 있다고 볼 것이다.

④ 2문단에 따르면 객관적 목록 이론은 '개인의 삶을 좋게 만드는 목록을 기준으로 그것이 실현되는 정도에 따라 복지 수준이 결정'된다고 보는데, 이는 '어떤 것들이 내재적 가치가 있는지를 말해 준다는 점에서 실질적인 복지 이론'이다. 즉 객관적 목록 이론은 내재적 가치를 지닌 것들이 복지를 증진할 수 있다고 볼 것이다.

⑤ 5문단에 따르면 합리적 욕구 충족 이론은 '개인들이 가진 모든 욕구들의 충족이 아니라, 관련된 정보에 입각하여 타인이 아닌 자기에게 이익이 되는 합리적인 욕구의 충족만이 복지에 기여'한다고 보는 이론이다.

## 2. ⑤

2문단에 따르면 욕구 충족 이론은 '개인이 욕구하는 것이 충족되는 정도에 따라 복지 수준이 결정'된다고 보므로, (다)에서 병이 자신의 욕구에 따라 백인에게만 의약품을 분배하여 인종 차별적 성향을 충족시켰다면 이는 병의 복지가 증진된 사례로 볼 것이다.

① 4문단을 참고할 때, (가)는 '타인의 삶에 대해 내가 원하는 것(낯선 사람의 질병이 낫기를 원함)이 이루어졌'지만, '그것이 나의 복지 증진과는 무관(그의 질병이 나았다는 사실이 갑에게 아무런 영향도 주지 않음)'한 경우이므로 ⊙(타인의 삶에 대해 내가 원하는 것이 이루어졌다고 할지라도 그것이 나의 복지 증진과는 무관할 수 있기 때문이다.)의 사례로 활용할 수 있다.

② 2문단과 5문단을 참고할 때, (가)에서는 갑의 '쾌락이 증진'되지 않았으며, '자기에게 이익이 되는 합리적인 욕구의 충족' 역시 이루어지지 않았으므로 쾌락주의적 이론과 합리적 욕구 충족 이론 모두의 관점에서 (가)를 갑의 복지가 증진된 사례로 활용할 수 없다.

③ 4문단을 참고할 때, (나)에서 을은 '욕구들 사이에 충돌이 발생(공부하기를 원하면서도 파티에 참석하기도 원함)'하여 이를 해결하지 못하고 갈등하고 있는 상황이므로 ⓛ(개인이 일관된 욕구 체계를 갖고 있지 않아서 욕구들 사이에 충돌이 발생할 때 이를 해결하기 어렵다)의 사례로 활용할 수 있다.

④ 2문단에 따르면 객관적 목록 이론은 '개인의 삶을 좋게 만드는 목록을 기준으로 그것이 실현되는 정도에 따라 복지 수준이 결정된다'고 보지만, 목록에 있는 항목들 간의 우선순위를 설정하고 있지는 않다. 따라서 (나)에 나타난 갈등은 객관적 목록 이론으로 해결하기 어려울 것이다.

## 3. ① 기여 ② 입각

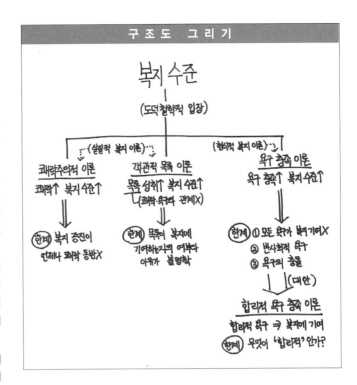

구 조 도 그 리 기

## [4~6] 2010년도 LEET 「계통수 작성법」

① **다윈 이전의 시대에는** 따개비를 연체동물에 속하는 삿갓조개류와 계통상 가깝다고 생각했다. (다윈 이전의 시대와 달리 그 이후에는 따개비를 연체동물 중 삿갓조개류와 **계통상** 가깝다고 생각하지 않았다는 거겠지?) 따개비는 해안가 바위의 부착 생물로 패각을 가지며 작은 분화구 모양을 띠고 있어 **외견상** 삿갓조개류와 유사하다. **하지만** 오늘날에는 따개비가 절지동물 중 게, 새우와 계통상 가까운 것으로 보고 있다. (예상대로 상반되는 내용이 이어질 때 사용하는 접속어 '하지만'을 통해 다윈 이전의 시대와는 달리 오늘날에는 따개비를 **절지동물** 중 게, 새우와 가깝다고 본다는 내용이 제시되었어!) 조류의 경우에도 깃털과 날개의 존재, 이빨의 부재 등 파충류와는 외형상 **극명한** 차이가 있어 계통상 거리가 먼 것으로 보았다. **그러나** (조류가 파충류와 계통상 가깝다는 내용이 이어질 거야.) 최근의 계통분류학적 연구 결과들은 가슴쇄골이 작고 두 발로 뛰어다녔던 공룡의 일족으로부터 조류가 진화했다는 파충류 기원설을 지지하고 있다.

② 이와 같이 생물의 계통유연관계가 바뀐 예들을 찾는 것은 그리 어려운 일이 아니다. 계통상 멀고 가까운 정도를 계통유연관계라고 하는군! 생물의 계통유연관계가 바뀐 예: 따개비(연체동물인 삿갓조개류와 가까움 → 절지동물인 게, 새우와 가까움), 조류(파충류와 거리가 멂 → 파충류 기원설) 그 변화는 주로 계통수(系統樹) 작성 시 이용되는 자료의 종류와 계통수 작성법의 차이에 **기인**한다. 인접 학문의 발전에 힘입어 분자 정보나 초미세 구조와 같은 새로운 정보들이 추가되면서 계통수 작성 시 이용되는 자료가 양적으로 풍부해지고 질적으로 향상되었다. 더불어 새로운 계통수 작성법의 개발과 기존 방법의 지속적 개선이 계통유연관계의 변화를 촉발시키는 동인이 되어 왔다. 계통유연관계 변화의 원인: (1) 계통수 작성 시 이용되는 자료의 양적·질적 향상, (2) 새로운 **계통수** 작성법 개발 및 기존 방법의 지속적 개선

③ 오늘날 사용되는 계통수 작성법들은 '거리 행렬'이나 '최대 단순성 원리', 또는 '확률'에 기반을 두고 있다. 수리분류학자들은 분류군 간의 형질 차이를 나타내는 (1) **거리 행렬을 이용하여 계통수를 작성**한다. (거리 행렬에 기반을 둔 계통수 작성법을 설명했으니, 이후에 **최대 단순성 원리**, **확률**에 기반을 둔 방법에 대해서도 차례로 설명하겠지?) 이들은 관찰된 모든 분류학적 형질을 이용하며, 주관성과 임의성을 배제하기 위해 **수리적 기법**을 도입하여 사용한다. (1) 거리 행렬(분류군 간의 **형질** 차이를 나타냄)을 이용한 계통수 작성법: 관찰된 모든 분류학적 형질 이용, 수리적 기법 도입 계통수 작성을 위해 **먼저**(계통수 작성의 과정을 설명하려나 봐. 순서를 정리해가며 읽자!) ① **분류군 간 형질 비교표**(〈표 1〉)를 만들고, 분류군 간 형질 차이를 측정한다. 분류군 A와 B 사이는 조사된 5개의 형질 중 2개의 형질이 다르므로 둘 사이의 거리는 2/5, 즉 0.4가 되고, A와 C 사이, B와 C 사이의 거리는 각각 4/5로서 0.8이 된다. ② 이 중 가장 작은 거리 값을 갖는 A와 B를 먼저 묶어 준다(〈그림 1〉). ③ 이어서 묶인 A와 B를 하나의 분류군 A-B로 간주하고 거리를 다시 계산한다. 이때 A-B와 C 사이의 거리는 A와

C 사이 거리와 B와 C 사이 거리의 산술 평균값인 0.8이 된다. 네 종 이상의 분류군을 대상으로 할 경우 이 단계에서 여러 개의 거리 값이 나오므로 가장 작은 거리 값을 찾아 해당 분류군을 묶어 주어야 하지만, 이 예에서는 값이 하나이므로 C를 A-B에 묶어 주면 된다(〈그림 2〉). 분류군 간 형질 차이 측정해 거리 계산 → 가장 작은 거리 값을 가진 분류군을 묶음 → 묶인 분류군은 하나의 분류군으로 간주하고 다시 거리 계산 → 가장 작은 거리 값을 가진 분류군을 묶음

| 형질<br>분류군 | 1 | 2 | 3 | 4 | 5 |
|---|---|---|---|---|---|
| A | – | – | – | – | – |
| B | – | + | + | – | – |
| C | + | – | + | + | + |

(– : 해당 형질 없음. + : 해당 형질 있음)

〈표1〉 세 분류군 간 형질 비교표    〈그림 1〉    〈그림 2〉

④ **한편,** (전환! 그렇다면 최대 단순성 원리에 기반을 둔 계통수 작성법을 설명하지 않을까?) 가장 단순한 것이 최선이라는 (2) **최대 단순성 원리에 근거해 계통수를 작성**하는 분기론자들은 두 분류군 이상에서 공통으로 나타나는 파생형질, 즉 공유파생형질만을 계통수 작성에 이용한다. (2) 최대 단순성 원리를 이용한 계통수 작성: 공유파생형질(두 분류군 이상에서 공통으로 나타나는 파생형질) 이용 원시형질이나 단 하나의 분류군에서만 나타나는 파생형질인 자가파생형질은 타 분류군과의 유연관계 규명에 도움을 주지는 못한다. 어떤 형질이 파생형질인지 확인하기 위해서는 계통진화학적 정보가 필요하다. 곤충의 **예**에서, (파생형질 확인을 위해 **계통진화학적 정보**가 필요하다는 것의 의미를 예를 들어 설명해 줄 거야.) 화석에 나타난 초기 곤충은 날개가 없었는데 진화 과정에서 날개가 출현했다는 것을 알고 있어야만 '날개 없음'이 원시형질이고 '날개 있음'이 파생형질임을 알 수 있다. 이때 '날개 있음'은 날개 있는 곤충들을 한 그룹으로 묶어 주는 공유파생형질이 될 수 있다(〈그림 3〉(A) 참조). 원시형질이 최초로 나타난 형질이라면, 이로부터 파생된 형질은 파생형질이야. 이 중 단 하나의 분류군에서만 나타나는 파생형질은 자가파생형질, 두 분류군 이상에서 공통으로 나타나는 파생형질은 공유파생형질인 거지. 〈그림 3〉과 같이 세 종의 곤충에 대한 계통수 작성 시 서로 다른 세 종류의 계통수가 가능한데, 최대 단순성 원리에 근거하여 단 한 번의 날개 출현 사건만을 가정하는 〈그림 3〉(A)가 두 번의 가정을 필요로 하는 〈그림 3〉(B)나 〈그림 3〉(C)보다 더 신뢰할 만한 계통수로 간주된다. 최대 단순성 원리를 이용하는 경우 가장 적은 가정을 필요로 하는 계통수를 더 신뢰할 만한 계통수로 간주하는군.

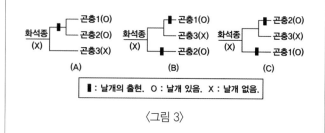

■ : 날개의 출현.  O : 날개 있음.  X : 날개 없음.

〈그림 3〉

⑤ ⑶확률 기반의 계통수 작성법은 전술한 두 방법에 비해 신뢰성 면에서 상대적 우위를 가진다. 이 방법은 엄청난 계산 시간이 소요되어 대량의 자료 분석에서는 그 이용에 한계를 드러내는 단점이 있으나 컴퓨터 계산 능력이 향상되면서 점차 그 유용성이 증대되고 있다. ⑶ 확률을 이용한 계통수 작성: 계산 시간 길어 대량의 자료 분석에는 한계가 있지만, 계산 능력 향상으로 유용성 증대되고 있으며 신뢰성↑

⑥ 현재 계통분류학자들은 지구 상의 모든 생물을 아우르는 거대 계통수 작성에 심혈을 기울이고 있다. 따라서 기존에 알려진 계통유연관계는 머지않은 장래에 상당한 변화를 겪게 될 것이다. 생물의 계통유연관계는 고정불변의 사실이 아닌 미완의 가설로서 지금도 끊임없이 재구성되고 있는 것이다. 계통유연관계는 계통수 작성 시 이용되는 자료의 종류와 계통수 작성법의 발전에 따라 끊임없이 재구성됨

## 4. ③

3문단에 따르면 '수리분류학자'의 계통수는 개별 형질의 특성이 아니라 '분류군 간의 형질 차이'를 잘 드러내는 장점이 있다.

① 1문단에서 조류는 '파충류와는 외형상 극명한 차이가 있어 계통상 거리가 먼 것'으로 보았으나, '최근의 계통분류학적 연구 결과들'은 '공룡의 일족으로부터 조류가 진화했다는 파충류 기원설을 지지'한다고 했으므로 조류의 새로운 계통적 위치가 제시되었다고 할 수 있다.

② 2문단의 '인접 학문의 발전에 힘입어 분자 정보나 초미세 구조와 같은 새로운 정보들이 추가되면서 계통수 작성 시 이용되는 자료가 양적으로 풍부해지고 질적으로 향상되었다.'를 통해 알 수 있다.

④ 4문단에서 '분기론자'는 '공유파생형질만을 계통수 작성에 이용'하는데, 이때 '어떤 형질이 파생형질인지 확인하기 위해서는 계통진화학적 정보가 필요'하다고 했다.

⑤ 5문단의 '확률 기반의 계통수 작성법'은 '엄청난 계산 시간이 소요되어 대량의 자료 분석에서는 그 이용에 한계를 드러내는 단점이 있으나 컴퓨터 계산 능력이 향상되면서 점차 그 유용성이 증대되고 있다.'를 통해 알 수 있다.

## 5. ④

3문단에서 '분류군 A와 B 사이는 조사된 5개의 형질 중 2개의 형질이 다르므로 둘 사이의 거리는 2/5, 즉 0.4'라고 했다. 이를 참고하면 〈보기〉에서 분류군 A와 B 사이의 거리는 4/8(0.5)이고, A와 C는 3/8, A와 D는 2/8, B와 C는 7/8, B와 D는 6/8, C와 D는 3/8이다.

또한 3문단에서 '이 중 가장 작은 거리 값을 갖는 A와 B를 먼저 묶'은 후 'A와 B를 하나의 분류군 A-B로 간주'하여, 'A와 C 사이 거리와 B와 C 사이 거리의 산술 평균값'인 'A-B와 C 사이의 거리'를 구한다고 했다. 이에 따르면 〈보기〉에서 가장 작은 거리 값을 갖는 A와 D를 먼저 묶어야 하므로 정답은 ③번 또는 ④번이 된다. 이때 'A-D와 B 사이의 거리'(= A와 B 사이의 거리(4/8)와 D와 B 사이의 거리(6/8)의 산술 평균값 = 5/8)와 'A-D와 C 사이의 거리'(= A와 C 사이의 거리(3/8)와 D와 C 사이의 거리(3/8)의 산술 평균값 = 3/8) 중 더 가까운 것은 후자이므로, A와 D가 가장 먼저 묶이고, 그 후 C, B가 차례로 묶인 ④번이 수리분류학자가 파악한 계통유연관계로 적절하다.

## 6. ① 극명  ② 기인

**구 조 도  그 리 기**

계통수 작성법

- 기존 방법 개선 & 새로운 계류 작성법 개발로 계통 유연 관계 변화
  예) 하개비, 조류

① '거리행렬' 기반
  · 거리행렬 = 분류군 간의 형질 차이
  · 관찰된 모든 분류학적 형질 이용
  · 방법: 형질 비교표 작성·형질 차이 측정 → 가장 작은 거리값 분류군 묶기
    → 묶인 분류군 하나로 간주 후 다시 거리 계산

② '최대 단순성 원리' 기반
  · 공유 파생 형질만 계통수 작성에 이용
  · 가장 적은 가정을 필요로 하는 계류 선희

③ '확률' 기반
  · ①② 보다 신뢰성 높음
  · 계산 시간 요 - 대량 자료 분석 한계 → 컴퓨터 계산 능력↑…유용성↑

## [1~3] 2010년도 LEET 「신미술사학과 미술 작품의 해석」

**1** 19세기에 독립된 학문으로 출발한 <u>미술사학</u>은 작품의 형식 분석에 몰입하거나 도상해석학을 이용해 작품의 상징을 파악했다. 이러한 작업은 작품의 의미와 조형적 특징을 이해하는 데 도움을 주었을 뿐만 아니라, 선대부터 대가로 평가된 작가들의 배타적 지위를 공고히 하거나 새로운 걸작을 발견하고 재조명하는 데 유용한 이론적 뒷받침을 할 수 있었다는 점에서 이후 미술사 연구의 주류를 이루게 되었다. 19세기 미술사학: (1) 작품의 형식 분석에 몰입, (2) 도상해석학으로 작품의 상징 파악 → 미술사 연구의 주류를 이루게 됨 (∵ 작품의 의미와 조형적 특성 이해에 도움, 작가들의 지위 공고히 하거나 걸작 발견·재조명에 유용한 이론적 뒷받침) 라파엘로의 ㉠<u>〈작은 의자 위의 성모〉</u>(1514)에 등장하는 성모와 아기 예수, 세례자 요한을 기독교적 도상에 따라 이해하고, 그 주제를 담아내는 형식 ― 안정된 구도, 그림에 활력을 주는 삼원색의 대비, 적색과 녹색의 보색 대비 등 ― 의 완벽함을 밝힘으로써 작가와 작품의 미술사적 의의를 서술하는 것이 그 한 예가 될 수 있을 것이다.

| 미술사학의 〈작은 의자 위의 성모〉에 대한 해석과 평가 |
| --- |
| (1) 작품의 형식 분석에 몰입: 주제를 담아내는 형식의 완벽함을 밝힘 |
| (2) 도상해석학으로 작품의 상징 파악: 성모, 아기 예수, 세례자 요한을 기독교적 도상에 따라 이해 |
| → 작가와 작품의 미술사적 의의를 서술 |

그렇다면 이러한 방식(작품의 형식 분석에 몰입하거나 도상해석학을 이용해 작품의 상징을 파악하는 미술사학의 방식)은 <mark>현대 미술 작품의 해석과 평가에도 유용한 것일까?</mark> (질문을 통해 화제를 던지고 있어. 현대 미술 작품의 해석과 평가에 미술사학의 방식이 유용한지에 대한 답을 찾는다고 생각하며 이어지는 내용을 읽어 보자!)

**2** 심장이 몸 밖으로 드러난 채 가는 핏줄로 연결되어 있는 두 여인을 그린 프리다 칼로의 ㉡<u>〈2인의 프리다〉</u>(1939)를 살펴보자. 왼편의 여인은 오른손에 가위를 쥔 채 지혈을 하고 있다. 오른편 여인은 한 소년이 그려진 동그란 형태의 작은 물건을 왼손에 쥐고 있는데, 숨긴 듯 그려진 이 소년은 남편 리베라의 모습이다. 전통적인 도상해석학은 이 그림의 의미 파악에 별다른 도움을 주지 못한다. (전통적인 도상해석학은 1문단에서 언급한 미술사학에서 작품의 상징을 파악하기 위해 이용했던 거야. 그렇다면 현대 미술 작품의 해석과 평가에 미술사학은 유용하지 않다는 거네!) 전통적인 성화 속의 피 흘리는 양이 예수 그리스도의 희생으로, 17세기 정물화 속의 양초와 해골이 인생의 덧없음으로 해석될 수 있도록 도와주었던 관례적인 상징 체계는 이 그림 속의 요소들과는 깊은 관련이 없어 보이기 때문이다. 이러한 해석의 난점을 풀기 위해 어떤 미술사학자는 정신분석학의 이론을 빌려와, 칼로가 무의식적으로 남편 리베라를 아버지로 대체하였고, 그런 심리적 과정이 그의 자화상 속에 드러난다고 해석하였다. 기이한 분위기와 생경한 색채로 인해 초현실주의적인 그림으로 주목을 받았던 칼로의 작품은 이와 같은 새로운 해석에 의해 그 가치에 대한 평가가 높아지고 있다.

| 〈2인의 프리다〉에 대한 해석과 평가 | |
| --- | --- |
| 전통적인 도상해석학 | 정신분석학의 이론을 빌린 새로운 해석 |
| 관례적인 상징 체계와 그림 속 요소들의 관련이 없어 의미 파악에 도움 X | 칼로가 남편을 아버지로 대체하는 심리적 과정이 자화상 속에 드러남 |

**3** 칼로의 경우에서 알 수 있듯이 현대 미술가들이 과거의 전통적 주제나 상징 체계에 의거해 그림을 그리지 않는다는 점으로 볼 때, 도상해석학이 한계를 지닌다는 사실은 분명해 보인다. 고상한 주제나 지적 유희를 즐겼던 미술 후원자의 주문에 따라 그림을 그리던 방식에서 벗어나 화가 자신의 자유로운 상상력과 의지에 따라 그림을 그리게 된 현대 미술의 흐름을 고려한다면 미술사를 바라보는 미술사가들의 태도도 자연히 바뀌어야 했다. 현대 미술가들은 전통적 주제나 상징 체계가 아닌 자유로운 상상력과 의지에 따라 그림을 그림 → 미술사를 바라보는 미술사가들의 태도도 바뀌어야 함 (그렇다면 도상해석학의 한계를 극복한 현대 미술을 바라보는 미술사가들의 새로운 태도에 대한 설명이 이어지겠지?)

**4** 새로운 미술 환경에 맞는 미술사학의 관점과 이론을 모색하는 일군의 이론가들이 1980년대에 등장하기 시작했는데, 그들의 경향은 '신미술사학'이라고 불린다. (예상대로 전개되고 있군. 신미술사학과 기존의 미술사학의 차이를 파악하며 읽는 게 중요하겠네. 문제에서도 분명 이 점을 물어볼 거야!) 신미술사학의 대표적인 연구자 중의 한 명인 프리치오시는 탈구조주의 철학에 기초하여, 기존의 미술사학을 지배했던 주도적인 이데올로기, 즉 미술사는 예술적 천재에 대한 찬양과 미적 보편성에 전념해야 한다는 믿음을 반성한다. 한편 다른 이론가들은 기존의 미술사의 주체가 서양 백인 남성이었다는 점과 방법론이 도상해석학과 형식 분석에 제한되었다는 점을 반성한다. 이에 따라 신미술사가들은 여성 미술가, 흑인 미술가 등으로 표상되는 사회 계급, 젠더, 섹슈얼리티라는 다층적 정체성에 대한 관심을 표명하고 마르크스주의, 페미니즘, 정신분석학 등 다양한 방법론을 자신의 것으로 적극 수용하고 있다. 1980년대 신미술사학: (1) 천재에 대한 찬양과 미적 보편성에 전념해야 한다는 미술사의 믿음 반성, (2) 주체가 서양 백인 남성이고 방법론이 도상해석학과 형식 분석에 제한되었던 점 반성 → 다층적 정체성에 관심, 다양한 방법론 수용

**5** 이러한 관점과 기준의 다양화는 동시대의 그림뿐 아니라 <mark>과거의 미술에 대해서도 새로운 해석과 가치 평가를 가능</mark>하게 한다. (이어서 신미술사학을 통해 새로운 해석과 가치 평가가 가능해진 과거의 미술에 대해 설명하겠지?) 그려질 당시 크게 주목받지 못했던 젠틸레스키의 ㉢<u>〈유디트〉</u>(1620)가 재평가되는 것도 신미술사학의 방법론을 통해서이다. '유디트'는 서양 미술사에 많이 등장하는 주제 중의 하나인데, 이스라엘을 침공한 아시리아 장수 홀로페르네스, 나라를 지키기 위해 그의 목을 베는 젊은 미망인 유디트와 하녀가 등장한다. 젠틸레스키의 그림에서는 죽음에 저항하는 남자와 목적을 이루려는 두 여인의 동작과 표정이 명암과 색채 대비를 통해 사실적으로 생생하게 표현되었다. 가치 있는 주제를 극적인 방식

으로 표현했음에도 좋은 평가를 받지 못했던 이 작품은 페미니즘의 관점을 통해 폭넓게 이해되었고 그에 따라 새로운 평가를 받게 되었다.

| <유디트>에 대한 해석과 평가 |
| --- |
| 가치 있는 주제를 극적인 방식으로 표현했음에도 좋은 평가를 받지 못했음 |
| → 신미술사학이 수용한 페미니즘의 관점을 통해 폭넓게 이해되고 새로운 평가를 받음 |

이처럼 신미술사학은 <u>미술을 역사와 사회 상황 같은 다양한 맥락과 굳게 연대시킴으로써 우리에게 풍요로운 작품 해석과 평가의 가능성을 제공한다.</u> 신미술사학의 의의: 미술을 다양한 맥락과 연대시켜 풍요로운 작품 해석과 평가의 가능성 제공

## 1. ①

4문단을 통해 기존의 미술사학에서는 '미적 보편성에 전념해야 한다는 믿음'이 지배적이었음을 알 수 있다. 즉 기존 미술사학의 방법론이 '도상해석학과 형식 분석에 제한'되었던 것은 미적 가치의 기준이 오히려 절대적이라고 전제했기 때문이며, 신미술사학은 이러한 점을 반성하는 것이다. 따라서 신미술사학이 기존의 미술사학에 대해 미적 가치의 기준이 상대적이라고 전제했다고 비판하는 것은 적절하지 않다.

② 4문단에서 신미술사학자들은 '기존의 미술사학을 지배했던 주도적인 이데올로기, 즉 미술사는 예술적 천재에 대한 찬양과 미적 보편성에 전념해야 한다는 믿음', '기존의 미술사의 주체가 서양 백인 남성이었다는 점' 등을 반성하며 '사회 계급, 젠더, 섹슈얼리티라는 다층적 정체성에 대한 관심을 표명'한다고 했다. 따라서 신미술사학은 기존의 미술사학에 대해 예술적 천재에 대한 믿음에 근거함으로써 다층적 정체성에 대한 해석이 어렵다고 비판할 수 있다.

③ 2문단을 참고하면 기존의 미술사학은 '관례적인 상징 체계'에 따라 '피 흘리는 양'은 '예수 그리스도의 희생', '양초와 해골'은 '인생의 덧없음'으로 해석하는 식으로 작품의 상징을 고정된 의미로 풀이했음을 알 수 있다. 그런데 3문단에서 현대 미술가들은 '과거의 전통적 주제나 상징 체계에 의거해 그림을 그리지 않는다'고 했으므로, 신미술사학은 기존의 미술사학으로는 전통적 상징 체계를 따르지 않는 현대 미술 작품의 해석이 어렵다고 비판할 수 있다.

④ 5문단에서 '신미술사학은 미술을 역사와 사회 상황 같은 다양한 맥락과 굳게 연대시킴으로써 우리에게 풍요로운 작품 해석과 평가의 가능성을 제공한다.'라고 했다. 이와 달리 1문단에서 기존의 미술사학은 '작품의 형식 분석에 몰입하거나 도상해석학을 이용해 작품의 상징을 파악'한다고 한 것이나 2문단에서 '《2인의 프리다》'의 '의미 파악에 별다른 도움을 주지 못'한 것 등을 고려하면, 신미술사학은 기존의 미술사학으로는 화가의 내면 세계나 작품의 사회적 맥락 등에 대한 고려가 필요한 작품을 이해하고 해석하는 데 어려움이 있다고 비판할 수 있다.

⑤ 3문단에서 현대 미술가들은 '과거의 전통적 주제나 상징 체계에 의거해 그림을 그리지 않고 '화가 자신의 자유로운 상상력과 의지에 따라 그림을 그리게' 되었음을 알 수 있다. 따라서 신미술사학은 1문단에서 언급된 작품의 '형식의 완벽함을 밝힘으로써 작가와 작품의 미술사적 의의를 서술'하는 기존의 미술사학으로는 형식 이외의 가치 역시 중시하는 현대 미술가를 평가하기는 어렵다고 비판할 수 있다.

## 2. ③

2문단을 통해 ⓒ(《2인의 프리다》)은 '기이한 분위기와 생경한 색채로 인해 초현실주의적인 그림으로 주목을 받았'다고 할 수 있지만, 윗글에 ㉠(《작은 의자 위의 성모》)에 대한 16세기 당시의 반응은 언급되어 있지 않다.

① 1문단에서 기존의 미술사학이 ㉠에 등장하는 '성모와 아기 예수, 세례자 요한을 기독교적 도상에 따라 이해'했다고 한 것을 통해 알 수 있다.

② 2문단에서 ⓒ에 대해 '칼로가 무의식적으로 남편 리베라를 아버지로 대체하였고, 그런 심리적 과정이 그의 자화상 속에 드러난다고 해석하였다.'라고 한 것을 통해 알 수 있다.

④ 2문단에서는 ⓒ에 그려진 '한 소년'을 작가의 '남편 리베라'로, 5문단에서는 ⓒ(《유디트》)에 그려진 '죽음에 저항하는 남자'를 '아시리아 장수 홀로페르네스'로 설명하고 있다. 따라서 ⓒ과 ⓒ에 대한 서술에는 해석이 필요한 남성의 존재가 언급되어 있다고 볼 수 있다.

⑤ 1문단에서 ㉠에 대한 서술에는 '그림에 활력을 주는 삼원색의 대비, 적색과 녹색의 보색 대비'를 언급했고, 2문단에서 ⓒ은 '기이한 분위기와 생경한 색채로 인해 초현실주의적인 그림으로 주목을 받았'다고 했다. 또한 5문단에서 ⓒ은 '두 여인의 동작과 표정이 명암과 색채 대비를 통해 사실적으로 생생하게 표현되었다.'라고 언급하고 있다.

## 3. ① 생경 ② 전념

| 구 조 도 그 리 기 |
| --- |
| **미술사학**<br><br>- 작품의 형식 분석, 상징 파악<br>- 작품의 의미, 조형적 특징 이해<br><br>〈작은 의자 위의 성모〉 / 〈2인의 프리다〉<br>↓ / ↓<br>기독교적 도상에 따라 / 전통적 도상해석학으로<br>형식 (구도, 색 대비)의 / 의미 파악 X<br>완벽함을 밝힘<br><br>→ 현대 미술가들: 과거 전통적 주제나<br>상징 체계에 따르지 X<br><br>**신미술사학**<br><br>- 미적 보편성에 전념해온 것,<br>주체와 방법론이 제한적이었다는 것을 반성<br>- 다층적 정체성에 대한 관심,<br>다양한 방법론 수용<br><br>→ 동시대의 그림뿐 아니라 과거 미술에<br>대해서도 새롭게 해석, 평가 |

## [4~6] 2016년도 LEET 「레이저 냉각」

**1** 이론적으로 존재하는 가장 낮은 온도는 −273.16℃이며 이를 절대 온도 0K라고 한다. 실제로 0K까지 물체의 온도를 낮출 수는 없지만 그(절대 온도)에 근접한 온도를 얻을 수는 있다. 그러한 방법 중 하나가 「레이저 냉각」이다. 레이저 냉각: 절대 온도에 근접하게 물체의 온도를 낮추는 방법

**2** 레이저 냉각을 이해하기 위해 <u>우선</u> 온도라는 것이 무엇인지 알아보자. (이 글의 화제인 레이저 냉각에 대해 설명하기에 앞서, 사전 정보로 온도에 대해 먼저 설명하려는군.) 미시적으로 물질을 들여다보면 많은 수의 원자가 모인 집단에서 원자들은 끊임없이 서로 충돌하며 다양한 속도로 운동한다. 이때 절대 온도는 원자들의 평균 운동 속도의 제곱에 비례하는 양으로 정의된다. 절대 온도: (원자들의 평균 운동 속도)²에 비례하는 양 따라서 어떤 원자의 집단에서 원자들의 평균 운동 속도를 감소시키면 그 원자 집단의 온도가 내려간다. 원자들의 평균 운동 속도↓ → 원자 집단의 온도↓ 레이저 냉각을 사용하면 상온(약 300K)에서 대략 200m/s의 평균 운동 속도를 갖는 기체 상태의 루비듐 원자의 평균 운동 속도를 원래의 약 1/10000까지 낮출 수 있다. 레이저 냉각의 원리: 원자들의 평균 운동 속도를 감소시켜 물체의 온도를 낮춤

**3** 그렇다면 레이저를 이용하여 <u>어떻게</u> 원자의 운동 속도를 감소시킬 수 있을까? (이어서 레이저로 원자의 운동 속도를 감소시키는 방법을 구체적으로 설명하겠지?) 날아오는 농구공에 정면으로 야구공을 던져서 부딪히게 하면 농구공의 속도가 느려진다. 마찬가지로 빠르게 <u>움직</u>이는 원자(농구공)에 레이저 빛(야구공)을 쏘아 충돌시키면 원자의 속도가 줄어들 수 있다. 이때 속도와 질량의 곱에 해당하는 운동량도 작아진다. 원자에 레이저 빛을 쏘아 충돌 → 원자의 속도↓, 운동량(속도 × 질량)↓ 빛은 전자기파라는 파동이면서 동시에 광자라는 입자이기도 하기 때문에 운동량을 갖는다. 광자는 빛의 파장에 반비례하는 운동량을 가지며 빛의 진동수에 비례하는 에너지를 갖는다. 또한 빛의 파장과 진동수는 반비례의 관계에 있다. (빛의 속성을 설명했어. 이를 사전 정보로 삼아 뒤에서 레이저 빛과 관련한 내용을 전개하겠지?)

레이저 빛은 햇빛과 같은 일반적인 빛과 달리 <u>일정한 진동수의 광자로만</u> 이루어져 있다. 레이저 빛을 구성하는 광자가 원자에 흡수될 때 광자의 에너지만큼 원자의 내부 에너지가 커지면서 광자의 운동량이 원자에 전달된다. 실례로 상온에서 200m/s의 속도로 다가오는 루비듐 원자에 레이저 빛을 쏘아 여러 개의 광자를 연이어 루비듐 원자에 충돌시키면 원자를 거의 정지시킬 수 있다. 레이저 빛을 쏘아 광자가 원자에 흡수될 때: 원자의 내부 에너지↑, 광자의 운동량이 원자에 전달 하지만 이때 <u>문제</u>는 원자가 정지한 순간 레이저를 끄지 않으면 원자가 오히려 반대 방향으로 밀려날 수도 있다

는 데 있다. 그런데 원자를 하나하나 따로 관측할 수 없고 각 원자의 운동 속도에 맞추어 각 원자와 충돌하는 광자의 운동량을 따로 제어할 수도 없으므로 실제 레이저를 이용해 원자의 온도를 내리는 것은 간단하지 않아 보인다. (레이저를 이용해 원자의 온도를 내리는 데 문제가 있네. 이어서 그 해결책도 설명해 줄 거야!) 레이저를 이용해 원자의 온도를 내리는 방법의 문제점: 원자가 정지한 순간 레이저를 끄지 않으면 원자가 반대 방향으로 밀려날 수도 있지만, 원자를 하나하나 관측 X, 각 원자와 충돌하는 광자의 운동량 따로 제어 X 이를 간단하게 <u>해결</u>하는 방법은 도플러 효과와 원자가 빛을 선택적으로 흡수하는 성질을 이용하는 것이다. (해결 방법을 설명하겠군. 문제의 해결책은 문제의 원인과 관련이 있으니, 문제의 원인과 해결책을 연결해가며 이해해 보자.)

**4** 사이렌과 관측자가 가까워질 때에는 사이렌 소리가 원래의 소리보다 더 높은 음으로 들리고, 사이렌과 관측자가 멀어질 때에는 더 낮은 음으로 들린다. 이처럼 빛이나 소리와 같은 파동을 발생시키는 파동원과 관측자가 멀어질 때는 파동의 진동수가 더 작게 감지되고, 파동원과 관측자가 가까워질 때는 파동의 진동수가 더 크게 감지되는 현상을 <u>도플러 효과</u>라고 한다. 도플러 효과: 파동원과 관측자의 거리↑ → 감지되는 파동의 진동수↓ 이때 원래의 진동수와 감지되는 진동수의 차이는 파동원과 관측자가 서로 가까워지거나 멀어지는 속도에 비례한다. 원래의 진동수와 감지되는 진동수의 차이 ∝ 파동원과 관측자가 가까워지거나 멀어지는 속도 이것을 레이저와 원자에 <u>적용</u>하면 레이저 광원은 파동원이고 원자는 관측자에 해당한다. 그러므로 레이저 광원에 다가가는 원자에게(파동원과 관측자가 가까워질 때) 레이저 빛의 진동수는 원자의 진동수보다 더 높게 감지되고, 레이저 광원에서 멀어지는 원자에게(파동원과 관측자가 멀어질 때) 레이저 빛의 진동수는 더 낮게 감지된다. 레이저 광원(파동원)과 원자(관측자)의 거리↑ → 원자에게 감지되는 레이저 빛의 진동수↓

**5** <u>한편</u>(전환! 이제 원자가 빛을 선택적으로 흡수하는 성질에 대해 설명할 거야.) 정지해 있는 특정한 원자는 모든 진동수의 빛을 흡수하는 것이 아니고 고유한 진동수, 즉 <u>공명 진동수</u>의 빛만을 흡수한다. 원자는 공명 진동수의 빛만 선택적으로 흡수한다는 거네. 이것은 원자가 광자를 흡수할 때 원자 내부의 전자가 특정 에너지 준위 $E_1$에서 그보다 더 높은 특정 에너지 준위 $E_2$로 옮겨가는 것만 <u>허용</u>되기 때문이다. (3문단에서 광자가 원자에 흡수될 때 광자의 에너지만큼 원자의 내부 에너지는 커진다고 했어.) 이때 <u>흡수된 광자의 에너지</u>는 두 에너지 준위의 에너지 값의 차이 $\Delta E$에 해당한다. 원자에 흡수된 광자의 에너지($\Delta E$) = $E_2 - E_1$

**6** 그러면 어떻게 도플러 효과를 이용하여 레이저 냉각을 수행하는지 알아보자. (드디어 모든 개념들을 연결해서 핵심 정보를 설명하려나 봐!) <u>우선</u>(끊어가며 읽으면서 순서를 파악하는 데 집중하자!) 어떤 원자의 집단을 사이에 두고 양쪽에서 레이저 빛을 원자에 쏘되 그 진동수를 원자의 공명 진동수보다 작게 한다. (1) 원자의 집단을 사이에 두고 양쪽에서 레이저 빛을 쏨(레이저 빛의 진동수 < 원자의 공명 진동수)

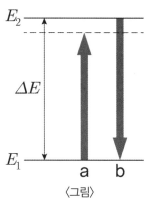

$E_2$

$\Delta E$

$E_1$

a　b

〈그림〉

원자가 한쪽 레이저 빛의 방향과 반대 방향으로 움직이면(원자가 레이저 광원에서 가까워짐) 도플러 효과에 의해 원자에서 감지되는 레이저 빛의 진동수가 커지는데, 그 값(원자에서 감지되는 레이저 빛의 진동수)이 자신의 공명 진동수에 해당하는 원자는 레이저 빛을 흡수하게 된다. 이때 흡수된 광자의 에너지는 $\Delta E$보다 작지만(〈그림〉의 a), 원자는 도플러 효과 때문에 공명 진동수를 갖는 광자를 받아들이는 것처럼 낮은 준위 $E_1$에 있던 전자를 허용된 준위 $E_2$에 올려놓는다. (2) 원자(관측자)가 움직이면서 레이저 빛의 진동수가 높게 감지됨 → 감지된 레이저 빛의 진동수가 공명 진동수에 해당하는 원자는 레이저 빛을 흡수(원자 내부의 전자는 $E_1$ → $E_2$) 그러면 불안정해진 원자는 잠시 후에 $\Delta E$에 해당하는 에너지를 갖는 광자를 방출하면서 전자를 $E_2$에서 $E_1$으로 내려놓는다(〈그림〉의 b). (3) 불안정한 원자가 광자를 방출(원자 내부의 전자는 $E_2$ → $E_1$) 이 과정이 반복되는 동안, 원자가 광자를 흡수할 때에는 일정한 방향에서 오는 광자와 부딪쳐 원자의 운동 속도가 계속 줄어들지만, 원자가 광자를 내놓을 때에는 임의의 방향으로 방출하기 때문에 결국 광자의 방출은 원자의 속도 변화에 영향을 미치지 못하게 된다. 원자가 광자를 흡수할 때: 원자의 속도↓ vs. 원자가 광자를 방출할 때: 원자의 속도 변화 X 그러므로 원자에서 광자를 선택적으로 흡수하고 방출하는 과정이 반복되면, 원자의 속도가 줄어들면서 원자의 평균 운동 속도가 줄고 그에 따라 원자 집단 전체의 온도가 내려가게 된다. (1)~(3)의 과정으로 광자의 흡수, 방출 반복 → 원자의 속도↓ → 원자의 평균 운동 속도↓ → 원자 집단 전체의 온도↓

4. ②

3문단에서 레이저를 이용해 원자의 온도를 내리는 것과 관련한 문제를 해결하기 위해서 '원자가 빛을 선택적으로 흡수하는 성질을 이용'한다고 했으며, 6문단에서 레이저 냉각은 '원자에서 광자를 선택적으로 흡수하고 방출하는 과정'을 통해 '원자 집단 전체의 온도가 내려가게' 됨을 구체적으로 설명하고 있다.

① 4문단에서 도플러 효과는 '파동원과 관측자가 멀어질 때는 파동의 진동수가 더 작게 감지되고, 파동원과 관측자가 가까워질 때는 파동의 진동수가 더 크게 감지되는 현상'이라고 했다. 따라서 도플러 효과로 인해 원자의 속도가 더 크게 감지된다고 할 수는 없다.

③ 6문단에서 레이저 냉각의 첫 단계는 '어떤 원자의 집단을 사이에 두고 양쪽에서 레이저 빛을 원자에 쏘'는 것이라고 했으므로, 레이저 냉각에서 원자와 레이저 빛을 충돌시키는 것은 맞다. 하지만 레이저 냉각을 통해 '광자를 선택적으로 흡수하고 방출하는 과정'을 반복함으로써 '원자 집단 전체의 온도가 내려가게' 되는 것이므로, 레이저 냉각이 광자를 냉각시킨다고 이해하는 것은 적절하지 않다.

④ 1문단에 따르면 레이저 냉각을 통해 '실제로 0K(절대 온도)까지 물체의 온도를 낮출 수는 없'다.

⑤ 3문단에서 레이저를 활용하여 원자의 온도를 낮추는 과정에서 '원자를 하나하나 따로 관측할 수 없고 각 원자의 운동 속도에 맞추어 각 원자와 충돌하는 광자의 운동량을 따로 제어할 수도 없'는 문제가 있다고 했다.

5. ①

6문단에 따르면 레이저 빛을 쏘아 원자 내부의 전자가 $E_1$에서 $E_2$로 이동하기 위해서는, 공명 진동수의 레이저 빛이 아닌 '진동수를 원자의 공명 진동수보다 작게' 한 레이저 빛을 쏘아야 한다. 다가오는 원자에 공명 진동수의 레이저 빛을 쏘면, 도플러 효과에 의해 공명 진동수보다 더 큰 진동수를 감지하여 빛을 흡수하지 못할 것이다.

② 5문단에 따르면 원자는 '공명 진동수의 빛만을 흡수'하므로, 원자의 공명 진동수와 일치하는 진동수를 갖는 광자는 원자에 흡수된다. 또한 이때 '흡수된 광자의 에너지'는 '$\Delta E$에 해당'함을 알 수 있다.

③, ⑤ 6문단의 '흡수된 광자의 에너지는 $\Delta E$보다 작지만, 원자는 도플러 효과 때문에 공명 진동수를 갖는 광자를 받아들이는 것처럼 낮은 준위 $E_1$에 있던 전자를 허용된 준위 $E_2$에 올려 놓는다. 그러면 불안정해진 원자는 잠시 후에 $\Delta E$에 해당하는 에너지를 갖는 광자를 방출하면서 전자를 $E_2$에서 $E_1$로 내려놓는다.'를 통해 알 수 있다.

④ 5문단에서 '정지해 있는 특정한 원자'는 '공명 진동수의 빛만을 흡수'한다고 했는데, 이때 '흡수된 광자의 에너지는 두 에너지 준위의 에너지 값의 차이 $\Delta E$에 해당'한다고 하였다.

6. ① 적용 ② 허용

구 조 도 그 리 기

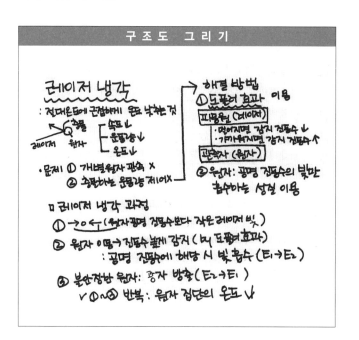

**[1~3] 2019학년도 4월 학평 「불법행위에 대한 책임원칙」**

① 타인의 권리를 침해하여 손해를 야기하는 것을 불법행위라고 하는데, 불법행위법은 불법행위로 발생한 손해를 피해자와 가해자에게 배분함으로써 불법행위를 억제하는 기능을 한다. *불법행위법: 불법행위(타인의 권리를 침해해 손해를 야기하는 것)로 발생한 손해를 피해자와 가해자에게 배분 → 불법행위 억제* 그런데*(글의 초반에서 나타나는 전환은 본격적인 화제 제시를 암시하지!)* 법원이 어떠한 책임원칙을 적용하느냐에 따라서 불법행위에 따른 손해가 다르게 배분되며 불법행위 억제 효과도 다르게 나타난다. *(글의 흐름이 보여! 이제 둘 이상의 책임원칙을 소개하겠지? 그리고 그에 따라 손해가 배분되는 양상, 불법행위 억제 효과가 어떻게 다른지를 설명할 거야.)* 그래서 법경제학에서는 법원이 적용 가능한 책임원칙들을 분석하여 효율적으로 불법행위를 억제할 수 있는 책임원칙을 찾고자 한다.

② 불법행위에 대한 책임원칙을 분석하는 데 있어 중요한 개념이 '주의 수준'과 '주의 기준'이다. 주의 수준이란*(주의 수준 다음엔 주의 기준도 설명해줄 거야. 이러한 개념들은 핵심 정보를 설명하는 데 필요한 사전 정보가 되겠지?)* 가해자 혹은 피해자가 불법행위 억제를 위해 기울이는 주의의 정도를 의미한다. 주의 수준이 높아질수록*(관계들은 읽으면서 바로바로 정리해 두자!)* 주의를 기울이는 데 드는 시간이나 노력 등과 같은 주의 비용은 커지지만, 불법행위 발생 확률이 줄어 불법행위로 인한 손해는 줄어든다. *주의 수준: 불법행위 억제를 위해 기울이는 주의의 정도 / 주의 수준↑ → 주의 비용↑, 불법행위 발생 확률↓, 불법행위로 인한 손해↓*

주의 기준은 불법행위로 인한 손해를 피해자와 가해자에게 배분하기 위해 법원이 정한 주의 수준을 의미한다. 일반적으로 불법행위 억제를 위한 주의 비용과 불법행위로 인한 손해의 합이 최소화되는 지점이 사회적 효율성이 달성되는 최적의 주의 수준이다. 그리고 이것이 불법행위를 효율적으로 억제할 수 있는 주의 수준이므로 법원은 이를 주의 기준으로 정한다. *주의 기준: 법원이 정한 주의 수준, 주의 비용과 불법행위로 인한 손해의 합이 최소화되는 지점* 이를 바탕으로 불법행위에 대한 책임원칙의 효율성을 분석해 보면 다음과 같다. *(이제 본격적으로 여러 책임원칙들을 제시하고, 그것들이 불법행위를 효율적으로 억제할 수 있는지를 분석하려나 봐!)*

③ 불법행위에 대해 피해자의 책임 여부는 고려하지 않고 가해자의 책임 여부만을 고려하는 책임원칙들을 살펴보자. ㉠비책임원칙은 불법행위는 발생했으나 피해자의 손해에 대해서 가해자가 어떠한 배상 책임도 지지 않는 원칙이다. 반면 엄격책임원칙은 손해에 대해서 가해자가 모든 배상 책임을 지는 원칙이다. 이 두 원칙은 가해자에게 손해 배상의 책임이 있는지 여부를 판단할 때 가해자의 주의 수준을 고려하지 않는다는 점에서 공통적이다. 이와 달리*(가해자의 주의 수준을 고려하는 책임원칙을 제시하겠지?)* ㉡과실원칙은 가해자의 과실 여부에 따라 가해자의 배상 책임 여부를 판단하는 원칙이다. 이때 과실이란 법원이 부여한 주의 기준을 지키지 않은 것을 의미한다. 과실원칙에서는 가해자에게만 주의 기준이 부여되므로*(비책임원칙, 엄격책임원칙, 과실원칙은 모두 피해자의 책임 여부는 고려하*

*지 않아.)* 가해자에게 과실이 있으면 가해자가 전적으로 배상 책임을 지고, 과실이 없으면 배상 책임을 지지 않는다. *가해자의 책임 여부만을 고려하는 세 가지 책임원칙이 제시되었어. 정리해볼까?*

| (1) 비책임원칙 | (2) 엄격책임원칙 | (3) 과실원칙 |
|---|---|---|
| 피해자의 손해에 대한 가해자의 배상 책임 X | 가해자가 손해에 대한 모든 배상 책임 짐 | • 가해자 과실 O → 전적인 배상 책임<br>• 가해자 과실 X → 배상 책임 X |
| 가해자의 주의 수준 고려 X | | • 가해자의 주의 수준(과실 여부) 고려 O |
| 피해자의 책임 여부 고려 X, 가해자의 책임 여부 고려 O | | |

④ 법원이 불법행위에 대해 비책임원칙을 적용하면 가해자에게 책임이 없어 피해자가 모든 손해를 부담하게 되므로, (1)비책임원칙하에서 가해자의 주의 수준은 매우 낮아진다. 그러므로 이 원칙은 불법행위 억제에 효율적이라 할 수 없다. *비책임원칙: 불법행위 억제 효율↓* 반면*(비책임원칙과 달리 엄격책임원칙, 과실원칙은 불법행위 억제에 효율적이라는 내용이 이어지겠군.)* (2)엄격책임원칙을 적용하면 가해자가 항상 모든 손해를 배상해야 하므로 가해자의 주의 수준은 높아진다. 이때 가해자의 주의 수준은 불법행위 억제를 위한 주의 비용과 불법행위로 인한 손해의 합이 최소화되는 지점, 즉 사회적 효율성이 달성되는 최적의 주의 수준*(법원이 정한 주의 기준)*으로 유도된다. 그리고 법원이 (3)과실원칙을 적용하면 가해자는 손해 배상의 책임에서 벗어나기 위해 법원이 정해 놓은 주의 기준을 지키려 한다. 결국 엄격책임원칙과 과실원칙은 모두, 불법행위를 효율적으로 억제할 수 있는 책임원칙이 된다. *엄격책임원칙, 과실원칙: 불법행위 억제 효율↑*

⑤ 한편 불법행위에 대해 가해자의 책임 여부만을 고려하는 책임원칙과 결합하여 피해자의 책임 여부까지 고려하는 책임원칙들이 있다. *(3문단과 4문단에서는 가해자의 책임 여부만을 고려하는 책임원칙들을 살펴보았다면, '한편'으로 글의 흐름을 전환해 이와 결합해 피해자의 책임 여부도 고려하는 책임원칙들을 살펴보려나 봐.)* 먼저 ㉢기여과실은 법원이 피해자에게 주의 기준을 부여하고 피해자가 이*(주의 기준)*를 지키지 않은 것을 피해자의 과실로 정의하여, 피해자의 과실을 가해자가 손해 배상 책임에서 벗어나는 항변 수단으로 사용할 수 있도록 한다. 과실원칙에 기여과실이 결합된 경우, 우선 과실원칙이 적용되므로 가해자에게 과실이 있으면 가해자가 손해를 전적으로 배상해야 한다. 그런데 가해자의 항변이 인정되면, 즉 피해자의 과실이 입증되면 가해자에게 과실이 있더라도 가해자는 배상 책임에서 벗어나게 되고 피해자가 손해를 전적으로 부담하게 된다. 결국 가해자에게만 최적의 주의 수준이 유도되는 과실원칙에 기여과실이 결합되면 피해자에게도 최적의 주의 수준이 유도된다는 점에서 기여과실은 불법행위를 효율적으로 억제할 수 있는 책임원칙이라고 할 수 있다.

| (4) 기여과실 |
| --- |
| • 피해자의 **과실**(주의 기준 지키지 않음)을 가해자가 손해 배상 책임에서 벗어나는 항변 수단으로 사용 가능 |
| • 과실원칙(우선 적용) + 기여과실 |
| · 가해자 과실 O → **가해자가 전적인 배상 책임** |
| · 피해자 과실 O → **피해자가 전적인 배상 책임** |
| • 불법행위 억제 효율↑ |

⑥ 다음으로 비교과실은 기본적으로 과실원칙을 적용하되, 피해자에게도 주의 기준을 부여한다는 특징이 있다. 가해자에게 과실이 없으면 배상 책임이 없고, 가해자에게 과실이 있고 피해자에게 과실이 없으면 가해자에게는 배상 책임이 있다. 그리고 피해자와 가해자 모두에게 과실이 있는 경우에는 과실의 크기에 비례하여 손해에 대한 책임을 분담한다. 이 원칙하에서 가해자와 피해자는 각각의 주의 기준을 지키고자 한다. 비교과실은, 양측에 과실이 있다고 하더라도 과실이 큰 쪽이 더 많은 손해를 부담해야 하므로 양측을 조금이라도 더 높은 주의 수준으로 이끌 수 있다. 그래서 비교과실은 불법행위를 효율적으로 억제하는 책임원칙이라 할 수 있다.

| (5) 비교과실 |
| --- |
| • 과실원칙 적용 + 피해자에게도 주의 기준 부여 |
| · 가해자 과실 X → 가해자 배상 책임 X |
| · 가해자 과실 O, 피해자 과실 X → 가해자 배상 책임 |
| · 가해자 과실 O, 피해자 과실 O → **과실의 크기**에 비례하여 손해 책임 분담 |
| • 불법행위 억제 효율↑ |

이는 기여과실 원칙하에서 피해자의 과실이 가해자의 과실보다 작아도 가해자가 항변을 통해 배상의 책임에서 벗어날 수 있다는 것과 구별된다. 기여과실과 비교과실의 공통점과 차이점을 정리해볼까?

| (4) 기여과실 | (5) 비교과실 |
| --- | --- |
| 피해자 과실 < 가해자 과실: 피해자의 과실 입증되면, **가해자에게 과실이 있더라도** 피해자가 손해 전적으로 부담 | 피해자 과실 < 가해자 과실: 과실이 큰 쪽이 더 많은 손해를 부담하므로, 피해자의 배상 책임 < 가해자의 배상 책임 |
| 가해자와 피해자의 **책임 여부 모두 고려** | |

**1. ⑤**

3문단에 따르면 '과실이란 법원이 부여한 주의 기준을 지키지 않은 것'인데, ⓒ(과실원칙)은 '가해자에게만 주의 기준이 부여'된다고 했다. 반면 5문단에서 ⓒ(기여과실)은 '법원이 피해자에게 주의 기준을 부여하고 피해자가 이를 지키지 않은 것을 피해자의 과실로 정의'하므로, ⓒ은 ⓒ과 달리 피해자의 과실 여부를 판단한다고 볼 수 있다.

① 4문단에 따르면 '법원이 불법행위에 대해 비책임원칙(㉠)을 적용'하는 경우 '가해자의 주의 수준은 매우 낮'아지므로, '불법행위 억제에 효율적이라 할 수 없'다.

② 3문단에서 ⓒ은 '가해자의 과실 여부에 따라 가해자의 배상 책임 여부를 판단하는 원칙'이며, '피해자의 책임 여부는 고려하지 않고 가해자의 책임 여부만을 고려'한다고 했다.

③ 5문단에서 ⓒ은 '가해자의 책임 여부만을 고려하는 책임원칙과 결합하여 피해자의 책임 여부까지 고려하는 책임원칙'이라고 했다.

④ 3문단에서 ㉠은 '가해자의 주의 수준을 고려하지 않는다'고 했고, ⓒ은 '가해자의 과실 여부에 따라 가해자의 배상 책임 여부를 판단하는 원칙'이라고 했다. 즉 가해자의 과실 여부를 판단하는 원칙은 ㉠이 아니라 ⓒ이다.

**2. ⑤**

2문단에 따르면 '주의 기준'은 '법원이 정한 주의 수준'이다. 〈보기〉에서 가해자의 주의 기준은 x*, 피해자의 주의 기준은 y*으로, 각자 주의 기준보다 주의 수준이 낮으면 과실이 있다고 할 수 있다. 이를 토대로 〈보기〉의 내용을 이해하면 다음과 같다.

| A 가해자 과실 O / 피해자 과실 X | B 가해자 과실 X / 피해자 과실 X |
| --- | --- |
| C 가해자 과실 O / 피해자 과실 O | D 가해자 과실 X / 피해자 과실 O |

B와 D에서 가해자는 모두 주의 기준을 지켰으므로 과실이 없다. 6문단에서 비교과실을 적용하는 경우 '가해자에게 과실이 없으면 배상 책임이 없다'고 했으므로, B와 D에서 가해자는 배상 책임이 없다. 따라서 이 경우 피해자와 가해자가 과실에 비례하여 손해에 대한 책임을 분담할 것이라고 볼 수 없다.

① A는 가해자가 주의 기준을 지키지 않았고 피해자는 주의 기준을 지켜 가해자에게만 과실이 있는 경우이다. 6문단에서 비교과실을 적용하는 경우 '가해자에게 과실이 있고 피해자에게 과실이 없으면 가해자에게는 배상 책임이 있다.'라고 했다.

② B는 가해자가 주의 기준을 지켜 가해자에게 과실이 없는 경우이다. 3문단에서 과실원칙을 적용하는 경우 가해자에게 '과실이 없으면 배상 책임을 지지 않는다.'라고 했다.

③ C는 가해자와 피해자 모두 주의 기준을 지키지 않아 과실이 있는 경우이다. 5문단에 따르면 '과실원칙에 기여과실이 결합된 경우', '가해자의 항변이 인정되면, 즉 피해자의 과실이 입증되면 가해자에게 과실이 있더라도 가해자는 배상 책임에서 벗어나게 되고 피해자가 손해를 전적으로 부담하게 된'다.

④ A와 C에서 가해자는 모두 주의 기준을 지키지 않아 과실이 있는 경우이다. 3문단에서 과실원칙을 적용하는 경우 '가해자에게 과실이 있으면 가해자가 전적으로 배상 책임'을 진다고 했다.

**3. ① 달성 ② 배상**

| 구 조 도 그 리 기 |
| --- |

불법행위에 대한 책임원칙

〈 가해자의 책임여부만 고려 〉

(1) 비책임원칙: 가해자 배상 책임 X

(2) 엄격책임원칙: 가해자가 모두 배상

(3) 과실원칙: 가해자의 주의 수준 고려하여 배상 여부 판단

〈 가해자, 피해자 책임여부 모두 고려 〉

(4) 기여과실: 피해자 과실 입증되면 가해자 과실 있어도 가해자 배상 X

(5) 비교과실: 피해자, 가해자 각자 과실의 크기에 비례하여 책임 분담

→ (2), (3), (4), (5)는 불법행위 억제에 **효율적**

[4~6] 2017학년도 10월 학평 「PID 제어 기술」

① 기계나 설비 등이 목적에 맞게 작동하도록 온도, 압력, 유량, 회전 속도 등의 물리량을 조절하는 기술을 제어 기술이라고 한다. 제어 대상의 현재 물리량의 크기를 잰 측정값을 원하는 목표인 설정값에 일치시키기 위해, 출력되는 조작량을 조절하는 제어 기술에는 여러 방식이 있다. 제어 기술: 측정값을 설정값에 일치시키기 위해 출력되는 조작량(물리량)을 조절함 (이 글은 두 가지 이상의 제어 기술을 설명하는 글일 수도 있고, 혹은 제어 기술 중 한 가지를 구체적으로 다루는 글일 수도 있어. 이어지는 내용을 통해 어떤 글인지 알 수 있을 텐데, 전개되는 방식에 따라 독해 전략도 달라져야겠지?) 그중 가장 간단한 방식은 'on / off 스위치 방식'으로, 물의 온도를 맞출 때 사용되는 보일러의 온도 조절 장치에 흔히 활용된다. 이 장치에서는 ㉠현재 온도(측정값)가 원하는 온도(설정값)보다 낮으면 스위치가 on되어 가열기에 전원이 공급되며, 원하는 온도보다 높으면 스위치가 off되어 가열기에 공급되는 전원이 차단된다. 스위치가 on일 때에는 100%에 해당하는 조작량이 출력되고, 스위치가 off일 때에는 조작량이 0%가 된다. on / off 스위치 방식: (1) 측정값 < 설정값 → 스위치 on: 100%의 조작량 출력, (2) 측정값 > 설정값 → 스위치 off: 0%의 조작량 출력 가열기가 처음 작동될 때 수온을 올리기 위해 on 상태를 유지하는데, 어느 순간 수온이 설정값을 넘는 '오버슈트'가 발생한다. 오버슈트가 발생하면 시스템에 무리를 줄 수 있으므로 ㉡스위치를 반복적으로 on과 off하여 현재 온도를 설정값에 이르도록 한다. 수온은 압력이나 유량처럼 물리량의 변화가 연속적인 아날로그적 속성을 지니므로 수온이 상승하여 스위치를 off로 바꾸었다고 해서 금세 낮아지지는 않는다. 따라서 스위치를 반복적으로 on과 off하면 설정값을 기준으로 수온이 위아래로 일정하게 오르내리는 '헌팅'이 발생한다. 오버슈트 발생을 방지하기 위해 스위치를 반복적으로 on / off함 → 헌팅 발생

② on / off 스위치 방식은 오버슈트와 헌팅이 발생하여 제어 대상의 물리량을 정밀하게 제어하기 어렵다. 이런 on / off 스위치 방식의 결점을 보완하기 위해 'PID 제어 방식'이 활용된다. (기술 지문에서는 어떤 기술의 문제점을 제시한 다음에 이를 보완하거나 해결한 새로운 기술을 소개하는 경우가 많아. 이번 경우에도 on / off 스위치 방식의 한계점을 언급한 후 이를 보완한 PID 제어 방식을 제시하고 있어. 그렇다면 서로 다른 제어 방식 간의 공통점과 차이점을 파악하며 읽어야겠네. 이 점은 분명 문제에서도 물어볼 테니까!) PID 제어 방식은 P(비례) 제어, I(적분) 제어, D(미분) 제어를 모두 활용하여 제어 대상의 물리량을 정밀하게 제어한다. 그런데 목적에 따라 P 제어 방식, PI 제어 방식, PD 제어 방식이 활용되는 경우도 있다. ('그런데'로 내용을 전환해서 P 제어, I 제어, D 제어를 모두 활용하지 않는 경우를 언급했어. 이어서 목적에 따른 P 제어 방식, PI 제어 방식, PD 제어 방식의 활용에 대해 설명하겠지?)

③ P 제어는 설정값의 위아래에 일정한 비례대를 설정하여, 비례대 안에서 설정값과 측정값의 편차에 비례하는 조작량을 출력한다. P 제어: 설정값의 위아래에 일정한 비례대 설정 → 비례대 안에서 조작량 출력 예컨대 P 제어가 활용된 보일러의 온도 조절 장치에서 현재의 온

도가 비례대 하한선 아래에 있을 경우 현재 온도가 비례대 하한선에 이를 때까지는 100%의 조작량이 출력되어 스위치를 on 상태로 유지한다. (1) 측정값 ≤ 비례대 하한선: 스위치 on 상태 유지 그러다 현재 온도가 비례대 하한선보다 높아지면 비례 주기를 갖게 되는데, 각 주기에서는 스위치의 on과 off 동작이 반복된다. 즉, ㉢비례대 하한선을 넘은 현재 온도가 설정값에 이르기 전까지는 on 시간이 off 시간보다 긴 동작이 주기적으로 반복되는 것이다. (2) 비례대 하한선 < 측정값 < 설정값: on 시간 > off 시간인 동작이 주기적으로 반복 현재 온도가 설정값에 도달하면 50%의 조작량이 출력되어 on과 off 시간이 1 : 1인 동작이 반복된다. (3) 측정값 = 설정값: on과 off 시간이 1 : 1인 동작 반복 현재 온도가 설정값보다 오르면 off 시간이 on 시간보다 긴 동작이 주기적으로 반복되고, (4) 설정값 < 측정값 ≤ 비례대 상한선: off 시간 > on 시간인 동작이 주기적으로 반복 현재 온도가 비례대 상한선을 넘으면 off 상태를 유지한다. (5) 측정값 > 비례대 상한선: 스위치 off 상태 유지 (3가지 이상의 내용이 나열될 때는 상위 개념으로 묶어 기억하고 세부 내용은 문제에서 물어보면 돌아와서 확인하자! 즉 3문단 앞부분에서는 측정값(현재 온도)에 따른 P 제어에서의 스위치 조작을 설명했다고 파악하고 넘어가면 돼.) 이처럼 P 제어를 활용하면 측정값을 설정값에 정밀하게 근접시킬 수 있으므로 on / off 스위치 방식만 활용할 때보다 헌팅이 크게 줄어든다. 그러나(P 제어 방식의 문제점을 언급하면서, 그 보완이나 해결과 관련하여 PI 제어 방식을 설명하겠지?) P 제어에서는 ㉣측정값이 일정하게 유지되는 안정 상태가 되어도 설정값에 대하여 일정한 오차가 설정값의 위 또는 아래에 필연적으로 발생하는데, 이를 '잔류편차'라 한다. 보일러의 온도 조절 장치에 P 제어가 활용될 때, ㉤비례대를 넓게 설정할수록 가열을 위한 on과 off의 반복 동작이 시작되는 온도가 낮아지므로 현재 온도가 설정값에 근접하는 시간이 길어지고 잔류편차가 커지지만 헌팅은 거의 발생하지 않는다. 반면에 비례대를 좁게 설정할수록 현재 온도가 설정값에 근접하는 시간은 짧아지고 잔류편차가 작아지지만 헌팅이 발생하기 쉽다. 비례대 설정 범위↑, 측정값이 설정값에 근접하는 시간↑, 잔류편차↑, 헌팅↓

④ I 제어를 P 제어와 같이 활용하면 잔류편차를 없앨 수 있어 측정값이 설정값에 거의 근접하게 된다. (예상대로 P 제어 방식에서 발생하는 문제점은 PI 제어 방식을 활용하면 해결되는군.) PI 제어의 적분 동작은 측정값과 설정값 사이의 편차의 적분값에 비례하는 조작량을 출력하는 것으로, 적분 동작의 강도를 나타내는 적분 시간을 통해 동작의 세기를 조절한다. PI 제어의 적분 동작: 측정값과 설정값 사이의 편차의 적분값에 비례하는 조작량 출력, 적분 시간을 통해 세기 조절 적분 시간을 짧게 하면 제어 대상의 상태 변화를 수정하는 동작이 강해져 잔류편차를 짧은 시간에 없앨 수 있지만 헌팅이 발생하는 원인이 될 수 있다. 반대로 적분 시간을 길게 하면 수정 동작이 약해져 헌팅은 발생하지 않지만, 잔류편차를 없애는 데 긴 시간이 걸린다. 적분 시간↓, 잔류편차 없애는 시간↓, 헌팅 발생 가능성 O

⑤ 그런데 P 제어나 PI 제어만 활용할 경우에는 외부 충격이나 진동 등이 발생하여 제어 대상의 상태가 급격히 변화할 때 측정값이 설정값으로 돌아가는 데 긴 시간이 걸린다. (지금까지의 전개 방식을 고려하면, P 제어나 PI 제어만 활용할 경우의 문제점은 D 제어를 활용하면 해결할 수 있다고 설명하겠지?) 이때 D 제어를 활용하면 빠르게 설정값으로 돌아갈 수 있다. 외부 충격이나 진동 등이 발생하면 측정값과 설정값 사이에 편차가 커지는데, PD 제어나 PID 제어의 미분 동작 은 측정값과 설정값 사이의 편차가 변화하는 속도에 비례하여 조작량을 출력하는 것이다. 미분 동작의 세기는 미분 시간을 통해 조절하는데, PD 제어나 PID 제어의 미분 동작: 측정값 설정값 사이의 편차가 변화하는 속도에 비례하여 조작량 출력, 미분 시간을 통해 세기 조절 미분 시간을 짧게 하면 제어 대상의 상태 변화를 수정하는 동작이 약해져 측정값이 설정값까지 도달하는 시간은 길어지지만 오버슈트는 발생하지 않는다. 반면, 미분 시간을 길게 하면 수정 동작이 강해져 측정값이 설정값에 도달하는 시간은 짧아지지만 오버슈트가 발생하기 쉽다. 미분 시간↓, 측정값이 설정값까지 도달하는 시간↑, 오버슈트 발생 가능성 X

## 4. ④

3문단에 따르면 ⓐ(측정값이 일정하게 유지되는 안정 상태)은 현재 온도가 설정값에 근접한 때라고 할 수 있다. 이때 스위치는 on과 off 동작이 반복되는 것이지 on 상태로 지속되는 것은 아니다.

① 1문단에 따르면 ㉠(현재 온도가 원하는 온도보다 낮으면)은 '제어 대상의 현재 물리량의 크기를 잰 측정값'이 '원하는 목표인 설정값'보다 낮은 경우이다.

② 1문단에 따르면 ㉡(스위치를 반복적으로 on과 off하여)은 '100%에 해당하는 조작량이 출력'되는 스위치 on과 '조작량이 0%'인 스위치 off가 반복되는 상태이다.

③ 3문단에 따르면 ㉢(비례대 하한선을 넘은 현재 온도가 설정값에 이르기 전)의 경우 'on 시간이 off 시간보다 긴 동작이 주기적으로 반복'된다. 이때는 '현재 온도가 비례대 하한선에 이를 때'까지 '100%의 조작량이 출력'되는 것과 '현재 온도가 설정값에 도달'하여 '50%의 조작량이 출력'되는 사이의 조작량이 출력되는 때라고 볼 수 있다.

⑤ 3문단에서 '현재 온도가 비례대 하한선보다 높아지면 비례 주기를 갖게 되는데, 각 주기에서는 스위치의 on과 off 동작이 반복된다.'라고 했다. 이때 ㉣(비례대를 넓게 설정할수록)에서는 '가열을 위한 on과 off의 반복 동작이 시작되는 온도가 낮아'진다고 했으므로, 비례 주기가 시작되는 온도가 낮아지는 경우라고 할 수 있다.

## 5. ③

3문단에 따르면 증기압 조절 장치에 P 제어 방식이 활용되면 '측정값이 일정하게 유지되는 안정 상태가 되어도 설정값에 대하여 일정한 오차'인 잔류편차는 '필연적으로 발생'한다. 이때 '비례대를 좁게 설정'하면 '잔류편차가 작아지'기는 하겠지만, 잔류편차를 완전히 없앨 수는 없다.

① 1문단에 따르면 on / off 스위치 방식에서는 '가열기가 처음 작동될 때 수온을 올리기 위해 on 상태를 유지'하는데, 이를 계속 유지하면 '어느 순간 수온이 설정값을 넘는 '오버슈트'가 발생'할 수 있을 것이다.

② 5문단에 따르면 '제어 대상의 상태가 급격히 변화할 때' D 제어를 활용하면 빠르게 설정값으로 돌아갈 수 있'으므로, PID 제어 방식을 활용하면 온도가 설정값 위로 갑자기 상승하더라도 미분 동작에 의해 빠르게 설정값으로 돌아갈 수 있을 것이다.

④ 1문단의 '수온은 압력이나 유량처럼 물리량의 변화가 연속적인 아날로그적 속성을 지니므로 수온이 상승하여 스위치를 off로 바꾸었다고 해서 금세 낮아지지는 않는다.'를 참고할 때, on / off 스위치 방식에서 증기압(압력)이 설정값 위로 급격히 상승할 때 스위치를 off로 바꾸어도 증기압이 설정값 아래로 곧바로 낮아지지 않을 것이다.

⑤ 3문단에서 P 제어를 활용하면 'on / off 스위치 방식만 활용할 때보다 헌팅이 크게 줄어든다.'라고 한 것을 통해 알 수 있다.

## 6. ① 결점 ② 근접

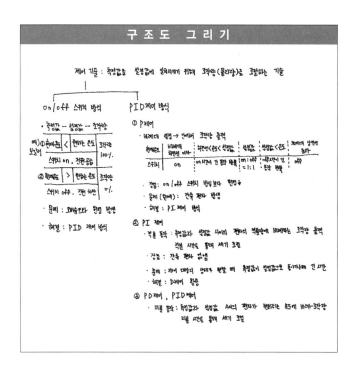

## [1~3] 2020학년도 수능 「BIS 비율 규제로 살펴보는 국제적 기준의 규범성」

**1** 국제법에서 일반적으로 조약은 국가나 국제기구들이 그들 사이에 지켜야 할 구체적인 권리와 의무를 명시적으로 합의하여 창출하는 규범이며, 국제 관습법은 조약 체결과 관계없이 국제 사회 일반이 받아들여 지키고 있는 보편적인 규범이다. 조약과 국제 관습법은 모두 규범에 해당하는군. 반면에(조약이나 국제 관습법과는 다른 성격을 가진 대상이 제시될 거야.) 경제 관련 국제기구에서 어떤 결정을 하였을 경우, 이 결정 사항 자체는 권고적 효력만 있을 뿐 법적 구속력은 없는 것이 일반적이다.

| 조약, 국제 관습법 | 규범, 법적 구속력 O |
| --- | --- |
| 경제 관련 국제기구의 결정 | 권고적 효력 O, 법적 구속력 X |

그런데('그런데'는 화제를 다른 방향으로 이끌어 나갈 때 쓰는 접속어야. 특히 지문 초반에서 글의 흐름이 전환되는 경우 본격적인 화제가 제시되는 경우가 많으니 집중해서 읽자!) 국제결제은행 산하의 바젤위원회가 결정한 BIS 비율 규제와 같은 것들이 비회원인 국가에서도 엄격히 준수되는 모습을 종종 보게 된다. (이 글은 BIS 비율 규제와 같은 것들이 법적 구속력이 없음에도 왜 엄격히 준수되는지를 설명하려고 하는구나. 그 답을 찾는다고 생각하며 읽어보자!) 이처럼 일종의 규범적 성격이 나타나는 현실을 어떻게 이해할지에 대한 논의가 있다. (규범적 성격이 나타난다는 것은 어떠한 것이 엄격하게 준수된다는 의미인 거네. 같은 의미를 다른 표현으로 재진술한다면 묶어가며 이해해 보자. 그래야 기억해야 할 정보량이 줄고 지문의 핵심을 파악하기 쉽거든!) 이는 위반에 대한 제재를 통해 국제법의 효력을 확보하는 데 주안점을 두는 일반적 경향을 되돌아보게 한다. 곧 신뢰가 형성하는 구속력에 주목하는 것이다.

| 국제법 | 위반에 대한 제재를 통한 구속력 |
| --- | --- |
| BIS 비율 규제 | 신뢰가 형성하는 구속력 |

**2** BIS 비율은 은행의 재무 건전성을 유지하는 데 필요한 최소한의 자기자본 비율을 설정하여 궁극적으로 예금자와 금융 시스템을 보호하기 위해 바젤위원회에서 도입한 것이다. (사전 정보에 해당하는 내용을 먼저 설명하려고 봐. 뒤에서 사전 정보들을 연결해 핵심 정보를 설명할 거야!) 바젤위원회에서는 BIS 비율이 적어도 규제 비율인 8%는 되어야 한다는 기준을 제시하였다. BIS 비율: 은행의 재무 건전성 유지에 필요한 최소한의 자기자본 비율 설정 → 예금자와 금융 시스템 보호 목적 이에 대한 식은 다음과 같다. (공식이 나오면 문제에서 이를 활용한 간단한 계산을 요구할 가능성이 높아. 분자와 분모, 고정된 값과 변화하는 값, 주어진 값과 구해야 하는 값 등을 정확히 확인하자!)

$$\text{BIS 비율(\%)} = \frac{\text{자기자본}}{\text{위험가중자산}} \times 100 \geq 8(\%)$$

여기서 자기자본은 은행의 기본자본, 보완자본 및 단기후순위채무의 합으로, (기본자본, 보완자본, 단기후순위채무가 무엇인지 고민에 빠진 건 아니지? 핵심 정보를 설명하기 위해 꼭 알아야 하는 개념이라면 이어서 설명해줄 거고, 아니라면 써준 대로 이들의 합이 자기자본이라는 것만 이해하고 넘어가면 돼. 문제에서는 지문에서 써준 만큼만 물어보니까!) 위험가중자산은 보유 자산에 각 자

산의 신용 위험에 대한 위험 가중치를 곱한 값들의 합으로 구하였다. 위험 가중치는 자산 유형별 신용 위험을 반영하는 것인데, OECD 국가의 국채는 0%, 회사채는 100%가 획일적으로 부여되었다. BIS 비율 = 자기자본(기본자본 + 보완자본 + 단기후순위채무) ÷ 위험가중자산[(보유 자산 × 각 자산의 신용 위험에 대한 위험 가중치)의 합] × 100 이후 금융 자산의 가격 변동에 따른 시장 위험도 반영해야 한다는 요구가 커지자, 바젤위원회는 (1)위험가중자산을 신용 위험에 따른 부분과 시장 위험에 따른 부분의 합으로 새로 정의하여 BIS 비율을 산출하도록 하였다. 신용 위험의 경우와 달리 (2)시장 위험의 측정 방식은 감독 기관의 승인하에 은행의 선택에 따라 사용할 수 있게 하여(신용 위험의 측정 방식은 은행의 선택에 따라 사용할 수 없다는 거네.) '바젤 I' 협약이 1996년에 완성되었다. '바젤 I' 협약: (1) 위험가중자산에 신용 위험 + 시장 위험 반영, (2) 시장 위험의 측정 방식은 은행의 선택에 따라 사용

**3** 금융 혁신의 진전으로 '바젤 I' 협약의 한계가 드러나자 2004년에 '바젤Ⅱ' 협약이 도입되었다. ('바젤Ⅱ' 협약은 '바젤 I' 협약의 한계를 보완한 것이겠네. 통시적 흐름에 따른 바젤 협약의 변화 양상을 파악하며 읽어야겠어. 문제에서도 이 점을 물어볼 테니까!) 여기에서 BIS 비율의 (1)위험가중자산은 신용 위험에 대한 위험 가중치에 자산의 유형과 신용도를 모두 고려하도록 수정되었다. ('바젤 I' 협약에서는 위험가중자산을 산출할 때 위험 가중치는 자산 유형별 신용 위험만 반영했는데, '바젤Ⅱ' 협약에서는 신용도 반영하는 것으로 수정된 거군.) (2)신용 위험의 측정 방식은 표준 모형이나 내부 모형 가운데 하나를 은행이 이용할 수 있게 되었다. 표준 모형에서는 OECD 국가의 국채는 0%에서 150%까지, 회사채는 20%에서 150%까지 위험 가중치를 구분하여 신용도가 높을수록 낮게 부과한다. 신용도↑ → 위험 가중치↓ 예를 들어 실제 보유한 회사채가 100억 원인데 신용 위험 가중치가 20%라면 위험가중자산에서 그 회사채는 20억 원으로 계산된다. 내부 모형은 은행이 선택한 위험 측정 방식을 감독 기관의 승인하에 그 은행이 사용할 수 있도록 하는 것이다. 또한 (3)감독 기관은 필요시 위험가중자산에 대한 자기자본의 최저 비율이 규제 비율(8%)을 초과하도록 자국 은행에 요구할 수 있게 함으로써 자기자본의 경직된 기준을 보완하고자 했다. '바젤Ⅱ' 협약: (1) 위험 가중치에 자산의 유형 + 신용도 고려, (2) 신용 위험의 측정 방식은 은행이 표준 모형 또는 내부 모형 가운데 하나를 이용, (3) 감독 기관이 은행에 위험가중자산에 대한 자기자본의 최저 비율이 규제 비율을 초과하도록 요구 가능

**4** 최근에는 '바젤Ⅲ' 협약이 발표되면서 (1)자기자본에서 단기후순위채무가 제외되었다. 또한 (2)위험가중자산에 대한 기본자본의 비율이 최소 6%가 되게 보완하여 자기자본의 손실 복원력을 강화하였다. 이처럼 새롭게 발표되는 바젤 협약은 이전 협약에 들어 있는 관련 기준을 개정하는 효과가 있다. '바젤Ⅲ' 협약: (1) 자기자본 = 기본자본 + 보완자본, (2) (기본자본 ÷ 위험가중자산) × 100 ≥ 6%

**5** 바젤 협약은 우리나라를 비롯한 수많은 국가에서 채택하여 제도화하고 있다. 현재 바젤위원회에는 28개국의 금융 당국들이 회

원으로 가입되어 있으며, 우리 금융 당국은 2009년에 가입하였다. 하지만 우리나라는 가입하기 훨씬 전부터 BIS 비율을 도입하여 시행하였으며, 현행 법제에도 이것(BIS 비율)이 반영되어 있다. **바젤 기준을 따름으로써 은행이 믿을 만하다는 징표를 국제 금융 시장에 보여 주어야 했던 것이다.** (1문단을 참고하면 신뢰가 구속력을 형성한 것이라고 할 수 있겠지.) 재무 건전성을 의심받는 은행은 국제 금융 시장에 자리를 잡지 못하거나, 심하면 아예 발을 들이지 못할 수도 있다. (1문단에서 찾아보자고 한 답을 찾았지? 법적 구속력이 없음에도 BIS 비율 규제가 엄격히 준수되는 것은 은행의 재무 건전성을 보여 주어 국제 금융 시장에서 활동하기 위해서야!)

6️⃣ 바젤위원회에서는 은행 감독 기준을 협의하여 제정한다. 그 헌장에서는 회원들에게 바젤 기준을 자국에 도입할 의무를 부과한다. 하지만 바젤위원회가 초국가적 감독 권한이 없으며 그의 결정도 법적 구속력이 없다는 것 또한 밝히고 있다. 바젤 기준은 100개가 넘는 국가가 채택하여 따른다. 이는 국제기구의 결정에 형식적으로 구속을 받지 않는 국가에서까지 자발적으로 받아들여 시행하고 있다는 것인데, 이런 현실을 말랑말랑한 법(soft law)의 모습이라 설명하기도 한다. 이때 조약이나 국제 관습법은 그에 대비하여 딱딱한 법(hard law)이라 부르게 된다. 바젤 기준도 장래에 딱딱하게 응고될지 모른다.

| 말랑말랑한 법 | 법적 구속을 받지 않지만 자발적으로 받아들여 시행하는 법 |
|---|---|
| 딱딱한 법 | 조약이나 국제 관습법처럼 법적 구속력이 있는 법 |

**1. ③**

> 1문단과 6문단에 따르면 '딱딱한 법'에 해당하는 '조약이나 국제 관습법'은 '위반에 대한 제재를 통해 국제법의 효력을 확보하는 데 주안점'을 두는 규범이다. 즉 딱딱한 법은 신뢰보다는 제재로써 법적 구속력을 확보하는 데 주안점이 있다.

① 1문단에서 '조약은 국가나 국제기구들이 그들 사이에 지켜야 할 구체적인 권리와 의무를 명시적으로 합의하여 창출하는 규범'이라고 했다.

② 4문단에서 '새롭게 발표되는 바젤 협약은 이전 협약에 들어 있는 관련 기준을 개정하는 효과가 있다.'라고 했다.

④ 1문단에서 국제기구의 결정이 '법적 구속력은 없'음에도 이에 해당하는 '바젤위원회가 결정한 BIS 비율 규제'는 '비회원의 국가에서도 엄격히 준수되는 모습'을 보인다고 했다. 5문단에 따르면 이는 바젤 기준을 따르지 않아 '재무 건전성을 의심받'게 되면 은행이 '국제 금융 시장에 자리를 잡지 못하거나, 심하면 아예 발을 들이지 못할 수도 있'기 때문이다. 이를 참고하면 국제기구의 결정을 지키지 않을 때 입게 될 불이익은 그 결정이 준수되도록 하는 역할을 한다고 볼 수 있다.

⑤ 5문단과 6문단에 따르면 우리나라가 '가입하기 훨씬 전부터 BIS 비율을 도입하여 시행하였으며, 현행 법제에도 이것이 반영'된 것, 법적 구속력이 없지만 바젤 기준을 '100개가 넘는 국가가 채택하여 따'르는 것은 '은행이 믿을 만하다는 징표를 국제 금융 시장에 보여' 주기 위함이다.

**2. ⑤**

> 〈보기〉에서 갑 은행의 위험가중자산은 1000억 원이고, 기본자본은 50억 원이다. 4문단에 따르면 바젤Ⅲ 협약에서는 '위험가중자산에 대한 기본자본의 비율이 최소 6%가 되게 보완'했는데, 현재 갑 은행의 위험가중자산에 대한 기본자본의 비율은 (50억 원 ÷ 1000억) × 100 = 5%인 것이다. 하지만 기본자본이 아닌 보완자본의 증액으로는 보완된 기준을 충족시킬 수 없다.

① 〈보기〉에서 갑 은행의 자기자본은 110억 원이고, 위험가중자산은 1000억 원이다. 이때 2문단을 참고하면 갑 은행의 BIS 비율은 (110억 ÷ 1000억) × 100 = 11%이고, 이는 바젤위원회가 제시한 규제 비율인 '8%'를 상회한다.

② 3문단에 따르면 바젤Ⅱ 협약에서 '보유한 회사채가 100억 원인데 신용 위험 가중치가 20%라면 위험가중자산에서 그 회사채는 20억 원으로 계산'된다. 〈보기〉의 갑 은행에서 '회사채에 반영된 위험 가중치는 50%'이고 위험가중자산은 300억 원이므로, 보유한 회사채는 600억 원임을 알 수 있다. 만약 회사채의 위험 가중치가 20%라면 600억 × 0.2 = 120억 원이라는 위험가중자산이 산출된다. 그런데 2문단의 BIS 비율 식에 따르면 자기자본이 일정할 때 위험가중자산이 작아질수록 BIS 비율은 높아지므로, 위험 가중치가 20%였다면 위험가중자산이 더 작아 BIS 비율은 기존에 공시된 비율보다 높았을 것이다.

③ 〈보기〉에 따르면 갑 은행의 신용 위험에 따른 위험가중자산에서 국채와 회사채는 300억 원으로 동일한데, 회사채에는 50%의 위험 가중치가 반영되었으므로 회사채의 실제 규모는 600억 원이다. 만일 국채의 실제 규모가 회사채의 실제 규모보다 큰 1200억 원이라면 국채에는 25%의 위험 가중치가 반영되었다고 볼 수 있으므로, 위험 가중치는 국채가 회사채보다 낮다.

④ 〈보기〉에서 갑 은행의 회사채에 50%의 위험 가중치가 부여된 위험가중자산이 300억 원이므로 회사채의 실제 규모는 600억 원이다. 2문단에 따르면 '바젤Ⅰ' 협약에서 OECD 국가의 '회사채'는 획일적으로 '100%'의 위험 가중치가 부여되므로, 이 경우 신용 위험에 따른 위험가중자산을 산출한다면 회사채는 600억 원이 된다.

**3. ① 산하 ② 획일적**

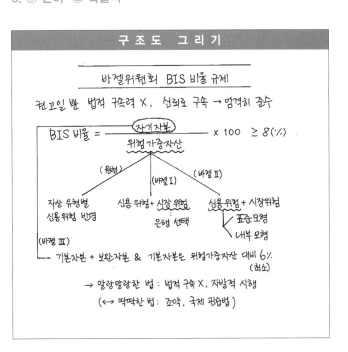

[4~6] 2018학년도 4월 학평 「호흡」

① 인간이 생명을 유지하고 활동하기 위해서는 세포에 산소를 공급하고 물질대사 결과 발생한 이산화 탄소를 체외로 배출하는 과정이 필수적인데, 이 과정을 호흡이라 한다. 호흡: 세포에 산소 공급, 이산화 탄소를 체외로 배출 이때 공기가 체외에서 폐로 이동하는 것을 흡기, 폐에서 체외로 이동하는 것을 호기라 한다. 그런데 이와 같은 공기의 흐름은 폐와 대기의 압력 차이와 밀접한 관련이 있다. 호흡의 과정에서는 폐와 대기의 압력 차이로 인해 공기의 흐름이 나타나는군. (1) 흡기: 체외 → 폐, (2) 호기: 폐 → 체외

② 이를 이해하기 위해서는 우선 공기의 이동과 관련된 호흡계의 구성 요소를 살펴볼 필요가 있다. (1문단의 내용과 '우선'을 고려하면, 이어서 호흡계의 구성 요소를 먼저 살펴본 후 호흡 과정에서 공기의 이동(흐름)이 발생하는 구체적인 원리가 제시되겠지?) 코와 입을 통해 유입된 공기는 기관과 기관지를 거쳐 최종적으로 폐포로 들어간다. 흡기 시 유입된 공기 → 기관 → 기관지 → 폐포 기관과 기관지를 거친 공기는 체온만큼 따뜻해지고 수증기가 첨가되어 습윤한 상태가 되며, 이물질이 걸러진 상태가 된다. 이로 인해 공기가 폐포를 손상시키지 않는다. 폐포는 폐 속 기관지 맨 끝에 포도송이처럼 붙어 있는 공기주머니로 기체 교환이 일어나는 장소이다. 폐포: 폐 속 기관지 맨 끝, 기체 교환이 일어남

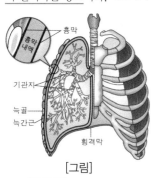
[그림]

③ 기관지와 폐포 등으로 구성된 폐는, [그림]에서처럼 흉막강에 둘러싸인 상태로 흉곽 내에 위치한다. 흉곽은 늑골을 비롯한 뼈와 늑간근 등의 근육으로 이루어져 있는데, 폐를 보호하는 역할을 하며 횡격막에 의해 복부와 완전히 분리된다. 또한 흉막강은 얇은 세포층인 두 개의 흉막으로 완전히 닫힌 주머니 형태를 이루고 있는데, 흉막과 흉막 사이는 흉막 내액으로 채워져 있다. 이때 안쪽 흉막은 폐에 붙어 있고, 바깥쪽 흉막은 흉곽벽에 붙어 있기 때문에, 흉막 내액은 결국 폐와 흉곽벽이 서로 분리되지 않게 하는 역할을 한다. 비유하자면 물에 의해 붙어 있는 두 장의 얇은 유리판이 물의 응집력 때문에 쉽게 분리되지 않는 것과 동일한 원리이다. (사전 정보들이 나열되면 이를 연결하여 핵심 정보를 설명하는 때가 반드시 오니, 정보량에 좌절하지 말고 제시된 것을 차근히 정리하며 읽으면 돼.)

| 폐 = 기관지 + 폐포 등 | | | |
|---|---|---|---|
| • 흉막강(두 개의 흉막으로 완전 닫힌 형태)에 둘러싸임 | | | |
| 흉곽벽 | 흉막강 | | 폐 |
| | 바깥쪽 흉막 | 흉막 내액 | 안쪽 흉막 | |
| • 흉곽(폐를 보호, 횡격막에 의해 복부와 완전 분리) 내에 위치 | | | |

④ 그렇다면 호흡 과정에서 공기의 흐름이 발생하는 원리는 무엇일까? (예상대로 전개되는군. 질문을 통해 본격적으로 다루고자 하는 내용으로 들어

가고 있어. 1문단에서 공기의 흐름은 폐와 대기의 압력 차이와 관련이 있다는 점만 간단히 언급했다면, 이제 앞에서 설명한 개념들을 활용해 구체적인 원리를 설명할 거야!) 이는 용기의 부피 증가는 기체의 압력을 감소시키는 반면 용기의 부피 감소는 기체의 압력을 증가시킨다는 보일의 법칙과 관련되어 있다. 용기의 부피와 기체의 압력은 반비례 관계 폐포 안의 기체 압력을 폐포압이라고 하고 체외의 공기 압력을 대기압이라고 하는데, 일반적으로 공기는 압력이 높은 곳에서 낮은 곳으로 흐르기 때문에 폐포압이 대기압보다 작거나 클 때 공기는 폐로 들어오거나 나가게 된다. 다시 말해 흡기와 호기 동안 폐의 부피는 변화하고, 이(폐의 부피) 변화는 보일의 법칙에 따라 폐포압을 변화시켜 폐 안팎으로 공기 흐름을 일으키는 것이다. 호흡 과정에서 공기의 흐름이 발생하는 원리를 정리해볼까?

| 폐의 부피 변화 | (1) 흡기: 증가 |
|---|---|
| | (2) 호기: 감소 |

| 폐포압 변화 | 폐의 부피(용기의 부피)와 폐포압(기체의 압력)은 반비례 관계 |
|---|---|
| | (1) 흡기: 폐포압 감소 |
| | (2) 호기: 폐포압 증가 |

| 공기의 흐름 발생 | 공기는 압력↑ → 압력↓로 흐름 |
|---|---|
| | (1) 흡기: 폐포압 < 대기압 → 공기가 폐로 들어옴 |
| | (2) 호기: 폐포압 > 대기압 → 공기가 폐에서 나감 |

⑤ 한편 폐의 부피 변화에는 탄성 반동과 경폐압, 흉막 내압 등이 작용한다. ('한편'으로 글의 흐름을 전환하여 폐의 부피 변화를 더 자세히 설명하려나 봐.) 먼저 폐의 탄성 반동과 경폐압은 서로 반대 방향으로 작용한다. 탄성 반동이란(탄성 반동 다음에는 경폐압, 흉막 내압도 설명하겠지? 그리고 이들을 연결하여 핵심 정보인 폐의 부피 변화를 설명할 거야.) 변형을 주고 있는 힘에 반발하여 원래 형태로 돌아가려는 힘인데 폐는 마치 풍선처럼 줄어들려고 하는 성질인 탄성 반동을 가지고 있다. 흡기가 끝나고 호기가 시작되는 시점에서는 폐포압이 대기압과 같으므로 공기의 이동이 없다. 공기는 압력이 높은 곳에서 낮은 곳으로 흐르니까, 폐포압과 대기압이 같다면 공기가 흐르지 않겠지. 그런데 이때(흡기가 끝나고 호기가 시작되는 시점)에도 폐는 항상 공기로 차 있으므로 폐를 확장시키려는 경폐압도 함께 작용한다. 이때 폐의 탄성 반동과 경폐압은 크기는 같지만 방향이 반대이므로 공기의 흐름이 없는 상태에서 폐는 일정한 부피를 유지하게 된다. 흡기 끝, 호기 시작 지점: 폐의 탄성 반동(폐가 줄어들려고 함)과 경폐압(폐가 확장되려고 함)의 크기는 같고 방향은 반대 → 폐가 일정 부피 유지 여기서 경폐압은 폐포압에서 흉막 내압을 뺀 것이다. 따라서 흉막 내압이 변화하면 경폐압도 변화하게 되는데, 이로 인해 폐의 탄성 반동과 경폐압과의 차이가 발생하여 폐의 부피가 변화되는 것이다. 흉막 내압 변화 → 경폐압(= 폐포압 − 흉막 내압) 변화 → 폐의 탄성 반동과 경폐압의 차이 발생 → 폐의 부피 변화

⑥ 흉막 내압은 흉막강 속 흉막 내액의 압력을 말하는데 항상 아래 대기압의 범위에서 변화한다. 바깥쪽 흉막에 밀착된 흉곽벽은,

대기압이 인체에 미치는 힘의 반대 방향인 몸 바깥쪽으로 향하려는 성질이 있는데 이를 흉곽벽의 탄성 반동이라고 한다. 따라서 <u>흉곽벽의 탄성 반동</u>은 안쪽 흉막에 밀착된 폐의 탄성 반동과는 서로 반대 방향으로 작용하는 셈이다. 그 결과 폐와 흉곽벽은 서로 살짝 떨어진 상태가 되어 <u>흉막 내압은 아대기압인 상태를 유지</u>하는 것이다. 흉곽벽의 탄성 반동과 폐의 탄성 반동의 방향이 반대 → 폐와 흉곽벽이 살짝 떨어져 흉막 내압(흉막 내액의 압력)이 아대기압 상태 유지 이때 근육의 움직임 등에 의해 흉막강의 부피가 변화하면 흉막 내압이 변화하게 되는 것이다. 흉막강의 부피 변화 → 흉막 내압 변화 (예상대로 탄성 반동, 경폐압, 흉막 내압의 개념을 사전 정보로 삼아 핵심 정보인 폐의 부피 변화를 설명했네.) 폐의 부피 변화에 대해 다시 한 번 정리해 보자. 흉막강의 부피 변화 → 흉막 내압 변화 → 경폐압 변화 → 폐의 탄성 반동과 경폐압의 차이 발생 → 폐의 부피 변화

7 이와 같은 내용을 바탕으로 <u>흡기와 호기의 과정</u>을 살펴보면 다음과 같다. (앞서 설명한 원리와 과정을 종합하여 흡기와 호기의 전체 과정을 정리해 줄 테니, 순서를 파악하며 읽자.) 흡기 는 횡격막이 수축되어 아래로 내려가고 늑간근의 움직임으로 인해 늑골이 위쪽과 바깥쪽으로 이동하면서 <u>흉곽이 확장</u>되는 것으로부터 시작된다. 이(흉곽의 확장)에 따라 흉곽벽은 폐 표면으로부터 조금 더 멀어지게 되어 <u>흉막강의 부피가 늘어나 흉막 내압은 공기의 흐름이 없을 때보다 조금 더 낮아지게</u> 된다. 이 때문에 경폐압이 증가하고 이 힘(경폐압)이 폐의 탄성 반동보다 커져 <u>폐는 더욱 확장</u>하게 되는 것이다. 그(폐의 확장) 결과 폐포압은 대기압에 비해 감소하므로 압력의 차이로 인해 공기가 폐포로 들어오게 되며, <u>폐의 부피가 커질수록 폐로 유입되는 공기의 총량은 계속 증가</u>하게 되는 것이다. 그런데 폐포는 늘어나는 데에 한계가 있고 외부와 연결되어 있기 때문에, <u>감소하던 폐포압은 흡기의 약 중간 지점에서 최저치에 도달</u>했다가 다시 증가하기 시작한다. 그 후 <u>폐포압은 대기압과 같아지므로 흡기 끝에는 공기 흐름이 없고 폐의 부피는 최대</u>가 된다. 호기 는 흡기와 순서는 동일한데, 횡격막의 변화와 늑골의 이동 방향은 반대 (횡격막이 이완되어 위로 올라가고 늑골이 아래쪽과 안쪽으로 이동)여서 <u>흉곽의 축소</u>가 진행되면서 시작된다. 이후 흉막 내압, 경폐압 등의 변화로 인해 폐의 부피가 변화되고 이로 인해 <u>공기는 폐포로부터 기도를 거쳐 대기로 빠져 나가게</u> 되는 것이다. (흡기와 호기의 과정을 순서대로 설명하지도 않았고, 한꺼번에 설명하지도 않아서 순서를 파악하기가 쉽지는 않았어. 하지만 수능 국어 고득점을 원한다면 이처럼 순서대로 써 주지 않은 지문을 만나도 당황하지 않고 순서를 파악할 수 있도록 대비해 두어야 해!) 흡기와 호기의 과정을 정리해 보자!

| 흡기 | 흉곽 확장 → **흉막강 부피**↑ → 흉막 내압↓ → **경폐압**↑ > 폐의 탄성 반동 → 폐 부피↑ → 폐포압 < 대기압 → 공기 유입 → **폐포압** 계속 낮아지다가 흡기 중간 지점에서 최저치 → 폐포압 다시↑ → 폐포압 = 대기압 (공기 흐름 X, **폐 부피** 최대) |
|---|---|
| 호기 | 흉곽 축소 → 흉막강 부피↓ → 흉막 내압↑ → 경폐압↓ < 폐의 탄성 반동 → 폐 부피↓ → 폐포압 > 대기압 → 공기 유출 → 폐포압 계속 높아지다가 호기 중간 지점에서 최고치 → 폐포압 다시↓ → 폐포압 = 대기압 (공기 흐름 X, **폐 부피** 최소) |

**4. ③**

7문단에 따르면 흡기 끝에 '폐의 부피는 최대'이며 〈보기〉를 통해 ⓔ보다 ⓒ에서 흉막 내압이 낮음을 알 수 있다. 하지만 호기에서는 '흉곽의 축소가 진행'되면서 흉막강의 부피가 줄어들게 되므로 흡기가 끝나고 호기가 시작되기 바로 전인 ⓒ은 호기의 중간 지점인 ⓔ에서보다 흉막강의 부피가 큰 지점이다.

① 5문단에서 '폐포압이 대기압과 같으면' '공기의 이동이 없다'고 했다. 이에 따르면 '대기압은 항상 0이라고 가정'한 〈보기〉의 ㉠은 폐포압이 0이므로 공기 흐름이 없는 지점이다. 한편 ⓛ은 흡기의 중간 지점인데 7문단에서 흡기의 과정에서는 '흉막강의 부피가 늘어나 흉막 내압은 공기의 흐름이 없을 때보다 조금 더 낮아지게 된다.'라고 했으므로, ㉠은 ⓛ에서보다 흉막 내압은 높고 흉막강의 부피는 작은 지점이다.

② 7문단을 통해 흡기의 중간 지점인 ⓛ은 '흉곽이 확장'되고 있는 지점임을 알 수 있고, 〈보기〉를 통해 ⓒ에서보다 흉막 내압이 높음을 알 수 있다. 또한 ⓒ은 흡기가 끝나는 지점이므로 '폐의 부피는 최대'인데 '폐의 부피가 커질수록 폐로 유입되는 공기의 총량은 계속 증가하게 되는 것'이므로, ⓛ은 ⓒ에서보다 폐로 유입된 공기의 전체량이 적은 지점이다.

④ 7문단을 통해 호기의 중간 지점인 ⓔ에서 '흉곽의 축소가 진행'되고 있음을 알 수 있고, 〈보기〉를 통해 흡기의 중간 지점인 ⓛ에 비해 흉막 내압이 높음을 알 수 있다. 또 흡기의 과정에서는 '흉막강의 부피가 늘어나'지만 호기의 과정에서는 흉막강의 부피가 줄어들므로, ⓔ은 ⓛ에서보다 흉막강의 부피는 작은 지점이다.

⑤ 1문단을 통해 호기의 중간 지점인 ⓔ에서 공기가 '폐에서 체외로 이동'함을 알 수 있고, 〈보기〉를 통해 호기가 끝나는 지점인 ⓜ에서보다 흉막 내압이 낮음을 알 수 있다. 또한 7문단을 참고할 때 폐의 부피는 호기 끝에서 최소임을 추론할 수 있다. 즉 ⓔ은 ⓜ에서보다 폐의 부피는 큰 지점이다.

**5. ①**

5문단을 참고하면 〈보기〉에서 A 씨가 '흉막강에 지속적으로 외부 공기가 유입'되다가 '현재는 외부에서 흉막강으로의 공기 이동이 없는 상태'인 것은 흉막 내압이 '대기압(㉮)'과 같아졌기 때문임을 알 수 있다. 한편 폐는 '외상이 생기기 전보다 쪼그라'든 상태이므로 이를 치료하기 위해서는 '폐를 확장시키려는 경폐압(㉯)'을 증가시킬 필요가 있다.

**6. ① 유입 ② 밀착**

**구 조 도  그 리 기**

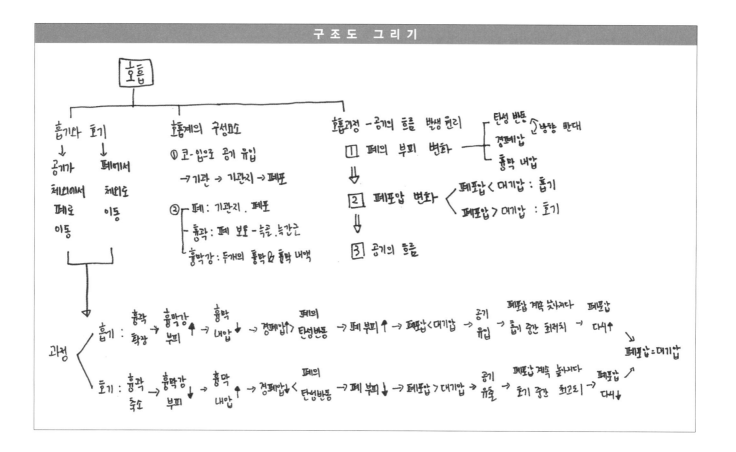

MEMO

수능 국어 만점을 위한 초고난도 독해력 강화 프로그램

# 하루 30분, 독해 트레이닝 2

**1판 1쇄 발행** 2020년 7월 31일

**기획** 홀수 편집부
**편집** 장혜진 김주현
**검토** 윤지숙 이수현 박효비 정경아 장종필 서미리 김어진
**마케팅·홍보** 류혜림 민동윤 문희수 권지희  **디자인** 이재욱

**발행인** 이신열
**발행처** 주식회사 도서출판 홀수
**출판사 신고번호** 제374-2014-0100051호
ISBN 979-11-89939-32-8

**홈페이지** www.holsoo.com